ÉTUDES DE MARCHÉS

PERSPECTIVES
MARKETING

Collection dirigée par Marc Vandercammen

Ph. Casin, *Analyse des données et des panels de données.*

Ch. Croué, *Marketing international*, 6e édition.

C. Gallouj, *Innover dans la grande distribution.*

Cl. Gauzente, *Alerte marketing. Comprendre, anticiper, gérer les crises.*

P. Ghewy, *Guide pratique de l'analyse de données avec applications sous IBM SPSS Statistics et EXCEL. Questionnez, analysez… et décidez !*

M. Janssens, Alain Ejzyn, *M@rketing. E-business, e-marketing, cyber-marketing.*

Ph. Kotler, H. Kartajaya, I. Setiawan avec M. Vandercammen, *Marketing 3.0. Produits, clients, facteur humain.*

P. Oury, *Rédiger pour être lu. Les secrets de la communication écrite efficace.*

P. Pellemans, *Le marketing qualitatif. Perspective psychoscopique.*

P. Pellemans, *Recherche qualitative en marketing. Perspective psychoscopique.*

J.-Cl. Robinet, Cl. Adam, *Management hôtelier. Théorie et pratique.*

M. Vandercammen, *Études de marchés. Méthodes et outils*, 5e édition.

M. Vandercammen, M. Gauthy-Sinéchal, *Recherche marketing. Outil fondamental du marketing.*

M. Vandercammen, N. Jospin-Pernet, *La distribution*, 3e édition.

M. Vandercammen, avec la collaboration de B. Bouton, P. Gaulon, M. Gauthy-Sinéchal, N. Jospin-Pernet et A. Toye, *Marketing. L'essentiel pour comprendre, décider, agir*, 3e édition.

PERSPECTIVES
MARKETING

MARC VANDERCAMMEN

ÉTUDES DE MARCHÉS

MÉTHODES ET OUTILS

5e ÉDITION

deboeck SUPÉRIEUR

Pour toute information sur notre fonds et les nouveautés dans votre domaine de spécialisation, consultez notre site web : **www.deboecksuperieur.com**

5e édition
Rue du Bosquet, 7 – B-1348 Louvain-la-Neuve

Dépôt légal :
Bibliothèque nationale, Paris : août 2018
Bibliothèque royale de Belgique, Bruxelles : 2018/13647/087

ISSN 1374-092X
ISBN 978-2-8073-1945-5

AVANT-PROPOS

L'ouvrage *Études de marchés. Méthodes & outils* est le fruit d'une longue expérience dans le domaine du marketing, de la statistique et des études de marchés. Il s'adresse aux étudiants, décideurs et aux professionnels du marketing, de la communication ou de la gestion qui souhaitent comprendre l'intérêt des études de marchés comme outils d'aide à la décision.

Toutefois, celles-ci ne constituent qu'une étape, essentielle, préliminaire vers la décision et l'action marketing. Notre propos aurait été incomplet si nous nous étions arrêté à ce moment. C'est pourquoi à travers de nombreux cas et exemples concrets nous avons voulu présenter les outils essentiels à l'action.

Le lecteur y trouvera les réponses à ses questions : comment mener une enquête quantitative ou qualitative, rédiger un questionnaire, construire un échantillon représentatif, analyser scientifiquement les résultats obtenus, présenter les données et les résultats ? Quels types de graphiques faut-il sélectionner ? Quelle est la méthode la plus efficace et la mieux adaptée à mon problème ? En un mot, comment réaliser ou sous-traiter une étude de marchés ?

Cette édition intègre les nouvelles approches méthodologiques apparues ces dernières années suite, notamment, au développement des technologies numériques. Des outils de recueil ou d'analyse, comme l'analyse structurée, l'analyse des métadonnées (Big Data), l'anthropologie numérique (écoute sociale, netnographie, recherche empathique), la méthode Delphi, le Mystery Shopping, font l'objet d'une présentation détaillée.

L'ouvrage est organisé en trois parties. La première partie constitue l'**introduction**. Le chapitre 1 situe la fonction des études de marchés par rapport au marketing et à l'action, le chapitre 2 décrit le système d'intelligence et d'information marketing et son rôle essentiel dans le cadre de la prise de décision stratégique. Le chapitre 3 est consacré à la présentation de la démarche de recherche qui sous-tend les études de marchés.

La seconde partie présente l'ensemble des **méthodes et outils en études de marchés**. Le chapitre 4 s'intéresse à la recherche documentaire et à l'analyse des données secondaires comme les métadonnées (Big Data). Le chapitre 5 présente les études de marchés qualitatives et ses principaux modes de recueil et d'analyse des données qui permettent de comprendre le comportement en profondeur d'un répondant et présente les méthodes de recueil qualitatives en ligne. Le chapitre 6 porte sur la description des principales méthodes de recueil de l'information par observation. Le chapitre 7 poursuit le même objectif et décrit les méthodes de recueil de l'information basées sur l'expérimentation. Le chapitre 8 examine les études de marchés quantitatives, y compris la collecte des données via le téléphone mobile. Le chapitre 9 ouvre le champ de l'enquête par questionnaire. Il analyse les problèmes liés à sa conception, à sa réalisation, à la formulation des questions. Le chapitre 10 décrit la procédure à suivre pour construire un échantillon représentatif et un plan de sondage fiable. Le chapitre 11 traite du problème de la réalisation de l'enquête et du recrutement, de la formation et de la compétence des enquêteurs. Le chapitre 12 présente la méthodologie à suivre pour traiter et analyser les résultats obtenus.

La troisième partie (chapitre 13) s'adresse plus particulièrement aux entrepreneurs et starters soucieux de disposer d'outils pratiques pour valider leur offre de produits ou de services, évaluer le potentiel d'un marché et fixer le niveau de prix acceptable pour les prospects et clients.

L'ouvrage s'accompagne d'un index et d'un glossaire qui présente la majorité des termes utilisés en études de marchés. Certains sont connus mais leur signification est particulière aux études de marchés, d'autres sont peu utilisés en dehors de ce cadre. Les plus courants font l'objet d'une traduction (anglais — français).

Le lecteur trouvera en annexe un tableau de calcul de l'intervalle de confiance d'un échantillon ainsi qu'une bibliographie détaillée. Un site compagnon reprend de nombreux documents et adresses utiles.

Marc Vandercammen

REMERCIEMENTS

Je voudrais remercier toutes les personnes qui m'ont également aidé dans la réalisation de cet ouvrage. Mes remerciements plus particuliers vont :

- *Aux instituts de sondages, chercheurs, enseignants, entreprises et institutions. Sans eux, le lien entre la théorie et la pratique n'aurait pu être réalisé avec autant de qualité ;*
- *À mes collègues et étudiants pour leurs efforts de relecture critique et leurs encouragements à la publication ;*
- *Plus spécialement à Véronique pour sa patience et son soutien quotidien.*

CHAPITRE 1

RECHERCHE MARKETING ET ÉTUDES DE MARCHÉS

1 Définitions et historique

2 Études de marchés et marketing mix

3 Recherche marketing et méthode scientifique

4 Rôles de la recherche marketing

5 Importance de la recherche marketing

1 DÉFINITIONS ET HISTORIQUE

L'étude de marchés est une méthode moderne et dynamique pour comprendre et agir sur l'évolution des marchés. C'est une discipline à la fois théorique et pratique pour cerner les besoins et les comportements des multiples publics d'un marché.

Pour mieux comprendre les différentes techniques qui feront l'objet du présent ouvrage, il nous a paru indispensable de commencer par définir les études de marchés et remonter à leurs origines.

1.1 À la recherche de définitions

Le message fondamental du **concept marketing** est que :

> *« La performance économique de l'entreprise dépend en définitive de sa capacité de répondre aux besoins du marché et de redéployer ses activités en fonction de l'évolution des marchés et des possibilités offertes par la technologie[1] ».*

La **recherche marketing** se présente comme le complément méthodologique et instrumental qui permet la mise en œuvre opérationnelle du concept marketing :

> *« La recherche marketing comprend le diagnostic des besoins d'informations et la sélection des variables pertinentes à propos desquelles des informations valides et fiables doivent être collectées, enregistrées et analysées[2] ».*

> *« C'est la recherche systématique et objective ainsi que l'analyse de l'information nécessaire à l'identification et la résolution de tous les problèmes qui se posent dans le domaine du marketing[3] ».*

> *« Il s'agit des diverses activités organisées de collecte et d'analyse des informations relatives aux marchés, et plus généralement aux publics dont dépend l'entreprise, dans le but de servir de base aux décisions marketing et d'en minimiser les risques, selon des procédures formalisées, fondées sur le principe de la méthode scientifique afin d'assurer l'objectivité des informations, leur précision, leur pertinence et leur fiabilité[4] ».*

Les définitions des **études de marchés,** quant à elles, sont fort nombreuses dans la littérature spécialisée anglo-saxonne. Il nous semble, toutefois, judicieux de reprendre une définition classique[5] :

1. Lambin J.-J., De Moerloose Ch., *Marketing Stratégique et Opérationnel*, Dunod, Paris, 2007.
2. Zaltman & Burger, *Marketing Research, Fundamentals and Dynamics*, 1975.
3. Tull S. Donald, Hawkins Deli, *Marketing Research, Measurement & Method*, Mac Millan, New York, 1991.
4. Delbes & Teysonniere de Gramont, *Études de marchés : outil de la décision*, Delmas et Cie, Paris, 2e éd., 1997.
5. *Report of the definitions committee*. The American Journal of Marketing, American Marketing Association, Chicago, vol. XIII, n° 2, p. 210.

> *« L'étude de marché est le rassemblement, l'enregistrement, l'analyse et le compte-rendu de tous les faits relatifs au transfert et à la vente des biens et des services, du producteur au consommateur. Elle est généralement, mais non nécessairement, basée sur la théorie statistique de la probabilité et utilise toujours la méthode scientifique. »*

La pratique française a conservé ce terme d'étude de marchés, même si plusieurs auteurs lui préfèrent celui de recherche commerciale ou de recherche marketing, directement traduit de l'expression anglaise « *marketing research* ».

Pour se développer, les études de marchés ont pris, en fait, appui principalement sur trois disciplines :

- la statistique ;
- la sociologie ;
- la psychologie.

À des degrés divers, d'autres disciplines ont apporté leurs contributions : mathématiques, économie, linguistique, sémiologie, informatique et plus récemment télématique et systèmes experts.

Pour que les études de marchés soient fiables, il faut qu'elles soient objectives et donc qu'elles relèvent d'une démarche scientifique. Mais les études de marchés, c'est aussi un état d'esprit qui requiert du responsable marketing de surmonter ses préjugés, pour accepter l'analyse des faits.

1.2 Historique

- L'idée communément admise consiste à croire que les enquêtes par questionnaire constituent l'activité principale parmi toutes celles qui se pratiquent en recherche marketing. Ce serait là oublier l'ensemble des outils qui composent la recherche marketing.

  Même si le concept marketing est né au XXe siècle, les enquêtes sociales — qui sont à la recherche marketing ce que le mammouth est à l'éléphant, c'est-à-dire les ancêtres — ne datent pas d'hier.

  Dès **l'Antiquité**, les chercheurs ont toujours voulu mesurer un phénomène de sociologie collective appelé « *opinion publique* ». Pour mieux comprendre les rouages de la vie sociale, il convenait de comprendre ce que pensait, vivait, voulait l'opinion publique. ARISTOTE parlait déjà des « *vertus politiques de l'opinion publique* ». TITE-LIVE, dans son Histoire romaine, citait déjà l'opinion publique comme responsable de la démission d'hommes politiques : « *Les décemvirs se retirent vaincus par l'opinion unanime* ». MACHIAVEL pensait que « *C'est du peuple qu'il faut mériter l'affection, car il est le plus fort et le plus puissant* ».

- **Les enquêtes existent depuis que le monde existe**. En effet, dès que les hommes parlent et écrivent, les premières enquêtes voient le jour. Ce sont en fait des récits et des comptes-rendus sur les mœurs, l'état d'esprit, les comportements, les attitudes de telle ou telle catégorie d'êtres humains, dans tel ou tel territoire.

Ces informations ont très souvent influencé les décisions des souverains dudit territoire.

Ce sont les journalistes et les moralistes qui ont joué un rôle non négligeable dans le développement des techniques d'enquêtes personnelles.

MACHIAVEL publie en 1508 un « *Rapport sur les choses vues en Allemagne* » et en 1510, un « *Rapport sur les choses vues en France* ».

- En 1824, deux journaux nord-américains (le HARRISBURG PENNSYLVANIAN et le RALEIGH STAR) organisent, à l'occasion de l'élection présidentielle, des « *votes de paille* ». **Il s'agit du premier sondage d'opinion**. Quelques jours avant l'élection, les éditeurs des deux journaux invitent des lecteurs à remplir un bulletin de vote fictif. En dépouillant ces votes fictifs, ils espéraient pouvoir faire un pronostic sur l'élection véritable, et peut-être — déjà — avoir une influence sur le résultat.

  Cependant, faute de délimitation précise du phénomène étudié et d'une méthodologie rigoureuse, toutes les tentatives pour mieux connaître l'opinion publique se sont généralement soldées par des échecs.

  D'autres recherches se sont cependant développées à pareille époque. Qu'on se rappelle les célèbres relevés de VAUBAN à la fin du XVIIe siècle en France. Ce n'étaient pas encore des questionnaires mais déjà des recherches documentaires.

- Ce sont **les grandes migrations sociales du XIXe siècle** qui ont été les véritables catalyseurs du développement des études sociales.

  L'essor des courants réformateurs et révolutionnaires cherche appui sur des enquêtes sociales toujours menées personnellement par les auteurs. Deux caractéristiques importantes : elles se basent exclusivement sur l'analyse de documents et le recueil de témoignages.

  Les monographies sociales abondent ; elles décrivent méthodiquement des phénomènes sociaux, plus généralement socio-économiques. Enquête sur « *L'état physique des ouvriers dans les Manufactures* » par VILLERME en 1840 ; « *Situation des classes laborieuses en Angleterre* » par Engels en 1845.

  On assiste ainsi à un remarquable développement des enquêtes auprès du prolétariat. Pensons notamment à QUETELET ou DUCPETIAUX en Belgique ; dès ce moment, on utilise le questionnaire.

  Le but n'était pas comme actuellement le souci d'élargir les connaissances mais au contraire celui d'utiliser les résultats pour maintenir l'ordre social. Les données recueillies devaient inspirer les gouvernements dans la mise au point de mesures de contrôle du prolétariat, masse misérable encline à la délinquance.

Le XIXe siècle verra aussi un développement de la statistique et des mathématiques. C'est l'époque où la logique se sépare des mathématiques pour devenir une science à part entière.

- Il faut attendre **1915-1920** pour que les chercheurs s'intéressent aux problèmes techniques posés par l'enquête.

 Jusqu'à cette époque, le souci d'obtenir des informations fiables et dignes de confiance était absent des préoccupations des enquêteurs.

 C'est d'abord dans le domaine économique — et non politique — pour le compte de grandes entreprises privées et à des fins commerciales (les « *études de marchés* ») que les sondages d'opinion furent pratiqués de façon vraiment scientifique.

 Dès 1929, les premières études de marchés voient le jour aux États-Unis. Toutefois, elles ne s'y développeront vraiment qu'après la seconde guerre mondiale.

 Ainsi, ce sont les réseaux mis en place par GALLUP, à des fins commerciales, qui ont été utilisés pour le sondage sur l'élection présidentielle en 1936.

 Le succès de la méthode scientifique favorisa son développement.

Rappelons à ce sujet, la mésaventure arrivée au LITERARY DIGEST.

En 1936, lors de la première réélection du président ROOSEVELT, cette revue lança une enquête auprès de deux millions de personnes dont les résultats conclurent à l'échec de sa candidature, alors que trois sondages précédemment organisés, auprès de quelques milliers de personnes seulement (A. CROSSLEY, G. GALLUP, E. ROPER), prévoyaient la réélection du président.

Or, contrairement aux prévisions du LITERARY DIGEST, ROOSEVELT fut réélu.

Que s'était-il passé ?

La grande revue américaine avait choisi son échantillon en le tirant au sort (tirage aléatoire) sans doute, mais à partir des annuaires téléphoniques et parmi les propriétaires d'automobiles. Certes, aux États-Unis, le fait d'avoir le téléphone ou une voiture ne constituait pas véritablement un signe de richesse, mais il y avait néanmoins toute une partie de la population qui n'avait ni l'un, ni l'autre, et c'est précisément dans cette partie, la moins fortunée, que se trouvaient surtout les partisans de ROOSEVELT.

Aussi les manuels à l'usage des enquêteurs insistent-ils désormais sur le danger qui consiste à ne pas interroger un échantillon représentatif de la population.

Dès 1936, toujours aux États-Unis, le Ministère de l'agriculture engage un psychologue social chargé d'étudier l'opinion des agriculteurs.

L'exemple est rapidement suivi par des organismes publics qui, aux États-Unis et au Royaume-Uni d'abord, font de plus en plus appel aux sondeurs.

Dès 1940, les techniques font un pas important. C'est l'époque du développement des premières analyses multivariées.

Le développement tant de la psychologie sociale que de la sociologie et de la science économique a réellement ouvert la porte aux études de marchés, instrument indispensable au développement de la société.

- Le sondage est devenu, **actuellement**, un outil d'étude indispensable. Presque tous les pays occidentaux — y compris les pays d'Europe centrale et orientale — ont leurs instituts de sondage.

En France, Jean STOETZEL fonde en 1938 l'Institut Français d'Opinion Publique (IFOP). Depuis d'autres organismes ont vu le jour dont la Société Française d'Enquêtes par Sondages (SOFRES), l'Institut National d'Études Démographiques (INED), l'Institut National de la Statistique et des Études Économiques (INSEE).

Mais ce n'est qu'après guerre que les études de marchés ont pris un véritable essor en Europe occidentale. C'est l'époque du développement de la société de consommation mais aussi, quelques années plus tard, de sa critique. Dès cette époque, il a été communément admis qu'il était possible de mesurer les opinions, les attitudes et les comportements du consommateur, de les dénombrer à l'aide d'échantillons représentatifs et que derrière les produits se cachaient des symboles. Dans les années 50, ce sont les études de produit qui se développent suivies des études consommateurs.

En 1973, la première crise pétrolière s'est traduite par une augmentation des coûts de production et du prix des matières premières, une augmentation de l'inflation et du chômage. La croissance des études de marchés s'est très sensiblement ralentie.

Parallèlement, c'est à cette époque que l'on a constaté une corrélation importante entre le développement des études de marchés et de la publicité et le renforcement pendant la décennie des moyens informatiques de traitement de l'information. Les instituts d'études pour se distinguer utilisaient régulièrement des analyses multivariées comme la segmentation, la typologie, les mappings et proposaient des études média-produits et média-marques ou de courants socioculturels. Les études de distribution et de publicité apparaissent.

Les années 80 connaissent une croissance soutenue des études et une modification de l'offre : développement de l'interview qualitatif individuel, extension des panels à des groupes spécialisés, utilisation de l'informatique lors du recueil des données et apparition des études de concurrence.

Les années 90 connaissent le développement des études stratégiques : des tests de concepts, de positionnement, la demande se déplace vers des études de stratégies, de produits, de gammes, d'entreprise... d'intégration dans un univers de plus en plus mouvant.

Après les multinationales, d'abord anglo-saxonnes, aujourd'hui françaises, japonaises ou coréennes, la mondialisation a logiquement atteint les grandes agences de publicité. C'est désormais au tour des sociétés d'études de se structurer à l'international avec tout ce que cela comporte d'investissements. En termes de filiales, de ressources humaines, d'outils, de technologie de l'information. Leur survie est à ce prix.

La globalisation, la standardisation, le besoin toujours plus saillant de délais réduits au minimum rendent stratégique la maîtrise des nouvelles technologies de l'information ; Internet a trouvé dans l'industrie des études un client de taille. Le transfert de fichiers, de questionnaires via Internet, les e-mails sont désormais monnaie courante. Les investissements en hardware et surtout en logiciels compatibles entre les différentes filiales sont lourds d'autant que les sociétés d'études développent Cati, Capi, Capi multimédia et Access panels en même temps qu'elles constituent des multiples et mégabases de données.

Complexité des marchés nationaux toujours plus concurrentiels, développements sur des marchés émergents, besoin de comprendre un consommateur en mutation... Les études qualitatives ont de plus en plus leur place au sein des budgets études des entreprises ; parce que ces derniers leur demandent d'être directement opérationnelles, le métier du « quali » évolue vers plus de créativité dans l'utilisation des méthodes, dans leur internationalisation mais aussi dans leur optimisation.

Le Web 2.0, la Génération Y et les Marketings 3.0 et 4.0 ont transformé le monde des études de Marché. Aujourd'hui, le consommateur est devenu un expert de sa vie, Internet lui permet de comparer facilement les offres et les produits. Il peut en discuter avec d'autres sur les médias sociaux et il n'est plus fidèle à une marque. De nouveaux défis auxquelles les études de marché doivent contribuer.

Après avoir étudié le marketing centré sur le produit puis celui orienté vers le consommateur, les études de marchés se sont adaptées aux Marketings 3.0 et 4.0 qui recherchent la convergence entre le discours des marques, les pratiques organisationnelles et la société, sur le plan des valeurs. Une nouvelle dynamique environnementale qui s'intéresse à l'humain en devenant le lieu d'un équilibre entre la rentabilité et la responsabilité sociétale des entreprises se développe. Aujourd'hui, les études de marchés s'interrogent sur la manière d'utiliser les Marketings 3.0 et 4.0 pour résoudre les problèmes mondiaux tels le bien-être, la pauvreté et le développement durable en mettant en place un modèle centré sur l'homme, à l'heure où la performance des entreprises ne peut plus seulement reposer sur le prix bas ou sur l'innovation. Les Marketings 3.0 et 4.0 conduisent les spécialistes des études de marché à associer les parties prenantes, les clients, les collaborateurs, les actionnaires et les groupes de pression à la réflexion stratégique.

D'autant qu'une confusion des genres apparaît, de plus en plus, entre les études de marchés réalisées par des professionnels, de pseudo-sondages qui ne garantissent aucune représentativité et des actions de communication, comme la mise en ligne de questions, qui constituent le départ d'une action marketing.

Les sondages sont nombreux et pas toujours très fiables. Même les instituts de sondage reconnus sont souvent mis en cause.

Au XXIe siècle, les sociétés d'études cherchent à offrir, au-delà des techniques d'enquête, de la valeur ajoutée à travers des analyses spécifiques et des recommandations qui caractérisent leur engagement auprès des marques et à appréhender les individus dans leur globalité, tant en tant que consommateur que citoyen.

La révolution numérique caractérisée par l'augmentation spectaculaire de la capacité de collecte, de stockage et de traitement de l'information, de l'Internet mondial, des médias sociaux et de la technologie mobile a transformé la recherche marketing. Elle s'appuie de plus en plus sur des données déjà disponibles sous forme numérique. Le rôle du chercheur évolue, ainsi, d'intervieweur à conservateur de données, en se concentrant davantage sur l'observation, l'organisation et l'intégration des données, dont une grande partie existe déjà. Les études par observation se développent. La fonction de recherche et d'analyse va au-delà de la collecte et de l'analyse de données pour gérer et synthétiser des données provenant de diverses sources, des groupes de discussion et des enquêtes par sondage aux médias sociaux et aux grandes bases de données.

2 ÉTUDES DE MARCHÉS ET MARKETING MIX

Le marketing est **le souci dominant de satisfaire la demande en vue de réaliser le profit optimum durable**. Le marketing comprend l'analyse prévisionnelle de la demande, d'une part, et d'autre part, l'analyse et la mise en œuvre des moyens propres à la satisfaire dans les conditions de profit optimum définies à l'avance par les responsables de l'entreprise. L'alliance harmonieuse de ces deux soucis, la satisfaction de la demande et la création de profit, est caractéristique du marketing.

Le marketing est tout à la fois un ensemble de techniques d'analyse prévisionnelle de la demande, un état d'esprit qui préside à l'utilisation de ces techniques et une certaine conception des structures et de la finalité de l'entreprise.

Le marketing est un système de pensée et un système d'action.

Analyser la demande, la prévoir, s'entourer de précautions, et ensuite agir avec vigueur et rapidité, c'est tout ce qu'une direction marketing, c'est-à-dire des hommes, doit pouvoir faire. Or, les qualités d'hommes d'étude et de réflexion sont habituellement opposées aux qualités de l'homme d'action dans notre tradition culturelle. Le marketing exige cependant la réconciliation de la prudence, c'est-à-dire l'étude et la réflexion, et du goût de l'action et de l'entreprise. Cette réconciliation nécessite une nouvelle attitude devant la vie, un état d'esprit.

Ce système de pensée et d'état d'esprit réunit quatre caractéristiques :

- **L'acceptation du changement et du monde en mouvement**. La réconciliation de la réflexion et de l'action ne peut se faire sans une acceptation tranquille du monde en mouvement et du futur parce qu'ils sont les fondements naturels des décisions à prendre et ne doivent pas être ressentis comme une « menace permanente » ;
- **La recherche de l'innovation** (fonction naturelle de l'entreprise). L'innovation apparaît aujourd'hui, non pas comme une contrainte qu'il faut subir pour survivre, mais comme une fonction organique d'expansion qui définit l'entreprise aussi bien que la recherche du profit. L'entreprise devra rechercher les qualités requises chez les hommes placés à certains postes clés et établir, dans l'entreprise, des structures qui favoriseront l'innovation ;
- **Le goût du profit**. Beaucoup d'êtres humains, dont certains dirigeants d'entreprises, ressentent un sentiment de mauvaise conscience, une sorte de malaise et considèrent avec défaveur l'accroissement des richesses et des biens matériels. Ceux-là sont incapables d'acquérir et même de comprendre l'état d'esprit du marketing. Car la direction marketing dans une entreprise est responsable des profits de cette entreprise.
- **Le marketing est concerné par la société**. Et le marketing doit prendre à bras le corps les enjeux de responsabilité des entreprises. Le comportement et les valeurs d'une entreprise sont de plus en plus ouverts au contrôle de son environnement. La croissance des réseaux sociaux facilite les interactions entre consommateurs sur les entreprises, les produits et les marques sur base de leur performance tant fonctionnelle que sociétale. La génération actuelle de consommateurs est plus à l'écoute des préoccupations sociales[6].

6. Kotler P., Kartajaya H., I. Setiawan I., Vandercammen M., *Marketing 3.0*, De Boeck Supérieur, Bruxelles, 2012, p. 183.

En effet, la direction marketing d'une entreprise a en charge la responsabilité des politiques suivantes :

- Politique de **produits** et de **marques** (Que fabriquer ? Sous quel nom ?)

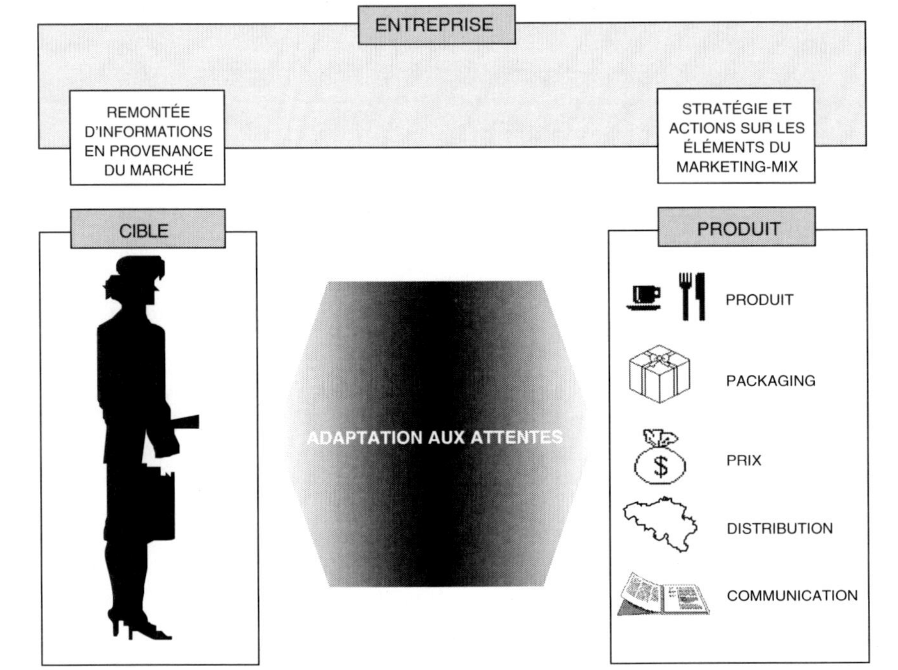

Figure 1.1 : *Recherche marketing et marketing-mix*

- Politique de **marchés** (À qui vendre ? À qui s'adresser ?) ;
- Politique de **prix** (À quels prix vendre et à quelles conditions ?) ;
- Politique de **communication** (Comment se faire connaître et comment se faire préférer ?)
- Politique de **distribution** (Par quels canaux rendre disponible au meilleur prix de revient, le produit ou le service que l'on destine aux consommateurs ?).

Or, pour un prix de revient donné, la mise en œuvre de ces cinq politiques permet d'atteindre un certain chiffre d'affaires dont la différence avec le prix de revient représente le profit brut, et le profit brut, à son tour, exprime les résultats obtenus par la fonction marketing dans l'entreprise.

Produire plus vite, produire au meilleur prix, a depuis toujours été l'objectif numéro un des entreprises industrielles. Au XIXe siècle et au début du XXe siècle, les techniques d'organisation et de direction des entreprises étaient dominées par cette fonction économique quantitative définie par le mot de « rendement ». L'être humain, en tant que producteur, était intégré, assimilé à ce système global défini par la recherche économique du rendement maximum.

Petit à petit, les producteurs ont été contraints de reporter sur leur clientèle une partie de l'attention qu'ils réservaient à leur production. C'est alors que sont apparues, pour affronter les problèmes nouveaux, les techniques de marketing.

Les directions marketing se trouvent de fait associées à un véritable renversement de l'ordre de priorité des problèmes qui assaillent les directions d'entreprise.

Avec le marketing, l'entreprise passe du règne du quantitatif au règne du qualitatif. Elle s'intéresse à l'homme et à son comportement, à l'intérieur de l'entreprise et particulièrement à l'extérieur. En effet, définir le marketing comme étant fondamentalement le souci de la satisfaction de la demande implique une connaissance des besoins de cette demande, c'est-à-dire du consommateur.

Les entreprises doivent se métamorphoser et abandonner rapidement les limites du Marketing 1.0 et 2.0 pour naviguer vers le nouveau monde du Marketing 3.0. Elles doivent donner du sens à leurs produits et services non seulement en se profilant dans les valeurs du développement durable, mais aussi en se focalisant en priorité sur l'amélioration de son activité principale et en la rendant cohérente avec les valeurs recherchées par la communauté[7].

Pour développer une relation entre le marketing et les valeurs, trois étapes sont nécessaires. La première étape commence quand le marketing et les valeurs se rapprochent. Beaucoup d'hommes d'affaires pensent que le marketing ne nécessite pas d'adopter un ensemble de valeurs élevées. Vivre en cohérence avec ces valeurs impose des coûts supplémentaires et des contraintes. Par la suite, une deuxième étape d'équilibre se développe. Les entreprises, qui pratiquaient le marketing de manière classique, consacrent alors une partie de leurs profits à des problématiques sociales. Enfin, lors d'une troisième étape, l'intégration, l'entreprise veut vivre un ensemble de valeurs qui lui permet de définir sa personnalité et sa mission. Toute séparation entre le marketing et les valeurs n'est plus possible[8].

Deux dangers subsistent. D'abord, l'entreprise peut être tentée de se centrer sur des valeurs périphériques plutôt que celles qui sont en lien direct avec son activité principale, son « *core business* ». En agissant de la sorte, l'entreprise peut être mise en cause par ses partenaires et les ONG qui lui reprocheront de vouloir dissimuler des actions ou de brouiller les pistes. À quoi cela sert-il d'encourager la pratique sportive si les produits vendus par l'entreprise sont de piètre qualité nutritionnelle et encouragent l'obé-

---

7. Kotler P., Kartajaya H., I. Setiawan I., Vandercammen M., *Op. Cit.*, p. 183.
8. Kotler P., Kartajaya H., I. Setiawan I., Vandercammen M., *Op. Cit.*, p. 172.

sité ? Pourquoi promouvoir le développement durable quand l'entreprise ne respecte pas les règles du jeu en matière économique et utilise des moyens frauduleux ?[9]

2.1 Marketing mix et « 4 P »

> *« Le marketing mix correspond à l'ensemble des outils à la disposition de l'entreprise pour atteindre ses objectifs auprès du public cible.[10] »*

Ces variables appelées les « *4P* » sont :

- Product : Produit
- Place : Distribution
- Promotion : Communication (publicité, promotion des ventes, ventes, relations publiques)
- Price : Prix

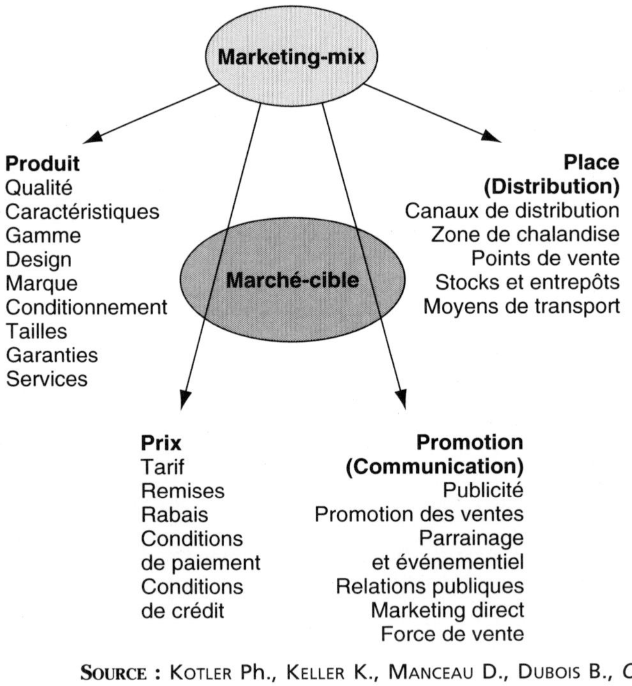

Source : Kotler Ph., Keller K., Manceau D., Dubois B., *Op. cit.*, p. 30.

Figure 1.2 : *Les 4 composantes du marketing-mix*

9. Kotler P., Kartajaya H., I. Setiawan I., Vandercammen M., *Op. Cit.*, p. 172.
10. Kotler Ph., Keller K., Manceau D., Dubois B., *Marketing Management*, Pearson, Paris, 2008, p. 28.

2.2 Études de marchés, une fonction préalable

Pour comprendre le marché, cerner les motivations et les comportements du consommateur, concevoir et orienter les stratégies de commercialisation de ses produits, l'entreprise a besoin dans son action marketing d'un flux d'informations. Dans un environnement concurrentiel instable et changeant, cet apport d'informations permet de réduire le risque des décisions à court, moyen et long terme.

Les études de marchés sont considérées comme le point de départ de l'action marketing. Chaque marché se caractérise par tout un ensemble de traits spécifiques que le responsable marketing doit apprendre à maîtriser. En étudiant un nouveau marché, il aura intérêt à se poser plusieurs questions comme par exemple :

- Quels sont les objectifs de l'achat ?
- Pourquoi achète-t-on ?
- Qui achète ?
- Comment achète-t-on ?

L'analyse de ces points **devra obligatoirement précéder l'élaboration des « 4P » du marketing mix**. L'importance accordée au prix et au service dans la vente d'une matière première ou celle de la communication et de la promotion des ventes dans la commercialisation d'un produit alimentaire repose sur des différences fondamentales propres à chaque marché.

L'étude de marché a développé des techniques scientifiques qui répondent à chaque P.

L'analyse de ces points devra obligatoirement précéder l'élaboration des « *4P* » du marketing-mix. L'importance accordée au prix et au service dans la vente d'une matière première ou celle de la publicité et de la promotion des ventes dans la commercialisation d'un produit alimentaire repose sur des différences fondamentales propres à chaque marché.

En marketing, les études de marchés ont ainsi un rôle important à jouer, celui d'aide à la décision par l'observation des marchés.

L'étude de marchés va donc permettre de prendre les meilleures décisions marketing, de minimiser les risques et d'optimiser les chances de faire du profit.

Si l'étude de marchés est un outil d'aide au décisionnaire, elle ne peut cependant en aucun cas se substituer à lui.

3 RECHERCHE MARKETING ET MÉTHODE SCIENTIFIQUE

Toute recherche marketing digne de ce nom fait appel nécessairement à la méthode scientifique. Pour produire une information valide et fiable, **la recherche marketing doit utiliser la démarche scientifique** qui apporte la rigueur et la fiabilité nécessaire.

La validité d'une étude, en effet, n'est assurée que si celle-ci a été réalisée de manière structurée, objectivement et méthodiquement avec la possibilité de réfuter et de critiquer les hypothèses.

Les **caractéristiques de toute méthode scientifique** sont donc :

- Le *caractère structuré* de l'étude basée sur des concepts définis préalablement, mesurables empiriquement et reliés entre eux sous forme de lois et de théories ;
- L'*objectivité durant toute la démarche* qui repose sur des méthodes indépendantes de toute subjectivité, y compris de la personne qui les met en œuvre et sur la reproductibilité des observations ;
- Le *caractère méthodique* de l'étude ;
- La *réfutabilité des hypothèses explicitées* (l'analyse doit se prêter à des tests empiriques qui permettent de la réfuter, les hypothèses doivent être explicitées) ;
- L'*attitude critique de l'analyste* (n'accepter que ce qui est vérifié par les faits et ce jusqu'à preuve du contraire).

Cette rigueur assure la validité, à la fois interne et externe, de l'étude réalisée.

La *validité interne* s'interroge sur la capacité des résultats à mesurer sans erreur les relations qui existent entre les variables retenues. Par exemple, savoir si l'augmentation du prix a réellement affecté le niveau des ventes.

La *validité externe* s'interroge sur la possibilité de généraliser les résultats obtenus à d'autres études, d'autres situations, d'autres lieux, d'autres périodes. Ainsi, de savoir si la consommation constatée de soft drinks en juillet peut être équivalente à celle du mois de décembre.

L'application de la démarche scientifique au marketing est parfois difficile, et ce pour plusieurs raisons :

- La *complexité du marketing* : cette discipline se situe à l'intersection de la psychologie, de la sociologie, de l'économie, de l'anthropologie, de la sémiologie, etc. La méthode à développer exige une formation pluri-disciplinaire ;
- La *difficulté de mesurer* attitudes, intentions d'achat, comportements, fidélité, préférences, etc. vu l'imprécision des concepts utilisés ;
- L'*expérimentation peu praticable* suite aux coûts élevés et la *présence de concurrents* dont il n'est pas possible de mesurer le comportement ;
- La *faible valeur prédictive* des résultats car leur validité externe est limitée ou implique des coûts très élevés ;
- Le *fantasme du feeling* présent chez certains hommes de marketing qui oublient trop souvent la nécessité de recourir à une démarche scientifique rigoureuse. Il est plus facile d'expliquer la réussite d'une campagne de publicité par la qualité de l'annonce ou du plan média et l'échec d'une autre campagne par le démarrage d'une campagne concurrente.

UNE ÉTUDE SCIENTIFIQUE EST-ELLE TOUJOURS FIABLE ?[11]

Décrypter une étude scientifique n'est guère chose aisée pour le commun des mortels, surtout dès que la polémique se développe dans la presse. Celle-ci ayant pour habitude d'amplifier les éléments présentés par les parties en présence. Surtout quand les impacts économiques et financiers, méconnus du public, peuvent orienter les déclarations des uns et des autres.

Une communication orientée par des médias qui encouragent la polémique

Souvent même, avant la publication de la méthodologie et des résultats, c'est la communication du communiqué de presse qui déclenche les passions. Entre des résultats précis et validés dans des circonstances déterminées et un titre accrocheur, le fossé peut devenir immense. Ainsi, une étude française qui semble montrer la toxicité du maïs OGM NK603 suite à une expérience de longue haleine menée sur des rats apparaît-elle rapidement dans la presse sous un titre accrocheur (12/9/2012 — DH — La dernière Heure) : « *Il faut arrêter de jouer aux apprentis sorciers* », « *La première étude au long cours sur les OGM est nette : les risques de cancer doublent, voire triplent chez les cobayes* ». Avec une réaction des élus de la nation très opportuniste : « *Stopper les essais d'OGM dans les champs belges* », « *La priorité des politiques ça doit être la santé des populations* », « *Ce qui est aussi inquiétant, c'est de se rendre compte que l'industrie agroalimentaire a poussé certains états à se lancer tête baissée dans une technologie agroalimentaire dont on ne connaissait pas vraiment les effets sur la santé* », laissant planer un doute sur les systèmes de contrôle existants en Belgique alors que l'étude est française.

Communication certes très rapide quand le même média (20/9/2012 — DH) titre quelques jours plus tard : « *L'étude sur les OGM largement contestée* », « *La Commission européenne a mandaté une contre-expertise* », « *Le scoop du Nouvel Observateur est-il faisandé ? Basé sur l'étude menée par l'équipe du professeur de biologie moléculaire Gilles-Éric Séralini, développé sur sept pages et vendu en manchette par un titre ravageur Oui, les OGM sont des poisons !, le dossier du très sérieux hebdomadaire français en a pris plein la casquette hier* ».

Critique d'autant plus étonnante que le même média avait annoncé un risque majeur pour la santé quelques jours plutôt. Mais l'actualité quotidienne fait rapidement oublier ces assertions différentes. Difficile de nier la part de responsabilité du journaliste dans la polémique. Avant toute contre-expertise sérieuse, le média a conclu : l'étude n'est plus (!) fiable.

Mesurer la validité

Mesurer la validité nécessite tout d'abord de s'interroger sur le commanditaire de l'étude. Dans le cas de l'étude sur la toxicité du maïs, l'expérience française a été financée par le Comité de recherche et d'information

11. VANDERCAMMEN M., *Une étude scientifique est-elle toujours fiable ?*, *www.mvconsult.be*, février 2014.

indépendantes sur le génie génétique (CRIIGEN), un organisme notoirement opposé aux plantes transgéniques. Quel a été le rôle de cet organisme dans la diffusion des résultats ? D'autant que les journalistes qui ont pu consulter l'étude avant diffusion ont dû signer une déclaration de confidentialité les empêchant de consulter d'autres experts avant la levée de l'embargo. Et comme le plan média de communication était particulièrement bien orchestré avec la parution de deux livres et d'un film, beaucoup de suspicion ont été jetées sur l'étude.

Ensuite, l'équipe de recherche mérite une attention tout aussi particulière. Quelles sont ses expériences dans le secteur de recherche ? Et son niveau de compétences ? Quelle est la méthodologie qui a été développée ? Lors de l'étude française, les auteurs sont membres du CRIIGEN. Le risque de subjectivité est bien réel, tout comme celui de conflit d'intérêts, surtout quand le mode de financement du laboratoire est en jeu. Écrire qu'on est indépendant relève de l'allégation et ne prouve rien. Cependant, cette analyse n'est guère suffisante. Il convient aussi de s'intéresser aux détracteurs de l'étude qui la critique. Et de s'interroger sur leurs intérêts particuliers, surtout quand ils apparaissent comme des concurrents des auteurs de l'étude ou qu'ils représentent les intérêts opposés aux conclusions de l'étude. Ainsi, il n'est pas rare que des études scientifiques favorables à une technologie soient menées par les entreprises qui utilisent ces mêmes technologies. Là aussi, un conflit d'intérêts existe. Parfois même, les entreprises avancent leurs arguments de manière cachée en utilisant comme paravent un institut privé inconnu, une fédération professionnelle ou des scientifiques reconnus.

Sur le plan méthodologique, il convient de vérifier si celle-ci répond bien aux critères de validité interne et externe. D'une part, il s'agit de vérifier que la méthodologie utilisée s'inscrit dans les usages habituels et actuels en matière d'étude et, d'autre part, que le plan de recherche a bien été suivi et fait l'objet d'une description. Il n'est pas rare de trouver des contradicteurs qui utilisent des méthodologies dépassées ou peu appropriées.

La puissance statistique et la représentativité de l'échantillon constituent des éléments clés de la recherche. Le risque est surtout présent quand le nombre d'unités statistiques testées est éclaté en sous-groupes et que la taille de ces derniers est insuffisante. C'est souvent le cas quand le chercheur utilise plusieurs sous-groupes. Dans l'étude française, tout comme dans l'étude réalisée par Monsanto, son détracteur, le biostatisticien Marc Lavielle (Inria), membre du Haut Conseil des biotechnologies (HCB), cité par le Journal Le Monde, explique qu'avec dix rats du même sexe par groupe, il faudrait des effets extrêmement massifs pour que le résultat soit significatif. Pour détecter des effets plus subtils que ceux de l'arsenic à haute dose, il faut simplement plus de rats. C'est le même reproche que l'on peut faire à Monsanto.

La publication dans une revue à comité de lecture peut certes rassurer, mais n'est pas synonyme de garantie absolue. De même que les citations et références ou les informations publiées sur la taille des échantillons.

Des locutions à interpréter

En 1957, C. D. Graham Jr proposait, non sans humour, un décodage des expressions qui apparaissent tout au long des rapports scientifiques.

- « *On sait depuis longtemps que...* » = Je ne me suis pas donné la peine de chercher la référence originale.
- « *Bien qu'il n'ait pas été possible d'apporter des réponses nettes à ces questions...* » = Les expériences n'ont pas marché, mais je me suis dit que je pourrais au moins en tirer une publication.
- « *Trois des échantillons ont été choisis pour une étude détaillée* » = Les résultats des autres ne signifiaient rien et ont été ignorés.
- « *Les échantillons ont été abîmés pendant la préparation* » = Ils sont tombés par terre.
- « *Les échantillons ont été manipulés avec un soin extrême pendant les expériences* » = Ils ne sont pas tombés par terre.
- « *La concordance avec la courbe prédite est excellente... bonne... satisfaisante... assez bonne...* » = assez bonne... médiocre... douteuse... imaginaire...
- « *D'autres études seront nécessaires pour une compréhension complète* » = Je n'y ai rien compris.
- « *Malheureusement, aucune théorie n'a été formulée pour expliquer ces effets* » = Et les autres non plus n'y comprennent rien.
- « Je *remercie Bidule pour l'aide apportée dans les expériences et Machin pour les discussions précieuses que nous avons eues* » = Bidule a fait les expériences et Machin les a expliquées.

La recherche scientifique demeure humaine et subjective

Mais croire que la science est objective, relève du rêve. Les chercheurs sont souvent financés par des groupes d'intérêt et les accords de confidentialité sont nombreux. La recherche est aussi menée par des êtres humains.

Renforcer sa crédibilité exige de la transparence et que le grand public et les journalistes disposent d'une culture scientifique suffisante de manière à être à même de porter un jugement de valeur sur la qualité scientifique d'une étude, sans idée préconçue. Sans doute aussi, en vérifiant si les résultats sont validés par la communauté scientifique. Car au royaume des aveugles, les borgnes sont rois.

4 RÔLES DE LA RECHERCHE MARKETING

La recherche marketing vise à favoriser la mise en place du concept marketing. Elle analyse le marché (*marketing stratégique*) et est un outil d'aide à l'action (*marketing opérationnel*).

Trois objectifs en découlent :

- L'aide à la *compréhension* (décrire, analyser, mesurer, prévoir la demande et les facteurs qui l'influencent) ;
- L'aide à la *décision* (identifier les moyens de conquête de la demande potentielle et déterminer leur niveau d'intervention) ;
- L'aide au *contrôle* (analyser les performances et les résultats atteints).

En conséquence, la recherche marketing assure **trois responsabilités** :

- La responsabilité du *diagnostic des besoins* en information,
- La responsabilité du *choix des variables* à mesurer,
- La responsabilité de la *validité des informations* recueillies.

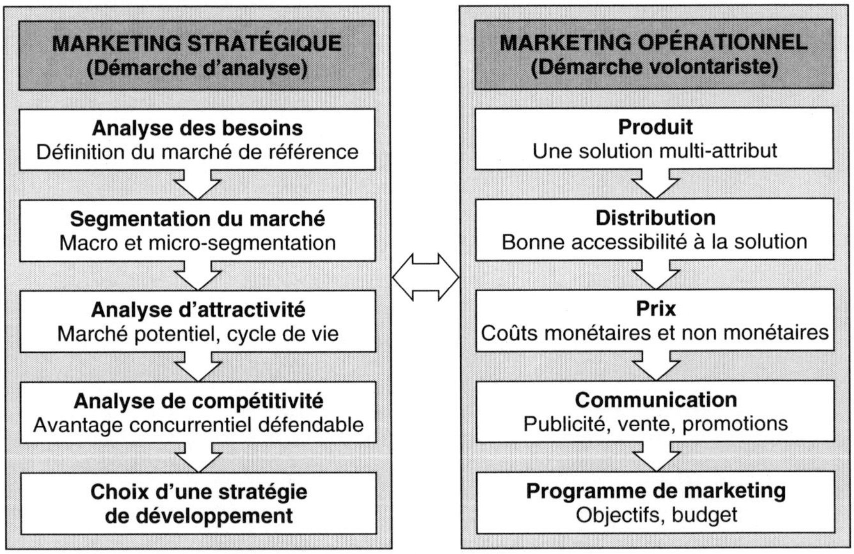

SOURCE : LAMBIN Jean-Jacques, DE MOERLOOSE Chantal, *op. cit*, 2007.

FIGURE 1.3 : *Rôles de la recherche marketing*

5 IMPORTANCE DE LA RECHERCHE MARKETING

Faut-il ou pas recourir à la recherche marketing pour prendre une décision ? Telle est la question qui se pose à tout décideur. Cette question peut s'analyser en fonction des considérations suivantes :

- *Dispose-t-on de suffisamment de temps avant la décision* ?

  Une étude de marchés sérieuse exige un certain délai. Toute urgence dans la décision ne peut que nuire à la réussite de l'étude. Souvent, elle exclut tout recours à la recherche marketing.

- *L'enjeu de la décision est-il considérable pour l'entreprise ?*

  Les coûts de l'étude de marchés doivent être proportionnels avec les résultats escomptés. Certaines décisions de routine ne nécessitent pas de recours à la recherche marketing.

- *L'information déjà disponible est-elle adéquate pour la prise de décision ?*

  Souvent, l'entreprise dispose des informations nécessaires à la prise de décision et le recours à l'étude ne se justifie pas. Toutefois, une information complète et parfaitement fiable n'existe généralement pas.

- *La valeur de l'information supplémentaire est-elle réellement supérieure aux coûts ?*

  Les dépenses en matière d'étude doivent être perçues comme un investissement. À ce titre, il convient, avant d'entreprendre toute étude, d'en estimer le rendement.

Quoi qu'il en soit, plusieurs raisons justifient le recours à une étude de marché :

- La *demande* devient de plus en plus complexe car elle dépend des facteurs hors contrôle de l'entreprise. *Le dialogue avec l'environnement est essentiel* ;
- La *rapidité des changements* économiques, technologiques et concurrentiels de l'environnement exige un temps d'adaptation plus court. La capacité d'anticiper les changements est devenue une ressource stratégique ;
- Le *comportement des consommateurs* devient de plus en plus complexe. Leurs besoins de base sont largement rencontrés. Les besoins de nouveautés, de surprises, de diversité deviennent des nécessités vitales ;
- Le *coût du marketing* et les *risques d'échec* liés au lancement de produits augmentent ;
- Les *marques* prolifèrent. Le nombre de produits et la concurrence s'accroissent ;
- Les *informations commerciales spécifiques* manquent ou sont vite dépassées ;
- Le *parcours client* se modifie dans l'économie numérique, créant une nouvelle dynamique sociale qui mérite d'être appréhendée avec de nouveaux outils ;
- Le *monde du marketing* se digitalise. Il modifie les rapports de force, les opportunités offertes par la connectivité numérique et exige un suivi permanent des transformations du marché.

Questions

1. Quels sont les rôles de la recherche marketing ?
2. Quand un problème marketing se pose au décideur, quel est l'intérêt de recourir aux études de marchés ?
3. Pourquoi la recherche marketing doit-elle utiliser la méthode scientifique ?
4. Que faut-il entendre par méthode scientifique ?
5. Que faut-il entendre par validité interne et externe ?
6. En quoi l'étude des marchés est-elle un préalable à l'action marketing ?
7. Décrivez un problème spécifique de recherche marketing pour une commune (municipalité) ; un centre de documentation ; un restaurant de luxe.
8. Précisez les apports des études de marchés au Marketing 3.0 et au Marketing 4.0.

CHAPITRE 2

INTELLIGENCE STRATÉGIQUE, SYSTÈME D'INFORMATION MARKETING ET RECHERCHE MARKETING

1 Intelligence stratégique appliquée au marketing

2 Système d'information marketing

3 Objectifs d'un système d'information marketing

4 Contenu d'un système d'information marketing

5 Acteurs d'un système d'information marketing

6 Outils et technologies d'un système d'information marketing

1 INTELLIGENCE STRATÉGIQUE APPLIQUÉE AU MARKETING

L'intelligence marketing ou intelligence stratégique appliquée au domaine du marketing est la collecte et l'analyse des informations utiles à l'entreprise. L'intelligence marketing vise principalement à déterminer des opportunités de marché, à développer des stratégies de pénétration de marchés et d'outils de mesure des comportements des consommateurs (B2C) et des organisations (B2B) qui constituent les partenaires (skateholders) de l'entreprise : clients, fournisseurs, alliés, concurrents...

L'intelligence marketing va poursuivre les objectifs suivants :

- Identifier le marché global d'une entreprise : cartographie approfondie des acteurs du marché ;
- Identifier les forces et faiblesses de l'entreprise sur ce marché ;
- Comprendre la nature et le positionnement des produits et des services proposés sur le marché concerné ;
- Identifier les nouvelles tendances du secteur d'activité ;
- Identifier les mouvements stratégiques de la concurrence (nouvel entrant, nouveaux produits et services, etc.) ;
- Étudier et gérer les perceptions des consommateurs vis-à-vis des produits et des services ;
- Minimiser les risques d'investissement, en particulier dans des environnements hautement compétitifs.

Par une prise en compte plus large du spectre d'interactions de l'entreprise, l'intelligence marketing vise à englober l'ensemble des déterminants de sa stratégie marketing. La différence entre les études de marchés et l'intelligence stratégique (IS) peut, dans une certaine mesure, se comparer à la différence entre une analyse macro- et une analyse micro-économique. L'IS va creuser l'actualité et le comportement d'un concurrent, d'un client ou d'un opérateur influent dans son domaine d'activité. Pour ce travail d'enquête, les opérateurs économiques d'importance (banques, fonds d'investissement, multinationales) vont souvent penser à sous-traiter la recherche. Pour les PME, il est possible de comprendre les intentions des concurrents ou analyser l'état de leur situation commerciale en respectant quelques principes essentiels :

- Formuler une question précise et cruciale pour le développement futur de l'entreprise ;
- Utiliser les ressources humaines internes (réceptionniste, délégué commercial, etc.) et externes (partenaires commerciaux) comme capteurs d'information en gérant les remontées d'information de manière structurée à travers des outils de veille stratégique ;
- Identifier les motivations personnelles qui peuvent avoir une influence sur l'évolution de son marché ou de son environnement d'entreprise : concurrents, législateurs, etc.

À ce titre, les études de marchés peuvent s'organiser autour de différentes thématiques en vue de renforcer la capacité stratégique de l'entreprise :

- Panorama du marché, les grandes tendances et le potentiel, les filières, régions, produits et services, les chiffres clés ;
- Analyse de l'offre, état de la concurrence, profil des principaux acteurs, estimation des capacités de production d'un ensemble industriel, à partir de sources ouvertes ;
- Analyse de la demande, évolution globale et segmentation ;
- Étude de l'environnement, des facteurs qui peuvent avoir une influence sur le marché et sur l'entreprise ;
- Prospective sur l'évolution et les perspectives du marché ;
- Détection de nouveaux axes de recherche ou de développement de produits (analyse de la politique de recrutement suivie par une entreprise : identification des annonces d'emploi qu'elle publie) ;
- Estimation des prix avant le lancement de produit ou de détection de fournisseurs ;
- Détection de nouvelles opportunités (en étudiant les tendances de consommation d'une population), etc.

L'intelligence marketing prend la forme d'un système développé afin de collecter, stocker, analyser et interpréter l'information marketing disponible dans l'environnement dans lequel se situe l'entreprise. Il doit permettre de concevoir et développer une stratégie marketing adaptée, mais également de planifier les conditions efficientes de sa mise en application. Selon les auteurs, il prend la dénomination de système d'information marketing ou système d'intelligence marketing.

2 SYSTÈME D'INFORMATION MARKETING

Dans un environnement concurrentiel en perpétuelle mouvance, le décideur marketing doit pouvoir prendre les **décisions nécessaires à sa stratégie** et notamment :

- *prévoir l'évolution* de ses marchés ;
- *cerner les besoins* potentiels ;
- *identifier les innovations* technologiques qui influenceront les produits de demain ;
- *observer les comportements* des acteurs économiques, politiques et sociaux ;
- *saisir les opportunités* offertes.

L'entreprise va concevoir, mettre en place et gérer des capteurs sensibles concernant le marché, le système concurrentiel et l'environnement technologique, économique, politique, social et socioculturel.

Cet ensemble de capteurs et de gestion de l'information sera développé au sein du système d'information marketing (*Marketing information system*).

> « *Un système d'information marketing (SIM) associe des hommes, des équipements et des procédures en vue de rassembler, trier, analyser et diffuser des informations utiles, nécessaires et pertinentes aux responsables marketing pour les aider à prendre leurs décisions*[1]. »

En pratique, il s'agit de trouver un équilibre entre les informations dont les responsables marketing estiment avoir besoin, celles dont ils ont vraiment besoin et ce qui est viable au plan économique. Les personnes en charge du système d'information marketing doivent donc interroger les responsables marketing et commerciaux sur leurs besoins.

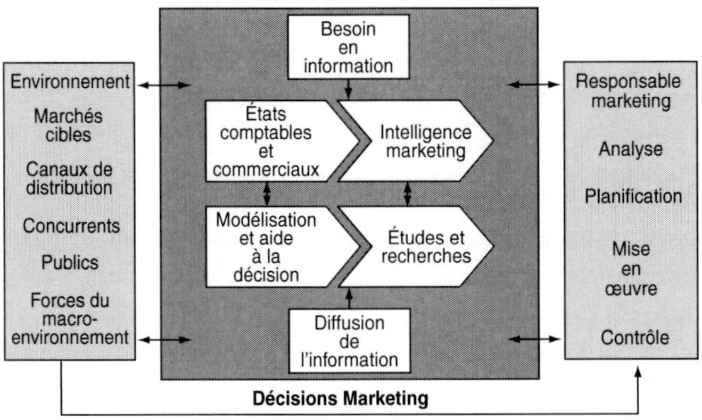

SOURCE : DEMOUY G., SPIZZICHINO R., *Les Systèmes d'Information en Marketing*, Dunod, Paris, 1969.

FIGURE 2.1 : *Le système d'information marketing*

Le concept du système d'information marketing a été étudié par Kotler en 1966 et repris par Richard H. Brien et James E. Statfford en 1968. Mais, faute d'outils informatiques performants, les SIM n'étaient alors reliés directement et principalement qu'à la recherche marketing avec les éléments du marketing mix (produit, prix, promotion, distribution). Finalement, un SIM n'était qu'un modèle systématique et coordonné pour rendre la stratégie marketing de l'entreprise plus efficiente.

Le système d'information marketing est l'ensemble des moyens qui permettent aux dirigeants de se tenir individuellement informés sur l'évolution de leur environnement. Il s'articule autour de **quatre composantes** importantes et complémentaires qui doivent intégrer et coordonner l'ensemble des informations nécessaires à la gestion marketing de l'entreprise. À ce titre, il intégrera toute information interne fournie par l'entreprise (en général par

1. KOTLER Ph., KELLER K., MANCEAU D., DUBOIS B., *op. cit.*, p. 82.

le système comptable interne) et toute information extérieure, qu'elle soit existante (données secondaires) ou à collecter (données primaires).

- **États comptables et commerciaux** : le système comptable interne est utilisé par la plupart des dirigeants marketing pour contrôler les comptes-rendus de commandes, ventes, inventaires et dettes. Il fournit l'information rapidement, étant donné que la plupart des organisations produisent des enregistrements des ventes mensuelles, ou hebdomadaires, etc. pour accompagner la gestion de l'entreprise.
- **Intelligence marketing** : le système de renseignement collecte de l'information le plus souvent de façon informelle sur l'environnement et la concurrence à travers sources et moyens qui permettent aux dirigeants de se tenir continuellement informés de l'évolution de l'environnement économique, social, politique du domaine d'activité dans lequel l'entreprise opère et d'évaluer en permanence les forces et faiblesses de la position détenue dans le marché de référence. Les moyens pour surveiller l'environnement sont multiples : journaux spécialisés (*Wall Street Journal*, *The Financial Times*, le *Tijd*, *Les échos*, *l'écho*, etc.), périodiques professionnels (*Business Week*, *LSA*, *Distribution d'Aujourd'hui*, etc.), congrès ou colloques. Les entreprises qui utilisent ce système de façon intégrée organisent des réunions régulières où l'information d'alerte ou de veille (intelligence information) collectée est discutée par les membres de l'équipe marketing.
- **Modélisation et aide à la décision** : le système d'analyse étudie l'information depuis des sources variées (interne, veille-marché, recherche marketing) et construit un modèle d'analyse de marché. Il peut ainsi utiliser l'information sur la hausse des coûts des matières premières et les revenus décroissants des consommateurs pour prévoir la demande si des changements des prix ont lieu. Il aide le décideur à utiliser l'information dont il dispose pour réduire l'incertitude attachée à un plan d'action. Ce système renferme aussi le système marketing d'aide à la décision (Marketing Decision Support System) qui se définit comme : « la collecte coordonnée de données, systèmes, outils et techniques avec le support de logiciels avec lesquels l'organisation rassemble et interprète l'information pertinente des marchés et environnements et les transforme en une base pour l'action marketing. » (LITTLE, 1979).
- **Études et recherche** : le système de recherche marketing reprend souvent les études formelles qui sont menées pour résoudre un problème particulier. La recherche marketing spécifie l'information dont on a besoin pour adresser aux problèmes marketing spécifiques des techniques de collecte de données appropriées, l'analyse des données, et le rapport des résultats de la recherche avec ses implications. Dans cette optique, la recherche marketing n'est qu'une composante du système marketing. Le SIM est beaucoup plus large. La différence entre les deux réside dans le fait que la recherche marketing se fait à un moment donné pour un problème précis, alors que le SIM vise à recueillir et à transmettre de l'information sur une base continue. Les études de marchés sont l'outil

préférentiel utilisé pour acquérir de l'information qui sera intégrée dans le SIM. Au sein du SIM, l'information apportée par la recherche marketing y est très souvent complétée par l'information déjà disponible (données secondaires). Elle doit être une préoccupation permanente qui n'est pas réservée à un moment privilégié, car face à la complexité de l'environnement dans lequel se situe l'entreprise, l'information est une ressource rare qu'il convient de gérer.

Même le secteur non-profit s'est lancé dans les études et la recherche marketing.

LES ÉTUDES DE MARCHÉS S'IMPLANTENT DANS LES ASSOCIATIONS

De nombreuses organisations à but non lucratif s'intéressent aux études de marché en vue de réaliser leurs missions sociétales et de mieux répondre aux attentes de bénéficiaires. Sensibilisation à l'environnement, lutte contre la consommation de tabac, de drogues ou d'alcool, promotion de la santé, sensibilisation aux problèmes sociaux côtoient désormais les études de marchés des marques et les sondages de toute nature. Et les associations de consommateurs, collectivités locales ou territoriales, hôpitaux, institutions religieuses, musées, organisations humanitaires, théâtres ou universités et établissements d'enseignement intègrent leurs résultats dans leurs campagnes de marketing social.

Le SIM se situe tout au long d'un cheminement continu selon le niveau organisationnel et le degré d'aide à la décision :

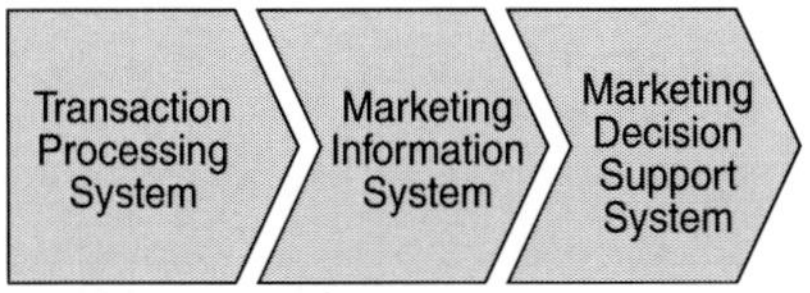

FIGURE 2.2 : *Localisation du système d'information marketing*

- **Transaction Processing System** : Il produit un résumé de l'information à partir de données brutes et est utilisé par les « junior-managers » pour gérer les décisions quotidiennes.
- **Marketing Information System** : Il fournit un mode de management intermédiaire à partir de rapports basés sur l'information résumée et permet des analyses « what-if » ainsi que des interrogations ad hoc et la production de rapports.
- **Marketing Decision Support System** : Il permet aux dirigeants marketing de modéliser les comportements du marché afin d'évaluer les effets d'actions alternatives, de conduire des analyses « what-if ».

Pour éliminer les risques multiples liés aux mises à jour (lenteur, coût, risque d'erreurs), ces trois sous-systèmes constituent des éléments d'un seul et même système. Ainsi, les ventes quotidiennes pour un produit particulier, dans une boutique particulière, sont transmises en temps réel et peuvent être synthétisées dans un rapport ou résumées davantage dans un tableau de bord, en temps réel, pour une analyse utile pour la direction générale. Chaque niveau établit des relations entre des sources diverses et les décideurs.

À chaque niveau de structure du SIM (sources d'information, questions et réponses, prise de décision, résultats), une dynamique de cohérence apparaît.

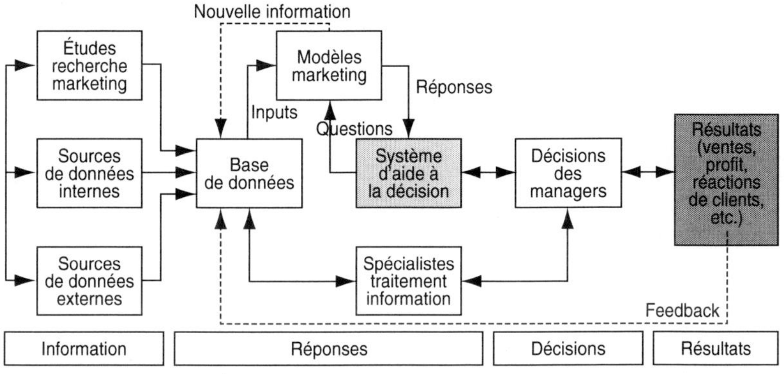

FIGURE 2.3 : *Cohérences et système d'information Marketing*

Aujourd'hui les SIM constituent des systèmes d'aide à la gestion du marketing (marketing management support systems) qui se composent des SIM, des systèmes d'aide à la décision marketing (marketing decision support systems (MDSS), des systèmes marketing qui s'appuient sur la connaissance (marketing knowledge-based systems (MKBS).

TABLEAU 2.1 : *Évolution des systèmes d'aide à la gestion du Marketing*

Dénomination	Création	Principales caractéristiques
Modèles marketing	1960	Représentation mathématique et objective qui calcule des valeurs optimales pour les instruments marketing et recherche la meilleure solution.
Systèmes d'information marketing	1965	Système passif de stockage et d'utilisation des données qui fournit de l'information quantitative de ce qui se passe sur le marché et en analyse les raisons.
Systèmes d'aide à la décision marketing	1980	Systèmes flexibles basés sur le jugement du gestionnaire qui permettent des simulations de type What-if.
Systèmes expert en marketing	1985	Expertise humaine qui se concentre sur la connaissance marketing et la représente sur base de règles. Cette approche normative recherche la meilleure solution.

TABLEAU 2.1 : *Évolution des systèmes d'aide à la gestion du Marketing (Suite)*

Dénomination	Création	Principales caractéristiques
Systèmes marketing basés sur la connaissance	1990	Diverses méthodes qui incluent des approches hybrides tentent de représenter la connaissance de manière structurée. Le raisonnement est basé sur les modèles.
Systèmes marketing de raisonnement basé sur des cas	1995	Analyse réalisée par similarité avec les cas précédents stockés en mémoire, réutilisés et adaptés. Pas de généralisation possible.
Marketing de réseaux	1995	Associations et reconnaissance de « patterns » basées sur l'apprentissage.
Programmes marketing par la créativité	2000	Utilisation de la créativité dans la résolution des problèmes (Associations par connections, Génération d'idées).
Observatoire des Médias Sociaux	2010	Utilisation des médias en ligne et des réseaux sociaux pour enrichir la méthodologie d'étude et découvrir des informations relatives à la marque ou les tendances de marché.

3 OBJECTIFS D'UN SYSTÈME D'INFORMATION MARKETING

Quand une entreprise dispose de la bonne information au bon moment, celle-ci donne à l'entreprise une avance considérable, durable et importante sur la concurrence. Le système d'information marketing a pour objectif de **structurer** et de **gérer les besoins d'information marketing**.

Aussi le système d'information marketing :

- Permet *l'analyse des résultats* enregistrés et des erreurs commises dans le passé pour en tirer des enseignements pour le présent et l'avenir ;
- Facilite *la prise de décision* en ce qui concerne le choix du marché, le choix des produits et la définition de la gamme, la stratégie commerciale, la définition des politiques du mix-marketing ;
- Permet de *répondre à deux questions fondamentales* en terme d'analyse et de contrôle :

  Quel est l'effet de notre augmentation de prix ?
  Est-ce que notre publicité « marche » ?

Et en terme de prévision et de mobilisation :

  Que se passerait-il si... ?
  Comment faire pour que... ?

- *Fournit* à chaque manager, en fonction de son rôle et de sa position hiérarchique, *les informations* qui lui serviront à réaliser son travail ;
- Permet de *filtrer l'information* afin que chaque manager ne reçoive que l'information qu'il peut et qu'il doit manipuler. Il est inutile d'assommer le chef de produit de données brutes qu'il n'analysera pas.

De plus, le SIM

- *Procure toute analyse, donnée ou information* lorsqu'elle est demandée ;
- Ne *fournit qu'une information mise à jour* ;
- Ne fournit l'information au manager *que lorsque l'action est possible et appropriée* ;
- Procure l'information sous une *forme compréhensible et agréable* au décideur.

Pratiquement, le SIM doit permettre le suivi budgétaire du compte d'exploitation du produit, (y compris la publicité et les promotions), tant auprès du chef de produit actuel que du responsable marketing ou du futur chef de produit.

4 CONTENU D'UN SYSTÈME D'INFORMATION MARKETING

Quatre principes gouvernent le SIM :

- *La spécificité des informations.* Les informations marketing sont utilisables sans traitement préalable ;
- *La tenue unique des informations.* Pour optimiser la fiabilité, le SIM doit être localisé en un seul endroit ;
- *La périodicité des informations.* La périodicité doit répondre aux besoins de chaque utilisateur ;
- *L'existence de différents types de « fact-books ».* Le SIM se compose d'un certain nombre de fact-books tels que le lancement du produit, le suivi d'un produit en phase de maturité ou les informations générales sur la concurrence.

UNE ENTREPRISE PEUT-ELLE SURVIVRE SANS QUALITÉ DE DONNÉES GLOBALE[2]

Pour exploiter au mieux son capital de données, l'entreprise doit lancer une initiative de « qualité des données ». Stratégique pour l'entreprise, ce programme doit être permanent et ne pas rester une mesure isolée dans le temps. La qualité des données concerne de nombreuses fonctions métiers et informatiques au sein de toute l'organisation. Elle nécessite de définir des processus formels de qualité des données appliqués par la direction, qui permettent d'agir sur l'ensemble des projets : de la standardisation des données au profilage, en passant par le nettoyage, jusqu'à l'enrichissement. Il faut définir des règles de gestion des données de l'entreprise, édictées pour garantir la complétude, la conformité, la cohérence, l'exactitude, la non-duplication et l'intégrité des données.

2. Schreiber Didier, *Une entreprise peut-elle survivre sans qualité de données globale ?*, 2012, [en ligne], http://www.marketing-professionnel.fr/tribune-libre/entreprise-qualite-des-donnees-performance-globale-2-201201.html, consulté le 2 février 2018.

Bref : un programme de gouvernance des données. Pour garantir son efficacité, ce programme doit inclure un comité, un ensemble de procédures et leur plan d'exécution. Autour des données, le programme doit mettre en pratique les contrôles de qualité des données et diffuser les bonnes pratiques. Il est articulé autour de deux approches :

- Une approche proactive incluant les bonnes pratiques à appliquer. Quand de nouvelles données sont générées, de nouveaux projets affectant les données sont lancés ou des actions de qualité sont effectuées ;
- Une approche réactive incluant les actions de correction de non-qualité, les actions de mise en conformité suite à des nouveaux règlements, les actions d'intégration suite à la mise en œuvre des nouvelles architectures orientées service (SOA).

Tableau 2.2 : *Relation entre les différentes composantes du SIM, les informations disponibles et les analyses possibles*

Composantes SIM	Informations disponibles	Quelques analyses possibles
Système comptable interne	• État mensuel des ventes ventilées par produit, gamme, clientèle, zone de chalandise, régions, pays ;	• Comparaison de l'évolution des ventes (chiffre d'affaires et volume) par rapport à la période précédente ; • Analyse de la pénétration commerciale par zone de chalandise, région, pays ; • Évaluation de l'action de la force de vente ; • Identification des variations saisonnières et prévisions de croissance et des ventes.
Système de renseignements marketing	• Informations périodiques et régulières centrées sur l'environnement et la concurrence ; • Localisation des sources d'informations externes (journaux, périodiques), rapports des études multi-clients internes (rapport de la force de vente), service de surveillance de la concurrence, etc ;	• Analyse de corrélation entre les ventes et les actions de promotion ; • Analyse de corrélation entre les ventes et les actions de concurrents ; • Évaluation des impacts des promotions (publicité, PLV, etc.) ; • Analyse des actions des concurrents ; • Produits, gamme, prix, distribution, promotion, publicité, sponsoring, communication, etc. ; • Analyse des stratégies de concurrents.
Système de recherche marketing	• Informations ponctuelles nécessaires à toute décision marketing ;	• Intérêt des consommateurs pour une nouvelle gamme ; • Mesure de l'efficacité de la campagne de communication.

Tableau 2.2 : *Relation entre les différentes composantes du SIM, les informations disponibles et les analyses possibles (Suite)*

Composantes SIM	Informations disponibles	Quelques analyses possibles
Système d'analyse marketing	• Traitement et analyse des informations recueillies par un des trois systèmes précédents.	• Analyse de la performance de l'entreprise ; • Analyse de la part de marché ; • Évaluation de l'attractivité produit-marché ; • Appréciation de la compétitivité de l'entreprise.

Tableau 2.3 : *Analyses marketing possibles grâce au SIM*

Analyse	Description	Questions de recherche
Analyse de l'attractivité de l'environnement	• Analyse des tendances du marché	• Taille du marché global, en volume et chiffre d'affaires ; • Tendances à court terme et long terme (évolution, stagnation, régression) ; • Niveau de consommation par habitant, client/non-client ; • Évaluation du niveau de saturation ; • Analyse de la publicité (média utilisé, pression publicitaire globale) ;
	• Analyse du comportement du consommateur	• Mesure du comportement d'acquisition (marques habituelles, dernières marques achetées, quantités par achat, conditions d'acquisition, lieux d'achat, période d'achat, durée inter-achats, acheteur habituel, prescripteur, etc.) ; • Mesure du comportement d'utilisation (types d'utilisation, fréquence, quantité, lieu de consommation, période, mode, moment habituel, heavy user, etc.) ; • Mesure du comportement de possession (marques possédées, stockage, quantité détenue, mode de conservation, lieux de détention, période et durée de détention, etc.) ;
	• Analyse du réseau de distribution	• Part de marché et circuit de distribution, type de circuit utilisé, coût de la distribution, segments couverts par réseau, marge, ristourne, aides fournies au distributeur, etc. ;
	• Analyse de la concurrence	• Concurrents directs et indirects, nouveaux entrants, stratégie concurrentielle, produits de substitution, fournisseurs, barrières légales à l'entrée, etc.
	• Analyse de l'environnement économique, social et politique	• Augmentation des prix (index), PNB, évolution technologique prévisible, tendances démographiques, changements socioculturels, incidence légale et réglementaire, incidence fiscale et comptable, impact de l'environnement international, impact écologique, procédés polluants, etc.

Tableau 2.3 : *Analyses marketing possibles grâce au SIM (Suite)*

Analyse	Description	Questions de recherche
Analyse de la compétitivité de l'entreprise (forces et faiblesses)	• Analyse du portefeuille d'activités de l'entreprise	• Évolution des ventes par produit, segment, circuit de distribution, part de marché, spécificité des produits, de la gamme, etc. ;
	• Analyse de la concurrence	Parts de marché relatives, forces et faiblesses des concurrents, produits, gammes, actions promotionnelles, publicité, etc. ;
	• Analyse de la pénétration dans la distribution	Analyse des réseaux (nombre, forces et faiblesses), répartition des ventes, taux de croissance par distributeur, etc. ;
	• Analyse de la force et de la qualité de la communication	Évaluation des actions de communication, intensité, pression, opportunité, agrément, thèmes développés, supports réseaux, PLV, etc.
Analyse de la part de marché.	• Analyse de la part de marché proprement dite	Part de marché absolue (volume), part de marché en valeur (chiffre d'affaires), part de marché desservi, part de marché relative, part de marché relative au leader ;
	• Analyse de la structure de la part de marché	Taux d'occupation du marché (pénétration horizontale), taux d'exclusivité, taux d'intensité ;
	• Analyse dynamique de la part de marché	Analyse de l'évolution de la part de marché, taux d'exclusivité, taux de fidélité des consommateurs, marque de remplacement.

5 ACTEURS D'UN SYSTÈME D'INFORMATION MARKETING

Généralement, la coordination du SIM est prise en charge par le département de recherche marketing de l'entreprise. Toutefois, l'animation est assurée par un comité de suivi permanent composé de toutes les parties intéressées. De nombreux départements de l'entreprise sont impliqués dans l'animation d'un SIM. Suivant la taille de celle-ci et son organisation, la direction générale, la direction marketing (et les responsables des produits, services et marchés et recherche marketing), la direction des ventes, la direction de la distribution, la direction de la recherche/développement, la direction de la production, la direction financière et les spécialistes du traitement de l'information peuvent être impliqués. Le SIM prend souvent la forme d'un outil informatique de gestion, appelé parfois data warehouse, qui centralise l'ensemble des informations utiles à l'adoption de la stratégie et à son opérationnalisation.

Les entités de taille plus modeste intègrent leur système d'information marketing au sein de leur système d'information général (Management Information System).

6 OUTILS ET TECHNOLOGIES D'UN SYSTÈME D'INFORMATION MARKETING

Les outils et technologies utilisés dans le SIM dépendent des trois phases de développement du SIM (acquisition, communication et traitement des informations disponibles).

Ces phases peuvent être développées simultanément et pour des thèmes différents.

TABLEAU 2.4 : *Outils et technologies du SIM suivant les trois phases de développement*

Outils et technologies du SIM en phase d'acquisition		
Source d'informations	***Mode d'acquisition***	***Stockage***
• le terrain • l'information disponible sur support papier et électronique • l'information disponible sur les réseaux sociaux • les banques de données	• collecte directe • collecte indirecte par partenaire extérieur	• archivage traditionnel • constitution de bases de données internes • archivage dans le Cloud • consultation à distance
Outils et technologies du SIM en phase de communication		
Objet	***Mode de communication***	***Support de communication***
• informations brutes • informations traitées	• informelle • formelle écrite • électronique • bureautique	• numéro de presse • news letters • rapports • accès banques de données internes • accès banques de données externes • système d'information interactif
Outils et technologies du SIM en phase de traitement		
Recherche d'informations stockées	***Analyse d'informations***	***Formalisation de l'information***
• logiciels de recherche documentaire • logiciels de Social Listening • gestion de fichiers	• informelle • formelle écrite • électronique • bureautique	• numéro de presse • news letters • rapports et tableaux de bord • accès banques de données internes • accès banques de données externes • système d'information interactif

EXPLORER LES DONNÉES LE DATA MINING

L'exploration de données, connue aussi sous la dénomination de « data mining », vise à faire émerger un savoir à partir de grandes quantités de données, par des méthodes automatiques ou semi-automatiques.

Elle se propose d'utiliser un ensemble d'algorithmes issus de disciplines scientifiques diverses telles que les statistiques, l'intelligence artificielle ou l'informatique, pour construire des modèles à partir des données, c'est-à-dire trouver des structures intéressantes ou des motifs selon des critères fixés au préalable, et d'en extraire un maximum de connaissances.

Les méthodes[3] descriptives permettent d'organiser, de simplifier et d'aider à comprendre l'information sous-jacente d'un ensemble important de données. Elles travaillent sur un ensemble de données, organisées en instance de variables, dans lequel aucune des variables explicatives des individus n'a d'importance particulière par rapport aux autres. Elles sont utilisées par exemple pour dégager, d'un ensemble d'individus, des groupes homogènes en typologie, pour construire des normes de comportements.

Les méthodes prédictives tentent d'expliquer ou de prévoir un ou plusieurs phénomènes observables et effectivement mesurés. Elles utilisent principalement deux types d'opérations : la discrimination ou classement, et la régression ou prédiction, tout dépend du type de variable à expliquer. La discrimination s'intéresse aux variables qualitatives, tandis que la régression s'intéresse aux variables continues.

Concrètement, elles vont s'intéresser à une ou plusieurs variables définies comme étant les cibles de l'analyse. Par exemple, l'évaluation de la probabilité pour qu'un individu achète un produit plutôt qu'un autre, la probabilité pour qu'il réponde à une opération de marketing direct, celle qu'il contracte une maladie particulière, en guérisse, les chances qu'un individu ayant visité une page d'un site web y revienne...

Le data mining utilise des logiciels tels que SPSS, RapidMiner, SAS, Excel, R, KXEN Weka, Matlab, KNIME, Microsoft SQL Server, Oracle DM, STATISTICA, SPAD...

QUESTIONS

1. Décrivez les éléments qui composent un système d'information marketing.
2. Détaillez les informations disponibles dans un SIM avec classement intégré pour une société de distribution.
3. Décrivez les analyses de compétitivité possibles par l'utilisation d'un SIM.
4. Citez les outils et technologies utilisés dans les différentes phases du SIM.
5. Décrivez les informations à réunir dans le cas d'un fact-book pour un dentifrice en phase de lancement.
6. Décrivez les informations à réunir dans le cas d'un fact-book pour une gamme de plats surgelés préparés en phase de maturité.

3. Ces méthodes sont présentées au chapitre 12.

CHAPITRE 3

TYPOLOGIE DES ÉTUDES ET ÉTAPES DU PROCESSUS DE RECHERCHE

1 Typologie des études
2 Étapes du processus de recherche
3 Contenu d'une proposition d'études
4 Réalisation d'une étude
5 Code déontologique

1 TYPOLOGIE DES ÉTUDES

Plusieurs approches ont été développées par les spécialistes en recherche marketing. Parmi celles-ci, deux typologies retiennent particulièrement l'attention.

1.1 Deux typologies

La littérature spécialisée distingue trois types d'études **en fonction des objectifs poursuivis** :

- Les *études exploratoires* qui ont pour objectif de découvrir la nature d'un problème marketing. L'analyste utilisera, dans ce cas, la desk research ou les études qualitatives ;
- Les *études descriptives* quantitatives qui donnent un maximum d'informations sur un marché. Les études par questionnaire, les panels et la desk research répondent à ces objectifs ;
- Les *études causales* qui visent à établir des relations de cause à effet entre les phénomènes et établir des modèles prédictifs. C'est l'expérimentation qui mesure le plus aisément les relations de causalité.

D'autres, au contraire, distinguent les études en fonction de **l'approche méthodologique**. Ils éclatent la recherche marketing en fonction du type de données recherchées (les données primaires — non existantes — et les données secondaires déjà disponibles).

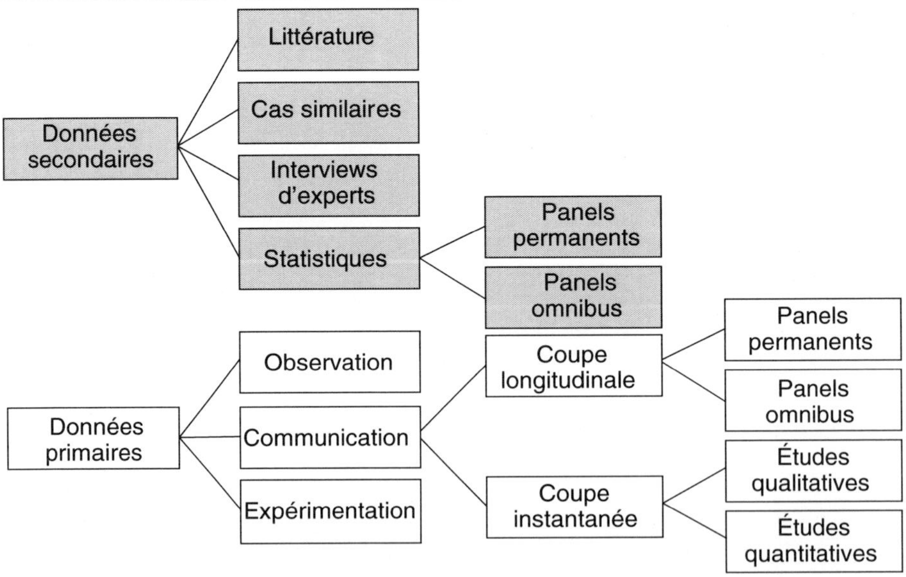

FIGURE 3.1 : *Typologie des études de marchés en fonction de l'approche méthodologique*

1.2 Sources d'information et méthodes de recueil de l'information

On distingue généralement **deux types de sources d'information.**

Les *sources premières* sont constituées par l'information originale, récoltée lors d'une enquête. Les *sources secondaires* sont en fait des informations déjà disponibles.

La recherche documentaire ne s'occupe que du recueil de l'information secondaire. Elle est présentée au chapitre 4. Les chapitres suivants seront exclusivement consacrés au recueil de l'information primaire (chapitre 5 : les méthodes qualitatives, chapitre 6 : l'observation, chapitre 7 : l'expérimentation, chapitre 8 : les techniques quantitatives, chapitre 9 : le questionnaire).

Quatre méthodes de recueil de l'information peuvent être identifiées :

- La *recherche documentaire* qui ne s'occupe que du recueil de l'information secondaire ;
- Les méthodes par *observation* (méthodes qualitatives ou quantitatives intégrant ou pas les nouvelles technologies numériques) ;
- Les méthodes par *expérimentation* ;
- Les méthodes de recueil par *communication* (méthodes qualitatives, méthodes quantitatives *ad hoc* ou panels). Échantillon, questionnaire et terrain sont adaptés aux particularités de ces grandes familles de recueil d'information.

Quelle que soit la méthode de recueil d'information, les données recueillies doivent ensuite faire l'objet d'un traitement approprié. Les principaux traitements utilisés sont présentés, à chaque fois, dans le chapitre présentant chaque mode de recueil.

	ÉCHANTILLON	QUESTIONNAIRE	TERRAIN
ÉTUDES QUALITATIVES	Étroit	Guide d'entretien	Enquêteur et animateur de réunion
ÉTUDES QUANTITATIVES	Large	Questions	Enquêteur ou auto-administré
ÉTUDES PERMANENTES	Large à très large	Automatisé	Enquêteur puis auto-administré

SOURCE : MONDUS M., Comportement du consommateur et études de marchés, 3e Bac gestion de l'entreprise, ICHEC Brussels management School, 2013-2014.

FIGURE 3.2 : *Les méthodes de recueil par communication*

Simultanément aux études qualitatives, quantitatives et aux études permanentes, les analystes développent des outils d'analyse de métadonnées

— ou Big Data — en croisant les informations directement fournies par le consommateur et le traitement de larges quantités de données disponibles grâce aux technologies numériques.

Le tableau ci-dessous compare ces différentes méthodes sous l'angle de l'objectif poursuivi et des critères de flexibilité, rapidité, coût, précision et objectivité.

TABLEAU 3.1 : *Avantages et limites respectifs des différentes méthodes*

Critères	Méthodes		
	Communication (méthodes qualitatives / quantitatives)	**Observation** (méthodes qualitatives / quantitatives)	**Expérimentation** (méthodes expérimentales)
Objet de l'analyse	différents thèmes de recherche : • connaissance • apprentissage • étude des comportements et des intentions d'achats • motivation	étude de comportement (achats)	étude de comportement et de causalité
Flexibilité	tous les thèmes de recherche peuvent être abordés	limitée car seul le comportement apparent peut être observé	peu flexible car l'expérimentation est relativement complexe dans sa mise en œuvre et exige le respect de règles strictes
Rapidité	très rapide	lent car l'expression des comportements exige un délai important	lent car la réalisation et l'analyse de plans expérimentaux nécessitent un délai assez long
Coût	relativement bon marché car le processus de collecte de l'information est maîtrisé et relativement standardisé	cher dans la mesure où un recueil lent de l'information est coûteux	cher vu la complexité de la mise en œuvre
Précision	faible car le risque d'erreur totale est important et l'interaction sociale entre l'enquêteur et l'interviewé non dénuée de biais	grande précision dans la mesure où l'interaction sociale est inexistante	très grande précision vu le caractère expérimental de la recherche

TABLEAU 3.1 : *Avantages et limites respectifs des différentes méthodes (Suite)*

Critères	Méthodes		
	Communication (méthodes qualitatives / quantitatives)	**Observation** (méthodes qualitatives / quantitatives)	**Expérimentation** (méthodes expérimentales)
Objectivité	faible car les réponses fournies dépendent, à la fois, de l'implication du répondant et de l'enquêteur face à la problématique et des enjeux perçus	objectivité des résultats dans la mesure où des résultats ne sont pas affectés par la méthode utilisée	très grande objectivité des résultats vu le caractère expérimental de la recherche

1.3 Démarche quantitative ou qualitative ?

Pour schématiser, disons que la recherche qualitative met l'accent sur la compréhension des phénomènes et des comportements alors que la recherche quantitative a tendance à se concentrer sur la projection de ces phénomènes et comportements à une population.

Une étude qualitative sert à rechercher les causes, les fondements d'un comportement, d'une attitude, d'une perception. Elle cherche à répondre au **pourquoi**.

Une étude quantitative sert à réaliser un constat sur base d'indications chiffrées. Elle répond aux questions **combien** et **comment**.

TABLEAU 3.2 : *Différences entre les études quantitatives et qualitatives*

	Approche quantitative	**Approche qualitative**
Méthodologie	• Échantillon représentatif • Questionnaire structuré et standardisé • Traitement de l'information extensif et superficiel	• Petit nombre de sujets interrogés • Guide d'entretien • Traitement intensif en profondeur
Type de résultats obtenus	• Répond aux questions COMMENT/COMBIEN • Champ d'investigation (comportements, faits, opinions, préférences et appréciations, perceptions, attentes, critères socioculturels, socio-démographiques	• Répond à la question POURQUOI • Champ d'investigation (attitudes, motivations, processus de décision)

Tableau 3.2 : *Différences entre les études quantitatives et qualitatives (Suite)*

	Approche quantitative	Approche qualitative
Avantages	• Permet d'inférer des conclusions au niveau de la population globale étudiée • Précision • Reproductibilité des contacts	• Mise en évidence des motifs sous-jacents aux comportements • Flexibilité • Richesse des résultats
Inconvénients	• Ne permet pas d'expliquer le POURQUOI • Biais dus à l'influence de la question directe et de la situation d'enquête • Rigidité • Perte de profondeur	• Ne se prête pas à l'analyse statistique • Ne peut fournir des résultats extrapolables • Manque de précision • Mauvaise reproductibilité
Synthèse	• Valider au niveau de la réalité du marché	• Comprendre, formuler des hypothèses

1.4 Études *ad hoc* ou Études permanentes[1] ?

Les études qualitatives et quantitatives sont réalisées pour un seul client, en fonction de son propre briefing.

Les panels sont initiés par l'institut d'études de marchés et souscrits par plusieurs sociétés concurrentes dans un même marché. Deux concurrents dans un même marché auront accès à la même banque de données (par exemple, les volumes vendus par les marques d'un même marché), mais en réalité l'ampleur et la profondeur de leur étude sera différente car adaptée à leurs besoins spécifiques, à leur budget, à leur capacité d'analyse, à leur faculté d'agir.

La gestion quotidienne des entreprises demande des informations régulières afin de se situer par rapport à ses concurrents et de comparer ses performances à celles des autres. Les panels fournissent des indicateurs fiables (ex. l'évolution d'un marché, la part de marché des marques), établis suivant une méthodologie identique au fil du temps. Puisque l'étude est permanente, le but sera d'automatiser le plus possible la récolte des informations.

Les 2 méthodes complémentaires pour quantifier un marché.

2 ÉTAPES DU PROCESSUS DE RECHERCHE

Toute recherche marketing s'articule autour du processus décrit ci-dessous. La recherche marketing parcourt ainsi un certain nombre d'étapes.

1 Mondus M., Comportement du consommateur et études de marchés, 3e Bac gestion de l'entreprise, ICHEC Brussels management School, 2013-2014.

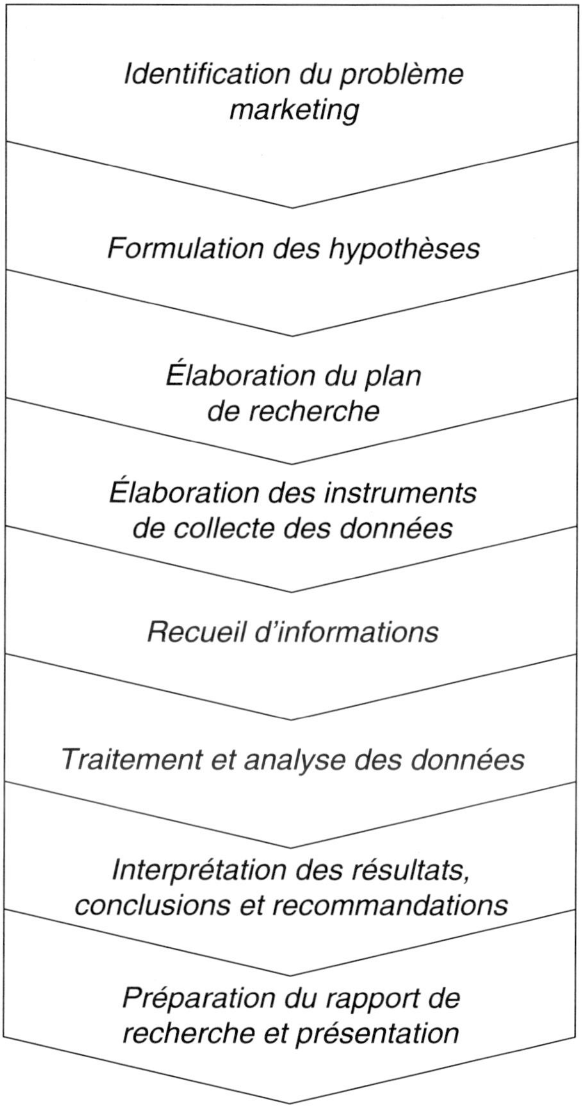

FIGURE 3.3 : *Étapes du processus de recherche*

- La *phase d'identification du problème* est une étape particulièrement cruciale pour la réussite de l'étude dans la mesure où il convient d'éviter de se tromper de problème à analyser et de circonscrire le champ de l'étude à mener. Souvent le décideur n'est sensible qu'aux symptômes du problème, la partie visible de l'iceberg, et non aux causes. C'est la raison pour laquelle le problème doit être envisagé avec des yeux nouveaux et défini très précisément. L'utilisation d'un formulaire adapté tel que la *research request* permet de répondre à cet objectif.

LA RESEARCH REQUEST : UN PRÉALABLE À TOUTE ÉTUDE DE MARCHÉ

Au sein d'une entreprise, les dirigeants s'interrogent très souvent sur les informations à fournir à la société d'études qui sera chargée de traiter leur demande. En cas d'informations insuffisantes, cette dernière ne pourra analyser le problème soulevé et si l'information est trop importante, la société d'études risque d'être noyée dans de l'information inutile.

Raison pour laquelle de nombreuses entreprises préparent, avant de rencontrer la société d'études, un document appelé « Research Request » ou « Demande d'étude » qui décrit de manière précise les attentes vis-à-vis du sous traitant.

- Le contexte du marché : la situation actuelle de l'entreprise y est décrite, de même que la problématique qui justifie la demande d'étude. La question essentielle : Pourquoi l'étude se justifie-t-elle aujourd'hui ?
- Le problème à résoudre. Il est décrit de manière la plus complète possible et sa description doit permettre à la société d'études de comprendre la demande de l'entreprise et de la traduire en plan de recherche.
- Les informations disponibles. L'entreprise prépare à destination de la société d'études toutes les informations existantes, utiles pour mettre en évidence le problème à résoudre et qui peuvent être utiles à la réalisation de l'étude demandée. Il s'agit aussi d'éviter les redondances et les recherches inutiles. De quoi dispose-t-on aujourd'hui ?
- Les informations demandées. Plus les résultats attendus seront décrits, plus la société d'études pourra répondre aux attentes de son client. Cette description doit tenir compte de la stratégie de l'entreprise, de ses segments de marché et de ses spécificités.
- Les cibles visées. En décrivant les cibles visées par l'étude, l'entreprise permet à la société d'études de comprendre le problème et les solutions qui pourront être communiquées aux cibles visées.

Lors de cette étape, le chercheur va traduire le problème de décision à prendre en une ou plusieurs questions de recherche à solutionner.

Une étude qui se limiterait à étudier « *ce que les gens pensent du tabac* » risque de ne pas offrir les informations que le chercheur aurait pu obtenir en se posant la question de savoir « *Que pensent les fumeurs et les non-fumeurs de l'impact de la consommation de cigarettes, tabac à rouler, cigarillos, cigares et pipes, sur la santé des personnes qui fréquentent les lieux publics ?* »

« La définition du problème doit donc être

- précise ;

  « J'aimerais voir ce que l'on peut faire pour améliorer le Salon de l'auto… »

- pas trop restrictive ;

- sans tenir compte des a priori du Marketing manager.

  « … je ne pense pas que ce type d'aménagement est efficace pour amener des visiteurs… »

En schématisant, on peut distinguer 3 types de problématiques :

- La problématique est ouverte : une problématique est posée par le client, mais de manière ouverte : « *Mes ventes baissent, pourquoi ?* ». Dans ce cas, il s'agit de déterminer des hypothèses qui formeront le cadre de l'étude et permettront de préciser les objectifs opérationnels.
- La problématique est fermée : une problématique est posée, mais des hypothèses sont avancées (problématique fermée) : « *Mes ventes baissent parce que je pense que mes vendeurs ne sont pas assez performants, parce que mon enseigne est mal positionnée…* ». Dans ce cas, l'étude ne fera qu'affirmer ou infirmer les hypothèses retenues par le client.
- Aucune problématique n'est posée : c'est le cas des études de faisabilité (« *Quelle opportunité pour un nouveau point de vente de jeux vidéo sur Saint-Denis ?* »), ou des études descriptives générales (« *Situation et perspectives du marché de l'automobile à la Réunion* »). Ces catégories d'études incluent dans leur champ d'analyse ce qu'on appel l'existant (le marché actuel) et les perspectives (la dynamique du marché à court terme)[2].
- Dès que le problème est clairement identifié, le chercheur va traduire ce problème et les questions de recherche qui y sont liées en *hypothèses de recherche*.

Une hypothèse est une proposition conjecturale qui constitue une réponse possible à la question de recherche posée. Une hypothèse explicite donc les présupposés théoriques ou autres dont il s'agit de vérifier le bien fondé ou de démontrer la non-pertinence.

- La troisième étape consiste à *élaborer le plan de recherche proprement dit*. Lors de cette étape, l'analyste va déterminer :
  - les informations nécessaires à la résolution du problème marketing posé ;
  - les variables à observer et à mesurer ;
  - les sources d'informations utiles (informations primaires et secondaires) ;
  - les méthodes de collecte des informations (desk research, expérimentation, enquêtes qualitatives, enquêtes quantitatives) ;
  - les méthodes d'échantillonnage (quotas, aléatoire, stratifié ou non) ;
  - les méthodes d'enregistrement des informations (questionnaire, entretien, etc.) ;
  - Les méthodes d'analyse et de dépouillement des informations.

Quand une entreprise sous-traite la recherche à une société d'étude, le plan de recherche prend la forme d'un projet d'étude qui traduit la demande de

2 DEMOULIN M., *Cours Études de Marchés*, Diplôme Spécial en Marketing & Communication, Ichec Entreprises, 2009.

l'entreprise à travers la « Research Request », les résultats du briefing entre l'entreprise et la société d'études et les propositions de cette dernière.[3]

LE CONTENU D'UN PROJET D'ÉTUDE[3]

En première partie d'un projet, la société d'études reconstitue le contexte de l'étude et montre sa bonne compréhension de la problématique du client. Ensuite, la consignation par écrit des objectifs fixe le cadre de l'étude. Elle représentera pour l'analyste l'outil de travail indispensable à l'organisation de son plan d'étude. Les objectifs doivent être rédigés avec le plus de précision possible afin que ne soit omise aucune des questions posées : cette précision, pour le client, constitue en outre la preuve que sa demande a été bien entendue.

La deuxième partie d'un projet, la proposition d'ordre méthodologique, justifie le choix des méthodes et les raisons de son choix.

Une troisième partie du projet, plus détaillée, expose le plan, le guide d'interview ou le questionnaire qui servira de fil conducteur à l'étude, de repère au client si celui-ci assiste aux entretiens, et qui permettra de vérifier si toutes les questions ont été abordées.

La dernière partie d'un projet précise les délais et le budget, sur des postes clairement identifiés.

Le projet est à la fois un engagement de la part de la société d'études et une forme de contrat qui le lie au client. C'est pourquoi un projet, pour une recherche qualitative, doit répondre à trois impératifs d'efficacité :

- il doit d'abord être adapté à l'objet qu'il se propose d'étudier et non présenter des méthodes générales en usage dans le qualitatif : en particulier, il doit s'adapter au plus près à la demande du client ;
- il doit être maîtrisé et en quelque sorte planifié pour que l'animateur — ou l'interviewer — puisse totalement contrôler les pièges de la subjectivité et recueillir l'information la plus exhaustive et la plus pertinente possible ;
- il doit enfin être conçu selon une dynamique permettant d'aller au-delà d'un simple état des lieux, d'expliciter la relation du consommateur à l'objet d'étude et d'anticiper au moins sur un futur proche, afin de soutenir la prise de décision des responsables marketing par des recommandations et des hypothèses fondées.

Pour élaborer un plan de recherche, l'analyste doit également tenir compte d'éléments comme :

- Quel est le degré de précision exigé ?
- Sur quelles régions ou sur quelles cibles l'enquête doit-elle porter ?
- Dans quels délais l'enquête doit-elle être terminée ?
- Quel est le coût limite à ne pas dépasser ?

3. Adapté de SYNTEC Études, http://www.syntec-etudes.com/Article.asp ? numero = 119.

Tableau 3.3 : *Hypothèses de recherche*

Problèmes marketing	Quelques questions de recherche	Quelques hypothèses	Quelques informations nécessaires
Le concept de lait santé est-il un concept à développer pour la marque AA ?	Les PRA[a] sont-elles sensibles à l'argument santé ?	Il existe une intention d'achat pour du lait bon pour la santé	Mesure des intentions d'essai, d'achat et réachat
	Quel est le risque de cannibaliser d'autres produits de la marque ?	Le lancement du produit va provoquer une diminution des ventes des autres produits de la marque	Comparaison des ventes des autres produits de la gamme par rapport au nouveau produit Mesure des intentions de changement
	Le concept n'est-il pas trop générique ?	Tous les produits laitiers sont perçus comme bon pour la santé	Mesure d'association entre le concept et le concept générique
La société Coca-Cola doit-elle équiper son réseau de vending (distributeurs automatiques) de systèmes de paiement par téléphone portable ?	Quel est le degré de familiarisation du public ?	Existe-t-il un potentiel d'utilisateurs suffisant qui ne soit pas freiné par la nouveauté du concept ?	Nombre de consommateurs des produits de la marque Coca-Cola utilisant un téléphone portable
	Comment la technologie dans ce domaine va-t-elle évoluer ?	Le passage à une technologie plus moderne est obligatoire	Attitude des concurrents, des opérateurs téléphoniques
Comment améliorer l'efficacité de la communication de Dexia ?	Quelle est l'efficacité de la communication actuelle de Dexia ?	Les campagnes actuelles ne correspondent pas aux attentes des cibles	Bilan de campagne
		Les concepts proposés ne sont pas adaptés à la cible	Pré-test des concepts, adaptation à la cible, crédibilité, agrément
	Quelle est l'efficacité de la communication (mémorisation) ?	Le plan média n'est pas adapté à la cible	Mémorisation spontanée, assistée de la campagne
Quelles sont les raisons du déclin des ventes de clôtures dans la clientèle agricole spécialisée dans l'élevage ?	Quels sont les facteurs qui déterminent le cycle de vie ?	Le produit est en fin de cycle de vie	Analyse des ventes Analyse du positionnement du produit Situation des concurrents
	Comment se compare la pression marketing de l'entreprise par rapport à ses concurrents ?	L'entreprise ne fait pas assez d'actions de promotion	Analyse des actions de la concurrence, comparaison avec les actions de l'entreprise

Tableau 3.3 : *Hypothèses de recherche (Suite)*

Problèmes marketing	Quelques questions de recherche	Quelques hypothèses	Quelques informations nécessaires
Pourquoi le taux de pénétration des services d'accès à Internet est-il largement en dessous de la moyenne dans certaines régions du pays ?	Y-a-t-il fraude ? Le potentiel de développement n'est-il pas atteint ?	Les résidents se connectent illégalement au réseau Dans cette région, une grande part de la population appartient à une classe d'âge ou sociale qui n'utilise pas Internet	Mesure de l'ampleur du phénomène Statistiques par région, par âge et par classes sociales

a. Principales responsables d'achat du ménage.

- Une quatrième étape va consister à *élaborer* concrètement *l'instrument de collecte des données* (souvent, dans le cas des informations primaires, un questionnaire).
- Une cinquième étape sert à *enregistrer les données recueillies.*
- La sixième étape *traite et analyse les résultats* recueillis.
- Ces *résultats sont interprétés* lors de la septième étape pour être traduit en un rapport de recherche et en recommandations d'action qui sont *présentés* lors de la huitième étape.

Notons que la démarche nécessite souvent des retours vers les étapes antérieures de manière à adapter au mieux le processus au problème rencontré.

Le projet d'étude ci-dessous illustre la théorie exposée ci-avant.

LE PROJET SOUTH WEST BAY

L'entreprise financière Blue Sky s'interroge sur les raisons qui justifient une diminution des ses ventes dans une région spécifique (la zone South West Bay, située en périphérie d'une capitale européenne).

C'est ainsi que le directeur de la communication de cette entreprise reçoit une demande de son field manager d'augmenter la pression publicitaire et plus précisément en matière de sponsoring dans l'arrondissement concerné.

Le directeur de la communication confie au département Marketing Research de l'entreprise, le soin d'analyser la situation actuelle de l'arrondissement et de proposer des recommandations d'action.

À partir du problème marketing qui est de comprendre pourquoi les ventes stagnent dans cet arrondissement, le marketing research manager propose de développer le projet de recherche suivant.

Il **émet quelques hypothèses** qui peuvent expliquer les ventes insuffisantes.

- La faiblesse de l'image de l'entreprise (publicité, communication insuffisantes, absence de notoriété, inefficacité des actions de publicité, de sponsoring actuelles, etc.)
- La faiblesse de la force de vente (réseau de distribution propre à l'entreprise), incompétence des vendeurs actuels, pression concurrentielle très importante, etc.
- La faiblesse du potentiel (les résidents de la zone ne sont pas intéressés par les produits financiers ou ne présentent pas le même profil que la population en général).

Ces hypothèses sont ensuite traduites en projet de recherche.

- **Analyse de l'image de l'entreprise**

L'objectif de cette étape est de mesurer l'image de l'entreprise au sein de l'arrondissement, de mesurer les perceptions des activités culturelles et de sponsoring.

La méthode retenue consiste en une enquête par questionnaire auprès de la population de l'arrondissement de South West Bay.

L'ensemble des résultats obtenus fera l'objet d'une comparaison systématique avec les autres régions et le pays.

- **Audit de la force de vente**

Il s'agit à la fois de mesurer la satisfaction de la clientèle par une enquête par questionnaire postal (enquête de satisfaction auprès des clients) et d'évaluer la force de vente in situ par la simulation d'un entretien de vente (étude qualitative : mystery shopping auprès des vendeurs de la zone South West Bay).

Les résultats sont étalonnés car ils sont comparés aux meilleurs vendeurs de la société (dans le pays) et aux vendeurs concurrents de la zone.

De même, les résultats de l'étude satisfaction sont comparés aux résultats obtenus sur d'autres régions et par d'autres concurrents.

Une analyse détaillée des informations internes (fichiers des ventes de l'entreprise) sera réalisée pour évaluer le gap existant entre les vendeurs de la zone South West Bay et les autres vendeurs.

- **Analyse du potentiel**

Une desk research (recherche documentaire) analysera le contexte concurrentiel (qui sont les concurrents ? points forts et faiblesses) et les caractéristiques de la population. De façon à mieux comprendre les comportements et attitudes de la population et du réseau de vente, des interviews de la force de vente seront réalisées ainsi que des observations des points de vente et des comportements d'achat de la population.

3 CONTENU D'UNE PROPOSITION D'ÉTUDES

La tâche du chargé d'études est souvent délicate. Il doit dégager progressivement, par ses contacts dans l'entreprise, les éléments pouvant être formulés sous la forme d'un problème et se prêtant à une méthodologie. Il rédige, pour le demandeur, un document appelé « *projet ou proposition d'étude* », comprenant généralement **les principales rubriques** suivantes :

- Les *objectifs de l'étude* : la formulation des objectifs d'étude correspond aux questions prioritaires auxquelles l'étude doit répondre. Il est important de définir avec soin les concepts employés, surtout s'ils sont peu courants. Les objectifs sont de préférence hiérarchisés et limités à quatre ou cinq. Au-delà, l'étude risque de s'éparpiller et ne pourra traiter que de manière superficielle chacun d'entre eux.
- La *méthodologie* proposée ;
- Les *modalités de réalisation* ;
- Le *coût* de l'étude ;
- Le *délai* de réalisation.

Tableau 3.4 : *Proposition d'étude*

PROBLÉMATIQUE

Compétiteur sur le marché des produits solubles (chicorée — café mix) MIXOBEL se propose de percer le marché avec un nouveau produit enrichi en fibres (mélange soluble chicorée — café — chocolat). À ce stade de développement, il convient de mesurer l'acceptabilité du produit tant en matière de goût, de conditionnement, de nom, de prix et de positionnement. La question principale est de savoir si ce nouveau produit est acceptable par le consommateur.

OBJECTIFS

Quatre analyses conjointes méritent d'être développées :

- Un test d'acceptabilité ;
- Un test de dégustation ;
- Un test de packaging ;
- Un test de nom.

TEST D'ACCEPTABILITÉ

Ce test va mesurer les préférences des consommateurs pour un produit et mesurer les différences perçues entre ces produits. Ce test doit à la fois :

- mesurer l'intérêt et la perception des qualités intrinsèques du produit (odeur, couleur, goût, emballage, conditionnement, forme, taille, présentation, etc.) ;
- vérifier les consignes d'utilisation (mode d'emploi, caractéristiques d'utilisation, etc.) ;
- mesurer la réponse que le nouveau produit apporte aux besoins du consommateur ;
- mesurer le risque de cannibalisation par rapport à la marque CAFEMIX.

TABLEAU 3.4 : *Proposition d'étude (Suite)*

L'étude doit analyser les paramètres suivants :

- Performance : Le produit répond-t-il au besoin pour lequel il a été créé ? Le produit remplit-il ses fonctions lors de l'utilisation ? Ses possibilités annoncées sont-elles réelles ? L'avantage produit mis en évidence (fibres) est-il réel ? Le produit tel qu'il est conçu doit-il être amélioré ? De quelle manière ? Ses caractéristiques sont-elles satisfaisantes ?
- Acceptabilité : Les avantages offerts sont-ils crédibles ? Répond-t-il aux attentes des consommateurs ? Quels sont les motivations du consommateur ?
- Compétitivité : Quel est le degré d'acceptabilité du produit par rapport à ses concurrents ? Avantages/inconvénients par rapport aux produits actuels ? Comparaison par rapport au produit CAFEMIX actuel et son concurrent COFFEEBLEND. Le rapport qualité/prix est-il satisfaisant ? Mesure de la cannibalisation par rapport à CAFEMIX.
- Caractéristiques intrinsèques : Mesure d'attributs tels que le goût, le parfum, la forme, l'odeur, la couleur, l'emballage, le conditionnement, la taille, la présentation, les consignes d'utilisation, le mode d'emploi, etc. Mesure de l'équilibre des différentes composantes et de la composition du produit.
- Valeur perçue : Quel est le prix à fixer pour ce produit ? À comparer à deux autres produits (COFFEEBLEND et CAFEMIX actuel)
- Cibles et fréquences d'achat : Quelle est (sont) la (les) cible (cibles) ? Quelle est la fréquence d'achat ? Dans quelles circonstances le produit sera-t-il acheté ? Quel est le segment de marché ?

TEST DE DÉGUSTATION

Ce test sera réalisé auprès de la cible et visera à vérifier, en phase finale de développement de produit, que l'intérêt pour le produit est suffisant ou qu'il n'y a pas eu d'erreurs de composition. Ce test se réalisera directement auprès d'un échantillon spécifique en face-à-face. L'étude doit analyser les paramètres suivants :

- Le goût : Le goût est-il apprécié ? Donne-t-il envie de consommer le produit ? Mesure spontanée des critères de goût d'un café et d'un mélange café chicorée.
- L'aspect : L'aspect correspond-t-il à ce type de produit soluble ? Donne-t-il envie de consommer le produit ? Mesure spontanée des critères d'aspect d'un café et d'un mélange café chicorée (similarités)
- La texture : La texture correspond-t-elle à ce type de produit soluble ? Donne-t-elle envie de consommer le produit ? Mesure spontanée des critères de texture d'un café et d'un mélange café chicorée.

TEST DE PACKAGING

Le test d'emballage est un test spécifique qui vise à mesurer certains attributs du produit tels que la forme de l'emballage du produit ou son conditionnement. Comme le produit n'existe pas encore sur le marché l'échantillon sera construit sur base des caractéristiques de consommation en vue d'être le plus représentatif des consommateurs potentiels. L'étude doit analyser les paramètres suivants :

- Correspondance entre l'emballage et sa perception psychologique : L'emballage suggère-t-il correctement le produit ? Ses moments de consommation ? Ses avantages perçus ?

Tableau 3.4 : *Proposition d'étude (Suite)*

- Transmission correcte du message : La couleur, le graphisme et le texte présents sur l'emballage représente-t-il correctement le message ?
- Notice d'emploi : L'utilisation du produit est-elle clairement explicitée sur le mode d'emploi ?

TEST DE NOM

Le nom d'un produit ne peut être le fruit du hasard mais le résultat d'analyse en profondeur dans la mesure où le nom est un élément important du produit. Il doit :

- Évoquer une symbolique précise ;
- Évoquer les avantages procurés par l'utilisation du produit ;
- Suggérer les particularités du produit telles que l'aspect, la composition, la couleur, etc. ;
- Être facile à prononcer, à reconnaître et à mémoriser ;
- Être distinctif.

Deux noms de produit seront testés : ChocoCaf et caf' n' choc.

L'étude doit analyser les paramètres suivants :

- Évocation : Quelles sont les images associées au nom du produit ?
- Perception : Quels sont les attributs associés au nom ?
- Distinction : Le nom marque-t-il une distinction pour l'entreprise ?
- Déclinaison : Le nom peut-il se décliner facilement ?
- Euphonie : Le nom est-il facile à prononcer ?
- Lisibilité et visualisation : Le nom est-il facile à lire ?
- Signification : Quel est le sens du nom ?
- Mémorisation : Peut-on se souvenir facilement du nom ?
- Préférence : Quels sont les noms préférés ? Mesure de l'attrait de la cible.
- Adaptation au produit : Le nom est-il adapté au produit ?

MÉTHODOLOGIE DE COLLECTE D'INFORMATIONS

Principes

L'idée est de développer une méthodologie qui développe les quatre types d'études simultanément. Comme le produit est disponible, il convient de faire réagir l'interviewé au produit (emballage, nom, goût), de vérifier si ce produit répond à ses attentes et de comparer les réponses obtenues à deux produits actuels Le CHICOMIX et CAFEMIX (leader du marché). La méthodologie utilisée doit reproduire l'atmosphère générée par le produit (et son emballage) de manière à coller le plus possible à la réalité.

Organisation

Les tests proposés sont réalisés en salle et consisteront à interroger des membres de la cible et à mesurer leur intérêt pour différentes versions du produit. Les goûteurs sont recrutés dans la rue et invités à participer à un test de dégustation.

TABLEAU 3.4 : *Proposition d'étude (Suite)*

Cible

Des consommateurs habituels de boissons solubles telles que café soluble, chicorée ou mélange chicorée-café — chocolat constituent le cœur de cible. En termes de profils socio-démographiques, il convient de se centrer sur les consommateurs habituels de ces produits sans négliger la possibilité offerte par le nouveau produit d'attirer de nouveaux segments vu sa composition riche en fibres. En conséquence, il est nécessaire d'interroger un échantillon représentatif de la population des consommateurs avec un sur-échantillonnage en fonction du taux de pénétration du produit (+ 65 ans et francophones).

L'enquête semi-quantitative se propose d'interroger 150 personnes représentatives de la cible et recrutées en rue et conduites dans les lieux d'interviews. Cet échantillon est établi sur base de la répartition de la population (données fournies par l'Institut National de Statistiques), de l'indice de sélectivité de la cible et de la variance expliquée.

150 interviews en Belgique dont 96 interviews de consommateurs francophones et 54 interviews de consommateurs néerlandophones.

Régime linguistique	< 35 ans	35-49 ans	50-64 ans	65 et +	Total
Sélectivité de la cible	97	68	95	147	–
Échantillon total	36	31	26	57	150
Francophones	23	20	17	36	96
Néerlandophones	13	11	9	21	54

TERRAIN

Le terrain est organisé dans des locaux situés sur le lieu de passage des clients dans les 3 régions du pays : un point de chute à Bruxelles (interviews francophones et néerlandophones) ; un point de chute en Flandre (interviews néerlandophones) ; un point de chute en Wallonie (interviews francophones).

Préparation du produit

Il est particulièrement important, sous risque de biais, que les enquêteurs respectent les consignes de préparation et de dégustation du produit testé (température, présentation, etc.). C'est pourquoi MIXOBEL est invitée à préciser les modalités de préparation du produit. Les tests seront comparatifs. Les produits concurrents feront l'objet d'une analyse sur base d'un questionnaire. Les techniques de recueil de l'information seront organisées sous forme de blind test (test en aveugle) et de tests de comparaison.

Collecte de l'information

L'information est collectée selon la technique de l'enquête qualitative face-à-face.

TABLEAU 3.4 : *Proposition d'étude (Suite)*

Sélection et recrutement des interviewés

Le mode de sélection des participants habituellement adopté est celui des quotas (cf. ci-dessus). La taille de l'échantillon permet un début de quantification. La cellule d'enquête se charge du recrutement.

Enquêtes et enquêteurs

La réalisation de ces interviews est confiée à l'équipe pluridisciplinaire de la société d'études. qui organise la collaboration, l'organisation de l'étude, le recueil et la collecte des données. Sur base de contacts avec le management et du dépouillement de la documentation, nous proposerons à MIXOBEL un questionnaire qui servira de ligne de conduite tout au long des interviews.

Dépouillement et analyse des résultats

Toutes les informations feront l'objet d'une analyse détaillée — en ce y compris l'utilisation de différentiels sémantiques et de mappings — et des tests statistiques nécessaires.

Présentation des résultats

Les résultats feront l'objet d'un rapport qui sera présenté à MIXOBEL.

DÉLAIS DE RÉALISATION

- Accord de MIXOBEL : 16 février ;
- Briefing complémentaire : 1 semaine ;
- Recrutement et prise de rendez-vous : 1 semaine ;
- Field quantitatif : 3 semaines ;
- Analyse des résultats : 2 semaines ;
- Présentation du rapport : 7 semaines après accord de MIXOBEL.

Cette proposition d'étude précise le cadre de réalisation de l'étude. Elle détaille les objectifs et les méthodologies qui seront développées. Elle précise aussi les modalités pratiques de réalisation (timing, coût, matériel, etc.).

Correspond-t-elle aux demandes du client ?

La **check-list** proposée ci-après synthétise les différents éléments auxquels un annonceur doit être attentif lorsqu'il reçoit une proposition d'études.

En effet, celle-ci doit, à la fois, répondre au briefing reçu et utiliser des méthodologies adaptées à la recherche.

Tableau 3.5 : *Comment évaluer une proposition d'étude quantitative ?*

	Adéquation à la recherche	Conformité au briefing
Inventaire de l'information à recueillir		
• **Contexte du marché** Les enjeux de l'étude sont-ils présents ? • **Problème à résoudre** Le problème à résoudre est-il compris ? Les objectifs de la recherche sont-ils précis ? • **Informations demandées** Quelles seront les informations disponibles ? Quels résultats peut-on attendre de l'étude ? • **Desk research** L'information déjà disponible est-elle intégrée ? Quelle est la documentation à rechercher ? Qui va réaliser cette étude préalable ? • **Hypothèses à tester** Quels sont les présupposés théoriques ? Les hypothèses de recherche sont-elles exhaustives ? Sont-elles pertinentes ? • **Cibles visées** Sont-elles correctement identifiées ? La taille est-elle suffisante ? La définition est-elle univoque ? • **Méthodologie de traitement des données** La méthodologie est-elle efficiente ? La méthodologie est-elle éprouvée ? En cas d'innovation, quelles sont les sources ? Existe-t-il une méthodologie alternative ?		
Organisation de l'étude		
• **Chef de projet/chargé d'études** Quelle est sa réputation ? Quelle est sa compétence technique ? Quelle est son expérience ? Quelles sont ses capacités de communicateur ? Quelle est son niveau d'implication dans l'étude ? (coordination, réalisations d'interviews, participation aux briefings, au field, à l'analyse, relation aux sous-traitants, etc.)		

TABLEAU 3.5 : *Comment évaluer une proposition d'étude quantitative ? (Suite)*

• **Étude** *Échantillon* – Est-il représentatif/ sur-échantillonné ? – Quel est son mode de constitution ? – Comment les répondants sont-ils recrutés ? – Quel est sa taille ? – Quelle est la couverture de l'univers ? (définition des sous-cibles) *Field* – Le briefing est-il oral ? Écrit ? – Quelles sont les compétences des enquêteurs (formation, qualification, expérience, etc.) – Quel est le mode d'administration retenu ? – Quels sont les contrôles prévus ? (% de contacts vérifiés, type de contrôle, supervision, accompagnement, contrôle de qualité, etc.) *Codification* – Quels sont les contrôles effectués ? – Est-elle sous-traitée ? *Encodage* – Quels sont les contrôles effectués ? – Est-il sous-traité ? *Traitement des données* – Quels sont les contrôles effectués ? – Est-il sous-traité ? – En cas d'étude internationale, comment est-il organisé à l'étranger ? *Analyse* – Quels sont les résultats et les interprétations disponibles ? – Qualité des recommandations ? *Rapport* – Lisibilité, nombre d'exemplaires, langue ? *Présentation* – Qualité (ponctualité, compétence, langue, disponibilité, nombre, etc.) ?		
Modalités pratiques d'enquête		
• **Type d'enquête** – S'agit-il d'une enquête qualitative ? Semi-quantitative ? Quantitative ? – Y a-t-il eu une étude exploratoire préalable ?		

Tableau 3.5 : *Comment évaluer une proposition d'étude quantitative ? (Suite)*

• **Budget** – Quel est le coût total ? – Le prix est-il fixe ou approximatif ? (en fonction du nombre d'interviews) – Quelles sont les conditions de paiement (acomptes, provisions, etc.) ? – D'autres coûts supplémentaires sont-ils prévisibles (incentives, présentations, traitements, rapports) ? – Quels sont les coûts à préciser ? – Des réductions, pénalités sont-elle prévues ? – Quel est le mode de paiement prévu (timing, devise, montant fixe, indexé) ?		
• **Timing** – Décomposition (field, présentation, rapport final, etc.) – Comparaison aux normes existantes – Est-il conforme aux contraintes internes ? – Des indemnités de retard sont-elles prévues ? Ont-elles un caractère coercitif ?		
• **Questionnaire** *Thèmes à aborder* – Toutes les questions sont-elles nécessaires ? Suffisantes ? – Le répondant possède-t-il l'information recherchée ? S'en souvient-il ? Peut-il communiquer cette information ? Accepte-t-il de la communiquer ? *Formulation des questions* – Plusieurs questions sont-elles nécessaires au lieu d'une ? – Le répondant est-il capable de répondre à la question ? – Les questions sont-elles univoques ? Neutres ? Simples ? Faciles à comprendre ? – La formulation est-elle objective ? Positive ? – Quelle est la qualité générale de la formulation des questions ouvertes, fermées, dichotomiques ? – Quelle est la qualité générale des échelles d'attitude utilisées ? (évaluation, préférences, intentions, etc.) *Organisation du questionnaire* – L'ordre des questions est-il pertinent ? – Y a-t-il présence d'une accroche ? – Et d'une conclusion ? – Existe-t-il un pré-test ?		

Tableau 3.5 : *Comment évaluer une proposition d'étude quantitative ? (Suite)*

• **Maîtrise de l'erreur totale** *Erreur d'échantillonnage* – Est-elle importante ? Quelle est la procédure de sélection de l'échantillon adéquate ? – Comment l'échantillon est-il déterminé par rapport à l'univers (aléatoire, stratifié, de convenance, population impliquée, cible, quota) ? *Erreur de mesure* – Existe-t-il une correspondance exacte entre la population à étudier et la base de sondage utilisée pour le tirage de l'échantillon ? – Comment les non-réponses sont-elles contrôlées ? – Comment la différence entre l'échantillon théorique et l'échantillon effectivement réalisé est-elle gérée ? *Erreur d'observation* – Le lieu de l'interview est-il approprié ? (domicile, rue, n° location, etc.) – Comment le répondant est-il recruté ? – Quels sont les contrôles effectués ? *Erreur de traitement* – Les résultats sont-ils exhaustifs ? (tris à plat, tris croisés, analyse univariée) – Quelle est la fiabilité de l'analyse statistique ? – Quelle est la qualité de l'étude descriptive ? – Quelle est la qualité des outils utilisés ? – Quelle est la qualité de l'interprétation et des résultats ?		
Divers		
• **Informations à fournir par le client** – Liste d'adresses – Matériel de test (produit, story-board, visuels, documents publicitaires, etc.) • **Modalités pratiques** – Traduction des questionnaires – Relecture(s) des questionnaires – Relecture(s)du guide d'interview • **Copyright** – Existence d'un copyright (partiel/total) – Caractère exclusif de l'étude • **Non-respect du contrat** – Existence de clauses pénales, – Existence d'indemnités de retard – Procédure de conciliation		

Tableau 3.5 : *Comment évaluer une proposition d'étude quantitative ? (Suite)*

• **Études répétitives** – Durée du contrat – Période de renonciation • **Adéquation aux principes et méthodes proposées par les associations professionnelles**		

4 RÉALISATION D'UNE ÉTUDE

Deux **solutions** sont possibles :

- Les moyens dont dispose le chargé d'études peuvent lui permettre de collecter lui-même la totalité des informations. L'étude est alors réalisée par un département *interne* à la société.
- Le chargé d'études se tourne vers un ou plusieurs organismes spécialisés. Il existe un grand nombre de cabinets de *consultants* spécialisés en étude de marchés. Faire appel à eux peut s'avérer intéressant pour acquérir la méthodologie indispensable ou par manque de temps pour rassembler suffisamment d'informations dans un délai donné.
- Cependant, en laissant les consultants s'investir à l'excès dans la conduite des études, les responsables des activités prennent le risque de se distancer par rapport aux conclusions et par conséquent de moins s'impliquer dans la mise en œuvre des solutions préconisées.

Avant de prendre sa décision (faire elle-même ou faire réaliser l'étude de marchés), **l'entreprise doit répondre aux questions suivantes** :

- Quel est le *budget* dont on dispose pour l'étude ?
- Quel est le *coût de l'étude* réalisée par un cabinet extérieur et le coût si on la réalise par ses propres moyens ?
- Quel est le *délai maximum* pour obtenir soi-même l'information et le délai pour l'obtenir si on passe par un cabinet extérieur ?
- Quel est le *degré de spécialisation* nécessité par l'étude ? L'entreprise possède-t-elle cette spécialisation ?
- Quel est *l'effectif utile* pour traiter l'étude dans les temps impartis ? L'entreprise dispose-t-elle de cet effectif ?

Plusieurs incitants concourent à confier l'étude à une **société extérieure** :

- *L'objectivité*. Le personnel de l'entreprise peut être influencé ou une source de conflit sur le sujet d'étude existe. Une société extérieure a un regard neuf et impartial sur le problème posé. C'est souvent une source de lucidité importante ;
- *L'anonymat*. Une société peut ne pas vouloir voir son nom associé à celui d'une étude particulière ;

- *Le délai disponible*. Le personnel peut s'avérer insuffisant pour l'accomplissement d'une étude importante dans un délai trop court ;
- *La solution économique*. Même si le nombre annuel d'études justifie l'existence d'un département de recherche marketing au sein de l'entreprise, la gestion d'un réseau d'enquêteurs est lourde et onéreuse. L'utilisation d'une société extérieure se justifie. Si le besoin en études est faible, la solution économique consiste à sous-traiter ;
- *L'expertise sectorielle et méthodologique*. Certaines études, comme les marchés tests, nécessitent d'être comparées à des normes spécifiques ou étalonnées. Seules, les sociétés d'études disposent de ces informations spécifiques ;
- *Les compétences*. Les effectifs de la firme peuvent avoir une connaissance trop limitée de l'industrie concernée, de la méthodologie, des langues ou des conditions du terrain sur lequel l'étude doit être réalisée. En outre, les études de marchés mobilisent des compétences particulières et embrassent des champs disciplinaires hétéroclites (statistique, mathématique, informatique, économie, sociologie, psychologie et autres) que l'entreprise ne possède pas toujours.

De tous ses arguments, celui du manque de compétence spécifique est le plus pertinent en business-to-business. Le problème peut se situer au niveau de l'expertise visant un secteur industriel donné ou être lié au fait que l'étude doit se réaliser dans des pays lointains (dans ce cas, s'additionnent des problèmes de langue, de connaissance du climat d'affaires ou de secteurs industriels très spécifiques mais bien connus d'un résident de longue date).

L'anonymat peut être recherché lorsque la firme veut pénétrer un nouveau marché. Dans ce cas, il est à craindre que l'entreprise qui fait elle-même son enquête risque d'avoir peu de réponses valables de firmes qui la considèrent comme un futur concurrent.

L'entreprise qui sous-traite une étude a souvent le choix entre plusieurs organismes. Le premier critère de sélection est souvent la nature des informations recherchées. Certaines sociétés d'études de marchés sont spécialisées dans des domaines précis au point de vue méthodologique. D'autres critères de choix (importance, notoriété, expérience, ancienneté des relations avec la firme) peuvent être utilisés pour départager plusieurs organismes en concurrence.

L'utilisation d'un département de recherche marketing en **interne** présente d'autres avantages non négligeables :

- *La présence d'une expertise*. Le choix d'un sous-traitant exige de disposer au sein de l'entreprise de spécialistes et d'experts à même d'analyser les différentes propositions d'études déposées par des sociétés extérieures et d'éviter des coûts trop élevés de sous-traitances (méthodologies inutiles, taille d'échantillon trop élevée, etc.) ;
- *La connaissance de l'entreprise, de son métier, de son environnement*. Le chargé d'études en interne assure la liaison entre les problèmes rencon-

trés par l'entreprise et les solutions proposées par les sociétés d'études. Il connaît les spécificités du marché, les demandes des décideurs marketing et la culture de l'entreprise. Sa fonction lui permet de négocier au mieux les intérêts de l'entreprise et de choisir une méthodologie adaptée.

- *Une garantie d'optimalisation des résultats*. Le chargé d'études en interne assure le service après-vente de l'étude. Il demande les données complémentaires nécessaires. Il veille à l'application des recommandations formulées par la société d'études.

Dans la pratique, c'est souvent une société d'études spécialisée qui est chargée de la réalisation de la recherche. L'annonceur, chef de produit ou responsable de la division Marketing Research, négocie, sur base d'un briefing, l'étude à réaliser. Le schéma suivant présente les différentes étapes d'une étude de marchés vue sous l'angle des relations entre une société d'études et son client, un annonceur.

Dès que l'annonceur a décidé de réaliser une étude de marchés, il prend un premier contact téléphonique avec la société d'études. Une rencontre entre un représentant du bureau d'études, — généralement un consultant ou un chargé d'études — et un représentant de l'annonceur — généralement, le responsable des études, un chef de produit, de branche, de marché ou le responsable marketing ou de la communication est programmée.

Lors de cette réunion, le briefing d'études, l'annonceur communique à la société d'études toutes les informations utiles pour répondre à sa demande. La research request est souvent utile. Quelques jours plus tard, la société d'études va envoyer à son client, l'annonceur, une proposition d'études qui reprend le problème posé par le client et détaille la méthodologie et les coûts de l'étude qui sera réalisée.

Dès que le client marque son accord sur la proposition, la société d'études lance l'étude, réalise le questionnaire ou le guide, le pré-teste et tire l'échantillon.

Quand l'annonceur a marqué son accord sur la version définitive du questionnaire ou du guide, la société d'études lance le field (le terrain).

Dans le cas d'une étude quantitative, elle organise un briefing avec les enquêteurs, elle coordonne l'enquête sur le terrain, contrôle et supervise le field. Les enquêteurs renvoient les questionnaires à la société d'études qui les vérifie et les encode. Un premier editing des données est réalisé (contrôle des informations, tris à plat, tris croisés, premières analyses, etc.).

Les données sont traitées et transmises au chargé d'études pour analyse. Celui-ci rédige alors le rapport d'étude et quelques jours plus tard, présente à l'annonceur les résultats. Après discussion, le rapport final est envoyé à l'annonceur.

L'implication d'un représentant de l'annonceur dans le processus d'études est vivement recommandée. Elle permet à la fois de mieux comprendre le processus et la démarche de recherche et de remédier rapidement aux problèmes rencontrés, avant qu'il ne soit trop tard.

Figure 3.4 : *Réalisation d'une étude*

5 CODE DÉONTOLOGIQUE

L'utilisation croissante des études de marchés et d'opinion et l'évolution rapide des techniques utilisées dans ce domaine rendaient de plus en plus nécessaire l'application, aussi large que possible, d'une auto-réglementation professionnelle permettant de sauvegarder les intérêts de la collectivité comme ceux des milieux économiques en général.

Ces considérations ont entraîné l'établissement de codes déontologiques en matière d'études de marchés.

5.1 Normes ISO[4]

Les études de marché constituent aujourd'hui une industrie mondiale dont les activités peuvent être réalisées dans différents pays et qui touchent une clientèle variée : entreprises, gouvernements, instituts de recherche, associations de consommateurs, universités, agences de marketing et de publicité. La normalisation favorise la cohérence et la transparence dans la conduite des études et renforce la confiance que l'on peut prêter aux résultats et à ceux qui les établissent.

L'ISO a ainsi établi une norme L'ISO 20252 : 2006 qui précise les exigences applicables au plan international aux entreprises et aux professionnels réalisant des études de marché, des études sociales et des études d'opinion.

La Norme internationale établit des lignes directrices et des exigences relatives à la façon dont sont réalisées les études de marché et, notamment, les questions de planification, de conduite, de supervision et de communication des résultats aux clients qui les ont mandatées, l'ISO 20252 couvre donc toutes les phases des études de recherche, du contact initial entre le demandeur et le prestataire de service, aux modalités de présentation des résultats au client (Termes, définitions et exigences de service), depuis la phase de conception du projet jusqu'à la restitution des résultats, en passant par la réalisation et l'analyse des données. Elle apporte également des éclairages sur certaines techniques particulières : études quantitatives, qualitatives...

La norme applique les principes des normes ISO relatives au management de la qualité (en particulier l'ISO 9000 : 2000, Systèmes de management de la qualité — Principes essentiels et vocabulaire) aux études de marché, d'opinion et aux recherches sociales et harmonise, au niveau international, les exigences des différentes normes nationales et des codes d'activité économique qui existent déjà dans ce secteur.

L'ISO 20252 a été préparée par l'ISO/TC 225, Études de marché, études d'opinion et recherches sociales, comité technique créé à la suite d'une initiative de l'EFAMRO (Fédération européenne des associations des professionnels dans le domaine des études de marché), qui participe aux activités du TC en qualité d'organisation en liaison, aux côtés de deux autres organisations spécialisées en études de recherche, ESOMAR (World Association of Research Professionals) et WAPOR (World Association for Public Opinion Research).

Pour le président de l'ISO/TC 225, Enrique Domingo de Blas, « *l'établissement de normes nationales dans de nombreux pays, au cours des dix dernières années, a favorisé la prise de conscience de l'importance de la qualité dans les études de marché. Il existe toutefois des différences d'ordre culturel,*

---

4 Source : *http://www.iso.org/iso/fr/home/news_index/news_archive/news.htm?refid=Ref1005*, Janvier 2014.

social et comportemental d'un pays à l'autre en ce qui concerne les produits et services. Une Norme internationale est donc nécessaire si l'on veut gérer ces différences et pouvoir réaliser des études de recherche transfrontières, multipays, avec l'assurance que les méthodes de travail seront homogènes et comparables. De plus, les clients pourront ainsi obtenir des retours d'expérience mondialement compatibles et disposer de meilleurs critères pour choisir les prestataires de service. »

L'ISO 20252 a suscité un grand intérêt auprès des membres de l'ISO, qui ont été nombreux à participer aux travaux : Afrique du sud, Algérie, Allemagne, Argentine, Australie, Brésil, Bulgarie, Canada, Espagne, États-Unis, Fédération de Russie, France, Israël, Italie, Japon, Mexique, Pays-Bas, République de Corée, République tchèque, Royaume-Uni, Serbie et Monténégro, Suède. Les pays suivants ont pris part aux travaux en qualité d'observateurs : Autriche, Égypte, Iran, Maroc, Roumanie, Thaïlande, Turquie et Uruguay.

5.2 Code international ICC/ESOMAR

Le premier Code de bonnes pratiques en matière d'études de marchés et d'opinion a été publié en 1948 par l'Association Européenne pour les Études d'Opinion et de Marketing (ESOMAR). Depuis, il a été suivi par un certain nombre d'autres codes élaborés par différentes Associations Nationales d'études de marchés et d'autres organismes tels que la Chambre de Commerce Internationale (CCI), qui représente les milieux d'affaires internationaux. En 1976, ESOMAR et la CCI ont décidé qu'il serait préférable d'avoir un seul Code International et un Code conjoint CCI/ESOMAR fut donc publié.

Ce code, dont la dernière version date de 2016, a été conçu avant tout comme un cadre d'autorégulation. C'est dans cet esprit que l'ICC et ESOMAR recommandent son utilisation à l'échelle mondiale et que la révision du Code ICC/ESOMAR prend en compte l'impact des nouvelles technologies. La prolifération des données a abouti à une approche entièrement nouvelle de la recherche au sein du métier, les chercheurs assemblant et analysant de plus en plus souvent de grandes bases de données pour comprendre le marché.

Le code établit des standards essentiels de conduite éthique et professionnelle pour maintenir la confiance du public dans les recherches, tout en exigeant un strict respect de tous les lois et règlements internationaux, nationaux et locaux pertinents, et des codes de conduite sectoriels et professionnels qui peuvent fixer des normes plus élevées. Il veille à ce que les chercheurs et analystes travaillant avec des sources de données traditionnelles et nouvelles continuent à assumer leurs responsabilités éthiques, professionnelles et légales envers les personnes dont les données sont utilisées en recherche, et auprès de leurs clients et organisations. Il vise également à sauvegarder le droit des chercheurs d'étudier, recevoir et transmettre des informations, conformément à l'article 19 du Pacte international relatif aux droits civils et politiques des Nations Unies.

Ce Code est fondé sur trois principes fondamentaux qui ont caractérisé les études de marché, les études sociales et d'opinion tout au long de leur histoire. Ils fournissent un contexte interprétatif pour appliquer les articles de fond du Code :

- Lors de la collecte de données personnelles auprès de personnes concernées à des fins de recherche, les chercheurs doivent être transparents quant aux informations qu'ils comptent collecter, à la finalité pour laquelle elles seront collectées, et avec qui elles peuvent être partagées et sous quelle forme.
- Les chercheurs doivent veiller à ce que les données personnelles utilisées dans la recherche soient soigneusement protégées contre tout accès non autorisé et ne soient pas divulguées sans le consentement de la personne concernée.
- Les chercheurs doivent toujours se comporter de manière éthique et ne rien faire qui puisse causer un préjudice à une personne concernée, ou nuire à la réputation des études de marchés, sociales et d'opinion.

CODE INTERNATIONAL ICC/ ESOMAR DES ÉTUDES DE MARCHÉS[5]

Article 1 Devoir de vigilance

(a) Les chercheurs doivent veiller à ce que les personnes concernées ne subissent pas de préjudice directement du fait que leurs données personnelles sont utilisées pour la recherche.

(b) Les chercheurs doivent avoir une attention particulière lorsque la nature de la recherche est sensible ou si les circonstances dans lesquelles les données ont été collectées risquent de contrarier ou perturber la personne concernée.

(c) Les chercheurs doivent garder à l'esprit que le succès des recherches repose sur la confiance du public dans l'intégrité de la recherche et le traitement confidentiel des informations fournies, et doivent donc rester diligents dans le maintien de la distinction entre la recherche et les activités non liées à la recherche.

(d) Si les chercheurs s'engagent dans des activités non liées à la recherche, par exemple des activités promotionnelles ou commerciales dirigées vers les personnes concernées, ils doivent clairement distinguer et séparer ces activités de celles de la recherche.

FIGURE 3.5 : *Code ICC Esomar des Études de Marchés (Extraits)*

5 Le code est consultable dans son intégralité : https://www.esomar.org/uploads/public/knowledge-and-standards/codes-and-guidelines/ICCESOMAR_Code_French_.pdf.

Article 2 Enfants, jeunes personnes et autres individus vulnérables

(a) Les chercheurs doivent obtenir le consentement du parent ou de l'adulte responsable lors de la collecte de données personnelles d'enfants ou de toute personne pour qui un tuteur légal a été nommé.

(b) Les chercheurs doivent faire preuve d'une attention particulière lorsqu'ils envisagent de faire participer des enfants et jeunes personnes à la recherche. Les questions posées doivent tenir compte de leur âge et de leur niveau de maturité.

(c) Lorsqu'ils travaillent avec d'autres individus vulnérables, les chercheurs doivent veiller à ce que ces personnes soient capables de prendre des décisions éclairées et ne soient pas indûment pressées de coopérer avec la demande de recherche.

Article 3 Minimisation des données

Les chercheurs doivent limiter la collecte et/ou le traitement des données personnelles aux éléments pertinents pour la recherche.

Article 4 Collecte de données primaires

(a) Lors de la collecte de données personnelles directement auprès d'une personne concernée à des fins de recherche :

i. Les chercheurs doivent s'identifier rapidement et les personnes concernées doivent pouvoir vérifier l'identité et la bonne foi du chercheur sans difficulté.

ii. Les chercheurs doivent indiquer clairement l'objectif général de la recherche dès que cela est méthodologiquement possible.

iii. Les chercheurs doivent veiller à ce que la participation soit volontaire et fondée sur des informations sur l'objectif général et la nature de la recherche adéquates et non trompeuses.

iv. Les chercheurs doivent informer les personnes concernées sur d'éventuelles activités impliquant de reprendre contact et les personnes concernées doivent accepter d'être recontactées. La seule exception consiste à recontacter dans le cadre de contrôles de qualité.

v. Les chercheurs doivent respecter le droit des personnes concernées à refuser les demandes de participation aux recherches.

(b) Les chercheurs doivent permettre aux personnes concernées de se retirer de la recherche à tout moment, d'accéder aux données personnelles détenues à leur sujet et de les rectifier.

(c) La collecte passive des données devrait être fondée sur le consentement de la personne concernée et satisfaire à toutes les conditions énoncées à l'article 4(a).

FIGURE 3.5 : *Code ICC Esomar des Études de Marchés (Extraits) (Suite)*

(d) Lorsqu'il est impossible d'obtenir un consentement en méthode de collecte passive de données, les chercheurs doivent avoir des motifs juridiquement admissibles pour collecter les données, et ils doivent supprimer ou masquer toute caractéristique d'identification dès que possible sur le plan opérationnel. [...]

Figure 3.5 : *Code ICC Esomar des Études de Marchés (Extraits) (Suite)*

Esomar a depuis publié de nombreux codes dont un code spécifique dédié à la recherche en ligne et un code consacré à la recherche sur téléphone portable[6].

5.3 En Belgique

Febelmar, créé en 1980, regroupe aujourd'hui 36 bureaux d'étude de marché. À cet égard, l'association professionnelle des bureaux d'étude de marché belges représente environ 85 % des investissements totaux en études de marché.

Les principaux objectifs de Febelmar sont : la stimulation et le développement des études de marché et des sondages d'opinion, la défense des intérêts du secteur, faire connaître et appliquer la déontologie en matière d'études de marché, l'optimisation de la qualité de nos prestations de services.

Comme dans le cas d'Esomar, les membres s'engagent à respecter une série de règles ayant trait à la déontologie et notamment le code international ICC/ESOMAR.

5.4 En France

Syntec Études Marketing & Opinion est le syndicat représentatif des professionnels des études en France. Il regroupe 58 adhérents.

À ce titre, le syndicat :

- soutient les intérêts collectifs professionnels, économiques et sociaux des sociétés d'études ;
- assiste ses Membres sur les plans légaux et juridiques, sur le plan de la progression de la qualité, du développement de la formation ;
- organise l'information commune, les échanges et la concertation entre ses adhérents, la publication de positions communes ;
- représente le secteur économique des études vis-à-vis des administrations et des acteurs connexes nationaux et internationaux qui le concerne ;
- produit des documents de référence pour les adhérents, comme pour les clients.

6 Le code est consultable, dans son intégralité, dans les compléments en ligne.

Questions

1. Précisez les différents objectifs poursuivis par les études exploratoires, descriptives et causales. À chaque fois associez un exemple.
2. Décrivez les différentes méthodes de recueil de l'information utilisées en études de marchés.
3. À quels besoins les études qualitatives répondent-elles par rapport aux études quantitatives ?
4. Décrivez un processus de recherche de la formulation du problème marketing à l'élaboration des questions de recherche, des hypothèses. Précisez les instruments de collecte des données qui seront utilisés.
5. Analysez le contenu d'une proposition d'études sur base d'un contenu spécifique.
6. Précisez l'intérêt d'utiliser des contrôles de qualité interne et externe. Décrivez les modes de contrôle à mettre en place.
7. Votre entreprise (vente de matériel agricole) décide de réaliser une étude sur les motivations des agriculteurs en ce qui concerne l'investissement en machines agricoles. Quel type d'études proposez-vous ?
8. Votre municipalité veut connaître l'impact (économique, géographique, social) d'un plan de mobilité dans la région. Envisagez les différentes étapes de la recherche à mener (formulation du problème, hypothèses et questions de recherche à envisager, informations à rechercher, méthodes de récolte des données à utiliser (desk, qualitatif, (groupe, face-à-face), quantitatif).

CHAPITRE 4

ÉTUDES DES SOURCES SECONDAIRES OU RECHERCHE DOCUMENTAIRE

1 Importance de la recherche documentaire
2 Sources des données secondaires
3 Cheminement de la recherche documentaire
4 Étude des sources internes
5 Étude des sources externes
6 Critères d'évaluation des données secondaires
7 Le benchmarking
8 Avantages et limites des études documentaires

1 IMPORTANCE DE LA RECHERCHE DOCUMENTAIRE

L'entreprise n'est pas un monde qui vit en vase clos. Elle fait partie d'un système économique global. L'environnement dans lequel elle régit ses activités l'influence et elle agit sur son environnement.

L'accroissement ou la diminution du chômage a des répercussions sur la consommation des ménages et la disponibilité de la main d'œuvre. Les prix des matières premières ou la variation du cours des devises entraînent des modifications des prix d'achat et de vente de ses produits.

Dans un monde en profondes mutations, l'entreprise ne peut vivre en circuit fermé et doit s'informer.

Le marketing distingue **trois flux d'informations**.

L'entreprise dispose d'informations sur ses activités ; ce sont les *informations marketing internes*. De plus, elle échange de l'information avec son environnement. L'information qu'elle puise dans son environnement s'appelle « *intelligence marketing* », celle qu'elle transmet à celui-ci « *communication marketing* ».

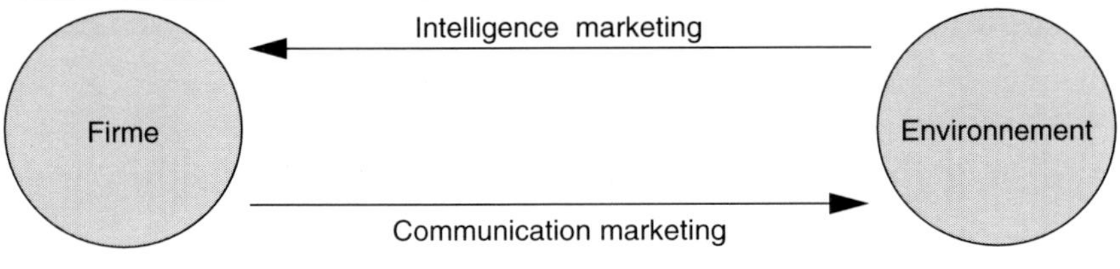

FIGURE 4.1 : *Trois flux d'informations marketing*

La **recherche documentaire** s'intéresse à tout ce qui est *l'analyse des marchés sans recours aux enquêtes par sondages.* Elle a longtemps été le seul outil d'analyse des marchés. Toutefois, dans les années soixante, les Anglo-saxons se sont orientés vers les enquêtes par sondages car la plupart des entreprises ne disposaient pas de statistiques fiables (en interne) et les statistiques externes à l'entreprise étaient trop souvent obsolètes.

De nos jours, ces problèmes ont quasiment disparu et la recherche documentaire est régulièrement utilisée par la plupart des entreprises et particulièrement les PME qui ne disposent pas toujours des moyens nécessaires à la réalisation d'études par sondages relativement coûteuses.

La recherche documentaire permet de :

- Vérifier avant toute enquête que l'information n'existe pas, ce qui permet une économie de coûts et la mise à disposition d'une information rapide ;
- De faire le point sur la connaissance du problème en préalable à l'enquête et éviter ainsi les doubles emplois.

2 SOURCES DES DONNÉES SECONDAIRES

De nos jours, les sources de données secondaires sont très nombreuses et la difficulté réside davantage dans un choix pertinent que dans la disponibilité des informations. La recherche documentaire, qui apporte un outil de travail aux études de marchés, fait appel à **deux sources** différentes.

- Les statistiques *internes* de l'entreprise ;
- Les statistiques *externes* à savoir les documents statistiques des organismes officiels ou semi-officiels, les documents statistiques des organismes privés ou les documents statistiques résultant d'une enquête.

Toutes ces informations, ces sources d'intelligence marketing, sont regroupées dans le système d'information marketing (SIM).

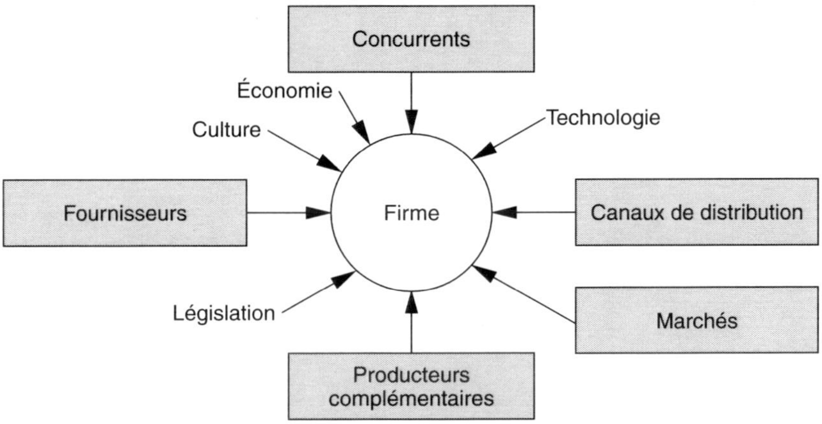

FIGURE 4.2 : *Sources d'intelligence marketing*

Elles évitent de réinventer l'eau chaude.

> *Une entreprise spécialisée dans l'édition de livres pour enfants a constaté en parcourant une étude réalisée par un institut de recherche que les achats de livres pour enfants se réalisaient de plus en plus par l'intermédiaire de revendeurs spécialisés et via les réseaux d'enseignement primaire. Le réseau de distribution a été modifié pour s'adapter à ces acheteurs institutionnels.*

3 CHEMINEMENT DE LA RECHERCHE DOCUMENTAIRE

Généralement, l'analyse des données secondaires se réalise dans **un ordre bien déterminé** établi en fonction de la rapidité d'obtention, de la périodicité et du coût des données désirées.

L'entreprise analysera en premier les données disponibles en interne et, si les informations recherchées font défaut, s'orientera vers des données secondaires externes disponibles auprès des pouvoirs publics ou des associations professionnelles.

Elle consultera la littérature consacrée au sujet (périodiques, livres, rapports annuels, études privées).

Si l'information recherchée n'est pas trouvée, elle s'orientera alors vers des données marketing standardisées (relevés continus, panels, études répétitives ou projets spéciaux disponibles auprès des sociétés d'études).

Enfin, si elle n'obtient toujours pas l'information nécessaire, elle s'orientera vers le recueil d'information primaire, souvent plus longue et plus coûteuse à obtenir.

La recherche documentaire constitue la première étape d'une démarche de recherche. **Plusieurs méthodes** sont utilisées :

- *le recours à la littérature* ;
- *l'utilisation des statistiques internes ou externes* ;
- *la comparaison* avec des cas ou expériences similaires ;
- *les interviews non structurées* d'experts ou d'acteurs privilégiés.

Le schéma ci-après présente la logique qui sous-tend la recherche documentaire.

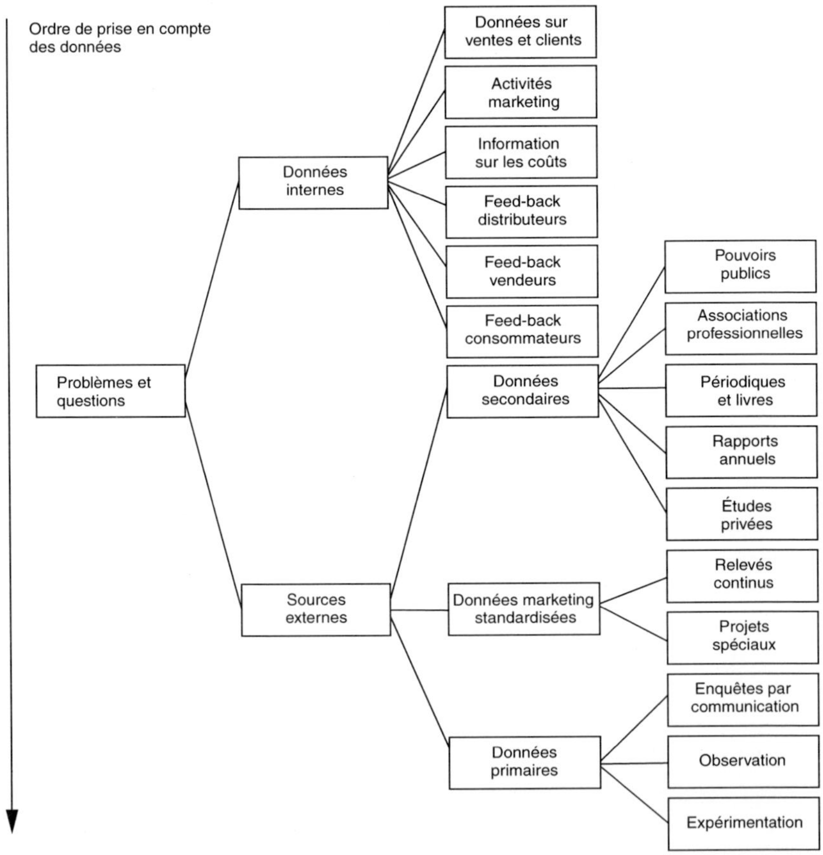

FIGURE 4.3 : *Cheminement de la recherche des données secondaires*

4 ÉTUDE DES SOURCES INTERNES

Les informations internes en provenance de l'entreprise offrent l'avantage d'un coût peu élevé.

Généralement, **elles sont prises en compte en premier**. Il s'agit des données concernant les ventes, les clients, les activités marketing réalisées (prix, produit, distribution, communication et promotion), les informations sur les coûts et des informations en provenance des distributeurs, vendeurs ou des clients (via le service après-vente).

Avant de se fier à l'étude des statistiques internes, **il faut s'assurer de leur qualité**. Ces statistiques doivent être exactes, car elles engagent le raisonnement servant de base à l'étude de marchés et à la gestion de l'entreprise. Elles doivent être à jour, afin de permettre au chef d'entreprise de bien connaître tous les éléments capables de concourir à former son appréciation.

Tout repose sur la méthode utilisée pour collecter ces données et les utiliser le plus rationnellement possible.

L'entreprise doit centraliser l'exploitation des statistiques, que ce soit dans les mains d'un service ou dans celles d'un employé car c'est la confrontation des diverses statistiques qui est riche d'enseignement. Cette confrontation aura pour **avantages** :

- *faire apparaître les doubles emplois* et, par conséquent, diminuer le travail administratif ;
- permettre au responsable de *découvrir les secteurs* où des informations font défaut ;
- *tenir à jour un catalogue des sources d'informations* disponibles dans l'entreprise.

Ces statistiques ne permettent d'effectuer des constatations qu'à l'intérieur de l'entreprise et elles sont, par conséquent, très **insuffisantes** puisqu'elles ne permettent pas de confronter l'entreprise avec le marché réel ou avec son environnement.

Les statistiques internes permettent de porter des jugements dans plusieurs **domaines**, comme par exemple :

- *L'évolution de l'entreprise dans le temps.*

  La courbe du chiffre d'affaires à étudier est celle reprenant les ventes hors taxes, à prix constants, qu'on obtiendra en ramenant le chiffre d'affaires à ce qu'il aurait été s'il n'y avait pas eu de hausse de prix. On pourra également, suivant les cas, évaluer la progression du nombre d'unités de vente.

  On aura toujours intérêt à considérer les évolutions à plus ou moins long terme, de façon à faire apparaître les variations cycliques et la grande tendance de l'évolution. Cet examen permettra alors à l'entreprise d'évaluer son rythme de progression par rapport aux rythmes antérieurs et de se rendre compte si elle progresse dans la voie d'un développement rapide ou d'un développement ralenti.

- *Les variations géographiques d'activité.*

  La comparaison des ventes par secteurs d'activités permettra au chef de vente d'utiliser ces résultats pour stimuler ses vendeurs. Elle permettra également à l'entreprise de mesurer son implantation géographique. Soulignons, toutefois, que la comparaison des résultats géographiques n'aura de sens que si l'on a établi des quota de vente préalables et des prévisions régionales.

  La comparaison des résultats géographiques dans le temps et dans l'espace permettra souvent de déceler les faiblesses de l'entreprise et d'y remédier par une réorganisation du réseau de vente, notamment si le nombre de vendeurs d'une région est insuffisant pour visiter la clientèle.

- *L'évolution des ventes par produit.*

  Si l'entreprise fabrique différents produits, il est intéressant d'analyser les ventes et la rentabilité de chaque produit ou groupe de produits. L'acquisition de tels renseignements, jointe à la connaissance de l'évolution de la courbe de vie du produit, permet, dans bien des cas, d'améliorer immédiatement la situation de l'entreprise :

  – en supprimant les produits à marge faible ou négative,
  – en développant la vente des produits ayant la marge la plus élevée,
  – en cherchant à remplacer ou à améliorer les produits qui approchent de la phase de saturation du marché.

- *L'évolution des ventes par canal de distribution.*

  C'est-à-dire l'évolution :

  – des ventes directes aux gros utilisateurs ;
  – des ventes directes aux gros détaillants ;
  – des ventes par grossistes et détaillants.

  Ici encore, il faut être en mesure d'imputer à chaque canal les frais qu'il entraîne.

- *D'autres renseignements comme :*

  – la répartition de la clientèle par importance,
  – la répartition des commandes par valeur moyenne,
  – le rendement des offres,
  – les activités des délégués commerciaux,
  – le rendement des actions de communication,
  – le rendement de la promotion des ventes.

L'étude des statistiques internes à l'entreprise est un **outil d'analyse pertinent** qui permet au responsable marketing de décider de sa stratégie future comme :

- établir des prévisions globales ;
- déterminer les actions à entreprendre pour accroître une part de marché ;
- modifier ou étendre la gamme de produits ;
- modifier les réseaux de distribution ;
- accroître le nombre de points de vente ;
- accroître le nombre de vendeurs ;
- modifier leur répartition territoriale ;
- accroître l'effort publicitaire ou la promotion des ventes ;
- évaluer la force de vente ;
- modifier les prix et remises.

5 ÉTUDE DES SOURCES EXTERNES

L'analyse des statistiques internes n'apporte pas d'informations sur la situation d'une entreprise par rapport à son environnement. Il est donc indispensable de confronter les statistiques internes avec les statistiques externes.

Les informations externes doivent être trouvées à l'extérieur de l'entreprise. Elles doivent répondre à **deux objectifs** :

- Permettre de *rendre compte de l'évolution dans le temps et dans l'espace* du marché ou de l'environnement de l'entreprise ;
- Permettre de *mesurer l'évolution de l'entreprise* par rapport à la concurrence et de la situer dans le marché en calculant la part de l'entreprise par rapport à ses concurrents directs et par rapport à ses concurrents en produits de substitution.

Nombreux sont les organismes qui publient des chiffres susceptibles d'être utilisés dans une étude de marchés. Ils le font dans le cadre de leur mission normale d'information (Institut National de Statistique) ou de façon accessoire (ministères ou fédérations professionnelles). Ils fournissent des renseignements statistiques recueillis dans des domaines très divers, mais aussi des analyses économiques, des études conjoncturelles qui peuvent s'avérer très précieuses pour le chercheur. Une liste des organismes est présentée sur le site compagnon.

Avant de comparer des statistiques entre elles, il faut cependant veiller à la définition de l'unité statistique et à l'année sur laquelle porte le relevé. La sagesse recommande également d'identifier l'éditeur initial d'une statistique, car de nombreux périodiques reprennent des statistiques qui, en fait, ont été élaborées par d'autres.

5.1 Statistiques officielles

Les statistiques ont un rôle capital à jouer dans la gestion des affaires publiques et privées et dans le progrès des sciences humaines. Il est indispensable que les gouvernements aient à leur disposition et mettent à la disposition des chercheurs et du monde des affaires de nombreuses données statistiques. Il est donc naturel qu'il y ait dans chaque pays des services statistiques officiels qui disposent de l'appareil législatif nécessaire à l'obtention de renseignements utiles.

5.1.1 *En Belgique : Statistics Belgium*

Afin de répondre aux besoins d'information des pouvoirs publics, du monde de l'entreprise et des citoyens, la DGSIE (Direction générale Statistique et Information économique) propose des données actualisées sur la situation du pays.

Des statistiques pertinentes sont essentielles pour planifier efficacement et mener des actions ciblées. Par ailleurs, les étudiants, les chercheurs et toutes les personnes qui veulent acquérir des connaissances ont besoin de chiffres et de statistiques valables.

Les informations couvrent de nombreux domaines : le climat, la population, la vie sociale, l'économie, les finances, l'agriculture, l'industrie, le transport, les services, la société de l'information etc.

Trois mots résument parfaitement la mission de base de la DGSIE : collecter, traiter et diffuser des données chiffrées pertinentes, fiables et commentées sur la société belge.

LA DGSIE diffuse des informations statistiques sur :

- les ménages (le budget des ménages, l'emploi du temps, le montant consacré aux vacances,...) ;
- l'industrie, la construction, le commerce et les autres services (données issues des enquêtes auprès des entreprises) ;
- la conjoncture, comme les indices (par exemple les indices des prix à la consommation) et des indicateurs économiques ;
- la production industrielle, les investissements, les exportations, l'emploi, l'activité dans le commerce de détail et le secteur des services etc.

Le site *http://statbel.fgov.be* compte six thèmes principaux : population, marché du travail et conditions de vie, économie, circulation et transport, environnement et énergie.

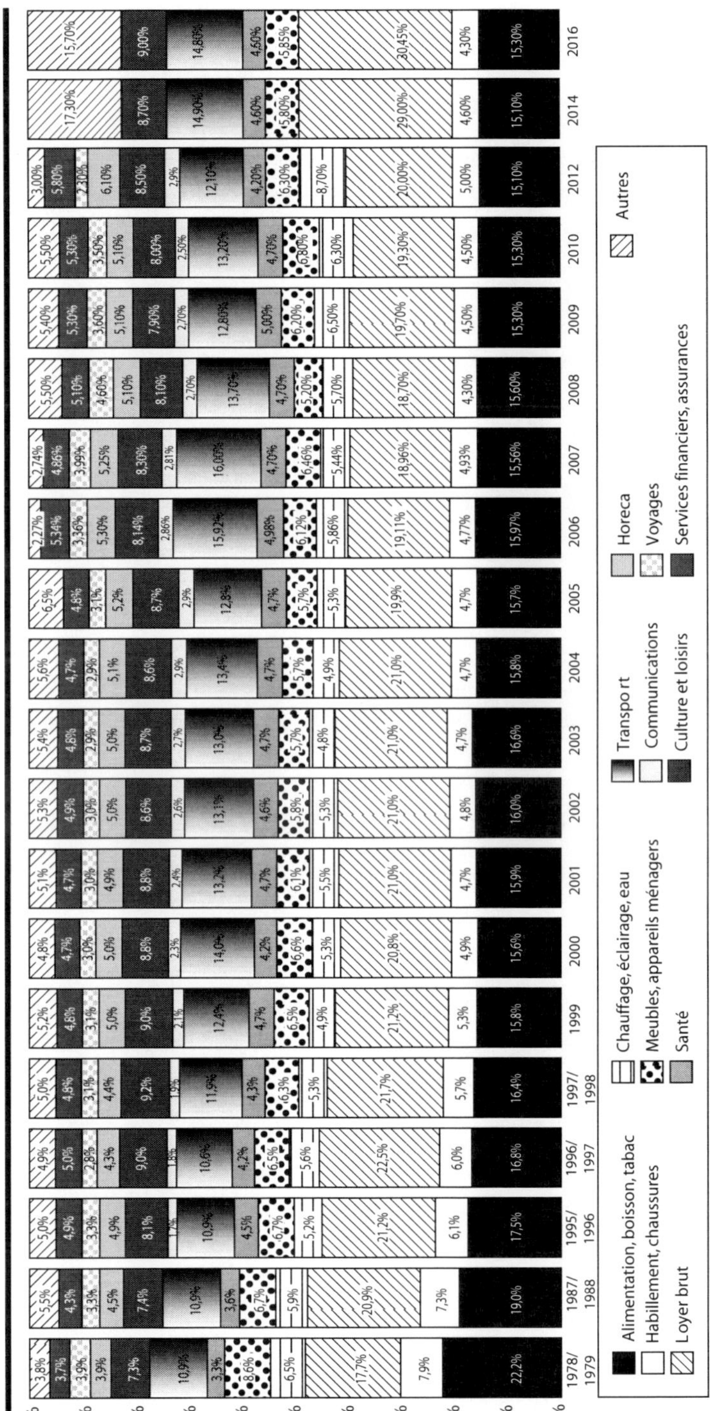

SOURCE : DGSIE, SPF Économie, Belgique

FIGURE 4.4 : *Évolution des dépenses des ménages en Belgique*

5.1.2 *En France, l'INSEE*

L'INSEE (Institut national de la statistique et des études économiques) collecte, produit, analyse et diffuse des informations sur l'économie et la société françaises.

Ces informations intéressent les pouvoirs publics, les administrations, les entreprises, les chercheurs, les médias, les enseignants, les étudiants et les particuliers. Elles leur permettent d'enrichir leurs connaissances, d'effectuer des études, de faire des prévisions et de prendre des décisions. Pour satisfaire ses utilisateurs, l' INSEE est à l'écoute de leurs besoins et oriente ses travaux en conséquence.

L' INSEE assure la coordination du service statistique public français. Il veille au respect du secret statistique. Il représente la France dans les instances communautaires et internationales chargées de l'harmonisation statistique.

L' INSEE, direction générale du ministère de l'Économie, de l'Industrie et de l'Emploi, emploie 5 764 personnes réparties sur l'ensemble du territoire national.

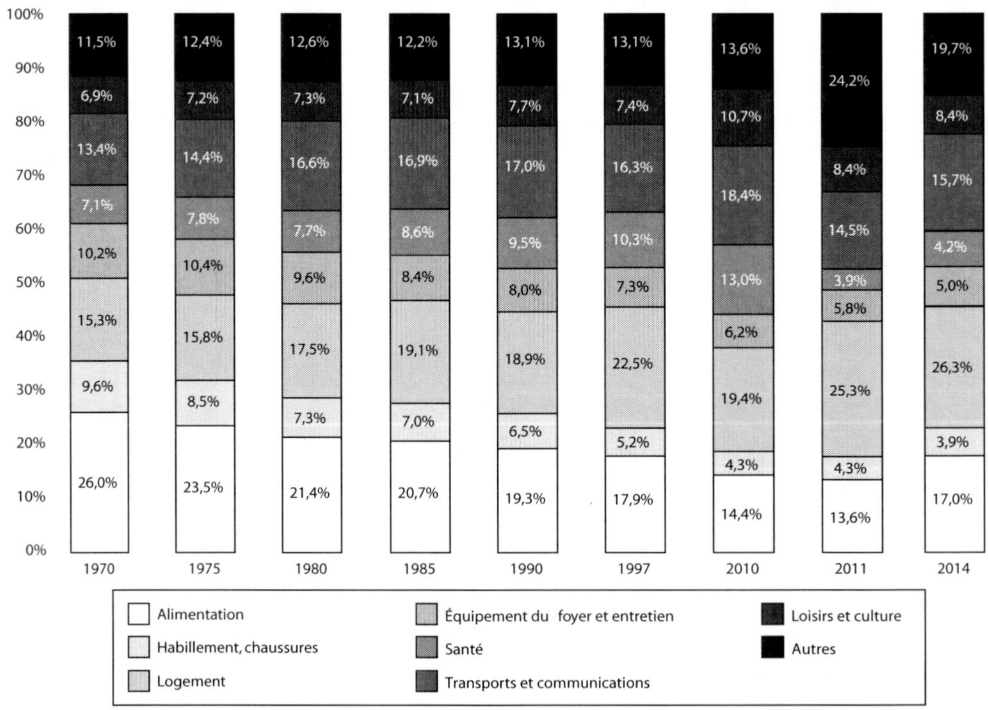

SOURCE : INSEE, France

Figure 4.5 : *Évolution des dépenses des ménages en France*

5.1.3 *Eurostat et le Système Statistique européen (SSE)*

Eurostat (appellation officielle : Office statistique des Communautés européennes) est une direction générale de la Commission européenne chargée de l'information statistique à l'échelle communautaire. Elle a pour rôle de produire les statistiques officielles de l'Union européenne, principalement en collectant, harmonisant et agrégeant les données publiées par les instituts nationaux de statistiques des pays membres de l'UE, des pays candidats à l'adhésion et des pays de l'AELE.

Les statistiques européennes sont élaborées grâce au Système Statistique européen, dont le fonctionnement en réseau constitue une application stricte du principe de subsidiarité. La Commission européenne, dans ce cas principalement la direction générale Eurostat, ne travaille donc pas seule mais peut compter sur l'apport du Système Statistique européen qui est composé d'Eurostat et de l'ensemble des instituts nationaux de statistique (et donc de la direction générale Statistique et Information économique pour la Belgique), des ministères, des organismes et des banques centrales qui collectent les statistiques officielles dans les États membres de l'Union européenne, en Islande, en Norvège, au Liechtenstein et en Suisse.

En effet, depuis la création de la Communauté européenne, il s'est avéré nécessaire que la planification et la mise en œuvre des politiques communautaires puissent être fondées sur des statistiques fiables et comparables. C'est pourquoi le Système Statistique européen a été mis en place, dans le but de fournir des statistiques comparables au niveau de l'ensemble de l'Union européenne.

Concrètement, Eurostat coordonne l'ensemble du système et agrège les données au niveau européen. Les États membres, quant à eux, rassemblent les données et établissent des statistiques pour répondre tant à des besoins nationaux qu'à des besoins communautaires. Enfin, Eurostat et les systèmes statistiques nationaux assurent la diffusion des résultats produits.

Dans le cadre de la planification des travaux du Système Statistique européen, le règlement européen du Conseil de l'Union européenne relatif à la statistique communautaire prévoit l'élaboration d'un programme statistique communautaire pluriannuel (de 5 ans) qui définit les orientations, les principaux domaines ainsi que les objectifs des actions envisagées pour ladite période (c'est-à-dire la stratégie, les priorités et le plan des travaux prévus pour la période considérée). Ensuite, ce programme quinquennal est mis en application via 5 programmes annuels qui sont élaborés en collaboration avec les instituts nationaux de statistique ainsi qu'avec les autres services de la Commission européenne. Ces programmes annuels de travail statistique de la Commission européenne définissent les priorités de la Commission concernant les travaux statistiques pour chaque année.

Pour mener à bien ses objectifs, le Système Statistique européen coordonne également ses travaux avec d'autres organisations internationales telles que l'OCDE, les Nations Unies, le Fonds Monétaire International ou encore la Banque mondiale.

5.2 Statistiques semi-officielles

Parallèlement aux organismes officiels, de nombreux ministères, des organismes para-étatiques, des banques et des journaux privés publient des statistiques très intéressantes.

La confrontation de ces différentes statistiques est très enrichissante pour l'entreprise.

L'utilisation des statistiques externes doit cependant s'entourer d'une véritable critique de leur valeur. Tout d'abord, certaines données peuvent être incomplètes (c'est le cas, par exemple, des chiffres fournis par des organisations professionnelles qui ne réunissent pas l'ensemble des membres de la profession) ; certaines déclarations peuvent être fausses comme les statistiques des revenus à but fiscal.

QUAND UNE ERREUR STATISTIQUE DIMINUE LE BIEN-ÊTRE DES CITOYENS[1]

Une erreur s'est glissée dans les conclusions d'une étude universitaire. Avec des conséquences étonnantes sur les politiques d'austérité des États et le bien-être de la population.

2010. Les professeurs Kenneth Rogoff et Carmen Reinhart de l'Université d'HARVARD publient une étude consacrée aux conséquences de la dette des États. Au-delà d'une dette publique de 90 % du produit intérieur brut, l'économie d'un pays commence automatiquement à décliner.

2011. Cette étude est utilisée par de nombreux gouvernements pour justifier les nécessaires politiques d'austérité et de réduction des déficits publics. Ainsi, le commissaire européen Olli Rehn s'est référé à l'étude « Growth in a Time of Debt » de ces économistes pour légitimer les mesures d'austérité européennes et leurs conséquences sur le bien-être de la population.

Le hic ? 3 chercheurs de l'Université du Massachusetts, Thomas Herndon, Michael Ash et Robert Pollin, ont découvert l'existence de plusieurs biais et erreurs dans l'étude de leurs confrères. Des erreurs d'encodage dans le tableur Excel dont notamment l'absence de plusieurs pays dont la Belgique qui possède la double caractéristique d'une dette publique importante et d'une forte résistance à la récession. De ce fait, la théorie d'Harvard est remise en cause par ces chercheurs qui constatent que l'endettement des pays n'a pas vraiment de conséquence sur leur croissance à long terme.

---

1. VANDERCAMMEN M., *Quand une erreur statistique diminue le bien-être des citoyens, www.mvconsult.be*, Février 2014.

Troublant, certainement, mais aussi interpellant. Quand une étude est publiée par une université de renommée mondiale et qu'elle sert à justifier des politiques qui influencent le bien-être de la population, il est de la responsabilité des auteurs de vérifier les données avant toute publication.

Surtout quand les conclusions de l'Université du Massachusetts prennent une orientation toute différente. La croissance moyenne du PIB réel des pays dont le ratio dette-PIB est supérieur à 90 % est de 2,2 %, et non de -0,1 % comme l'a calculé Harvard. L'Université du Massachusetts va même jusqu'à préciser qu'elle est incapable de trouver un point pivot où le degré d'endettement engendrerait un recul mécanique de la croissance.

5.3 Statistiques privées

Les sources statistiques tant belges que françaises ne comptent certainement pas parmi les meilleures du monde, mais il est regrettable de ne pas utiliser les sources disponibles par manque d'intérêt ou par ignorance. En effet, une enquête, même peu élaborée, revient cher et demande beaucoup de temps.

C'est pourquoi, il faut vérifier au préalable si l'information recherchée n'a pas déjà été donnée par d'autres. Ce pourraient être :

- *Des études de marchés effectuées par des organismes gouvernementaux ;*
- *Des études effectuées par des organismes professionnels.* On peut déplorer qu'elles ne soient pas plus développées. Elles réduiraient sensiblement les frais de l'entreprise qui n'aurait plus qu'à réaliser des études spécifiques à l'égard de ses produits et de ses moyens d'actions ;
- *Des études collectives effectuées par des organismes privés.* Il est important de rester en contact avec les différents bureaux d'études de marchés pour être au courant de la parution des résultats d'enquêtes collectives réalisées à leur initiative ;
- *Des études de marchés effectuées par des firmes particulières.* En général, un dirigeant qui mène une étude n'en communique pas les résultats. Il arrive, cependant, que des industriels se servent de telles études comme moyen de relations publiques et acceptent d'en donner les résultats. C'est, notamment, le cas de certains supports de presse ou de certaines agences de publicité ;
- *Des études de marchés antérieures réalisées par l'entreprise.* Rares sont les entreprises qui n'ont pas déjà procédé à une étude sur un type de produits ou un type de clientèles. L'examen critique des études antérieures peut fournir des indications précieuses bien qu'il soit souvent difficile d'en apprécier l'exactitude en raison de l'absence fréquente d'indication des sources ou des méthodes utilisées.

La liste des principaux services publiant régulièrement, en Belgique et en France, des documents sur la situation économique et la conjoncture, est reprise sur le site compagnon.

5.4 Le Big Data

Préférences affichées sur Facebook, actes d'achat sur Internet, tickets de caisse... Les données ont envahi nos vies, nos ordinateurs... Et les serveurs des entreprises. Dans cet univers, le marketing se fait personnel, ciblé, comportemental... intelligent : le Big Data est omniprésent.

Pour les services marketing, c'est une manne autant qu'une source de perplexité : quel potentiel accorder à ces données ? Quelles informations délivrent-elles sur les marchés, leurs consommateurs, les tendances du moment ? Et surtout... comment en maîtriser l'exploitation ? Dans le même temps, les données affluent toujours plus vite, presque en temps réel. Par ailleurs, leur format n'a jamais été aussi varié : données numériques mais aussi textes, images ou vidéos pour n'en mentionner que quelques-uns.[2]

LES BIG DATA OU MÉTADONNÉES

Elles désignent un ensemble très volumineux de données qu'aucun outil classique de gestion de base de données ou de gestion de l'information ne peut vraiment traiter. L'accroissement des données produites par les entreprises, les particuliers, les scientifiques et les acteurs publics, couplé au développement d'outils informatiques, offre de nouvelles perspectives d'analyses. 90 % de l'ensemble des données aujourd'hui disponibles ont été créées ces deux dernières années[2]. Alors que l'on parlait il y a peu de gigaoctets (109 octets), on parle maintenant plutôt de téraoctets (1012 octets), de pétaoctets (1015 octets), d'exaoctets (1018 octets) et même de zettaoctets (1021octets)[3].

5.4.1 *Les enjeux du Big Data*

Les marketeurs doivent à la fois :

- Répondre aux opportunités du marché en adaptant les ventes des produits et services en fonction de la demande des clients, monitorant les efforts commerciaux entre les visites face à face et les autres formes de relations. C'est l'approche tactique.
- Développer une démarche prospective pour distinguer les épiphénomènes et les tendances futures majeures. C'est l'approche stratégique.

2. Brasseur C. (2013), *Enjeux et usages du big data. Technologies, méthodes et mises en œuvre*, Paris, Lavoisier, p. 30.

3. 1 téraoctet représente par exemple 6 millions de livres, 1 pétaoctet représente 2 milliards de photos numériques de résolution moyenne, et 1,8 zettaoctet représente toutes les informations enregistrées en 2011.

Pour le marketing, chaque action doit prouver son efficacité et sa rentabilité. Pour évaluer le retour sur investissement des actions marketing (ROMI), il faut disposer d'outils de qualité : il est plus difficile d'évaluer le rendement des activités liées à l'image (communication, publicité) que celles du marketing direct ; certaines activités ont des effets à court terme, d'autres à long terme, sans parler des effets conjugués ou croisés de certaines actions dont la complexité échappe aux tableaux de bord traditionnels.

LES VERTUS DU BIG DATA : PROFILAGE, SEGMENTATION, PERSONNALISATION DES MESSAGES[4]

C'est certainement sur la première question, celle de la cible, que le Big Data applique son vernis le plus novateur. Les croisements d'informations directement sourcées par le consommateur et le traitement de larges quantités de données autorisent en effet une analyse de sentiments et une segmentation bien plus poussées que n'importe quel sondage réalisé sur un échantillon. À l'arrivée, une cartographie du marché beaucoup mieux identifiée et une prise de conscience aiguë des besoins consommateurs.

Mieux, avec la géolocalisation des besoins et le reciblage de bannières web, les moyens d'accéder directement à l'usager final, cœur de la deuxième question, semblent désormais bien plus cohérents avec le désir d'efficacité de tout bon stratège marketing.

Reste le problème de la persuasion, autrement dit de la conversion du consommateur à l'acte d'achat. Sur ce point, certains acteurs ont déjà commencé la mutation, en s'appropriant des techniques de personnalisation dignes des meilleurs romans de science-fiction : un pricing adapté au consommateur, des simulations temps réel des produits au gré des préférences exprimées de celui-ci (envisagé dans le secteur automobile notamment), un pouvoir de suggestion ciblé finement sur Internet (« Vous avez aimé ceci ?... Vous aimerez cela ! », comme on peut déjà le voir sur Amazon)...

Bref le marketing intelligent se construit au quotidien sous l'ère Big Data et nul ne s'avancerait à prédire son extinction prochaine

La prédiction, justement, c'est probablement là le futur terrain de jeu du Big Data et de ses affidés : décrypter l'avenir, ses tendances et ses contraintes, n'est-ce pas là le plus grand défi que puissent relever les services marketing en version Big Data ? Car croiser des données météo avec les commentaires d'internautes tout en surveillant les informations macro des marchés sectoriels risque d'être une paire de manches statistique autant qu'organisationnelle.

4. Laffargue Blandine, *Le marketing intelligent s'appelle le Big Data*, 2012, [en ligne], http://www.marketing-professionnel.fr/tribune-libre/big-data-201202.html, consulté le 20 février 2018.

Les experts consultants du Big Data ne s'y sont d'ailleurs pas trompés, appelant de leurs vœux une mise en collaboration plus efficace des équipes marketing avec les services informatiques et les statisticiens. But de cette manœuvre : rapprocher l'analyse de la donnée du terreau même dont celle-ci est extraite... Bienvenue dans la « data-driven organization » !

Que faut-il en attendre ? Probablement une meilleure circulation de l'information, en même temps qu'une réévaluation éclairée des objectifs au gré des données collectées. Mais surtout, en toile de fond, une responsabilisation accrue des acteurs du terrain, qui auront à disposition à la fois l'information et son analyse en temps réel... Une perspective séduisante pour tout chef de produit confronté quotidiennement à l'opacité et la lenteur des process.

Le Big Data n'a donc pas fini de convaincre les acteurs du marketing de sa nature davantage opérationnelle que technologique ; dans le retail comme dans l'énergie, le e-commerce ou les télécoms, il faudra compter avec ces nouvelles formes d'analyse pour passer le cap du marketing intelligent. Quels que soient les moyens mis en œuvre et les schémas organisationnels retenus, les perspectives commerciales et financières faramineuses devraient, elles, achever de convertir les derniers réticents...

Le Big Data utilise des outils qui traitent un volume de données considérable, une grande variété d'information (venant de diverses sources, non structurées, organisées, Open...), et propose un niveau de vélocité important en termes de fréquence de création, collecte, partage de données et d'analyse de la valeur. Car l'explosion des données numériques a conduit les chercheurs à utiliser de nouvelles manières de capturer, rechercher, partager, stocker, analyser et présenter les données.

Les perspectives du traitement des Big Data sont encore insoupçonnées. En marketing, les chercheurs imaginent souvent de nouvelles possibilités d'exploration de l'information diffusée par les médias, de connaissance et d'évaluation, d'analyse tendancielle et prospective et de gestion des risques commerciaux et de phénomènes religieux, culturels, politiques, etc.

De manière plus générale, les analyses des Big Data permettent de simplifier et d'adapter les services, d'améliorer les performances de gestion, prédire et prévenir. Cependant, le développement de l'analyse de masses de données doit aussi s'accompagner d'un questionnement relatif à la protection des données à caractère personnel que pour les informations administratives et à leur sécurisation.

Pour utiliser de manière efficace le Big Data il convient, d'avoir dès le départ un objectif en tête. À défaut, cela reviendra à chercher une aiguille dans une meule de foin alors qu'il n'y a pas d'aiguille. L'utilisation de l'analyse des données dans une entreprise exige une culture de prise de décision qui soit basée sur les faits. Avant de prendre une décision importante stratégique, les dirigeants se demandent « *Que savons-nous ?* » ou « *Que nous disent les données ?* » plutôt que « *Que pensons-nous ?* ».

Deux technologies utilisent ces métadonnées. D'une part, les technologies de stockage, portées particulièrement par le déploiement du « Cloud Computing » qui permet par ailleurs de stocker des données à moindre coût. D'autre part, les technologies de traitement ajustées, notamment par le développement de nouvelles bases de données adaptées aux données non structurées et la mise au point de modes de calcul à haute performance.

5.4.2 *Les sources*

Sans surprise, ces données proviennent donc essentiellement du web avec :

- Les comportements sur Internet : fréquence et durée des visites, abandon de panier, clic sur des bannières... ;
- Les données de retours suite à un email : qui a ouvert, cliqué... ;
- Les parcours : origine des inscrits à la newsletter, des acheteurs, des couponneurs... ;
- Les réseaux sociaux : en particulier via des applications Facebook.

Mais d'autres informations viennent du monde réel, en provenance du programme de fidélité, des tickets de caisse, des coupons de réduction papier...

7 CONSEILS OPÉRATIONNELS À METTRE EN ŒUVRE[5]

1. Sélectionnez drastiquement les données qui seront réellement utiles pour éviter de polluer la base avec des critères qui ne seront jamais utilisés. Identifie[z] les visiteurs de votre page « Conditions Générales de Vente » ne vous servira vraisemblablement jamais à rien.
2. Créez des agrégats avec des formules (et des noms faciles...) à comprendre. Par exemple : le nombre total, par mois, de visites sur un site Internet est beaucoup plus utile que le détail minute par minute...
3. Connectez les sources de données, au fur et à mesure, à une base de données marketing unique. Mieux vaut avancer lentement et sûrement qu'attendre « la » base de données ultime connectée à toutes les sources et... qui n'arrivera jamais (et le cimetière des projets informatiques est particulièrement fourni par cette famille-là !).

5. Cousin Christophe, « *Big Data* » *pour* « *little budget* », 2012, [en ligne], http://www.marketing-professionnel.fr/tribune-libre/big-data-budget-201202.html, consulté le 28 février 2018.

4. Mettez en place des référentiels (par exemple de votre catalogue produit ou de vos points de vente) pour fiabiliser les données.
5. Dédupliquez très finement pour rattacher chaque information à la bonne personne. L'algorithme utilisé doit être « un peu plus » malin que celui d'Excel...
6. Utilisez des outils de segmentation et de comptage pour explorer votre base de données et commence[z] à alimenter vos institutions marketing... et les tests de nouvelles mécaniques. Le recours à des outils de datamining viendra ensuite pour modéliser plus finement vos premières idées...
7. Et mettez la Data Quality en tête de vos priorités. Ce n'est pas un sujet amusant, *a priori,* mais mieux vaut y passer un peu de temps régulièrement que beaucoup de temps et encore plus d'argent quand votre base sera définitivement [passée de] « big » à « bad ».

5.4.3 *Les outils d'analyse*

La prise en compte des données de navigation des internautes permet de connaître leurs attentes pour personnaliser la relation avec chacun d'eux et *in fine* améliorer le taux de conversion. Les webanalytics constituent un flux de données continu et très important qui requiert les outils spécifiques du big data pour les exploiter. Ces données brutes, prises individuellement, sont peu significatives. Un clic sur une page est insuffisant pour déterminer l'appétence d'un internaute. C'est l'agrégation des données brutes qui permet de disposer d'une information marketing exploitable.

L'enjeu est de disposer d'outils assez puissants, pour recueillir et transformer à la volée ce flux massif de données en indicateurs marketing, scores, agrégats, qui vont renseigner et qualifier les attentes individuelles de chaque prospect. Cette connaissance alimente des dispositifs marketing relationnels omnicanal de personnalisation de la relation client.

Pour répondre aux besoins provenant d'entreprises comme Google ou Facebook, des logiciels capables de traiter de gigantesques volumes de données structurées et non structurées ont vu le jour, pour la plupart il y a moins de cinq ans. Ces logiciels peuvent distribuer des données simultanément sur plusieurs serveurs.

Pour améliorer le traitement des données, les logiciels détectent l'information utile en utilisant des techniques automatiques ou semi-automatiques d'extraction d'un savoir appelées Data Mining. La technologie Big Data est également associée au développement de logiciels capables de rendre intelligibles les résultats — rendu possible par l'émergence de nouveaux outils de visualisation (images, diagrammes, animations).

Outil	Description
hadoop	Créé par Apache, Hadoop est un framework logiciel open source facilitant le traitement distribué de très larges ensembles de données au travers de centaines de serveurs opérant parallèlement. De nombreuses entreprises utilisent Hadoop depuis bien longtemps pour trier et analyser le Big Data. Ce framework repose sur des modèles de programmation simples pour assurer le traitement des données et les rendre disponibles sur des machines locales.
APACHE STORM™	Storm est un autre produit développé par Apache. Il s'agit d'un système de traitement Big Data en temps réel open source. Il peut être utilisé aussi bien par les petites et les grandes entreprises. Storm est adapté à tous les langages de programmation, et permet de traiter des données même si un nœud connecté du cluster ne fonctionne plus ou si les messages sont perdus. Storm est également parfait pour le RPC distribué et le Machine Learning en ligne. Il s'agit d'un bon choix parmi les outils Big Data car il s'intègre aux technologies existantes.
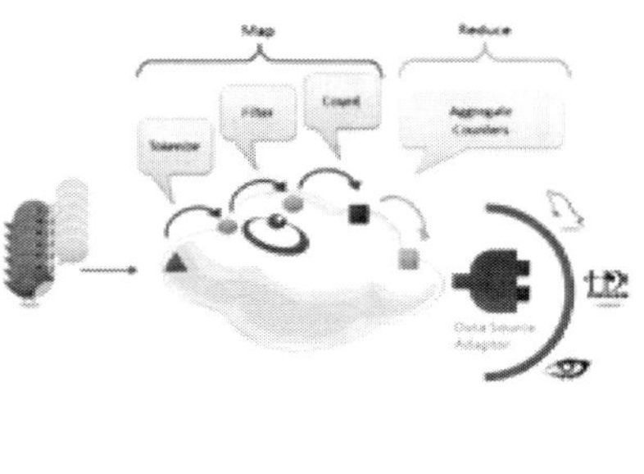	Hadoop MapReduce est un modèle de programmation et un framework logiciel permettant de créer des applications de traitement de données. Développé à l'origine par Google, MapReduce autorise le traitement rapide et parallèle de larges ensembles de données sur des clusters de nœuds. Ce framework a deux fonctions principales. D'abord, la fonction de mapping permettant de séparer les données à traiter. Ensuite, la fonction de réduction permettant d'analyser les données.

FIGURE 4.6 : *Top 7 des outils Big Data*[6]

6. BASTIEN L., (2016), *Top 7 des outils Big Data analytiques pour votre entreprise*, [en ligne], https://www.lebigdata.fr/top-7-outils-big-data-0712, consulté le 20 février 2018.

Outil	Description
Cassandra	Apache Cassandra est une base de données NoSQL hautement scalable. Elle est capable de surveiller de larges ensembles de données répartis sur divers clusters de serveurs et sur le Cloud. Initialement développée par Facebook pour répondre à un besoin d'une base de données suffisamment puissante pour la fonction de recherche inbox, désormais, cet outil Big Data est utilisé par de nombreuses entreprises disposant de larges ensembles de données comme Netflix, eBay, Twitter et Reddit.
OPEN Refine	OpenRefine est un outil open source conçu pour les données désordonnées. Cet outil permet de nettoyer rapidement des ensembles de données et de les transformer dans un format exploitable. Même les utilisateurs sans compétences techniques peuvent se servir de cette solution. OpenRefine permet également de créer instantanément des liens entre les ensembles de données.
rapidminer	Rapidminer est un outil open source capable de prendre en charge des données non structurées, telles que des fichiers texte, des logs de trafic et des images. Concrètement, cet outil est une plateforme de science des données reposant sur la programmation visuelle pour les opérations. Des fonctions comme la manipulation, l'analyse, la création de modèles, et l'intégration rapide dans les processus de business processes comptent parmi les avantages de Rapidminer.
mongoDB	MongoDB est une base de données NoSQL open source très utilisée pour ses hautes performances, sa disponibilité élevée et sa scalabilité. Elle est appropriée pour le traitement Big Data grâce à ses fonctionnalités et adaptée à des langages de programmation comme JavaScript, Ruby et Python. MongoDB est facile à installer, à configurer, à maintenir et à utiliser.

FIGURE 4.6 : *Top 7 des outils Big Data (Suite)*

COMMENT EXPLOITER LES DONNÉES POUR MAXIMISER LES PERFORMANCES MARKETING ?

La multiplication des canaux de communication engendre une dispersion de la connaissance client dans de nombreux systèmes informatiques, souvent cloisonnés et étanches entre eux. Ainsi l'historique de visite du site web d'un contact, ses réactions aux e-mailings... sont inconnus du centre d'appel ou de la boutique en briques. La relation client en souffre.

Le premier enjeu est donc de localiser les données clients, où qu'elles soient, dans un référentiel client/prospect. Ce référentiel s'appuie technologiquement sur une base de données ou marketing. Les bases de données relationnelles habituelles ne sont pas à la hauteur des exigences de performances compte tenu des volumes de données en jeu et des besoins de réactivité. Le recourt à des technologies « NoSQL », support technique du « big data », s'impose pour tenir les promesses du marketing omnicanal.

Il est alimenté en continu ou de façon *ad hoc* par les différentes sources de données que sont, d'une part, les systèmes d'informations de l'entreprise (ERP, SFA, POS...) et, d'autre part, les canaux d'interactions entre la marque et ses clients (sites web, Facebook, autres réseaux sociaux, callcenter...). Une plateforme logicielle adaptée permet de récupérer des données issues de systèmes dispersés et hétérogènes pour constituer une vue centralisée et complète du profil de chaque client ou prospect en relation avec la marque.

6 CRITÈRES D'ÉVALUATION DES DONNÉES SECONDAIRES

Toutes les sources d'informations ne sont certes pas à placer sur le même pied d'égalité. Certaines sont plus fiables que d'autres. De plus, certains acteurs politiques, sociaux ou économiques ont parfois intérêt à ne pas dévoiler l'ensemble d'une recherche ou à la publier en fonction de la stratégie suivie. C'est pourquoi il est utile d'**évaluer** à chaque fois les données recueillies.

TABLEAU 4.1 : *Quelques critères d'évaluation des données secondaires*

Critères d'évaluation	Questions à poser
• Les données disponibles rencontrent-elles les besoins de la recherche ?	• Le sujet de l'étude existante concerne-t-il la recherche à effectuer ? • La période concernée correspond-elle aux besoins de la recherche à effectuer ? • Le sujet est-il couvert suffisamment en détail ? • Au cas où le format de présentation des données de la recherche existante ne serait pas celui désiré, est-il possible de réaliser les changements requis ?

Tableau 4.1 : *Quelques critères d'évaluation des données secondaires (Suite)*

Critères d'évaluation	Questions à poser
• Peut-on soupçonner dans les données l'existence d'un biais dû à l'environnement dans lequel l'étude a été conduite ?	• Qui est le commanditaire de l'étude ? • Quelle organisation a conçu et conduit la recherche ? • Quelles sont ses qualifications et son expertise ? • Le commanditaire et l'organisateur de la recherche ont-ils un intérêt quelconque dans les résultats de la recherche et leur diffusion ? • À quelle époque les données ont-elles été publiées ?
• Le plan de recherche était-il techniquement adéquat ?	• La méthodologie est-elle expliquée correctement ? • La terminologie est-elle expliquée correctement ? • S'agit-il d'une enquête par communication, par expérimentation ou par observation ? • Le type de recherche est-il cohérent avec les objectifs de l'étude menée ? • L'instrument de mesure a-t-il été conçu proprement ? • La population choisie par l'étude avait-elle été correctement définie ? • Les estimations de fiabilité et de validité sont-elles fournies ? • En cas d'échantillonnage, la taille de l'échantillon et la technique d'échantillonnage sont-elles acceptables ? • Le niveau de précision fourni par l'échantillon est-il suffisant pour le but poursuivi ? • Les techniques d'analyse sélectionnées sont-elles pertinentes ?
• La recherche a-t-elle été conduite correctement ?	• Les questionnaires ont-ils été pré-testés ? • Les interviews et autres méthodes de collecte de données ont-elles été convenablement supervisées ? • La sélection de l'échantillon était-elle adéquatement contrôlée ? • Y a-t-il des biais qui ne sont pas dus à l'échantillonnage des données ? • Les données brutes sont-elles disponibles pour le contrôle ? • L'analyse statistique est-elle cohérente avec le niveau des variables ? • Les modèles d'analyse utilisés sont-ils adaptés à la recherche ?
• Les résultats sont-ils correctement rapportés ?	• La présentation et la description des données sont-elles claires ? • Les graphiques et les tableaux sont-ils précis ? • Les procédures statistiques sont-elles expliquées adéquatement ? • Le rapport semble-t-il exagérer les résultats ?

COMMENT PEUT-ON ÊTRE SÛR DE LA CRÉDIBILITÉ DES INFORMATIONS ?[7]

Voici quelques outils pour rechercher efficacement l'information sur le web et éviter les sources peu fiables.

Comment préparer sa recherche ?

En général, nous recherchons des informations de manière instinctive. Toutefois, une démarche logique est nécessaire à la recherche d'informations. La toute première chose à faire est de définir une liste de concepts et de mots-clés associés à notre objet de recherche.

Comment faire sa recherche sur Internet ?

- La recherche intuitive (Backward chaining). Elle consiste à naviguer à partir d'un site reconnu et pertinent, et ensuite à suivre les liens et ressources proposées par ce site jusqu'à épuisement des sources d'information. Ex. En plaçant une requête dans un moteur de recherche, on obtient une liste de résultats. Consultant ces résultats, on peut notamment trouver des sites qui fourniront des liens pertinents. En consultant ces liens, il est alors possible de couvrir rapidement l'ensemble des principales sources d'information liées à un thème en particulier. Cette méthode de recherche peut nous aider à identifier des sources d'information intéressantes et utiles de façon hasardeuse et fortuite.
- La recherche déductive (Forward chaining). Dans un contexte de recherche d'informations, la recherche déductive s'amorce par les connaissances déjà acquises par une personne pour ensuite se poursuivre jusqu'à ce que les informations recherchées soient trouvées. Ex. Un communiqué de presse diffuse quelques résultats du Rapport annuel de la Poste. Pour obtenir davantage d'information sur le Rapport, il suffit de naviguer jusqu'au site officiel de la Poste et d'identifier la bonne section pour le consulter dans son entièreté. Dans les communiqués annonçant la parution de rapports, l'adresse de référence est souvent fournie[8]

Fiabilité des ressources

Les ressources internet doivent être évaluées. La première chose à vérifier est leur pertinence et leur qualité par rapport à votre objectif de travail. Pour ce faire, la nature et la fiabilité du site d'accueil constitueront le premier élément important d'appréciation sur la qualité des informations apportées.

De nombreux sites pourtant honorables contiennent parfois des informations douteuses, il sera donc conseillé de consulter plusieurs sources documentaires, en les comparant, en identifiant leur positionnement idéologique ou politique.

7. Vandercammen M., *Comment peut-on être sûr de la crédibilité des informations ?*, *www.mvconsult.be*, février 2014.
8. Source : *www.glsreseaux.com*, septembre 2013.

L'utilisation des signets sélectionnés par des professionnels (bibliothèques universitaires, Bibliothèque Nationale, institutions de recherche, etc.) permet généralement d'éviter des sites dépourvus de toutes garanties.

***Des interrogations à lever*[9]**

- L'information trouvée correspond-elle avec votre sujet de recherche ?
- La qualité du document repéré convient-elle à l'objet de votre travail ?
- Le contenu du site montre-t-il un thème traité avec une profondeur suffisante ?
- Le niveau est-il approprié à votre travail ?
- L'expression est-elle trop compliquée, trop spécialisée ou trop simple au contraire ?
- Est-ce que le site articule de l'information de type « recherche », « éducation », « savante ou scientifique » avec un produit commercial ou un service de promotion — vente (publicité) ?
- L'information n'est-elle pas, périmée, obsolète ?
- La page est-elle datée et signée ?
- Y a-t-il suffisamment de références à d'autres travaux ?
- S'agit-il d'une source stable, produite et mise à jour par un organisme reconnu, une université, une bibliothèque ?
- Les auteurs du site sont-ils des chercheurs ou des spécialistes dans ce domaine ?
- L'information est-elle gratuite ou payante ?
- Dispose-t-on de fonctionnalités de recherche, sommaire, index ou plan de site ?
- A-t-on besoin de télécharger des utilitaires pour lire et utiliser le site ou certaines pages ?

Comment peut-on être sûr de la crédibilité des informations ?

La crédibilité de l'information est une question à se poser en permanence, quelle que soit la source utilisée (radio, télévision, Wikipédia...). La différence avec Wikipédia réside dans le fait que vous puissiez corriger en ligne une information qui vous semble fausse. Ne jetons toutefois pas la pierre aux internautes en les accusant de falsifier les informations. Un article créé sur le net, ce sont des informations historiques et d'actualité, « travaillées » par des milliers d'internautes qui essaient d'être le plus honnêtes possible, pour fournir de l'information aux curieux qui s'interrogent sur divers sujets.

9. Source : *www.upmc.fr*, octobre 2013.

Wikipédia[10] représente une volonté partagée d'accéder à des savoirs « populaires », créés par l'ensemble de la population, sans restriction d'accès, ni de reconnaissance préalable, sur un site web utilisant la technologie Wiki. Le Wiki est un site web collaboratif qui permet à tout internaute le désirant d'en éditer lui-même les pages, sans connaissance technique, de façon rapide et aisée.

Wikipédia[10] fait aujourd'hui partie des 200 sites les plus visités au monde ! Il compte à peu près 1 500 000 articles dans 200 langues, écrits par 16 000 contributeurs réguliers. L'encyclopédie francophone comporte déjà près de 100 000 articles.

L'argumentation, la rigueur des documents et des sources utilisées mettent en place les connaissances sur Wikipédia. Il faut prêter une attention particulière à ce que ne soient pas insérés de textes ou d'images protégés, par respect du copyright. L'intérêt de ce site, c'est de laisser sans cesse un article « ouvert », pour permettre à toute personne qui le souhaite la possibilité d'enrichir le sujet par de nouveaux arguments, commentaires et liens supplémentaires. Un article est donc proposé par une personne et l'ensemble de la communauté de Wikipédia procède à sa relecture et sa révision. Le problème de l'absence des sources d'informations utilisées et des références de l'auteur pose toutefois problème. Wikipédia prône une responsabilité éditoriale collective qui serait plus efficace qu'une responsabilité individuelle, tout en gardant la possibilité de consulter dans l'historique de création les contributeurs d'un article.

Aucune « autorité établie » ne vient valider les savoirs mis en ligne sur Wikipédia. Et c'est bien là le problème ! Un employé de Pepsico efface sur Wikipédia un texte faisant allusion aux effets dangereux d'un produit du groupe ; le propriétaire du parc aquatique SeaWorld (le brasseur Anheuser-Busch) supprime un paragraphe faisant état de mauvais traitement sur les épaulards ; le numéro un mondial de la distribution Wal-Mart censure les textes relatifs à la faible rémunération de ses employés, le pétrolier Exxon réécrit plus positivement le naufrage de l'Exxon Valdez en Alaska, Dell, Coca-Cola et Nestlé auraient aussi corrigé des articles les concernant...

Les collaborateurs des entreprises citées sur Wikipédia peuvent donc supprimer les textes litigieux ou sensibles ou ajouter des informations favorables sur leurs entreprises ! Où se trouve donc la vérité ? Peut-on vraiment compter sur Wikipédia comme source sûre d'information ? Non ! Des informations nouvelles doivent toujours être recoupées avec d'autres sources, surtout quand les sources initiales ne sont pas toujours fiables. Il faut donc rester sur sa réserve quant à la confiance pouvant être accordée à ce genre de site !

10. Source : *www.internetactu.net*, décembre 2013.

Quelles sont donc les sources les plus sûres d'information ?

Malgré le succès d'internet, une certaine méfiance s'impose donc quant à la fiabilité des informations trouvées sur divers sites. Les ouvrages, encyclopédies, dictionnaires de renom, les études et enquêtes réalisées par des chercheurs, experts ou entreprises de confiance restent sans conteste les sources les plus sûres pour une recherche.

7 LE BENCHMARKING

Collecter les données secondaires ne constitue qu'une étape. Il s'agit ensuite de les évaluer et de les analyser. À ce titre, le benchmarking constitue un outil pratique pour étalonner et comparer les données secondaires et les pratiques marketing.

7.1 Principe

Le benchmarking, appelé aussi parangonnage ou étalonnage, consiste donc en l'étude des pratiques des meilleures sociétés du marché, puis en l'analyse et en l'application raisonnable de ces pratiques.

Cette technique de marketing a été développée dès le début des années 1980 par la société Xerox et consiste en un ensemble de procédures de recherches et d'analyses comparatives de la concurrence. Elle s'inscrit dans une démarche continue d'amélioration de la qualité. La littérature spécialisée et l'expérience estiment qu'un délai de 4 à 6 mois d'étude, d'analyse et de mise en pratique est nécessaire pour réaliser l'étalonnage.

7.2 Spécificité de la méthode

Cette démarche, structurée en plusieurs étapes, permet d'évaluer le fonctionnement de l'entreprise en général, et ses stratégies marketing en particulier, et d'en préciser les forces et les faiblesses. En études de marchés, le benchmark consiste en une démarche d'observation et d'analyse des pratiques marketing utilisées et des performances atteintes par d'autres entreprises. À ce titre, une étude de benchmarking peut se présenter sous 3 formes :

- Le *benchmarking concurrentiel ou compétitif* concerne les concurrents directs de l'entreprise. Cette étude consiste à comparer les services et produits offerts par les concurrents.
- Le *benchmarking fonctionnel* consiste à établir des comparaisons entre partenaires non concurrents appartenant au même secteur d'activité. L'absence de concurrence et de barrières économiques permet généralement de réaliser une approche plus détaillée du sujet analysé.
- Le *benchmarking générique* compare les réalisations de l'entreprise avec celles d'une entreprise d'un autre secteur, offrant, de ce fait, le plus grand

potentiel en termes de créativité et d'innovation. Toutefois, les spécificités de chaque secteur peuvent limiter la portée des démarches et concepts proposés.

7.3 Étapes

La méthode comporte 7 étapes différentes. Chaque étape se caractérise par un objectif, des interrogations et des outils d'analyse spécifiques.

Tableau 4.2 : *Étapes d'un benchmarking*[11]

Étapes	Objectif
Étape 1. Identifier la thématique	Déterminer les axes de progrès, les aspects marketing sélectionnés comme pistes d'amélioration
Étape 2. Sélectionner les partenaires	Identifier les leaders du marché qui excellent dans la problématique analysée
Étape 3. Déterminer les outils de collecte	Préciser les critères de comparaison et les mesures à établir
Étape 4. Collecter	Collecter l'information
Étape 5. Analyser	Analyser les données, déterminer les écarts Définir les évolutions à réaliser et projeter les niveaux de performances futures
Étape 6. Intégrer	Communiquer les résultats de l'analyse aux acteurs concernés Définir les objectifs fonctionnels à atteindre
Étape 7. Agir	Élaborer les plans d'action Démarrer les actions spécifiques Assurer le suivi de la progression Redéfinir le nouveau benchmark dans un souci de progrès continu.

7.4 Avantages et limites

Chaque type de benchmarking présente des avantages et des limites présentés ci-dessous.

Tableau 4.3 : *Avantages et limites du benchmarking*

Type	Avantages	Limites
Benchmarking compétitif	• Identifie les mesures ou indicateurs de performance des organisations ou des concurrents les plus performants.	• Ne tient pas compte du contexte d'affaires et ne permet pas de documenter les processus qui sont à l'origine des performances.

11. Adapté de PWC, Cité par Sonar, *4 Stages of Social Listening Maturity*, [en ligne], http://blog.sonarplatform.com/index.php/2017/09/22/4-stages-of-social-listening-maturity/, consulté le 14 février 2018.

TABLEAU 4.3 : *Avantages et limites du benchmarking (Suite)*

Type	Avantages	Limites
Benchmarking fonctionnel	• Apporte de nouveaux exemples types. Identifie et documente les processus reliés aux performances.	• Limité à des processus universels et comparables. Représente un investissement en temps et en argent.
Benchmarking générique	• Identifie des approches nouvelles, créatives et innovantes.	• Implémentation limitée des démarches et concepts importés.

8 AVANTAGES ET LIMITES DES ÉTUDES DOCUMENTAIRES

La recherche documentaire **apporte une contribution indispensable** aux études de marchés :

- Elle permet de recueillir *des données très diversifiées* portant sur des domaines eux aussi très diversifiés ;
- Elle rassemble des informations à *des coûts particulièrement avantageux* quand on les compare aux méthodes de recueil de l'information primaire. C'est la seule méthode à utiliser lorsque le budget est très limité ;
- Elle peut être menée *très rapidement* et nécessite *peu de moyens*, au contraire des autres techniques d'études de marchés plus longues. C'est un atout important lorsqu'il faut faire vite ;
- Elle se situe à la fois *au début* de toute étude par questionnaire ou encore *en fin* de parcours ;
- Elle peut s'avérer *précieuse pour* valider des informations primaires, redresser des échantillons, étudier la façon dont les variables sont mesurées, obtenir des listes d'entreprises, mesurer les écarts à la réalité ou tout simplement être exploitée telle quelle ;
- Elle *permet à l'analyste* d'aborder un secteur méconnu, d'en maîtriser le vocabulaire spécifique et d'en recenser les caractéristiques (acteurs, leaders, marques présentes, nouveaux entrants, gammes de produits, segmentations existantes, canaux de distribution utilisés, etc.).

Malheureusement, les informations recueillies n'offrent pas souvent la précision nécessaire pour solutionner le problème rencontré ou sont parfois dépassées.

C'est pourquoi il convient d'**être critique** à l'égard des informations obtenues.

En effet les informations recueillies peuvent être :

- *Inadaptées*. Comme les données disponibles n'ont pas été élaborées spécialement pour l'étude de marchés en cours, elles peuvent ne pas correspondre aux besoins de l'entreprise. Ainsi la présentation, les unités statistiques de préférence, les ventilations, les modes de calcul ne correspondent pas toujours aux besoins de l'analyste (les parts de marchés en volume pour une région ne sont pas disponibles alors que seules les parts de marchés en valeur par pays sont accessibles) ;

- *Erronées*. Parfois une simple erreur d'encodage, de dactylographie ou d'impression peut rendre un tableau sans valeur ou conduire à des interprétations erronées. Ainsi analyser le chiffre d'affaires réalisé par une entreprise sans déflater la série peut conduire à de graves erreurs ;
- *Incomplètes*. Souvent l'univers de référence de la source documentaire ne couvre pas le marché dans sa totalité. C'est souvent le cas des statistiques fournies par les associations professionnelles qui ne regroupent que les entreprises adhérentes ;
- *Fallacieuses*. Les données sont parfois destinées à induire le lecteur en erreur. De manière volontaire, le chiffre d'affaires d'une profession dans un pays peut être sous-évalué suite à une fraude fiscale généralisée ou encore vise à induire un concurrent en erreur.

LES DANGERS DE L'UTILISATION DE DONNÉES INCORRECTES

Les données secondaires constituent une source privilégiée de l'information qui n'est utilisable que moyennant validation des sources, l'intégration et la réconciliation de données à travers un système d'information structuré : le système d'information marketing. Parfois les données sont fausses dès le départ, à cause d'erreurs faites par les utilisateurs dès la saisie, de façon accidentelle ou délibérée. Il arrive aussi que les données soient exactes au départ, mais qu'ensuite, déplacées d'une base de données ou d'un système vers un autre, elles dérivent, elles soient tronquées ou encore altérées. Les données peuvent devenir obsolètes, ou encore faire l'objet de conflits internes, au sein d'une organisation — chacun se cramponnant aux données le concernant, personne ne voulant partager, sans parler des risques de fraude encourus lorsque l'on perd la visibilité sur ces données.

Le volume phénoménal de données traitées peut aussi comporter des risques d'erreur. D'autant plus, quand les dirigeants sous-estiment l'intérêt des données collectées — une étude menée par PricewaterhouseCoopers révèle un décalage important entre la compréhension claire de la valeur des données et l'utilisation réelle de celles-ci pour générer de la valeur —, quand la complexité du marché et des règlementations multiplie les risques, quand la stratégie de gestion des données n'a pas permis de structurer de manière efficiente, logique et standardisée les informations.

De manière à pallier les insuffisances des données secondaires l'analyste peut :

- *Recouper* systématiquement *l'information* obtenue ;
- *Apprécier l'ordre de grandeur des statistiques* fournies par l'utilisation d'une méthode pertinente ;
- *Confronter ses propres interprétations* et jugements à ceux d'experts et de spécialistes ;
- Proposer de *développer des recherches complémentaires* dans les domaines qui sont sujets à interprétation ou à caution et qui sont essentiels pour la prise de décision marketing finale ;
- *Utiliser la grille d'évaluation* proposée ci-avant.

DES INFORMATIONS OU DÉSINFORMATIONS EN SOLDE ?[12]

En Belgique, les commerçants, à coup de communiqués de presse, tentent de rallier les consommateurs à l'idée que la période des soldes est synonyme d'achats compulsifs et de bonnes affaires.

3 janvier 2014

L'agence de presse BELGA relaie le communiqué de presse du Syndicat neutre pour les indépendants (SNI) : « Soldes — Bonne première journée de soldes, se réjouit le SNI ». Les résultats de la première journée de soldes sont meilleurs que ceux de l'an passé, avec un chiffre d'affaires en hausse de 1 pc par rapport à 2013, ressort-il d'un tour de table effectué par le Syndicatneutre pour indépendant (SNI) auprès de 227 magasins de vêtements et de chaussures. « Cependant, les commerçants — qui attendent beaucoup des 3 premiers jours de soldes — sont en général plutôt pessimistes quant à cette période, seuls 20 % d'entre eux pensant mieux faire que lors des soldes d'hiver l'an passé », a précisé le SNI dans un communiqué. « Cela nous réjouit que les commerçants aient pu faire un bon chiffre aujourd'hui/vendredi. Les consommateurs sont apparemment à la recherche d'un bel article à bas prix », a de son côté réagi Christine Mattheeuws, présidente du SNI, citée dans le texte. Par ailleurs, selon le syndicat pour indépendant, la moitié des magasins disposent de stocks plus importants que l'an passé à la même époque, « ce qui est une bonne nouvelle pour le consommateur, mais qui est moins agréable pour le commerçant ». Plus tôt dans la journée, l'UCM avait elle aussi fait état d'un bon début pour les soldes d'hiver.

12. Vandercammen M., *Des informations ou désinformation en solde ?*, *www.mvconsult.be*, Février 2014.

Le journal l'ÉCHO[13] s'enthousiasme : « Les soldes d'hiver ont bien démarré ». Le chiffre d'affaires des commerçants a grimpé de 1 % par rapport à l'année 2013, selon le Syndicat neutre pour les indépendants (SNI). Les résultats de la première journée de soldes sont meilleurs que ceux de l'an passé, avec un chiffre d'affaires en hausse de 1 % par rapport à 2013, ressort-il d'un tour de table effectué par le Syndicat neutre pour indépendant (SNI) auprès de 227 magasins de vêtements et de chaussures. « Cependant, les commerçants — qui attendent beaucoup des 3 premiers jours de soldes — sont en général plutôt pessimistes quant à cette période, seuls 20 % d'entre eux pensant mieux faire que lors des soldes d'hiver l'an passé », a précisé le SNI dans un communiqué. « Cela nous réjouit que les commerçants aient pu faire un bon chiffre aujourd'hui/vendredi. Les consommateurs sont apparemment à la recherche d'un bel article à bas prix », a de son côté réagi Christine Mattheeuws, présidente du SNI, citée dans le texte. Par ailleurs, selon le syndicat pour indépendant, la moitié des magasins disposent de stocks plus importants que l'an passé à la même époque, « ce qui est une bonne nouvelle pour le consommateur, mais qui est moins agréable pour le commerçant ».

Pour l'Union des Classes Moyennes (UCM), le premier jour des soldes connaît « un joli succès » avec des ristournes démarrant majoritairement aux alentours des 30 % et montant jusqu'à 50 % dans certains commerces, indique vendredi l'Union des Classes Moyennes (UCM) qui se base sur les premiers échos recueillis auprès des commerçants indépendants de Wallonie et à Bruxelles. « Si ce premier jour des soldes est jugé satisfaisant, les commerçants espèrent toutefois confirmer ce bon résultat au cours de ce week-end », précise l'UCM dans un communiqué. De nombreux magasins seront en effet ouverts ce dimanche.

En Flandre, le premier jour des soldes semble plus calme, les premiers résultats d'une enquête de l'Unizo faisant état d'une baisse du chiffre d'affaires allant de 3 à 5 pc, selon les régions.

« Les vêtements d'hiver, comme les grosses vestes, n'attirent pas les clients. Par contre, les pièces de base, comme les t-shirts, les pantalons et les chemises connaissent un beau succès », a détaillé l'organisation flamande selon laquelle 40 pc de la collection hivernale se trouvent encore dans les rayons.

5 janvier 2014

L'agence de presse BELGA annonce « Soldes — Premiers jours ternes pour les détaillants, mais plutôt positifs pour les grandes chaînes ». Les soldes ont connu un début plutôt mitigé pour les vendeurs indépendants de

13. http://m.lecho.be/9448056.art?sid=53819721

vêtements, tandis que les grands magasins s'en sortent plus positivement, selon des coups de sonde menés respectivement par le syndicat national des indépendants SNI et la confédération Comeos. Selon le SNI, le chiffre d'affaires des indépendants après trois jours de soldes est en retrait de 0,5 % par rapport à 2013. Celui des grandes chaînes serait en revanche en progression de 5 %. « La baisse du chiffre d'affaires est surtout due aux températures douces », estime la présidente du SNI, Christine Mattheeuws. « S'il y avait quelques degrés de moins, les articles d'hiver se vendraient nettement mieux ». Si les indépendants sont un peu à la peine en ce début de soldes, les chaînes s'en sortent en revanche mieux. « Pour les deux premiers jours, nous constatons une hausse du chiffre d'affaires de 5 % et nous attendons aussi des résultats positifs ce dimanche », salue Marieke Huion, porte-parole de Comeos.

27 janvier 2014

Le site Moneytalk.be[14] annonce « Bilan décevant pour les soldes » reprenant le communiqué de presse de l'agence BELGA. Les soldes s'achèveront d'ici vendredi. Selon le Syndicat neutre des indépendants, ils se solderont par un résultat décevant. Selon les premiers chiffres, les recettes des magasins de vêtements et de chaussures ont diminué de 2 % par rapport à la même période de l'an dernier. Un résultat qui vient s'ajouter aux mauvaises ventes d'un automne trop doux. Les vêtements d'hiver ne se sont pas vendus. Au cours de ces trois mois, les commerçants étaient 48 % à avoir vu leur chiffre d'affaires baisser. Le piètre résultat actuel des soldes confirme donc le pessimisme qui prévalait avant même le cette période normalement propice à l'achat : seuls 20 % des commerçants s'attendaient à une hausse de leurs ventes. En ce début de semaine, le léger rafraîchissement des températures et des réductions encore plus importantes pourraient avoir un impact positif, sans doute insuffisant pour faire basculer le résultat final. Le SNI a interrogé 394 commerçants. Dans certains magasins, la collection printemps-été se vendait déjà plus que les articles. Deux tiers des magasins de mode gardent les invendus en stock en espérant les vendre lors d'une prochaine période de soldes ou de ristournes tandis que 11 % offrent leur stock à une œuvre de charité. Les commerçants ont souvent conclu préalablement un accord avec le contrôleur du fisc afin que celui-ci puisse constater que les marchandises invendues sont données. Ils ont alors une preuve que ces marchandises ne sont plus en leur possession et peuvent les retirer de leurs bénéfices afin de ne pas devoir payer de TVA.

14. http://moneytalk.levif.be/economie/finance-et-bourse/affaires-d-argent/finances-personnelles/bilan-decevant-pour-les-soldes/article-4000510146217.htm?nb-handled=true&utm_source = Newsletter-28/01/2014&utm_medium = Email&utm_campaign = Newsletter-RNB-CASHFR

***30 janvier 2014*[15]**

Le journaliste Michel Lauwers publie dans l'ÉCHO « Les commerçants ont bien vendu durant les soldes ». Le bilan des soldes d'hiver s'annonce positif. À deux jours de la fin de la période, les commerçants regroupés sous la houlette de la fédération de la distribution Comeos font état d'une hausse moyenne de leur chiffre d'affaires de quelque 5 % par rapport à l'année dernière. L'absence de conditions vraiment hivernales a fait que les articles typiquement d'hiver sont d'abord restés dans les rayons. Mais dès qu'il a fait un peu plus froid, ces articles se sont vendus beaucoup mieux. Des clients se sont toutefois déjà laissé tenter par la collection d'été (non soldée), qui a connu un franc succès, ajoute Comeos, [le syndicat des professionnels de la grande distribution].

Une autre fédération, le Syndicat des indépendants et des PME SDI, est moins optimiste. Jusqu'ici, ses membres ont vu leurs ventes reculer de 2,2 % sur un an, dit-il.

31 janvier 2014

C'est presque devenu une tradition : bien malin celui qui relèvera une tendance claire à l'heure de tirer le bilan des soldes. Ainsi, on notera que selon Comeos, la fédération de la distribution, les soldes furent « satisfaisants », avec une hausse du chiffre d'affaires de 5 % pour les commerçants. L'Union des classes moyennes (UCM), qui ne se risque pas à un bilan chiffré, parle de « statu quo dans les grands centres » et de « baisse plus ou moins forte dans les noyaux secondaires ». Si l'on s'en réfère au décompte du Syndicat des indépendants et des PME (SDI), la baisse « approximative » des ventes est de 2,2 % par rapport aux soldes d'hiver 2013. Le Syndicat neutre pour indépendant (SNI) évalue la baisse à 2 %, alors qu'elle serait de 4 % selon l'Unizo, le syndicat flamand des entrepreneurs et indépendants. On vous laisse calculer la moyenne... Concluait Le Soir.

Décoder l'information

À chaque période de soldes, le discours des professionnels est souvent identique. Fol espoir en début de période pour inciter le consommateur à acheter, bilan (très souvent) mitigé en fin de période s'accompagnant d'une comparaison par rapport à l'année antérieure.

L'information communiquée pendant cette période ne reflète pas la réalité. Elle est partiale et partielle. D'une part, car elle poursuit l'objectif, en début de période, de convaincre les consommateurs d'acheter en solde. D'autre part, car elle repose plus sur des déclaratifs ou des perceptions que sur des analyses précises et complètes. Ainsi, comment un vendeur

15. http://www.lecho.be/nieuws/archief/Les_commercants_ont_bien_vendu_durant_les_soldes.9460410-7499.art?highlight=soldes

peut-il le premier jour des soldes se déclarer satisfait quelques minutes après l'ouverture du magasin ? Au mieux, il cherchera à communiquer son espoir de réaliser un chiffre d'affaires élevé. Se limiter à comparer 2 périodes pose le problème de la référence initiale. Si les ventes de l'année antérieure sont moins élevées que les autres années, une hausse, l'année suivante, signifiera-t-elle une croissance importante des ventes ou un retour à la normale saisonnière ? Ainsi, si l'année antérieure, les ventes ont chuté de 10 %, une croissance de 10 % ne signifie qu'un retour à la situation d'il y a 2 ans.

De plus, cette information est collectée via des sondages rapides auprès des membres des syndicats interrogés. Il convient donc de s'interroger sur la validité interne et externe des sondages réalisés. Les questions posées mesurent-elles précisément les ventes réalisées ? Les commerçants interrogés répondent-ils objectivement au sondage ? Disposent-ils des outils pour évaluer précisément les ventes ? L'échantillon est-il représentatif ? Quelle est la valeur prédictive d'un pareil sondage ? Quelle est la marge d'erreur ? Quels sont les biais propres à ces collectes d'information ?

Et quand bien même, si un gain de part de marché peut paraître positif lors de la période des soldes, qu'en est-il s'il se produit au détriment des ventes traditionnelles à marge plus élevée ?

En conclusion : l'origine des sources d'information et l'analyse de leurs objectifs de communication sont primordiales avant d'utiliser toute source documentaire et toute donnée secondaire.

Questions

1. Précisez l'intérêt de recourir à la recherche documentaire.
2. Dans le cas d'une recherche documentaire consacrée à la pisciculture (création d'un élevage du saumon en rivière), citez les sources documentaires qui seront utilisées et l'ordre d'utilisation de ces dernières.
3. Évaluez la qualité des informations fournies par un Ministère ; une fédération profes-sion-nelle ; un quidam.
4. Évaluez les informations fournies par une recherche documentaire spécifique.
5. Vous devez réaliser une recherche concernant le marché automobile (nombre de véhicules neufs et d'occasion, nombre de crédits automobiles, nombre de femmes et d'hommes qui utilisent une voiture, nombre d'infractions de roulage). Quelles sont vos sources d'information ? Quelle est leur fiabilité ?

CHAPITRE 5

ÉTUDES DE MARCHÉS QUALITATIVES

1 Origine des études qualitatives
2 Définition et caractéristiques
3 Champ d'application et situations d'utilisation
4 Méthodes
5 Techniques d'investigation
6 Guide d'animation ou d'entretien
7 Outils d'analyse
8 Rapport de synthèse
9 Avantages et limites des méthodes d'analyse qualitative

1 ORIGINE DES ÉTUDES QUALITATIVES

Les études qualitatives se sont développées sous l'effet d'apports successifs contribuant chacun à la construction de l'édifice.

C'est G. ALPORT qui, le premier, en 1930, définit la notion d'aptitude et d'opinion. À cette époque apparaissent les premières sociétés américaines d'études de marchés.

Mais les **premières études de marchés qualitatives** n'ont débuté que dans les années 40 lorsque les professionnels des sondages d'opinion ont cherché à étendre la portée de leurs mesures d'attitudes et de comportements du marché à des variables explicatives dérivées de la psychologie et de la psychanalyse.

Dans ce contexte, l'*approche psychanalytique* de FREUD fut une grande innovation. Celui-ci montrera en effet que l'individu, loin d'être rationnel, était sujet à un ensemble de conflits déterminant sa conduite et il révéla surtout la puissance de l'inconscient qui guide les comportements humains et non le rationnel.

La *psychologie sociale* américaine a, quant à elle, mis l'accent sur les notions de rôle et de statut.

À cette époque, les spécialistes ont utilisé les travaux d'OSBORN (brainstorming — 1938) et la synectique développée par GORDON (1942-1943). Ces techniques visaient à la simulation de l'imaginaire appliqué aux problèmes de l'entreprise.

Des travaux issus de la *sociologie*, comme ceux de MAYO ou de BOURDIEU, ont également contribué au développement des études de motivation grâce à la découverte de l'importance des facteurs sociologiques, des rôles joués par les groupes de référence et d'appartenance.

Les années 50 voient l'apparition des études de motivation, fort décriées suite aux généralisations abusives dont elles ont été l'objet. L'étude du comportement du consommateur développé par l'école béhavioriste a répondu à ces critiques.

Les études qualitatives doivent également beaucoup à la psychologie clinique et plus particulièrement aux travaux de l'Américain Carl ROGERS. Ce dernier a en effet mis au point l'interview non directive partant du principe que le patient « *sait ce qui ne va pas* » et possède en lui les moyens de résoudre ses conflits.

Mais le **véritable inventeur des études qualitatives** en marketing est l'Autrichien E. DICHTER, père de la « *depth interview* » ou entretien en profondeur. Il fut également le premier à utiliser les méthodes projectives.

Dès 1968, les études qualitatives se structurent autour de week-end de créativité où la production d'idées est très riche (brainstorming), sur base des principes développés par MORENO. En 1974, la pensée latérale synthétise les deux courants. Au lieu de prendre la voie la plus directe, l'étude des chemins dérivés peut enrichir la connaissance.

Au fil des années toutefois, les études de motivation ont perdu leur popularité parce qu'elles s'appuyaient sur un nombre d'observations statistiques non significatives et que leur interprétation évoluait trop souvent dans le cadre freudien mis en question par d'autres écoles.

Aujourd'hui apparaissent ce que l'on peut appeler **les nouvelles études de marchés qualitatives** qui se caractérisent par leur pluridisciplinarité.

Elles se basent sur des expériences générées au cours des dernières décennies dans diverses disciplines en sciences humaines : psychologie, sociologie, sémiologie, lexicométrie informatique, biologie sociale, etc.

Ces nouvelles études de marchés qualitatives se différencient aussi des études de marchés classiques au niveau de la collecte des informations où l'on s'appuie sur des techniques de facilitation visant à surmonter la résistance opposée par les répondants en cours d'interview.

Le web est devenu aujourd'hui une source d'information non négligeable. Cette pratique de monitoring est assimilée à du Social Media Intelligence.

LE SOCIAL MEDIA INTELLIGENCE

Dans les années 2000, Internet est devenu social et les entreprises ont cherché dans l'écoute du web une source de création de valeur. Au départ, le web n'était perçu que comme un nouveau média susceptible d'enrichir la veille documentaire, concurrentielle, juridique, technologique ou financière réalisée par les entreprises.

Aujourd'hui, Internet s'est transformé en un lieu d'expressions. À ce titre, il constitue une source non négligeable d'informations qui par écoute permet de comprendre et d'analyser les perceptions non seulement des consommateurs et des clients mais aussi de toutes les parties prenantes de l'entreprise (clients, salariés, citoyens, concurrents, partenaires, pouvoirs publics, syndicats etc.).

Le Social Media Intelligence constitue une pratique de monitoring qui se traduit par la collecte des données, la mise en place d'indicateurs, métriques, visuels ou graphiques, et la remontée en temps réel d'information permettant de cartographier et d'analyser l'écosystème digital de l'entreprise pour alimenter sa stratégie marketing.

Les marques disposent en temps réel du plus grand panel de consommateurs jamais réalisé. À ce titre, les études digitales développent une logique et des méthodes très différentes des études traditionnelles. Elles ne se basent pas sur des échantillons prédéfinis de population ni sur l'analyse de réponses apportées par un panel à des questions portant sur les critères préalablement retenus par l'étude. Les résultats sont obtenus d'après l'écoute de volumes très importants de conversations et de consommateurs aux profils très variés présents et actifs sur les médias sociaux.

L'expression libre permet de prendre en compte tous les paramètres avec lesquels un consommateur s'exprime. Ainsi, lors de l'analyse d'une séquence vidéo, non seulement le discours exprimé par un consommateur est pris en compte (forces et faiblesses du produit), mais aussi ses gestes, le ton de sa voix, son regard, etc. Les non-dits, les évocations, le comportement apportent une valeur ajoutée à l'analyse.

Enfin, une des dernières caractéristiques distinctives des nouvelles études de marchés qualitatives est que leur analyse fait appel à des modèles interprétatifs globaux comme l'analyse transactionnelle, la sémiologie, la théorie jungienne, la théorie psychanalytique ou la programmation neuro-linguistique.

2 DÉFINITION ET CARACTÉRISTIQUES

Les études qualitatives sont des études à caractère intensif qui utilisent comme procédure de récolte de données une approche « *ouverte* », non directive, permissive et indirecte des personnes interrogées.

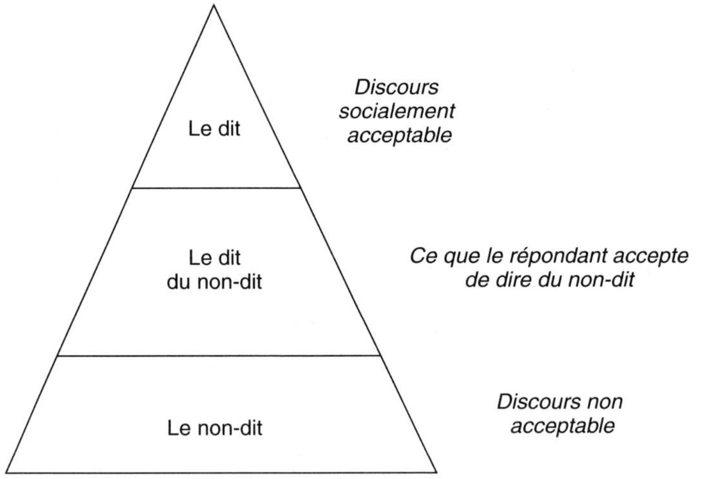

FIGURE 5.1 : *Les niveaux de discours*

Les études qualitatives par communication visent à un approfondissement du sujet traité. Le mode d'interrogation est non structuré et le nombre de contacts y est relativement peu élevé. Elles recherchent les causes, les fondements d'un comportement, d'une attitude, d'une perception.

De plus, leur méthodologie présente les caractéristiques suivantes :

- Elle part du principe que la réalité n'existe pas mais que chaque personne a une perception différente de la réalité, possède sa propre perception.
- Elle s'attache à la fois à des phénomènes conscients et non conscients. La signification d'un comportement n'est souvent pas immédiatement accessible au consommateur lui-même.
- Le répondant s'exprimant selon 3 niveaux de discours :
  - le dit ;
  - ce qui peut être dit du non-dit ;
  - le non-dit.

L'étude qualitative va procéder via une *relation dialectique entre le dit et le non-dit.*

- L'entretien est généralement confié à un spécialiste, un *psychosociologue*. Celui-ci doit développer des compétences particulières pour permettre une expression large des opinions. Il utilisera des méthodes d'animation issues de la dynamique de groupe et de la psychosociologie (congruence, empathie, écoute active, reformulation).
- Le nombre de contacts est réduit vu la masse d'informations recueillie lors de chaque interview qui peut couvrir des dizaines de page.
- Le mode de sélection des participants est spécifique car la théorie statistique de l'échantillonnage n'est pas d'application. Les études statistiques cherchent à saturer l'information par la diversité des points de vue exprimés et non la représentativité statistique d'une population.
- Le mode d'analyse et d'interprétation des données relèvent de méthodologies basées à la fois sur l'intuition et la créativité des modèles issus de la psychologie ou de la psychosociologie.

Au sein des études qualitatives par communication, on distingue **deux types d'approches**.

D'une part, les *études descriptives* qui étudient les comportements des consommateurs. Ce sont les études exploratoires. D'autre part, les *études explicatives* qui analysent le niveau dissimulé du comportement du consommateur et appelées communément les nouvelles études de marchés qualitatives.

3 CHAMP D'APPLICATION ET SITUATIONS D'UTILISATION

Les études qualitatives sont utilisées, à plusieurs reprises, lors de la définition de la stratégie marketing ou de l'élaboration du plan marketing. **Leur champ d'application** est vaste.

Ces méthodes sont en effet pertinentes dans le cadre d'études exigeant une approche plus flexible que celles des questionnaires structurés :

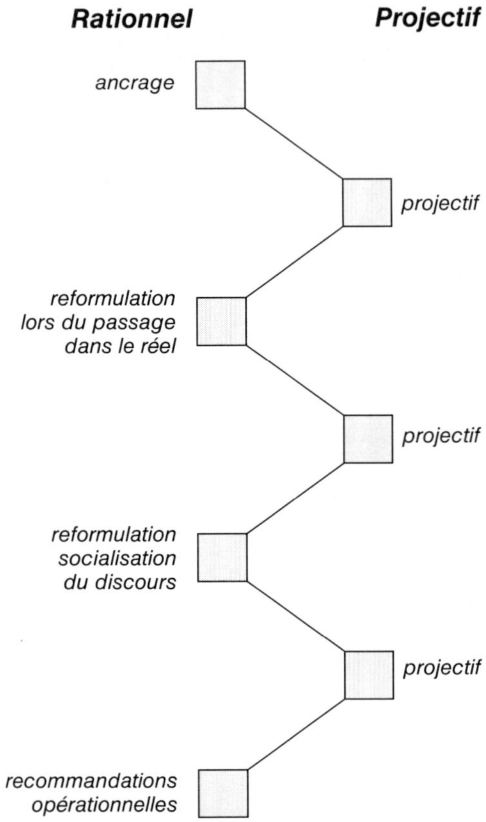

FIGURE 5.2 : *Pensée latérale : une relation dialectique entre le rationnel et le projectif*

- *Étude exploratoire* d'un marché ;
- Reconnaissance et exploration d'un *nouveau concept* ;
- *Sélection de concept* ;
- Étude d'*image* ;
- Obtention d'une information dans un *secteur où rien n'est connu* du problème étudié ;
- *Identification de* certains *comportements*, croyances, opinions, attitudes et motivations ;
- *Fixation des priorités* parmi des comportements et des variables psycho-logiques : croyances, opinions, attitudes ;

- Définition du *champ d'application d'un problème* et formulation d'hypothèses en vue d'une investigation préliminaire, voire d'une étude quantitative ;
- *Filtrage* du nombre de solutions possibles à un problème ;
- *Investigation postérieure* à une recherche en vue de l'amplification ou de l'explication de certains points ;
- Test d'un *questionnaire pilote* pour en vérifier la compréhension, la formulation, la mémorisation ;
- *Identification de dimensions symboliques d'un produit et* amélioration de sa communication créative.

Les **possibilités d'utilisations** des études qualitatives sont nombreuses mais sont aussi limitées par les méthodologies utilisées.

- *Les études de base à caractère exploratoire*
  - Définition des paramètres du marché tels que le recensement des opinions, comportements, attitudes associées à une idée, un produit, un service ;
  - Détermination des dimensions qui discriminent les marques ;
  - Découverte des motivations, peurs et inhibitions qui sous-tendent certains comportements ou attitudes ;
  - Clarification du langage des consommateurs afin d'éviter que les questions ne soient formulées en termes trop littéraires, en jargon professionnel ou inadéquat.
- *Les thèmes sensibles*

  Certains thèmes de nature trop intime, embarrassante ou conflictuelle qu'il est impossible de traiter de manière directe dans le cadre d'un questionnaire structuré.
- *Les situations d'approfondissement*
  - Enrichissement de l'information dans le cas où des informations détaillées se justifieraient (études de communication publicitaire, études de développement de produits) ;
  - Détermination des motivations sous-jacentes, dans le cadre des études motivationnelles (il s'agit non seulement de mesurer les facteurs rationnels mais aussi les facteurs émotionnels et plus ou moins inconscients qui influencent le choix d'un produit image, désir d'approbation sociale ou conformité, etc.) ;
  - Études a posteriori qui à la suite des recherches entreprises vont servir à clarifier une situation, élucider un problème qui n'avait pas trouvé de solution lors des investigations précédentes.
- *Les « screening » préliminaires*

  Il s'agit de réduire les alternatives, les variables à analyser afin d'arriver à un matériel plus opérationnel.

- *La génération d'idées nouvelles*
  Il s'agit d'utiliser les méthodes de brainstorming pour créer des noms, des nouveaux produits, de nouveaux concepts.
- *Les situations évaluatives*
  Le but de l'étude consiste à dégager un matériel suffisant pour prendre une décision, dégager des orientations fiables.

4 MÉTHODES

Les techniques de base de la recherche qualitative sont **la discussion de groupe**, l'adaptation des groupes de thérapie et **l'entretien individuel**, l'adaptation de l'entretien clinique.

Les deux approches, respectent, en tous cas, un principe de base : celui de la non-directivité. Il faut dès lors, en étude qualitative, s'abstenir de toute intervention directe dans le champ d'expérience de la personne interrogée, n'intervenir que pour augmenter l'information de l'interviewé sur sa propre activité mentale, s'abstenir de diriger le processus d'information de l'interviewé sur lui-même.

À côté de ces méthodes, émerge aujourd'hui une nouvelle tendance, « *l'observation in situ* » ou **observation** ethnologique systématiquement complétée par des interviews de vérification[1].

4.1 Méthodes fondées sur la communication

Les méthodes où la récolte des données est fondée sur la communication c'est-à-dire où l'analyste interroge le répondant, sont essentiellement au nombre de deux.

4.1.1 *Techniques de groupe ou focus group*

Les discussions de groupe sont une méthode psychosociologique dont il faut chercher les fondements théoriques dans la dynamique de groupe et dans la sociométrie. Il existe plusieurs techniques.

4.1.1.1 Discussion de groupe classique

Un animateur, éventuellement assisté d'un observateur, fait parler librement un petit groupe composé de 8 à 10 personnes recrutées en fonction de la thématique à analyser, pendant deux heures ou plus, d'un problème qui les intéresse tous en tant que consommateurs. Le groupe doit donc trouver en lui-même les idées et les avis développés avec un minimum de sollicitations et de contraintes venant de l'extérieur. Le jeu des interactions et des influences réciproques élargit la réflexion et accroît la productivité du

1. DE BOUARD M., *Voir pour croire*, in « Marketing Mix », n° 68, Paris, décembre 1992-janvier 1993, pp. 41-42.

débat ; on bénéficie ici, en effet, d'un choc des idées qui n'existera pas lors d'un entretien individuel. Le groupe apporte une expérience riche et variée.

Les **fondements** de cette méthode psychosociologique s'inspirent de la dynamique de groupe et de la sociométrie de MORENO.

Cette technique demande un **équipement** assez conséquent : salle permettant l'enregistrement des paroles et des gestes des participants (attitudes verbales et non verbales), prises de vue avec magnétoscope propre pour enregistrer le débat[2]. Il est en effet devenu fréquent de nos jours de filmer les réunions, ce qui permet au client, installé dans une salle vidéo, d'assister au déroulement, et au psychologue d'analyser ultérieurement la dynamique du groupe. Parfois le client assiste derrière un miroir sans tain à la réunion de groupe.

Les discussions sont supervisées par un **animateur** qui joue un rôle difficile. Il doit :

- *lancer le débat* ;
- *s'assurer de la participation* de tous les intéressés, car il peut y avoir des leaders intempestifs ;
- *ramener l'entretien à son objet* si le groupe s'écarte trop du cadre prévu ;
- *favoriser les interactions* entre les participants et *veiller à l'expression* de tous ;
- *assurer la progression de la discussion* en respectant la logique du groupe et veiller à ce que les thèmes principaux soient abordés.

L'animateur doit bien entendu posséder un certain nombre de qualités :

- faire preuve d'une *personnalité ouverte*, capable d'éveiller la sympathie et la confiance des répondants ;
- être capable de *rester objectif* et non engagé dans la discussion ;
- posséder de *bonnes notions de psychologie et de sciences sociales* afin de pouvoir reconnaître et maîtriser les facteurs qui conditionnent le comportement des individus ;
- être bien *informé des objectifs et de la finalité* de la recherche en cours.

L'**observateur** note l'origine (qui) et le contenu (quoi) des interventions afin de déterminer le poids de chaque participant dans la discussion, la nature et le rôle des relations interpersonnelles qui se sont établies... Il s'occupe de repérer les langages parallèles — gestes, positions, apartés, silences — en les mettant ultérieurement en parallèle avec le protocole d'enregistrement des données recueillies. Il peut éventuellement faire des suggestions communiquées à l'animateur en dehors de la discussion. Il propose également des modifications du guide d'entretien pour les discussions ultérieures.

---

2. JAVEAU Claude, *L'enquête par questionnaire*, Éditions de l'Université de Bruxelles/Éditions d'organisation, Bruxelles, 1990, p. 114.

Il est bon, dans le cadre d'une recherche qualitative par réunion de groupe, de réaliser plusieurs groupes dans les mêmes conditions d'expérimentation, de préférence un ou deux par région, ceci pour confirmer les résultats obtenus.

Le mode de **sélection** des participants habituellement adopté est celui des quotas. La petite taille des échantillons exclut toute analyse statistique.

Les groupes eux-mêmes peuvent être soit homogènes, soit hétérogènes. Une solution favorable est la constitution de groupes homogènes sur un ou deux critères donnés (par exemple, les femmes ayant une machine à laver), et hétérogènes sur tous les autres critères. L'homogénéité sera mise en avant par l'animateur, dès l'entrée en matière, de manière à obtenir une cohésion initiale du groupe. Une certaine hétérogénéité est, par ailleurs, souhaitable pour recueillir les avis et provoquer des attitudes assez divergentes et ainsi entraîner le choc des idées.

CRAINTES ET ATTENTES DES CONSOMMATEURS EN MATIÈRE D'ÉLEVAGE PORCIN

L'organisation de groupes de discussion permet l'expression d'un maximum de logiques différentes. En utilisant des techniques d'association d'idées, d'évocations spontanées et du matériel à commenter, la discussion de groupe permet d'explorer largement les perceptions des participant(e) s quant à la dynamique étudiée. L'objectif des groupes est de permettre à chacun d'exprimer un maximum d'idées. La composition des groupes répond à des critères variés au niveau sociodémographique (âge), au niveau socio-économique (actif, non actif, type de profession) au niveau culturel (niveau d'étude) et au niveau du mode de vie (isolé, couple, avec ou sans enfants).

Afin de mieux déterminer les attitudes vis-à-vis des élevages porcins, un groupe de discussion est organisé avec des consommateurs qui se déclarent concernés par les questions agricoles, habitant la campagne dans une zone où il n'y a pas de concentration d'élevages porcins et un second groupe avec des consommateurs habitant la campagne à proximité d'élevages porcins.

La composition des groupes répond aux critères de sélection suivants de manière à obtenir une variété de perceptions :

- 4 hommes — 4 femmes ;
- respect des classes d'âge (25 — 65 ans) ;
- ne pas recruter d'agriculteurs, d'éleveurs, de vétérinaires ou de personnes ayant un intérêt commercial dans l'élevage ou la vente de viande de porc (personne travaillant dans les élevages, fournisseur de nourriture d'animaux, boucher etc.) ;
- 2 participants doivent avoir aménagé à la campagne depuis moins de deux ans et avoir habité en milieu urbain.

Les participants au premier groupe répondent aux caractéristiques suivantes :

- habiter à la campagne ;
- se sentir concerné par les activités et les productions agricoles dans leur région ;
- 2 participants sur 8 doivent être installés récemment à la campagne après avoir quitté la ville.

Les participants au second groupe répondent aux caractéristiques suivantes :

- habiter à la campagne ;
- existence d'une exploitation d'élevage porcin près de leur domicile ;
- déclarer avoir connu des soucis ou des nuisances avec l'exploitation agricole au cours des deux dernières années pour 4 participants ;
- se sentir concerné par les activités et les productions agricoles dans leur région pour 4 participants dont 2 doivent être installés récemment à la campagne après avoir quitté la ville.

SOURCE : *www.mvconsult.be*

Le **local** d'interview est particulièrement important et doit permettre au participant de s'exprimer (environnement neutre et chaleureux). Le local doit être isolé, d'un confort suffisant, d'un style neutre et proche de l'univers de référence des participants, sans présence de publicité ou de stimuli risquant d'interférer avec le thème de la réunion.

Les **participants** doivent pouvoir s'installer de manière confortable (fauteuils, chaises agréables, disposition en ovale ou cercle).

Les personnes recrutées seront **informées le moins possible du thème** des discussions, au moment de la prise de contact. De même, on n'évoquera pas ou très peu, au départ, une éventuelle rémunération des participants (50 à 125 euros). Toutes ces précautions sont prises pour que les individus arrivent à la réunion aussi dénués que possible de tout *a priori*, et que leurs réactions spontanées soient celles de « *Monsieur ou Madame tout le monde* ». Dans ces conditions, on relèvera un décalage entre les recrutements et la participation effective, et ce, d'autant plus que le participant doit se rendre en terrain étranger.

La discussion de groupe **se structure selon une approche en « *entonnoir* »** (du plus général au plus particulier). La discussion démarre sur un thème général. Celui-ci permet au groupe de se structurer, facilite l'expression de chaque participant (tout le monde peut s'exprimer sur un sujet général moins impliquant). Les informations générales recueillies vont servir de fondements à l'interprétation de données plus précises qui seront recueillies lors de la discussion.

Au départ du thème général, l'animateur va introduire des thèmes plus précis en suivant son guide de discussion et recentrer la discussion autour du produit et par la suite de l'analyse des marques. L'introduction de stimuli concrets (produits, emballages, « *roughs* » publicitaires) relance la discussion. Comme ces stimuli conditionnent des réponses précises et que les participants seront influencés par cette présentation, ils ne seront introduits qu'après la discussion générale.

Il semble que la méthode des réunions de groupe soit fructueuse comme méthode exploratoire, appelant et préparant souvent une recherche plus approfondie (qu'elle soit quantitative ou qualitative).

Tous les **thèmes** ne peuvent toutefois être abordés en groupe. Il faut éviter les problèmes qui s'appliquent aux personnes au niveau personnel ou social, les thèmes qui peuvent susciter, chez des individus confrontés à d'autres, un réflexe de défense de leur image plutôt qu'une analyse objective et sincère.

Ainsi, la réunion de groupe est particulièrement appropriée pour obtenir des informations sur un problème à caractère général ou collectif.

4.1.1.2 Mini-groupe

Il réunit environ 4 personnes pour une durée approximative d'une heure. Il se caractérise par une facilité de mise en œuvre, une grande légèreté, une flexibilité de l'animation et un coût moindre. Il permet une multiplication rapide du nombre de groupes. Cette technique augmente la sensibilité et la richesse du discours : un petit groupe travaille de manière plus créative et en profondeur.

4.1.1.3 Groupes conflictuels

Le but est de mettre les expériences de chaque groupe en opposition, par exemple, les utilisateurs et les non-utilisateurs d'un produit.

4.1.1.4 Groupes commando

Il s'agi de groupe pris dans un environnement lié à la thématique, comme la sortie d'un magasin, que l'on fait parler *in situ* de leur expérience.

4.1.1.5 Groupes de sensibilité

Ce sont des panels de consommateurs choisis et entraînés pour répondre à des stimuli.

4.1.1.6 Groupes de modification du comportement

Dans ce type de groupe, les consommateurs sont privés des produits qu'ils utilisent pour évaluer la valeur que ceux-ci ont à leurs yeux. Inversement, on peut demander au consommateur d'utiliser de façon expérimentale un produit pour voir comment celui-ci s'adapte à l'environnement social.

4.1.1.7 Groupes de créativité

Cette technique part du postulat que la créativité des individus peut être stimulée par certains exercices de groupe. La technique bien connue est le brainstorming dont les principes ont été mis au point par Alex GORDON. Le but de ces séances est de produire un grand nombre d'idées. Le nombre de participants varie entre 6 et 12. Le problème doit être traité de façon aussi spécifique que possible et il ne faut pas traiter plus d'un problème à la fois. Ces groupes s'utilisent souvent pour définir un nouveau concept, un nom ou un nouveau packaging.

4.1.1.8 Groupes DELPHI[3]

Cette méthode a connu quelques développements au niveau des enquêtes qualitatives sous forme de groupes de participation DELPHI où, contrairement aux groupes classiques, les participants des groupes Delphi ont comme consigne de ne pas communiquer entre eux dans l'exécution de leur tâche.

Dans ce cas, chaque membre du groupe a l'occasion de revoir à plusieurs reprises ses opinions après avoir pris connaissance, de manière anonyme, des opinions des autres participants et des raisons qui les ont motivés. Ces consultations sont réalisées en plusieurs rondes (généralement 2 à 4) et portent sur des questions ouvertes, de type créatif (Comment pourrait-on... ?), de façon à couvrir le sujet sous tous ses angles. D'une ronde à l'autre, les opinions sont décodées, analysées et compilées de façon à déboucher sur un consensus.

4.1.1.9 Les groupes qualitatifs on line

Le développement des technologies conduit les sociétés d'étude à développer de nouvelles formes de collecte de données. Au-delà des modèles largement utilisés comme les forums et les blogs, la pratique de l'animation d'une communauté on line se développe. L'objectif est de mieux comprendre le parcours client, de favoriser l'engagement de ce dernier et canaliser la masse des données recueillies. Souvent, les techniques développées associent des discussions on line, voire sur des réseaux sociaux, avec la collecte simultanée via des applications dédiées et intégrées de données quantitatives ou comportementales des participants. Toutefois, l'organisation de ces groupes qualitatifs on line oblige à gérer leurs spécificités liées au mode d'interaction, à leur durée et au nombre.

Les écueils non maîtrisés, comme l'effet *tour d'ivoire* — les participants peuvent se renfermer dans leur propre schéma réflexif sans s'ouvrir aux interactions des autres participants —, le réflexe *boîte aux lettres* — ils postent leur avis et quittent le groupe —, ou encore l'effet *paquebot* lié à l'encadrement on line — qui est moins précis, moins immédiat et qui génère une inertie dans la mise en place de la discussion de groupe, peuvent conduire à une perte d'efficacité.

Il est cependant possible de limiter ces risques en agissant à la fois sur :

- L'*environnement*. Une plateforme de discussion conviviale — avec présence d'une hotline —, au design (couleurs, graphismes, ergonomie, etc.) adapté au public facilite les interactions.

---

3. Le lecteur trouvera au chapitre 10, Population et Echantillon, une présentation détaillée de la méthode imaginée par Dalkey et Helmer appelée méthode DELPHI.

- L'*animation*. Il s'agit de stimuler les interventions, d'encourager la production d'idées, d'en gérer le flux et de faciliter les modes d'expression et leur diversification.
- Le *dispositif* qui doit s'adapter au nombre de participants, à la durée de la discussion, à l'articulation avec les activités proposées off line ou à la communauté.

Lors d'une discussion synchrone de courte durée, l'animateur veille à gérer la dynamique du groupe en évitant la tendance naturelle d'un *chat* au bégaiement et de proposer des techniques d'expression qui permettent de changer d'angle de vue en utilisant des techniques comme le balayage thématique pour recueillir des premières impressions ou la fonction punctum qui permet de préciser les points de vue présentés *a posteriori*.

Lors d'une discussion de plus longue durée, l'animateur variera les formes d'échange et de modalités d'expression (questions ouvertes, avec ou sans support, relance via l'information reçue des participants et provenant de l'extérieur, utilisation de techniques de ludification — jeux, devinettes, citations, likes, etc.) et permettra l'expression personnelle en permettant de laisser des commentaires sur des blogs, ou en reprenant des posts de l'un ou l'autre participant.

LES PRINCIPES DE DÉROULEMENT D'UN FOCUS GROUP EN LIGNE

La plupart des sociétés en ligne utilisent un fichier de participants potentiels parmi lesquels elles retiennent ceux acceptant la proposition de participation et possédant le profil souhaité pour l'étude. Après accord, un rendez-vous en ligne sur le site de la société est donné pour participer à l'étude.

Les participants, dont le nombre est généralement compris entre 6 et 8, sont généralement rétribués pour leur participation.

Après un travail de préparation effectué en fonction du briefing client et après validation de celui-ci, un spécialiste des études va animer le focus group qui peut durer d'une à deux heures. Deux heures étant probablement une durée excessive car la lassitude des participants est plus forte dans le format on-line.

Le travail de l'animateur est de favoriser l'expression des individus sur les points d'études prévus sans pour autant les influencer dans leurs réponses ou prises de position. Les échanges entre participants doivent être également favorisés pour permettre les apports liés aux effets de groupe. Les commanditaires peuvent assister en direct au focus group à partir d'une interface web.

L'analyse et le rapport sont effectués à partir de l'archivage des échanges s'étant produit lors du focus group.

Le client à l'origine de l'étude assiste en direct au déroulement du focus group, son écran est divisé en 2 fenêtres. Celle de gauche lui permet de dialoguer avec l'animateur en charge de l'étude alors que dans celle de droite il peut suivre le déroulement de l'entretien. Le nombre de représentants du client pouvant assister à l'étude n'est pas limité.

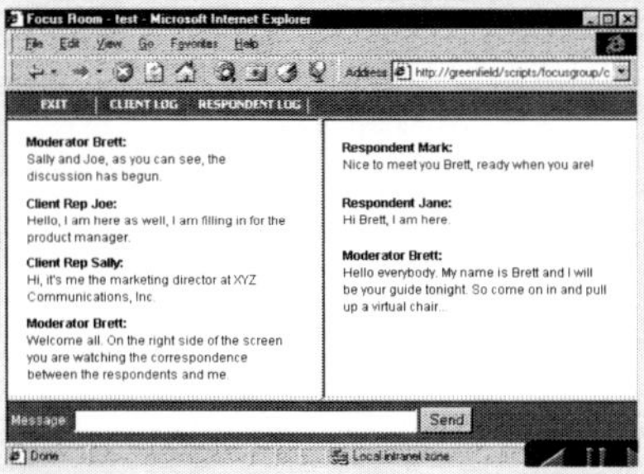

Source : http://www.abc-netmarketing.com/Le-principe-des-focus-groups.html

Figure 5.3 : *L'écran client d'une discussion de groupe on line*

L'écran participant permet aux individus recrutés pour l'étude de suivre et de participer à l'entretien. Ceux-ci ne peuvent pas, bien sûr, visualiser les échanges entre l'animateur et les représentants du client. Des images, animation ou pages web peuvent être soumises aux participants à partir d'un simple lien hypertexte.

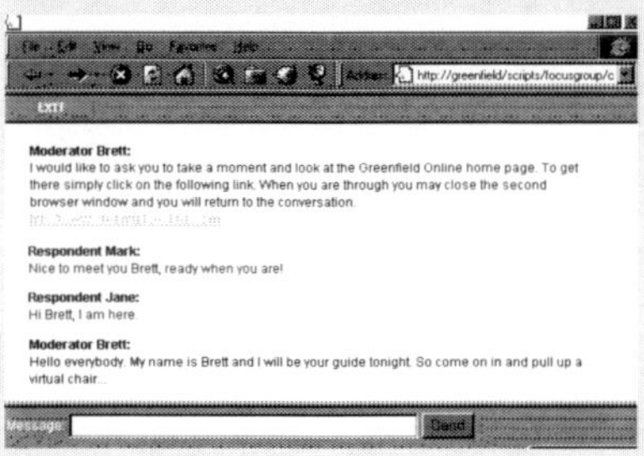

Source : http://www.abc-netmarketing.com/Le-principe-des-focus-groups.html

Figure 5.4 : *L'écran du participant d'une discussion de groupe on-line*

Source : www.manager-go.com/focus-group.htm

Par rapport aux groupes classiques, l'utilisation d'Internet offre certains avantages :

- réduction des coûts vu la limitation des déplacements, notamment lors d'une étude internationale ou lors des interviews d'individus géographiquement éloignés ;
- réduction des délais car l'encodage est réalisé directement par le participant ;
- diminution de l'anxiété liée à la participation à un groupe au sein d'une société d'étude ou à la difficulté de s'exprimer sur des sujets délicats. Le

participant n'est identifié que par l'interface de communication et peut plus facilement s'exprimer ;

- accessibilité de cibles particulières à la discussion comme les personnes à mobilité réduite.

Les groupes on-line présentent aussi des limites importantes :

- absence de représentativité liée à la maîtrise de la technologie. Les participants à ce type de groupe doivent être familiarisés avec le logiciel utilisé et disposer d'une connexion rapide et efficace ;
- absence de spontanéité du répondant. L'absence de familiarisation avec la frappe au clavier constitue un frein à l'expression ;
- limitation des interactions. Le répondant limite ses interventions et résume très souvent sa réponse en quelques mots, ce qui nuit à la qualité des renseignements recueillis ;
- difficulté pour l'animateur de structurer le dialogue et d'inciter à réagir après chaque réponse ;
- difficulté de recourir à des supports de présentation sophistiqués. Il est impossible de présenter physiquement ou de faire goûter des produits ;
- impossibilité d'analyser la communication non verbale (expression des visages, gestes, mimiques, mouvements d'humeur, hésitations, réactions) et le ton employé souvent caractéristique pour comprendre une intervention.

Longtemps perçue comme une solution de rattrapage en cas d'urgence ou pour tester des éléments de communication comme des bannières ou des sites, l'utilisation des groupes en ligne reste sujette à caution parmi la profession. Le caractère récent et encore peu structuré de la méthodologie explique, en partie, cette prise de distance vis-à-vis de cet outil.

Tableau 5.1 : *Structure d'une discussion de groupe*

Les participants arrivés et chaleureusement accueillis, la réunion peut commencer. Elle se divise en trois étapes.

Introduction ou phase de dégel *: L'animateur prononce quelques mots de bienvenue et de remerciements. Il présente la raison d'être de la réunion et précise ce qu'il attend du groupe.*

Un premier tour de table est organisé, chacun se présente. Le but de cette phase de dégel est de créer un climat de confiance et d'expression, de permettre à chacun d'avoir la possibilité de s'exprimer. L'animateur passe ensuite au premier thème du guide d'animation.

Phase d'échange *: L'état propice aux échanges étant créé, la discussion proprement dite peut commencer. L'animateur veille à l'expression de tous et à l'installation d'un climat d'empathie et d'écoute. Certaines animations telles que des techniques projectives sont utilisées. Si nécessaire, des documents sont montrés (films, annonces publicitaires, produits, etc.).*

Phase de synthèse *: l'animateur vérifie que tous les thèmes ont été abordés. Il peut alors résumer et tirer les conclusions auxquelles il est parvenu. Avant de conclure, il remercie chaque participant et remet un dédommagement (cadeau et/ou rémunération).*

Certaines sociétés d'études proposent des forums on-line qui présentent les mêmes difficultés nonobstant le fait que la communication est alors asynchrone et que le temps de réalisation de la discussion se voit prolongé de plusieurs semaines.

Tableau 5.2 : *Techniques de reformulation*

Les techniques de la reformulation, appelées parfois réexpression des sentiments, ont un effet « miroir » à la fois compréhensif et sélectif. Elles consistent à reprendre une opinion émise et à la formuler de nouveau à haute voix, sans rien ajouter au contenu de ce que voulait dire l'enquêté.

1. Principes de la reformulation en matière d'études de marchés

Il s'agit de reconnaître, en quelque sorte, les sentiments ou les significations que l'enquêté vient de formuler.

L'enquêté doit pouvoir développer son point de vue sans restriction.

L'enquêteur doit accepter le contenu subjectif de ce que l'interviewé vient de dire, c'est-à-dire accepter de considérer que l'interviewé vient d'émettre un point de vue subjectif.

2. Types de reformulation

Il existe plusieurs manières de reformuler. Généralement on utilisera un des quatre procédés suivants.

La ***reformulation-reflet*** *consiste à paraphraser ou refléter la communication que vient de faire l'enquêté. L'enquêteur profite de ce que l'interviewé est à la fin d'une « période » (au cours de laquelle il a exprimé quelque chose), pour reprendre l'idée qu'il vient d'émettre en la reformulant d'une manière telle qu'il puisse la reconnaître.*

Il ne suffit pas d'approuver l'enquêté en disant « oui » de temps en temps, mais de faire en sorte que le sujet comprenne que l'interviewer a compris. Le mode le plus simple de la reformulation est la ***réponse-écho****. Généralement, les reformulations de ce genre commencent par Ainsi, selon vous... Vous voulez dire que... En d'autres termes... À votre avis, donc...*

Enquêté : J'aime mon canari, mais il se fait vieux.
Enquêteur : Il se fait vieux ?

La ***reformulation-résumé*** *vise à traduire l'essentiel pour le sujet. Elle suppose que l'enquêteur a saisi l'essentiel de ce que le répondant voulait dire. L'enquêteur doit opérer cette reformulation à partir de ce qui est fondamental pour le répondant. C'est la condition qui permet de différencier la reformulation-résumé de l'interprétation ou du déplacement de l'essentiel.*

Enquêté : Le tabac est mauvais, il attaque les bronches, abîme les dents et provoque le cancer.
Enquêteur : Selon vous, le tabac est mauvais pour la santé.

La ***reformulation comme renversement du rapport figure-fond****. À l'image classique utilisée dans la théorie de la Gestalt qui consiste à rechercher les sens d'une image (en considérant le blanc sur le fond noir, on voit apparaître une forme — un vase — ; en considérant le noir sur fond blanc, c'est un double visage de profil), la reformulation consiste à ne rien retrancher à l'image mais à inverser le rapport figure-fond. Cette méthode fait apparaître quelque chose qui était jusque là latent. Afin d'éviter l'effet de choc que, vu le caractère pénétrant du procédé, le ton de la réponse doit être « empathique ».*

Tableau 5.2 : *Techniques de reformulation (Suite)*

Enquêté : La localité où j'habite est un véritable trou. Parmi l'ensemble des habitants, il n'en est pas une poignée avec lesquels on puisse avoir une conversation simplement intelligente. Notez que je ne dis pas une conversation intéressante, mais simplement intelligente.

Enquêteur : À certains points de vue, comme celui de l'intelligence, vous vous trouvez donc pratiquement seul dans votre localité.

La ***reformulation clarification*** *consiste à mettre en lumière et à renvoyer à l'enquêté le sens même de ce qu'il dit. La difficulté consiste à partir de l'essentiel tel qu'il est perçu par le répondant et le risque devient de faire une interprétation.*

Enquêté : Ce vendeur est un type littéralement farci de prétention. D'après lui, il n'y a que lui qui compte. Il n'y a que lui qui ait quelque chose à dire. Dès qu'il entre en scène, je peux juste me taire...
Enquêteur: Le nœud du problème ne semble pas être ses façons... C'est le fait que ses façons, d'une manière ou d'une autre, vous touchent défavorablement, reviennent à vous éliminer.

L'effort de pénétration dans l'univers du répondant s'accroît au fur et à mesure que l'on passe de la reformulation écho à la clarification. L'esprit de synthèse et l'intelligence de l'interviewer sont mis à rude épreuve. C'est pourquoi, il est délicat, au début d'un entretien, de faire autre chose que de la reformulation. Par la suite, lorsque les informations se précisent, la clarification devient plus accessible.

3. Procédés de relance

En dehors des techniques de reformulation, l'enquêteur peut employer des questions neutres et faire des synthèses partielles pour relancer la conversation.

Les questions neutres

Qu'entendez-vous par ?
Qu'est-ce qui vous fait dire cela ?
Pouvez-vous me préciser votre pensée ?

Les synthèses partielles

Il s'agit pour l'enquêteur de faire le plus objectivement possible un résumé de la pensée de l'enquêté. Cela provoque généralement, soit l'approbation de l'enquêté, ce qui accroît sa confiance en l'enquêteur, soit une opposition constructive si l'enquêté n'est pas d'accord avec la synthèse qui a été faite.

4. Techniques de contrôle

L'enquêteur doit garder le contrôle du groupe en connaissant les moyens de contourner les pièges classiques.

Un timide évite de prendre la parole *: l'encourager en lui posant une question précédée de son nom.*

Un long dialogue s'instaure entre deux invités *: le rompre en posant une question suivie du nom de celui qui semble l'animer.*

Le groupe semble avoir fait le tour de la question *: poser une question à la cantonade « Y-a-t-il d'autres aspects que l'on ait négligés ? »*

Un bavard monopolise une conversation *: reformuler et poser une question suivie du nom d'un autre participant.*

Un participant pose une question à l'animateur *: Renvoyer la question au groupe.*

TABLEAU 5.2 : *Techniques de reformulation (Suite)*

5. Techniques annexes à l'animation
*L'**accueil** proprement dit doit créer la confiance et faciliter l'expression. L'accueil sera non seulement un moment mais une attitude et s'exprime dans la manière d'entrer en relation. Dès le début de l'entretien individuel ou de groupe, il est indispensable de présenter la thématique au client. Dans ce cas, il faut faire attention à ne rien induire et à ne rien suggérer dans cette présentation.*   *Les **silences** doivent faire l'objet d'une attention spéciale de l'interviewer. Il doit pouvoir se demander ce qu'ils signifient. Il est déconseillé de vouloir faire dire tout de suite après le silence au répondant ce qu'il signifiait. Quoi qu'il en soit, ce silence fait partie de la dynamique non verbale de l'interview et doit être analysé comme tel. De même, les sourires, les changements de ton, les approbations et toutes les attitudes non verbales doivent être analysées. L'enregistrement de l'interview facilite grandement cette analyse.*

4.1.2 *Entretiens individuels*

L'interview individuelle qualitative met deux personnes en présence : un enquêteur et un répondant. L'entretien qui ne repose pas sur un questionnaire standardisé, structuré et précis, permet d'explorer dans les détails, les attitudes et motivations du répondant.

Les entretiens sont généralement classés selon leur degré plus ou moins élevé de directivité.

4.1.2.1 Entretien en profondeur ou non directif

Dans ce type d'entretien, **l'interviewé** est invité à développer de façon extensive, et dans ses propres termes, le thème proposé par le psychologue. La phrase qui débute l'interview en profondeur (« *la consigne* ») doit être bien choisie, car elle conditionne la suite des opérations et la richesse des informations obtenues. Le choix du thème doit être large et n'impliquer aucun cadre de référence qui pourrait empêcher l'interviewé de développer sa pensée. L'enquêteur n'impose pas l'ordre d'un questionnaire préétabli et suit la façon de penser et de raisonner de son interlocuteur.

Les entretiens sont confiés à des **enquêteurs** qualifiés, formés aux techniques non directives. Le rôle de l'enquêteur est important car c'est de lui que dépendra, en grande partie, la valeur de l'interview. Un enquêteur qualitatif compétent doit, après avoir lancé les thèmes à débattre, savoir se faire oublier, se montrer réceptif sans pourtant participer réellement, ne rien livrer de lui-même, se soustraire aux sollicitations des « *répondants* » lorsque ceux-ci recherchent auprès de lui un avis ou une approbation. De même, l'enquêteur doit être capable de supporter et d'utiliser les silences de son interlocuteur.

Il doit pouvoir « *relancer* » la discussion en revenant sur des thèmes ou des mots déjà utilisés. Il peut aussi reformuler les idées déjà évoquées pour faire rebondir la conversation ou encore faire expliciter une opinion déjà émise. Il lui arrive enfin de procéder à des associations entre les idées émises, de soumettre une synthèse à l'accord de l'interviewé pour l'amener peut-être à nuancer ses propos.

La durée de l'**entretien** est en général assez longue, entre 1 heure 30 et 2 heures, selon le thème. L'interview se déroule au domicile des personnes consultées. Le répondant qui se trouve sur son terrain est donc, a priori, plus rassuré que dans un groupe et mieux disposé dès le départ à fournir l'information demandée.

Toutefois, il est recommandé à l'enquêteur de veiller à ce que la présence trop manifeste d'un enregistreur ne donne au répondant le sentiment d'être surveillé chez lui, ce qui est de nature à le rendre moins spontané.

L'interview est donc enregistrée sur cassettes et son texte est dactylographié dans son intégralité, avec mention des silences, des phrases tronquées et autres incidents non verbaux, en vue de l'analyse de contenu.

Le **nombre** d'entretiens est généralement limité à trente, car au-delà, l'analyse devient difficile à maîtriser. L'analyste arrête généralement le recrutement quand il est arrivé à saturer l'information nécessaire.

Tout comme au niveau des discussions de groupe, les personnes à interroger doivent être contactées par un enquêteur et ne peuvent être reprises, en aucun cas, au sein d'un fichier de répondants habituels. Le premier contact n'a souvent pour autre but que de fixer un rendez-vous ultérieur.

Il faudra construire un échantillon raisonné dans lequel figurent des représentants de toutes les cibles intéressantes, en nombre suffisant, de façon à pouvoir comparer leurs réactions.

4.1.2.2 Entretien thématique ou interview qualitative classique

C'est la technique d'entretien qualitative la plus utilisée. Elle se distingue de la première technique par son caractère moins profond et moins ouvert.

L'interviewer dispose d'un guide d'entretien qui mentionne les thèmes à aborder mais dispose cependant d'une grande liberté pour introduire et traiter les thèmes au cours de l'entretien.

L'entretien se déroule souvent sous forme d'entonnoir (le problème est abordé de manière très large et il est recentré petit à petit suite à l'introduction de sujets de plus en plus spécifiques).

L'utilisation d'un guide d'entretien structuré et hiérarchisé permet de réduire l'interview entre 3/4H et 1H.

4.1.2.3 Interview qualitative semi-structurée

Elle se caractérise par l'existence d'une structure d'entretien préalable et l'existence d'un questionnaire reprenant les thèmes à aborder et l'ordre dans lequel ils doivent l'être.

L'interviewer est nettement plus interventionniste que dans les cas précédents. Si la possibilité d'approfondissement est limitée, le gain dans les coûts, la durée de l'interview et la facilité de dépouillement expliquent l'intérêt pour ce type d'interview. La durée se situe de 1/2 H à 3/4 H.

4.1.2.4 Entretien par protocole

Il consiste à interroger l'interviewé dans un premier temps sur ses attitudes face à un produit ou une marque, puis, dans un second temps, à se rendre avec celui-ci dans son point de vente habituel (Ethnologie). Durée de 2 H 30 à 3 H.

4.1.2.5 Entretien d'accompagnement

Le psychosociologue accompagne l'interviewé lors d'une situation particulière que l'on cherche à cerner. La personne commente ainsi le trajet réalisé. Il pose ensuite des questions sur le comportement.

4.1.2.6 Entretien de famille

Il consiste à interviewer tous les membres d'une même famille par rapport à un discours donné. En général, on ne mélange pas les fratries de niveau de scolarisations différentes.

TABLEAU 5.3 : *Structure d'un entretien individuel*

Phase d'introduction : Elle doit permettre au répondant d'évacuer ses préoccupations voisines, mais pas véritablement rattachées au sujet de l'étude. Cette phase est importante pour deux raisons. Elle met en confiance l'interviewé, en le laissant parler de ses sujets favoris, pour éviter ultérieurement des reprises vers ses « territoires — refuges » qui permettraient d'éluder des questions embarrassantes. Ensuite, c'est durant cette phase que l'on doit recueillir le discours rationnel, les clichés qui constituent autant de « défenses » susceptibles de masquer les mécanismes d'une motivation ou d'un frein. Le fait, par exemple, de raconter ses dernières vacances permet à l'interviewé de se trouver en terrain connu, de rationaliser a posteriori son choix, voire d'enjoliver celles-ci. Peu importe, car le discours recueilli durant cette phase ne servira guère pour l'analyse de l'entretien. Sa durée varie, selon les individus, de cinq à quinze minutes.
Phase de recentrage du sujet : Dès qu'un climat de confiance est établi, l'enquêteur aborde le véritable sujet de l'étude. Une technique fréquente consiste à placer le répondant dans un cadre imaginaire : c'est le rêve éveillé, symbolisé ici par « Imaginez que vous gagniez une semaine de vacances... ». Cela favorise l'apparition de thèmes qui auraient pu être censurés par le répondant, si l'on s'en était tenu à une situation habituelle.
Phase d'approfondissement : Logiquement, à ce stade de l'entretien, le répondant est pleinement immergé dans le thème et les mécanismes d'autocensure de la pensée sont réduits au maximum. L'interviewer va alors pénétrer dans le cœur du sujet, pour déceler d'éventuels freins (peurs, tabous sociaux) ou motivations (fantasmes, etc.) qui pourraient expliquer une décision d'achat ou au contraire conduire au rejet du produit. Les questions importantes de l'étude sont seulement véritablement abordées à ce moment là. Si l'interview a été bien conduite, le répondant est largement en confiance et approfondit, sans difficulté, les points suggérés par l'enquêteur.
Phase de conclusion : Quand tous les thèmes prévus ont été creusés, l'entretien pourrait s'arrêter là. Mais ce type d'investigation n'étant pas sans danger, il convient de ramener le répondant à la réalité quotidienne, très différente du « rêve éveillé » que l'on a pu conduire durant une à deux heures. Il est important, avant de clôturer l'entretien, d'aider le répondant à reconstituer ses défenses psychologiques.

SOURCE : GIANNELLOLI JL. et VERNETTE E., *Études de marchés*, Éditions Vuibert, Paris, 1994, p.78.

L'interview quelle que soit la technique utilisée, se déroule sur base d'**un guide d'entretien**. La rédaction de ce guide est une des phases les plus délicates de l'enquête qualitative. Les études préalables, la recherche interne, la recherche documentaire et surtout les résultats de quelques entretiens libres aident à l'élaboration de ce guide.

Le guide se présente sous la forme d'une grille de thèmes. Ces derniers sont généralement formulés en questions ou thématiques que l'enquêteur ne proposera à son interlocuteur que dans le cas où ce dernier ne les aborderait pas spontanément.

L'INTERROGATION DIRECTE ET SES LIMITES[4]

Les cogniticiens distinguent trois types d'informations stockées et trois niveaux de stockage. La mémoire sémantique stocke les règles de grammaire ou les théorèmes, c'est-à-dire les symboles linguistiques et mathématiques. Les événements vécus et datés sont conservés dans la mémoire épisodique. La restitution de ces informations se réalise sous forme de discours et de déclarations organisées, à l'inverse des connaissances procédurales constituées d'automatismes qui fondent nos comportements quotidiens. La difficulté consiste à accéder à ces informations détenues par le consommateur mais non verbalisables. Le consommateur devra utiliser sa mémoire épisodique pour les localiser dans l'ensemble des mécanismes non conscients avant de les traiter par abstraction.

Pour ces faits, l'interrogation directe n'est pas la méthode idéale, l'observation s'imposant comme la réelle alternative.

TABLEAU 5.4 : *Mémoires sémantique, épisodique et procédurale*

MÉMOIRE		SOUVENIRS		RESTITUTION		CONNAISSANCES
Sémantique	→	Concepts	↘	Verbalisable	→	Déclaratives
Épisodique	→	Événements	↗			
Procédurale	→	(Automatismes)	←	Non verbalisable	←	Procédurales

4. LAURENT F., *Études marketing, Des Études de Marché au Consumer Insight*, 2e édition, Village Mondial.

4.1.3 *Techniques de groupe ou entretiens individuels ?*

La décision de recourir à l'une des deux formes est fonction d'un ensemble de facteurs dont les principaux sont décrits ci-dessous.

Tableau 5.5 : *Critères de choix entre le groupe et l'entretien*

Groupes projectifs	Entretiens individuels
• dimension prospective (avenir) • dimension sociale • motivationnel • opérationnel (rapidité) • créativité et nouvelles idées • recherche de la similitude • absence d'expérience dans le domaine d'investigation • domaine d'investigation socialement acceptable • homogénéité des sujets (même groupe social)	• dimension personnelle liée à un vécu particulier • approche individuelle • motivation « *en profondeur* » • compréhension des phénomènes — investigation recherche de la spécificité — différence expérience dans le domaine d'investigation • domaine d'investigation « *intime* » • hétérogénéité des personnes à interroger

4.1.4 *Les études qualitatives en ligne*

À l'heure du marketing digital, il n'est plus concevable de se limiter à des méthodes de recueil qui oublient la réalité virtuelle. À ce titre, les études en ligne permettent de comprendre les comportements des consommateurs, les circuits utilisés, les modes de recherche d'information et de décision.

Ces études se présentent généralement sous plusieurs formes :

- « *Les bulletin boards* » : forums ou blogs de discussion. Innovantes, créatives, motivantes, économiques, elles suppriment les contraintes de distance géographique.
- Les réunions de groupe on line appelées aussi « *chats* » qui se focalisent sur une problématique ponctuelle, en évitant la logistique liée à une réunion de groupe physique.
- Les études qualitatives longitudinales organisées à partir des « *forums on line* » sur plusieurs semaines de manière à faire émerger une dynamique temporelle évolutive.

Tableau 5.6 : *Avantages des études qualitatives en ligne*[5]

Avantages	Description
Authenticité	Les participants installés dans leur univers quotidien renforcent l'authenticité de l'expérience. Cette approche permet d'aborder des sujets plus intimes aussi. Les participants répondent à leur rythme en se connectant au moment qui leur convient dans la journée, dans la soirée, en une fois, sur plusieurs entrées.

5. Rosinski Corinne, Moreau Christine (20013), *Les études quali participatives en ligne*, [en ligne], http://www.marketing-professionnel.fr/tribune-libre/etudes-marketing-qualitatives-participatives-online-201303.htm, consulté le 20 février 2018 (adapté).

TABLEAU 5.6 : *Avantages des études qualitatives en ligne (Suite)*

Avantages	Description
Expression	Chaque participant répond d'abord individuellement selon sa propre perception, ce qui élimine l'influence qu'aurait un leader. Puis avec la mise en commun, il confronte ses idées, la discussion s'instaure, et le travail collectif progresse.
Compréhension des comportements	L'approche longitudinale, sur une période plus longue, par exemple sur plusieurs semaines, est nettement plus proche de la réalité des comportements qui se forgent dans le temps.
Créativité	Les activités proposées aux participants incitent à la participation : réaliser des reportages photo, vidéo, faire des collages, jouer les visiteurs mystère. Le téléphone mobile (et ses fonctionnalités d'appareil photo et de vidéo) devient un outil dans l'investigation et la progression créative.
Engagement	Les témoignages sont plus riches, les réflexions se construisent, les idées qui émergent sont plus abouties.
Participation	Certaines cibles comme les actifs, les mères, sont peu disponibles. Elles peuvent se connecter à leur convenance. D'autres cibles plus introverties, comme les ados, s'expriment volontiers grâce à la technique.
Approche heuristique	Toutes les thématiques peuvent être étudiées, les usages, l'expérience clients, les témoignages, les meilleures/pires expériences, le parcours, les tests de produits et services, le fond de marque, les tests de stimuli : publicités, valeurs de marques, concepts produit.
Co-Création	Le collectif mené par le modérateur travaille sur les thèmes du magasin du futur, de la relation client idéale, du parcours de rêve.
Motivation	Les participants comprennent mieux ce qu'on attend d'eux, ils ont plaisir à participer.
Flexibilité	Les clients ont accès au forum et peuvent interagir avec le modérateur pour décider ensemble d'ajustements, d'approfondissements. Le nombre d'accès client est quasi illimité, offrant ainsi aux différentes équipes internes, parties prenantes, d'assister au blog.

4.2 Méthodes fondées sur l'observation

À côté des méthodes de récolte de données par communication, **d'autres méthodes proches de l'observation et issues de sciences récentes** ont vu le jour :

- *Les méthodes issues de l'ethnologie*. Il s'agit d'une approche d'observation spécifique fondée sur les concepts et les outils de l'anthropologie afin d'acquérir une compréhension approfondie de la manière dont les gens vivent et travaillent. Elle consiste, pour le chargé d'études, à s'immerger dans un foyer afin de partager ses expériences de vie et, par cette « connaissance de l'intérieur », d'établir la signification d'actes de consommation en apparence anodins. L'observation peut être fondée sur l'immersion avec prise de notes ou, de plus en plus souvent, sur le fait de filmer les consommateurs, ce qui apparaît comme moins susceptible de modifier leurs comportements même si les biais persistent.

- Les *techniques issues de la linguistique* afin de comprendre ce qu'induisent le discours et la structuration des phrases ;
- Les *techniques issues de la sémiologie /sémiotique* afin de comprendre le discours et la place des signes.

Ces méthodes classiques, ainsi que celles liées à l'anthropologie numérique qui se situent souvent à la frontière entre études qualitatives par communication et observation, font l'objet d'une présentation détaillée au chapitre suivant consacré aux études par observation.

TABLEAU 5.7 : *Sémiologie*

La **sémiologie** est un système de signes exprimant des idées et par-là comparable à l'écriture, à l'alphabet des sourds-muets, aux rites symboliques, aux formes de politesse, aux signaux militaires, etc. Elle est seulement le plus important de ces systèmes. On peut donc concevoir une science qui étudie la vie des signes au sein de la vie sociale. La sémiologie nous apprend en quoi consistent les signes, quelles lois les régissent.

Deux écoles sont à l'origine de la **sémiotique moderne**.

F. DE SAUSSURE (1857-1913) définit la sémiologie comme théorie scientifique de la signification. Cette *école française* se développera avec d'autres auteurs comme DUMEZIL, PROPP, LEVI-STRAUSS, BENVENISTE, BARTHES, GREIMAS.

L'*école américaine* conduite par PEIRCE (1839-1914) développe le positivisme logique. La sémiotique n'est qu'un autre terme pour désigner la logique.

La sémiotique veut comprendre les conditions de la production du sens (rechercher les systèmes de compréhension, de perception et d'interprétation de tout message généré par différents groupes sociaux et culturels) et définir un système signifiant du point de vue de son rôle social (appliquer les résultats de la recherche aux systèmes sociaux signifiants, comprendre comment les signes vivent et meurent au sein d'un groupe social ou culturel donné).

Tout produit, toute marque, toute entreprise ne vaut que par ce qu'il signifie et communique. La sémiotique analyse tous les discours (textes et images) du produit, sur le produit et autour du produit, à tous les moments de sa circulation et de ses phases de développement.

Comparée à toutes les méthodes de testing et d'évaluation, l'analyse sémiotique ne fait pas intervenir une évaluation quelconque de la part des consommateurs ou destinataires des messages.

Elle postule que la structure d'un message n'a pas besoin d'être consciente pour être opératoire. C'est une analyse d'experts réalisée sur la base d'un *décodage* systématique du message véhiculé.

Le décodage s'effectue au niveau de la manifestation physico-sensorielle du message (*la forme*, les codes de mise en page, les codes graphiques, typographiques, les codes des couleurs, etc.) c'est-à-dire tout ce qui permet la visibilité et la lisibilité ainsi que la compréhension symbolique, au niveau sémantique (*le contenu*, le champ sémantique du concept induit par la mise à jour des règles théoriques de la mise en scène des éléments textuels et de l'image). Le contenu est indissociable de la forme et les évocations symboliques et sémantiques issues de la forme confirment ou infirment le sens du mot ou de l'image.

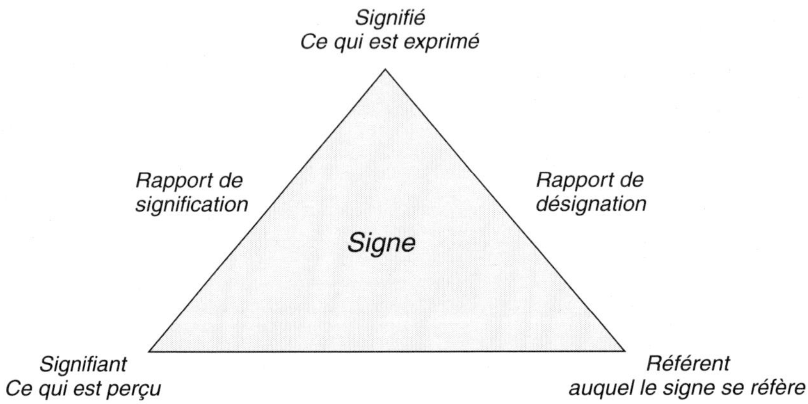

FIGURE 5.5 : *Le triangle d'Ogden et Richards*

5 TECHNIQUES D'INVESTIGATION

Parallèlement et complémentairement aux méthodes développées ci-dessus, les psychologues ont été amenés à élaborer des méthodes indirectes. Leur principal mérite est de contourner les obstacles qui marquent le comportement, pour aborder des aspects moins conscients mais plus révélateurs de ce dernier. Il s'agit des techniques projectives.

5.1 Techniques projectives

Ces techniques ne constituent pas une méthode de recherche à part entière mais plutôt une technique particulière dans la façon de formuler et de présenter les questions aux interviewés, que ce soit dans une discussion de groupe ou dans une interview non directive[6].

Elles partent de l'idée selon laquelle l'interviewé peut se projeter dans une situation qui lui est montrée[7] et passer outre les barrières psychologiques derrières lesquelles il a tendance à dissimuler son comportement. Ces **écrans psychologiques** sont au nombre de quatre :

- *L'écran de la conscience*. Les individus n'ont pas toujours conscience de leurs attitudes et motivations ;
- *L'écran de l'irrationalité*. Les individus ont tendance à tout rationaliser, y compris les événements dont les fondements ne sont pas rationnels ;
- *L'écran de tolérance*. Tout individu est confronté à certaines normes et attentes émises par le milieu dans lequel il vit. En outre, tout manquement à ces règles est sanctionné. Ceci engendre dès lors un vague sentiment de culpabilité vis-à-vis duquel l'individu cherche à se justifier ;

6. LAMBIN Jean-Jacques, Op. cit., 1990, p. 79.
7. HELFER J.P. et ORSONI J., *Marketing*, Vuibert Gestion, Paris, 1988, p. 100.

- *La barrière de politesse.* Les individus répugnent à dire des vérités passant pour trop désabusées ou trop critiques.

Toutes les techniques **se caractérisent par** :

- la *spontanéité* des réponses ;
- le fait que *l'interviewé doive ignorer le but de la question* qui lui est posée ;
- l'*ambiguïté recherchée* et voulue dans la formulation de la question.

Il existe plusieurs techniques projectives susceptibles d'être utilisées.

5.1.1 *Tests d'associations*

On demande au répondant de faire certaines associations pour connaître l'image qu'il se fait du produit ou de la marque en question.

5.1.1.1 Associations libres de mots

Un mot, une phrase évoquent, par association spontanée, d'autres mots, d'autres idées, d'autres phrases qui sont en rapport direct avec les sentiments réels de la personne interrogée. On soumet toute une série de mots au répondant. Les mots « *critiques* » (ceux autour desquels l'enquête tourne) sont intentionnellement mélangés à d'autres pour masquer le thème de l'enquête. Le répondant dit ce qu'évoque chacun des mots repris sur la liste.

5.1.1.2 Associations contrôlées de mots

L'enquêteur présente une liste de qualificatifs et une liste de marques à l'interviewé auquel il est demandé d'indiquer le mot correspondant le mieux à chaque marque. Ce test est souvent employé lors d'études d'images. Il est moins riche que le test d'association libre mais plus facile et rapide à analyser. Comme lui, il peut faire l'objet de questions dans une enquête par questionnaire.

5.1.1.3 Associations contrôlées d'images

L'enquêteur remet aux personnes interrogées des photographies ou des dessins sur des cartons représentant des éléments d'un univers connu (par exemple, des personnages très typés : l'homme d'affaires, l'employé, le cadre dynamique, le père de famille, l'agriculteur, l'étudiant, etc.) ainsi que des photographies des éléments de l'univers à étudier (par exemple, des marques de voiture). Ensuite, il demande au répondant de disposer les cartes de l'univers connu devant les cartes de l'univers à étudier auxquelles celles-ci leur font penser.

5.1.2 *Tests d'expression*

On demande au répondant de s'exprimer à partir d'avis formulés de manière indirecte.

5.1.2.1 Descriptions

Cette technique consiste à demander aux interviewés de décrire une situation :

- Comment voient-ils les personnes qui achètent telle marque ?
- Comment voient-ils les personnes qui consomment tel produit ?
- Quels sentiments éprouvent-ils ?

5.1.2.2 Achèvement de phrases

L'enquêteur lit une première phrase incomplète. Le répondant doit la compléter en un temps limite, à l'aide de la première idée qui lui vient à l'esprit.

5.1.2.3 Histoires

L'enquêteur demande à l'interviewé de faire le compte-rendu de certains événements. Parfois, la technique de l'histoire se combine avec :

- l'emploi de phrases incomplètes ;
- l'emploi de dessins comparatifs.

5.1.2.4 Ballons-tests

L'enquêteur demande à l'interviewé d'inscrire dans un phylactère ce que, selon lui, la deuxième personne répondrait.

5.1.2.5 Tests d'aperception thématique (TAT)

Dans cette technique, une série de tableaux, de planches, de dessins, de photographies, etc., choisie et souvent créée spécialement pour l'étude de marchés, est présentée à l'enquêté. Celui-ci doit interpréter ces images, généralement ambiguës et de signification imprécise, pour éviter l'induction des réponses. Il décrira la situation d'ensemble et imaginera les sentiments, les pensées de chaque personnage présent dans l'écran ainsi que ce qui s'est passé avant ou après la scène représentée.

La création des planches est toujours délicate. Celles-ci doivent évoquer un thème que l'analyste souhaite étudier, sans pour autant être trop directives. L'analyse des réponses n'est pas facile non plus. En décrivant la scène, selon le principe de transcription de MURRAY, l'enquêté s'identifie à l'un des personnages auxquels il attribue ses motivations, ses pensées. Les autres personnages représentent les forces du milieu familial et social qui font pression sur le héros.

5.1.2.6 Tests de frustration

Ce test consiste à présenter à l'enquêté un dessin, voire une photographie, mettant en jeu des personnages dans une scène de la vie quotidienne. Celui de gauche prononce une phrase volontairement désagréable et/ou agressive. Le répondant doit imaginer la réponse du personnage de droite et l'inscrire dans la bulle (phylactère) réservée à cet effet. L'enquêté va donc se projeter dans le personnage frustré. Ces réponses permettent d'isoler, d'une part les facteurs de la frustration, les différentes perceptions de l'agression et /ou de la satisfaction, d'autre part les réactions possibles (spontanéité, originalité, puissance).

Le test de frustration est certainement le test projectif le plus délicat à mettre en place. Les dessins doivent être, ni trop précis, ni trop flous. C'est la raison pour laquelle le TAT lui est souvent préféré, mais ce dernier ne permet pas toujours de mettre aussi bien en évidence les éléments sur lesquels l'homme de marketing doit travailler pour réduire les insatisfactions de ses clients.

- **DESCRIPTION**

  Comment voyez-vous la femme qui n'utilise pas le four à micro-ondes ?

- **ACHEVEMENT DE PHRASE**

  La femme qui utilise le four à micro-ondes est ....

- **ASSOCIATION LIBRE DE MOTS**

  Si l'on désire étudier l'image d'une marque automobile auprès des automobilistes, on peut, par exemple, faire intervenir une question projective, faisant appel à l'association libre de mots tels que : restaurant — radio — carte — vacances — Peugeot — eau — avion — disque — cinéma — passé — livre — voile — fumée — travail — roue — vêtement — Citroën — café — Renault — pain — journal — banque — voyage — dessin — réveil — dessin — magasin...

- **HISTOIRE**

  « Supposons qu'un soir vous organisiez chez vous une soirée dansante. Vous faites le tour de l'assistance pour demander à chacun ce qu'il aimerait boire. Il y a notamment quelqu'un qui demande un verre de lait.

  Qu'allez-vous penser de cette personne qui vous demande un verre de lait ? »

  (Note pour l'enquêteur : si la réponse fait référence à un régime, demandez : « Quel type de régime ? Expliquez en détail »).

- **HISTOIRE + PHRASE INCOMPLÈTE**

  Reprenons l'exemple précédent. L'histoire racontée aurait tout aussi bien pu être présentée comme suit : « Supposons que vous déjeuniez un jour avec une amie de votre âge qui fait attention à ce qu'elle mange car elle désire perdre un peu de poids. Elle vient de commander un sandwich garni de salade et de légumes. Au moment de commander une boisson, vous vous apercevez qu'elle hésite et vous lui suggérez de ... ».

- **PHYLACTÈRE**

  « Que pense cette jeune fille ? »

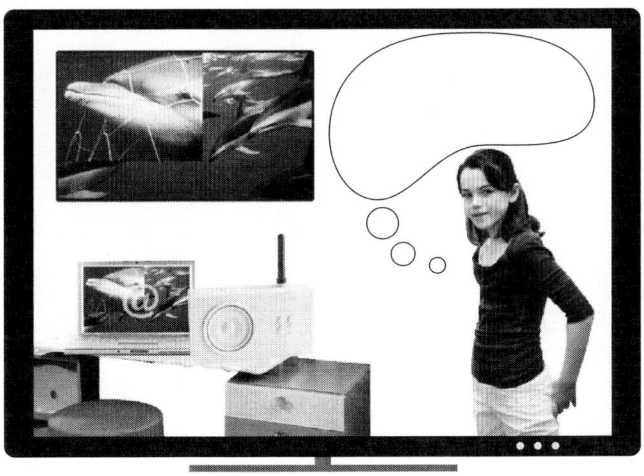

FIGURE 5.6 : *Techniques projectives*

- **Histoire + comparatif d'images**

  Pour permettre à des préadolescents de sélectionner les thématiques préférées en matière d'information, des images sont présentées comme suit.

  « Quels sont les sujets que tu aimes dans les infos à la télévision ? »

- **Interprétations d'image**

  Pour étudier les attitudes des adolescents à l'égard de la téléphonie mobile, une question projective est posée lors de l'interview. Elle se présente comme suit :

  « Une nouvelle marque de téléphonie mobile propose un service pour des jeunes (appels téléphoniques et textos (SMS) gratuits). À ton avis, que pense un jeune qui découvre une pareille offre ? »

Source : CRIOC, 2010

Figure 5.6 : *Techniques projectives (Suite)*

5.2 Techniques de créativité

Il existe aussi toute une série de techniques de créativité ou de facilitation pour aborder le vécu du répondant. Ces techniques permettent de composer un petit scénario alternant méthodes directes et indirectes appliquées au groupe dans le cas d'une discussion de groupe ou aux répondants dans le cas d'une interview individuelle. Ce scénario doit être conçu de telle manière que la confiance et la spontanéité des répondants auxquels il est appliqué puissent être gagnées. Voici les plus répandues.

5.2.1 *Techniques verbales*

Les techniques verbales apparaissent comme des stimuli pour aider l'interviewé à s'exprimer : début de phrase à compléter, projection dans un personnage, etc.

5.2.1.1 Analogies ou portraits chinois

Le répondant imagine le produit non pas tel qu'il est mais comme quelque chose d'autre, un animal, une musique ou comme une marque dans un autre domaine (une voiture, une boisson, un restaurant, etc.). « *Si c'était...* », « *Imaginer la personne qui aime beaucoup...* », « *Imaginer la personne qui n'aime pas du tout...* »

5.2.1.2 Adjectivisation

Elle consiste à utiliser la marque comme un adjectif. C'est une façon efficace de faire surgir la signification de la marque.

5.2.1.3 Expressions spécifiques

Les répondants utilisent des couleurs, des ombres, des symboles, des lignes et des moulages pour exprimer ce qu'ils éprouvent à l'égard de la marque. Il y aura lieu d'articuler les significations par la suite.

5.2.1.4 Solutions fantaisistes, futurs scénarios

Il s'agit de formuler le problème et sa solution en terme de monde idéal auquel l'individu aspire.

5.2.2 *Techniques visuelles*

Bon nombre d'études menées grâce aux techniques projectives utilisent les dessins pour évaluer la personnalité.

5.2.2.1 Collages

L'animateur donne aux répondants des périodiques. L'animateur leur demande de découper les images, mots et dessins exprimant leurs sentiments à propos d'une marque. La technique diffère des expressions psychiques car dans ce cas le matériel est déjà prêt pour les répondants. Dans les expressions psychiques, au contraire, ils sont obligés de créer.

5.2.2.2 Assortiment de photos ou photolangage

Le répondant doit associer un ensemble de photographies (symboles, animaux mythologiques, automobiles, environnement, habitations) avec des objets comme les produits et les marques étudiés.

5.2.3 *Techniques d'identification*

Ces techniques se caractérisent par le fait que le répondant est invité à se mettre à la place du produit ou du service concerné.

5.2.3.1 Portrait robot

Le répondant est invité à se mettre dans la peau du produit à analyser. Diverses questions lui sont posées. « *Imaginons le portrait robot du produit, de l'acheteur...* »

5.2.3.2 Caddie

Le répondant est invité à imaginer qu'il se promène dans les allées d'un grand magasin et à associer le produit à d'autres. « *Dans ce caddie, il y a le produit puis on va parcourir les autres rayons, que va-t-on acheter ? Dans quelle voiture va-t-on placer le produit ? Dans quelle maison ? À quoi ressemblent les enfants ?* »

5.2.3.3 Famille

Le répondant est invité à repérer la filiation entre produits. « *Repérer le père, la mère, les enfants, lien de parenté* » « *L'ancien packaging, c'est le père, il veut quitter la société et il y a deux postulants, le packaging A et le B. Que disent-ils pour être le successeur ? Que faut-il dire ? Ne pas dire ?* »

5.2.3.4 Rêve éveillé

Le répondant doit imaginer qu'il est en contact avec l'objet étudié, s'endort et rêve, et est invité à raconter ce rêve. Ultérieurement, lorsque cette phase est terminée, il doit encore imaginer que l'objet est transformé en quelque chose d'autre (une personne vivante, un paysage) et il doit décrire ce qu'il est devenu. « *Imaginez, vous rêvez...* », « *La planète du produit/de la marque* », « *Vous y arrivez, qu'est-ce que vous voyez, ressentez, éprouvez ?* », « *Comment sont les habitants, quelles sont leurs valeurs, habitudes... ?* »

5.2.3.5 Images-réponses

Les répondants sont confrontés à des matériaux visuels, verbaux, parlés. L'interviewer leur demande de réagir, par exemple de les diviser ou de les ranger par catégories[8].

5.2.3.6 Personnification

Les répondants doivent imaginer que le produit ou l'objet né à la vie, a un caractère, une personnalité, un style de vie et des relations.

8. Cooper C., cité par ASSENHEIM George, *Études de marchés*, ICHEC, Bruxelles, 1992.

5.3 Limites des techniques d'investigation

L'utilisation de l'une ou l'autre méthode expliquée est fonction du problème à résoudre, des réactions du groupe dans le cas d'une discussion de groupe ou du répondant dans le cas d'une interview individuelle.

Il convient toutefois d'émettre quelques remarques à propos des techniques projectives et de facilitation :

- Ce sont des outils d'enquête sophistiqués ;
- Elles ne conviennent pas pour les études de marchés industrielles car l'enquêteur n'obtient pas facilement la coopération du répondant ;
- Le risque de déformation des résultats est grand (interprétation erronée).

6 GUIDE D'ANIMATION OU D'ENTRETIEN

Le guide d'entretien ne doit pas être une succession de questions regroupées. Il est plutôt un scénario qui se joue avec plusieurs méthodes directes ou indirectes appliquées alternativement au groupe ou aux membres du groupe dans le cas de la discussion de groupe (guide l'animateur) ou au répondant dans le cas de l'entretien individuel (guide d'entretien). Sa fonction est de s'assurer que tous les aspects du thème traité sont examinés, peu importe l'ordre dans lequel ils se succèdent.

La forme du guide d'animation ou d'entretien dépend de la longueur et du type d'enquête. Ainsi, il ressemble plus à une check-list ou liste de contrôle dans le cas d'une approche non directive ou d'entretien en profondeur, et ce de manière à vérifier que tous les thèmes prévus ont été abordés. Par contre, dans le cas d'une approche semi-directive, le guide suit une structure en entonnoir qui permet de partir du plus général ou plus spécifique en introduisant tout au cours de la discussion des stimuli spécifiques.

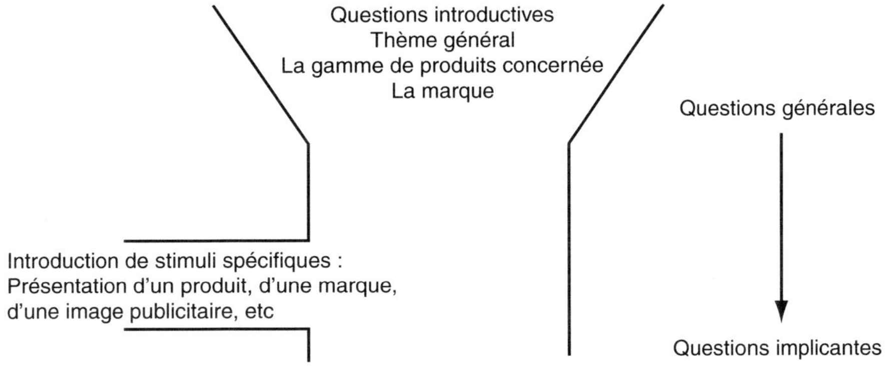

FIGURE 5.7 : *Questionnement en entonnoir*

TABLEAU 5.8 : *Guide d'entretien*

1. INTRODUCTION

Bonjour à tous et à toutes, bienvenue à notre petite réunion.

(PRÉSENTATION)

Nous sommes heureux de vous accueillir à cette réunion et nous vous remercions de votre participation.

Nous allons passer un moment ensemble dans le but de dégager, sous une forme sinon ludique, tout au moins agréable des concepts de base utiles pour la réalisation de notre étude consacrée à la peinture.

La camera que vous voyez ici ainsi que l'enregistreur nous permettront d'éviter de devoir tout écrire pour nous permettre de participer à l'animation de la soirée.

(RAPPEL DES CONSIGNES ET DES PRINCIPES DE FONCTIONNEMENT D'UN GROUPE)

Pour la plupart d'entre vous, c'est la première fois que vous participez à ce type de réunion. C'est pourquoi j'aimerais vous en rappeler les grands principes.

Pour que notre groupe fonctionne au mieux et que tout le monde puisse s'exprimer, nous aimerions vous fournir quelques indications. Nous vous demanderons de bien vouloir laisser aller chacun au fond de sa pensée. Si vous avec une idée pendant qu'une autre personne s'exprime, notez-la et proposez-la ensuite. Aucune idée ou proposition n'est à rejeter, laissez libre cours à votre créativité. N'hésitez pas à faire des propositions.

Avez-vous des questions ?

Nous allons maintenant commencer.

(TECHNIQUE DE L'ENTONNOIR : DU PLUS LARGE AU PLUS PARTICULIER)

2. LES CIRCONSTANCES

Parlez-nous de l'expérience que vous avez de la peinture : la façon, les circonstances, les moyens, bref tout ce qui concerne la peinture.

(ANCRAGE)

Comment vivez-vous la peinture ? Un moment de plaisir, de corvée....

Choix entre la peinture et le papier ?

Quels sont les points forts ? Les barrières ? Selon vous, quelles sont les propriétés de la peinture ? À quelle occasion l'utilise-t-on ? À quelle fréquence ? Quelles sont les différentes sortes ? Et qu'en pensez-vous ? Utilisez-vous plusieurs marques ? Pourquoi et quand ? Marque ou produit blanc ? Comment avez-vous été en contact la première fois avec la peinture ? Votre approche a-t-elle changé ? Avez-vous suivi les habitudes de vos parents ou avez-vous changé celles-ci ? Qui est le prescripteur ? Est-ce que des magazines comme « Idées décorations » ou encore des émissions comme « the painted house » vous inspire ? Vous amis ?... La décoration reflète-t-elle la personnalité selon vous ?

Expliquer le processus d'achat. S'il est impulsif ou réfléchi.

Tableau 5.8 : *Guide d'entretien (Suite)*

Où achetez-vous votre peinture ? Comment peignez-vous ? Simplement, avec des pochoirs.... Seul ou en équipe. Quel est votre budget ? Quel niveau de satisfaction tirez-vous de l'utilisation de la peinture ?

3. LE PORTRAIT

(PENSÉE LATÉRALE : TECHNIQUE PROJECTIVE)

Imaginez que la peinture Levis soit une personne. Prenez une feuille et décrivez-la. Par exemple son niveau social, son âge, homme/femme, hobbys...

(REFORMULATION ET PASSAGE AU RÉEL)

En synthèse quelles sont les caractéristiques de la peinture Levis ? Quel est son positionnement ?

4. LA PLANÈTE LEVIS

(TECHNIQUE PROJECTIVE)

Vous pouvez à nouveau laisser libre cours à votre imagination pour créer la planète Levis. Pour vous aider voici quelques axes : à quoi ressemble le paysage ? Comment vivent les habitants ? À quoi ressemblent-ils ? Comment sont les bâtiments ? Le climat ? La taille ? L'atmosphère ? Riche...

(REFORMULATION ET PASSAGE AU RÉEL)

En synthèse quelles sont les attentes et la perception de consommateur à propos de la peinture Levis ?

5. LES ASSOCIATIONS CONTRÔLÉES D'IMAGES

Connaissez-vous les différentes gammes Levis ?... Vous rappelez-vous d'une publicité faite par Levis ? Si oui laquelle ? Si non quelle pourrait en être la raison ? Tant que nous sommes dans les images, nous allons vous montrer différents images, dites nous à quoi elles vous font penser.

Petite conclusion, clarification de certains concepts nécessaires pour la question suivante.

Maintenant, si vous étiez chef de publicité et que vous aviez tous les moyens et surtout tout le pouvoir pour créer la campagne Levis qui vous séduirait, comment l'imagineriez vous ?

6. AUTRES TECHNIQUES DE PROJECTIONS

Décrivez l'intérieur idéal : l'atmosphère, la décoration, les meubles, l'ambiance, les personnes qui y vivent, le style de vie, la ville....

7. IDÉES POUR L'AMÉLIORATION DE L'IMAGE LEVIS

Nous allons vous poser une série de questions qui nous aiderons peut-être à améliorer l'image de Levis. Que pensez-vous des nouveaux courants de décoration comme le feng-shui ? Le retour des années 70 ?..... Est-ce que ça motive à décorer ou à modifier son intérieur ? Si vous deviez inciter les gens à décorer leur intérieur, quels arguments utiliseriez-vous ? Comment feriez-vous pas rajeunir l'image de Levis ?

TABLEAU 5.8 : *Guide d'entretien (Suite)*

8. LES ASSOCIATIONS LIBRES
(REFORMULATION ET SOCIALISATION DU DISCOURS)
Nous allons faire une sorte de brainstorming et vous direz tous les mots qui vous passent par la tête en association avec un mot de départ qui sera vous le savez déjà : la peinture. Un autre mot pourra être la marque Levis. Au fur et à mesure que vous citerez les mots, nous allons les écrire sur un tableau et ainsi en dégager les éléments caractéristiques. Cet exercice nous permettra de clôturer notre petite soirée.
(CONCLUSION ET REMERCIEMENTS)

7 OUTILS D'ANALYSE

Les renseignements récoltés font l'objet d'une analyse. Le caractère spontané, non chiffré et peu structuré des informations recueillies ne facilite pas la tâche de l'analyste.

7.1 Méthodes d'analyse

Trois méthodes de dépouillement sont habituellement utilisées.

7.1.1 *Résumé*

Il consiste à dégager les idées principales. C'est un outil simple, rapide et économique mais il reste superficiel et n'explicite pas le contenu des informations.

LA RESTAURATION COLLECTIVE[9]

Extrait d'un rapport qualitatif en B2B (Business-to-Business)

Objectif : L'objectif de l'étude est de comprendre et d'analyser les mécanismes et conditions d'achat des produits agricoles ou alimentaires de base par les collectivités

Méthodologie : L'analyse du marché a été réalisée sur base d'une recherche documentaire et d'interviews en face à face de 10 acteurs du secteur (11 responsables d'achat, direction générale, chef de restauration ou de cuisine). Les interviews qualitatives ont été réalisées de mars à septembre 2009 (durée de 45 minutes à1 heure)

9. VANDERCAMMEN M., AUPAIX H., *La restauration collective*, CRIOC, Bruxelles, 2009.

sur base d'un guide d'entretien dont les principales thématiques abordées concernaient le marché (acteurs, rapport de force), les fournisseurs (attentes, décisions de sélection, critères de choix des produits, information reçue, achats

effectués), les clients (attentes, critères de choix des produits, attentes), la perception des produits issus de l'agriculture wallonne, les tendances futures. Les verbatims utilisés sont repris entre guillemets.

Le cadre général de la vente aux collectivités

L'achat est rationnel. Les critères de coût, rentabilité, commodité d'emploi, conditions de paiement, services additionnels... sont pris en compte. Il faut noter cependant que bien que rationnelle, la décision reste prise par des individus qui, à ce titre sont influençables par les techniques de promotion ou les contacts personnels. Ainsi, le choix de fournisseurs varie selon le type de collectivité. La taille de la collectivité, son organisation interne, sa finalité lucrative ou non, ses contraintes budgétaires et administratives plus ou moins fortes, sa philosophie peuvent influencer le choix des fournisseurs.

Les collectivités de taille importante travaillent avec des fournisseurs de taille importante qui leur livrent ce qu'ils commandent. Elles limitent le nombre de fournisseurs au maximum pour des raisons budgétaires et administratives.

« *Un des objectifs aux achats c'est de limiter le nombre de fournisseurs et limiter le nombre de factures parce que c'est un coût important. Donc on ne travaille pas avec des petits producteurs locaux. On travaille avec des grands fournisseurs qui nous délivrent sur commande* ».

« *On essaie de massifier les achats pour être plus performant. Le but étant d'avoir de meilleures conditions d'achats. Bien souvent cela passe par la globalisation des achats chez un seul fournisseur* »...

Le nombre réduit de fournisseurs pour les acheteurs de collectivité. Cette tendance oligopsonistique se rencontre davantage parmi les collectivités de taille plus réduite, ayant des contraintes administratives plus souples. Toutefois, la collectivité procède par appel d'offres, obligation quand elle relève de la législation relative aux marchés publics.

« *Quand on a trouvé un fournisseur qui convient après avoir épuisé toutes les possibilités du marché alors à ce moment on ne consulte plus* ».

« *On est assez fidèle. En règle générale quand on a un bon fournisseur on le garde* ».

« *On travaille par appel d'offres et donc on consulte au minimum 3 fournisseurs* ».

Généralement, les contrats sont formels et reconductibles annuellement. Certaines collectivités établissent des contrats-cadres avec leurs fournisseurs pour une plus longue période.

« À part certains marchés comme les boissons et le non alimentaire qui sont des marchés de trois ans, les marchés sont d'un an renouvelable » [...].

Conclusions

Les collectivités représentent un haut potentiel de marché exigeant. Globalement, 30 % des entreprises et administrations, 50 % des établissements scolaires et 75 % des hôpitaux sont des collectivités en gestion propre c'est-à-dire qu'elles gèrent elles-mêmes leur service de restauration, elles ont leur propre cuisine.

De manière générale, les fournisseurs doivent démontrer leur capacité à satisfaire les attentes de la collectivité. Mais le choix des fournisseurs est fortement dépendant du type de collectivité. Les plus importantes ont tendance à solliciter un nombre de fournisseurs limité, mais pouvant fournir la demande. Les moins importantes — en volume — ou les plus sensibles sur le plan éthique semblent préférer des fournisseurs de taille plus réduite avec lesquels ils entretiennent des relations plus personnalisées.

Elles sélectionnent leurs fournisseurs par appel d'offres et procèdent à une évaluation minutieuse du respect du cahier des charges, des critères de qualité, d'hygiène des produits et des prix pratiqués. Le choix d'un fournisseur est une décision collective dans l'entreprise. Les collectivités établissent des contrats annuels et reconductibles avec leurs fournisseurs. Parfois, la relation commerciale entre la collectivité et son fournisseur n'est pas formelle, pas de contrat [...].

7.1.2 *Analyse thématique*

À mi-chemin entre le résumé et l'analyse de contenu, l'analyse thématique consiste à regrouper l'information par catégories. Elle est particulièrement utile dans l'élaboration des items ou d'un **code-book**.

L'analyse thématique des données qualitatives s'organise selon un processus rigoureux. Souvent les données analysées se présentent sous forme de **matrices** chronologiques (évolution du comportement d'achat), par rôles (acheteurs, non-acheteurs), rôles/chronologie, rôles/groupes, à groupements conceptuels (motivations des acheteurs), effets (explication des résultats des comportements des prospects), dynamique des événements (pourquoi l'achat s'est-il produit ?).

Tableau 5.9 : *Codes thématiques*

Le problème de dépouillement des enquêtes qualitatives est loin d'être négligeable. Comment à partir de données qui décrivent des phénomènes et des événements, passer à un niveau plus général et, par définition, plus explicatif ? Il ne suffit de résumer, de désigner, de trier ou de classifier les informations recueillies, il faut comprendre les « pourquoi », c'est-à-dire les récurrences.

Les ***codes thématiques*** *identifient les thèmes ou les explications qui émergent de l'analyse. Souvent, ils apparaissent en trop grand nombre. À ce moment, il convient de les réduire. À l'image d'une toile d'araignée, c'est la compréhension de la structure qui est déterminante et non l'analyse individuelle de chaque fil.*

Quoi qu'il en soit, le codage thématique remplit ***quatre fonctions*** *importantes :*

- Réduire la masse de données en un nombre limité d'items ou de propositions ;
- Déclencher l'analyse du chercheur pendant le recueil et développer une analyse critique des hypothèses initiales ;
- Construire une carte cognitive, une « toile d'araignée » qui permet de comprendre ce qui se passe ;
- Confronter les analyses réalisées par plusieurs chercheurs.

Ces codes se rangent généralement en ***quatre rubriques*** *récapitulatives telles que :*

- Les thèmes ou récurrences ;
- Les causes ou explications ;
- Les acteurs et les relations qui les lient entre eux et aux thèmes ;
- Les éléments conceptuels théoriques.

Tableau 5.10 : *Quelques règles empiriques pour la construction des matrices*

1. *Tracer la matrice sur une grande feuille, même si elle doit couvrir un mur entier ;*
2. *Ne pas essayer de faire figurer plus de 15 à 20 variables dans les lignes ou les colonnes ; 5 à 6 représentent une moyenne raisonnable ;*
3. *S'attendre à établir un format préliminaire et à en faire plusieurs itérations après avoir entré les données ;*
4. *Demander à un collègue d'examiner vos formats, de détecter vos présuppositions et de suggérer d'autres façons de présenter vos données ;*
5. *Si la matrice est ordonnée, s'attendre à devoir déplacer certaines colonnes et lignes avant d'aboutir à une version satisfaisante ;*
6. *Dans le cas d'une matrice complexe, prévoir d'en regrouper les nombreuses lignes ou colonnes en « courants » ou « familles » proches ;*
7. *Toujours se réserver la possibilité d'ajouter de nouvelles lignes ou colonnes, même lorsque l'analyse est bien avancée ;*
8. *Différencier suffisamment les lignes et les colonnes pour qu'elles prennent en compte les contrastes significatifs que présentent les données, mais éviter de se noyer dans une discrimination excessive ;*
9. *Ne pas oublier que toute question de recherche quelle qu'elle soit peut exiger une série de matrices.*

Source : HUBERMAN Michael C. & MILES Matthew B., Op. cit., 1991.

TABLEAU 5.11 : *Quelques règles empiriques pour l'entrée des données dans une matrice*

1. *Avoir une idée claire du niveau (« densité ») des données à entrer. S'agira-t-il de description « denses », de citations directes, de gros plans ? Faudra-t-il faire un bref résumé ou une paraphrase, émettre de brèves appréciations d'ordre plus général ou donner des estimations globales ?*
2. *Ne pas oublier que toute matrice ne présente qu'un faible pourcentage des données disponibles. Il faudra donc consigner explicitement les « règles de décision » suivies lors de la sélection des segments de données à entrer (par exemple, la nature de la congruence entre les répondants, la confiance accordée par le chercheur aux données ou les éléments sur lesquels se basent ses estimations) ;*
3. *Utiliser des codes pour localiser le matériel à entrer ;*
4. *Ne pas hésiter à faire usage des chiffres, soit de simples quantités, soit des appréciations sous forme d'estimations ou d'échelles ;*
5. *Quand des données sont manquantes, ambiguës ou n'ont pas été sollicitées, le mentionner explicitement sur la matrice ;*
6. *Demander à un collègue de revoir une matrice complétée, ainsi que les règles de décision et les transcriptions de notes de terrain pour vérifier l'adéquation des procédures mises en œuvre.*

SOURCE : HUBERMAN Michael C. & MILES Matthew B., Op. cit., 1991.

TABLEAU 5.12 : *Quelques règles empiriques pour l'analyse des données*

1. *Commencer par un rapide coup d'œil, une « analyse en diagonale » des lignes et des colonnes, pour voir ce qui ressort immédiatement. Puis vérifier, corriger ou infirmer cette première impression par un examen plus approfondi ;*
2. *Pour les matrices descriptives initiales, souvent volumineuses ou complexes, utiliser des tables de synthèse ;*
3. *Lorsque les conclusions commencent à se dessiner, les exposer par écrit. Le fait d'écrire conduit généralement à une reformulation, à une intelligibilité accrue et à de nouvelles idées d'analyse ;*
4. *Confronter les premières conclusions avec les notes prises sur le terrain et revenir aux données brutes pour prévenir tout dérapage ;*
5. *Illustrer le texte par des transcriptions des répondants et rechercher des extraits authentiquement représentatifs des conclusions présentées ;*
6. *Dépasser la simple sommation pour atteindre l'explication (NOBLIT, 1982) ;*
7. *Documenter les procédures suivies et demander l'audit d'un collègue ;*
8. *Pour la rédaction finale, réfléchir sérieusement aux informations dont le décideur va avoir besoin.*

SOURCE : HUBERMAN Michael C. & MILES Matthew B., Op. cit., 1991.

D'autres méthodes telles que les diagrammes événements-états, les tableaux d'incidents critiques ou les diagrammes causals sont utilisés.

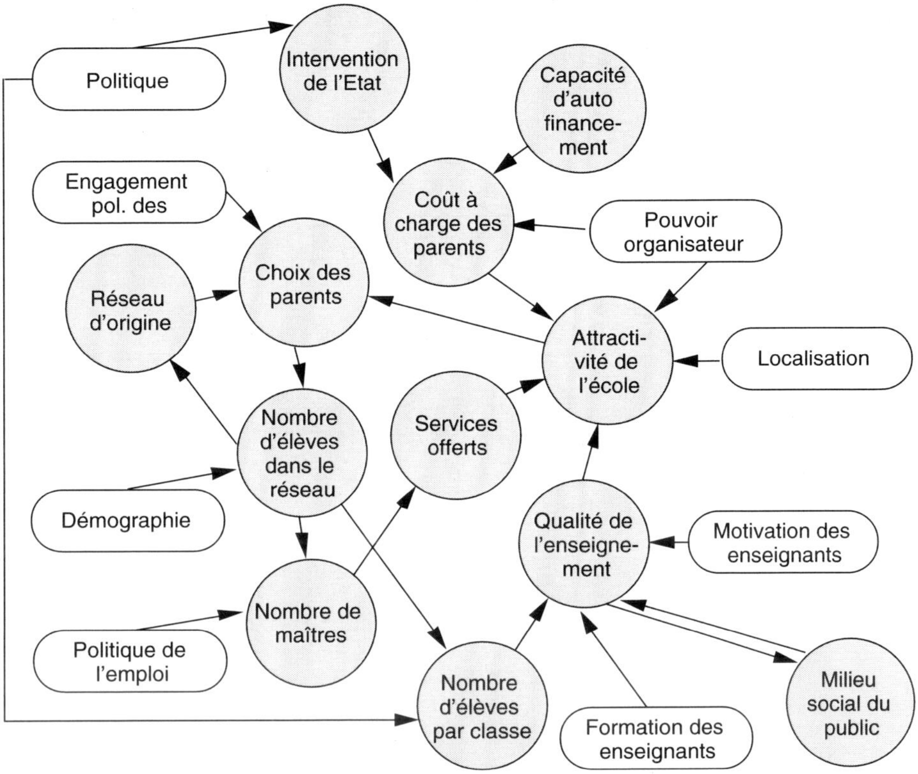

FIGURE 5.8 : *Schéma de modélisation d'un réseau d'enseignement fondamental*

Pour **interpréter** les données, le chercheur va compter, repérer les thèmes, rechercher la plausibilité, regrouper, utiliser la métaphore, subdiviser les variables, subsumer le particulier sous le général, factoriser, repérer les relations entre les variables, trouver les variables intervenantes, construire une chaîne logique d'indices et de preuves et atteindre une cohérence conceptuelle-théorique[10].

10. HUBERMAN Michael C. & MILES MATTHEW B., Op. cit., 1991.

7.1.3 *Analyse de contenu*

> *« Méthode d'analyse, d'inventaire et de dépouillement utilisée en recherche qualitative. La méthode vise à l'objectivité des résultats et consiste à travailler sur les éléments significatifs (qui ont du sens) d'une communication »*[11]

Cette méthode sert à comprendre et à interpréter les informations recueillies en groupe ou lors des entretiens. Il s'agit d'aborder l'analyse avec rigueur et avec créativité, en ayant en permanence en tête les objectifs de l'étude.

Cette technique qui permet d'inférer et d'identifier objectivement et systématiquement les caractéristiques d'un message (STONE, 1966) est objective, systématique et quantitative (BERELSON, 1952).

- *Objective*. Elle procède selon des règles suffisamment précises pour que des chercheurs différents travaillant sur des résultats d'une même enquête obtiennent les mêmes résultats ;
- *Systématique*. Tout le contenu est analysé, clarifié, ordonné, trié et intégré dans des catégories choisies en fonction de l'objectif marketing de l'enquête ;
- *Quantitative*. Souvent le chercheur dénombrera les éléments les plus significatifs et estimera leur fréquence. Parfois, il se limitera à rechercher les éléments les plus significatifs ainsi que les erreurs, fautes, particularités verbales et non verbales du discours.

La rigueur exige d'opérer une mise à plat thématique des informations recueillies (mise à plat en tenant compte des cibles, des objectifs de l'étude, du contenu recueilli lors des entretiens ou des groupes) et de démontrer avec des arguments validés le contenu de l'analyse.

La créativité nécessite de comprendre le sens des informations, le pourquoi elles sont arrivées à ce moment là. Elle consiste à émettre des hypothèses qu'il s'agit de valider ou d'invalider. La présence en tête des objectifs de l'étude doit permettre de faire des recommandations en fonction de la problématique de l'étude.

L'analyse de contenu apporte une réponse aux questions :

- Qui parle ?
- Pour dire quoi ?
- À qui ?
- Comment ?
- Avec quel résultat ?

---

11. Mucchielli Roger, *L'entretien de face à face dans la relation d'aide*, Librairies techniques/Éditions sociales de France, Paris, 1975.

L'analyse de contenu s'organise en **plusieurs étapes** :

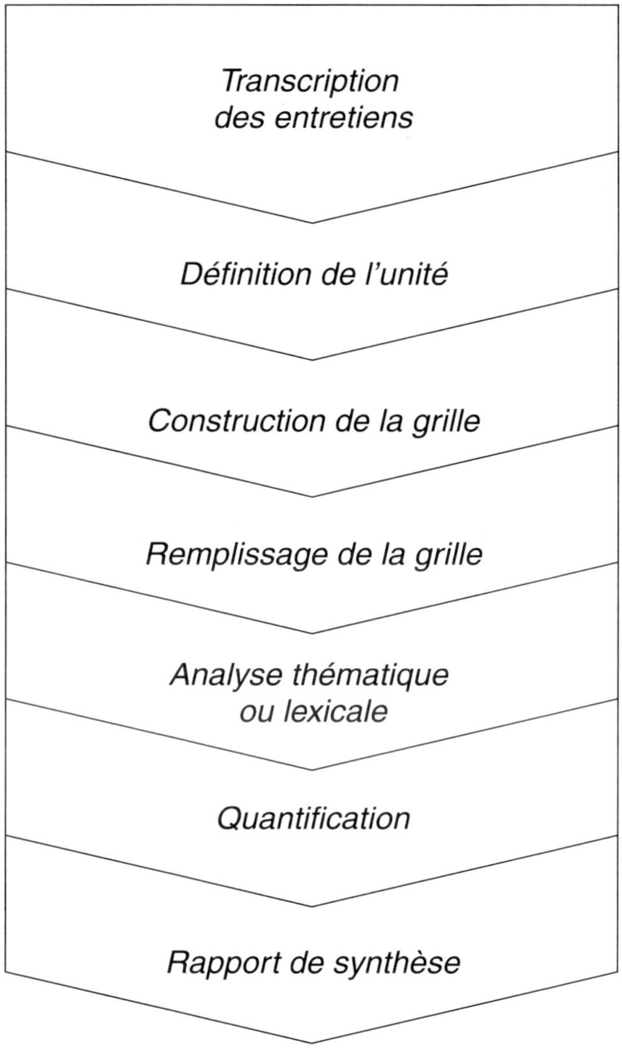

SOURCE : GIANNELLONI J.-L. & VERNETTE., *Études de marchés*, Éditions Vuibert, 2001.

FIGURE 5.9 : *Étapes d'une analyse de contenu*

- La phase de **transcription des entretiens** est un travail long et fastidieux mais essentiel pour réaliser une analyse de contenu de qualité. Au cours de cette phase, le discours verbal et non verbal du répondant va être mis à plat. Tous les lapsus, silences, rires, répétitions sont fidèlement retranscrits.

Une compagnie d'assurances a décidé de proposer à des travailleurs indépendants, un produit d'assurance spécifique. En cas de maladie ou d'accident, leur activité professionnelle est arrêtée. Le produit proposé vise à couvrir ce risque.

Lors d'un groupe qualitatif, le chercheur interroge huit indépendants en utilisant les techniques projectives (analogie). Il leur demande, lors d'un exercice, de répondre à la question suivante :

Être travailleur, c'est comme…

Les réponses sont ensuite retranscrites :

- *Un bateau qui rompt ses amarres ;*
- *Un escargot qui abandonne sa coquille ;*
- *Un alpiniste qui, rien, qui monte, un alpiniste dans l'exercice de ses fonctions ;*
- *Qui monte seul et à ses risques ;*
- *Un scaphandrier qui va, à sa guise ;*
- *Un plongeur, alors ;*
- *Un homme en planeur ;*
- *La chèvre de Monsieur Seguin ;*
- *La chenille qui devient papillon ;*
- *Le papillon qui sort de sa chrysalide ;*
- *Un clochard ;*
- *Un nouveau-né qui sort du ventre de sa mère ;*
- *Un mouton qui prend son sac à dos pour aller à Katmandou ;*
- *Un cascadeur ;*
- *Un funambule ;*
- *Un rat qui sort de l'égout.*

Ce corpus fait l'objet d'une analyse de contenu.

Lors de la **phase de définition de l'unité d'analyse de contenu,** le chercheur va préciser le schéma de codage qui servira de support à l'analyse du discours et conditionner le choix des indices de quantification. Généralement, trois niveaux sont retenus :

- Le *mot* (unité primaire d'analyse), l'item ou l'ensemble des synonymes. Ce niveau est généralement utilisé lors d'analyses de campagne publicitaire, de relevé de caractéristiques d'un produit ou service, pour préparer un questionnaire qualitatif de mesure de la satisfaction, pour déterminer les items caractéristiques d'un produit technique ;

- La *phrase* s'utilise pour repérer les logiques ou relations d'interdépendance qui lient une ou plusieurs d'entre elles ou pour repérer les enchaînements systématiques d'arguments lors d'entretiens de vente, par exemple ;
- Le *thème* permet de regrouper ensemble les phrases estimées équivalentes par l'analyste. Ce regroupement peut s'effectuer selon différents critères (signification équivalente, concepts identiques, objectifs semblables, etc.).

• La troisième étape consiste à **créer une grille de dépouillement** qui sert de modèle d'encodage pour l'ensemble des interviews. Cette grille est réalisée sur base des catégories jugées par l'analyste comme les plus pertinentes.

Pour choisir des catégories[12], le chercheur va chercher à confirmer ou à infirmer une hypothèse initiale ou des rubriques significatives (codes) ou encore dénombrer des éléments ou faire apparaître des variables et des facteurs d'influence non prévus initialement. Ces catégories constituent la base de l'analyse. Elles doivent être :

- *Exhaustives* (tout doit être classé) ;
- *Exclusives* (un élément ne peut appartenir à plusieurs catégories) ;
- *Objectives* (plusieurs codeurs doivent pouvoir classer de la même manière les différents éléments) ;
- *Pertinentes* (en rapport avec l'objectif marketing poursuivi et le contenu analysé en fonction du contexte et du cadre de référence des répondants). Les catégories sont élaborées suivant deux lectures, les réponses fournies par les répondants et la connaissance générale du domaine étudié.

En général, l'expérience montre que le nombre de catégories doit être limité et qu'une certaine standardisation apparaît. Ainsi, on retrouve très souvent des catégories telles que :

- *Matière* (de quoi traite le répondant ?) ;
- *Évaluation de la communication* (positive, neutre, négative) ;
- *Valeurs* (pourquoi est-ce positif ou négatif ?) ;
- *Moyens du discours* (menace, persuasion, force, négociation, etc.) ;
- *Acteurs* (âge, sexe, profession, etc. en fonction de l'objectif suivi) ;
- *Origine* (locale, régionale, fédérale, supports utilisés) ;
- *Forme* (ton humoristique, tragique, tendre, intensité du message, lapsus, langage non verbal, etc.).

12. Grawitz Madeleine, *Méthode des sciences sociales*, Dalloz, Paris, 1990.

Dans le cadre de l'étude consacrée au produit d'assurance, le chercheur a retenu la grille suivante :

	Ne prend pas de risques	Prend des risques
Seul		
Soutien extérieur		

- L'analyste **complète la grille**. Il reprend chaque interview, chaque parole prononcée et la retranscrit fidèlement dans la grille. La création de cette matrice ne se réalise généralement pas en une opération. Il s'agit d'identifier et de dénommer, par tâtonnements successifs les catégories pertinentes. Le contenu est quantifié. La fiabilité de l'analyse peut se mesurer par le fait que deux codeurs doivent affecter les phrases analysées dans les mêmes catégories. Souvent, quand le nombre d'interviews est important, la matrice reprend en lignes, les catégories créées et place en colonnes, chaque interview (grille thèmes/interviews).

Dans le cadre de l'étude consacrée au produit d'assurance, les réponses des répondants sont introduites :

TABLEAU 5.13 : *Première matrice :*

	Ne prend pas de risques	Prend des risques
Seul		*Un bateau qui rompt ses amarres ; Un escargot qui abandonne sa coquille ; Un alpiniste qui, rien, qui monte, un alpiniste dans l'exercice de ses fonctions ; Qui monte seul et à ses risques ; Un scaphandrier qui va, à sa guise ; Un plongeur, alors ; Un homme en planeur ; La chèvre de Monsieur Seguin ; La chenille qui devient papillon ; Le papillon qui sort de sa chrysalide ; Un clochard ; Un nouveau-né qui sort du ventre de sa mère ; Un mouton qui prend son sac à dos pour aller à Katmandou ; Un cascadeur ; Un funambule ; Un rat qui sort de l'égout.*
Soutien extérieur		

Tableau 5.14 : *Seconde matrice :*

	L'indépendant prend des risques et réussit	***L'indépendant prend des risques et son avenir est incertain***
Seul		*Un bateau qui rompt ses amarres ;* *Un escargot qui abandonne sa coquille ;* *Un alpiniste qui, rien, qui monte, un alpiniste dans l'exercice de ses fonctions ;* *Qui monte seul et à ses risques ;* *Un scaphandrier qui va, à sa guise ;* *Un plongeur, alors ;* *Un homme en planeur ;* *La chèvre de Monsieur Seguin ;* *La chenille qui devient papillon ;* *Le papillon qui sort de sa chrysalide ;* *Un clochard ;* *Un nouveau-né qui sort du ventre de sa mère ;* *Un mouton qui prend son sac à dos pour aller à Katmandou ;* *Un cascadeur ;* *Un funambule ;* *Un rat qui sort de l'égout.*
Soutien extérieur		

- **L'analyse de contenu** va, dans sa cinquième phase, révéler le sens de propositions analogiques énoncées par les répondants. L'analyse peut se réaliser verticalement — dans le cas d'une grille (thèmes/interviews), l'analyste privilégie la logique intra-interview — ou horizontalement et se centrer sur la transversalité des thèmes.

L'analyse de la première matrice nous permet de constater qu'à aucun moment, aucun répondant, travailleur indépendant n'a manifesté qu'il (par analogie, il se projette dans le discours) n'avait pas pris des risques. Un travailleur indépendant est quelqu'un qui ***prend des risques****, souvent considérables. « Ainsi, le scaphandrier qui va, à sa guise » prend un risque inconsidéré car la spécificité de son équipement (scaphandre relié à une pompe à air via des tuyaux) ne lui permet pas d'aller à sa guise. De plus, il prend ces risques,* ***seul****. À aucun moment il ne bénéficie et/ou demande un soutien extérieur.*

La seconde matrice, synthétique, confirme la première analyse. Le travailleur indépendant non seulement prend des risques mais souvent la conséquence de cette prise de risques est incertaine. Aucun répondant ne parle d'une issue favorable.

De cette première analyse, le chercheur peut émettre l'hypothèse que ce travailleur perçoit comme devant agir seul, qu'il doit prendre des risques car c'est son « métier » de prendre des risques et il doit oser « essayer », même s'il prend des risques inconsidérés. Doit-il réussir ? Va-t-il réussir ? Rien n'est moins sûr car, ce n'est pas pour réussir qu'il prend des risques mais « pour le risque en lui-même ». À cette étape de l'analyse, il est permis de s'interroger sur la nécessité d'offrir un produit d'assurance qui protège professionnellement un travailleur indépendant. Présente-t-il suffisamment d'intérêt à leurs yeux ?

Cette hypothèse doit être confirmée au cours d'autres activités réalisées par le groupe et faire l'objet d'une validation quantitative.

- Une sixième étape **quantifie les résultats** en calculant un indice d'apparition (fréquences absolues et relatives d'apparition) et un indice d'association (comptabiliser la fréquence d'association de catégories qui se succèdent dans un discours).

Fréquences d'apparition	***Risque et réussite***	***Risque et avenir incertain***	***Fréquences d'apparition***
Seul	*0 %*	*(16) 100 %*	*(16) 100 %*
Soutien extérieur	*0 %*	*0 %*	*0 %*
Fréquences cumulées	*0 %*	*(16) 100 %*	*(16) 100 %*

Plusieurs précautions sont à prendre pour quantifier le contenu[13]. Il s'agit à la fois d'évaluer l'échantillon, choisir la source (qui parle ?), le nombre et la période des messages, le contenu observé, de déterminer l'unité d'enregistrement (le mot, la phrase, le thème, l'item), l'unité de contexte (le plus large segment de contenu), l'unité de numération (comment va-t-on compter ?).

De plus, il faut résister à la quantophrénie. La quantification du contenu présente des effets pervers non négligeables. L'analyste inexpérimenté serait tenté de hiérarchiser les thèmes fixés en fonction de leurs fréquences d'apparition ou d'association et d'y appliquer des tests statistiques non paramétriques ou des méthodes d'analyses statistiques multivariées. Ce n'est possible qu'en présence d'un échantillon représentatif et probabiliste. L'analyste doit rester conscient de la portée de ces conclusions et s'interroger sur la possibilité d'extrapoler ses résultats à d'autres études.

Quoi qu'il en soit, l'analyse de contenu doit être fidèle (objective), valide (l'instrument mesure ce qu'il doit mesurer, la prédiction est juste et précise) et permettre l'inférence.

7.2 Logiciels d'analyse des données textuelles

La plupart des analyses qualitatives sont encore dépouillées manuellement. Depuis quelques temps, des logiciels d'analyse lexicographique et des logiciels d'analyse des données textuelles apparaissent. Les logiciels informatiques d'analyse des données permettent, d'une part après saisie informatique de tout le corpus, de réaliser toutes les étapes de l'analyse thématique sur ordinateur, d'effectuer l'analyse de co-occurrences et enfin de réaliser des analyses statistiques simples.

13. Grawitz Madeleine, *Méthode des sciences sociales*, Dalloz, Paris, 1990.

Ces logiciels sont basés sur l'analyse des données textuelles et la classification neuronale. Le principe consiste à analyser les multiples relations qui existent entre les mots utilisés pour exprimer une idée et à découper le texte initial en unités de signification ou de sens et à les classer en catégories de thèmes homogènes.

Combinées avec des analyses factorielles de correspondances, ces méthodes vont créer une liste de mots-clés par regroupement des mots de même racine, élimination des mots-outils comme les articles (la, le, les, des, en, etc.) et création d'une liste de synonymes associés à chaque mot-clé du corpus. Ces logiciels s'utilisent aussi pour la codification des questions ouvertes lors d'enquêtes quantitatives.

7.3 Modèles d'interprétation

Le dépouillement d'une étude qualitative exige d'utiliser des modèles théoriques d'interprétation. À côté de modèles psychologiques, psychanalytiques ou sociologiques traditionnels, sont apparus de nouveaux modèles d'interprétations proposés par les nouvelles études de marchés qualitatives.

7.3.1 *Analyse transactionnelle*[14]

Développée par Eric Berne dans un but psychothérapeutique, elle a été largement utilisée par les analystes d'études de marchés ; l'analyse transactionnelle indique la manière par laquelle les gens communiquent entre eux.

Toute intersection entre deux personnes ou entre le consommateur et sa marque est appelée « *transaction* ». Chacun réagit selon **trois modes appelés « *états du Moi* »**. La communication d'un être humain se présente sous la forme d'un imbroglio, souvent inattendu et contradictoire, de sentiments, de réflexions, de comportements, d'attitudes, de calculs, de mensonges, de naïveté, etc. Les états du Moi sont le nom donné par l'analyse transactionnelle à une grille qui permet de classer clairement et simplement cet imbroglio pour trouver facilement des façons d'agir heureuses et efficaces et de repérer rapidement les façons maladroites, malheureuses et inefficaces. L'ensemble des comportements est classé en trois systèmes appelés PARENT, ADULTE, ENFANT.

7.3.2 *Programmation neurolinguistique ou PNL*

La programmation neuro-linguistique (PNL) est une **approche de communication** et du changement développée au cours des années 1970 à partir des travaux des américains Richard BANDLER (Docteur en mathématique et en psychologie, cybernéticien) et John GRINDER (Docteur en psychologie et linguiste)[15].

Au départ des interventions des professionnels de la communication les plus performants et de l'analyse des structures sous-jacentes communes aux interventions de ces personnes, les chercheurs ont développé un ensemble de techniques d'observation, de codage et d'intervention destiné à étudier

14. CHALVIN Dominique, *Les outils de base de l'analyse transactionnelle*, ESF, 1987.
15. CAYROL Alain & BARRERE Patrick, *La Programmation Neuro-Linguistique*, ESF, 4e édition, 1989.

la structure de l'expérience subjective, à mieux comprendre l'interaction ou communication interpersonnelle et à favoriser le changement.

Constatant que les techniques qualitatives classiques ne permettaient pas de décrypter pourquoi les répondants à une enquête n'agissaient pas en conformité avec leurs déclarations, — ils pensaient acheter le produit, exprimaient cette intention et adoptaient un comportement tout différent —, les chercheurs **ont appliqué** les théories proposées par **la PNL aux études de marchés**. La PNL nous permet de :

- *connaître les bases des motivations* d'un achat ;
- *comprendre* comment *les attitudes* se forment et sur quelles valeurs elles se basent ;
- apprendre *comment les attitudes sont influencées* ;
- apprendre à *introduire un changement de comportement*.

7.3.3 *Autres modèles*

D'autres modèles d'interprétation existent comme par exemple le modèle de psychologie analytique de Jung, la théorie de la libido d'Heylen ou la sémiologie.

8 RAPPORT DE SYNTHÈSE

La recherche fait l'objet d'un rapport d'étude rédigé par le chargé d'études. Celui-ci n'est ni un enquêteur, ni un codeur mais l'analyste qui a en charge l'étude, de sa conception à sa réalisation.

Ce rapport reprend l'ensemble des résultats et des analyses réalisées en terme d'attitudes, de convictions présentées par thème. Un analyste associe à chaque thème présenté, les citations correspondantes.

Les thèmes sont présentés, sur le plan du contenu et de leur poids relatif. Ce poids s'exprime toutefois en nuances et en proportions, rarement en chiffres.

Pour rester lisible et fiable, le rapport ne se présente pas sous la forme d'une succession d'extraits d'interviews et évite de quantifier des résultats en l'absence d'un échantillon représentatif de la cible étudiée. Le document de synthèse va dégager les thèmes majeurs, les logiques révélées par l'analyse. Il va présenter les hypothèses significatives et les grandes composantes du problème.

PHASES D'EXÉCUTION D'UNE ÉTUDE DE MARCHÉ PSYCHOSCOPIQUE

1. **Formulation du projet d'étude**
   - Entretiens préparatoires pour cerner le problème de la firme et ses attentes.
   - Examen des données existantes.
   - Élaboration du projet d'étude.

2. **Choix d'une méthode de recueil des données**
   - Critères d'une bonne observation en sciences humaines : Attention au comportement, saisir le contexte de situation des comportements observés, empathie.
   - Méthodes d'observation : Observation participante, observation assistée, observation discrète et directe, protocole.
   - Entretiens individuels : Thématique, semi-structuré, non directif, triangulaire, pairé.
   - Discussions de groupe : Classique, mini-groupe.
3. **Questionnement**
   - Entretien individuel : Liste de contrôle pour s'assurer que tous les thèmes ont été couverts. Phase introductive et phase d'approfondissement où il est important de savoir comment presser et interrompre le répondant.
   - Guide d'animation de la discussion de groupe : Liste de contrôle pour s'assurer que tous les thèmes ont été couverts. Instructions introductives, thèmes de réchauffement, topo général, discussion spécifique et conclusion.
   - Techniques de facilitation : Jeux de rôle ; analogies personnelles, directes, symboliques ; personnification ; scénarios ; expressions psychiques ; achèvement de phrases incomplètes ; bulles, interprétation de dessins, association libre de mots, histoires, collages, assortiments de photos, imagination active.
4. **Recrutement des répondants**
   - Méthode des quotas
   - Diversification des sources de recrutement
5. **Dispositions pratiques avant la discussion de groupe**
   - Discussion de groupe : Participants disposés en cercle et groupe isolé par rapport au reste du monde.
   - Entretien individuel : Local en dehors de notre contrôle.
   - Les dispositions convenues pour exécuter l'expérimentation sont-elles respectées ?
6. **Application du guide d'entretien**
   - Attention de ne pas influencer inconsciemment les résultats par nos préjugés ou ceux du client.
   - Formulation simple des questions.
   - Attention au langage corporel et aux langages parallèles.
   - Explorer ce que les gens ressentent en imaginant des scénarios.
7. **Travailler avec les données**
   - Procès-verbal.
   - Découverte des données par la lecture et la relecture.
   - Emergence de thèmes comme bases de typologies

8. **Découpage des données et création de catégories de classification**
   - Pour l'analyse thématique, l'unité est le thème.
   - Analyse de contenu : Classement dans des catégories : (qui, quoi, pourquoi, comment, quand, où).
   - Subdivision en sous-catégories pouvant exprimer des sentiments latents.
9. **Codage des données**
   - Les codes s'adaptent aux données et non l'inverse.
   - Pendant que les données sont codées, le schéma de codage peut être affiné.
   - Aucune étude qualitative n'utilise toutes les données recueillies.
10. **Interprétation des données codées**
   - Interprétation des données manifestes. Les catégories constituent déjà une ébauche d'interprétation qu'une analyse spectrale peut affiner.
   - Interprétation des données latentes. Importance de la loi des contraires et des mécanismes de défense.
11. **Contrôle des données**
   - Critères proposés par les post-positivistes : crédibilité ; transférabilité ; robustesse ; confirmabilité ; intégrité.
   - Exigence minimale : faire face à trois écrans. Interprétation du chercheur face à ce que disent les observés ; interprétation des observés à propos de leurs actions ; modèle interprétatif auquel se réfère le chercheur.
   - Soulever au moins les trois questions suivantes : Si les résultats confirment les a priori du chercheur, l'hypothèse contraire est-elle défendable ? Existe-t-il une convergence des résultats interprétés selon deux ou plusieurs grilles d'interprétation ? Les interprétations réalisées de façon autonome par deux ou plusieurs analystes sont-elles convergentes ?
12. **Rédaction du rapport de recherche**

PERCEPTIONS ET ATTENTES VIS-À-VIS DES ACHATS ALIMENTAIRES

<u>EXTRAIT D'UN RAPPORT QUALITATIF</u>

Les répondantes interrogées se rendent en grande surface pour effectuer la plupart de leurs achats en matière alimentaire. Les répondantes développent différents comportements d'achats de denrées alimentaires selon divers critères :

- La fréquence est variable, à l'extrême certaines se rendent en grande surface tous les jours, d'autres 2 fois par mois, la plupart se rendent en grande surface 2 à 3 fois par semaine.
- Vu la proximité des grandes surfaces, la plupart des répondantes vont dans 2 voire 3 grandes surfaces différentes selon les produits dont elles ont besoin.

FIGURE 5.10 : *Rapport de synthèse*

- L'information avant l'achat des courses est principalement fondée sur l'expérience antérieure des produits, le conseil donné par un proche de confiance ou un membre de la famille.

Certaines répondantes déclarent lire les folders toutes-boîtes des distributeurs, mais si les francophones déclarent n'accorder que peu d'intérêt au contenu de l'information et être principalement intéressées par les bons de réduction ou les annonces de promotions, les néerlandophones déclarent lire les folders par intérêt.

[...]

Critères de sélection des produits alimentaires

Cadres directeurs

Certaines répondantes sont guidées préalablement par des lignes directrices qui établissent un cadre de sélection des produits. Le prix est évoqué par toutes les répondantes, ainsi que la fraîcheur. Certaines répondantes sont amenées à faire des choix en fonction d'un état de santé qui dicte un régime alimentaire plus ou moins strict (cholestérol, diabète). Certaines répondantes déclarent être attentives à leur ligne et surveillent leur alimentation dans certaines limites. Ce sont des répondantes qui vont par exemple accorder de l'attention à leur poids pour des questions de ligne ou d'esthétique avant tout.

« Je fais attention, mais le week-end par exemple je mange du bon beurre, et en semaine je mange du light »

Une répondante suit une alimentation végétarienne, certaines mangent principalement des légumes. Quelques répondantes sont très attentives à leur alimentation pour des problèmes de santé. Certaines répondantes déclarent tenter de suivre une alimentation qu'elles qualifient de saine et naturelle. Aucune répondante n'a témoigné manifester d'une attention particulière dans l'achat des aliments pour enfants.

Critères d'attention et de sélection des produits en grande surface

La moitié des répondantes déclarent effectuer leurs courses sur base d'une liste préétablie soit sur base des produits de première nécessité qui sont nécessaires, soit sur base d'une liste fondée sur l'élaboration de menus préétablis qui peuvent être modifiés sur place selon l'offre en rayon (promotion prix, disponibilités), soit de manière plus élaborée, de produits classés rayon par rayon.

Les répondantes déclarent indiquer des types de produits sur la liste sans pour autant faire référence à la marque. Exemple : elles déclarent écrire « beurre » et non une marque en particulier ou une référence particulière de type « beurre écrémé ». Elles notent donc un terme générique de préférence à un produit précis.

« J'écris ce que j'ai besoin, je sais le genre de choses auxquelles je dois faire attention pour ma santé »

[...]

Synthèse

La plupart des répondantes sont guidées par des préoccupations liées à la santé que ce soit en termes préventifs ou « curatifs », cependant, pratiquement aucune n'examine l'étiquetage et elles se limitent à la lecture des indications les plus apparentes sur l'emballage.

FIGURE 5.10 : *Rapport de synthèse (Suite)*

Les axes de sélection

- Les produits pour personnes à la santé déficiente versus les produits pour personnes à la santé « normale ».
- Les produits respectueux de la ligne versus les produits « plaisir ».
- Les produits naturels versus les produits transformés (qui contiennent des ajouts) ou allégés.
- Les produits pour adultes versus les produits pour enfants.

On constate que ces axes s'entremêlent en fonction des priorités individuelles de chaque répondante, selon qu'elles sont guidées prioritairement par un souci de santé, de ligne ou de plaisir. En effet certaines répondantes soucieuses de leur santé, dans une perspective préventive, écartent systématiquement les produits transformés (contenant un ajout) tel le Benecol par exemple et s'orientent vers des produits qu'elles estiment plus naturels.

Notons qu'elles réagissent différemment vis-à-vis des produits allégés, en ce sens qu'elles envisagent plus volontiers de consommer ce type de produits de façon courante pour des soucis de ligne et qu'elle peuvent se permettre de consommer des produits riches en sucre ou en lipides dans certaines circonstances, pour se faire plaisir.

D'autres répondantes, soucieuses de leur santé car devant tenir compte d'un problème particulier à ce niveau (diabète cholestérol, poids), s'orientent plus volontiers vers des produits allégés mais aussi vers des produits contenant des substances ajoutées telles le Bénécol ou le calcium par exemples.

D'autres répondantes sans souci particulier de santé peuvent orienter leur choix selon des principes diététiques personnels (ex : végétarien) qui tiennent compte de la présence ou non d'une substance (par exemple : viande) sans se soucier nécessairement d'autres dimensions alimentaires (exemple : une répondante végétarienne peut très bien acheter des produits qu'elle estime naturels, car à base de légumes, sans pour autant porter d'attention particulière sur les composants).

La plupart des répondantes prêtent une attention globale à la ligne et à la prise de poids pour des raisons des santé ou d'esthétique, si bien qu'elles on tendance à chercher à savoir si un produit peut exercer une influence sur le poids. Selon leurs préoccupations personnelles, elles prêteront attention à la présence générale de sucres, de graisses et certaines répondantes chercheront à connaître l'apport calorique d'un aliment par dose ou par 100 grammes.

SOURCE : *MVCONSULT, 2014*

FIGURE 5.10 : *Rapport de synthèse (Suite)*

9 AVANTAGES ET LIMITES DES MÉTHODES D'ANALYSE QUALITATIVE

L'interview en profondeur ou discussion de groupe permet d'accéder à un tel degré d'information et de compréhension sur tous les aspects d'un problème que, malgré le nombre restreint d'interviews, la recherche garantit la validité des résultats. Ces techniques sont indispensables chaque fois qu'il s'agit de répondre à la question « *Pourquoi ?* », de comprendre les motivations, le raisonnement d'un individu.

Si ces études sont plus rapides et moins coûteuses que les enquêtes quantitatives, leurs conceptions, réalisations et analyses sont particulièrement complexes et exigent, de la part des analystes, une objectivité stricte.

9.1 Absence de quantification ne signifie pas absence de rigueur scientifique

La recherche qualitative est loin d'être constituée d'une série de trucs destinés aux incompétents des méthodes quantitatives ou à des psychologues incompris. Les méthodologies existent et exigent à la fois intuition et rigueur. Le rôle de l'analyste est primordial tant lors du recueil de l'information (animation du groupe ou conduite de l'interview) que lors de l'exploitation de l'information recueillie.

9.2 Taille de l'échantillon

Le reproche classique formulé vis-à-vis de la recherche qualitative touche au problème de la taille de l'échantillon, du choix des répondants et de leur représentativité. Les résultats peuvent-ils être représentatifs dans la mesure où l'on interroge un petit nombre de personnes alors qu'un sondage d'opinion exige d'interroger, habituellement, de 300 à 400 personnes.

En étude qualitative, la taille de l'échantillon est moins importante que dans une étude quantitative. Pour schématiser, disons que la recherche qualitative met l'accent sur la compréhension des phénomènes et des comportements alors que la recherche quantitative a tendance à se concentrer sur la projection de ces phénomènes et comportements à une population. La méthode qualitative ne cherche pas à projeter quantitativement à une population quelques caractéristiques spécifiques mais avant tout à découvrir des caractéristiques et les mettre à jour. Elle doit néanmoins répondre aux **conditions suivantes** :

- *Rechercher la saturation de l'information.* On interrogera des personnes jusqu'au moment où les informations concernant le thème de recherche deviendront redondantes ;
- *Interviewer au minimum 30 personnes.* S'il n'y a pas de véritable minimum requis, l'expérience montre que 30 personnes représentent cependant un minimum. D'autre part, les lois probabilistes confirment ce nombre. Si l'on veut étendre les conclusions à l'ensemble d'une population et quantifier les résultats, il convient d'utiliser les méthodes quantitatives ;
- *Veiller à l'hétérogénéité des groupes et à l'homogénéité des participants.* À l'intérieur d'un groupe, les participants doivent être homogènes par rapport au sujet traité. Par contre, pour répondre au principe de saturation de l'information, il est particulièrement important d'envisager

l'ensemble de la problématique en interrogeant des groupes différents et donc hétérogènes entre eux ;

- *Recruter des participants qui ne se connaissent pas et vierges de toute procédure d'enquête*. La familiarité entre les membres d'un groupe nuit à la dynamique du groupe et à la qualité des résultats. De plus, les professionnels de l'interview doivent être évités. Dans le cas contraire, ils nuisent à la spontanéité des réponses ;
- *Recruter un nombre suffisant de participants*. Les critères de sélection simples énoncés ci-dessus peuvent exiger des procédures de recrutement longues et coûteuses. Les spécialistes estiment qu'il faut procéder à 15 appels téléphoniques pour trouver une personne qui accepte de participer à une interview à laquelle il ne vient pas toujours...

9.3 Une méthode injustement méprisée

L'apparente facilité des méthodes est trompeuse. L'interprétation judicieuse des projections des interviewés réclame des compétences rares. L'analyse de contenu exige expérience, rigueur et intuition. L'absence de standardisation dans l'exécution de l'étude exige du chercheur créativité et rigueur. La qualité de l'étude est conditionnée par la valeur des analystes qui la réalisent. Les compétences sont rares et difficiles à évaluer par le client. Les méthodologies coûtent cher et semblent parfois trop subjectives. Ajouté à tout cela le recours à une quantophrénie injustifiée, voilà qui explique pourquoi les enquêtes qualitatives ne semblent pas toujours appréciées.

WEB 2.0 : DE NOUVELLES FORMES D'ENQUÊTE QUALITATIVE

Le Web 2.0 modifie considérablement les modes d'interrogation du marché. Sur le plan technique, il s'agit notamment d'analyser le contenu généré par les utilisateurs, de développer la co-création, le bouche à oreille, l'online reputation management, les marchés virtuels ou les widgets.

En pratique, la personne interviewée est associée plus étroitement à l'analyse du marché. Les groupes de discussion sont mis en ligne de manière à faire mûrir un sujet sur un bulletin board, que ce soit pour une thématique classique ou pour développer la co-création ou tester de nouveaux produits et services.

Les efforts pour mettre à l'aise les participants d'un groupe de discussion sur Internet sont facilités dans la mesure où la toile constitue un environnement familier pour les jeunes. Ils se confient davantage.

Pendant 3 semaines, trente jeunes ont constitué une communauté de bloggeurs. Chaque jour, ils étaient invités à passer une demi-heure sur un blog particulier où ils pouvaient écrire du texte, déposer des images, des photos, des films. La société d'études stimule la participation en proposant des thématiques concernant l'environnement de vie, les valeurs, les défis et finalement le rapport aux marques.

Des sociétés d'étude développent des études créatives via des techniques qui permettent un taux de participation élevé. Ainsi, les consommateurs sont invités à participer à un concours pour trouver un nouveau logo, un nouveau slogan ou un nouveau nom pour une marque.

Les méthodes peuvent aussi relever de l'observation et de l'ethnographie. Pour le compte d'un designer de meubles pour adolescents, une société d'étude a demandé au groupe cible de décrire leur chambre à l'aide d'une webcam. Le designer disposait d'informations très précises sur l'aménagement de la chambre ou les espaces de rangement.

Aux Pays-Bas, une société d'études n'a pas hésité à constituer un panel sur Internet de 70 jeunes buveurs d'alcool. À chaque fois que de l'alcool était consommé, ces jeunes envoyaient un SMS et une photo du contexte dans lequel ils consommaient le produit. Tous les deux jours, les jeunes allaient sur leur site pour découvrir l'ensemble des photos et des SMS envoyés. Après quelques jours, ils chattaient entre eux et discutaient de la thématique et de l'étude.

Si l'avantage réel consiste dans le fait que l'interviewé évolue dans son environnement naturel, l'inconvénient majeur réside dans la représentativité de l'échantillon ! Aujourd'hui encore, la rapidité de la méthode et son faible coût ne compensent pas les risques de biais liés à l'utilisation de l'outil. Que penser des enquêtes dont les résultats sont envoyés quasi-immédiatement par des internautes en attente derrière leur clavier d'être questionnés ? Répondent-ils en âme et conscience ou se laissent-ils plus tenter par la collecte de primes et de points bonus gagnés au cours de chaque enquête ? L'incitation à répondre prend ainsi largement le pas sur la qualité des réponses obtenues, parfois farfelues et souvent (trop) rapides. Qui sont-ils, ces internautes dont le profil sociodémographique n'épouse que partiellement celui de l'univers d'enquête ?

QUESTIONS

1. Quels sont les avantages et inconvénients des discussions de groupe en matière d'études exploratoires ?
2. En matière de validité, peut-on considérer que les interviews qualitatives présentent en principe de meilleures garanties tant en ce qui concerne la validité interne que la validité externe ?
3. Quels sont les avantages et limites des études qualitatives ?
4. Quelles sont les qualités que doit développer un enquêteur qualitatif ? Quels sont les biais qu'il doit éviter ?
5. Quel est l'intérêt d'utiliser les méthodes projectives lors d'une enquête qualitative ?
6. Quels sont les avantages offerts par l'analyse de contenu ?
7. Quels sont les éléments de la démarche scientifique qui sont le moins respectés lors d'une enquête qualitative ?

CHAPITRE 6

ÉTUDES PAR OBSERVATION

1 Définition

2 Techniques d'observation

3 L'anthropologie numérique

4 Avantages et limites des études par observation

1 DÉFINITION

« L'observation est la constatation attentive de faits, de comportements dans une situation donnée et leur enregistrement[1] ».

Nous assistons actuellement à un regain des techniques d'observation et ce pour plusieurs raisons :

- L'observation est souvent la seule méthode possible, quand, par exemple, le chercheur ne souhaite pas prévenir les individus observés par crainte de modifications dans leur comportement.
- L'observation permet de mettre en évidence des décalages importants entre le comportement des répondants et ce qu'ils en disent.

Le risque de biais, dû aux techniques d'interview ou d'expérimentation disparaît, l'objectivité des résultats est garantie. Ce mode de recueil de l'information convient parfaitement à l'étude des comportements de l'acheteur sur le lieu de vente, aux pré-tests publicitaires, aux études concernant le conditionnement et l'utilisation des produits, à l'étiquetage informatif ou encore aux comportements « *intimes* ».

Un fabricant de produits de soin, de shampooings et de gels pour douche a ainsi proposé de filmer des personnes sous la douche qui utilisaient ses produits. L'objectif était d'améliorer la qualité du produit en fonction de l'utilisation que les consommateurs en faisaient. Une caméra, sans observateur, était installée dans la douche, au domicile du répondant. La confidentialité des résultats était garantie.

2 TECHNIQUES D'OBSERVATION

Les techniques d'observation sont très nombreuses et variées. Aussi existe-t-il autant de classifications des techniques d'observation que de modalités d'observation.

- Certaines techniques s'attachent à observer *tout le comportement* (enregistrement audiovisuel par caméra invisible d'une personne au moment où elle choisit un article dans un rayon), d'autres ne s'intéressent qu'à *un aspect du comportement* (comptage des articles de prêt-à-porter essayés par un client avant qu'il fasse son choix) ;
- Certaines techniques se font en *situation naturelle* « *in vivo* » (observation discrète d'un acheteur dans une grande surface), tandis que d'autres utilisent une *situation artificielle*, manipulée ou créée « *in vitro* » (observation en laboratoire par l'intermédiaire d'un appareillage spécifique) ;

1. DELBES R. & TEYSONNIERE DE GRAMONT E. *Études de marchés : outil de la décision*, Delmas et Cie, Paris, 1993.

- Certaines observations se réalisent en *toute discrétion*, tandis que d'autres exigent le *consentement de l'observé* afin qu'il accepte la présence, soit de l'observateur, soit d'un d'instrument de mesure, soit des deux ;
- Certaines observations utilisent des *instruments de mesure sophistiqués* tandis que d'autres reposent uniquement sur les *constatations de l'observateur* ;
- Certaines observations s'intéressent aux *comportements « conscients »* des individus, d'autres appréhendent les *réflexes*, c'est-à-dire les réactions involontaires, immédiates et automatiques d'un organe humain (l'œil, par exemple) à un stimulus particulier, notamment dans le cadre des pré-tests publicitaires ;
- Certaines techniques observent *automatiquement* les individus sans aucune intervention humaine. D'autres s'intéressent plus *aux conséquences du comportement* qu'au comportement lui-même.

Les méthodes décrites ci-dessus sont utilisées avec des fréquences différentes en fonction d'objectifs spécifiques.

2.1 Comptage

Cette méthode permet de rechercher les meilleurs emplacements pour les supports d'affichages publicitaires (comptage des piétons et des automobilistes passant à des endroits donnés), mais aussi, par exemple, de mettre en place de nouveaux équipements routiers (comptage des voitures).

Elle est particulièrement adaptée à la gestion des files et aux problèmes de circulation.

L'étude des flux de circulation dans les magasins ou les parcs d'attraction permet de gérer au mieux les files d'attente aux caisses, aux activités proposées, ainsi que les contractions de trafic.

Pour les sociétés de transport de personnes, cette méthode est particulièrement efficace pour mesurer l'évolution des déplacements. Cette étude est aussi utilisée pour évaluer le trafic routier sur un axe donné et déterminer l'emplacement d'une station-service avec magasin de proximité.

2.2 Audit

Cette méthode consiste à examiner de nombreux documents et inventaires. Elle peut prendre plusieurs formes.

2.2.1 *Relevés en magasin*

Cet audit, appelé aussi store check, consiste à examiner le contenu en linéaire des rayons et des réserves, des vitrines (produits présents, par marque, format, quantité, etc.) pour déterminer divers indicateurs (parts de marché, disponibilités, facing accordé à chaque produit ou à un produit donné, etc.). La saisie des données par ordinateur portable ou par scanner a développé l'utilisation de ces techniques.

nielsen **LE RETAIL MEASUREMENT SERVICES D'AC NIELSEN**

La société d'études ACNielsen développe un panel de relevés en magasin appelé le Retail Measurement Services, une référence en matière de qualité de données concernant les mouvements de produit, la part de marché, la distribution, le prix et le marché d'autres informations sensibles dans plus de 80 pays sur six continents.

Dans un marché globalisé où les consommateurs peuvent trouver le même produit dans de nombreuses enseignes différentes, la couverture complète de la distribution est essentielle pour inciter les fabricants à développer des stratégies marketing et de vente efficaces, et d'aider les détaillants à comprendre leur position concurrentielle. ACNielsen Retail Measurement Services intègre des informations provenant, selon les pays, de diverses sources de manière à offrir une large couverture des chaînes de détail, y compris les supermarchés, hypermarchés, drugstores & pharmacies, magasins de proximité, grandes surfaces, épiciers indépendants, etc.

Les données fournies permettent d'examiner les principales tendances commerciales par produit, catégorie, magasin, chaîne ou marché pour une marque ou d'un ensemble compétitif tant pour les produits alimentaires que non alimentaires.

2.2.2 *Relevés d'achats*

Il est naturellement impossible d'interroger tous les habitants ou consommateurs d'un produit ; certains instituts ont donc mis sur pied un panel de consommateurs, c'est-à-dire une sélection de personnes représentant tous les groupes de la population et renseignant leurs achats de produits de consommation courante.

GfK **LE PANEL CONSOMMATEURS DE GFK**

GfK a développé, en Belgique, un panel de consommateurs, une sélection de 4.000 ménages. Ceux-ci son représentatifs de la population : couples, ménages avec ou sans enfants, jeunes, moins jeunes, habitants des villes ou villages...

Ces personnes informent GfK de leurs achats de produits de consommation courante (textile et habillement, jeux, jouets...). GfK collecte ces informations de manière anonyme et établit des statistiques qui permettent de disposer d'une vue globale de la consommation.

En analysant les données fournies par les consommateurs, il est possible d'obtenir des réponses à des questions telles que : quelles sont les marques qui rencontrent le plus de succès auprès des acheteurs ? Cette campagne de promotion est-elle une réussite ou un échec ?

	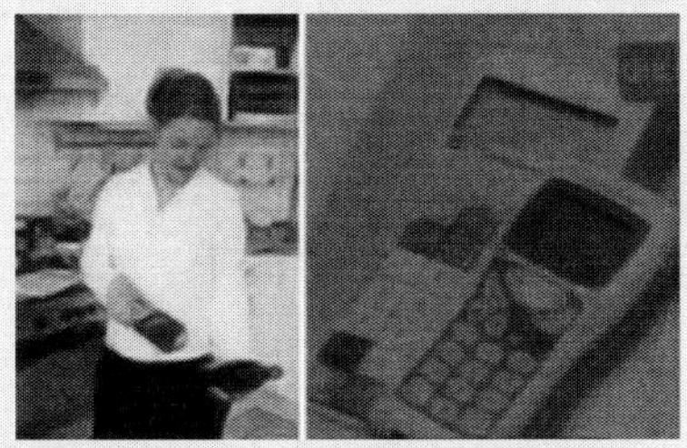
Échantillon de 4.000 ménages (panélistes) représentatif de l'univers des 4.613.000 ménages vivant en Belgique.	Chaque panéliste est équipé d'un scanner et enregistre à domicile tous les codes-barres des produits FMCG achetés.

Tous les codes-barres sont identifiés et classés par catégorie/segment/variété de produit.	Les données sont analysées et présentées aux entreprises clientes, en fonction de leur briefing.

2.2.3 *Relevés d'enquête*

Ce type de relevé s'intéresse spécifiquement au recueil d'informations « *sensibles* » difficilement communiquées par voie d'enquêtes par questionnaire. Des organisations de consommateurs réalisent régulièrement des relevés de prix pratiqués pour établir un classement par magasin du coût du panier de la ménagère, d'autres organismes publics vérifient la conformité de l'étiquetage avec les règlements en vigueur, d'autres sociétés s'intéressent à la fraîcheur et aux dates de péremption des produits frais.

2.2.4 *Relevés des ventes*

Installé face aux rayons, l'enquêteur relève tous les produits choisis par les consommateurs.

2.2.5 *Contrôle poubelle*

La consigne est donnée au participant d'un panel de conserver les emballages vides des produits consommés, jusqu'au prochain passage de l'enquêteur, qui les recueille dans un sac spécial, pour analyse au siège de la société d'études.

2.2.6 *Contrôle placard ou garde-manger*

Ces relevés sont effectués au domicile du consommateur. L'enquêteur enregistre soigneusement les caractéristiques (quantités, marques, etc.) des produits qui sont en cours d'utilisation ou en réserve. Ces relevés sont de réels indicateurs dans le cas de produits de consommation courante stockés largement au domicile des répondants (sucre, farine, pâtes, conserves et semi-conserves, boissons, etc.).

2.3 Analyse de contenu

Le contenu de la communication de la concurrence est étudié soigneusement (thèmes, sujets, mots utilisés) pour analyser son positionnement. La pige publicitaire (publicité réalisée, analyse du plan média, relevés des passages média) est un outil spécifique de l'analyse de contenu.

2.4 Observations sans instrument dans un environnement particulier

Cette observation consiste à étudier l'utilisation d'un produit par une partie de la cible. Ainsi, la société FISHER PRICE (jouets) teste systématiquement auprès des enfants de son personnel les nouveaux jouets prêts à être commercialisés. Si, au sein de la garderie d'entreprise, les chercheurs constatent le manque d'enthousiasme des enfants, le jouet n'est pas commercialisé.

2.5 Observations par instruments en situation réelle

Certaines observations sont réalisées à l'aide d'instruments de mesure relativement sophistiqués.

2.5.1 *Audimétrie*

Il s'agit d'un dispositif qui mesure la fréquence de mise en route et d'arrêt d'un téléviseur. Il permet aussi de connaître les émissions regardées à un moment donné par un échantillon représentatif de foyers.

L'AUDIMÉTRIE OU LA MESURE DES AUDIENCES DE TÉLÉVISION[2]

Chaque jour, des millions de Belges regardent la télévision. Mais sur quels programmes se branchent-ils ? Les hommes et les femmes, les enfants, les ados, les adultes : quelles sont leurs émissions favorites ? C'est ce que mesure l'audimétrie. Pour mesurer le public des émissions de télévision, GfK Belgium Audience Measurement and Insights installe un ou plusieurs audimètres dans chacun des ménages qui composent son panel représentatif de 2 fois 750 ménages équipés d'un audimètre.

2. Source : *http://www.audimetrie.be*, février 2014.

La recherche de ménages-candidats pour le panel est réalisée selon des procédures strictes dont la règle de départ est que chaque ménage en Belgique a une chance égale d'être invité à participer. Le choix final des ménages sera déterminé en fonction de la représentativité du panel. Les 1500 ménages du panel (750 dans chaque région nord et sud de la Belgique) doivent en effet être un reflet fidèle de la population belge.

L'audimètre est un boîtier électronique d'environ 20 cm de long sur 4 cm de haut. Ce qui identifie ce que les téléspectateurs du panel regardent. Il est branché sur tous les postes de télévision présents dans le ménage. Il enregistre automatiquement la chaîne qui est regardée. La seule chose que l'audimètre ne peut mesurer automatiquement, c'est « qui regarde » la télévision. C'est pourquoi une télécommande accompagne l'audimètre. Les boutons principaux de la télécommande portent une lettre, de A à H, attribuée respectivement à chaque membre du ménage. Chaque personne d'un ménage membre du panel doit s'identifier à l'aide de la télécommande de l'audimètre, quand elle commence à regarder et quand elle cesse de regarder.

Chaque nuit, GfK Belgium collecte les données d'audience du jour stockées sur les audimètres via un modem placé sur la prise téléphonique ou via GSM. L'installation de l'audimètre est effectuée par un technicien qualifié. L'audimètre est agréé et n'influence en aucun cas le fonctionnement du téléviseur.

Time shift viewing

Ces dernières années, nos habitudes de téléspectateurs ont considérablement changé. Avec l'arrivée des décodeurs numériques (Belgacom TV, Voo, Numéricable, Telenet, Mobistar...), par exemple, nous regardons plus facilement les émissions en différé, au moment qui nous convient le mieux. Avec la technologie Time Shift Viewing, GfK Belgium prend en compte ce visionnage ultérieur à la diffusion officielle pour l'intégrer dans ses calculs d'audiences.

Qui utilise les chiffres des audiences de télévision ?

Les chiffres d'audience sont utilisés par les chaînes de télévision pour établir leurs programmes, ainsi que par les médias, les régies publicitaires, les annonceurs, les agences de publicité, etc. Chaque jour, les chaînes de télévision peuvent consulter les chiffres d'audience de la veille ou remonter plus loin dans le temps.

2.5.2 *Scanner*

Cet appareil de lecture optique qui équipe maintenant la plupart des points de vente en libre-service permet la reconnaissance des codes à barres imprimés sur l'emballage des produits par le producteur ou, à défaut, par le distributeur. La lecture optique soit par un crayon collecteur ou une « *douchette* », soit par un appareil incorporé à la caisse enregistreuse ou au tapis roulant contribue à une meilleure connaissance des clients. Cette connaissance s'accroît largement lorsque le client peut être identifié par l'intermédiaire de sa carte à piste magnétique. Cette méthode est particulièrement intéressante au niveau de la périodicité, de la rapidité et de la précision.

2.5.3 *Ordinateur*

Relié directement aux points d'utilisation, il s'avère un outil indispensable. Les habitudes d'utilisation des guichets automatiques bancaires (DAB) sont analysées directement par l'ordinateur.

2.5.4 *Caméra invisible*

S'inspirant du même principe qu'une émission de télévision bien connue, une caméra est dissimulée dans un linéaire de magasin en libre-service et permet d'observer les comportements des acheteurs à leur insu. Les chercheurs ont ainsi constaté que les consommateurs lisent plus attentivement les mentions écrites sur les étiquettes qu'ils ne le supposaient, qu'un conditionnement est mal adopté parce que le consommateur ne peut le saisir ou encore, que le produit placé à hauteur des yeux a une probabilité supérieure de vente par rapport à un produit placé plus bas dans le linéaire.

2.6 Observations par instruments en laboratoire

Ces techniques sont essentiellement utilisées en matière d'habillage de produits (packaging) ou publicitaires (pré-tests de documents).

Tableau 6.1 : *Principales techniques d'observation appareillée*

Méthodes	Principes techniques et types de résultats observés	Domaines d'application
Analyse vocale Vopan : (Voice Pitch Analysis)	**Mesure de l'état émotionnel.** Détection de changement dans les fréquences de vibration de la voix d'un sujet. Enregistrement par un système audio-informatisé des variations par rapport au niveau émotionnel correspondant à une situation de détente.	Comportement d'achats Publicité
Délai de réponse	**Mesure de la vitesse de réponse à une question** réalisée par un système électronique.	Publicité
Psychogalvanomètre	**Mesure de l'état émotionnel ou de l'intérêt face à un stimulus.** Capteur placé dans les paumes du sujet pour mesurer la sudation et qui permet de mesurer l'intérêt d'une annonce.	Pré-test publicitaire
Tachytoscope	**Mesure de perception visuelle et mémorisation.** Système permettant de faire varier le défilement d'un film ou d'une image. Un projecteur muni d'un obturateur s'ouvre à des vitesses échelonnées de 1/200e de seconde à plusieurs secondes et permet de mesurer l'intérêt suscité.	Perception subliminale Publicité
Caméra pupillométrique ou eye-camera ou eye-tracking.	**Mesure du mouvement des yeux et dilatation de la pupille.** Détermination des éléments d'une image qui sont vus en premier. Le dispositif filme le mouvement des yeux et mesure le temps consacré par le répondant à chaque élément d'une annonce.	Acquisition et traitement de l'information Pré-test publicitaire
Tableau d'information (IBD : Information display Board)	**Mesure de la complexité cognitive.** Détermination de la quantité d'information utilisée pour choisir une marque ou un produit. Tableau de papier à double entrée (marque et attributs). Les informations sont au dos des cartes, formant les cellules du tableau, et sont retournées à la demande du sujet.	Identification des critères de choix d'un produit. Acquisition et traitement de l'information
Audimètre « People meter »	**Mesure de l'audience télévision.** Boîtier électronique connecté sur un téléviseur et relié par télématique à un ordinateur central. **Mesure de la durée de fonctionnement du téléviseur.** Caméra cachée derrière l'écran et couplée à un audimètre : mesure de la présence effective de la personne devant l'écran.	Publicité (Média Planning)
Scanner	**Mesure électronique des parts de marchés et chiffres d'affaires.** Système de lecture optique installé aux caisses des points de vente. À partir des codes à barre, on identifie les références des produits achetés.	Distribution (Panels)

Source : Adapté de GIANNELLONI JL. & VERNETTE E., *Op. cit.*, 2001.

2.7 *Mystery shopping* ou client mystère

Le *Mystery shopping* ou *achat mystère* est une technique d'enquête largement utilisée dans le monde des études de marchés, que ce soit dans le secteur bancaire, des courtiers d'assurance, des distributeurs, des concessionnaires d'une marque ou des restaurants. La méthode d'enquête consiste à simuler l'expérience d'achat d'un consommateur. Celui-ci est remplacé par un enquêteur spécialement entraîné qui va reproduire le plus fidèlement possible les comportements d'un consommateur et visiter incognito un point de vente.

Cette méthode a été développée afin de disposer d'une information objective sur le point de vente. En effet, le vendeur averti peut détecter la visite d'un inspecteur mandaté par la compagnie ou suspecter la présence d'un évaluateur particulier et adapter son comportement en conséquence.

Le *Mystery shopping* permet, au contraire, de mesurer les comportements des vendeurs *in situ* et *in vivo* — observation discrète d'un vendeur dans une grande surface, par exemple, car l'observation supprime les biais liés à la présence d'un évaluateur officiel.

2.7.1 *Principe*

Les évaluateurs — appelés aussi *acheteurs mystère* — vont reproduire le comportement d'un consommateur moyen et ensuite décrire les réactions des vendeurs. À cette fin, les enquêteurs sont formés par la société d'étude et préparés à la visite du point de vente. À l'image d'un miroir, ils doivent apparaître comme le *reflet* du consommateur moyen et se comporter comme ce dernier.

Cette expérience d'achat fait ensuite l'objet d'un enregistrement aussi fidèle et objectif que possible de la part de l'enquêteur. À cet effet, l'enquêteur utilise un guide d'entretien reprenant l'ensemble des paramètres à analyser. La collecte d'information terminée, l'enquêteur remplit directement le guide d'entretien et y note rapidement les actions et les attitudes des vendeurs. Comme cette action se déroule quelques minutes après la fin de l'entretien, l'évaluateur dispose encore de toutes les informations en mémoire.

Cette méthode exige que l'enquêteur reproduise fidèlement les attitudes d'un client moyen du point de vente.

Ainsi, si l'étude consiste à analyser le comportement d'un vendeur face à une jeune mère de famille accompagnée de ses enfants lors d'un achat de chaussures, l'acheteuse mystère se présentera au magasin, accompagnée d'enfants et simulera le comportement de la mère de famille. Elle s'intéressera à la durée du temps d'attente avant d'être servie, à la façon dont elle a été accueillie dans le magasin par les vendeurs (amabilité, rapidité, etc.), aux conseils prodigués par ceux-ci, au nombre de paires de chaussures proposées, au prix pratiqué, aux ristournes possibles, etc.

2.7.2 *Spécificité de la méthode*

La méthode repose sur une procédure d'observation stricte et diffère de l'enquête traditionnelle par questionnaire ou interview du consommateur.

Tableau 6.2 : *Comparaison entre les modalités des enquêtes traditionnelles par questionnaire et le* Mystery shopping

	Enquête traditionnelle par questionnaire	***Mystery* shopping**
Méthode de collecte de l'information	Le consommateur est invité à répondre à un questionnaire sur les comportements et attitudes d'un vendeur.	Un évaluateur observe les comportements et attitudes d'un vendeur.
Type d'information recherchée	Informations subjectives et filtrées par le consommateur, ses souvenirs, sa perception du point de vente.	Informations objectives, actions, faits et comportements qui apparaissent lors d'une transaction commerciale.
Objectif poursuivi	Disposer d'un indicateur synthétique de l'efficacité du point de vente.	Disposer d'une information spécifique et détaillée de l'efficacité du point de vente.
Modalités de réalisation	Le personnel est généralement averti de l'existence de l'enquête. Parfois, il lui est demandé d'interroger les clients.	Le personnel est parfois averti préalablement de l'existence de ce type d'enquête.

2.7.3 *Objectifs poursuivis*

La méthode permet de répondre à de nombreuses questions tactiques liées au point de vente. Quelques exemples sont présentés dans le tableau ci-dessous.

Tableau 6.3 : Mystery shopping *: paramètres et questions de recherche*

Paramètres	**Questions de recherche**
Efficacité de la publicité mise à disposition des points de vente	Quels sont les dépliants utilisés dans les magasins ? *Les dépliants utilisés sont-ils adaptés aux besoins des vendeurs ?* *L'affichage (publicité sur le lieu de vente) est-il correct, conforme au plan média ?* *Les documents utilisés sont-ils les derniers disponibles ?...*

Tableau 6.3 : Mystery shopping *: paramètres et questions de recherche (Suite)*

Paramètres	Questions de recherche
Perception générale du magasin et qualité de la tenue de celui-ci	Mesure de la propreté (bâtiment, présentoirs, produits, etc.) ? De l'hygiène ? *Les dates de péremption des produits sont-elles correctes ou dépassées ?* *Les produits sont-ils présentés conformément aux consignes reçues ?* *Perception de l'aspect extérieur, des vitrines ?...*
Mesure de l'efficacité de l'accueil et du service	*Quel est l'accueil reçu par le client ?* *Quelle est la durée d'attente pour être servi ?* *Les vendeurs sont-ils disponibles ?...*
Mesure de l'efficacité de l'accueil téléphonique	*Quel est le nombre de sonneries nécessaires avant qu'un vendeur ne décroche le téléphone ?...*
Mesure de l'efficacité du conseil	*Le vendeur est-il compétent ? Connaît-il correctement ses produits ? Peut-il répondre précisément à la demande d'un client ? Le conseil donné est-il judicieux ?...*
Mesure de la connaissance des produits	*Quels sont les avantages produits mis en exergue ? Quels sont les avantages oubliés ? Le vendeur présente-t-il les limites du produit ?...*
Compréhension des besoins des consommateurs	Les vendeurs peuvent-ils analyser correctement les besoins des consommateurs et les circonstances de la vente ? Les vendeurs proposent-ils le produit ou le service le mieux adapté aux attentes du client ? *Quels sont les problèmes rencontrés par le consommateur auxquels l'entreprise ne répond pas actuellement ?*
Mesure de l'efficacité des programmes de formation des vendeurs	*Les techniques apprises en formation sont-elles utilisées ? Avec efficacité ? Les vendeurs se présentent-ils au téléphone ? Assurent-ils un suivi du prospect (demande du nom et adresse) ?*
Mesure de l'efficacité des actions marketing de la concurrence	*Quelles sont les actions marketing en cours ? Quels sont les produits concurrents ? Quels sont les produits présentés spontanément et ceux vendus à la demande expresse du consommateur ? Quels sont les avantages et inconvénients de ces derniers ?*

2.7.4 *Modes de réalisation*

Le *Mystery shopping* peut prendre des aspects très différents lors de sa réalisation. Toutefois, il s'organise, généralement, selon deux modes :

- Visites personnalisées d'un évaluateur auprès de différents points de vente (magasins, bureaux, restaurants, salons, concessionnaires, etc.) ;
- Appels téléphoniques des différents départements d'une entreprise (divisions, services, secteurs, sites, bureaux, etc.).

Les enquêtes *Mystery shopping* se réalisent parfois auprès de plusieurs concurrents qui désirent disposer d'une information pratique, à la fois, sur leurs vendeurs et étalonner celle-ci par rapport à leurs concurrents. Le problème de la confidentialité des données est réel. S'il est légitime que chaque concurrent dispose de certaines informations, tout ne peut être divulgué. La solution consiste alors à *syndiquer* l'étude et à garantir à chaque souscripteur un accès restreint aux données des concurrents et un accès intégral aux siennes.

De manière à authentifier les résultats, les analystes transmettent parfois au management de vente, des copies des questionnaires. Les responsables régionaux ou nationaux peuvent ainsi vérifier de leurs propres yeux les réponses données par un vendeur. Les résultats peuvent aussi être comparés entre régions et points de vente de manière à disposer d'un outil d'évaluation commerciale du réseau de vente ou de distribution.

2.7.5 *Règles déontologiques à respecter*

De manière à garantir la réussite de l'étude et l'objectivité des résultats, deux règles déontologiques doivent être respectées.

- *Garantie d'objectivité*
  Pour garantir l'efficacité et l'objectivité de l'analyse, les vendeurs interrogés ne doivent, à aucun moment, savoir qu'ils font l'objet d'une enquête de ce type.
- *Respect du vendeur répondant*
  Il est souvent délicat, lors d'un *Mystery shopping,* d'interroger longuement un vendeur payé à la commission. Il convient de limiter le contact de manière à ne pas abuser du temps de ce dernier pour ne pas l'empêcher de servir un autre consommateur. Dans ce cas, il est préférable de limiter l'interview à quelques minutes, d'observer le comportement du vendeur sans le déranger ou encore d'acheter réellement le produit. Il en va de même si l'étude se déroule auprès de concurrents de la marque.
- *Absence de pénalités*
  À aucun moment, le répondant à ce type d'enquête ne peut être pénalisé par les résultats de l'approche. Que doit-on penser d'une entreprise qui rémunérerait ses vendeurs sur base des résultats d'un *Mystery shopping* ?

Le *Mystery shopping* est une forme particulière de recherche qui doit respecter la confidentialité de l'information récoltée. C'est pourquoi les résultats ne peuvent être transmis au souscripteur de l'étude sans que celui-ci ait la possibilité d'identifier le vendeur répondant.

- *Exclure le télémarketing*
  Le *Mystery shopping* est parfois utilisé pour évaluer la performance d'une équipe de vente ou à des fins de télémarketing en influençant indirectement le consommateur en créant une demande pour un produit ou service spécifique. L'utilisation à cette fin de la méthode constitue un usage abusif, dépasse le cadre des études de marchés et est déontologiquement déconseillée par ICC/ESOMAR International Code.

2.7.6 *Utilisation du* Mystery shopping

L'utilisation du *Mystery shopping* est particulièrement indiquée dans tous les cas où l'utilisation d'une enquête par questionnaire peut modifier les réponses de l'interviewé.

Cette méthode est utilisée depuis de nombreuses années par les distributeurs, les éditeurs de guides touristiques, les associations de défense des consommateurs, les producteurs et les entreprises qui disposent d'un réseau de vente. Depuis quelques années, les entreprises utilisent le *Mystery shopping* comme outil de management. Elles informent le personnel de vente concerné qu'une étude va démarrer et espèrent que l'information transmise va motiver les vendeurs à augmenter leur efficacité. Cette utilisation particulière du *Mystery shopping* peut entraîner des conséquences négatives en matière de stress, par exemple.

Le *Mystery shopping* est souvent utilisé en parallèle avec d'autres méthodes telles que les études de satisfaction des consommateurs. La mesure globale de la qualité d'un service est réalisée par l'enquête classique auprès des consommateurs et le *Mystery shopping* complète l'approche développée par une analyse d'un ou plusieurs aspects spécifiques. Il permet aussi de simuler différents scénarios de visite d'un point de vente en fonction des besoins, du jour de fréquentation, de l'heure, du produit ou du service à acheter, etc.

3 L'ANTHROPOLOGIE NUMÉRIQUE

L'anthropologie des usages numériques met l'accent sur le lien entre l'humanité et la technologie numérique. Elle explore comment les êtres humains interagissent avec les interfaces numériques, comment ils se comportent face aux technologies et comment ils utilisent les technologies pour interagir les uns avec les autres. Elle peut également être utilisée pour comprendre comment les individus perçoivent les marques dans leurs communautés numériques et comment ils sont attirés vers certaines marques.

La discipline est relativement nouvelle dans le domaine de l'anthropologie et ses applications sont de plus en plus utilisées chez les spécialistes du marketing. Dans le contexte du marketing axé sur l'humain, l'ethnographie virtuelle[3] constitue un puissant moyen de découvrir les inquiétudes et les désirs humains latents auxquels les marques doivent s'adresser. Trois méthodes comme l'écoute sociale, la netnographie et la recherche emphatique sont actuellement utilisées par les spécialistes du marketing. Elles utilisent de nombreux outils appelés Social Media Monitoring.

3.1 Écoute sociale

L'*écoute sociale* — en anglais *Social Listening* — consiste à surveiller de manière proactive tout ce qui est dit au sujet d'une marque sur Internet, en particulier sur les médias sociaux et les communautés en ligne.

Elle se présente souvent sous la forme d'un logiciel de surveillance des médias sociaux pour filtrer des quantités importantes de données non structurées issues de conversations sociales et les traduire en informations consuméristes utilisables. Les analyses de données volumineuses et de gros fichiers sont souvent utilisées dans ce but.

La technologie permet de collecter des données issues des médias sociaux, de structurer ces données et de fournir un certain degré de contexte et d'analyse. L'outil va extraire le texte, les images, les URLs et toute autre donnée disponible provenant des sites web, des sites médias, des blogs, des forums et des réseaux sociaux.

3.1.1 *Spécificité de la méthode*

L'*écoute sociale* est souvent utilisée en études de marchés. Dans les méthodes traditionnelles de recherche de marché (par exemple, les entretiens en face à face, les sondages téléphoniques et les sondages en ligne), les déclarations des clients ne correspondent pas toujours à ce qu'ils pensent réellement et font. En fait, ils ne sont pas toujours capables d'exprimer ce qu'ils pensent réellement et font, même s'ils en expriment le besoin. De plus, les méthodes qualitatives de recherche de marché basées sur des groupes (par exemple, les groupes de discussion) échouent souvent à saisir la dynamique sociale qui se produit entre les clients au sein de leur communauté de vie. Les clients sont plus à l'aise et ouverts pour déclarer à leurs pairs ce qu'ils pensent et font. Les échanges réalisés lors de conversations dans l'environnement quotidien du consommateur les aident à exprimer leurs angoisses et désirs les plus profonds. L'écoute sociale capte véritablement cette dynamique sociale.

L'écoute sociale constitue un outil efficace de veille concurrentielle à travers les alertes en temps réel des actions des concurrents, l'analyse de la part de marché, la prévision des ventes et les performances de la concurrence, l'apparition de produits innovants sur le marché.

3. L'ethnographie virtuelle, également connue sous le nom de cyberethnographie ou d'ethnographie en ligne, est une méthode de recherche en ligne qui adapte les méthodes ethnographiques à l'étude des communautés et des cultures créées par l'interaction sociale informatisée.

À mi-chemin entre l'*écoute sociale* et le *Mystery shopping*, les compagnies aériennes Air France et KLM ont développé un programme d'observation de la qualité de leurs services appelé Quality Observer. Un client, recruté par Internet, est invité, après avoir téléchargé l'application et être identifié, à évaluer son parcours-client à chaque étape de son déplacement en observant en temps réel le déroulement de son enregistrement, de sa visite au salon, de son embarquement, de son séjour à bord et de son arrivée. Non seulement il est invité à répondre à quelques questions, mais aussi à utiliser son smartphone pour prendre des photos et pour renvoyer ses réponses. Pour le remercier de son engagement, les compagnies aériennes lui offrent de participer au programme de fidélisation ainsi qu'une réduction sur leur boutique en ligne.

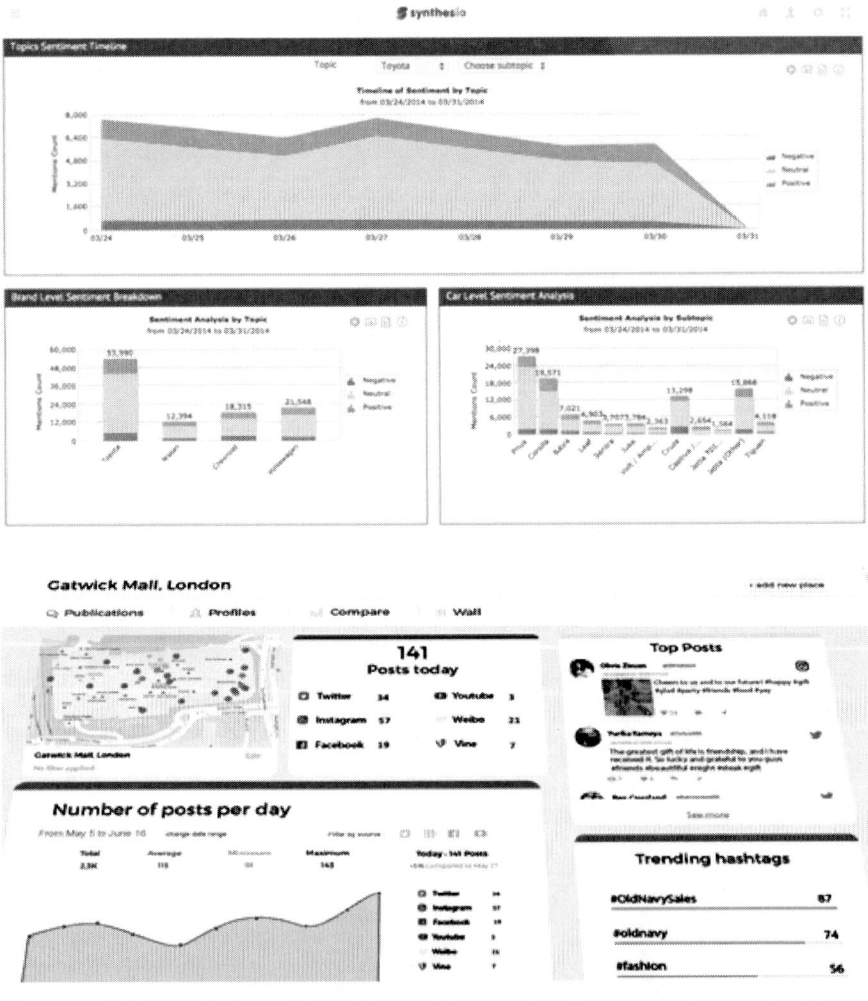

FIGURE 6.1 : *Tableaux de bord de* Social Listening

3.1.2 *Étapes de la méthode*

La méthode comporte 4 étapes différentes. Chaque étape se caractérise par un objectif, des interrogations et des outils d'analyse spécifiques.

Tableau 6.4 : *Étapes de l'écoute sociale*[4]

Étapes	Objectif	Questions	Méthodologie et outils
Étape 1 Surveiller et détecter	Étudier les déclarations publiques	Qu'est-ce que les consommateurs pensent du produit proposé ? Comment en parlent-ils ? En sont-ils satisfaits ?	Analyseur de mot-clés Outil de notation des perceptions
Étape 2 Questionner et écouter	Identifier les thèmes particuliers et l'activité qui y est liée Intégrer les analyses dans la chaîne de valeur	Quels sont les risques pour la marque ? Quels messages la marque devrait-elle transmettre ? Qui utilise déjà ces messages ? Que veulent les consommateurs en plus ? Quel est l'impact sur le plan d'affaires ? À quelles contraintes légales l'entreprise doit-elle répondre ?	Outil d'analyse du langage naturel Outil d'évaluation pointue de la notation des sentiments et perceptions
Étape 3 Explorer et apprendre	Détecter la présence d'une convergence d'idées autour d'un sujet Évaluer le volume d'échanges et les tendances d'opinion	Quels sont les contenus partagés au sein de la communauté ? Sur quels sujets ? Comment sont-ils partagés et diffusés ? Qui sont les experts et les influenceurs ? À quel moment un pic d'information apparaît-il ? Quand l'information devient-elle virale ?	Outil de scénarisation et de simulation pour étudier les alternatives possibles en matière de réponses des consommateurs et des changements environnementaux
Étape 4 Agir et interagir	Analyser et comparer les options stratégiques envisageables	Quels sont les messages les plus pertinents pour chaque cible ? Quelles sont les possibilités d'action ? Quels sont les concepts sur lesquels se focaliser ? Quels sont les acteurs actifs autour du sujet ?	Plateforme d'expérimentation en temps réel de nouveaux messages

4. Adapté de PWC, Cité par Sonar, *4 Stages of Social Listening Maturity*, [en ligne], http://blog.sonarplatform.com/index.php/2017/09/22/4-stages-of-social-listening-maturity/, consulté le 14 février 2018.

3.2 Netnographie

La *netnographie* est une méthode d'enquête qualitative qui utilise Internet comme source de données en s'appuyant sur les communautés virtuelles de consommation. Elle analyse les actes communicationnels des membres d'une communauté virtuelle de consommation dans le but de produire une connaissance nouvelle relative à l'objet de consommation autour duquel gravite la communauté[5].

Développée par Robert Kozinets, la netnographie vise à étudier les êtres humains dans leur communauté naturelle de manière discrète. La netnographie est la branche de l'ethnographie qui consiste à observer et à analyser les actes communicationnels des membres d'une communauté virtuelle et leurs comportements en cherchant à leur donner un sens par l'utilisation des techniques de recherche marketing en ligne. Ce terme est formé par la contraction des mots anglais *network* (réseau) et *ethnography*[6]. En effet, puisqu'elle se base sur une communauté pour obtenir des données, elle se rapproche de l'ethnographie.

Son apparition est liée au développement technologique et à la propagation d'Internet. En effet, les marketeers ont rapidement été confrontés à de nouveaux défis liés à la compréhension des comportements souvent paradoxaux des consommateurs d'Internet : achats en ligne, demande de conseil sur des forums, échanges d'expériences sur des blogs, interactions sur les réseaux sociaux, utilisation du web pour améliorer son niveau de connaissance, participation à des communautés de mêmes centres d'intérêt.

Elle s'est développée suite au constat de chercheurs selon lequel certains modes de collecte des données comme la réponse à un questionnaire, la participation à une expérience dans un laboratoire ou une discussion lors d'un entretien de groupe relevaient de situations peu naturelles et susceptibles de créer des biais.

Confrontées aux communautés virtuelles, les méthodes de recherche qualitative ont dû s'adapter pour étudier, en profondeur, la culture de l'individu, ses envies, ses choix ainsi que ses interactions. À ce titre, la netnographie étudie les données textuelles lors des échanges entre les membres d'une communauté en les complétant par d'autres matériaux.

La méthode repose sur un postulat : les communautés virtuelles — groupements sociaux qui émergent du web quand suffisamment d'individus mènent des discussions publiques assez longtemps, et avec suffisamment de sentiments humains afin de constituer des réseaux de relations personnelles dans l'espace virtuel[7] — constituent un terrain pertinent pour l'étude de sujets sensibles.

---

5. Bernard Yohan, (2004), *La netnographie : une nouvelle méthode d'enquête qualitative basée sur les communautés virtuelles de consommation*, Décisions Marketing, Association Française du Marketing, 2004, pp. 49-62.

6. Certains experts n'hésitent pas à utiliser le terme « *twetnographie* » pour l'analyse des tweets (ou posts) communiqués par les utilisateurs de Twitter. Proche de la netnographie, la méthode se caractérise par la nécessité, non plus d'identifier la communauté virtuelle au préalable, mais bien de repérer les mots clés sur lesquels baser la recherche.

7. Rheingold H., (1993). *The virtual community : homesteading on the electronic frontier*. New York : Harper Collins.

TABLEAU 6.5 : *Communautés virtuelles pouvant être étudiées par la netnographie*[8]

Dénomination	Spécificités des interactions
Boards (Newsgroups ; usegroups ; Usenet groups, forums)	Les participants mettent en ligne des messages et d'autres y répondent de manière asynchrone.
Réseaux sociaux	L'interaction se base sur des liens sélectifs entre les individus.
Listes de diffusion	Ce sont des listes d'adresses de courriel qui réunissent plusieurs personnes autour d'un thème à intérêt commun.
Espaces de jeux	Environnements virtuels où l'interaction sociale se fait à travers des jeux de rôles ou des jeux virtuels.
Espaces de messagerie instantanée	Des endroits virtuels où une ou plusieurs personnes se rencontrent virtuellement et interagissent de manière synchronique.
Blogs (Blogues)	Type de page web mis à jour de manière régulière par son auteur.
Sites audiovisuels	Les participants partagent et commentent le contenu audio et visuel mis en ligne par d'autres participants.

Depuis son élaboration, la méthode netnographique a été utilisée dans les études de consommation pour résoudre de multiples problématiques, et plus spécifiquement pour décrire les phénomènes reliés aux communautés de consommation qui émergent à travers la communication virtuelle[9].

La netnographie permet non seulement d'explorer de nouveaux marchés, de répondre aux problématiques marketing qui se rencontrent à toutes les étapes du cycle de vie du produit mais encore d'identifier les besoins non comblés du consommateur, réaliser une analyse compétitive de l'entreprise, gérer la communication de crise, établir une segmentation, identifier des cibles spécifiques ou niches, gérer les canaux, les politiques de prix, de produit, les opportunités de positionnement ou repositionnement de marque ou analyser la présence numérique.

8. SAYARH Nada, *op. cit.*, Tableau adapté de Kozinets.

9. SAYARH Nada, *La netnographie : mise en application d'une méthode d'investigation des communautés virtuelles représentant un intérêt pour l'étude des sujets sensibles*, Recherches Qualitatives — Vol. 32(2), pp. 227-251.

Tableau 6.6 : *Exemples d'études netnographiques*[10]

Paramètres	Les communautés de passionnés de marque : Opportunité ou menace sur le Net[11]	The field behind the screen : using netnography for marketing research in online communities[12]
Chercheur	Cova et Carrère	Kozinets
Question de recherche	Quelles sont les relations qui s'établissent sur le Net, d'une part, entre les consommateurs d'une même marque, et, d'autre part, entre ces consommateurs rassemblés en groupes virtuels et l'entreprise gestionnaire de la marque ? Observe-t-on un phénomène de contre-pouvoir ?	Quels sont le sens et les symboles attachés à la consommation contemporaine de café ? (en particulier pour les espressos et Starbucks)
Communauté étudiée	Deux études de cas : • Les fans de la série cinématographique Star Wars • Les passionnés de la marque Citroën (particulièrement ceux rassemblés autour de la liste de diffusion Citrolist)	Les amateurs de « grand » café, et particulièrement les membres du groupe de discussion <alt.coffee>.
Objet de la recherche	Les communautés de passionnés sur Internet	Les consommateurs de café exigeants
Collecte de données	• Sites Internet personnels (avec des productions des membres) et web ring • Site officiel • Salon de discussion (*chat*) • Forum de discussion • Liste de diffusion • Expériences des auteurs avec les produits	• 117 messages postés sur le groupe de discussion d'amateurs de café <alt.coffee> • Sites Internet et web ring • Liste de diffusion • Livres sur le café • Expériences de l'auteur avec le café • Entretiens en personne avec des consommateurs de café • Notes de terrain du chercheur
Durée	Longue durée	33 mois

10. Bernard Yohan, *op. cit.*, adapté.

11. Cova B. et Carrère V. (2002), *Les communautés de passionnés de marque : opportunité ou menace sur le Net ?*, Revue Française du Marketing, 189/190, 4-5, 119-130.

12. Kozinets R. V. (2002), *The field behind the screen : using netnography for marketing research in online communities*, Journal of Marketing Research, 39, February, 61-72.

Tableau 6.6 : *Exemples d'études netnographiques (Suite)*

Paramètres	Les communautés de passionnés de marque : Opportunité ou menace sur le Net[11]	The field behind the screen : using netnography for marketing research in online communities[12]
Dispositions éthiques	Respect des codes éthiques définis par Kozinets	• Le chercheur s'est révélé comme tel. • Consentement des informateurs avant publication de leurs verbatims.
Contrôle par les membres	Non précisé	Auprès de 9 informateurs en ligne
Résultats	Réponse nuancée aux deux questions de recherche : • Les cyberconsommateurs sont plus actifs et passionnés. • Leur regroupement correspond bien à l'idée de tribu. • Ce sont des porteurs de la marque. • Ils représentent une force de contre-proposition. • Les consommateurs demandent que les entreprises exercent moins de pouvoir et les reconnaissent.	Mise en évidence de quatre thèmes décrivant la culture de ce segment de consommateurs : • Distinction — Décoder le langage de la motivation • Consommation — Cartographier les chemins du désir • Marque — Image de la marque et intérêt de la communauté • Dévotion religieuse — Révéler les métaphores significatives
Domaines d'application des résultats	Gestion de la marque sur Internet	Nouveaux produits Stratégie de positionnement Campagne publicitaire Tactiques de distribution

3.2.1 *Spécificité de la méthode*

La différence essentielle entre la netnographie et l'écoute sociale est que la netnographie exige souvent que les netnographes s'engagent en tant que participants actifs dans les communautés en ligne. Les netnographes se joignent aux communautés, se plongent dans les relations, s'engagent dans le dialogue interpersonnel et développent de l'empathie envers leurs pairs. Aussi la netnographie est-elle une forme de rapports humains au sein du processus de recherche.

Dans de nombreux cas, la netnographie prolonge de manière immersive l'écoute sociale. Elle aide les netnographes à identifier les communautés dans lesquelles ils doivent s'immerger. Les communautés en ligne sont des sources importantes de connaissances. Elles se présentent généralement comme des communautés gérées par les consommateurs plutôt que des communautés dirigées par l'entreprise, aux thématiques spécifiques, trafic élevé et un nombre important de membres actifs. Dans la plupart des cas, il est essentiel pour les netnographes d'informer des objectifs poursuivis par la recherche et de demander la permission aux membres de la communauté.

Alors que l'écoute sociale utilise principalement des logiciels de surveillance des médias sociaux pour la cartographie visuelle des données, la netnographie exige toujours que les chercheurs synthétisent leurs connaissances approfondies. La discipline exige que ses utilisateurs s'interrogent sur leur pratique, la thématique observée et le ressenti personnel lorsqu'ils deviennent membres de la communauté observée. Par conséquent, la netnographie exige un niveau élevé d'empathie et des compétences que tous les chercheurs n'ont pas.

La netnographie va ainsi observer l'interaction des individus en ligne par rapport au sujet d'intérêt, et ce, sans s'interposer. Par rapport à l'ethnographie, la netnographie présente aussi un caractère plus souple.

Tableau 6.7 : *Différences et similarités entre netnographie et ethnographie*[13]

	Méthode	Objet de recherche	Chercheur
Similarités	Méthodes flexibles, adaptables au contexte culturel. Se base sur la compréhension du phénomène propre et spécifique à la communauté étudiée (connaissance enracinée dans les faits). Préconise l'interprétation métaphorique, herméneutique et analytique des données.	Le sens, les pratiques et les structures d'un groupe social particulier. Focalisation sur le comportement des consommateurs. Sa compréhension en profondeur nécessite la fréquentation de la communauté pendant plusieurs mois.	Doit avoir un bon niveau de compétences afin de collecter et interpréter les données. Observe discrètement les comportements naturels. Doit faire preuve de réflexivité, de rigueur et de perspicacité. Ses intérêts et compétences influencent les résultats.
Spécificités de l'ethnographie	Lourde en temps et en investissement personnel. Intrusive. Se limite à l'étude descriptive d'une communauté humaine. Observation du comportement.	Orientée sur le marché. Le discours et les comportements. Vérification des résultats par les sujets très onéreuse.	Présence physique dans le contexte recherché. Participation dans la culture étudiée. Doit répondre à des contraintes liées à la présence sur place (accréditation, négociation, déplacement, etc.).

13. SAYARH Nada, *op. cit.*, tableau adapté.

TABLEAU 6.7 : *Différences et similarités entre netnographie et ethnographie (Suite)*

	Méthode	Objet de recherche	Chercheur
Spécificités de la netnographie	Plus simple et consomme moins de temps. Non intrusive. Vise à créer une connaissance nouvelle sur un phénomène de consommation. Observation des actes communicationnels.	Orientée sur le virtuel. Discours textuel. Vérification des résultats par les sujets facilement accessible.	Pas de limitation physique sur sa présence. Participation optionnelle. Contraintes allégées suite à la virtualité des contacts.

3.2.2 *Étapes de la méthode*

TABLEAU 6.8 : *Étapes de la netnographie*

Étapes	Dénomination	Objectif	Principaux éléments
Étape 1	Entrée	Préparer le terrain	Formulation d'une question de recherche Prise de connaissance des travaux préalables Choix de la communauté virtuelle à étudier
Étape 2	Collecte des données	Observer le fonctionnement de la communauté Saturer l'information nécessaire à la thématique	Coder les données Utiliser les outils de collecte de données les plus adaptés de la communauté Intégrer les réflexions du chercheur
Étape 3	Analyse des données et interprétation	Repérer les éléments susceptibles de répondre à la question de recherche Garantir la pertinence des interprétations par une approché émique Garantir la validité, la crédibilité et la transférabilité des analyses	Employer les méthodes d'analyse qualitatives et quantitatives les plus pertinentes du corpus collecté Favoriser une relation dialectique entre théorie et observation
Étape 4	Validation par les participants et éthique de la démarche	Renforcer la compréhension des résultats Favoriser la transparence et l'éthique	Recueillir le feedback des participants Développer l'interaction entre l'ethnographe et la communauté

Les étapes d'une étude netnographique sont similaires à celles d'une étude ethnographique. Elle revêt un caractère interprétatif et permet l'étude de sens. Cette méthode ne se limite cependant pas à une simple analyse de contenu recueilli sur le web, mais exige une entière immersion du chercheur au sein de sa communauté, l'objectif étant d'atteindre une compréhension profonde du groupe social pour comprendre les perspectives et représentations mentales, les processus sociaux, les communications et relations établies, les hiérarchies des cultures ainsi que des systèmes de représentation.

Étape 1 : Entrée dans la culture

La première étape de la netnographie consiste à préparer le terrain en définissant la question de recherche et en identifiant la (les) communauté(s) en concordance avec le type de questions posées par le chercheur et pas uniquement les rassemblements temporaires.

La prise de connaissance des travaux préalables est indispensable, tout comme la familiarisation avec le(s) support(s) de communication utilisé(s) par la communauté analysée.

En pratique, le chercheur va identifier les groupes les plus pertinents en lien avec la question de recherche, ou les communautés les plus actives (nombre d'interactions, nombre de messages postés, nombre de participants), qui gèrent un flux d'informations régulier (intensité du trafic) ou disposent de données les plus riches sur la thématique (richesse descriptive, noyau dur de membres proche de la consommation).

Comme toute étude qualitative, le chercheur va veiller à sélectionner un terrain composé de participants hétérogènes, des leaders et influenceurs, des membres qui constituent le cœur de la communauté et qui offrent un niveau important d'interactivité de manière à saturer l'information disponible.

La tenue d'un journal de bord de la part du chercheur constitue une source d'information utile lors de la phase d'analyse des données.

Étape 2 : Collecte des données

La démarche netnographique va chercher à collecter tant des données verbales que non verbales, des textes écrits, rédigés par les membres de la communauté et des caractéristiques des messages comme la taille, le titre, le type, la date de publication, le support utilisé, les réponses de la communauté, le nombre de messages ou de sites web étudiés et à contextualiser les données recueillies.

Le codage des données est essentiel à l'analyse. Il s'agit d'assigner à un mot (une phrase, une partie de texte), un code lié à un thème, de signifier le sens qui apparaît dans plusieurs extraits de manière à réduire les thématiques et à construire des éléments conceptuels synthétiques.

TABLEAU 6.9 : *Sources de données en netnographie*[14]

Dénomination	Spécificités des interactions
Conversation de terrain — Observation non participante	Lecture des communications des membres (forum, chat, liste de diffusion)
Conversation de terrain — Observation participante	Intervention du chercheur dans des discussions (*chat*, forum, liste de diffusion) ; il peut susciter une nouvelle discussion, voire créer un site Internet consacré à l'objet de consommation, en laissant aux visiteurs la possibilité d'interagir
Analyse de matériaux officiels et matériels	Livres, brochures et autres productions textuelles, visuelles ou autres (des membres ou autres) en rapport avec la communauté et/ou l'objet de consommation. Visite des sites Internet des membres de la communauté, du site officiel quand il existe ; exploration de l'éventuel web ring
Entretien individuel	Entre le chercheur et un sujet ; il peut se faire en cession privée sur un *chat* (voire par échange de courriers électroniques). Possibilité de réunion de groupes en ligne
Notes de terrain du chercheur	Sentiments, perceptions et commentaires du chercheur suscités par sa présence dans la communauté ; à consigner dans un journal de recherche

Simultanément, les réflexions du chercheur durant la phase d'observation seront intégrées à l'analyse, tout comme, en cas d'observation participante, les entretiens individuels ou collectifs réalisés.

Étape 3 : Analyse des données et interprétation

L'analyse des données exige une rigueur scientifique dans la gestion de la quantité élevée d'informations recueillies et leur codage. Elle ne peut se limiter à commenter la façon dont les informateurs se souviennent de leurs interventions. Elle doit aussi analyser la façon dont les choses sont construites par les intervenants.

Parmi les techniques d'analyse utilisées, les méthodes qualitatives peuvent s'étendre de l'analyse de contenu à la comparaison systématique, l'analyse typologique ou lexicométrique. Les méthodes quantitatives intègrent des analyses statistiques de l'arborescence des messages, de la classification hiérarchique ou des analyses factorielles.

Il s'agit de repérer les généralisations excessives des consommateurs (surestimations de l'intensité ou de la fréquence d'un phénomène), les commen-

14. BERNARD Yohan (2004), *La netnographie : une nouvelle méthode d'enquête qualitative basée sur les communautés virtuelles de consommation*, Décisions Marketing, Association Française du Marketing, 2004, pp. 49-62 (adapté).

taires métaphoriques (utilisés par les informateurs pour décrire des événements ou des actions avec leur propre perspective de ce que l'événement signifie), et les mises en avant d'idiosyncrasies (insistance sur la particularité ou l'unicité d'un fragment d'expérience ; évoque davantage la croyance d'un informateur qu'une réelle rareté). Trois techniques permettent d'analyser le cadrage narratif des récits de consommation des consommateurs telles que la variation imaginaire (considérer une façon alternative par laquelle l'informateur aurait pu cadrer un événement), la focalisation symbolique (repérer les aspects qui sont mis en avant dans le récit du consommateur) et la bipolarisation des thèmes (interpréter les données textuelles en termes de thèmes binaires)[15] .

La présentation des résultats doit être claire et sobre. L'emploi d'une métaphore[16] ou d'une métonymie[17] peut faciliter la compréhension de l'analyse. Le danger consiste souvent à vouloir citer les nombreuses itérations qui conduisent aux formulations retenues. En matière de preuve, il convient de citer les verbatims utilisés par les participants, de multiplier les extraits des documents analysés, de citer de nombreux détails et anecdotes.

EXTRAIT D'UN RAPPORT CONSACRÉ À L'IDÉE DE JUSTICE CHEZ LES UTILISATEURS DE PROGRAMMES D'ÉCHANGE DE FICHIERS MUSICAUX[18]

De nombreux systèmes d'échange de fichiers musicaux se sont formés sur un modèle proche du pionnier Napster (devenu un portail légal et payant de téléchargement musical). Le plus connu aujourd'hui est probablement le fameux Kazaa. Les réseaux composés des utilisateurs de ces programmes sont qualifiés de P2P (peer-to-peer). Ils permettent à leurs participants d'échanger tous types de fichiers, y compris des fichiers musicaux protégés par le copyright, sans s'acquitter des droits afférents. Il s'agit donc d'un délit que certains tribunaux étrangers ont déjà commencé à sanctionner. Dans cette situation, on peut se demander comment les utilisateurs des programmes d'échange justifient leur consommation prohibée. Pour répondre à cette question, nous pouvons citer un résultat d'une netnographie portant sur la communauté Forum mp3 (http://phorum.forum-mp3.com). Il faut préciser que les données présentées ici datent du second semestre 2002, et que les choses ont certainement évolué depuis.

15. Bernard Yohan, *op. cit.*

16. La métaphore est une figure de style qui consiste à désigner une idée ou une chose en employant un autre mot que celui qui conviendrait.

17. La métonymie est une figure de style par laquelle on remplace un mot, par un autre mot avec lequel il a un lien logique.

18. Étude citée par Bernard Yohan, *op. cit.*

Les Caliméro de la consommation musicale (« Le marché est vraiment trop injuste ! »)

Les membres de la communauté martèlent comme un leitmotiv que le prix des CD musicaux est trop cher. Grooman résume bien l'avis général quand il écrit (le 06/08/02) : « Les CD sont trop chers, on est bien d'accord ». Cette situation est perçue comme très désagréable, et profondément inique. Les membres ont donc tendance à rechercher un bouc émissaire. Ils le trouvent dans l'industrie du disque, et en particulier chez les grands éditeurs de musique.

Apapeur a écrit, le 06/08/02 : « [...] les majors sont en train de se rendre compte du tort qu'ils ont eu pendant des années de prendre leurs clients pour des imbéciles en leur faisant gober qu'entre le transport, le packaging, l'artiste et la pub, on ne pouvait pas vendre un CD à moins de 150 balles ». Biboule a écrit, le 05/09/02 : « [...] quand on voit ce que l'industrie du disque se met dans la poche. Honnêtement, je continue à acheter des CD et des vinyles, mais je les mets de suite en ligne (contribution personnelle au P2P) ».

Les membres de la communauté vivent donc dans un monde où de grandes entreprises toutes puissantes imposent leur diktat à des consommateurs démunis. L'image de la World Company créée par les auteurs du show télévisé « Les Guignols de l'Info » correspond tout à fait à la représentation des utilisateurs des programmes d'échange. Ces internautes se sentent spoliés et victimes d'une injustice criante : on leur refuse le droit à la culture.

La première justification de leur comportement réside donc dans le nécessaire ré-équilibrage de la situation. Internet permet dès lors de réparer l'injustice des grandes maisons de disques en permettant aux consommateurs d'augmenter leurs consommations musicales sans subir de coût supplémentaire. [...]

Aussi, cette étape est-elle fondamentale pour garantir la pertinence de l'interprétation et exige de multiples aller-retour entre la théorie et la pratique pour garantir une approche émique[19] et atteindre un niveau profond de compréhension de la culture. Il ne s'agit pas d'analyser des personnes comme dans l'ethnographie classique mais des discours et des comportements dans leur contexte précis.

La netnographie ne permet cependant pas de généraliser le comportement des membres à d'autres situations, qu'elles soient réelles ou virtuelles, mais se limite, au contraire, à l'observation d'une communauté dans un contexte particulier.

19. L'approche émique s'intéresse à la façon dont les gens pensent, la manière dont ils perçoivent et catégorisent le réel, leurs règles de comportement, ce qui a du sens pour eux, et comment ils imaginent et expliquent les choses.

Étape 4 : Validation par les participants et éthique de la démarche

La validation des données par les participants favorise le feedback et permet de nuancer les résultats de recherche tout en renforçant son caractère éthique ou anonyme.

La question de l'éthique est multiple. Elle pose à la fois les questions du caractère public ou pas des données échangées, du consentement explicite ou non, de la confidentialité des informateurs, du statut de l'observateur (clandestin ou identifié), de l'autorisation de publication d'un artefact.

Lorsque le netnographe ne développe pas de lien avec la communauté, la validation n'est pas possible. C'est le cas de l'observation non participante dans laquelle le chercheur traite des données en ligne sans intervenir dans les discussions.

LES DIFFÉRENTES FORMES DE L'OBSERVATION PARTICIPANTE[20]

L'observation participante ouverte v/s clandestine : Dans l'OP ouverte ; le chercheur observe son terrain après en avoir informé les acteurs et obtenu leur accord au préalable. Le risque de ce type d'OP est de générer des changements artificiels de comportements (effet Hawthorn). Dans le cas d'une OP clandestine, le chercheur observe son terrain sans en informer au préalable les acteurs impliqués. Ce type d'OP permet d'étudier des groupes sociaux fermés ou traditionnellement peu favorables aux analyses extérieures mais peut générer des problèmes liés aux questions d'éthique.

L'observation participante complète v/s périphérique : En 1958, Gold établit la distinction entre l'observateur complet et l'observateur périphérique. Il caractérise ainsi les différents niveaux de présence sur le terrain allant de l'implication minimum à l'implication maximum. Certains chercheurs poussent à l'extrême la participation, jusqu'à une participation fusion par « conversion ». L'OP périphérique se distingue de l'OP complète par une implication modérée du chercheur.

L'observateur participant interne v/s externe : L'opposition entre le dedans et le dehors traverse l'ensemble des travaux contemporains sur l'observation participante. Lapassade distingue deux rôles, celui de l'observateur participant externe (il vient du dehors et pour un temps limité — celui de sa recherche — et partiel, il conserve d'autres activités à côté), d'une part, et celui de l'observateur participant interne (le chercheur qui est d'abord « acteur » dans une institution dans laquelle il exerce une fonction et il lui faut accéder au rôle de chercheur).

Au contraire, l'observation participante conduit le chercheur à intervenir au sein des communications des membres et parfois même à guider les

20. Quentin Isabelle, *Méthodes de l'observation participante*, [en ligne], https://isabellequentin.wordpress.com/2013/12/26/methodes-de-lobservation-participante/, consulté le 14 février 2018.

échanges vers sa question de recherche. Dans ce dernier cas, un biais d'interaction est toujours possible.

L'OBSERVATION PARTICIPANTE : TRAHISON ET CULPABILITÉ DU CHERCHEUR[21]

Lorsque le chercheur qui pratique l'observation participante en arrive à la production des résultats de sa recherche, il se retrouve vite confronté à une injonction paradoxale : « il doit dire, sans dire ». Si les exigences scientifiques l'enjoignent à communiquer ses résultats, à dévoiler ce qu'il a observé lors de sa plongée au cœur du terrain, les exigences relationnelles l'enjoignent à se taire, à ne pas dévoiler ce qu'il a pu observer en tant que membre d'une culture particulière. L'observation participante ouverte v/s clandestine : Dans l'OP ouverte ; le chercheur observe son terrain après en avoir informé les acteurs et obtenu leur accord au préalable. Le risque de ce type d'OP est de générer des changements artificiels de comportements (effet Hawthorn). Dans le cas d'une OP clandestine, le chercheur observe son terrain sans en informer au préalable les acteurs impliqués. Ce type d'OP permet d'étudier des groupes sociaux fermés ou traditionnellement peu favorables aux analyses extérieures mais peut générer des problèmes liés aux questions d'éthique.

Une solution consiste à organiser la prise de note autour de cinq axes :

- Les constats et paroles : ce qui se passe réellement, en dehors de nous-mêmes. On peut y retrouver des gestes ou des paroles prononcées telles quelles par les participants.
- Les adhérences subjectives : informations tirées d'indices, d'impressions, de sentiments (ex : Y a l'air énervée, elle s'exprime de manière agressive).
- Les interprétations sauvages : interprétations réalisées à chaud, sur le terrain (ex : le fait de prendre le temps permet d'en gagner).
- Les pistes et perspectives : idées d'approfondissement comme des livres à lire, des sujets à creuser (ex : le parcours-client lors d'un webrooming est-il différent de celui en showrooming ?).
- Les méta-réactions : nos réactions affectives vis-à-vis de l'objet de recherche (ex : je suis triste de voir ce consommateur manipulé par ce vendeur).

[...] L'utilisation d'un carnet de recherche de ce type permet ainsi d'introduire de la réflexivité au sein de la démarche et de tenir compte de la subjectivité de l'analyste qui n'assimile pas ses déductions (adhérences subjectives) aux faits qu'il a réellement pu observer (constats et paroles). La prise en compte de ses méta-réactions permet aussi d'éviter tant que faire se peut les biais liés à son affectivité lors de l'analyse des résultats et évite ainsi d'accorder une importance démesurée à un événement sous prétexte qu'il a choqué ou touché.

21. D'Arripe Agnès, *La posture du chercheur dans l'observation participante : de la trahison à la culpabilité*, ANTROPOlógicas 2015, n° 13.

3.2.3 *Avantages et limites de la netnographie*

Différents avantages et limites, comme décrits ci-dessous, peuvent être identifiés.

TABLEAU 6.10 : *Avantages et limites de la netnographie*[22]

Avantages	Limites
• Permet de s'intéresser à des phénomènes marginaux de consommation • Méthode peu importune et naturelle (contexte non fabriqué pour les besoins de l'étude, le milieu étudié n'est pas ou peu perturbé par l'étude) • Entrée facilitée dans la communauté (pas de voyage à faire, pas besoin d'accréditation, etc.) • Méthode économique en temps (accès aux données plus rapide, retranscription des données automatique) • Pas de barrières spatiales ou temporelles • Permet un accès continu aux informateurs	• Identité des informateurs incertaine (travestissement du moi numérique) • Délicate généralisation des résultats • Méthode peu exhaustive (elle n'étudie que les consommateurs réunis dans la communauté étudiée ; elle n'étudie que les actes communicationnels et pas le comportement complet des sujets) • Difficulté de trouver une communauté adéquate dans un contexte belge, français ou francophone • Elle nécessite des talents particuliers (empathie, sens de l'observation, etc.) sans qu'il existe de moyens spécifiques pour les développer • Les conclusions d'une netnographie ne sont jamais définitives et soulèvent souvent plus de questions qu'elles n'apportent de réponses, sans être toujours très utiles au marketing • Distanciation du chercheur

3.3 Recherche empathique

La recherche empathique[23] — en anglais *Emphatic Research* — popularisée par des entreprises comme IDEO ou FROG, est considérée comme un précurseur de la conception axée sur l'homme. Elle se présente souvent sous la forme de l'observation participante[24] et de l'immersion au sein des communautés avec l'objectif de comprendre les besoins latents des clients. Contrairement à l'écoute sociale et à la netnographie, la recherche em-

22. BERNARD Yohan, *op. cit.*

23. La recherche empathique repose sur l'observation des consommateurs plutôt que sur les études de marchés traditionnelles. Elle observe avec empathie et identifie les besoins latents des consommateurs afin de créer des produits dont les consommateurs ne savent même pas qu'ils souhaitent ou, des solutions que les clients ont des difficultés à envisager en raison du manque de familiarité avec les possibilités offertes par les nouvelles technologies ou parce que l'idée suggérée est perçue comme trop avant-gardiste.

24. L'observation participante — en anglais *participatory observation* — consiste à immerger des observateurs dans la vie des communautés. Ils y partagent leurs expériences. L'observation participante désigne, par extension, le travail de terrain en son ensemble, depuis l'arrivée du chercheur sur le terrain, quand il commence à en négocier l'accès, jusqu'au moment où il le quitte après un long séjour.

phatique nécessite observation interpersonnelle, dialogue, brainstorming et la collaboration entre les chercheurs et les membres de la communauté pour réaliser une synthèse pertinente. Ainsi, la recherche emphatique est la méthode la plus proche de l'ethnographie traditionnelle.

Pour garantir une vision humaine, globale et riche, le processus de recherche implique généralement une équipe multidisciplinaire composée de psychologues, d'anthropologues, de concepteurs de produits, d'ingénieurs et de spécialistes du marketing. Les membres de l'équipe se rendent généralement dans des communautés de consommateurs et observent leurs frustrations et repèrent leurs comportements inhabituels. D'origines différentes, chaque membre de l'équipe s'occupe d'un aspect particulier de la recherche. De ce fait, ils doivent rassembler et synthétiser leurs résultats avec une série de séances de remue-méninges ou brainstorming. Les idées ainsi produites conduisent généralement à un développement de nouveaux produits, à une nouvelle expérience-client ou à une nouvelle campagne de marque qui rend souvent les clients agréablement surpris.

Si l'ethnographie facilite la génération d'idées par rapport à des utilisateurs spécifiques et à l'utilisation de scénarios, elle ne permet pas de savoir lesquelles satisferont un public plus large. D'où l'intérêt d'utiliser des méthodes complémentaires qui évoluent plus efficacement et qui valident de manière quantitative la recherche. Il s'agit notamment de contextualiser les observations individuelles dans le cadre d'une connaissance axée sur les données du marché. Ainsi, l'analyse de segmentation peut être utilisée pour défier la pensée des utilisateurs actuels et potentiels, classant les consommateurs en groupes saillants, parfois inattendus, qui reposent sur des données d'enquête. Ainsi, les groupes qui défient les segments démographiques traditionnels peuvent être liés par des facteurs plus pertinents, tels que les comportements ou attitudes vers la technologie.

MÉTHODOLOGIE UTILISÉE POUR LA REFONTE D'UN INTRANET D'ENTREPRISE

Une entreprise envisage de revoir la conception de son intranet. Comme elle n'a pas la possibilité de questionner individuellement les centaines de milliers d'employés de l'organisation, répartis dans une trentaine de pays, elle décide d'interroger 10 000, au hasard, d'entre eux en ligne sur leur expérience de l'Intranet. Qu'ont-ils aimé ? Qu'ont-ils détesté ? Comment les choses pourraient-elles être meilleures ?

Les répondants sont ensuite invités à prioriser le contenu qui leur importe, puis à répondre à des questions ouvertes, dans lesquelles ils pouvaient exprimer librement ce qu'ils veulent.

Les données collectées sont ensuite codées quantitativement de manière à obtenir une classification par thématiques telles que « C'est lent » ou « Je ne trouve pas ce que je cherche ».

Certaines idées peuvent être limitées à des régions ou des entités commerciales spécifiques, tandis que d'autres sont évoquées par presque tous les répondants. La synthèse de milliers de pages d'onglets s'effectue, ensuite, en prenant en compte les idées tirées de recherches secondaires, d'entrevues avec des intervenants, de pratiques exemplaires de l'industrie et le point de vue du chercheur pour formuler une recommandation stratégique.

4 AVANTAGES ET LIMITES DES ÉTUDES PAR OBSERVATION

La méthode présente de nombreux avantages mais connaît aussi des limites.

TABLEAU 6.11 : *Méthodes basées sur l'observation*

Avantages	Inconvénients
• Plus grande objectivité et précision dans l'enregistrement des informations (pas de risque de modification du comportement en cours d'observation) ; • Enregistrement des comportements de manière détaillée ; • Absence de biais résultant de l'interaction enquêteur — enquêté. Pas de problèmes de compréhension, d'ambiguïté du langage, de résistance ou de mémorisation ; • Possibilité d'enregistrer des comportements de façon très détaillée ; • Meilleur contrôle des problèmes de réticence et de mémorisation de la part des enquêtés ; • Méthode discrète et rapide.	• Impossibilité d'obtenir des informations sur les intentions, les comportements antérieurs, les motivations, images, etc. ; • Biais lié à l'enquêteur lorsque l'observation et l'enregistrement du comportement font appel à son jugement ; • Problèmes délicats d'interprétation des données d'observation recueillies à l'aide d'appareillages électromécaniques ; • Méthode parfois longue et coûteuse.

Pour atténuer ces inconvénients, plusieurs **solutions méthodologiques** existent :

- *Combiner la méthode* avec d'autres techniques de collecte des données comme l'enquête qualitative, quantitative ou l'expérimentation ;
- *Utiliser les méthodes d'échantillonnage* (probabilistes ou empiriques) et choisir un échantillon de taille suffisante ;
- *Travailler avec des sujets volontaires* (panélistes ou autres). Dans ce cas, il convient d'être attentif au biais lié à « *l'effet d'apprentissage* ». Une personne, interrogée régulièrement, identifie la procédure et répond ou agit en fonction des attentes de l'observateur ;

- *Equiper les volontaires d'instruments automatiques* d'observation tel qu'audimètre, carte d'identification à puce ou à piste magnétique à la caisse équipée d'un scanner ;
- *Transmettre en temps réel les informations recueillies*, notamment sur plusieurs points de vente simultanément.

Vu la richesse et les qualités intrinsèques propres à la collecte de données par observation, le chercheur doit veiller à intégrer cette méthodologie dans le processus global de recherche afin de répondre aux objectifs de celle-ci.

QUESTIONS

1. Quels sont les avantages et inconvénients des enquêtes par observation ?
2. En matière de validité, peut-on considérer que les enquêtes par observation présentent de meilleures garanties tant en ce qui concerne la validité interne que la validité externe ?
3. Comparez les avantages et limites des différents types d'enquête (qualitatif, par observation, par expérimentation, par interrogation).
4. À quel type d'études (exploratoire, descriptive, causale) s'adresse l'enquête par observation ?
5. Quels sont les éléments de la démarche scientifique qui sont le moins respectés lors d'une enquête par observation ?

CHAPITRE 7

ÉTUDES PAR EXPÉRIMENTATION

1 Introduction

2 Modèle expérimental

3 Notion de causalité

4 Plans informels

5 Expérimentation formelle

6 Conditions de validité

7 Avantages et limites

1 INTRODUCTION

> *« L'expérimentation est l'observation objective de phénomènes qui surviennent dans une situation strictement contrôlée et dans laquelle un ou plusieurs facteurs sont manipulés alors que les autres sont gardés constants. »*

L'expérimentation permet de mettre en évidence les effets d'une variable sur une autre variable. Loin d'être l'exclusivité du marketing, elle est très souvent utilisée en sciences exactes ou en sciences sociales et plus particulièrement en psychologie.

L'observation seule, en effet, ne suffit pas. Elle ne permet pas de contrôler ou de neutraliser les différents paramètres en jeu et son interprétation reste discutable. De plus, l'observateur risque d'introduire des biais suite à sa présence — comportements réactionnels — et il n'est pas aisé de se limiter de manière stricte aux données observées.

L'interprétation des résultats ne peut souvent se limiter à l'analyse des corrélations. Celle-ci, si elle permet au chercheur de détecter une éventuelle relation entre deux ou plusieurs variables et d'en mesurer l'importance, ne permet pas d'affirmer qu'il y a une relation de cause à effet entre ces variables.

Seule l'expérimentation permet de vérifier les relations de causalité entre deux variables.

2 MODÈLE EXPÉRIMENTAL

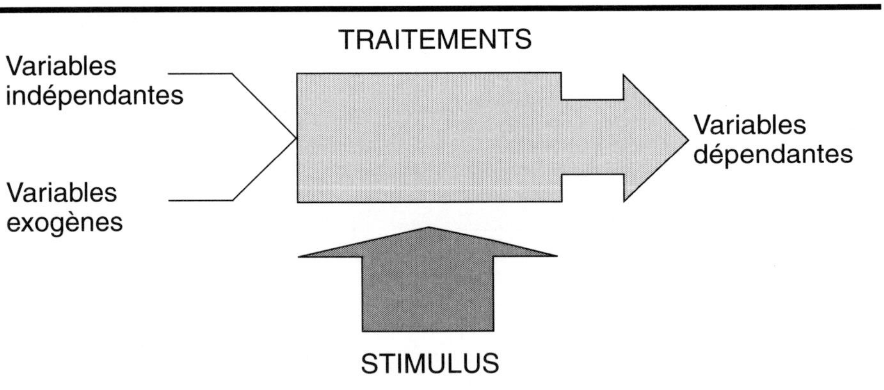

Figure 7.1 : *Modèle expérimental*

Le terme « *variable* » s'applique à un facteur marketing quelconque qui peut être mesuré ou manipulé (prix, ventes, publicité, etc.). Ce facteur peut être qualitatif (couleur de l'emballage, appréciation de la publicité, etc.) ou quantitatif (montant des dépenses publicitaires, quantités vendues, etc.).

La variable manipulée est appelée « *variable indépendante* ». La variable qui sera influencée par une autre variable, qui dépend d'une autre variable sera appelée « *variable dépendante* ».

Lors d'une expérimentation en marketing, le chercheur manipule donc une variable indépendante et évalue les répercussions de cette manipulation sur une ou plusieurs variables dépendantes.

La variable indépendante est celle qui est manipulée (traitement), tandis que la variable dépendante est celle qui est mesurée.

INTERPRÉTATION ERRONÉE DES RÉSULTATS : LES OBÈSES ONT PLUS DE RISQUES DE MOURIR... SUR LA ROUTE

Au départ, une annonce de la chaîne TF1[1] : Une étude scientifique l'affirme : les conducteurs obèses sont plus susceptibles de mourir lors d'une collision sur la route que les personnes de poids normal. En cause : leur moins bonne santé et le moins bon fonctionnement du mécanisme des ceintures de sécurité pour ces personnes.

Outre une morbidité accrue en raison des risques de maladies cardiaques, les personnes atteintes d'obésité souffrent également d'une plus forte tendance à mourir dans des accidents de voiture. C'est en substance ce qu'explique une étude publiée mardi dans une revue scientifique britannique, le British Medical Journal (BMJ).

Pour arriver à ces conclusions, les chercheurs de l'Université de Californie (Berkekey) et de West Virginia ont eu l'idée d'exploiter les données d'un système national américain d'enregistrement des accidents de la route, avec plus de 57.000 collisions répertoriées de 1996 à 2008. Ils se sont concentrés sur les accidents entre voitures particulières où l'impact a été violent et a entraîné la mort d'au moins un conducteur. « *L'analyse a montré que le risque de décès augmentait avec l'obésité du conducteur, selon la classification de l'Organisation mondiale de la Santé (OMS), qui classe l'obésité du niveau I au niveau III* », selon le BMJ. Au niveau I d'obésité, les conducteurs obèses ont 21 % de risque en plus de mourir dans un accident par collision par rapport aux conducteurs avec un poids normal. Au niveau II, le risque supplémentaire est de 51 % et au niveau III, le risque est 80 % plus élevé (?).

Les hommes en sous-poids également moins protégés

Les auteurs de l'étude suggèrent que « *les conducteurs obèses sont plus susceptibles d'avoir des problèmes de santé, ce qui contribue à un risque accru de décès en cas d'accident* ». Mais ils pointent une autre explication : le moins bon fonctionnement des ceintures de sécurité pour les personnes en surpoids important. Des « *crash tests* » (simulations de collisions) réalisés

1. Source : TF1, *http://nog.tf1n.eu.iogw.com/brw/lci.tf1.fr/science/sante/les-obeses-ont-plus-de-risque-de-mourir-sur-la-route-7785700.html?da=1,* Janvier 2013.

sur des cadavres humains ont montré que les ceintures de sécurité étaient moins efficaces pour maintenir le corps des personnes obèses contre le siège en raison « *des tissus mous supplémentaires* » au niveau du ventre. Pour les auteurs de l'étude, « *il se peut que les voitures soient bien conçues pour protéger des occupants de poids normal, mais déficientes pour les occupants en surpoids ou obèses* ».

À noter que l'étude montre au passage que les hommes en sous-poids sont également plus susceptibles de mourir dans une collision par rapport aux conducteurs de poids normal, mais de manière « *modérée* » avec un risque accru de 19 %.

L'étude[2]

Selon l'étude, un obèse modéré voit son risque de décès s'accroître de +21 % au cours d'un choc violent en voiture en comparaison avec un non obèse, et ce risque grimpe à + 56 % pour une personne présentant une obésité morbide (IMC>40).

« *La sévérité d'un accident de voiture dépend de complexes interactions entre de multiples facteurs biomécaniques, incluant la vitesse de décélération à l'impact, l'utilisation d'une ceinture de sécurité, l'existence d'airbags, le type de véhicule, le poids et le type d'impact (frontal, latéral...)* » explique un des auteurs de l'article, « *mais l'effet du poids sur les séquelles corporelles liées à l'accident n'a jamais été évalué par les bases de données* ».

« *Les mannequins utilisés au cours des crash tests ont permis de sauver des vies en montrant comment un corps humain régissait lors d'un impact, mais ils que des informations correspondant à des individus de taille et de poids normaux. Créer des mannequins représentant des patients obèses permettrait de mieux comprendre comment il est nécessaire d'adapter les véhicules* » explique l'auteur de l'article, le docteur Dietrich Jehle, « *il faudrait par exemple améliorer la capacité d'ajustement et de recul des sièges, et construire des véhicules qui possèdent plus d'espaces entre les sièges et la colonne de direction* ». Faire des tests avec des mannequins correspondant à des individus ayant un IMC supérieur à 25 apporterait une sécurité supplémentaire à presque 30 % de la population [américaine].

Méthodologie

Lors de cette étude réalisée aux États-Unis, les auteurs ont répertorié les accidents sévères ayant impliqué 2 véhicules (hors camions) entre 2000 et 2005. 155 584 accidents correspondaient aux critères d'un accident grave.

2. Source : Jehle d., Gemme s., Jehle c., *Influence of obesity on mortality of drivers in severe motor vehicle crashs*, The American Journal of Emergency Medicine, 2010. L'étude a été financée en partie par une subvention de la Federal Highway Administration (DTFH61-98-X-00103), allouée au Centre de recherches sur les blessures de transport et de l'Université de Buffalo Calspan Research Center, Buffalo, État de New York, USA.

Les conducteurs ont été classés en fonction de leur Indice de Masse Corporelle, en différentes catégories : en sous-poids, normal, surpoids, faiblement obèse, moyennement obèse et obésité morbide.

Analyse

Si l'existence d'une corrélation est bien réelle, le risque de décès évolue avec la surcharge pondérale. Il augmente aussi chez les hommes en sous-poids. Le risque de décès augmente avec le poids sur base de la comparaison entre le surpoids et le poids normal (mesure de l'OR). À la lecture du classement ci-dessous, la recherche conclut que le risque de décès est supérieur en cas de sous-poids ou d'obésité moyenne ou morbide. Est-ce donc le surpoids qui est la cause ou le fait que la sécurité du véhicule automobile est adaptée à un profil moyen et non à des différences par rapport à ce profil (sous ou sur-poids) ? Conclusion : le raccourci pris par le média pour accrocher le public est erroné.

Analyse statistique

L'ordre du plus bas au plus élevé suit le classement suivant (OR, intervalle de confiance à 95 %, significativité) : Surpoids (OR, 0.952 ; 0.911-0.995 ; P = .0293) ; Légèrement obèse (OR, 0.996 ; 0.966-1.026 ; P = .7758) ; Poids normal (OR, 1) ; Sous-poids (OR, 1.115 ; 1.035-1.201 ; P = .0043) ; Moyennement obèse (OR, 1.212 ; 1.128-1.302 ; P < .0001) ; Obésité morbide (OR, 1.559 ; 1.402-1.734 ; P < .0001).

Interprétation statistique

L'odds ratio[3] (OR), également appelé rapport des chances, rapport des cotes ou risque relatif rapproché, est une mesure statistique, souvent utilisée

3. L'odds ratio est proche du risque relatif lorsque le nombre événements est faible. En d'autres termes, si p est petit alors p/(1-p) est à peu près égal à p. Si la survenue d'un événement arrive dans le groupe A est p, et dans le groupe B, le rapport des chances est : $\frac{p/(1-p)}{q/(1-q)} = \frac{p/(1-q)}{q/(1-p)}$.

L'odds ratio est toujours supérieur ou égal à zéro. Si l'odds ratio est proche de 1, la maladie est indépendante du groupe, supérieur à 1, la maladie est plus fréquente dans le groupe A que dans le groupe B ; bien supérieur à 1, la maladie est beaucoup plus fréquente dans le groupe A que dans le groupe B ; Inférieur à 1, la maladie est moins fréquente dans le groupe A que dans le groupe B ; proche de zéro, la maladie est beaucoup moins fréquente dans le groupe A que dans le groupe B.

Par exemple, supposons que dans un échantillon de 100 individus de sexe masculin eu un accident de la route la semaine en cours, 90 sont obèses, tandis que dans un échantillon de 100 individus de sexe féminin dans le même cas, 20 dont obèses. L'odds ratio correspondant est de 36 : $\frac{0,9/0,1}{0,2/0,8} = \frac{0,9 \times 0,8}{0,1 \times 0,2} = \frac{0,72}{0,02} = 36$

Un odds ratio de 36 signifie que le risque lié à l'obésité serait bien plus fréquent chez les 100 individus de sexe masculin que chez les 100 individus de sexe féminin. On utilise souvent le logarithme de l'odds ratio. p < 0,01 signifie que le risque de se tromper est inférieur à 1 %.

en épidémiologie, exprimant le degré de dépendance entre des variables aléatoires qualitatives. Il est utilisé en inférence bayésienne et en régression logistique, et permet de mesurer l'effet d'un facteur. Il se définit comme le rapport de la cote d'un événement arrivant à un groupe A d'individus, par exemple un accident, avec celle du même événement arrivant à un groupe B d'individus. Les cotes sont à interpréter comme suit : 3 contre 1 signifie la personne a une chance sur 3 d'être accidentée.

Par exemple, supposons que dans un échantillon de 100 individus de sexe masculin eu un accident de la route la semaine en cours, 90 sont obèses, tandis que dans un échantillon de 100 individus de sexe féminin dans le même cas, 20 dont obèses. L'odds ratio correspondant est de 36 :

Un odds ratio de « 36 » signifie que le risque lié à l'obésité serait bien plus fréquent chez les 100 individus de sexe masculin que chez les 100 individus de sexe féminin. On utilise souvent le logarithme de l'odds ratio.

$p < 0{,}01$ signifie que le risque de se tromper est inférieur à 1 %.

3 NOTION DE CAUSALITÉ

Il existe plusieurs méthodes pour étudier une relation causale (MILL, 1874).

3.1 Méthode de la concordance

La causalité est identifiée par l'observation d'éléments communs dans la répétition d'un événement.

Supposons que le premier jour, un chercheur compare deux linéaires d'un magasin. Le premier est réservé à une poudre à lessiver, le second à de la pâte à tartiner. Les résultats de son analyse montrent que la pâte à tartiner présente un chiffre d'affaires plus grand que la poudre à lessiver et que la taille du linéaire de la pâte à tartiner est inférieure à celle de la poudre à lessiver.

Le second jour, il compare toujours le linéaire de la poudre à lessiver à un autre de conserves de fruits. Là aussi, la taille du linéaire réservé aux conserves est inférieure à celle de la poudre à lessiver.

Conclusion du chercheur *: plus la taille du linéaire est petite, plus le chiffre d'affaires est important. Cette conclusion simpliste est, bien sûr, erronée. Le chercheur a oublié de tenir compte d'autres variables telles que, par exemple, les caractéristiques du magasin, de la clientèle, des produits.*

3.2 Méthode de la différence

Il s'agit d'observer la causalité par observation des effets résultant de deux situations totalement similaires, excepté une dimension.

Reprenons l'exemple ci-dessus. Le chercheur doublera le linéaire de poudre à lessiver dans un cas, alors qu'il restera le même dans l'autre cas, pendant une certaine durée, pour une même marque.

S'il existe une différence entre les chiffres d'affaires, le chercheur pourra conclure à l'existence d'une causalité. Cette méthode, plus efficace, ne permet cependant pas d'assurer un contrôle rigoureux des variables exogènes.

3.3 Méthode conjointe concordance-différence

Synthèse des deux méthodes précédentes, elle consiste à utiliser comme source d'hypothèse, la méthode de concordance qui sera testée par la méthode de la différence.

Dans l'exemple ci-dessus, l'hypothèse « *plus le linéaire est petit, plus le chiffre d'affaires est élevé* », sert d'hypothèse à l'expérimentation proposée suivant la méthode de la différence. Si l'hypothèse est vérifiée, le linéaire deux fois plus grand devrait produire moins de ventes de poudre à lessiver que le linéaire simple. Cette hypothèse sera certainement rejetée.

3.4 Méthode de la variation concomitante

L'existence de la causalité est déterminée si toute variation de la variable indépendante génère une variation de la variable dépendante.

Ainsi, si le chercheur fait varier la taille du linéaire de la poudre à lessiver dans plusieurs magasins différents et que les ventes de ce produit augmentent avec le linéaire, la causalité apparaît.

Dans ce cas, la causalité se traduit, dans cette méthode, par la détermination d'une corrélation entre la variable dépendante et la variable indépendante.

4 PLANS INFORMELS

Dès que le type de causalité est sélectionné, le chercheur s'intéressera au type de plan qui sera utilisé. Dans le cas d'un plan informel, il n'y a pas d'affectation aléatoire des unités-tests aux divers traitements. Conséquence pratique, la mesure de l'erreur associée aux résultats n'est pas possible. Autrement dit, rien ne prouve que les résultats sont significatifs.

X = traitement effectué
O = variable dépendante

4.1 Plan « ex post facto »

La variable indépendante est manipulée, la variable dépendante est mesurée par la suite.

$$X \rightarrow O$$

Ce plan est très souvent utilisé en marketing (mesure d'une action de publicité, marché-test...).

Nombreux sont les raisonnements marketing qui s'inspirent de ce plan. « *Le concurrent A a baissé ses prix, les ventes de B ont baissé* ». La cause de la baisse des ventes de B est attribuée à la baisse des prix de A. Peut-on considérer qu'il s'agit bien de cette causalité ? On peut en douter. Car les variables exogènes ne sont pas contrôlées dans ce type de plan. C'est son handicap majeur.

4.2 Plan « avant après sans contrôle »

La variable dépendante est mesurée avant et après le traitement.

$$O_{avant} \rightarrow X \rightarrow O_{après}$$

L'effet sera égal à la différence entre $O_{après}$ et O_{avant}.

Le chercheur observe les ventes de pâtes alimentaires. Ensuite il double son linéaire et par la suite observe à nouveau les ventes.

Malheureusement, les variables exogènes ne sont pas contrôlées dans ce type de plan. En fait, le chercheur supposera que ses ventes sont restées constantes. Mais si les ventes analysées correspondent à celles du lundi pour O_{avant} et celles de vendredi (jour d'affluence dans le magasin) à $O_{après}$, le raisonnement est erroné. De plus, de nombreux événements, extérieurs à la taille du linéaire, ont pu se produire entre les deux mesures.

Ce plan très utilisé en marketing n'est validé que dès le moment où le chercheur a réussi à maîtriser les variables exogènes. Il n'est pas possible de distinguer l'effet du traitement, des effets d'histoire, de maturation, d'interaction ou de sélection.

4.3 Plan « après avec contrôle »

La variable indépendante est manipulée. Les variations de la variable dépendante sont observées et comparées à celles d'un groupe d'unités non soumises au traitement.

$$\begin{array}{l} X \rightarrow O_1 \\ \quad\;\; O_2 \end{array}$$

L'effet sera égal à la différence entre O_1 et O_2.

Le chercheur double son linéaire et par la suite observe les ventes (O_1). Il compare ce résultat aux ventes d'un linéaire (O_2) d'un autre magasin pour lequel la taille n'a pas été modifiée.

La sélection du magasin dont le linéaire formera le groupe de contrôle est relativement délicate. Il faut qu'il soit totalement comparable au magasin soumis au test.

Ce plan n'est validé que dès le moment où le chercheur peut garantir que le magasin de référence (groupe de contrôle) est identique en tous points au magasin soumis au traitement.

4.4 Plan « avant après avec contrôle »

Il s'agit d'une combinaison des deux plans précédents.

$$\begin{array}{l} O_{avant} \rightarrow X \rightarrow O_{après} \\ O'_{avant} \longrightarrow O'_{après} \end{array}$$

L'effet sera égal à $(O_{après} - O_{avant}) - (O'_{après} - O'_{avant})$.
Le chercheur double son linéaire dans un magasin. Les ventes sont observées avant et après le traitement. Dans un second magasin, le chercheur observe les ventes ($O'_{après}$ et O'_{avant}) sans modifier le linéaire.
Le seul biais possible peut provenir d'une réaction au traitement des unités testées (effet d'interaction). C'est souvent le cas en publicité où les unités testées (les consommateurs) peuvent comprendre l'objectif de la recherche et réagir à celui-ci (« *Je ne me laisse pas manipuler par la publicité* »). Par contre, les effets d'histoire et de test sont neutralisés. L'effet de mortalité peut apparaître dans les résultats si la composition des groupes a changé entre les mesures « *avant* » et « *après* ».

4.5 Plan « avant après et après seulement avec contrôle »

Il s'agit d'une combinaison particulièrement efficace des plans précédents. C'est aussi le plus complexe. En effet, le chercheur utilise 4 groupes et 6 mesures différentes.

$$\begin{array}{l} O_{avant} \rightarrow X \rightarrow O_{après} \\ O'_{avant} \longrightarrow O'_{après} \\ \quad X \rightarrow O''_{après} \\ \quad O'''_{après} \end{array}$$

Ce plan est sans contexte le meilleur des plans analysés jusqu'à présent. D'autant plus que plusieurs effets peuvent être mesurés.

Effet du stimulus : $[O''_{après} - (O_{avant} + O'_{avant})/2] - [O'''_{après} - (O_{avant} + O'_{avant})/2]$

Effet de maturation : $(O'_{après} - O'_{avant}) - [O'''_{après} - (O_{avant} + O'_{avant})/2]$

Effet d'interaction : $(O_{après} - O_{avant}) - [O''_{après} - (O_{avant} + O'_{avant})/2] - (O'_{après} - O'_{avant}) - [O'''_{après} - (O_{avant} + O'_{avant})/2]$

Effet d'histoire : $[O''_{après} - (O_{avant} + O'_{avant})/2] - (O''_{après}\ O'''_{après})$

Effet de test : $[O'''_{après} - (O_{avant} + O'_{avant})/2] - [(O''_{après} - (O_{avant} + O'_{avant})/2) - (O''_{après} - O'''_{après})]$

Malheureusement, ce plan est peu usité en marketing vu sa complexité mais demeure le meilleur des plans informels.

Tableau 7.1 : *Plans informels*

Caractéristiques des plans informels						
	AVANT — APRÈS SANS CONTRÔLE		APRÈS AVEC CONTRÔLE		AVANT — APRÈS AVEC CONTRÔLE	
PÉRIODE DE MESURE	**groupe test**	**groupe contrôle**	**groupe test**	**groupe contrôle**	**groupe test**	**groupe contrôle**
Mesure avant traitement	OUI	NON	NON	NON	OUI	OUI
Réalisation du test	OUI	NON	OUI	NON	OUI	NON
Mesure après traitement	OUI	NON	OUI	OUI	OUI	OUI

Plans informels et contrôle de la validité interne					
PÉRIODE DE MESURE	**EX POST FACTO**	**AVANT — APRÈS SANS CONTRÔLE**	**APRÈS AVEC CONTRÔLE**	**AVANT — APRÈS AVEC CONTRÔLE**	**AVANT — APRÈS APRÈS AVEC CONTRÔLE**
Effet d'histoire	non contrôlé	non contrôlé	contrôlé	contrôlé	contrôlé
Effet de maturation	non contrôlé	non contrôlé	contrôlé	contrôlé	contrôlé
Effet d'interaction	non contrôlé	non contrôlé	contrôlé	non contrôlé	contrôlé
Effet de test	non contrôlé sauf observation	non contrôlé sauf observation	non contrôlé sauf observation	contrôlé	contrôlé
Variation instrument de mesure	non contrôlé	contrôlable	contrôlable	contrôlable	contrôlable
Effet de sélection	contrôlable	contrôlable	contrôlable	contrôlable	contrôlable
Effet de mortalité	parfois contrôlable	parfois contrôlable	parfois contrôlable	parfois contrôlable	parfois contrôlable

L'effet de test est toujours difficile à maîtriser lorsqu'il *s'agit de personnes dans le cas de recueil d'information par expérimentation ou communication. On l'évite quand on utilise l'observation.*
La variation de l'instrument de mesure *se contrôle par des consignes strictes qui visent à l'uniformisation du recueil des données et ainsi évitent des biais dans le comportement des enquêteurs.*
L'effet de sélection *disparaît quand la sélection des unités à tester est aléatoire. Il n'y a que dans ce cas que des comparaisons sont possibles.*
L'effet de mortalité *est provoqué par la disparition d'unités de test au cours de l'expérimentation. Il est parfois possible de le contrôler par un suivi des non-réponses qui, analysées, doivent permettre de conclure au comportement identique des unités actives et de celles qui ont abandonné l'expérimentation.*

ANALYSER L'IMPACT D'UN FILM PUBLICITAIRE ANTI-TABAC

De manière à isoler l'effet d'impact du film publicitaire considéré comme le stimulus à analyser, le chercheur va développer un plan expérimental qui s'intéresse à la perception de différents types d'individus :

Des sujets qui ont été sensibilisés à la problématique de la consommation de tabac et qui ont participé à une prévision du film publicitaire anti-tabac.

Des sujets qui n'ont pas été sensibilisés à la problématique de la consommation de tabac et qui n'ont pas participé à une prévision du film publicitaire anti-tabac.

Des sujets qui n'ont pas été sensibilisés à la problématique de la consommation de tabac et qui n'ont pas été soumis au film publicitaire anti-tabac.

Des sujets qui n'ont pas été sensibilisés à la problématique de la consommation de tabac et qui ont été soumis au film publicitaire anti-tabac.

Chaque profil de répondants est soumis ou pas, comme présenté dans le tableau ci-dessous, à une enquête préalable, à un conditionnement préalable, à la diffusion du spot, à des enquêtes postérieures à la diffusion (1 mois après et 6 mois après).

Groupes sujets	Avant campagne TV	Diffusion du film	Après campagne TV	
	(t – 1)	(t)	(t + 1)	(t + 6)
Sujets préparés et soumis $O_{avant\ 1}$	Sensibilisation aux problèmes d'assuétudes (tabac) Vision des images Mesure des perceptions en matière de tabac, profils tabagiques $X_{prévision}$	$X_{diffusion}$	Mesure des perceptions en matière de tabac, profils tabagiques $O_{après\ 1}$	Mesure des perceptions en matière de tabac, profils tabagiques $O_{après\ 6\ mois\ 1}$
Sujets préparés et soumis $O_{avant\ 2}$	Mesure des perceptions en matière de tabac, profils tabagiques $X_{prévision}$	$X_{diffusion}$	Mesure des perceptions en matière de tabac, profils tabagiques $O_{après\ 2}$	Mesure des perceptions en matière de tabac, profils tabagiques $O_{après\ 6\ mois\ 2}$
Sujets non préparés et non soumis			Mesure des perceptions en matière de tabac, profils tabagiques $O_{après\ 3}$	Mesure des perceptions en matière de tabac, profils tabagiques $O_{après\ 6\ mois\ 3}$
Sujets non préparés et soumis		$X_{diffusion}$	Mesure des perceptions en matière de tabac, profils tabagiques $O_{après\ 4}$	Mesure des perceptions en matière de tabac, profils tabagiques $O_{après\ 6\ mois\ 4}$

Ce plan informel permet d'analyser différents effets et d'isoler l'effet spécifique du stimulus. De manière à vérifier la persistance de l'action du film publicitaire, une seconde mesure est organisée 6 mois plus tard.
Dix paramètres d'évaluation mesurent l'efficacité du film publicitaire anti-tabac.

Paramètre	Question de recherche
La notoriété	Combien de personnes se rappellent-elles avoir vu le message ? (notoriété spontanée, aidée, top of mind)
La reconnaissance	Combien de personnes ont-elles mémorisé le message ?
L'impact de la campagne	Combien de personnes se souviennent-elles du message ? Quel en est l'impact ? Quel en était le contenu ?
L'acceptation	La cible a-t-elle compris le message ? Le message était-il crédible ?
L'image du tabac	La cible a-t-elle perçu le tabac de manière négative ?
Les attitudes à l'égard du tabac	L'argumentation a-t-elle porté ? Le prospect peut-il croire ce qu'on lui affirme ?
L'implication	Le contenu latent du message, sa signification symbolique ont-elles provoqué dans l'esprit du public visé des associations défavorables au couple tabac — consommation ? Mesure du pouvoir réaliste et convaincant, de l'attrait, des critiques et des réponses émotionnelles.
Les intentions d'achat	La publicité a-t-elle provoqué un intérêt suffisant, pouvant aller jusqu'à l'arrêt ?
L'impact sur les ventes	Mesure de l'intention d'arrêter, de la non-consommation, de la diminution de consommation et de l'abandon (définitif ou temporaire).
L'exposition à la campagne	Il s'agit de mesurer le taux d'exposition aux différents médias et à la campagne.

De manière à prendre en compte le profil de chaque répondant, des éléments complémentaires sont introduits dans l'analyse comme les profils tabagiques de consommation (fumeurs, pré-contemplateurs), les motivations, l'environnement scolaire (autorisation, cadre coercitif d'interdiction, etc.), la connaissance et réceptivité face à divers programmes de prévention et à des campagnes de prévention plus larges axées sur « la santé », l'impact sur les échanges interpersonnelles en fonction du statut (fumeur, non fumeur, fumeur régulier, fumeur occasionnel,...), des contraintes de consommation (autorisée, refusée) et des habitudes média dans la mesure où le film publicitaire est diffusé en télévision.

5 EXPÉRIMENTATION FORMELLE

Dans ce type de plan, l'erreur de mesure est quantifiable et l'impact de la variable indépendante sur la variable dépendante peut être calculé statistiquement. L'outil statistique utilisé sera l'analyse de la variance.

L'affectation aléatoire des unités-tests (par exemple, les magasins, les consommateurs, les téléspectateurs...) aux traitements devrait impliquer une répartition homogène des influences exogènes sur ces traitements.

Une remarque importante doit être faite : c'est l'analyse de la variance et non de la moyenne qui déterminera le caractère significatif de la relation.

5.1 Plan « complètement aléatoire »

Il s'agit de répartir, au hasard, les unités tests. Ce plan sera généralement utilisé lorsque le chercheur n'utilise qu'une seule variable indépendante.

TABLEAU 7.2 : *Plan complètement aléatoire*

Dans le cas d'une expérimentation sur la taille d'un linéaire, le chercheur a choisi 15 magasins. 5 seront aléatoirement affectés au premier stimulus (réduction de la longueur du linéaire de moitié), 5 ne seront affectés par aucun traitement (linéaire de longueur normale).
Pour les 5 derniers, le linéaire sera doublé. Il testera la vente de palettes de tonnelets de poudre à lessiver.

	Demi-linéaire	Linéaire normal	Double linéaire
Ventes par magasin (nombre de palettes)	16 15 18 12 17	22 16 17 14 20	24 29 21 14 26
moyenne	15,6	17,8	22,8
moyenne générale		18,7	

Comme on peut le remarquer, plus le linéaire accordé au produit est large, plus il s'en vend : 15,6 pour un demi-linéaire, 17,8 pour un linéaire normal et 22,8 quand il est doublé. Un test statistique approprié doit valider cette constatation.

	Demi-linéaire	Linéaire normal	Double linéaire
y = magasin mesuré	y1 y2 y3 y4 y5	y6 y7 y8 y9 y10	y11 y12 y13 y14 y15

La significativité des résultats mesurés repris dans le tableau ci-dessus sera testée par l'analyse de variance.

5.2 Plan « en blocs aléatoires »

Dans l'exemple précédent, le chercheur a considéré que les variables exogènes n'influençaient guère les unités statistiques ou que leur influence pouvait être considérée comme constante, quelle que soit l'unité statistique envisagée.

Si le chercheur suppose que ce n'est guère le cas, par exemple que la taille du magasin (la surface de vente) diffère d'une unité statistique à l'autre, il utilisera le plan en blocs aléatoires.

Tableau 7.3 : *Plan en blocs aléatoires*

En effet, dans l'exemple précédent, la surface de vente varie de 250 m² à 2 000 m². Le chercheur considérera que celle-ci peut avoir des conséquences pour l'impact du linéaire sur le chiffre d'affaires. La prise en considération de cette variable se matérialise par un plan d'expérience en blocs aléatoires. Si le chercheur dispose de 9 magasins, il les découpera en blocs. Chaque bloc sera fonction du nombre d'unités-tests et du nombre de traitements. Dans le cas de 9 unités-tests soumis à 3 traitements, chaque bloc comportera 3 unités-tests (9/3).
Les unités-tests (les magasins) sont classées par surface de vente (de la plus petite à la plus grande). Le chercheur affecte, ensuite, aléatoirement, les unités-tests aux 3 blocs. Le premier bloc reprend les 3 surfaces de vente les plus faibles et ainsi de suite, jusqu'au cinquième bloc qui reprendra les 3 surfaces de ventes les plus élevées.

Bloc n°	Magasins	Demi-linéaire	Linéaire normal	Double linéaire
1	1,2,3	1	2	3
2	4,5,6	4	5	6
3	7,8,9	7	8	9

NOTATION CARRÉE

Surface de vente	Demi-linéaire	Linéaire normal	Double linéaire
S_1	y_1	y_2	y_3
S_2	y_4	y_5	y_6
S_3	y_7	y_8	y_9

Y_i représente un magasin. Ils sont au nombre de neuf.

NOTATION EN LISTE

Identification du magasin	Surface de vente	Taille linéaire	Résultat
magasin 1	1	1	y_1
magasin 2	1	2	y_2
magasin 3	1	3	y_3
magasin 4	2	1	y_4
magasin 5	2	2	y_5
magasin 6	2	3	y_6
magasin 7	3	1	y_7
magasin 8	3	2	y_8
magasin 9	3	3	y_9

La notation en liste présente pour chaque magasin, le niveau atteint pour chaque variable. Ainsi, pour le magasin 1, la surface de vente sera égale à S1, et la taille du linéaire sera d'un demi-linéaire. Pour le magasin 2, la surface de vente est identique (S1) mais la taille du linéaire est normale. De nouveau, l'analyse de la variance permet de déterminer le caractère significatif des résultats.

Ce plan sera utilisé, de préférence, lorsqu'une variable exogène identifiable et contrôlable peut affecter la relation étudiée.

5.3 Plan en « carré latin »

Lorsque le chercheur soupçonne que deux variables exogènes identifiables et contrôlables peuvent affecter la relation étudiée, il utilisera le « *carré latin* ».

Ainsi, si dans le cas de la poudre à lessiver, la taille de la surface de vente et le jour de la semaine peuvent affecter les résultats, le chercheur utilisera le plan en carré latin.

3 niveaux de taille de linéaire sont analysés comme précédemment. 3 tailles de magasins seront prises en considération et les jours de la semaine seront regroupés en 3. En effet, il s'agit d'obtenir un carré (c'est-à-dire 4 côtés égaux).

Le carré latin ainsi constitué est appelé « *3 par 3* » car il possède 3 lignes et 3 colonnes. Il suffit d'affecter aléatoirement les traitements.

TABLEAU 7.4 : *Plan en carré latin*

Magasins	Lundi-mardi	Mercredi-jeudi	Vendredi-samedi
1,2,3	Demi-linéaire	Double linéaire	Linéaire normal
4,5,6	Double linéaire	Linéaire normal	Demi-linéaire
7,8,9	Linéaire normal	Demi-linéaire	Double linéaire

Plan d'expérience en carré latin, notation carrée — 3 facteurs : taille du linéaire, jour de vente, surface (suite)				
Jour de vente		**Demi-linéaire**	**Linéaire normal**	**Double linéaire**
Lundi-mardi		s_1y_1	s_1y_4	s_1y_7
Mercredi-jeudi		s_2y_2	s_2y_5	s_2y_8
Vendredi-samedi		s_3y_3	s_3y_6	s_3y_9

Plan d'expérience en carré latin, notation en liste — 3 facteurs : taille du linéaire, jour de vente, surface				
Identification du magasin	**Taille linéaire**	**Jour de vente**	**Surface de vente**	**Résultat**
magasin 1	1	1	1	y_1
magasin 2	1	2	2	y_2
magasin 3	1	3	3	y_3
magasin 4	2	1	2	y_4
magasin 5	2	2	3	y_5
magasin 6	2	3	1	y_6
magasin 7	3	1	3	y_7
magasin 8	3	2	1	y_8
magasin 9	3	3	2	y_9

Dans le cas du présent tableau, chaque traitement n'apparaît qu'une seule fois par ligne et par colonne. Le magasin 8 devra avoir un linéaire double (3), la mesure devra être faite le mercredi et jeudi (2) et sa surface de vente est petite (S1).

Les limites d'une pareille méthode apparaissent très logiquement : les contraintes de constitution du carré (même nombre de lignes, colonnes et de traitements) sont souvent difficiles à respecter ou sont tout au moins arbitraires. De plus, la limite de deux variables exogènes est aussi très contraignante.

Des versions améliorées existent cependant. Le « *carré gréco-latin* » permet d'intégrer trois variables et les plans d'ADDELMAN[4] résolvent d'autres problèmes.

Le problème de l'absence d'interactivité entre les variables demeure. En marketing, il est souvent très difficile de mesurer ces interactions. Il n'est pas possible de conclure systématiquement à la présence d'un phénomène additif.

5.4 Plan factoriel

Ce plan, le plus utilisé en marketing, présente l'avantage de mesurer les effets de deux ou plusieurs variables expérimentales ainsi que leurs interactions. De plus, le nombre de colonnes et de lignes ne doit pas être nécessairement égal au nombre de traitements.

Une seule contrainte demeure : le nombre d'observations par traitement (le nombre d'unités-tests) doit être identique dans toutes les combinaisons de variables indépendantes. S'il y a, par exemple, deux variables indépendantes, la première ayant 3 niveaux et la seconde 2, le plan factoriel sera de « 3x2 », soit 6 cellules.

Le tableau 7.5 montre tout de suite les limites d'intégrer un trop grand nombre de variables. En dépit de cela, le plan factoriel connaît un succès certain en marketing. D'autant que des méthodes de réduction de données existent.

Les « *plans d'ADDELMAN* » permettent non seulement de réduire considérablement le nombre d'unités-tests à interroger mais aussi de développer des plans expérimentaux asymétriques, à l'opposé des plans en *carré latin, gréco-latin ou hyper gréco-latin*.

Une condition essentielle doit être respectée : « *pour une estimation non corrélée des effets principaux et des effets d'interaction deux à deux, il est nécessaire et suffisant que chaque niveau d'attribut se présente face à chaque niveau d'un autre avec une fréquence proportionnelle à son apparition individuelle* ». Cette condition s'appelle condition de PLACKETT[5].

4. ADDELMAN S., *Orthogonal Main-Effect Plans for Asymetrical Factorial Experiments*, Technometrics, Vol. 4, n° 1, February, pp. 21-46. Et ADDELMAN S., *Symmetrical ans Asymetrical Fractional Factorial Plans*, Technometrics, Vol. 4, n° 1, February, pp. 47-58.

5. Pour plus d'informations, voir LAMBIN Jean-Jacques, *Op. cit.*, 1990, pp. 328-331.

TABLEAU 7.5 : *Plan factoriel*

Ainsi, dans l'exemple de la lessive, si le chercheur se pose la question de savoir si les résultats obtenus sont généralisables à un autre produit, une nouvelle variable indépendante apparaîtra dans le modèle : le produit.
Le chercheur sera en présence d'une variable de traitement : la taille du linéaire (demi-longueur, longueur standard, double longueur) et d'une variable indépendante : le produit (poudre à lessiver, pâtes, boîtes de conserve).
Or, le type de produit a un impact direct sur la taille du linéaire. Il suffit pour s'en convaincre de penser qu'une bouteille de bière influence différemment un linéaire qu'un tonneau de poudre mais que ces trois produits sont en interaction directe avec la taille du linéaire.
Le plan factoriel sera donc du type « 3 x 3 ». La variable dépendante sera les quantités vendues. Les unités-tests seront en nombre égal dans chaque cas. Dans cet exemple, 9 cases nécessitent d'utiliser au minimum un multiple de 9 soit, par exemple, 18 magasins (2 x 9).

Produits	demi linéaire	linéaire normal	double linéaire
poudre	100	200	250
pâtes	200	300	350
conserves	300	400	450

Le résultat de l'analyse sera le suivant

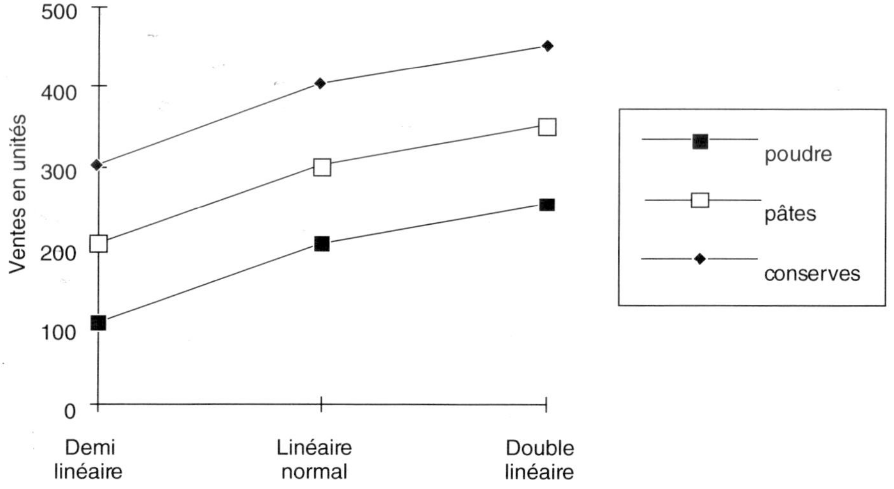

Comme le montre le graphique, à un accroissement du linéaire correspond un accroissement des ventes, quasi identique pour les 3 produits.
Cet exemple n'inclut que 2 facteurs. Si nous incluons un facteur complémentaire à 3 niveaux, comme la surface du magasin, le nombre de catégories atteindra 27 possibilités. 4 facteurs à 3 niveaux conduiront à 81 possibilités.

Les plans présentés sont illustratifs et montrent la manière de construire un plan en présence de quatre facteurs symétriques (exemple 1 : plan d'expérience gréco-latin), de cinq facteurs symétriques (exemple 2 : plan d'expérience hyper gréco-latin) ou encore en présence de quatre facteurs asymétriques (exemple 3 : plan d'ADDELMAN).

TABLEAU 7.6 : *Plan d'expérience gréco-latin*
4 facteurs : type de produit, taille du linéaire, jour de vente, surface

Jour de vente	Notation carrée			Notation en liste					
	Taille de linéaire								
	1/2 l	Lin.	2 lin.	N°	Produit	Taille lin.	Jour de vente	Surface	Résultat
Lundi Mardi				1	1	1	1	1	y_1
	$p_1s_1y_1$	$p_3s_1y_4$	$p_2s_1y_7$	2	2	1	2	2	y_2
				3	3	1	3	3	y_3
Mercredi -Jeudi				4	3	2	1	2	y_4
	$p_2s_2y_2$	$p_1s_2y_5$	$p_3s_2y_8$	5	1	2	2	3	y_5
				6	2	2	3	1	y_6
Vendredi -Samedi				7	2	3	1	3	y_7
	$p_3s_3y_3$	$p_2s_3y_6$	$p_1s_3y_9$	8	3	3	2	1	y_8
				9	1	3	3	2	y_9

TABLEAU 7.7 : *Plan d'expérience hyper gréco-latin*
5 facteurs : heures d'ouverture, type de produit, taille du linéaire, jour de vente, surface

Jour de vente	Notation carrée			Notation en liste						
	Taille de linéaire									
	1/2 l	Lin.	2 lin.	N°	Ouverture	Produit	Taille lin.	Jour de vente	Surface	Résultat
Lundi Mardi				1	2	1	1	1	1	y_1
	$p_1s_1o_2y_1$	$p_3s_1o_3y_4$	$p_2s_1o_1y_7$	2	1	2	1	2	2	y_2
				3	3	3	1	3	3	y_3
Mercredi -Jeudi				4	3	3	2	1	2	y_4
	$p_2s_2o_1y_2$	$p_1s_2o_2y_5$	$p_3s_2o_3y_8$	5	2	1	2	2	3	y_5
				6	1	2	2	3	1	y_6
Vendredi -Samedi				7	1	2	3	1	3	y_7
	$p_3s_3o_3y_3$	$p_2s_3o_1y_6$	$p_1s_3o_2y_9$	8	3	3	3	2	1	y_8
				9	2	1	3	3	2	y_9

TABLEAU 7.8 : *Plans factoriels asymétriques d'ADDELMAN*

Plan 4 x 4 x 4 x 3 x 2 avec 16 unités-tests					
Rés.	**fac 1**	**fac 2**	**fac 3**	**fac 4**	**fac 5**
y_1	1	1	1	1	2
y_2	1	2	2	2	1
y_3	1	3	3	3	1
y_4	1	4	4	1	2
y_5	2	1	2	1	1
y_6	2	2	1	3	2
y_7	2	3	4	2	2
y_8	2	4	3	1	1
y_9	3	1	3	2	2
y_{10}	3	2	4	1	1
y_{11}	3	3	1	1	1
y_{12}	3	4	2	3	2
y_{13}	4	1	4	3	1
y_{14}	4	2	3	1	2
y_{15}	4	3	2	1	2
y_{16}	4	4	1	2	1

Plan 3 x 2 x 3 x 2 avec 9 unités-tests				
Rés.	**fac 1**	**fac 2**	**fac 3**	**fac 4**
y_1	1	1	1	2
y_2	1	1	2	2
y_3	1	2	3	1
y_4	2	1	2	1
y_5	2	1	3	2
y_6	2	2	1	2
y_7	3	1	3	2
y_8	3	1	1	1
y_9	3	2	2	2

Plan 4 x 2 x 2 x 2 x 2 avec 8 unités-tests					
Rés.	**fac 1**	**fac 2**	**fac 3**	**fac 4**	**fac 5**
y_1	1	1	1	1	1
y_2	1	2	2	2	2
y_3	2	1	1	2	2
y_4	2	2	2	1	1
y_5	3	1	2	1	2
y_6	3	2	1	2	1
y_7	4	1	2	2	1
y_8	4	2	1	1	2

SOURCE : ADDELMAN S., *Orthogonal Main-Effect Plans for Asymetrical Factorial Experiments*, Technometrics, Vol. 4, n° 1, February, pp. 21-46. Et ADDELMAN S., *Symmetrical ans Asymetrical Fractional Factorial Plans*, Technometrics, Vol. 4, n° 1, February, pp. 47-58.

ÉTUDE DE PRIX D'ANNONCES PUBLICITAIRES

Une société spécialisée dans la vente d'espace publicitaire dans des journaux toutes-boîtes a décidé de revoir sa politique commerciale. À cette fin, elle décide d'adapter sa politique de prix (pricing) en fonction du type d'annonce vendue sur base des paramètres suivants :

- Taille de l'annonce : page pleine, demi-page, quart de page, demi-quart de page.
- Localisation de l'annonce : 1re de couverture, 2e de couverture.
- Type d'impression ; couleur, noir et blanc.
- Localisation sur la page : haut de page, bas de page.
- Encadrement : annoncée encadrée, non encadrée.

De manière à garantir l'efficacité de la mesure, elle décide d'appliquer un plan formel auprès de 240 répondants. Chaque groupe de 30 devra tester l'efficacité de l'annonce en fonction de sa composition. Pour ce faire, 8 exemplaires différents du journal toutes-boîtes sont imprimés.

		Paramètres				
Annonce testée	**Nombre de répondants**	**Taille (4)**	**Localisation (2)**	**Type (2)**	**Page (2)**	**Encadrement (2)**
Annonce 1	n = 30	page pleine	1re de couverture	couleur	haut de page	annoncée encadrée
Annonce 2	n = 30	page pleine	2e de couverture	noir et blanc	bas de page	annoncée non encadrée
Annonce 3	n = 30	demi-page	1re de couverture	couleur	bas de page	annoncée non encadrée
Annonce 4	n = 30	demi-page	2e de couverture	noir et blanc	haut de page	annoncée encadrée
Annonce 5	n = 30	Quart de page	1re de couverture	couleur	haut de page	annoncée non encadrée
Annonce 6	n = 30	Quart de page	2e de couverture	noir et blanc	bas de page	annoncée encadrée
Annonce 7	n = 30	Demi-quart de page	1re de couverture	couleur	bas de page	annoncée encadrée
Annonce 8	n = 30	Demi-quart de page	2e de couverture	noir et blanc	haut de page	annoncée non encadrée

En testant huit profils d'annonce différents, il est possible de déterminer le gain d'efficacité de chaque paramètre. Ce gain est mesuré sur base du taux de notoriété spontanée net des évidences (clients exclus). La société d'édition obtient les résultats suivants :

Taille de l'annonce	Demi-quart de page	Quart de page	Demi-page	Page pleine
Gain d'efficacité	–	+ 8 %	+ 12 %	+ 17 %

Localisation de l'annonce	2e de couverture	1re de couverture
Gain d'efficacité	–	+ 10 %

Type d'impression	Noir et blanc	Couleur
Gain d'efficacité	–	+ 3 %

Localisation sur page	Bas de page	Haut de page
Gain d'efficacité	–	+ 0,7 %

Encadrement	Non encadrée	Encadrée
Gain d'efficacité	–	+ 3 %

Sur base de ces résultats, la société classe ensuite les annonces par niveau d'efficacité et établit un classement de prix proportionnel au niveau d'efficacité obtenu.

6 CONDITIONS DE VALIDITÉ

La **validité interne** d'une expérimentation est assurée si les variations de la variable dépendante sont uniquement causées par les variations de la variable indépendante.

Sept principales sources menacent cette validité :

- *L'histoire : (influence de la durée de la mesure sur un marché test) ;*
- *La maturation : les unités-tests changent au cours de l'analyse (la taille ou la fermeture d'un magasin par exemple) ;*
- *L'interaction : une mesure préalable influence les réponses futures d'un individu ;*
- *Les effets du test : réaction à l'apprentissage d'individus ;*
- *L'instrumentation : modification des instruments de mesure ;*
- *La sélection initiale des unités-tests ;*
- *La mortalité : (mortalité des panels).*

Les résultats de l'expérience seront généralisables aux conditions suivantes (**validité externe**) :

- *Les variables indépendantes sont conformes à la réalité ;*
- *Les unités-tests sont représentatives de la population ;*
- *Les instruments de mesure sont bien construits ;*
- *Les instruments mesurent correctement la variable dépendante ;*

- *Les variables exogènes qui affectent la relation causale couvrent l'ensemble des variables présentes dans la réalité.*

L'expérimentation **sur le terrain** tout en améliorant la validité externe limite la validité interne de l'expérience et ce, au contraire de l'expérience **en laboratoire**. En fonction du type de validité à privilégier, le chercheur choisira entre le terrain et le laboratoire.

7 AVANTAGES ET LIMITES

Cette méthode est de loin la plus fiable. Elle présente de nombreux avantages mais connaît aussi des limites.

TABLEAU 7.9 : *Méthodes basées sur l'expérimentation*

Avantages	Inconvénients
• Enregistrement des comportements de manière détaillée ; • Absence de biais résultant de l'interaction enquêteur — enquêté. Pas de problèmes de compréhension, d'ambiguïté du langage, de résistance ou de mémorisation ; • Meilleur contrôle des problèmes de réticence et de mémorisation de la part des enquêtés ; • Très grande objectivité dans l'enregistrement des informations ; • Possibilité d'enregistrer des comportements de façon très détaillée ; • Efficacité scientifique reconnue ; • Seule méthode qui permet d'établir des relations causales.	• Impossibilité d'obtenir des informations sur les intentions, comportements antérieurs, les motivations, images, etc. ; • Manque de flexibilité ; • Méthodologies souvent longues et coûteuses.

Trois **freins** à l'utilisation de l'expérimentation existent.

- *La technicité*
  Les plans doivent être réalisés par des experts en recherche marketing. Or, peu de praticiens du marketing, et notamment peu de chefs de produit maîtrisent la méthodologie expérimentale. Si, en outre, les résultats étonnent le chercheur, la méthodologie sera regardée avec beaucoup de scepticisme.
- *Les coûts impliqués*
  Le budget de pareilles analyses est souvent supérieur à celui des méthodes de recueil de données par enquête. Malgré sa fiabilité élevée, le budget et le processus de préparation nécessaires à pareille démarche constituent des freins non négligeables.
- *La fidélité des résultats*
  Certains résultats peuvent poser de réels problèmes en matière de fidélité dans la mesure où la concurrence constitue une variable exogène non maîtrisée par l'analyste.

En outre, extrapoler le comportement à moyen et long terme d'un consommateur relève d'un véritable casse-tête chinois dans la mesure où le taux du renouvellement du produit est faible (étoile filante) ou inversement, augmente régulièrement (coureur de fond).

Malgré toutes les réserves émises précédemment, l'expérimentation reste **un outil très puissant d'analyse de données en marketing**. L'exploitation judicieuse des résultats obtenus octroie un avantage compétitif non négligeable à l'homme de marketing.

En effet, dès qu'un homme de marketing s'interroge sur l'impact d'une variable qu'il peut contrôler, par exemple, un budget de promotion ou de publicité, sur une autre variable, par exemple, les ventes, il est préoccupé par cette notion de causalité.

En marketing, les exemples de causalité sont légion :

- Quels sont les effets de mon packaging sur les ventes de mon produit ?
- Quel est l'impact de ma publicité ?
- Quelle stratégie de prix dois-je adopter ?

En règle générale, toutes les variables du marketing-mix (produit, place, prix, promotion), sont de nature causale.

QUESTIONS

1. À quel type d'études (exploratoire, descriptive, causale) s'adresse l'enquête par expérimentation ?
2. Quels sont les avantages et inconvénients des enquêtes par expérimentation ?
3. Dans quelles conditions peut-on considérer qu'une relation d'association implique l'existence d'une relation de cause à effet ?
4. En matière de validité, peut-on considérer que les enquêtes par expérimentation présentent de meilleures garanties tant en ce qui concerne la validité interne que la validité externe ?
5. Comparez les avantages et limites des différents types d'enquête (qualitatif, par observation, par expérimentation, par interrogation).
6. Une société décide de mesurer l'efficacité d'une de ses publications, DROIT AU BUT. Elle veut comparer DROIT AU BUT à une autre publication, GOAL. L'instrument de mesure qui sera utilisé sera la mémorisation d'un encart publicité. Deux secteurs seront étudiés (les annonces matrimoniales et le crédit). Pour ce faire, l'entreprise établit le plan expérimental suivant : Lecteurs de DROIT AU BUT mesure de la notoriété d'une annonce notariale, le lendemain de la diffusion mesure de la notoriété d'une annonce « crédit », le lendemain de la diffusion. Lecteurs de GOAL mesure de la notoriété d'une annonce matrimoniale, le lendemain de la diffusion mesure de la notoriété d'une annonce « crédit », le lendemain de la diffusion.
7. Analysez ce plan expérimental. De quel plan s'agit-il ? Quelle est son efficacité ? Quelles en sont les limites ? Comment peut-on l'améliorer ? Proposez deux améliorations possibles.

CHAPITRE 8

ÉTUDES QUANTITATIVES PAR INTERROGATION

1 Étapes et recherches préliminaires

2 Recueil des données

1 ÉTAPES ET RECHERCHES PRÉLIMINAIRES

La recherche marketing quantitative est une démarche scientifique dont les principales phases d'enquête peuvent se **schématiser** de la manière suivante :

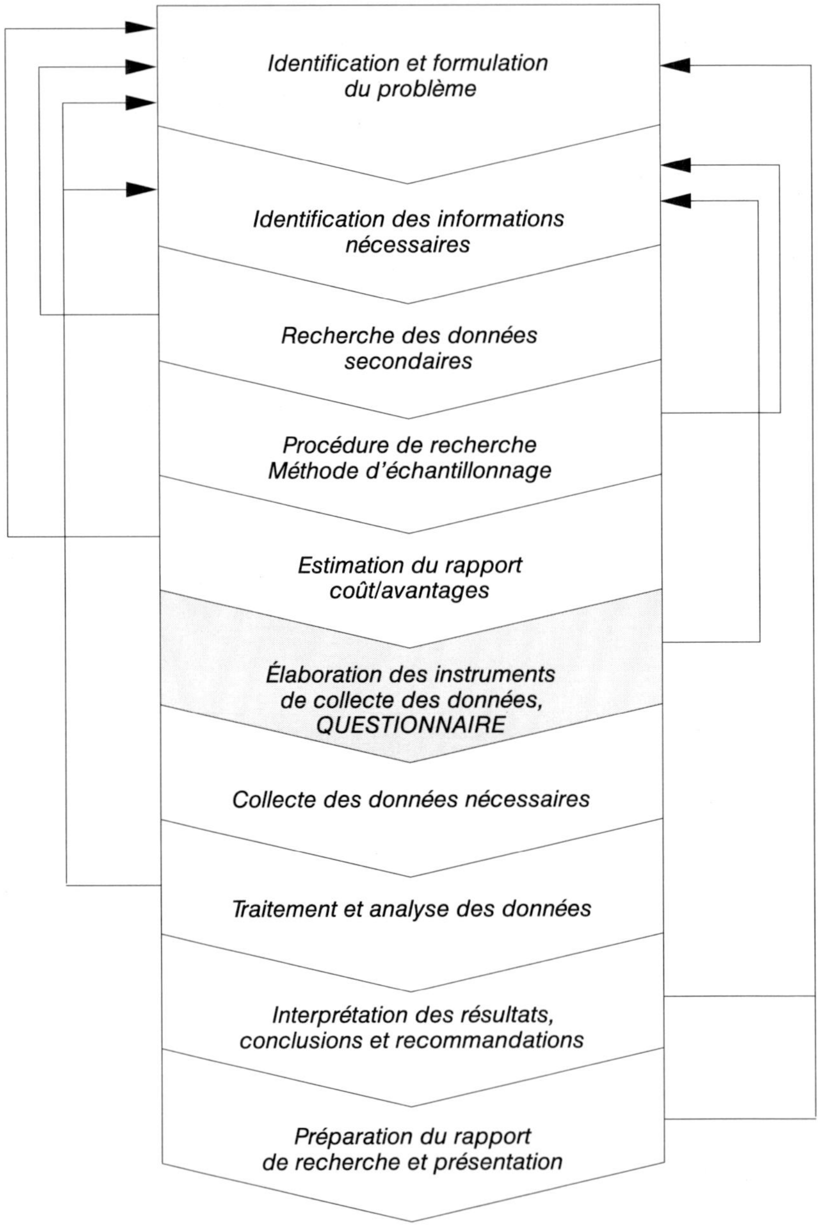

Figure 8.1 : *Démarche de recherche et ses principales étapes*

La réalisation d'une étude de marchés s'organise sous la forme d'une séquence d'étapes qui constituent des points de passage obligés. On les retrouve, quel que soit le problème traité, quelle que soit la technique utilisée.

Ces opérations ne respectent pas systématiquement l'ordre chronologique indiqué. Il est courant, par exemple, de préparer le questionnaire en même temps que l'échantillon. Un délai de plusieurs semaines est nécessaire pour le déroulement du cycle complet. La démarche nécessite souvent des retours vers les étapes antérieures de manière à adapter au mieux le processus au problème rencontré. Les flèches du schéma situent les retours les plus fréquents. Le **questionnaire n'est donc qu'une étape** dans le processus de recherche et certainement pas la première.

Si l'on décide d'utiliser un questionnaire, celui-ci ne sera élaboré qu'en phase 6 de la démarche de recherche quantitative. Préalablement, le chercheur va identifier et formuler le problème marketing à résoudre et les hypothèses qui y sont liées, définir les informations nécessaires, réaliser les recherches préalables et sélectionner l'échantillon nécessaire en fonction des coûts/avantages.

La conception générale d'une enquête est basée sur un dialogue entre l'utilisateur des résultats de l'enquête et le réalisateur de celle-ci.

La connaissance des caractéristiques des informations recherchées et la précision avec laquelle elles sont exigées, constituent les préliminaires de toute enquête. Cette connaissance représente, en effet, un des facteurs les plus importants de la mise au point du plan de sondage.

Très vite, les contraintes pratiques doivent être prises en compte car elles s'influencent l'une l'autre et conditionnent l'ensemble du travail. Le budget est fixé, le choix de la taille de l'échantillon obéit à des règles très strictes. Le choix du mode d'enquête est important, parce qu'il va exercer une influence sur la formulation et le type de questions, leur longueur, l'ordre des questions et la présentation du questionnaire.

De plus, les données recueillies doivent permettre les analyses envisagées. Le type de traitement de données doit être défini le plus tôt possible. La cohérence du processus de recherche demande qu'il soit abordé de façon globale. L'analyste doit intervenir dès la définition du problème.

1.1 Définition des informations nécessaires

Dès que le problème de recherche est identifié et que ses hypothèses sont correctement formulées, il devient possible de définir les informations nécessaires à la résolution du problème et à la confirmation ou l'infirmation des hypothèses. Ce n'est qu'après avoir répondu à la question **quelles informations sont nécessaires** que le chargé d'études envisage leur mode de collecte respectif.

1.1.1 *Identification de l'objet de l'enquête*

L'objet de l'enquête vise à une définition plus précise à partir de l'idée et une délimitation de son « *champ* » avec le maximum de clarté. Il convient donc de limiter au mieux la problématique marketing à analyser.

Ainsi, la problématique « enquête sur la consommation d'alcool dans toutes les couches sociales de la population belge » doit être reformulée en fonction des réponses données aux questions telles que :

- *S'agit-il de l'alcool en général ?*
- *Ou uniquement des apéritifs ?*
- *Qu'entend-t-on par toutes les couches sociales ?*
- *Les mineurs de moins de 18 ans sont-ils inclus dans cette définition ?*
- *Va-t-on interroger les consommateurs ou toute la population ?*
- *Faut-il interroger l'ensemble des résidents en Belgique ou se limiter aux habitants de nationalité belge ?*

Définir l'objet de l'enquête, c'est apporter une réponse concrète à ces questions. Une bonne définition de l'objet de l'enquête permet de définir la logique du questionnaire.

1.1.2 *Définition des hypothèses*

La définition des hypothèses constitue aussi **une phase préalable à la construction d'un questionnaire**. Il est impossible de réaliser une enquête et un questionnaire sans définir au préalable les hypothèses générales de l'enquête. Pour construire le questionnaire, il faut disposer d'hypothèses claires et précises qui vont donner un sens à l'enquête.

Quand on pose la question « Où achetez-vous votre vin ? » on pose l'hypothèse que le vin est acheté quelque part et on exclut aussi l'hypothèse que le répondant puisse le fabriquer lui-même.

La confirmation ou l'infirmation des hypothèses constitue en fait les objectifs de l'enquête. L'enquête ne visera qu'à mettre à l'épreuve les hypothèses et à les quantifier.

1.1.3 *Définition des types d'informations nécessaires*

Les informations les **plus fréquemment** utilisées en recherche marketing sont :

- *Les ventes* (par catégorie de produits, par région, par marque, par format, etc.) ;
- *Les comportements* (comportement d'achat, utilisation/non-utilisation, stockage, intention, etc.) ;
- *La connaissance et la notoriété* (top of mind, notoriété spontanée, notoriété assistée, notoriété prouvée, identification, connaissance du prix, connaissance des caractéristiques du produit, connaissance des différents usages du produit, etc.) ;
- *Les opinions et attitudes* (à l'égard d'une catégorie de produits, d'une marque, d'un fabricant, d'un produit testé, etc.) ;
- *Les motivations* ;

- *Les caractéristiques socio-démographiques* (sexe, âge, état civil, profession, niveau d'éducation, appartenance ethnique, croyance, revenus, type d'habitat, classe sociale, etc.) ;
- *Les caractéristiques de personnalité* (centres d'intérêt, style de vie, traits de personnalité, socio-types, courants socioculturels).

1.1.4 *Inventaire des moyens matériels mis à la disposition des réalisateurs de l'enquête*

Avant de mettre au point la méthodologie de l'étude, le chercheur va faire **l'inventaire** des moyens dont il dispose.

- *Moyens financiers* : sans budget suffisant, une enquête ne peut se réaliser dans des conditions correctes qui garantissent sa validité ;
- *Temps* : une enquête exige de disposer d'un délai minimum. La précipitation ne donne pas de bons résultats. Toute enquête demande de dresser un programme précis des opérations ;
- *Personnel* : vu le rôle joué par les enquêteurs dans la récolte des données, la compétence de ceux-ci et la présence d'un nombre suffisant d'enquêteurs qualifiés sont primordiales pour la réussite de l'enquête. Un nombre limité d'enquêteurs peut allonger considérablement les délais d'enquête ;
- *Sources documentaires annexes* : s'embarquer dans la réalisation d'une enquête exige de maîtriser préalablement le sujet et d'utiliser un grand nombre de sources ou statistiques utiles pour l'établissement de l'échantillon, la formulation des hypothèses, etc. En l'absence de documents disponibles, une recherche préalable s'impose ;
- *Moyens matériels divers* : une enquête exige une organisation pointue des différentes activités (impression des questionnaires, matériel de test en suffisance, enveloppes pour le retour des enquêtes, feuilles de quotas, moyens de déplacement pour les enquêteurs, etc.).

Le résultat de cet inventaire influence considérablement le type d'enquête qui sera utilisé.

1.2 Recherches préalables

Le déroulement d'une enquête commence souvent par le rassemblement de la documentation disponible, la consultation d'experts du domaine étudié, la rencontre de témoins privilégiés, la prise en compte des recherches existantes sur le sujet ou la recherche de la bibliographie existante sur le sujet.

Toutes ces recherches visent à circonscrire avec précision le champ de l'enquête et contribuent à la définition des hypothèses.

1.3 Sélection d'une procédure de recherche

Cette sélection se réalise en fonction :

- *des objectifs de l'étude* (recherche exploratoire, recherche descriptive, recherche de relations causales, simulation) ;
- *de l'environnement de la recherche* (en laboratoire, sur le terrain) ;
- *de la volonté ou non d'étudier les modifications au cours du temps* (études longitudinales, panels, études sur échantillons successifs).

2 RECUEIL DES DONNÉES

Le recueil des données est une phase clé de l'étude puisque, sans information de bonne qualité, la méthodologie et le traitement le plus élaboré seraient basés sur un matériau insuffisant. L'analyse ne peut fonder des conclusions correctes sur une information dont la crédibilité n'est pas garantie.

Lors d'une enquête par questionnaire, c'est la méthode de recueil par communication ou interrogation qui est retenue. L'interrogation est une technique de communication où la personne répond, verbalement ou par écrit, à des questions qui lui sont posées.

Pour obtenir ces informations, **quatre méthodes** de recueil de l'information peuvent être utilisées :

- le *face à face* ;
- la *correspondance* ;
- le *téléphone* ;
- la *télématique*.

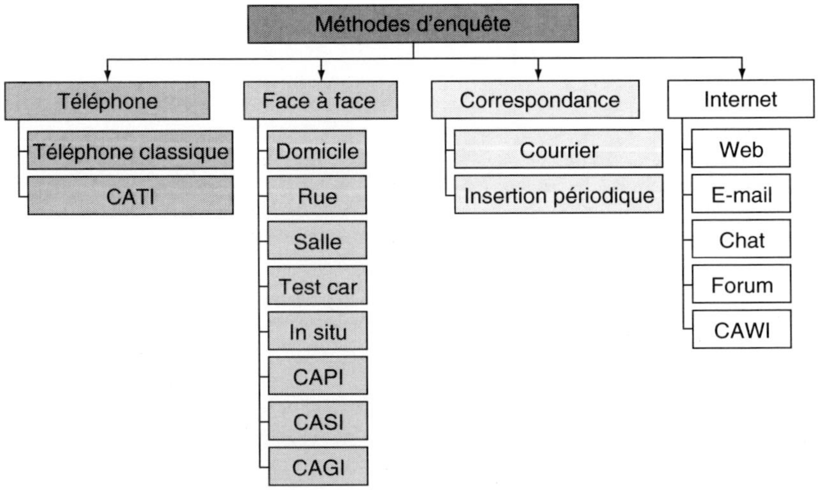

Figure 8.2 : *Méthodes d'enquêtes par interrogation*

LA TECHNOLOGIE AU SERVICE DU RECUEIL DES DONNÉES

En matière de recueil de données d'enquête, les développements technologiques sont nombreux : CATI (Computer Assisted Telephone Interview), CAPI (Computer Assisted Personal Interview), CAWI (Computer Assisted Web Interview), CASI (Computer Assisted Self Interview), CAGI (Computer Assisted Group Interview). Les outils associés, ordinateurs, téléphones, assistants personnels numériques, WEB, reconnaissance optique de marques (OMR) ou caractères (OCR), supports papier, permettent de recueillir les avis des interviewés sur un mode personnel.

Toutes ces méthodes visent à optimiser la vitesse de recueil et de traitement de l'information, faciliter l'organisation et la planification des séances d'interview, réduire les coûts des campagnes de recueil et de saisie des données, rationaliser la structure des informations à traiter et analyser.

L'usage de terminaux de vote interactif sans fil pour répondre à des questions de type fermé est à présent courant dans le domaine des réunions interactives au service d'applications marketing, vente, assemblées générales, formation : l'entreprise interroge un groupe pour valider son adhésion à un projet, vérifier le niveau de compréhension et de connaissance sur un produit ou un service, recueillir des attentes ou des besoins.

LE SUPPORT PAPIER : UN SUPPORT QUI DEMEURE CEPENDANT ENCORE LARGEMENT UTILISÉ

Il demeure un mode largement utilisé, avec des supports très variés, du plus simple au plus abouti, en couleur, avec insertion de visuels ou de photos. Le papier est en effet parfois inévitable et irremplaçable malgré l'avènement de techniques électroniques. Pour des raisons culturelles, légales, pratiques ou pour des impératifs de confidentialité et d'anonymat il reste la norme. C'est aussi la solution la plus économique pour des volumes importants, pour des enquêtes se voulant les plus exhaustives possibles, non soumises à des contraintes étroites de temps ou de représentativité d'échantillon. De plus, il peut être utilisé en face à face comme en auto-administré, avec des zones explicatives plus ou moins détaillées.

Lorsqu'on choisit ce support, il convient de savoir qu'il est possible de l'optimiser par une saisie automatisée. En effet, tout questionnaire, si cela est prévu au moment de sa conception, peut être saisi en mode automatique (pour les questions fermées codifiées), soit par lecture optique soit par scannérisation. Il existe sur le marché des logiciels spécialisés (OMR Manager…) qui permettent de mettre en forme des questionnaires puis de piloter la phase de saisie automatique sur différents types de matériels. Ces outils peuvent prendre en compte les questions qualitatives, numériques mais pas les questions de type texte, qui devront être saisies séparément (certains logiciels scannent l'image de la réponse textuelle manuscrite et permettent ensuite de la saisir à l'écran).

Ces quatre méthodes admettent de **nombreuses variantes** parmi lesquelles on peut citer :

- Le *questionnaire auto-administré* remis à un interrogé puis collecté par un enquêteur ou renvoyé par la poste ;
- Le *questionnaire administré en situation de groupe* ;
- L'utilisation d'un « *test-car* » pour interroger des ménagères à la sortie d'un hyper ou supermarché (véhicule spécialement aménagé qui permet l'interview sur le parking des grands magasins) ;
- Les *fiches de garantie* ou les *coupons-réponses* retournés par la poste qui permettent de typer le consommateur ;
- Les nouvelles possibilités offertes par l'*informatique* et la *télématique* (borne d'administration d'enquête sur les lieux de vente du produit, salons ou foires, votes par téléphone ou par ordinateur).

Chacune des méthodes présente des avantages et des inconvénients. Le choix de l'une d'entre elles dépend des pondérations qui leur sont accordées dans le cadre d'une recherche donnée. Les méthodes n'ont pas toutes la même valeur et ne peuvent être utilisées indifféremment. Le chargé d'études doit choisir. La méthode retenue dépend du problème à résoudre.

Les **principaux critères** à envisager sont les suivants :

- *La méthode choisie doit être cohérente avec l'objet de l'enquête.*

Une enquête sur l'hygiène intime n'a pas sa place dans un face à face dans la rue.

- *La méthode choisie ne doit pas déformer l'échantillon.*

Si l'on peut définir l'échantillon avec précision, on ne peut prévoir combien et quelles seront les personnes qui accepteront de répondre à l'enquête. L'échantillon de réserve ne sera pas le même pour une enquête effectuée à domicile (où un enquêteur qualifié peut attendre un taux de réponse favorable) que pour une enquête effectuée par correspondance (où l'analyste est convaincu qu'un certain nombre d'enquêtés ne répondront pas).

Il arrive, d'autre part, que le choix de la méthode d'enquête puisse mal se prêter à la constitution d'un échantillon valable. Dans une enquête téléphonique, par exemple, il sera difficile de toucher les classes sociales extrêmes.

Certains démunis ne sont pas abonnés au téléphone, certains nantis possèdent un numéro privé.

- *La méthode employée doit faciliter l'administration du questionnaire et la réponse des interviewés.*

La longueur et la complexité du questionnaire, la recherche de renseignements précis conduiront parfois à privilégier l'interview à domicile, par rapport à l'interview par téléphone. Celle-ci ne convient pas lorsque certaines questions portent sur des images, des photos ou des documents à montrer.

Le coût de réalisation des enquêtes est également un élément dont il convient de tenir compte. Le coût d'une enquête à domicile dépend surtout de la qualification de l'enquêteur et de la longueur du questionnaire.

Les enquêtes dans la rue sont, en général, moins coûteuses. Il en est de même pour les enquêtes réalisées au point de vente dans la mesure où le nombre de clients est suffisant pour permettre à l'enquêteur de ne pas devoir patienter entre chaque entretien.

Pour les enquêtes par téléphone, il faut tenir compte des coûts des enquêteurs auxquels devront s'ajouter les frais téléphoniques.

LE CHOIX D'UN MODE DE COLLECTE : UN CHOIX DIFFICILE

Plusieurs techniques de recueil existent et sont utilisées en fonction du contexte et des contraintes liées à l'enquête. Ces contraintes peuvent être d'ordre méthodologique (la cible n'est pas équipée d'Internet, le questionnaire est assez long et détaillé), budgétaire (la cible est très large et trop coûteuse par téléphone), ou de temps (le recueil doit se faire dans la journée suivant l'action à évaluer). D'autres encore sont liées au format de la base d'enquête, aux informations sur la cible (de quelles coordonnées dispose-t-on ?), au contrôle dynamique à faire sur les quotas en cours d'enquête, aux consignes parfois complexes de remplissage et de passation (un enquêteur est nécessaire pour expliquer ou commenter les questions, éventuellement montrer un échantillon, ou un visuel).

Le mode de collecte n'est donc pas toujours un choix évident et il doit faire partie intégrante de la réflexion méthodologique de l'enquête dès le départ. La solution finalement choisie est souvent celle représentant le meilleur compromis entre les avantages et les contraintes. La décision finale doit tout de même privilégier avant tout la fiabilité des données recueillies.

Dans les meilleurs des cas, on pourra essayer de combiner plusieurs modes : un envoi postal ou Internet suivi d'une relance téléphonique, ou inversement un appel devançant l'envoi postal. Deux modes différents peuvent être également retenus, en fonction des cibles, en conservant la même trame de questionnaire. Notons ici l'avantage de certains logiciels permettant de concevoir une seule fois le questionnaire, de le déployer sous plusieurs modes de recueil et de récupérer une base au même format pour une exploitation immédiate et multiple.

2.1 Enquêtes face à face

Les enquêtes en face à face peuvent se dérouler, au domicile du répondant, dans un lieu fréquenté par celui-ci (lieu de travail, point de vente) ou encore en rue. Parfois le recrutement s'opère en rue et l'enquêteur invite l'interviewé à se rendre dans un endroit spécifique (salle de dégustation, véhicule aménagé) pour participer à l'enquête. Parfois aussi, l'interview se réalise « in situ » c'est-à-dire au moment où le consommateur utilise le produit ou service. Ainsi, une enquête consacrée aux transports en commun peut se dérouler dans un train, un bus, un tram ou une rame de métro.

Source : www.mvconsult.be

Figure 8.3 : *Enquête auto-administrée*

2.1.1 *Enquêtes à domicile ou sur le lieu de travail*

Ce mode de collecte de l'information, où un contact direct est établi entre l'enquêteur et l'enquêté, est **potentiellement le plus intéressant et le plus efficace pour** la qualité et la quantité des informations recueillies.

Elle permet un long développement du questionnaire (20 à 30 minutes) et un contrôle « *de visu* » de certaines réponses.

La première tâche de l'enquêteur sera donc de créer une atmosphère favorable. À une époque où l'insécurité et les sollicitations des vendeurs à domicile sont fréquentes et parfois si pressantes, le consommateur répugne à ouvrir la porte à un inconnu. L'interviewer peut parfois apparaître difficilement comme un réel enquêteur. La meilleure façon de se présenter consiste alors à annoncer que l'enquêteur appartient à une société d'études et à montrer sa carte d'identité. Par contre, une fois dans la place, l'enquêteur obtient rapidement la totale collaboration du répondant grâce au fait qu'il se trouve dans son environnement familial ou professionnel.

La deuxième tâche de l'enquêteur sera d'obtenir une réponse à toutes les questions. Pour atteindre cet objectif, l'enquêteur devra développer des facultés d'empathie, c'est-à-dire une faculté de compréhension et d'écoute. Il orientera et contrôlera l'ordre des questions et évitera de lasser l'attention de l'intéressé surtout si le questionnaire est particulièrement long.

La troisième tâche de l'enquêteur sera d'obtenir des réponses valables. Sa présence ne pourra influencer, de quelque manière que ce soit, la teneur des réponses. Il doit par conséquent tenter de rester neutre. Les seuls moyens de veiller à la qualité des réponses sont un recrutement et une formation judicieux des enquêteurs, la mise en place de contrôles sévères et l'élimination des questions qui sont embarrassantes pour l'enquêteur comme pour l'enquêté.

Questionnaire Socio-Démo CIM Étude stratégique Plurimédia – Produits – Attitude

[...] COMPOSITION DU MÉNAGE
Question 100 : **Combien de membres de votre ménage vivent avec vous sous le même toit la plupart du temps (vous y compris) ?**
Notez le nombre exact ... personnes

Question 102 : Pouvez-vous indiquer pour chaque membre de votre ménage (vous y compris), dans l'ordre du plus âgé jusqu'au plus jeune :
Notez pour chaque personne
Âge ans sexe 1 : homme 2 : femme
S'ils ont une activité professionnelle rémunérée (actuellement) : 1 : oui 2 : non
Question 102B : Personne interrogée
ENQ . INDIQUEZ QUI EST LA PI – UNE SEULE RÉPONSE POSSIBLE

Question 103 : **Quel est le membre de votre ménage qui est le plus souvent responsable du choix des marques pour les produits d'alimentation, les boissons courantes et les produits d'entretien pour le ménage ?**
ENQ . INDIQUEZ QUI EST LE PRA – PLUSIEURS RÉPONSES POSSIBLES

Question 105 : Quel est le membre de votre ménage qui dispose du revenu net le plus élevé ?
ENQ . INDIQUEZ QUI EST LE PRR – UNE SEULE RÉPONSE POSSIBLE
PERSONNE INTERROGÉE (PI)

Question 109 : **Quel est votre statut professionnel ?**
Une seule réponse possible
1 : je suis élève I étudiant(e) I en formation
2 : j'ai un emploi à temps plein
3 : j'ai un emploi à temps partiel
4 : j'ai temporairement une suspension complète des prestations de travail I système crédit-temps
5 : j'ai un emploi, mais je n'ai pas encore commencé ce travail
6 : actuellement, je ne travaille pas
SI CODE 6 EN Q.109

Question 110 : **Quelle définition est la plus adaptée à votre situation ?**
Une seule réponse possible
1 : je suis homme I femme au foyer
2 : je suis en incapacité de travail
3 : je suis chômeur I chômeuse
4 : je suis pré-pensionné(e)
5 : je suis pensionné(e)
6 : autre
SI CODE 3 EN Q.109 ET Q.102B = Q.105

Question 111 : **Si un emploi à temps plein correspond à 100 %, quel pourcentage correspond alors au nombre d'heures que vous devez prester selon votre contrat ?**
Une seule réponse possible
1 : 80 % ou plus (4/5 ième)
2 : 51-79 % 3 : 50 % (mi-temps)
4 : < 50 %
SI CODE 2-5 EN Q.109

Question 112 : **Quel est votre statut professionnel ?**
Une seule réponse possible
1 : indépendant ou profession libérale
2 : employé (secteur public ou privé)
3 : ouvrier (secteur public ou privé)
SI CODE 1 EN Q.112

Figure 8.4 : *Enquêtes en face à face, extrait d'un questionnaire*

Question 113 : **Quelle est votre profession ?**
Une seule réponse possible
1 : agriculteur
2 : artisan, commerçant avec 5 salariés ou moins
3 : industriel, gros commerçant avec 6 salariés ou plus
4 : profession libérale ou profession nécessitant une qualification (p.ex. médecin, avocat, expert comptable...)
SI CODE 2 EN Q.112

Question 114 : **Quelle est votre profession ?**
Une seule réponse possible
1 : membre de la direction générale, cadre supérieur (p.ex. directeur, administrateur...)
2 : cadre moyen (p.ex. exécutif ou chef de département...)
3 : autre employé effectuant principalement du travail de bureau (p.ex. secrétaire, assistant, fonctionnaire, député...)
4 : autre pas de travail de bureau (p.ex. infirmière, instituteur, policier...)
SI CODE 1 OU 2 EN Q.114

Question 115 : **Êtes-vous responsable de... ?**
Une seule réponse possible
1 : 5 salariés ou moins
2 : 6 à 10 salariés
3 : 11 salariés ou plus
SI CODE 3 EN Q.112
Question 116 : Êtes-vous ... ?
Une seule réponse possible
1 : ouvrier qualifié
2 : ouvrier non qualifié
SI CODE 3 OU 4 OU 5 EN Q.110

Question 117 : **Quelle était votre dernière activité professionnelle ?**
Une seule réponse possible
1 : indépendant ou profession libérale
2 : employé (secteur public ou privé)
3 : ouvrier (secteur public ou privé)
4 : jamais eu une activité professionnelle
[...]

SOURCE : CIM, 2014.

FIGURE 8.4 : *Enquêtes en face à face, extrait d'un questionnaire (Suite)*

LE CAGI, NOUVELLE TECHNIQUE POUR RECUEILLIR INSTANTANÉMENT LES RÉPONSES D'UN GROUPE DE CONSOMMATEURS[1]

L'interview de groupes de participants, le CAGI, s'applique au domaine des enquêtes et sondages afin d'optimiser la vitesse de recueil et de traitement de l'information, faciliter l'organisation et la planification des séances d'interview, réduire les coûts des campagnes de recueil et de saisie des données, rationaliser la structure des informations à traiter et analyser.

Chaque interviewé dispose d'un terminal individuel de réponse sans fil comprenant des touches numérotées et éventuellement un afficheur LCD. Du côté de l'interviewer, un concentrateur connecté au système informatique reçoit les réponses du groupe simultanément pour chaque question projetée sur écran pour tout le groupe (moniteur ou vidéoprojecteurs).

1. Source : www.surveystore.info/NSarticle/cagi-interview.asp

Le questionnaire a été préalablement saisi et mis-en-page sous forme de scénario. Celui-ci est alors déroulé séquentiellement pour le groupe d'interviewés, qui répondent à chaque question en appuyant sur la ou les touches correspondantes à leur choix sur leur terminal individuel de réponse.

Instantanément, les réponses sont transmises et enregistrées dans le système informatique et disponibles pour affichage immédiat des statistiques, leur visualisation à l'écran, ou pour une analyse différée des résultats consolidés sous forme de rapport structuré.

Le CAGI répond à de nouvelles exigences en matière de rapidité (pas de ressaisie des réponses, disponibilité en temps réel des réponses) et de qualité de recueil d'information. Les données recueillies sont fiables et garantes de l'anonymat des réponses données. La possibilité d'illustrer les scénarios de séances avec des éléments multimédias (image et son) permet de cibler de nouvelles applications (focus group pour l'audio-visuel par exemple), et rendent les enquêtes plus attractives et vivantes.

Avantages des enquêtes à domicile

- L'enquête à domicile est le seul mode de recueil des données dans lequel l'analyste peut utiliser les techniques projectives qui ont été expliquées au chapitre consacré aux méthodes qualitatives.
  - Ainsi, les dessins sont particulièrement intéressants pour tester des concepts de produits destinés aux enfants.
  - La présence de l'enquêteur permet donc de recourir à des aides visuelles de couleurs, photos, conditionnements, de montrer différents échantillons, de faire sentir différents parfums, de faire écouter différents sons, etc. Il faut cependant, en toute circonstance, agir avec discernement. Si l'on fait choisir aux enquêtés quelques noms dans une liste de marques, il ne faut pas avantager les indications figurant en tête de liste. Dans cette optique, certaines sociétés présentent la liste sous une forme circulaire ou inscrivent chaque élément de la liste sur une carte. Les cartes sont battues et présentées à l'interrogé qui doit les classer suivant ses préférences. L'ordre donné n'apparaît pas au répondant. L'objectivité de ce dernier est donc mieux garantie.
  - L'enquêteur peut mentionner les hésitations, les commentaires, les initiatives du répondant. Le questionnaire est donc infiniment plus vivant et fournit de plus amples informations. L'enquêteur doit cependant veiller à ne pas induire les réponses de l'interrogé.
  - Sa présence permet également de vérifier l'exactitude de certaines réponses, par exemple, les produits utilisés dans le ménage. La présence de l'enquêteur est une garantie de sincérité des réponses de l'enquêté.
  - Par conséquent, l'entretien par visite personnelle permet de collecter plus d'informations tant sur le plan de la quantité (le questionnaire peut être plus long, sans toutefois dépasser 60 minutes sous peine de

lasser la personne interrogée) que sur le plan de la qualité (le questionnaire peut être plus complexe). L'enquêteur est présent pour faciliter la bonne compréhension des questions, relancer l'enquêté si le besoin se manifeste quand il s'agit de questions ouvertes et s'assurer du bon déroulement et du respect de l'ordre des questions.

- De plus, le contrôle de l'échantillon est plus aisé (identification de la personne qui répond).

Inconvénients des enquêtes à domicile

- Le premier inconvénient réside dans la présence même de l'enquêteur. Quelles que soient les précautions prises pour le recrutement et la formation de l'enquêteur, les réponses de l'enquêté risquent d'être influencées par la présence même de l'enquêteur. Le répondant, pour faire plaisir à l'enquêteur, surévalue ses réponses « positives » et même ses réponses « négatives ». Des biais peuvent s'introduire dans les réponses, particulièrement lorsqu'il s'agit de sujets qui devront être jugés « personnels » par la personne interrogée.
- De plus, une simple attitude de l'interviewer, une façon d'interroger trop directe, une mauvaise compréhension ou transcription des réponses peuvent fausser les résultats de l'enquête.
- Un second inconvénient réside dans le fait même de l'entretien. Certaines personnes donnent des réponses hésitantes, ne serait-ce que pour en finir plus rapidement avec l'interview. Si le moment est inopportun ou si les questions semblent inintéressantes, l'interrogé peut très bien refuser sa coopération.
- Cette méthode est lourde et coûteuse. Elle exige des déplacements onéreux et difficiles à rationaliser lorsque les adresses sont tirées au sort. Elle se traduit par des frais de personnel élevés et des délais de réalisation souvent longs.
- De plus, les refus sont nombreux en raison du sentiment d'insécurité et de la difficulté de réaliser les entrevues à domicile à des heures où les gens sont disponibles.
- Il est souvent difficile d'envoyer des enquêteurs dans des quartiers défavorisés ou très aisés en raison de la distance « psychologique » qui sépare les enquêteurs des personnes interrogées.

Entre-temps, le CAPI (Computer Assisted Personal Interview) a été lancé. Ce système est utilisé pour les enquêtes face à face. Chaque enquêteur est équipé d'un ordinateur portable, ce qui lui permet d'encoder immédiatement les réponses sur ordinateur. Ce système très rapide et de grande qualité permet de consulter 2.000 ménages par semaine avec un résultat immédiat.

L'enquête informatisée en face à face offre une interactivité et une souplesse appréciable dans le recueil direct des réponses à la sortie d'un magasin, dans une zone commerciale, etc.

Les systèmes CAPI (Computer Assisted Personal Interviews) fonctionnent aujourd'hui sur tablette PC ou sur Pocket PC. L'offre en matériel a fortement évolué récemment et les améliorations sont révolutionnaires en termes d'affichage et d'écran, de mémoire, de connexion sans fil, et surtout de prix. Les meilleurs logiciels d'enquête possèdent un module permettant un transfert automatique des données recueillies vers le module de traitement. La rapidité est assurée.

2.1.2 *Enquêtes dans la rue ou dans un lieu public*

Ces enquêtes s'effectuent par le canal d'enquêteurs qui abordent les gens à l'extérieur. Il est malaisé d'arrêter quelqu'un dans la rue, sur un parking, à l'entrée d'un cinéma, d'un supermarché ou d'un magasin et d'obtenir qu'il accepte de consacrer quelques minutes à une interview. L'enquêteur doit donc s'adresser aux personnes de telle façon que celles-ci ne puissent se méprendre sur ses intentions. De plus, il faut choisir un endroit où l'entretien puisse se réaliser confortablement, à l'abri de la foule, des courants d'air, de la pluie, etc.

Enfin, si on veut éviter que l'interrogé ne se dérobe, il faut procéder rapidement. Les questions doivent être peu nombreuses, courtes et précises. On doit pouvoir y répondre facilement. L'enquêteur doit presque connaître son questionnaire de mémoire, ce qui lui évite de s'y référer pour poser les questions ultérieures et lui permet de noter rapidement les réponses.

L'enquêteur doit être muni d'un badge et/ou d'une attestation afin de rassurer les personnes soupçonneuses de son identité.

Avantages des enquêtes dans la rue

- On peut réaliser un grand nombre d'entretiens dans la rue et ce, en peu de temps. Les enquêteurs professionnels réalisent jusqu'à 80 entrevues de ce type en une journée. Ce procédé est donc un des moins coûteux.
- L'enquête dans la rue évite des efforts de mémoire si le questionnaire porte sur des faits et gestes que vient d'accomplir l'enquêté. Le chargé d'études utilise ce type d'enquête tantôt pour obtenir des informations sur des achats qui viennent d'être effectués, sur la publicité par affiche, sur la présence de présentoirs dans des vitrines, tantôt pour toucher les gens « *in situ* » (en situation). Par exemple, on interroge les clients d'un point de vente particulier ou, dans le cadre d'une enquête sur l'utilisation des transports urbains, les gens qui attendent dans un abribus ou une station de métro.
- L'intérêt de ce type d'enquête est que la personne interrogée est parfaitement en condition pour répondre et peut donner d'intéressantes précisions qu'elle aura oubliées, une fois sortie du contexte.
- L'enquête dans la rue peut être utilisée pour préparer un questionnaire à choix multiples en découvrant, grâce à quelques questions ouvertes, les réponses les plus fréquemment citées.

Inconvénients des enquêtes en rue

- L'échantillon risque de ne pas couvrir la totalité de la population. Cela est lié au mode d'enquête elle-même. La population côtoyée dans la rue n'est pas représentative de la population globale, puisque l'on y retrouve peu, par exemple, d'invalides, de malades, de personnes âgées, etc.

  Pour améliorer cette représentativité, il faut donner des instructions précises aux enquêteurs :

  - interroger toutes les cinq personnes qu'il rencontre ;
  - changer de trottoir et de rue toutes les deux heures ;
  - changer de quartier tous les jours ;
  - interroger tous les jours de la semaine ;
  - étaler les entretiens tout au long de la journée ;
  - fixer quelques quotas aux enquêteurs.
- Le deuxième inconvénient des enquêtes dans la rue tient à l'atmosphère qui les entoure. Les gens interrogés sont généralement pressés. On ne peut donc recourir à des questionnaires aussi structurés que ceux utilisés dans les enquêtes à domicile. Vu le temps restreint imparti, il faudra, par des questions adéquates, placer l'enquêté dans de bonnes dispositions, surtout s'il est fait appel à sa mémoire.
- Le fait d'être en situation ne présente pas que des avantages : il risque de faire de l'enquêteur le bouc émissaire sur lequel il va transférer son mécontentement éventuel. Dans ce cas, les réponses sont alors biaisées.
- Le contrôle de l'enquête est plus difficile. Qui fraude ? Le répondant qui ne fournit pas sa véritable adresse ou l'enquêteur ?

En conclusion, bien que les enquêtes dans la rue présentent un intérêt certain, en raison de leur faible coût et de leur rapidité d'exécution, elles ont un champ d'action limitée et elles ne doivent être utilisées que si elles s'accordent bien au champ de l'étude.

2.1.3 *Enquêtes en salle ou unités mobiles*

Pour pallier à certains de ces inconvénients, des sociétés d'études utilisent souvent les entretiens en salle, notamment lorsque le produit est difficilement transportable ou exige des manipulations (réchauffage, transvasement, etc.) ou lorsque l'étude demande du matériel sophistiqué.

Une extension commode est l'utilisation d'unité mobile (ou camion itinérant « *test-car* ») permettant de reconstituer les conditions d'intervention en salle tout en autorisant, par sa mobilité, une proximité de lieux privilégiés comme les lieux d'achat.

Ainsi, lorsque l'unité mobile est stationnée en centre ville ou sur un parking d'hypermarché, le nombre de chalands autorise des gains de temps considérables dans la sélection des interviewés, permet la recherche de populations spécifiques difficiles à trouver par la méthode des interviews à domicile.

Pour ces raisons, leur utilisation s'est considérablement développée depuis quelques années au point que certaines sociétés d'études se sont spécialisées dans ce créneau.

Si l'inconvénient majeur des entretiens en salle ou en unité mobile est le caractère artificiel de la situation dans laquelle se déroule l'entretien, l'avantage majeur est qu'elles autorisent l'utilisation d'appareils de mesure ou de recueil d'informations comme les enregistreurs audio et vidéo ou les appareils électroniques d'observation (tachytoscope, galvanomètre, etc.).

Parfois, le CAPI est utilisé dans des foires et salons et le répondant est invité à compléter, par lui-même, un questionnaire.

CONNAÎTRE L'AVIS DES CONSOMMATEURS EN TEMPS RÉEL[2]

La mesure de la satisfaction client dans les points de vente connaît ses premiers développements en France. Des bornes interactives font, depuis quelques mois, leur apparition dans les hôtels, les gares ou les enseignes de distribution.

Une technologie importée de Finlande, où elle existe depuis 2009, suggère aux clients d'exprimer leurs avis en sélectionnant des smileys allant du vert au rouge. Après la mesure des sites internet, la borne interactive devient l'outil de mesure de leur gamme de produits, du temps d'attente en caisse ou de l'accueil du personnel.

Et les enseignes seront nombreuses à vouloir bénéficier de cette approche : De Décathlon à Auchan, en passant par La Poste, Leroy-Merlin, Mr. Bricolage ou l'UCPA. Car, toutes les entreprises en contact avec le public ont besoin de recueillir en temps réel, les avis et recommandations de leurs clients.

Reste cependant à disposer d'un échantillon représentatif des points de vente (et des consommateurs), car le risque de biais est bien réel. Placer 1 ou 2 bornes dans un point de vente spécifique pour mesurer l'état de conscience des clients d'une enseigne pourrait se révéler contre-productif et non représentatif de la clientèle. De même, ne s'adresser qu'aux consommateurs qui répondent au questionnaire détaillé présenté sur la borne, limite la collecte de l'information à un profil déterminé de clients : les plus sensibles à la technologie, les plus critiques, etc.

2. Vandercammen M., *Connaître l'avis des consommateurs en temps réel*, *www.mvconsult.be*, Août 2012.

Magasin de demain

Cet outil de perception des consommateurs s'inscrit dans la volonté de transparence des enseignes. Ses avantages : souplesse, disponibilité des résultats — actif 7 jours sur 7 et 24 heures sur 24 — et bon marché. Une manière de s'inscrire dans l'interactivité du magasin du futur.

2.2 Enquêtes par correspondance

Dans ce cas, il n'y a plus de contact. L'enquêté est seul devant un questionnaire qu'il doit remplir à l'aide d'indications précises. Le rôle qu'assumait l'enquêteur de faire accepter l'entretien, de la mener à son terme, d'aider l'enquêté à comprendre les questions, doit être rempli par des imprimés, ce qui est beaucoup plus difficile. Si l'on a des scrupules à éconduire un enquêteur, on n'hésite pas à jeter un questionnaire postal dans la corbeille à papiers !

En général, **les plis** adressés à l'enquêté **comprennent** :

- Une *lettre d'accompagnement* écrite de façon cordiale, développant une petite argumentation qui invite à répondre ;
- Un *questionnaire* bien imprimé donnant, s'il y a lieu, des indications sommaires qui permettent de le remplir ;
- Parfois, une *notice plus détaillée* que le répondant devra lire avant de remplir le questionnaire ;
- Une *enveloppe* pour la réponse avec mention « *port payé par le destinataire* » ou déjà affranchie ;
- Parfois, la *promesse d'un petit cadeau*. La valeur de celui-ci doit rester assez faible pour ne pas inciter les destinataires à répondre pour obtenir leur cadeau, ce qui fausserait les résultats de l'enquête.

L'enquête par voie postale nécessite une base de sondage, constituée par des listes de noms ou fichiers préétablis. Elle se prête bien à des études auprès de groupes professionnels qui disposent de ce type de listes.

De nombreuses expériences ont été réalisées tant en Belgique qu'en France pour déterminer **la meilleure manière d'organiser les expéditions** de questionnaires et relancer les interrogés.

> *Dans tous les cas, un premier envoi d'une lettre annonce améliore très nettement le taux de réponse (10 à 15 % selon les cas). La personne, prévenue qu'elle va recevoir un questionnaire pour une enquête dont on lui a expliqué l'objet, s'est préparée à cette idée et a moins comme premier réflexe, à la réception du questionnaire, de le jeter immédiatement dans la corbeille la plus proche. Certains instituts améliorent le taux de retour en faisant précéder l'envoi du questionnaire, non pas par une lettre, mais par un appel téléphonique.*
>
> *L'envoi d'un stylo à bille destiné à permettre de remplir le questionnaire donne d'excellents résultats.*

Dans le cas d'enquêtes postales, une règle fondamentale sera respectée : le questionnaire postal ne doit en aucun cas ressembler à un formulaire administratif.

La mise au point d'un questionnaire postal est toujours plus longue que celle d'un questionnaire administré face à face car elle nécessite de nombreux essais de présentation en collaboration avec l'imprimeur. Ce questionnaire doit en effet être aéré (l'enquêté doit avoir la place suffisante pour répondre à chaque question) et clair (prévoir les instructions suffisantes). L'utilisation d'enveloppes de couleurs pour l'envoi ou l'illustration des documents donne de bons résultats. L'enquête par « *distribution radar* » est une forme particulière de l'enquête par correspondance Le principe de cette technique consiste à insérer le questionnaire dans l'emballage du produit. Il sera découvert par l'acheteur directement après son achat. La durée de l'enquête est fonction du taux de rotation du produit.

Avantages des enquêtes par correspondance

- Elles permettent d'atteindre des gens dispersés ou difficiles à atteindre (les cadres, les professions libérales, les célibataires).
- La liberté de réponse de l'enquêté est plus grande du fait qu'il répond seul et que l'anonymat de la réponse est garanti. Il faut bien entendu que le destinataire ne soupçonne aucune supercherie permettant de découvrir son identité.
- Puisqu'elle n'exige pas de réponse immédiate, l'enquête par correspondance permet à l'enquêté de peser ses réponses, de recueillir les informations nécessaires, de consulter des documents. C'est pourquoi, les enquêtes industrielles relèvent plus particulièrement de ce type de procédé.
- Le questionnaire reçu peut être plus long, mais sans être pour autant trop volumineux. Le questionnaire doit être structuré de façon à bien séparer les questions.

Inconvénients des enquêtes par correspondance

- L'enquête par correspondance ne peut garantir que l'ensemble des réponses est représentatif de l'échantillon choisi au hasard. Une partie des destinataires peut être plus motivée à répondre et la proportion de réponses de ce groupe sera plus grande alors.

  Lors d'une enquête consacrée à la syndicalisation, les réponses des employeurs et des syndicats ont été plus nombreuses que leur poids réel dans la population. La grande masse de la population était indifférente à cette thématique. Dans ce cas, pour éviter un biais, les résultats de l'enquête ont fait l'objet d'un redressement statistique.

  Par ailleurs, bien que le taux d'analphabétisme soit faible en Belgique et en France, il faut être conscient que la disposition à écrire est différente selon les répondants.

  Lors d'études par voie postale, des chercheurs ont constaté que la proportion d'inactifs et d'employés de bureau était supérieure au taux de réponse moyen et que la proportion d'ouvriers et d'agriculteurs était inférieure à ce taux.

Avant d'exploiter les résultats de l'enquête, il convient de vérifier que l'échantillon obtenu présente des caractéristiques analogues à celles de la population.

- La taille de l'échantillon ne peut être connue d'avance, puisqu'elle dépend du nombre de réponses. Le chargé d'études peut donc se trouver en face d'un échantillon trop faible pour atteindre la précision demandée par le sujet abordé. Suivant les thématiques abordées, le taux de réponse varie le plus souvent entre 30 et 70 %. Les chercheurs spécialisés dans cette technique arrivent généralement, dans le meilleur des cas, à des taux supérieurs à 50 %.
- L'enquête par correspondance n'est, théoriquement, jamais terminée car elle est tributaire de la disponibilité des répondants. Le chargé d'études peut encore recevoir des réponses plusieurs mois après la date d'envoi. Une société d'études ne peut cependant attendre pour exploiter les résultats. En général, au bout de deux à trois semaines, l'entreprise a pratiquement reçu les 2/3 des réponses.
- L'enquêté est entièrement libre de répondre au questionnaire. Étant donné cet anonymat, il est impossible de vérifier l'identité du répondant et la véracité des réponses ou de déceler des erreurs matérielles.
- La personne interrogée a tout le loisir de parcourir l'ensemble du questionnaire reçu avant de répondre à la première question. Il n'est donc pas possible d'intégrer dans un questionnaire par correspondance des mesures du niveau d'information par des questions de plus en plus précises.
- Certaines questions ne peuvent figurer dans une enquête par correspondance : celles qui font appel à la connaissance, au contenu de messages publicitaires. Le répondant a toujours la possibilité de s'informer auprès de son entourage ou de consulter une documentation.
- Pour des raisons de convivialité et de lisibilité, le chargé d'études évitera le recours aux filtres en escalade et la présentation de questions sous forme de tableaux.

En conclusion, l'enquête par correspondance revêt un champ d'action relativement limité. Pour améliorer le système, au lieu de recourir aux envois par la poste, on peut faire remettre les questionnaires à domicile (enquêtes semi-postales). Dans ce cas, les réponses seront adressées par la poste ou bien la société d'études enverra un enquêteur rechercher, à domicile, les questionnaires remplis. L'enquêteur pourra alors aider l'interrogé à remplir le questionnaire ou « insister » pour qu'il le renvoie. Ce procédé est surtout utilisé pour les tests de produits ; ceux-ci doivent être consommés, pendant un certain temps, avant que le consommateur ne puisse apprécier leurs qualités.

2.3 Enquêtes par téléphone

2.3.1 *Enquêtes classiques*

Cette méthode consiste à appeler les gens au téléphone et à leur poser un questionnaire oralement.

L'enquêteur joue un rôle actif. Il doit d'abord obtenir la communication avec la personne de son choix qui n'est pas forcément celle qui décroche le combiné. Des instructions sont données en fonction de chaque enquête pour indiquer aux enquêteurs comment ils doivent se présenter et ce qu'ils doivent dire pour obtenir le correspondant voulu afin d'amener celui-ci a bien vouloir répondre.

L'enquêteur doit avoir une voix agréable. Son comportement est important : sérieux et amabilité sont de rigueur.

L'entretien par téléphone a connu une extension considérable aux États-Unis, au point d'éclipser presque totalement l'entrevue classique à domicile.

L'enquête par téléphone s'est particulièrement développée ces dernières années en France et en Belgique. Le téléphone peut être utilisé aussi bien auprès du grand public que des entreprises et des organisations. Les numéros de téléphone nécessaires à l'enquête peuvent être obtenus dans les annuaires ou les listes de clients achetées chez des sociétés spécialisées. Il est ensuite possible d'employer des procédures de tirage aléatoire de numéros de téléphone.

La pratique augmente ; elle est le fait d'organismes spécialisés dans le marketing téléphonique ou la télévente, de sociétés ayant opté pour la réalisation exclusive d'interviews par téléphone, mais aussi des principaux instituts d'études de marchés.

LA PROCÉDURE D'UNE ENQUÊTE TÉLÉPHONIQUE

Le premier contact est essentiel pour que le répondant participe à l'enquête. Il doit rassurer et crédibiliser la démarche d'enquête.

Exemple. « Bonjour, je m'appelle [Prénom] et je fais une étude sur la consommation pour un institut de recherche : le CRIOC. Acceptez-vous de répondre à quelques questions, cela ne prendra que quelques minutes ».

Pour rassurer la personne interrogée, il est possible de préciser. « Nous vous remercions d'accepter de collaborer à cette enquête. Vos réponses demeureront confidentielles et ne feront l'objet que d'un traitement statistique global ».

Les enquêteurs recevront la consigne suivante : « Enquêteur : insister poliment ; en cas de refus ferme, remercier. »

En fin d'enquête, le répondant sera remercié pour sa collaboration.

Avantages des enquêtes par téléphone

- Ce mode d'enquête s'avère moins coûteux que l'enquête face à face. Il permet d'atteindre des personnes très disséminées ou qui auraient été difficilement interrogées autrement en raison de leur profession (personnalités, médecins, leaders d'opinion, etc.), de leurs horaires (agriculteurs, artisans) ou pour lesquels la visite d'un enquêteur représente un dérangement. De plus, le sentiment d'insécurité qui règne dans les villes a favorisé le développement des enquêtes par téléphone.

- En se référant à l'annuaire téléphonique, il est très facile de construire un échantillon de qualité, sous réserve que la population-cible se recoupe de manière satisfaisante avec celle des abonnés.
- Le contrôle des enquêteurs peut être exercé de manière permanente.
- La personne interrogée ne se sent pas observée et a l'impression que son anonymat est mieux préservé. Ces deux facteurs augmentent la qualité des réponses.
- C'est le mode d'enquête le plus rapide (avec des questionnaires courts, un enquêteur réalise une dizaine d'enquêtes par heure) qui permet la simultanéité avec l'événement.

Inconvénients des enquêtes par téléphone

- La population est difficile à cerner puisqu'elle se limite aux seuls abonnés au téléphone. Or, cette population est différente de la population classée par caractéristiques socioprofessionnelles. Il est donc difficile d'utiliser ce procédé si l'on veut faire une enquête auprès de l'ensemble des catégories de la population. Par contre, on peut l'utiliser dans la mesure où la population visée possède le téléphone. Ce sera notamment le cas pour les enquêtes faites auprès des membres des professions libérales. Certains instituts n'hésitent cependant pas à réaliser toutes les enquêtes par téléphone car, d'une part, le nombre d'abonnés augmente et la plupart des gens possèdent le téléphone et d'autre part, les abonnés au téléphone sont souvent très proches de la cible du produit.
- L'enquête doit se réaliser rapidement ; le questionnaire sera donc limité et ne comportera que des questions courtes. Il est difficile d'utiliser des questions demandant un choix ou un classement et impossible d'utiliser des dessins ou des reproductions d'annonces publicitaires.
- L'anonymat que préserve le téléphone empêche l'enquêteur de savoir si c'est vraiment l'interlocuteur désiré qui est au bout du fil ou si celui-ci donne des réponses exactes. Il n'est, par exemple, pas possible de vérifier l'âge, la situation familiale, le niveau des revenus, etc.
- L'enquête par téléphone a un champ d'action limité. Les sujets abordés doivent être crédibles sous peine de laisser suggérer aux correspondants qu'ils sont l'objet d'une farce. Malheureusement, certains démarcheurs n'hésitent pas à amorcer une négociation commerciale au téléphone sous couvert d'enquête, ce qui peut provoquer la défiance des correspondants.
- Le contact téléphonique réussi ne garantit pas que le questionnaire soit rempli. Le correspondant doit accepter de répondre et ne pas être rejeté par l'enquêteur (ligne inaudible, problème de langue, etc.). S'il coopère,

le répondant doit être éligible pour l'enquête, c'est-à-dire posséder les caractéristiques socio-démographiques (sexe, âge, etc.) qui font de lui un membre de la population étudiée.

- L'interviewé enfin peut couper la communication.

Au cours des quatre dernières semaines, combien de fois avez-vous acheté les produits suivants ?
Enquêteur : plusieurs réponses possibles

	Nombre	nsp
Des produits alimentaires bio		99
Des lingettes jetables		99
Les produits du commerce équitable (Max Havelaar, fair trade)		99
Des piles rechargeables		99
Des boissons en emballage consigné		99

Pour quel(s) usage(s) achetez-vous des lingettes jetables ?
Enquêteur : plusieurs réponses possibles

	Oui	Non	nsp
Nettoyage de la maison	1	2	3
Démaquillage	1	2	3
Lunettes	1	2	3
Pour les voyages (wc, main)	1	2	3
Déodorant	1	2	3
Hygiène intime	1	2	3
Cosmétique (crème solaire, auto bronzant)	1	2	3
Fesses de bébé	1	2	3
Nettoyer animal domestique	1	2	3

La dernière fois que vous avez fait vos courses, avez-vous utilisé ?
Enquêteur : plusieurs réponses possibles

	Oui	Non	nsp
Des sacs jetables en plastique	1	2	3
Des sacs en papier	1	2	3
Des sacs de caisse réutilisables	1	2	3
Un sac à provisions sur roulettes (un caddy)	1	2	3
Un panier	1	2	3
Des cartons	1	2	3
Un bac en plastique rigide(ex : smartbox...)	1	2	3

SOURCE : MVCONSULT

FIGURE 8.5 : *Enquête par téléphone : extrait d'un questionnaire utilisé*

2.3.2 *Enquêtes via le CATI*

Le Computer Assisted Telephone Interviewing (CATI) conjugue au sein d'un même système, la gestion de lignes et de postes téléphoniques (écoute, enregistrement, numérotation automatique et aléatoire), la gestion d'enquêtes (questionnaires accessibles sur écran d'ordinateur, gestion des quotas, gestion des filtres, encodage en temps réel) et le traitement automatique des réponses.

Il s'agit d'un outil destiné à l'enquêteur qui réalise une entrevue par téléphone. Il présente les caractéristiques suivantes :

- sélection automatique et au hasard de l'échantillon ;
- appels et rappels automatiques des abonnés au téléphone, sans intervention humaine ;
- défilement sur écran du questionnaire, avec sélection des questions utiles en fonction des réponses aux questions antérieures ;
- enregistrement des réponses via le clavier ;
- transfert des réponses sur ordinateur à des fins d'analyse.

FIGURE 8.6 : *Computer Assisted Telephone Interview*

2.3.3 *Les enquêtes par téléphone mobile*

De plus en plus d'études cherchent à capter en direct la réaction du consommateur lorsqu'il se déplace, voit, choisit, achète, consomme. Le recueil immédiat permet de réduire le biais lié à la mémorisation et d'enrichir la qualité des données recueillies, que ce soit en situation d'achat, lors de la vision d'une publicité ou de la participation à un événement.

Le téléphone mobile ou le smartphone permet de solliciter le répondant en le faisant participer à un questionnaire court et régulier — comme lors d'un panel —, en lui demandant de photographier une preuve d'achat ou une situation spécifique, de commenter ses achats pour mieux déchiffrer le parcours client, en lui suggérant de poster des réactions et photos dans des communautés d'études.

Avantage de l'outil, il permet de collecter les perceptions du consommateur et de les conjuguer avec des mesures techniques de localisation, de comportement, de déplacement, d'utilisation, etc. Des applications sur mesure permettent aussi d'agir aux moments clés du parcours client et de comprendre le fonctionnement des communautés.

Toutefois l'outil exige une présentation sur mesure et adaptée au contexte. Difficile d'imaginer un questionnaire de 30 minutes d'une étude d'usages et d'attitudes avec matrices sur mobile. Les spécificités de l'outil le limitent aux questionnaires courts, à chaud, contextuels, avec des illustrations du déclaratif par des photos, etc., ou aux panels mobiles temporaires pour un projet. Et même si la diffusion de l'outil dans la population en augmente la représentativité, le défi consiste à développer des outils de mesure suffisamment captivants pour stimuler le participant à répondre sans devoir être amené à monétiser sa participation.

2.4 Enquêtes par Internet

Dernier né des technologies d'enquête, le questionnement sur Internet que l'on appelle CAWI (Computer Assisted Web Interviews) a ouvert de nouveaux horizons aux intervenants du domaine : on efface les distances en même temps que les décalages horaires, on donne un accès libre, convivial aux répondants avec un recueil mieux suivi et plus rapide pour celui qui l'organise. C'est aujourd'hui un moyen privilégié pour des enquêtes internes menées sur plusieurs sites, tant au niveau national que pour des structures internationales. C'est aussi un moyen plus ciblé et plus attractif pour les professionnels de la plupart des secteurs d'activité, qui peuvent répondre selon leur rythme et leurs contraintes. Il est en cela directement concurrent du mode postal, mais pour l'instant sur des cibles professionnelles ou pour certaines parties de la population seulement en raison de l'équipement et de l'utilisation d'Internet chez les particuliers.

LE CAWI (COMPUTER ASSISTED WEB INTERVIEWING)

Les enquêtes par Internet portent la dénomination de CAWI (Computer Assisted Web interviewing) où l'administration du questionnaire réalisée via la toile et le traitement des données d'enquête sont entièrement automatisés.

Comme pour le système CATI, le programme informatique crée un questionnaire qui gère les filtres et les relations entre les questions, limitant les réponses de l'internaute aux seules questions affichées.

Le questionnaire s'affiche via le navigateur utilisé comme une page web. Pour y accéder, l'internaute reçoit un courriel personnalisé ou clique sur une bannière. Il est aussi possible de limiter l'accès par mot de passe et/ou identifiant.

Le questionnaire, hébergé sur un site, est accessible simultanément par plusieurs internautes.

Cet e-mail est illisible ? Regardez ici la version en ligne.

Chère, Cher,
Une nouvelle enquête attend votre avis. Votre avis compte

	Enquête sur : **la publicité**	SOLDE DE POINTS : XX À GAGNER : 50
	Durée moyenne : **15 minutes**	
	À compléter pour le : **2 février**	

Référence de l'enquête : j353

COMMENCEZ L'ENQUÊTE ?	
Le lien ne fonctionne pas ? Copiez le lien ci-dessous dans la barre d'adresse de votre navigateur Internet.	
D'avance, un grand merci pour votre participation. Meilleures salutations, L'équipe TOPIX	TNS

Si vous ne souhaitez pas participer à cette étude spécifique, **faites-le nous savoir**. De cette façon, vous ne recevrez pas d'e-mail de rappel pour cette étude.
Si vous avez de questions et/ou des problèmes techniques, vous pouvez toujours consulter les **FAQ** ou envoyer un e-mail à notre **helpdesk**.
Vous recevez cet e-mail d'invitation en tant que membre de TOPIX. Si vous ne souhaitez plus participer à nos enquêtes, vous pouvez à tout moment vous **désinscrire**.
En tant que membre vous acceptez notre **politique de confidentialité** et nos **conditions générales**.

Figure 8.7 : *Formulaire envoyé par e-mail pour recruter un paneliste lors d'une enquête. (suite)*

Avantages des enquêtes télématiques

- Elles permettent une économie et une maîtrise du temps. Lien entre l'interlocuteur et l'intéressé, la télématique permet d'établir une communication en temps réel et à un moment choisi. En comparaison avec les autres méthodes, elle développe trois qualités essentielles : permanence, instantanéité et ponctualité.

  Le chargé d'études peut, dès qu'un problème se pose, interroger la cible de population qui détient l'information : c'est le service permanent, disponible sans préavis ni attente. Il dispose des réponses dans un délai de quelques heures et non plus de quelques semaines. C'est la réponse en temps réel. Il peut contacter l'échantillon de la cible à un moment précis et choisi : c'est la question posée au bon moment et à tout le monde en même temps.

- L'information marketing recueillie via la télématique garantit un grand confort d'interviews. Cette condition sous-entend que la nature de l'information recherchée est compatible avec les contraintes d'Internet et que la cible interrogée manipule sans erreur ni difficulté le clavier informatique. Le confort d'utilisation est grand car le répondant est interrogé dans un environnement familier, sans témoin, au moment souhaité (à l'intérieur d'une plage de temps définie) et sans devoir photocopier, téléphoner ou poster le questionnaire.

- La télématique réduit les risques d'erreur dans la transmission de l'information. Si, dans la séquence traditionnelle de traitement, l'information donnée par le répondant est transférée par un enquêteur, relue et vérifiée par un vérificateur, codée par un codeur, saisie par un opérateur sur l'ordinateur avant d'être stockée et analysée, le questionnaire télématique permet de supprimer ces intermédiaires car l'information donnée et validée par le répondant est directement mise en mémoire.
- L'utilisation de l'informatique permet de nouveaux contrôles impossibles avec les méthodes traditionnelles. L'ordinateur peut contrôler et signaler au répondant une erreur ou une question non remplie, enregistrer le temps de réponse et guider automatiquement le répondant dans le cheminement du questionnaire (filtres automatiques). Le balisage de l'enquête supprime les sources d'incohérence. Si le répondant fournit une réponse incorrecte, le système de programmation peut stopper le déroulement de l'enquête. De même, la programmation sur Internet permet d'afficher de manière aléatoire l'ordre des items de réponse. Les biais liés à l'attraction pour la première solution proposée sont alors très limités. L'utilisation de questions-pièges permet, en partie, de limiter le nombre de répondants inattentifs, pressés ou fraudeurs.
- Le coût est nettement inférieur aux enquêtes classiques. Dès le quota atteint, l'enquête peut être arrêtée. De même, il est possible de stopper une enquête après une date précise.

Source : Internet Panel

Figure 8.8 : *Les questionnaires télématiques permettent de visualiser des publicités*

Inconvénients des enquêtes télématiques

- La longueur des questionnaires est limitée.
- L'utilisation de certains types de questions est exclue. Les questions doivent être le plus souvent fermées et précodées.
- Les manipulations erronées du clavier peuvent conduire à des biais.
- Comme dans les entretiens sans témoin, il est difficile de vérifier les caractéristiques du répondant.
- L'usage de la télématique demeure limité. Il est difficile actuellement de constituer un échantillon représentatif à moins d'offrir un équipement à des panellistes volontaires. Les panels d'accès en ligne même recrutés par un autre mode de communication surreprésentent certains sous-groupes de population tout en en sous-représentant d'autres. Même dans le cas d'un échantillon élaboré avec professionnalisme, les réponses obtenues ne correspondent pas à celles des enquêtes administrées en face-à-face ou par téléphone. D'autant plus quand les enquêtés changent de réponse quand on leur pose exactement la même question selon deux méthodes de recueil différentes.
- Pour élevée que soit la participation à un panel ouvert en ligne (access panel), celle-ci ne se distribue pas selon le profil sociodémographique de la population. De ce fait, le problème du biais des estimateurs introduits par la présence de non-réponses se pose avec acuité.
- Comme pour les enquêtes administrées, il est impossible de prendre en compte les informations transmises de manière non verbale par le répondant.
- L'incitation à la participation conduit des répondants à répondre très rapidement aux invitations à participer, à remplir sans limites des questionnaires et à formater les réponses, quitte à les adapter, en fonction des gains d'incentives possibles. L'objectif est de donner une opinion, coûte que coûte, pour obtenir les bonus promis. Certains répondants n'hésitent pas à pratiquer le « click through », cocher dans une matrice de réponse, la même colonne sans lire la question, créant ainsi des réponses farfelues et inutilisables. Les répondants fraudeurs, inattentifs ou pressés sont souvent plus fréquents lors de l'utilisation de ce mode de recueil de l'information, quitte à devenir, à terme, des professionnels de l'interview créant ainsi de nouveaux biais.

Tableau 8.1 : *Avantages et inconvénients spécifiques des enquêtes par courrier électronique*

Avantages	Inconvénients
Le coût de collecte est inférieur au coût des enquêtes postales.	Les informations sur la population globale résultant d'un problème d'échantillonnage manquent.
L'enregistrement électronique de données par Internet peut être entièrement automatisé, ce qui réduit la durée totale de l'étude.	Les courriers « non sollicités[3] » sont mal perçus ou ont un caractère illégal.

3. Le SPAM (e-mail commercial non sollicité) est interdit dans de nombreux pays ou fortement limités à destination des particuliers et des consommateurs.

Tableau 8.1 : *Avantages et inconvénients spécifiques des enquêtes par courrier électronique (Suite)*

Avantages	Inconvénients
Le délai de réponse est généralement plus rapide, ce qui réduit la durée totale de l'étude.	Les problèmes techniques existent : • Les systèmes du courrier électronique peuvent modifier le formatage des questionnaires. • Les restrictions d'accès et les protocoles de sécurité sur le réseau de l'utilisateur peuvent limiter la taille du questionnaire et l'utilisation de pièces jointes. • Les enquêtes par courrier électronique en texte simple rendent souvent possible le fait d'ajouter des réponses et/ou modifier les questions--) problèmes à l'enquêteur. • La peur du virus peut affecter le taux de réponse.
Le répondant peut être assez bien identifié (son nom se trouve inclus dans le titre du courrier électronique de réponse).	Les enquêtes sont exposées à l'interception d'un tiers car la communication est directe et personnelle.
La méthode encourage les demandes d'éclaircissements car l'interaction est très facile.	L'anonymat n'est pas toujours assuré.
Le problème « fuseaux horaires » est éliminé.	Le répondant doit prendre en charge les coûts de renvoi des documents (connexion à la messagerie).

Tableau 8.2 : *Avantages et inconvénients spécifiques des enquêtes par site web*

Avantages	Inconvénients
Le coût est avantageux et l'administration facilitée.	Le contrôle de l'échantillon n'est pas entre les mains de l'enquêteur mais entre celles des visiteurs du site.
Les résultats peuvent être affichés en temps réel dès que les réponses sont recueillies.	La probabilité d'être dans l'échantillon est inégale.
La circulation dans le questionnaire et ses embranchements peuvent être contrôlés automatiquement en fonction des réponses obtenues, ce qui réduit la nécessité de donner des instructions complexes.	Certains internautes peuvent passer à côté de l'enquête vu l'encombrement de plus en plus important des sites (icônes, bannières...).
La validation des réponses dès leur entrée est possible.	Beaucoup d'internautes ont accès au courrier électronique mais pas au web, spécialement dans l'environnement professionnel.
L'intégration au questionnaire des graphiques, des images animées et des liens avec d'autres sites est aisée.	L'anonymat n'est pas toujours assuré.
	Le répondant doit prendre en charge les coûts de connexion au réseau.

L'ENQUÊTE ON LINE CHERCHE ENCORE SA PLACE

S'il est vrai que de nombreux tests d'enquêtes par Internet ont été développés au sein des bureaux d'étude de marché, il est tout aussi exact de constater que la défiance reste la règle. Les problèmes sont nombreux :

- Manque de fiabilité des banques de données. Si le téléphone a pénétré aujourd'hui 95 % des ménages, Internet demeure un média sélectif.
- Changements d'adresses fréquents chez les Internautes qui se méfient des intrusions commerciales dans leur vie privée.
- Absence de représentativité des échantillons. Les classes sociales moins favorisées ont peu d'accès direct à Internet et les classes sociales plus instruites se méfient du caractère intrusif de l'e-mail marketing.
- Coûts fixes de gestion des panels élevés qui mettent en cause la rentabilité de pareils outils.

Cela signifierait-il que les enquêtes par Internet ont vécu ? Pas si sûr quand on s'aperçoit que les décideurs marketing privilégient la vitesse de réaction pour répondre à des questions de marketing tactique plutôt que la représentativité de l'échantillon.

Si les marchés de masse se prêtent mal à l'utilisation de l'outil, certains segments de population comme les jeunes, les professionnels et le personnel en interne y sont plus réceptifs.

Outre la rapidité, le caractère interactif de la méthode permet de proposer au répondant des stimuli visuels et des mots. Intéressant quand il s'agit de tester des sites web ou de les optimiser. Les études concept/produit, les pré-tests de packaging, les pré-tests publicitaires, les études de segmentation et de prévision de volumes utilisent de plus en plus souvent le support d'Internet. De plus, les coûts des études sur Internet sont généralement moins élevés que le traditionnel face-à-face.

Les études en ligne vont-elles détrôner les études par téléphone ou en face-à-face ? En tout cas, pas tout de suite mais l'expansion d'Internet devrait favoriser le développement de ce type d'outil dans les prochaines années.

Dans l'avenir, les enquêtes télématiques, notamment les panels, devraient se développer. Les experts estiment que la formule d'avenir consistera à installer, dans des foyers représentatifs, un système bidirectionnel par lequel un opérateur contacte la personne interrogée, alertée par un signal sonore ou l'éclairage de son écran, en vue d'une consultation immédiate et programmée.

L'utilisation de plus en plus fréquente d'un incentive vise à augmenter le taux de réponses des enquêtes en ligne. Il varie souvent de 1 à 2 € pour une enquête en ligne de 5 à 10 minutes et ne dépasse guère 6 à 7 € pour une heure. Parfois, il se matérialise sous forme de jeux concours où de nombreux lots de faible valeur sont à gagner. Pour des enquêtes à destination de public professionnel, il s'agit souvent de livres blancs, de rapports liés aux résultats d'enquête.

Le développement de la reconnaissance vocale devrait étendre les possibilités d'enquête interactives qui associent télématique, téléphonie, média (radio, télévision).

Le développement de l'Internet à haut débit devrait faire émerger des études médias qui incluent des images, des vidéos, des sons.

2.5 Enquêtes via les média sociaux

Les médias sociaux permettent facilement de créer et de mobiliser des communautés en ligne et de réaliser différents sondages.

Une entreprise peut, à l'occasion du lancement d'une nouvelle application mobile, publier un court sondage sur Facebook et offrir une réduction de 50 % aux 50 premiers clients qui y participent sur Facebook, Twitter, LinkedIn, Pinterest, Foursquare ou Google Plus.

Des modèles de sondage existent et peuvent être intégrés directement sur Facebook ou diffusés sous forme de lien sur Twitter, LinkedIn, Foursquare, Google Plus, ou encore dans un courrier électronique.

COMMENT UTILISER LES SONDAGES AXÉS SUR LES MÉDIAS SOCIAUX ?[4]

Pour identifier les canaux de médias sociaux qui vous permettront de toucher le plus efficacement possible votre segment de marché, vous devez dans un premier temps explorer la façon dont votre public cible utilise les médias sociaux. Vous savez déjà où trouver votre public cible ? Publiez ici vos sondages d'étude de marché, de prospection de nouveaux clients, de fidélité et de feed-back de clients.

- **Évaluations des canaux de médias sociaux**. Vos clients utilisent-ils Internet et les réseaux sociaux ? Si oui, lesquels ? Sont-ils plutôt inscrits sur Facebook, Twitter, LinkedIn, Pinterest, Foursquare, Google Plus, ou sur tous ces sites à la fois ? À quelle fréquence sont-ils actifs au sein de ces communautés, et dans quels buts ? Avec quel matériel se connectent-ils à ces réseaux sociaux et est-il probable qu'ils se mobilisent en tant que consommateurs ? Un utilisateur de dispositif mobile adhérera à vos produits très différemment d'une personne se connectant à Internet principalement via un ordinateur de bureau Mac ou Windows. Utilisez ces informations pour élaborer votre stratégie de marketing numérique, notamment pour déterminer quels types de contenu diffuser (vidéo, publications de blog, images, contenu infographique, guides, et autres), combien de temps diffuser la campagne de promotion et quels influenceurs clés cibler.

4. Source : *www.surveymonkey.com*, février 2014.

- **Stratégies relatives aux influenceurs.** Identifiez les influenceurs clés au sein de votre société ou de vos réseaux sociaux et élaborez des stratégies visant à les inciter à amplifier vos messages. Invitez-les à rédiger une évaluation de produit en qualité d'invité, ou demandez-leur de participer à une discussion de groupe diffusée en podcast. Développez des contenus et des éléments marketing incluant leur point de vue extérieur sur vote société, produit ou service en vue de générer d'authentiques conversations sur le sujet.
- **Amplification.** Améliorez le taux de réponse aux sondages en demandant aux membres de vos réseaux en ligne de répondre à votre questionnaire et d'inciter d'autres à y répondre sur Facebook, Twitter, LinkedIn, ou Pinterest. Élargissez la portée de votre sondage en demandant à vos contacts d'« aimer », de publier, de tweeter ou de partager de quelque manière votre sondage sur leurs réseaux sociaux ou professionnels.
- **Feed-back en quasi temps réel.** Invitez les membres de vos réseaux à fournir un feed-back honnête et immédiat. Par exemple, demandez aux membres d'essayer un nouveau smartphone et une application en ligne que vous êtes en train de développer et publiez leurs avis à propos de l'interface utilisateur et leur opinion globale. Offrez une prime qui les poussera à répondre aux questions de votre sondage.
- **Satisfaction et fidélité des clients.** À mesure que votre nombre de fans ou d'abonnés grandit et que vous tissez une relation avec vos clients sur les réseaux sociaux, réalisez un sondage au sein de ces communautés afin de savoir ce que vos clients pensent de votre société. Remerciez-les pour ce précieux feed-back par le biais de primes et de récompenses de fidélité.
- **Satisfaction et fidélité des clients.** À mesure que votre nombre de fans ou d'abonnés grandit et que vous tissez une relation avec vos clients sur les réseaux sociaux, réalisez un sondage au sein de ces communautés afin de savoir ce que vos clients pensent de votre société. Remerciez-les pour ce précieux feed-back par le biais de primes et de récompenses de fidélité.

Adhésion des communautés. Utilisez des sondages et enquêtes ajoutant un zeste de divertissement dans la conversation. Les gens adorent répondre à des sondages amusants qui leur donnent des informations sur eux-mêmes. Utilisez des sondages sur les liaisons amoureuses ou le couple pour renforcer l'adhésion et l'intérêt des communautés et faire ainsi en sorte que les membres soient plus réceptifs à votre prochaine idée, promotion ou sollicitation.

Cette analyse empreinte de positivisme semble parfois oublier que le problème de représentativité des réseaux sociaux est bien réel et que les fondamentaux de la réalisation des sondages quantitatifs[5] doivent être respectés. À défaut, les résultats seront biaisés et peu représentatifs du public cible.

5. Le lecteur intéressé trouvera l'information nécessaire à la figure 8.1 Démarche de recherche et ses principales étapes de recherche et au chapitre 3 Typologie des études et étapes du processus de recherche (2. étapes du processus de recherche).

- **Les questions**. Elles doivent être directes. L'entreprise doit engager directement la discussion sur la recherche. Cette méthode vous permet, à la fois, de récolter des données et de construire la relation avec les *fans* ou *followers* qui pourraient constituer a priori le public cible. A contrario, en se focalisant sur les réseaux sociaux, l'entreprise risque de passer à côté d'autres segments de clientèle ou du public cible concerné.
- **Le test de marché**. Les réseaux sociaux constituent un excellent moyen de tester de nouvelles idées avant de vous se lancer dans la création, l'élaboration de concepts ou la production. Il suffit de lancer un message sur Facebook, Twitter, LinkedIN, Google+, etc. et d'observer les réactions. L'entreprise peut ainsi mesurer le nombre d'internautes qui aiment et partagent l'idée. Évidemment, la confidentialité du projet en prend un coup.
- **L'identification des innovations**. Les réseaux sociaux permettent de mesurer l'utilisation des produits par les *followers* ou les *fans*. Des nouvelles utilisations peuvent même être détectées. Attention cependant à limiter la recherche aux utilisateurs des réseaux sociaux.
- **Le sondage en ligne**. Il constitue une approche plus formelle qui permet d'aller chercher à moindre coût, plus de réponses. D'autant s'il s'accompagne d'incitants financiers ou de cadeaux (un prix à gagner par exemple). Toutefois, cette procédure n'est pas exempte de dangers et d'erreurs vu les biais liés à la formulation et à la représentativité du réseau social ou des internautes interrogés.
- **L'observation**. La lecture et l'analyse attentives des pages Facebook de l'entreprise et de ses concurrents, dans les groupes Linkedin, sur Twitter permettent de disposer d'informations sur la stratégie développée, la perception du positionnement par les consommateurs, le langage utilisé, les déclencheurs de réaction, etc.

TABLEAU 8.3 : *Actions d'études à mener sur Facebook ou Twitter*

Actions possibles via Facebook	Actions possibles via twitter
• Créer une page et en faire la promotion auprès de la clientèle cible • Répondre aux questions des fans • Suivre les conversations sur la page • Aimer et suivre les pages dans son secteur d'activité et suivre l'actualité • Poser des questions importantes sur votre mur • Publier un sondage et demander aux fans de répondre • Utiliser la publicité Facebook pour promouvoir le sondage auprès de la population cible • Analyser la page pour déterminer le profil des fans et ce qu'ils aiment	• Suivre les utilisateurs de son secteur d'activité, les clients existants et potentiels, les collègues • Chercher les mentions de sa marque, des compétiteurs et des mots clés • Tweeter un sondage et solliciter les followers de le remplir • Utiliser les hashtags en lien avec son industrie de manière appropriée • Retweeter du contenu intéressant, avec de courts commentaires • Identifier les sujets intéressants grâce au retweet

Les réseaux sociaux ne peuvent cependant pas remplacer les études de marché. Tout simplement, par le fait qu'ils ne sont pas, la plupart du temps, représentatifs de toute la clientèle cible d'une marque.

TABLEAU 8.4 : *Comparaison des différentes méthodes d'enquête*[6]

Type	Avantages	Inconvénients
Enquête personnelle	1. Permet à l'enquêteur de recueillir des informations supplémentaires. 2. Meilleur contrôle de la séquence des questions. 3. Permet d'obtenir des informations plus précises. 4. Permet l'utilisation d'aides visuelles (graphiques, maquette, échantillon...) pour illustrer le concept. 5. Permet une analyse en profondeur des attributs désirés et une recherche de solution aux problèmes posés. 6. Grande flexibilité qui permet à l'enquêteur de s'adapter au style cognitif des répondants. 7. Contact personnel qui encourage la coopération et l'intérêt des répondants.	1. Méthode coûteuse en comparaison aux autres méthodes, surtout lorsqu'une grande zone géographique doit être couverte. 2. L'enquêteur peut biaiser les réponses ou mal les enregistrer 3. Demande une supervision précise du processus de collecte des données. 4. La formation des enquêteurs et la collecte des données demandent du temps. 5. Les commentaires des enquêteurs peuvent troubler les répondants. 6. Les différences de style entre enquêteurs rendent plus difficile une application standardisée du questionnaire.
Enquête par téléphone	1. Méthode la plus rapide. 2. Peu coûteuse. Le coût d'un nombre équivalent d'interviews personnelles serait très supérieur. 3. Facile de rappeler plus tard si le répondant n'est pas disponible. 4. Le risque de biais est généralement réduit par l'utilisation de questions fermées. 5. Large couverture géographique. 6. Possibilité de contrôle sur l'ordre des questions (Via CATI). 7. Supervision automatique des erreurs matérielles (Via CATI). 8. Encodage immédiat (Via CATI).	1. Se réduit aux répondants qui figurent à l'annuaire ou aux numéros accessibles. 2. La quantité d'informations à recueillir est limitée. 3. Difficile d'obtenir des informations sur les attitudes et motivations. 4. D'application difficile pour des produits de haute technicité ou très nouveaux. 5. Devient coûteuse si les appels longue distance sont nombreux.

6. Adapté de LAMBIN J.-J., DE MOERLOOSE Ch., *op. cit*, 2007, pp. 186-187.

Tableau 8.4 : *Comparaison des différentes méthodes d'enquête (Suite)*

Type	Avantages	Inconvénients
Enquête postale	1. Permet une couverture large à un coût unitaire faible par interview réalisée. 2. Évite les biais dûs à l'enquêteur. L'absence de témoin peut faciliter certaines réponses. 3. Permet d'atteindre des personnes très éloignées géographiquement. 4. Sauf si un nom est demandé, le répondant reste anonyme et peut dès lors communiquer plus facilement une information sensible. 5. Les répondants sont encouragés à répondre puisqu'ils peuvent le faire quand ils le souhaitent.	1. Une liste d'adresses précises et à jour est nécessaire, ce qui n'est pas toujours facile. 2. Taux de réponse faible. Les répondants sont en général plus concernés par le sujet que les non-répondants. 3. La longueur du questionnaire est limitée. 4. Impossibilité de vérifier que les questions sont bien comprises et les réponses bien enregistrées. 5. Difficile de suggérer un ordre de réponse puisque le répondant peut prendre connaissance du questionnaire. 6. Temps de réponse long. 7. Difficile à utiliser avec des produits très techniques. 8. Contrôle limité sur l'identité des répondants.
Enquête par Internet	1. Méthode la plus rapide et très peu coûteuse. 2. Possibilité de couverture mondiale. 3. Possibilité de contrôle sur l'ordre des questions. 4. Supervision automatique des erreurs matérielles (rappels des non-réponses, interdiction ou autorisation de réponses multiples). 5. Encodage immédiat. 6. Faculté d'utiliser une aide visuelle. 7. Absence de biais dû à l'enquêteur.	1. Mauvaise représentativité, limitation à la population possédant Internet et le maitrisant. Ne convient qu'à des enquêtes qui ciblent les internautes. 2. Échantillonnage non aléatoire. 3. Contrôle limité de l'identité des répondants. 4. Contact impersonnel. 5. Peur de l'intrusion dans la vie privée (confidentialité parfois peu crédible).

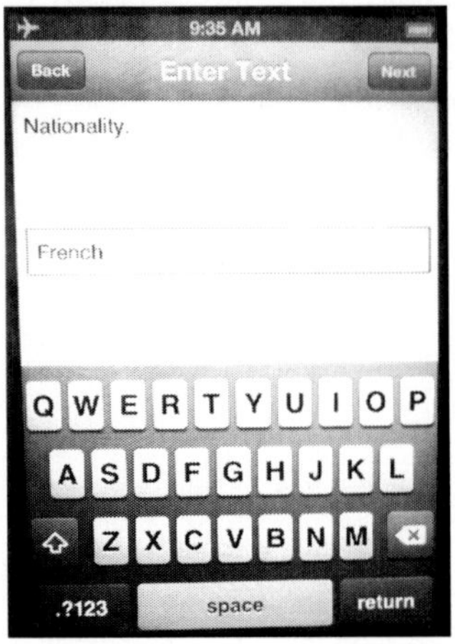

SOURCE : MAS Wings

FIGURE 8.9 : *Encodage par le consommateur d'une question ouverte sur smartphone*

QUESTIONS

1. À quel type d'études (exploratoire, descriptive, causale) l'enquête par interrogation s'adresse-t-elle ?
2. Quels sont les avantages et inconvénients des enquêtes par interrogation ?
3. Quels sont les avantages et limites des différentes méthodes de recueil de données ?
4. Pourquoi les experts considèrent-ils que le questionnaire ne constitue-t-il qu'une étape du processus de recherche ?
5. En matière de validité, peut-on considérer que les enquêtes par interrogation présentent de meilleures garanties tant en ce qui concerne la validité interne que la validité externe ?
6. Comparez les avantages et limites des différents types d'enquête (qualitatif, par observation, par expérimentation, par interrogation).
7. Peut-on considérer que les enquêtes réalisées par Internet présentent toutes les garanties de validité interne et externe ?

CHAPITRE 9

QUESTIONNAIRE

1 Place du questionnaire dans l'enquête quantitative
2 Étapes d'une enquête par questionnaire
3 Choix des thèmes et des questions
4 Formulation des questions
5 Rédaction du questionnaire
6 Test du questionnaire
7 Questionnaire définitif

1 PLACE DU QUESTIONNAIRE DANS L'ENQUÊTE QUANTITATIVE

La méthodologie quantitative utilise l'enquête par questionnaire pour atteindre ses objectifs. Le questionnaire constitue un des éléments essentiels de l'enquête. Il est l'instrument d'enregistrement et de stockage de l'information. C'est pourquoi, il convient d'accorder beaucoup de soin à sa préparation.

Les problèmes soulevés par la confection des questionnaires sont aussi nombreux que complexes. Le questionnaire doit conjuguer entre **plusieurs contraintes** :

- l'*objet de l'enquête* ;
- la *méthode de recueil* adoptée ;
- la *population* interrogée ;
- le *travail des enquêteurs* ;
- les possibilités et souplesses du *programme de traitement des données ;*
- les *moyens matériels* mis à disposition (délais, budget, etc.).

La rédaction d'un questionnaire nécessite beaucoup d'expérience et de précaution. Celui-ci n'est pas une simple liste de questions mais, au contraire, un instrument de précision destiné à obtenir des informations spécifiques prédéterminées.

C'est par l'intermédiaire du questionnaire que s'opère la liaison entre **les quatre intervenants** de toute étude de marchés :

- Le *décideur* qui, sur base de l'enquête, doit trouver une réponse à ses besoins d'information et doit prendre la décision marketing adéquate ;
- Le *chargé d'études* dont le rôle est de répondre aux besoins du décideur, de transformer les besoins d'information en questions de recherche et de développer la méthodologie adéquate ;
- L'*enquêteur* chargé d'administrer le questionnaire et d'interroger le répondant ;
- Le *répondant* qui communique l'information à l'enquêteur.

2 ÉTAPES D'UNE ENQUÊTE PAR QUESTIONNAIRE

La création d'un questionnaire se réalise en quatre étapes distinctes.

2.1 Relevé des informations souhaitées

Avant de rédiger le questionnaire, le chargé d'études couche sur papier les thèmes qu'il veut analyser et les hypothèses liées à l'enquête. Il va **lister l'ensemble des informations nécessaires**. Celles-ci sont déterminées en fonction :

- des *objectifs* du projet d'étude ;
- des *hypothèses* établies antérieurement ;

- des *résultats* des phases antérieures (recherche documentaire, étude qualitative préliminaire, etc.) ;
- des *demandes spécifiques* du client ;
- des *contraintes* imposées en termes *de délai et de budget* notamment.

Il importe cependant de faire une distinction entre les informations à recueillir et les questions à poser. L'enquête préliminaire, sous la forme d'un petit nombre d'entretiens ou d'une étude qualitative, facilitera la formulation des hypothèses de travail et permettra de savoir comment le problème se pose aux personnes dont on cherche à obtenir les informations. Elle doit conduire à adapter le langage du questionnaire à celui des interrogés.

Les **hypothèses** seront définies de manière univoque et précise. Les hypothèses peuvent être énoncées à priori ou à l'issue d'une pré-enquête.

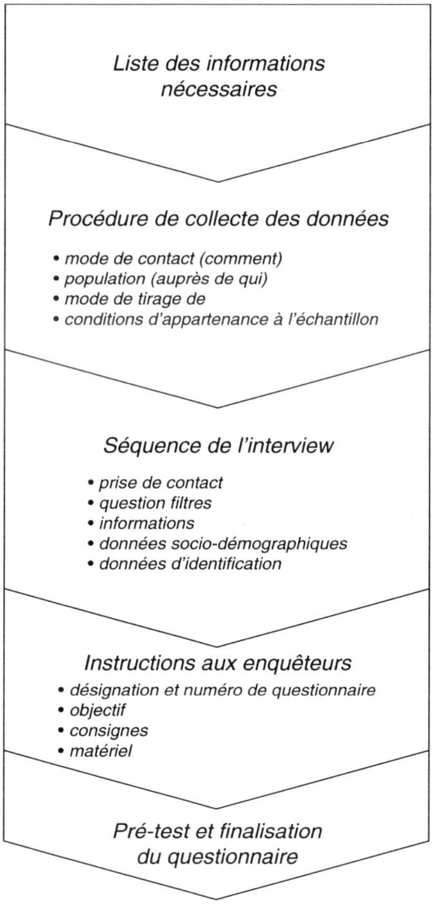

FIGURE 9.1 : *Enquête par questionnaire et ses principales étapes*

Quoi qu'il en soit, une hypothèse est une proposition qui exige, pour être confirmée ou infirmée, la construction de variables.

L'hypothèse « ***la consommation d'alcool est fonction du milieu social*** *» devra être traduite en notions opérationnelles. La consommation d'alcool se traduira en indice de consommation, par exemple boire au moins 2 verres d'alcool par semaine. Le milieu social sera aussi traduit en critère opérationnel : les classes sociales, elles-mêmes traduites en 2 sous-critères (profession exercée et niveau d'études atteint).*

La pré-enquête contribue efficacement à la construction des hypothèses. Pour réaliser cette pré-enquête, **plusieurs méthodes sont utilisables** :

- *La méthode documentaliste*. Elle consiste à lire, utiliser et dépouiller la documentation écrite publiée sur le sujet ainsi que d'autres études consacrées antérieurement à la problématique. Des livres, des articles, des films, des études, des conférences, des bases de données existent sans doute sur le sujet ;
- *La méthode rond-de-cuir*. Elle consiste à réfléchir sur la question, seul, et à procéder à une analyse systématique des hypothèses possibles ou des facteurs de la situation à étudier ;
- *La réunion-discussion de groupe*. C'est, en fait, une séance collective de créativité à laquelle participent des personnes extérieures à l'enquête qui apportent des éléments de réflexion et des pistes d'analyse ;
- *Les interviews pour voir*. Il s'agit d'interroger quelques personnes sélectionnées empiriquement pour leur grande information sur le sujet ou pour leur implication dans l'objet de l'enquête ;
- *Les rencontres de témoins privilégiés*. Le chargé d'études va interroger des spécialistes du domaine étudié, des prescripteurs d'achat ou toute personne utile à la connaissance du domaine de recherche ou à l'acquisition du vocabulaire spécifique du domaine étudié ;
- *Les méthodes qualitatives*, que ce soient au travers d'entretiens individuels (l'entretien en profondeur, l'entretien thématique ou entretien qualitatif classique, l'entretien qualitatif semi-structurée, l'entretien par protocole, l'entretien d'accompagnement) ou des techniques de groupe (la discussion de groupe classique, le mini-groupe, les groupes créatifs, les études de motivations créatives). Toutes ces méthodes ont été décrites précédemment.

2.2 Choix de la procédure de collecte des données

Lors de la seconde étape, le chargé d'études va décider de la procédure de collecte des données qui sera utilisée :

- Quel est le mode de contact ou de recueil de l'information retenu ? Va-t-il préférer l'enquête par téléphone ? En face-à-face ? Par courrier ? Par télématique ?
- Quelle est la population à interroger ? L'univers de référence ? Quelle sera la taille de l'échantillon ? Comment sera-t-il sélectionné ? etc.

2.3 Conception de la séquence d'entretien

Lors de la troisième étape, le chargé d'études va construire sa séquence d'entretien, c'est-à-dire mettre sur pied son questionnaire. Pour chaque hypothèse, il sélectionne le type de questions les plus appropriées (questions ouvertes, fermées, filtres, etc.) et établit ensuite l'ordinogramme du questionnaire (l'ordre des questions). Il répond aux questions suivantes :

- Comment la prise de contact sera-t-elle définie ?
- Quelles sont les questions à intégrer ? Dans quel ordre ?
- Quels sont les paramètres d'identification et de classification à utiliser ?
- Utilise-t-on des questions filtres ?

2.4 Gestion des aspects matériels de l'enquête

La quatrième étape va organiser les aspects matériels de l'enquête :

- Quelles sont les instructions à donner aux enquêteurs ?
- Comment l'enquête est-elle identifiée ? Nom ? Numéro ?
- Quel matériel distribue-t-on aux enquêteurs ?
- Quelles sont les consignes spécifiques transmises ?

2.5 Finalisation du questionnaire

La cinquième étape vise à pré-tester et à finaliser le questionnaire. Après rédaction d'épures grossières (le « *rough* ») qu'il présente à l'examen critique des responsables d'enquête et d'autres personnes compétentes, il finalise le projet de questionnaire. Ce projet structuré et présenté au client pour approbation fait ensuite l'objet d'un pré-test auprès de la cible. Les dernières corrections intégrées, le chargé d'études peut lancer l'enquête.

3 CHOIX DES THÈMES ET DES QUESTIONS

Une première classification permet de différencier **les questions en fonction du contenu attendu des réponses**. Les enquêtes par questionnaires visent d'ordinaire à recueillir trois catégories de données.

3.1 Questions sur les faits et sur le comportement

Les questions de faits portent sur les aspects précis, vérifiables, qui ont trait au domaine personnel des individus interrogés (âge, sexe, degré d'instruction) ou au domaine de leur environnement (habitat, composition de famille, milieu de travail).

Plutôt que de porter sur des faits ponctuels, ces questions peuvent porter sur des faits répétitifs : lecture de journaux, consommation de produits. On parle alors de questions sur le comportement.

Le caractère objectif de ces données n'empêche évidemment pas que les réponses puissent être mensongères. Il peut y avoir des faits que le répondant veuille cacher ou dont il ne se souvient plus. De plus, il peut avoir plusieurs raisons de ne pas vouloir donner une réponse exacte à une question :

- Si le répondant craint que la réponse n'amène l'enquêteur à porter un jugement défavorable sur lui. Telles sont les questions relatives à la santé, l'hygiène ou le prestige ;

  Avez-vous des dents cariées ?

  Combien de fois par semaine prenez-vous un bain complet ?

- Si le répondant veut donner une meilleure image de soi ;

  Quelle émission regardez-vous volontiers à la télévision ? Une émission littéraire ou un film comique ?

- Si le répondant considère que certaines questions sont indiscrètes et ne veut pas y répondre. Telles sont les questions sur la fortune, les salaires, les votes politiques, le sexe, etc.

  Combien gagnez-vous ?

  Pour quel parti comptez-vous voter aux prochaines élections ?

- Même si l'interrogé accepte de répondre, il peut être trahi par sa mémoire et s'il n'a pas les moyens de vérifier sa réponse, il répond un peu au hasard ou dira qu'il ne sait pas ;

  Qu'avez-vous regardé comme émission à la télévision le 1er avril ? (Il y a 15 jours).

  Combien de fois par an mangez-vous des pâtes ?

Pour **obtenir des réponses précises**, le chargé d'études veille à :

- *Supprimer le rôle de la mémoire*. L'enquêteur peut demander à voir la facture d'achat, demander à voir le produit, observer le comportement d'achat des personnes devant un comptoir ;
- *Réduire l'effort de mémoire*. C'est ce que l'on fait lorsqu'on demande à la ménagère de se souvenir seulement de son dernier achat et non de ceux qui l'ont précédé ;
- *Stimuler la mémoire* en aidant le répondant à se souvenir. Le questionnaire sera structuré de façon qu'une question ou une série de questions suscitent des occasions de souvenir.
- *Modifier la formulation de la question* et l'adapter aux capacités de réponse de l'interrogé. Avant de poser des questions, il convient donc, au cours de l'enquête pilote, de vérifier si les interrogés ont la capacité de pouvoir se souvenir correctement de faits sur lesquels ils sont interrogés.

3.2 Questions sur les attitudes et opinions

Les attitudes et opinions représentent des jugements subjectifs sur des faits, des idées, des personnes. Il s'agit en fait d'obtenir des informations sur la manière habituelle dont le répondant vit son expérience quotidienne.

« État mental et neuropsychologique constitué par l'expérience, qui exerce une influence dynamique sur l'individu, le préparant à réagir d'une manière particulière à un certain nombre d'objets et de situations ».

Si elles ont toutes deux pour but la prévision des comportements en marketing, l'attitude est différente de l'opinion car elle présente des racines plus profondes. L'opinion est plus rationalisée et constitue une réaction qui peut être isolée ou accidentelle. Schématiquement, il existe quatre niveaux qui illustrent la relation entre attitudes et opinions.

Tableau 9.1 : *Schéma d'Eysenck — relations entre opinions et attitudes*

Niveau I	*Opinions accidentelles*, nullement caractéristiques de l'individu (X dit quelque chose aujourd'hui, dit le contraire le lendemain).
Niveau II	*Opinions stables*, relativement constantes, caractéristiques de l'individu (une personne chauvine réagit en général toujours de la même manière lorsqu'on critique son pays).
Niveau III	*Attitudes* : ensemble d'opinions stables, liées entre elles et correspondant à une composante importante de la personnalité.
Niveau IV	*Type de personnalité* : traduit l'interdépendance des attitudes. Un individu manifestant une attitude nationaliste sera également partisan de l'ordre social, de l'autorité dans la famille, etc. On pourra dire qu'il possède une personnalité de type conservateur.

Ce type de question suscite souvent une proportion de « *sans opinion* » qui peut varier d'une question à l'autre au sein d'un même questionnaire. En effet, bien qu'en général chacun ait une opinion, l'interrogé sera tenté de **dissimuler la sienne** dans le cas où :

- Il n'a *pas une connaissance suffisante du sujet* sur lequel on l'interroge et il préfère indiquer qu'il n'a pas d'opinion afin de masquer son ignorance ;
- Il n'a *pas de préférence marquée* pour l'une ou l'autre opinion. Si le seul choix offert est dichotomique (pour ou contre), il dira qu'il n'a pas d'opinion ;
- Il *ne veut pas révéler* son opinion.

La véritable difficulté rencontrée dans la collecte des informations sur les opinions et attitudes consiste à mesurer l'intensité de celles-ci. Deux personnes qui déclarent aimer une couleur peuvent avoir une opinion sensiblement différente. Si l'on veut mesurer l'intensité, il conviendra de présenter aux enquêtés toute une hiérarchie de possibilités qui seront détaillées plus loin.

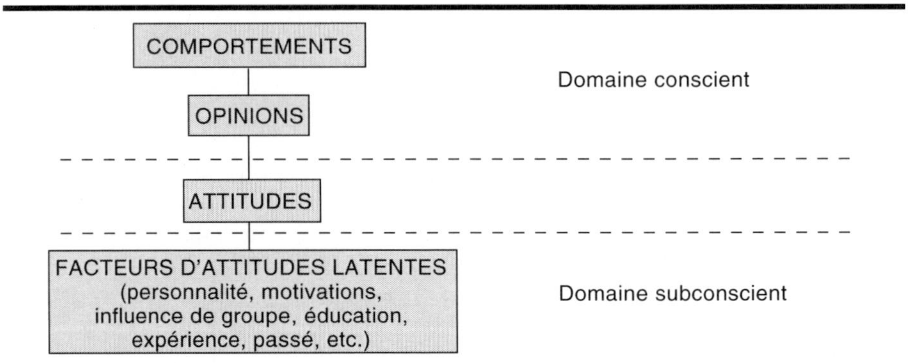

Figure 9.2 : *Attitudes, opinions, comportements*

3.3 Questions sur les motivations

> *« Besoin intime et constant, orientant un sujet vers l'accomplissement continu ou répétitif d'un genre d'actes susceptibles d'apporter momentanément une baisse de la tension correspondante. Les motivations correspondent aux comportements irrationnels de la conduite (besoins, désirs, intérêts, sentiments, etc.). Ex. : volonté de puissance, besoin de possession, besoin de reconnaissance, d'accomplissement de soi, etc. »*[1]

Les questions peuvent également porter sur des motivations : raisons de comportement, de préférence, d'habitude. Ces raisons peuvent être avouables et perçues par l'enquêté.

Cela se produit, en général, chaque fois que les raisons d'agir sont rationnelles, car un répondant n'hésite pas à les expliciter si cette explication est raisonnable.

Parfois, même s'il connaît les raisons pour lesquelles il agit de telle ou telle façon, il arrive qu'un répondant se refuse à en donner l'explication réelle.

> *Cette attitude se rencontre chez certaines ménagères qui ne fréquentent pas le magasin populaire de leur quartier. Craignant d'y rencontrer des amies, elles veulent laisser croire qu'elles fréquentent des magasins plus luxueux. Les raisons invoquées sont alors des raisons rationnelles (qualité inférieure, mauvais service à la clientèle, etc.) et non la raison réelle.*

Il peut arriver que les raisons réelles de leurs comportements ne soient d'ailleurs par perçues par les intéressés.

3.4 Questions sur les intentions

Les questions qui portent sur les intentions, comme les intentions d'achat d'un nouveau produit, sont fréquentes en marketing.

1. Mucchielli Roger, *L'entretien de face à face dans la relation d'aide*, Librairies techniques/ Éditions sociales de France, 18e éd., Paris, 2004.

- **QUESTION SUR LES FAITS**
  Au cours des dernières semaines, avez-vous fait les soldes?

Oui	
Non	

- **QUESTION SUR LES ATTITUDES**
  Je vais vous citer à présent une série de phrases que des consommateurs nous ont dites concernant l'achat de produits alimentaires. A chaque fois, je vais vous demander de me donner une cote de 1 à 5. 1 signifie que ce n'est pas important du tout, 5 signifie que c'est tout à fait important. Ainsi, si je vous dis que ...

Enq. : lire les propositions

	Cote
En général, je recherche des produits de qualité	
En général, je choisis les produits les meilleurs marchés	
En général, je choisis des produits respectueux de l'environnement	

- **QUESTION SUR LES MOTIVATIONS**
  Je vais vous citer à présent une série de phrases que des consommateurs nous ont dites à propos de l'entretien de leur maison. A chaque fois, je vais vous demander de me donner une cote de 1 à 5. 1 signifie que ce n'est pas important du tout, 5 signifie que c'est tout à fait important. Ainsi, si je vous dis que ...

Enq. : lire les propositions

	Cote
Pour qu'une maison soit propre, elle doit être nettoyée tous les jours	
Pour qu'une maison ne contienne pas de microbes, elle doit être nettoyée régulièrement avec des produits désinfectants comme l'eau de javel ou un détergent hygiènisant	

- **QUESTION SUR LES INTENTIONS**
  Dans les prochaines semaines, comptez-vous essayer le produit ?

Oui, certainement	
Oui, peut-être	
Non	

SOURCE : *MVCONSULT.*

FIGURE 9.3 : *Types d'informations que l'on peut obtenir*

Il faut toutefois considérer les intentions d'achat comme un indicateur plus que comme une mesure précise de la consommation future. Leur valeur prédictive doit tenir compte du fait que la personne interrogée répond en faisant abstraction des circonstances liées à l'acte d'achat : habitudes, influences extérieures, publicité, entourage. Généralement, la mesure des intentions d'achat porte simultanément sur l'essai, l'achat et le réachat.

3.5 Questions sociodémographiques

Ces variables sont de deux types : certaines sont directement issues de la collecte des données comme l'âge, le sexe ou la profession de la personne interrogée. D'autres sont le résultat de calculs réalisés sur base de données élémentaires (codes postaux, par exemple) et sont appelées variables construites : sociaux, habitats ou des étapes de vie (life stages).

Les questions sociodémographiques sont essentielles pour comprendre le profil sociodémographique des répondants en recueillant des caractéristiques liées au genre (Femme, Homme), à l'âge, au lieu de résidence (code postal — une variable qui peut être recodifiée), la taille du ménage, la présence d'enfants et leur âge, le type de famille (biparentale, monoparentale, recomposée, etc.), le groupe social basé sur la profession et le niveau d'études du PRR[2], le statut d'acheteur (principal responsable d'achats[3]), l'appartenance linguistique et/ou régionale, etc. Ces questions doivent s'adapter à l'évolution de la société. Ainsi, si dans le passé, la taille du ménage restait relativement stable tant que les enfants y vivaient. Aujourd'hui, des jeunes vivent parfois de manière non permanente au sein de la cellule familiale.

LA MESURE DE LA TAILLE DU MÉNAGE ÉVOLUE

Aujourd'hui, la méthodologie des études a adapté la formulation de la variable qui mesure la taille des ménages. Dans le passé, la formulation se limitait souvent à

combien de membres de votre ménage vivent avec vous sous le même toit (vous y compris) ?

Actuellement, elle apparaît sous la forme de plusieurs questions :

Sans vous compter, combien de membres de votre ménage vivent avec vous de manière permanente ou régulière (par exemple le week-end, en semaine, une semaine ou un week-end sur deux) ?

Pouvez-vous indiquer pour tous ces autres membres de votre ménage, du plus âgé au plus jeune ?

- Âge
- Sexe
- S'ils ont une activité professionnelle rémunérée (actuellement)

2. Le PRR se définit comme le Principal Responsable des Revenus. Il s'agit du membre du ménage qui dispose du revenu net le plus élevé.

3. Le PRA se définit comme le(s) membre(s) du ménage qui est(sont) le plus souvent responsable(s) du choix des marques pour les produits d'alimentation, de boissons courantes et d'entretien pour le ménage

Pourriez-vous indiquer pour [autres membres de votre ménage] si elle vit avec vous :

- De manière permanente
- La moitié du temps ou plus (p.ex. En semaine ou une semaine sur deux)
- Moins de la moitié du temps (p.ex. Le week-end ou pendant les vacances)

3.6 Questions pièges

Si le questionnaire contient des questions difficiles ou délicates qui peuvent provoquer des biais, le chargé d'études peut introduire des questions destinées à vérifier la cohérence des réponses fournies. Ainsi, l'enquêteur proposera la même question, sous des formes différentes à deux endroits ou utilisera des questions permettant le contrôle de réponses déjà données.

Le seul but de ces questions est de fournir un indice sur l'honnêteté de l'enquêteur, de l'enquêté ou des deux.

*Lors d'une étude consacrée à la fraude fiscale auprès des indépendants, le chargé d'études a constaté des résultats contradictoires. À la question « fraudez-vous ? », 10 % des répondants l'affirmaient. Ailleurs dans le questionnaire, une question demandait « **pensez-vous que les indépendants fraudent** ? ». Plus de 90 % des répondants ont répondu affirmativement. La vérité devait certainement se situer entre ces extrêmes !*

Dans un questionnaire consacré à la notoriété des banques, on a demandé aux répondants s'ils connaissaient des banques qui s'appelaient Danone ou Buitoni. Le répondant qui répondait affirmativement voyait son enquête écartée

4 FORMULATION DES QUESTIONS

Le choix des formulations des questions dépend de **plusieurs facteurs** :

- Le *mode d'administration* qui conditionne notamment la possibilité ou non de présenter des documents (échelle, carte, etc.) ;
- La *compétence et la formation des enquêteurs*. Plus elles sont sujettes à caution, plus il faut abandonner l'idée d'utiliser des questions semi-ouvertes ;
- Le *mode de traitement* prévu ;
- La *connaissance ou l'ignorance* des réponses possibles à la question qui conditionne la possibilité de rédiger les options proposées dans une question fermée.

Néanmoins, ne fût-ce que pour tenir en haleine le répondant, il est recommandé de fabriquer la formulation des questions.

*Ces questions peuvent être explicites (**Combien ? Pourquoi** ?) ou implicites (**Citez les raisons de** ; ce qui revient à dire : **Quelles sont les raisons de** ?).*

Question ouverte

- Selon vous, quel est le message de cette publicité ?

Question fermée dichotomique

- Etes-vous la personne qui fait habituellement les courses dans les magasins?

	Oui
	Non

Question à plusieurs éventualités, mais à réponse unique

- Cette publicité donne-t-elle envie de s'informer plus
  ENQ : citer les items

	Oui, tout à fait
	Oui, sans plus
	Non, pas vraiment
	Non, Pas du tout

Question à choix multiples

- Où avez-vous vu, lu ou entendu cette publicité?

	Des spots à la télévision
	Affiches en rue
	Annonces dans les journaux
	Annonces dans les magazines
	Messages à la radio
	Brochures, prospectus
	Autres (préciser)
	Ne sait pas

Question de classement

- Voici des critères de choix d'un vélo, classez-les par ordre d'importance

	Robustesse
	Confort
	Rapport qualité/prix
	Vitesse
	Sécurité

Question de notation

- Je vais vous demander une cote de 1 à 5.
  1 signifie que vous n'êtes pas du tout d'accord, 5 signifie que vous êtes tout à fait d'accord avec cette phrase. Ainsi, si je vous dis que ...
  ENQ : Lire les phrases une à une.

	Cote
Quand j'achète un produit, je lis l'étiquette à chaque fois	
Les informations reprises sur les emballages sont toujours exactes	
Parfois, des producteurs font croire aux consommateurs que le produit est bon pour la santé	
Ce que nous mangeons influe sur notre santé	
Pour manger équilibré, il faut avoir des connaissances en diététique	
La publicité sur les bienfaits pour ma santé me fait essayer un produit	
Quand la publicité indique qu'un ingrédient est bon pour ma santé, elle omet de dire que les autres le sont moins	

Question filtre

- Avez-vous plus de 18 ans?

	Oui
	Non => Remercier, STOP

Source : *MVCONSULT.*

Figure 9.4 : *Type de questions*

Plusieurs types de questions se retrouvent au sein d'un même questionnaire. D'un point de vue technique, les spécialistes différencient et cataloguent les questions selon deux grandes catégories.

4.1 Questions ouvertes

Ce sont des questions pour lesquelles aucune réponse n'est formulée. L'interrogé est libre de s'exprimer comme il veut. Ces questions **permettent** de :

- *Procéder à une démarche exploratoire* pour vérifier si le chargé d'études a bien envisagé au départ toutes les hypothèses de base ;
- *Obtenir le maximum d'informations* en évitant d'enfermer l'interviewé dans le carcan d'un questionnaire trop fermé ;
- *Déceler les causes profondes* d'une croyance ou d'une attitude ;
- *Entretenir l'intérêt* en cours de questionnaire ;
- Montrer à l'interrogé que *son avis compte*.

Quel est pour vous le principal attrait de cette galerie ?

....

....

....

Et ses défauts ou améliorations à suggérer ?

....

....

....

Quel(s) genre de magasins manque-t-il ?

....

....

....

Vous souvenez-vous avoir vu ou entendu récemment de la publicité pour une société de ***livraison à domicile*** *pour ce type de plats (hamburger, pizzas, sandwiches, poulets, etc...) ? Pour laquelle ?*

Veuillez ne noter qu'une seule marque par champ de saisie

....

....

....

Enquêteur *: Pourquoi utilisez-vous la laque x ?*

Répondant *: Parce que c'est un bon produit !*

Source : ICHEC, Bruxelles.

Ces questions, convenablement formulées, permettent d'obtenir de bonnes informations sur n'importe quel sujet. Elles sont indispensables pour recueillir des renseignements sur des problèmes délicats et s'imposent même lorsque qu'on ne peut prévoir les réponses possibles. Elles comportent plusieurs risques. Rien ne prouve que la réponse donnée exprime réellement l'opinion de l'enquêté. Il faut toujours tenir compte de sa paresse. Bien souvent, une opinion aura besoin d'être précisée.

Cette réponse vague n'apprend rien. Qu'est-ce qu'un bon produit ? De plus, la proportion des « *sans opinion* » et des « *je ne sais pas* » est importante.

La question ouverte laisse à l'enquêteur la possibilité de biaiser les réponses qui lui sont faites en les résumant excessivement, en en déformant le sens, en interrompant la personne interrogée ou en les interprétant selon sa propre compréhension de la question.

La question ouverte donne un avantage aux personnes qui ont la locution facile.

La question ouverte présente un dernier handicap : la précodification des réponses ne permet pas toujours de prévoir tous les cas possibles. Il faut procéder à une post-codification pour que le codage traduise bien la réalité des réponses dans toute leur diversité.

On peut énumérer trois conseils pratiques :

- Les questions ouvertes sont particulièrement utiles pour mesurer les opinions des répondants. Il est parfois pratique de *remplacer une interminable question fermée ou cafétéria par une question ouverte* ;
- Certaines questions telles que l'âge, la date de naissance, les revenus ou le code postal sont de pseudo-questions ouvertes dans la mesure où elles font l'objet d'une *recodification automatique* lors du traitement des résultats ;
- Remplacer une question ouverte par un ensemble de questions fermées permet un traitement rapide de l'information mais limite considérablement la qualité de l'information obtenue. C'est pourquoi, l'analyste doit pouvoir *exercer les arbitrages nécessaires entre la qualité des résultats et la facilité de traitement des données.*

4.2 Questions fermées

Une question est dite fermée lorsqu'on enferme la personne interrogée dans un choix, parmi plusieurs réponses possibles.

Les questions fermées se prêtent le mieux au dépouillement et à l'analyse statistique. La codification est facile, le dépouillement simple et peu onéreux. Les réponses étant prévues, il ne peut y avoir, dans la réaction de la personne interrogée, aucune ambiguïté. On peut répartir les différents répondants selon la réponse fournie, sans passer par des étapes d'analyse intermédiaires.

Les questions fermées maintiennent l'enquêté dans les limites du sujet et évitent la transcription de réponses déformées, de termes mal interprétés. Elles facilitent grandement le recueil de l'information. Tout le travail de l'enquêteur se résume à cocher la réponse donnée.

Les questions fermées présentent par contre le danger de dicter la réponse. Les possibilités fournies ne correspondent pas nécessairement à l'attitude réelle de la personne interrogée. De plus, une réponse possible peut être oubliée. Ces questions masquent fréquemment des biais et procurent une information relativement pauvre.

Un certain nombre de **règles** doivent être respectées :

- La rédaction des réponses possibles doit *s'appuyer sur une phase exploratoire* permettant l'identification de toutes les possibilités. Dans le cas contraire, le risque de distorsion est réel ;
- Un code doit être prévu pour l'item « *autre* » ;
- Dans certains cas, les items « *ne sait pas* », « *sans opinion* » ou même « *refus de répondre* » doivent être prévus. Il ne faut cependant qu'en user à bon escient ;
- Les *choix* offerts au répondant doivent être *mutuellement exclusifs*. Ils ne peuvent prêter à confusion ;
- *L'ordre de présentation des solutions* possibles doit être *alterné* car l'attractivité pour la première réponse est un phénomène bien connu.

4.2.1 *Questions fermées dichotomiques*

Une seule alternative est proposée au répondant. Il a le choix entre **deux réponses exhaustives et mutuellement exclusives**.

Exhaustives signifie que ces modalités doivent couvrir tout le « *champ* » concerné par l'enquête. Ce champ présente deux dimensions : la population à qui l'on s'intéresse et l'univers que l'on étudie.

Mutuellement exclusives signifie que le choix de l'une de ces deux modalités exclut l'autre.

Une répondante âgée de 23 ans est reprise dans la tranche 20 à 24 ans et dans aucune autre.

Avez-vous déjà acheté un produit ?

☐ *oui*

☐ *non*

Sexe *? (ne pas poser la question)*

☐ *féminin*

☐ *masculin*

En raison de sa simplicité, ce type de question est très souvent utilisé dans les enquêtes. Cette simplicité peut toutefois être plus apparente que réelle ; les situations dichotomiques sont en réalité rares.

4.2.2 *Questions multichotomiques mais à réponse unifiée*

L'alternative n'étant pas toujours possible, des questions amènent le répondant à choisir la réponse entre, cette fois, **plusieurs possibilités** mais, **seule, une case** peut être cochée.

Quel est votre état civil ?

- ☐ *célibataire*
- ☐ *marié(e)*
- ☐ *veuf(ve)*
- ☐ *divorcé(e)*
- ☐ *séparé(e)*

4.2.3 *Questions multichotomiques à choix multiples*

Les réponses sont codées à l'avance et la personne interrogée peut en choisir une ou **plusieurs**.

Comment comptez-vous effectuer vos réservations de transport et de séjour ?

- ☐ *En vous rendant physiquement dans une agence de voyage ou chez un tour opérateur.*
- ☐ *En allant directement sur le site Internet du prestataire de services (compagnie aérienne, hôtel, etc.).*
- ☐ *En allant sur le site Internet d'une agence de voyage ou d'un tour opérateur.*
- ☐ *En vous rendant physiquement chez un prestataire de services (compagnie aérienne, hôtel, etc.).*
- ☐ *Vous n'effectuez pas de réservation.*

Parfois, quand il n'est pas possible de prévoir toutes les réponses, une catégorie « *autre* » sera ajoutée. Ces questions sont parfois appelées questions « *cafétaria* ».

SOURCE : ICHEC, Bruxelles.

4.2.4 *Questions à réponse numérique*

La réponse correspond à la valeur observée de la variable étudiée. Ce type de questions permet des calculs statistiques (moyenne, écart type, quartiles, etc.). Elle est notamment utilisée, pour l'évaluation des quantités commandées, des dépenses effectuées, les revenus ou d'autres variables descriptives ou explicatives comme l'âge.

Quelle est la surface de votre magasin (en m^2) ?

...m^2

4.2.5 *Questions de classement hiérarchique*

Elles représentent une autre forme de question fermée. Au lieu de faire désigner la ou les marques préférées, l'enquêteur demande au répondant de classer ses réponses. Il utilise alors une question avec classement hiérarchique des réponses qui se prête à des dépouillements particulièrement riches. Il est toutefois déconseillé de proposer trop d'items. Le classement devient difficile à partir de cinq à six critères.

4.2.6 *Questions filtres*

Une question filtre oriente le répondant vers les questions suivantes ou sur d'autres questions en fonction de la réponse donnée. La notion de filtre intervient à plusieurs niveaux :

- *Niveau global ou filtre général.*

  L'objectif de ce filtre est double :

  - s'assurer que le répondant est conforme aux critères de sélection (âge, sexe, PRA, profession, propriétaire d'un chat, avec enfants, visiteur du Salon de l'Auto, nonrejector,...) ;
  - mesurer les quotas (5 hommes / 5 femmes ;...).

  Ce filtre doit également permettre de vérifier 3 éléments :

  - vérifier que le répondant ne travaille pas dans le marché ciblé, dans le marketing, dans la publicité ou dans les études de marché ;
  - vérifier que le répondant n'a pas participé à une étude sur un sujet similaire dans le courant des 12 dernier mois ;
  - vérifier que le répondant n'a pas participé à une étude de marché (quel que soit le sujet) dans le courant des 4 derniers mois.

- *Niveau intermédiaire.*

  Une partie du questionnaire est filtré. Il est fréquent d'observer que seules certaines parties du questionnaire sont à poser à l'ensemble des répondants. Plusieurs questions filtres sont réparties dans le questionnaire et aiguillent l'enquête vers telle ou telle partie. La construction des questions filtres et leur ordonnancement sont grandement facilités par l'utilisation d'un ordinogramme.

4.2.7 *Questions avec échelles d'attitudes*

La nécessité est apparue très vite, pour cerner une opinion, d'introduire une série de nuances. Toutes visent à nuancer une opinion entre le plus et le moins, soit par des mots du langage courant, soit par une note, un graphisme symbolique. Les échelles d'attitude ont pour objectif de rendre opérationnelle des informations d'ordre qualitatif en les transformant en données quantifiées. Pour arriver à ce résultat, l'enquêteur demande à la personne interrogée de se situer le long d'une échelle, selon qu'elle est plus ou moins favorable à un produit, un concept, une opinion. À ces différentes positions sur l'échelle correspondent des chiffres permettant d'attribuer une note à chaque concept.

Si les échelles d'attitudes sont d'utilisation courante dans les études de marchés, elles posent au chargé d'études un certain nombre de **problèmes** :

- Le principal est celui de la construction d'*échelles appropriées à chaque domaine* étudié ;

- Le second est celui de la *détermination de la place occupée sur l'échelle* par chaque répondant.

Plusieurs **procédés** existent pour situer les participants sur une échelle :

- *Le rating*. Des examinateurs classent les individus à partir de diverses sources de renseignements (observations directes, entretiens libres, réponses à des questionnaires, etc.), en fonction des catégories prévues pour la recherche ;
- *Le self-rating*. Les répondants se situent eux-mêmes sur une échelle. C'est un procédé d'autonotation qui se présente sous la forme de questions fermées ou d'une échelle graduée ;
- *Les échelles objectives*. Ces échelles sont appropriées au problème étudié et chaque position sur celles-ci représente une valeur déterminée.

Diverses méthodes sont utilisées. Chaque option comportant des avantages et des inconvénients. Les **principaux types d'échelle** sont :

- Les échelles **non métriques**
  - Les *échelles nominales* où aucune position sur cette échelle n'est supérieure ou inférieure à une autre. Les répondants sont classés dans des catégories dichotomiques exclusives, comme, par exemple, le genre, la nationalité ou le fait de consommer ou non un produit.
  - Les *échelles ordinales* qui permettent de classer les réponses selon un ordre précis. Par exemple, le niveau d'études accompli ou la préférence pour un produit ou service.
- Les échelles **métriques**
  - Les *échelles d'intervalles* permettent d'attribuer une distance entre des modalités. Par exemple, le temps ou la température.
  - Les *échelles proportionnelles ou de rapport* qui mesurent un rapport précis entre deux positions. Par exemple, l'âge, le prix payé ou la consommation exprimée en litres d'un véhicule automobile. Ces échelles apparaissent souvent sous forme de question ouverte dans une enquête (l'âge du répondant) et sont ensuite, lors du traitement de données, classifiées en catégories telles que les quartiles.

Ces échelles peuvent être unidimensionnelles — elles ne mesurent qu'une caractéristique à la fois —, ou multidimensionnelles en mesurant plusieurs items simultanément.

Tableau 9.2 : *Échelle ordinale multidimensionnelle*

Je vais vous citer, à présent, une série de critères de choix d'un produit alimentaire. À chaque fois, je vais vous demander de me donner une cote entre 1 et 5. 1 signifie que ce critère n'est pas du tout important, 5 signifie que ce critère est tout à fait important.

☐ La proximité du domicile ou de mon lieu de travail	Cote :
☐ Le parking	Cote :
☐ Les prix pratiqués	Cote :

☐ L'information disponible sur l'emballage	Cote :
☐ La variété des produits offerts	Cote :
☐ La fraîcheur	Cote :
☐ L'aspect	Cote :
☐ L'odeur	Cote :
☐ Le goût	Cote :
☐ La présence d'un label, d'une certification	Cote :
☐ La qualité des produits proposés	Cote :
☐ La sécurité des produits proposés (produit sain et sans danger pour la santé)	Cote :
☐ …	

Source : MVCONSULT.

Tableau 9.3 : *Échelle nominale unidimensionnelle*

Voici plusieurs situations que des consommateurs nous ont dites. Dites-moi laquelle correspond le mieux à votre situation personnelle ?

- J'achète de plus en plus des produits bon marché ou des marques premiers prix (365, Prix n° 1…).
- J'achète de plus en plus de produits de la marque de mon magasin.
- J'achète de plus en plus de produits de grandes marques.
- Je n'ai pas modifié mon comportement.

Source : *MVCONSULT.*

Au départ de jugements que formuleront les répondants sur un nombre important d'items relatifs au domaine étudié, il est possible de déduire une structure cohérente de réponse, correspondant à une position d'attitude déterminée avec une précision suffisante.

Le chargé d'études part de l'expression des opinions pour arriver aux attitudes. Les répondants expriment leurs avis sur une série d'items proposés sous la forme binaire (oui-non, vrai-faux, d'accord-pas d'accord) ou sous forme d'échelle (tout à fait d'accord — modérément d'accord — indifférent — modérément en désaccord — tout à fait en désaccord ; tout à fait d'accord — modérément d'accord — indifférent — modérément en désaccord — tout à fait en désaccord) ou sous forme d'items à choisir ou encore de notation.

Généralement, on utilise une échelle en cinq ou sept catégories quoique d'autres auteurs proposent 4 ou 6 possibilités ou une cotation sur 10. L'important est de conserver le même nombre de niveaux tout au long de l'étude et d'une étude à l'autre de manière à garantir des comparaisons fiables.

Différents experts ont conçu des **échelles spécifiques**. Parmi ceux-ci, citons :

- *Échelle d'attitudes de BOGARDUS ou échelle de la distance sociale*. Conçue en 1925, cette échelle d'attitudes mesure l'intensité des préjugés nationaux et raciaux. C'est une mesure de rejet présentée sous forme d'opinions successives qui reviennent à mettre autrui de plus en plus à distance.

  En vous guidant d'après la seule impulsion de vos sentiments et en considérant chaque race ou nationalité dans son ensemble sans tenir compte des individus que vous avez pu apprécier personnellement en bien ou en mal, admettrez-vous volontiers qu'un Noir soit :

  1. *Votre proche parent par alliance* *Oui — Non*
  2. *Votre ami personnel dans votre Club* *Oui — Non*
  3. *Voisin dans votre rue* *Oui — Non*
  4. *Collègue dans votre travail* *Oui — Non*

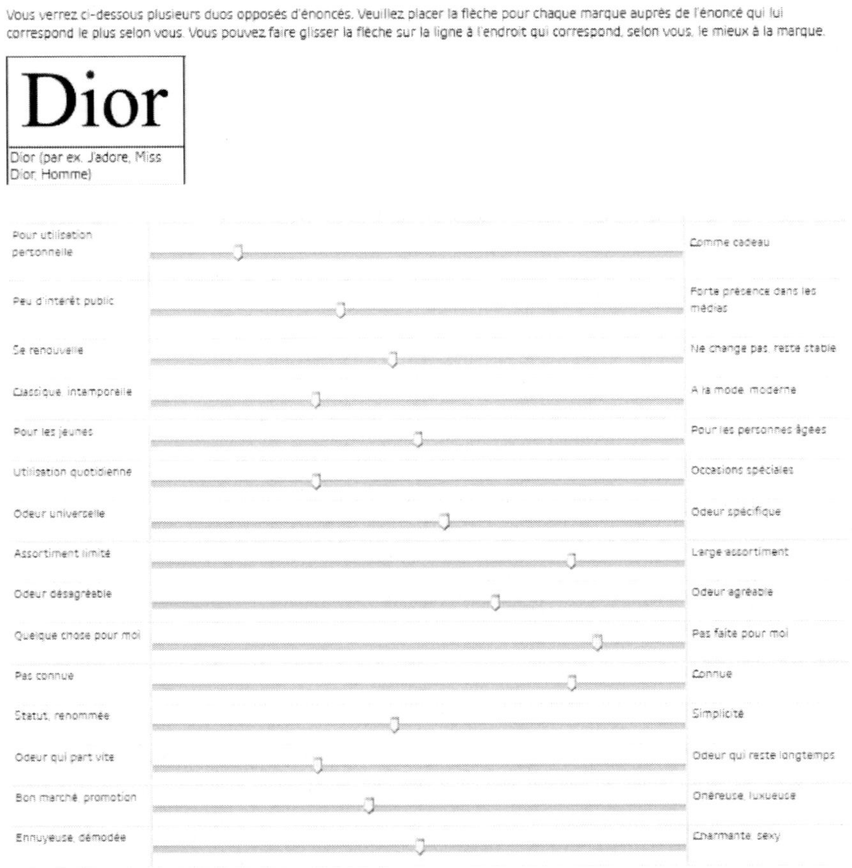

Source : GFK, 2017

Figure 9.5 : *Mesure d'attitudes : échelle de Likert*

5. *Citoyen de votre nation* *Oui — Non*
6. *Touriste dans votre pays* *Oui — Non*
7. *Interdit de séjour dans votre état* *Oui — Non*

- *Échelle d'attitudes de THURSTONE ou échelle à supports sémantiques.* Elle permet d'établir les intervalles calculables. Appliquée à des attitudes, la technique de composition utilise une matrice spéciale appelée scalogramme. Elle se construit en 5 étapes :
  - *collecte des opinions sur le thème choisi ;*
  - *remise des propositions présentées sous forme d'accord — pas d'accord à une centaine d'examinateurs chargés de les classer en une dizaine de degrés ;*
  - *examen comparatif des résultats et élimination des propositions douteuses,*
  - *réécriture des propositions restantes en une formule claire et affectée d'un indice de classement correspondant à la moyenne des cotations.*
  - *présentation à l'interrogé des propositions retenues et mélangées au hasard.*

  Veuillez marquer celle de ces propositions sur la guerre qui correspond le plus à votre opinion personnelle.

  1. *Quand la guerre est déclarée, le devoir est de s'enrôler pour combattre.*
  2. *La guerre et la paix sont toutes deux essentielles au progrès.*
  3. *Toutes les nations devraient immédiatement désarmer.*
  4. *Un pays ne fait jamais assez de cas de son honneur national et la guerre est le seul moyen de maintenir l'honneur national.*
  5. *Les guerres ne sont légitimes que si elles ont pour but la défense de nations faibles.*
  6. *Le mieux que l'on puisse faire, c'est l'abolition partielle de la guerre.*
  7. *Le mépris de la vie et des droits de l'homme qu'implique la guerre a pour conséquence de multiplier les crimes.*

- *Échelle répertoriée de LIKERT ou méthode des classements additionnels.* Il s'agit d'un ensemble de propositions évaluatives d'un produit, service ou d'un concept, positives ou négatives pour lesquelles l'interrogé exprime un degré d'approbation ou de désapprobation en se référant à une échelle comportant 5 niveaux d'évaluation.
- *Échelle de GUTTMAN ou analyse hiérarchique.* Elle utilise une série de propositions telles que l'adhésion à un degré supérieur implique nécessairement l'adhésion à tous les niveaux du dessous. Les items sont classés par ordre d'intensité croissante.

Mesure du militantisme politique *(du plus militant au moins militant) :*

1. Avez-vous collé, avec une équipe, des affiches politiques sans autorisation ?

2. Avez-vous essayé de convaincre des gens d'adhérer à un parti ?

3. Avez-vous déjà assisté à des réunions politiques ?

4. Avez-vous donné de l'argent à un parti ?

5. Avez-vous des discussions politiques avec vos collègues ?

6. Vous considérez-vous comme assez bien informé politiquement ?

7. Avez-vous voté aux dernières élections législatives ?

8. Avez-vous voté aux dernières élections communales ?

- *Différentiel sémantique d'OSGOOG.* Cette échelle bipolaire mesure l'attitude à partir des mots qui discriminent les interrogés. Dans sa version initiale, cette échelle n'a pas été développée pour mesurer l'attitude mais pour comprendre la structure des mots. Le répondant positionne sa réponse sur l'échelle entre chaque paire d'adjectifs opposés. En études de marchés, ce différentiel a été adapté et comprend 5 à 7 degrés qui opposent deux affirmations contraires soumises à un individu auquel il est demandé de se situer entre ces deux extrêmes.

Je vais vous proposer une série de critères concernant la nourriture chez « HAMBURGER NOW ». Chaque critère est présenté par paire. Pour chaque paire, je vais vous demander de donner votre avis sur la nourriture en le situant entre chaque paire de critères.

1. mauvaise	○	○	○	○	○	*excellente*
2. bon marché	○	○	○	○	○	*chère*
3. très variée	○	○	○	○	○	*peu variée*

Tableau 9.4 : *Différenciel sémantique appliqué à la problématique de l'alcool (extrait)*

L'ALCOOL		
Voici une série d'affirmations que certaines personnes nous ont dites et qui concernent l'alcool. Pouvez-vous me dire dans quelle mesure, vous-même, vous êtes d'accord ou non avec leurs opinions. Bien entendu, il n'y a pas de bonnes réponses pas plus que de mauvaises réponses : c'est votre propre jugement qui compte. *Après avoir lu chaque paire de phrases, pouvez-vous me dire la case qui correspond le mieux à votre opinion. Plus la case que vous choisirez se trouve à gauche, plus votre opinion se rapproche de la phrase de gauche ; au contraire, plus la case se trouve à droite et plus votre opinion se rapproche de la case de droite.* *Diriez-vous plutôt que (1re phrase) ou que (2e phrase)* *Faites une croix dans la case de votre choix.*		
Un monde sans alcool est possible	□ □ □ □ □ □ □	*Un monde sans alcool n'est pas possible*
L'alcool est une drogue	□ □ □ □ □ □ □	*L'alcool n'est pas une drogue*
L'alcoolisme est une maladie	□ □ □ □ □ □ □	*L'alcoolisme est une faute, un vice*

L'ivresse est une mauvaise chose	□ □ □ □ □ □ □	*L'ivresse est une bonne chose*
La société doit réprimer l'ivresse	□ □ □ □ □ □ □	*La société doit soigner l'ivresse*
L'alcool rapporte des taxes	□ □ □ □ □ □ □	*L'alcool coûte cher à l'État*
La répression de l'ivresse est utile	□ □ □ □ □ □ □	*La répression de l'ivresse est inutile*

Source : Survey & Action

	Questions ouvertes	**Questions fermées à choix multiples**	**Questions fermées dichotomiques**
Définition	Questions à réponse libre, sans réponse suggérée	Questions pour lesquelles plusieurs réponses spécifiques sont proposées, parmi lesquelles le répondant doit en choisir une ou plusieurs (sauf «autre réponse»)	Cas extrême de la précédente : seules deux réponses exclusives sont proposées (sauf «je ne sais pas »)
Formulation	Relativement facile	Relativement difficile : toutes les réponses significatives doivent être proposées	Très difficile : rares sont les sujets avec réponses vraiment dichotomiques
Répondant (travail du)	Assez difficile : doit formuler la réponse	Facile (si bien formulé) • réponses déjà formulées • mémorisation assistée	Très facile (si bien formulé)
Enquêteur (travail de l')	Très difficile : doit résumer les réponses	Très facile	Très facile
Classification	Très difficile : chaque réponse est unique (→ catégories) Très lent	Assez facile : réponses précodifiées Rapide	Très facile : 0-1 Très rapide
Information • Richesse	Grande variété Très avancée (facilite l'interprétation) Moins précis pour les données actuelles Moins valables pour les données subjectives	Limitée aux réponses proposées (assez limité) Plus précis pour données factuelles Plus valable pour données subjectives	Très faible
• Validité	N'influence pas les réponses Sur-représentation de ceux qui s'expriment le mieux (pondération implicite du nombre de réponses) Biais de l'enquêteur qui résume Biais du codificateur qui interprète	Biais en faveur des réponses proposées Si nominal : biais en faveur de la 1ère réponse Si numérique : biais en faveur des catégories centrales	Biais si une seule branche de l'alternative explicitement mentionnée
Application	Études exploratoires Introduction du questionnaire (familiarisation avec le sujet, motivation du répondant)	Toutes études quantitatives	Toutes études quantitatives Les plus utilisées

Figure 9.6 : *Type de questions : tableau comparatif*

4.3 Jugements sur dessins, images et photos

Les éléments décrits qui composent la question sont accompagnés ou remplacés par des représentations graphiques : dessins, photographies, caricatures ou photos.

De nombreuses **variantes** existent. Parmi celles-ci, citons :

- *L'échelle à somme constante*. Chaque répondant est invité à répartir 100 points entre une série d'attributs en fonction de l'importance qu'il accorde à chacun de ceux-ci. Lorsque le nombre d'attributs est supérieur à 5, cette méthode peut poser des difficultés au répondant. Une solution consiste à demander une cote, par attribut, sur 10 ;
- *L'échelle monétaire* permet l'arbitrage entre un prix et un avantage complémentaire offert par le fabricant ;
- *L'échelle papillon* s'utilise pour visualiser les échelles de satisfaction ou d'importance ;
- *L'échelle visuelle* traduit en images des échelles de satisfaction ou d'importance ;
- *L'échelle thermomètre*. Un thermomètre joue le rôle d'une échelle de mesure pour les attitudes ;
- L'*échelle d'expression à support sémantique*. Les libellés sont à des distances non métriques égales l'un de l'autre.

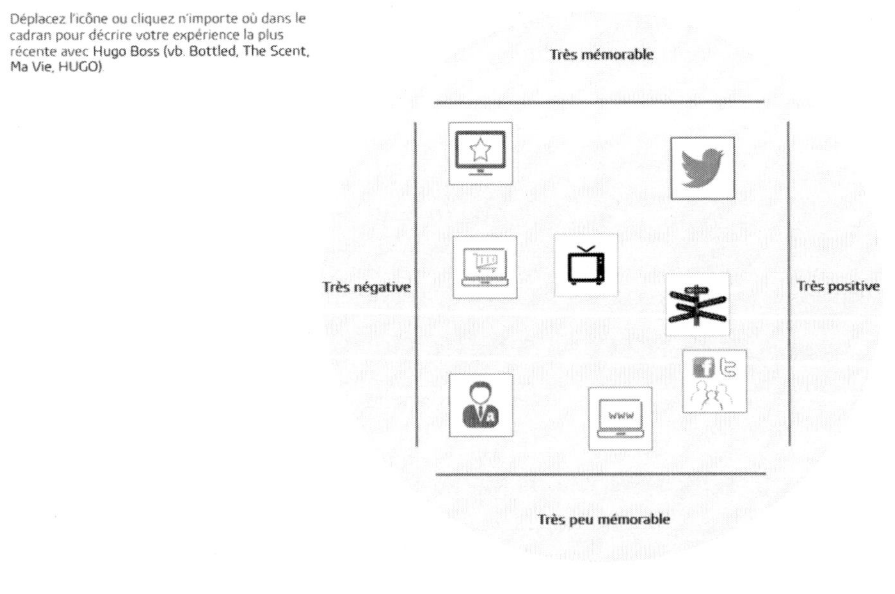

Source : GFK, 2017

Figure 9.7 : *Échelle visuelle utilisée lors d'un questionnaire sur Internet*

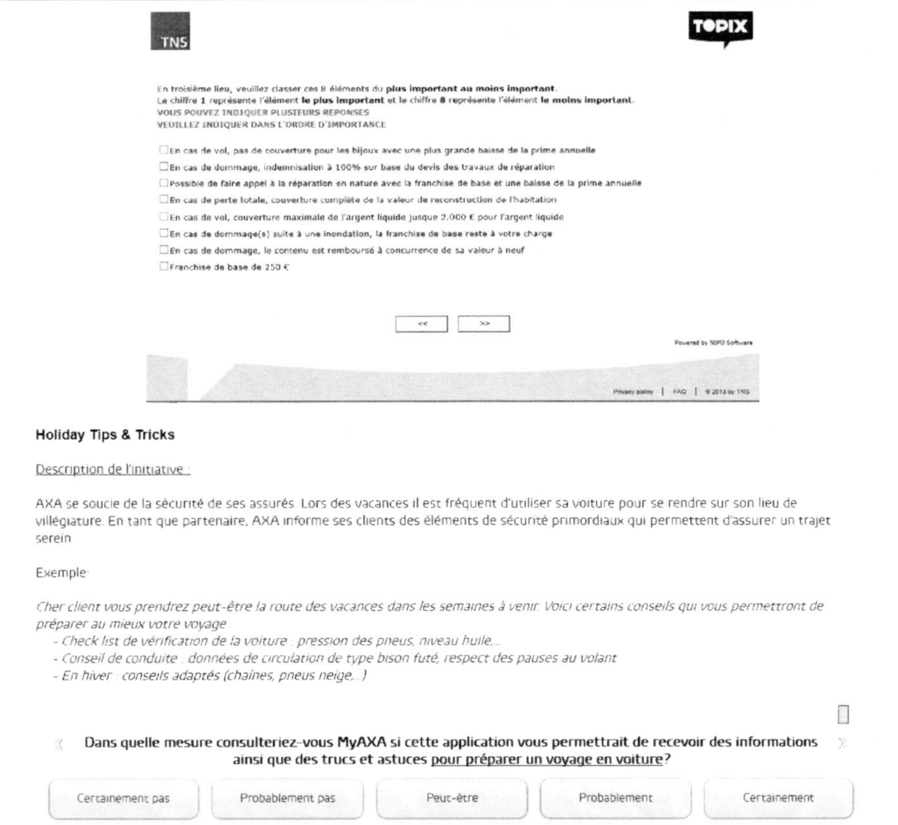

TNS TOPIX

En troisième lieu, veuillez classer ces 8 éléments du **plus important au moins important**.
Le chiffre **1** représente l'élément **le plus important** et le chiffre **8** représente l'élément **le moins important**.
VOUS POUVEZ INDIQUER PLUSIEURS REPONSES
VEUILLEZ INDIQUER DANS L'ORDRE D'IMPORTANCE

- En cas de vol, pas de couverture pour les bijoux avec une plus grande baisse de la prime annuelle
- En cas de dommage, indemnisation à 100% sur base du devis des travaux de réparation
- Possible de faire appel à la réparation en nature avec la franchise de base et une baisse de la prime annuelle
- En cas de perte totale, couverture complète de la valeur de reconstruction de l'habitation
- En cas de vol, couverture maximale de l'argent liquide jusque 2.000 € pour l'argent liquide
- En cas de dommage(s) suite à une inondation, la franchise de base reste à votre charge
- En cas de dommage, le contenu est remboursé à concurrence de sa valeur à neuf
- Franchise de base de 250 €

<< >>

Holiday Tips & Tricks

Description de l'initiative :

AXA se soucie de la sécurité de ses assurés. Lors des vacances il est fréquent d'utiliser sa voiture pour se rendre sur son lieu de villégiature. En tant que partenaire, AXA informe ses clients des éléments de sécurité primordiaux qui permettent d'assurer un trajet serein.

Exemple :

Cher client vous prendrez peut-être la route des vacances dans les semaines à venir. Voici certains conseils qui vous permettront de préparer au mieux votre voyage
- *Check list de vérification de la voiture : pression des pneus, niveau huile,...*
- *Conseil de conduite : données de circulation de type bison futé, respect des pauses au volant*
- *En hiver : conseils adaptés (chaînes, pneus neige,...)*

Dans quelle mesure consulteriez-vous MyAXA si cette application vous permettrait de recevoir des informations ainsi que des trucs et astuces pour préparer un voyage en voiture?

| Certainement pas | Probablement pas | Peut-être | Probablement | Certainement |

Source : TNS et GFK, 2013

Figure 9.8 : *Échelle de classement et échelle visuelle*

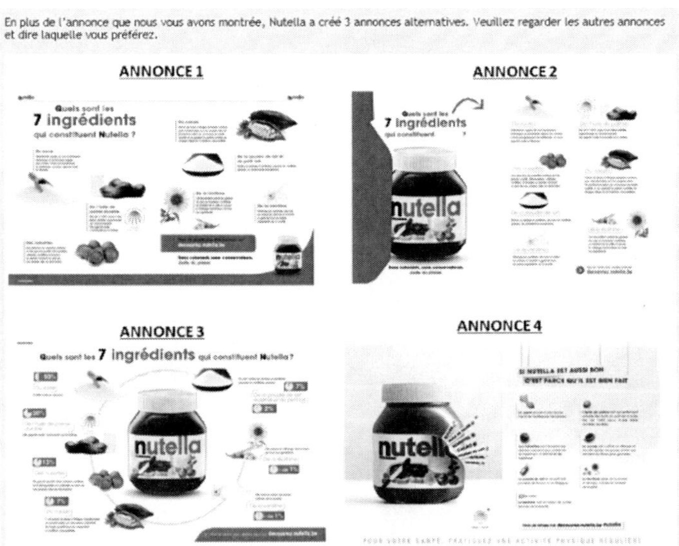

SOURCE : GFK, 2013

FIGURE 9.9 : *Jugement sur images et photos*

Je vais maintenant vous montrer un certain nombre de qualités que l'on peut demander à une farine pour bébés.
A chaque fois, il y aura deux marques de farines. Je vous demanderai de répartir 10 points entre ces deux qualités selon l'importance que vous leur accordez dans le choix d'une farine pour bébés.
Plus une caractéristique vous semble importante, plus vous lui attribuez de points; moins une caractéristique vous semble importante, moins vous lui attribuez de points.
Le total des points doit toujours faire 10.

	cote	cote
Une farine très nutritive		
Une farine très équilibrée		
Une farine composée de produits naturels		
Une farine bien adaptée aux besoins des enfants		
Une farine très digeste		
Une farine très légère		
Une farine qui calme la faim pour longtemps		
Une farine qui nourrit sans faire grossir		
	farine A	farine B

FIGURE 9.10 : *Échelle à somme constante*

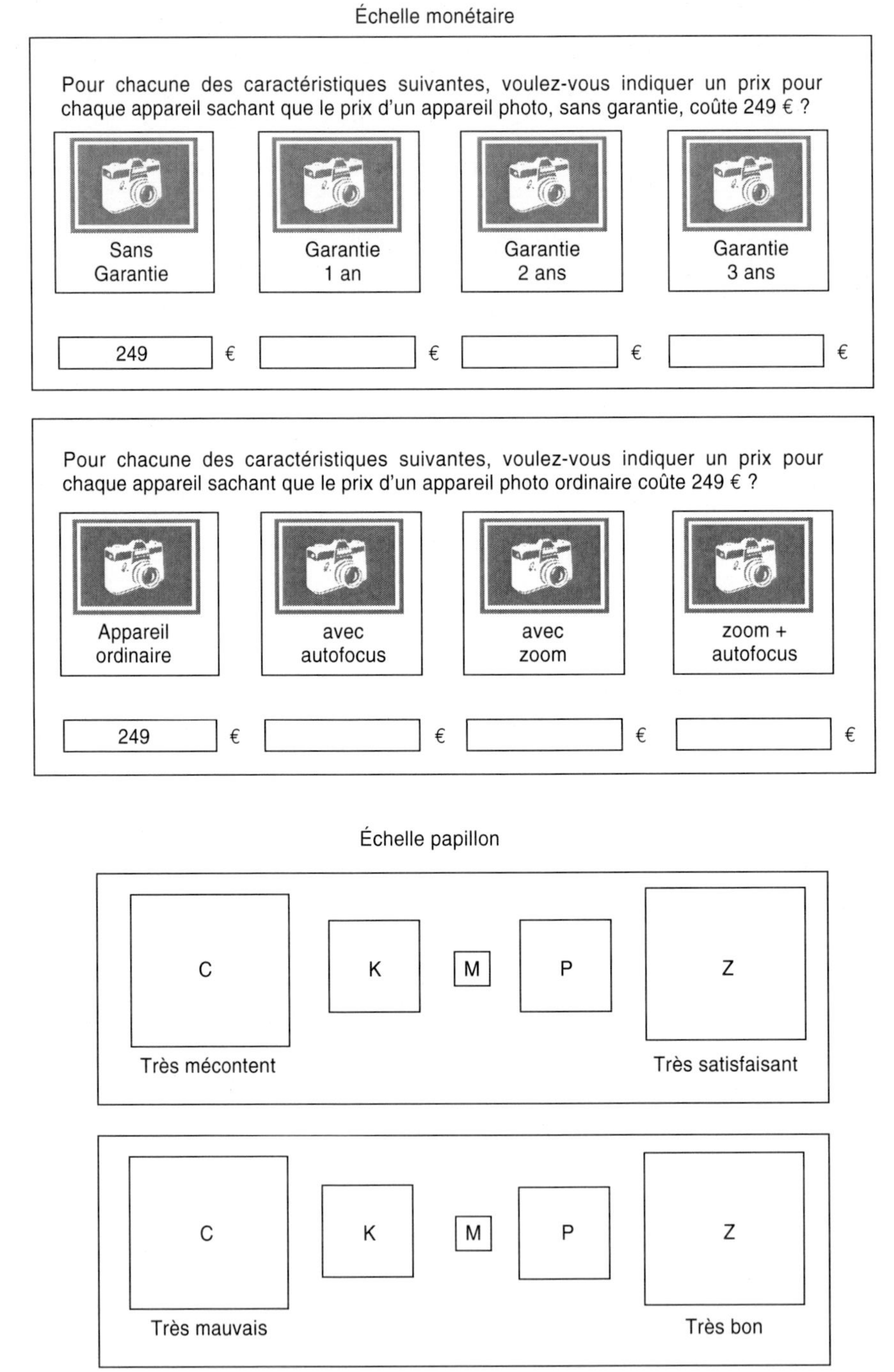

FIGURE 9.11 : *Échelle monétaire, Échelle papillon*

- *Les tests psychologiques* qui se présentent sous différentes formes telles que les tests projectifs, des phrases à compléter, le TAT (test d'aperception thématique), association de mots, dessins (arbre, couleur, etc.), tests d'intelligence, tests graphologiques, etc.
- *Les échelles unimodales d'évaluation*. Basée sur les travaux de THURSTONE (1959) et de GIORGI et DERBAIX (1980), la méthode consiste à transformer les données d'une échelle ordinale — et notamment, des échelles d'évaluation — en échelle d'intervalle dérivée.

Figure 9.12 : *Test projectif « self allocation »*

Parmi ces 4 personnages, auquel ressemblez-vous le plus ?

Figure 9.13 : *Test projectif : choix d'une profession*

Des données non métriques sont ainsi transformées en données métriques qui respectent les propriétés d'ordre et de distance des échelles de mesure d'intervalles.

Cette méthode permet de disposer d'un excellent outil de synthèse et de visualisation de l'évaluation d'une marque ou d'un produit.

La méthode permet :

- *de passer du non-métrique au métrique avec des possibilités de visualisation et d'interprétation des résultats ;*
- *de classer toutes les dimensions par ordre d'importance sur une échelle métrique ;*
- *de noter chaque attribut, sur chacune des dimensions ;*
- *de travailler avec des échantillons très importants ;*
- *d'évaluer l'image globale d'un produit ou d'une marque sans limite du nombre d'attributs, ce qui n'est pas toujours le cas pour les techniques multidimensionnelles ;*
- *de faire preuve d'un haut niveau de flexibilité dans la mesure où cette méthode ne doit pas respecter un rapport entre le nombre de marques et le nombre d'attributs (en analyse multidimensionnelle, on estime que ce rapport doit être de 3 attributs/marque) ;*
- *de permettre une solution unique sans problème d'interprétation au contraire des analyses multidimensionnelles ;*
- *d'améliorer la lisibilité et l'interprétation des données sans altérer l'information recueillie.*

Ces échelles servent notamment dans plusieurs applications marketing :

- *étude d'image de marque ;*
- *étude de positionnement des marques/produits ;*
- *étude de satisfaction/évaluation des produits/services ;*
- *segmentation de marché ;*
- *test de produit/concept/service ;*
- *bilan de campagne ;*
- *toute étude exigeant la quantification d'un continuum.*

5 RÉDACTION DU QUESTIONNAIRE

Dès que les questions ont été définies et formulées, l'analyse passe à la phase de rédaction proprement dite.

5.1 Contenu du questionnaire

Le contenu doit être mis en forme en fonction du mode d'administration du questionnaire.

Un questionnaire se compose généralement de **cinq parties** :

- Les *textes d'accroche initiale, finale et de liaison* ;
- Les *questions et les aides visuelles* y afférentes ;
- Les *instructions ;*
- Les *renseignements signalétiques,*
- Les *données d'identification.*

5.1.1 *L'accroche initiale, l'accroche finale et les liaisons*

Tout questionnaire doit intégrer une accroche, un remerciement final ainsi que les textes de liaison nécessaires. Ceux-ci doivent être concis, compréhensibles, univoques et conviviaux. L'accroche initiale est déterminante. Elle doit inciter le répondant à participer à l'enquête.

Le vocabulaire utilisé va dépendre du type d'enquête, de son mode d'administration, de la cible visée.

Globalement, les textes vont comprendre :

- Des indications sur le sujet traité, à condition d'être aussi flou que possible et aussi précis que nécessaire. Le répondant doit rester naïf du thème, mais l'accroche doit rendre ce thème le plus attractif possible tout en restant neutre émotionnellement.

  Ce questionnaire a pour objet de…

  Nous allons maintenant passer au problème de…

- Des formules de politesse

  Votre avis nous est extrêmement précieux.

  Merci de votre collaboration.

- Des formules de précaution et de rassurance du répondant

  Ce questionnaire est strictement confidentiel.

  Les données recueillies ne feront l'objet que d'un traitement statistique global.

- Des formules de présentation de l'enquêteur et de l'étude.

  Bonjour, je m'appelle X et je réalise actuellement une étude pour la société d'études Y.

  Cette étude s'intéresse au monde de l'automobile.

- Des formules d'incitation à la réponse.

  Cette enquête ne prendra que quelques minutes.

  En tant que client, votre avis nous intéresse.

Une bonne introduction permet d'augmenter le taux de réponse.

Le taux de réponse est fortement dépendant de l'introduction[4]

Introduction	Réactions du répondant
Bonjour, mon nom est [......] de la société Y, un institut d'études de marchés indépendant. Notre société réalise actuellement une étude de satisfaction auprès de clients sur les fournisseurs de télécommunications.	Trop stricte, cette introduction ne va pas inciter le consommateur à répondre. Le taux de réponse sera plus faible.
Bonjour, mon nom est [......] de la société Y, un institut d'études de marchés indépendant. Nous réalisons actuellement une étude sur les nouvelles technologies Internet et téléphonie mobile au Grand Duché du Luxembourg. Nous aimerions vous poser quelques questions afin d'améliorer les services qui vous sont proposés.	Cette introduction incite à la participation. À conseiller.
Bonjour, mon nom est [......] de la société Y, un institut d'études de marchés indépendant. Nous réalisons actuellement une étude sur les nouvelles technologies Internet et téléphonie mobile au Grand Duché du Luxembourg. Nous aimerions savoir si vous êtes satisfait des nouveaux procédés de communication et des réseaux actuels.	Cette introduction incite à la participation mais est trop personnelle et crée un biais. Elle n'est pas conseillée.

5.1.2 *Questions et aides visuelles*

Certaines questions nécessitent une présentation simultanée d'aides visuelles. Ainsi, l'enquêteur présente, au répondant, une liste de noms,

4. Adapté de Demoulin Marc, *Cours Études de Marchés*, Diplôme Spécial en Marketing & Communication, Ichec Entreprises, 2009.

de propositions, de mots, de dessins, de photos. La lecture ne suffit pas quand :

- Le nom peut prêter à confusion ;
- Le répondant doit choisir entre une série de propositions ou dans une liste de noms ;
- Le nom recouvre un concept mal établi (type de carrosserie, nombre de portes d'une voiture, etc.).

La liste est généralement intégrée dans le questionnaire (par correspondance) ou présentée sur un document séparé appelé « *carte* ».

La présentation sous forme de cartes est souvent plus efficace que la présentation sous forme de listes :

- L'effet « *ordre de présentation* » n'existe plus. L'enquêteur peut présenter les différentes modalités de la question par rotation. Ainsi, le premier répondant verra successivement la carte 1 puis le 2, la 3 et enfin la 4. Le second sera d'abord confronté à la carte 2, puis la 3, la 4, la 5 et enfin la 1. La troisième à la carte 3, puis le 4, la 5, la 1 et la 2 et ainsi de suite ;
- Le répondant peut classer ses préférences en plusieurs tas (ce qu'il aime, ce qu'il rejette, ce sur quoi il hésite).

5.1.3 *Instructions*

Destinées à l'enquêteur (ou au répondant lui-même, en cas d'enquête par correspondance), elles veillent à assurer l'enchaînement logique de l'entretien selon les réponses.

Les instructions doivent également assurer le bon déroulement de l'entretien en ce qui concerne les visualisations à montrer, les listes à citer, les rotations à respecter, etc. et éviter toute interprétation personnelle ou initiative personnelle de l'enquêteur.

5.1.4 *Renseignements signalétiques*

La dernière partie du questionnaire est le plus souvent consacrée aux questions, appelées caractéristiques socio-démographiques, dont **l'objet est double** :

- Permettre une comparaison avec les statistiques de base pour juger de la représentativité ou non de l'échantillon ;
- Permettre une analyse des résultats en fonction de certaines caractéristiques socio-démographiques.

Les renseignements demandés sont :

- le sexe (question non posée) ;
- l'âge ;
- la profession ;
- le niveau d'études ;
- le code postal ;
- etc.

En fonction des demandes particulières du commanditaire ou des objectifs de l'étude, d'autres critères peuvent apparaître comme la composition du ménage, l'état-civil, la nationalité, le revenu, etc.

Êtes-vous la personne qui fait habituellement les courses dans les magasins ?
❐ Oui
❐ Non
Sexe ? H F
Âge ? ❐ ❐
De combien de personnes se compose votre ménage (en ce vous y compris) ? ❐ ❐
Adultes ❐ ❐ Enfants de 0-5 ans ❐ ❐
Enfants de 6-11 ans ❐ ❐ Enfants de 12-17 ans ❐ ❐
Code postal de votre domicile ? ❐ ❐ ❐ ❐
Quelle est la profession exercée par le principal responsable des revenus du ménage ?
❐ Agriculteur (moins de 15 hectares)
❐ Agriculteur (15 hectares et +)
❐ Artisan commerçant (5 salariés maximum)
❐ Industriel commerçant (Plus de 5 salariés)
❐ Profession libérale
❐ Cadre supérieur (5 salariés au maximum)
❐ Cadre supérieur (6-10 salariés)
❐ Cadre supérieur (plus de 10 salariés)
❐ Cadre moyen (5 salariés au maximum)
❐ Cadre moyen (6-10 salariés)
❐ Employé, enseignant, fonctionnaire
❐ Ouvrier qualifié
❐ Ouvrier non qualifié
❐ Sans profession, invalide, étudiant, ménagère
❐ Rentier
❐ Chômeur, retraité
Ancienne profession du principal responsable des revenus du ménage ?...
Uniquement si le chef de ménage est chômeur ou retraité
Dernières études terminées par le principal responsable des revenus du ménage ?
❐ Études non terminées, enseignement primaire
❐ Enseignement secondaire inférieur
❐ Enseignement secondaire supérieur général, technique ou artistique
❐ Enseignement secondaire supérieur professionnel
❐ Enseignement supérieur non universitaire
❐ Enseignement supérieur universitaire
Êtes-vous ?
❐ Francophone
❐ Néerlandophone

FIGURE 9.14 : *La formulation des variables socio-démographiques*

5.1.5 *Les données d'identification*

Afin de permettre le contrôle des enquêtes, le chargé d'études demande à l'enquêteur de noter, très soigneusement :

- le *nom* du répondant ;
- son *adresse* et son *numéro de téléphone* ;
- l'*heure de début, de fin d'entretien et la date*. Ces derniers éléments permettent d'informer le chargé d'études de la qualité de l'interview et l'enquêteur ne devra pas négliger cet aspect.

5.2 Construction du questionnaire

Après que les questions aient été préparées et libellées une à une, le questionnaire est prêt à être construit.

5.2.1 *Principes généraux*

Le langage, le choix des termes, les tournures des phrases doivent être adaptées au public. Ainsi, si les répondants commettent une même faute de langage, il vaut mieux que celle-ci soit incorporée à la formulation.

La rédaction du questionnaire doit tenir compte de l'analyse informatique qui suit la collecte des données. Le questionnaire est formulé de manière à faciliter l'encodage.

La validité des résultats obtenus est déterminée par la rédaction des questions. Certaines précautions sont à prendre afin d'éviter les pièges.

Toutes les aides qui président à l'établissement du questionnaire sont issues de la double nécessité suivante :

- Trouver les questions qu'il faut poser pour résoudre le problème d'étude de marchés envisagé ;
- Les formuler et les organiser en questionnaire de telle sorte que les enquêtés soient dans les meilleures conditions pour exprimer, avec précision, les informations que l'on attend d'eux.

5.2.2 *Nombre de questions*

Seules les questions nécessaires aux informations recherchées seront retenues. Il serait en effet maladroit et discourtois d'imposer à une personne qui accepte de répondre, le supplice d'un questionnaire interminable et lassant.

Les questions qui n'ont pas de lien direct avec les objectifs de l'étude doivent être supprimées.

Par lassitude, des questions plus importantes risquent d'être traitées trop rapidement ou trop superficiellement. Ces questions superflues augmentent les risques d'erreurs.

Certaines questions peuvent être aisément regroupées en une seule. D'autres questions par contre comportent deux ou plusieurs éléments. S'ils sont réunis en une seule question, la réponse devient impossible.

5.2.3 *Libellé des questions*

Plusieurs risques menacent le rédacteur d'un questionnaire.

Le *premier risque* est de **ne pas être compris ou mal compris par la personne interrogée**.

On rencontre ici tous les problèmes de sémantique. Certains mots ne sont pas compris parce qu'ils sont trop techniques ou trop abstraits. Le vocabulaire de la ménagère n'est pas celui du technicien.

La ménagère ignore parfois que ce qu'elle appelle une Cocotte-Minute est, en fait, un autocuiseur.

Il faut également éviter les termes statistiques et économiques qui ne sont connus que d'une fraction restreinte de la population.

Parfois, lorsque le terme technique est difficilement définissable, le chargé d'études doit se souvenir qu'un bon croquis peut, à lui seul, remplacer de longues périphrases.

Il arrive que certains termes soient sujets à équivoque, lorsque par exemple le produit est connu sous plusieurs noms, lorsque plusieurs produits sont connus sous un même nom, lorsque le nom de la marque est devenu le nom du produit (par exemple, Bic, Nescafé, etc.).

Buvez-vous du Coca ?

Il faut recourir alors à un schéma ou présenter un échantillon du produit.

Il y a des mots qui ne sont pas compris par tout le monde parce qu'ils proviennent de particularismes linguistiques : « *petits déjeuners, déjeuners, dîners, soupers* ».

La question doit être **précise et ne contenir qu'une seule idée**, ceci pour susciter des réponses fiables et permettre un bon traitement des résultats. Il faut se méfier de termes ou d'expressions trop flous dans le style « *Que pensez-vous de ?* » qui peuvent amener la personne interrogée dans des directions trop divergentes. « *Connaissez-vous la marque Y ?* » est une question trop ambiguë. Pour certains, connaître une marque, c'est simplement avoir déjà remarqué son nom alors que, pour d'autres, c'est l'avoir déjà utilisé.

Si selon vous, dans l'état actuel des choses, les jeunes s'alimentent en général mal, pensez-vous que des actions telles que des semaines du goût, des séances d'information sur la nutrition ou des distributions de bons de réduction dans les magasins d'alimentation spécialisés pourraient être utiles ?

Cette question est trop longue et rédigée de telle sorte qu'il n'est pas possible de déterminer sur quoi porte l'accord du répondant.

La solution consiste à éclater la question en trois sous-questions spécifiques :

Partons du principe que les jeunes s'alimentent mal. Pensez-vous que des semaines du goût pourraient être utiles ? (oui/non)

Et l'organisation de séances d'information sur la nutrition ? (oui/non)

Et la distribution de bons de réduction dans les magasins d'alimentation spécialisés (oui/non) ?

Les questions qui commencent par une négation ou contiennent une double négation **sont à proscrire**. Souvent, le répondant ne perçoit pas le sens de la phrase et répond le contraire de ce qu'il pense.

Ne pensez-vous pas que les vendeurs d'électroménager ne donnent pas assez de conseils à leurs clients ?

L'interro-négation **est à éviter car elle induit la réponse indépendamment de l'opinion réelle du répondant.**

N'est-il pas vrai, selon vous, que les viennoiseries n'ont plus la qualité d'autrefois ?

Le choix de la **formulation objective** (*Est-ce que...)* **ou subjective** (*Pensez-vous que...*) d'une question est essentiel. En présence d'une formulation objective, le répondant a tendance à proposer une réponse qui reflète l'avis des gens en général ou du moins ce qu'il croit l'être.

Les prix des produits alimentaires pratiqués chez Carrefour sont-ils plus intéressants que ceux pratiqués chez Auchan ?

La formulation subjective, centrée sur l'individu se focalise sur ses impressions. En général, ces questions conduisent à des résultats plus fiables que les questions à formulation objective.

Pensez-vous que les prix des produits alimentaires pratiqués chez Carrefour soient plus intéressants que ceux pratiqués chez Auchan ?

La formulation positive ou négative de la question influence les résultats obtenus.

Aux États-Unis, en 1941, RUGG a proposé les deux questions suivantes :

Pensez-vous que les États-Unis doivent ***autoriser*** *des déclarations publiques attaquant la démocratie ? OUI : 21 %*

Pensez-vous que les États-Unis doivent ***interdire*** *des déclarations publiques attaquant la démocratie ? NON : 39 %*

Comme, a priori, les deux formulations mesuraient la même chose, les résultats obtenus devaient être comparables. En fait, une personne sur cinq (21 %) voulait autoriser les déclarations publiques (formulation positive) et deux personnes sur cinq (39 %) étaient contre leur interdiction (formulation négative).

Le *deuxième risque* consiste à demander aux répondants **des informations trop difficiles**.

Pour cette raison, les questions doivent appeler des réponses connues des personnes interrogées.

Les quantités de produits consommés sont, par exemple, souvent inconnues des consommateurs (bien que ceux-ci croient, de bonne foi, les connaître et donnent volontiers des réponses à ce sujet).

Les questions ne peuvent faire appel qu'à des données dont le sujet interrogé puisse se souvenir clairement. Elles ne peuvent faire appel à un effort de synthèse entre des éléments particuliers.

En fait, de nombreuses questions ne permettent pas à l'interrogé de répondre, et ce :

- Par ignorance pure et simple, c'est-à-dire, par impossibilité physique ou psychologique de répondre ;

  Combien de grammes de viande de bœuf avez-vous consommé au cours de la semaine écoulée ?

- Parce que la formulation des questions n'est pas adaptée au mode de raisonnement ou au vocabulaire de l'interrogé ;

  Pensez-vous que le glutamate de sodium joue un rôle particulier dans la gastronomie française ?

Parce que les classes ou les échelles proposées sont incomplètes, farfelues ou irréalistes.

Combien buvez-vous de vin d'origine française par jour ?

☐ *Moins de deux litres ;*

☐ *Plus de trois litres.*

Le *troisième risque* est de **susciter des réponses biaisées.**

Les questions doivent être objectives et neutres. Il n'est pas souhaitable de se sentir contraint, par la formulation même de la question, à répondre « *oui* » ou « *non* », car dans ce cas, ou bien la réponse est évidente et la questions superflue, ou bien la réponse est forcée et l'on soupçonne la manipulation. La réponse ne doit pas être suggérée par le libellé de la question. L'**effet de suggestion** ne peut exister.

Que pensez-vous d'un vendeur, jeune, dynamique et disponible dont les produits sont bon marché ?

Susciter des réponses non biaisées est un problème d'autant plus difficile à résoudre que le biais, dans la réponse, peut provenir de l'enquêté (consciemment ou pas), de la question elle-même ou de l'enquêteur, éventuellement.

Dans les deux premiers cas, les questions peuvent provoquer des réponses biaisées car elles mettent en jeu la mémoire, les désirs, le prestige, l'éducation ou le milieu social de la personne interrogée. Le problème de la déformation des réponses a d'ailleurs fait l'objet d'une analyse séparée.

Certains biais sont également provoqués par un questionnaire trop long, trop de questions « *pourquoi* », des questions à première vue semblables, des questions trop longues en elles-mêmes, des questions difficiles et complexes, des questions qui risquent d'indisposer l'enquêté.

Les questions doivent appeler des réponses sincères, tout particulièrement, en ce qui concerne les questions d'opinion.

Certains répondants ne tiennent pas à préciser à l'enquêteur pour qui ils ont voté ou vont voter ou bien encore, sont gênés par des questions qu'ils considèrent comme touchant de trop près à leur vie. privée. Il peut s'agir aussi de questions de faits, comme la question consacrée aux revenus du ménage. D'autres sujets sont tabous comme le racisme, la religion, le patriotisme, le sexe, etc.

Certains mots ont un contenu plus ou moins péjoratif ou affectif. Ces mots doivent être, soit évités, soit utilisés sciemment, mais en tenant compte des effets psychologiques qu'ils peuvent produire.

Les questions doivent être socialement acceptables c'est-à-dire formulées de façon à offrir à l'interrogé une diversité suffisante de réponses, pour qu'il n'ait pas l'impression que son prestige et sa vie privée sont impliqués. Les questions doivent éviter l'ambiguïté. Questions et réponses doivent avoir la même signification pour les deux interlocuteurs.

Le *quatrième risque* est de **provoquer la lassitude du répondant**.

Une question bien construite éveillera l'intérêt. C'est là un point intéressant, d'ordre essentiellement psychologique.

LA RÉDACTION DU QUESTIONNAIRE : QUELQUES RÈGLES PRATIQUES

Ne poser que les questions nécessaires à la réponse aux objectifs.

Poser les questions dans des termes clairs et précis : éviter par exemple « allez-vous souvent au cinéma ? ».

Se placer du point de vue du répondant (comprendra-t-il ma question, sait-il y répondre).

Construire le questionnaire en pensant au dépouillement : codification des questions, peu de questions ouvertes, longueur du questionnaire.

Ne pas demander aux gens plus qu'ils ne peuvent en donner (trop d'appel à la mémoire, situation non réelle).

Éviter tout ce qui pousse la personne à donner la réponse qui fait plaisir (attrait du OUI, de la situation valorisante).

Tenir compte du mode d'administration : l'enquête par téléphone implique un questionnaire court, l'enquête postale un questionnaire simple à comprendre.

Tester le questionnaire, dans des conditions d'administration identiques.

5.2.4 *Déformation des réponses : une attention particulière*

Le problème de la déformation doit retenir toute l'attention de l'analyste. Le répondant peut être amené à réagir à l'énoncé de la question et déformer de manière involontaire les résultats.

Les mécanismes de défense du Moi (recherche de la conformité au groupe, suggestibilité sociale, imitation sociale, peur du jugement d'autrui, recherche de prestige social, participation aux émotions collectives, soumission aux stéréotypes culturels) influencent les réponses.

La formulation des questions doit prévenir tous biais liés au répondant.

- *La réaction de prestige*

  C'est une défense de façade qui consiste à sauver la face parce que l'on croit que la réponse que l'on va donner va être jugée par l'enquêté. Le répondant va traduire sa réponse en minimisant ses attitudes, se réfugier dans les stéréotypes, les clichés, les banalités.

  La solution consiste soit à introduire dans le questionnaire des échelles chargées de mesurer les tendances de façade et les réactions de prestige ou à éviter de débuter le questionnaire avec ce type de questions ou encore à prévoir des questions qui permettent un recoupement.

- *La contraction défensive à la question personnalisée*

  Elle apparaît comme une réponse aux questions formulées trop directement telles que « *Que pensez-vous de* » ; « *À votre avis* ». Ces questions augmentent les comportements de fuite « *Je ne sais pas* ».

  La solution consiste à éviter la personnalisation des questions, la formulation directe et lorsque le thème est délicat, toute relation directe avec les questions d'identification.

- *Les réponses dues à la formulation de la question*

  Elles apparaissent quand l'hypothèse est formulée de manière tellement tendancieuse qu'elle engage la réponse, soit parce que le répondant perçoit ce qu'attend l'enquêteur, soit parce que l'une des deux réponses offertes est inacceptable logiquement ou socialement.

  La solution pour supprimer cet effet de suggestion consiste à être vigilant et attentif aux signes non verbaux qui peuvent trahir l'opinion de l'enquêteur.

- *L'attraction de la réponse positive*

  L'attrait pour la réponse positive (oui, vrai, d'accord) est un phénomène bien connu en psychologie sociale.

  La solution consiste à formuler quelques questions inversément et éviter les questions dichotomiques lorsqu'il s'agit de mesurer une opinion personnelle.

- *La peur de certains mots*

  Des mots affectivement chargés ou socialement non désirables provoquent des comportements de fuite ou de défense.

  Pour éviter ces comportements, il suffit d'éviter les mots choquants, affectivement ou socialement chargés et de trouver des équivalents neutres.

- *L'influence des références à des personnalités*

  Le répondant va transférer sur le contenu de la question le poids de l'attirance ou du rejet, de l'autorité morale ou politique de la personnalité.

  Pour éviter cet écueil, il suffit d'éviter toute référence à une personnalité dans la formulation des questions.

- *La peur du changement*

  Elle se renforce grâce au conformisme.

L'analyste doit éviter les questions trop directes, trop personnelles qui peuvent signifier un changement brusque et une peur chez le répondant.

- *La rétraction défensive à l'engagement dans le questionnaire*

  Elle apparaît dans la mesure où toute situation d'entretien comporte des risques pour le répondant (accepter de répondre, disposer du temps nécessaire, exigence d'attention, inquiétude sur les objectifs de l'enquête).

  La solution consiste à préparer le futur enquêté, le mettre à l'aise et prévoir une introduction dans le questionnaire

- *La rétraction défensive aux changements brusques de thème*

  Elle peut être évitée par l'intégration de questions de transition, de questions de mise en confiance et par des arrêts marqués de l'enquêteur qui prendra le temps d'expliquer le questionnaire.

- *L'effet de halo ou effet de contamination des questions les unes par les autres*

  Elle apparaît suite à l'irrigation du sentiment ou par organisation logique de la pensée.

  La solution consiste à disperser les questions susceptibles de contaminer les réponses.

- *Les effets de la longueur du questionnaire*

  Ils se manifestent en présence de questions longues ou de questionnaires mal balancés ou trop longs.

  La solution consiste à limiter la longueur du questionnaire, à motiver l'enquêté à répondre (accroche de début de questionnaire) et à prévoir des questions claires et compréhensibles sans difficultés.

5.3 Structure du questionnaire

Dès que les questions ont été préparées et libellées une à une, le questionnaire est prêt à être construit.

L'ordre dans lequel les questions sont posées n'est pas sans influencer les résultats de l'enquête.

Les différentes questions ne doivent pas être présentées au hasard. Un ordre précis doit être respecté. Cet ordonnancement est plus ou moins important selon la méthode de collecte des informations utilisée. Plus le répondant est livré à lui-même, plus un **certain ordre est nécessaire**.

- *En acceptant de répondre, l'interrogé fait une concession à l'enquêteur.* Il faut donc, après avoir contacté l'interlocuteur (l'enquêteur se présente, donne le nom de l'institut pour lequel il travaille et informe sur le sujet de l'enquête), pouvoir, dès les premières questions, *le motiver.*
- Les premières questions doivent être simples et porter sur des éléments connus du répondant, dans le but de le familiariser avec le questionnaire. Les questions difficiles seront intégrées dans le corps du questionnaire. Le répondant sera alors mieux préparé à aborder des questions plus personnelles comme ses goûts, ses préférences.

- Les questions embarrassantes pour l'enquêté (revenu, activités, opinions politiques) doivent être posées en fin de questionnaire. Si le répondant est heurté au point qu'il souhaite ne plus poursuivre l'entretien, le début du questionnaire sera inutilisable.
- Les caractéristiques personnelles figurent généralement à la fin du questionnaire, à l'exception des questions filtres nécessaires au recrutement d'un type particulier de personnes (tranche d'âge, par exemple).
- *Les questions doivent se succéder dans un ordre logique*. La notoriété doit précéder l'utilisation. Ainsi « *Quelles marques connaissez vous ?* » précède la question « *Quelles marques utilisez-vous ?* »
- Si une question doit en couper une autre, elle doit être placée de telle sorte que l'enquêté ne s'en aperçoive pas.
- Quand une série de questions explore le même sujet mais se rapporte à des périodes différentes, il faut s'efforcer de respecter l'ordre chronologique (partir du plus récent et aller vers le passé).
- Chaque sujet doit être couvert entièrement dans une séquence de questions. Il faut éviter ces « *aller-retour* » qui fatiguent et énervent la personne interrogée.

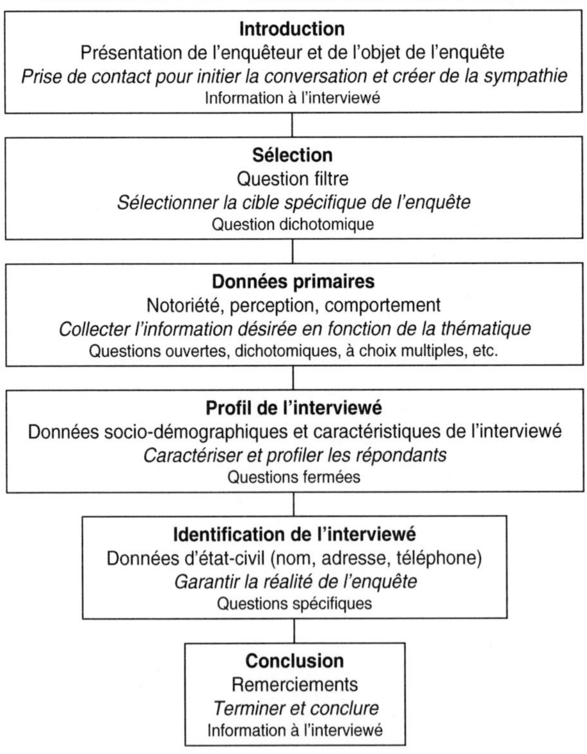

FIGURE 9.15 : *Structure d'un questionnaire*

- *Toute question doit avoir un caractère plus général ou plus large que la question suivante.*

  Il s'agit de développer une approche « ***en entonnoir*** *». Lors d'un entretien portant sur les habitudes de vacances en France, on commencera par des questions plus générales sur les vacances.*

- *Des questions filtres doivent être placées à plusieurs endroits du questionnaire.* Elles seront destinées à vérifier le niveau d'information des interrogés sur le sujet. Ce type de question permet de gagner du temps en éliminant les personnes qui ne peuvent se prononcer sur le sujet, sans qu'elles en éprouvent un sentiment de frustration.
- *Le questionnaire doit se dérouler de façon à intéresser constamment l'enquêté*, à ne pas provoquer de lassitude ni arrêt brusque des réponses. Si la suite des questions risque d'être monotone, des questions de remplissage, sans rapport direct avec l'étude, doivent intervenir à bon escient pour réveiller l'intérêt de la personne interrogée.

5.3.1 *Cheminement et ordinogramme*

Généralement, après un mot d'introduction, qui permet de garantir que l'objet de l'enquête sera présenté de manière uniforme aux répondants, les premières questions qui apparaissent sont les questions filtres qui servent à déterminer si l'interlocuteur appartient ou non à la cible. Si l'interlocuteur n'appartient pas à l'échantillon, l'enquête sera arrêtée et l'interlocuteur remercié.

Ensuite le questionnaire sera ordonné. Les questions doivent être organisées les unes par rapport aux autres. Le cheminement du questionnaire doit être établi de manière à éviter que la réponse à une question ne soit influencée par la réponse à la question précédente (effet d'ordre). C'est pourquoi, avant de rédiger son questionnaire, le chargé d'études aura établi l'ordinogramme logique, surtout s'il y a plusieurs guidages possibles.

De même, tous les items de chaque question doivent avoir une suite logique dans le cheminement. La construction de l'ordinogramme permet de répondre à cet objectif.

L'ordinogramme va visualiser, de manière exhaustive, toutes les réponses possibles aux questions et organiser le cheminement à suivre.

Le questionnaire se termine sur l'identification de l'interrogé et le remerciement pour sa participation.

5.3.2 *Présentation et mise en page*

La présentation d'un questionnaire impose un certain nombre de règles simples dont le respect a une incidence sur :

- le temps et le coût d'impression ;
- la lisibilité et la clarté ;
- la bonne conduite de l'interview ;
- la saisie des données.

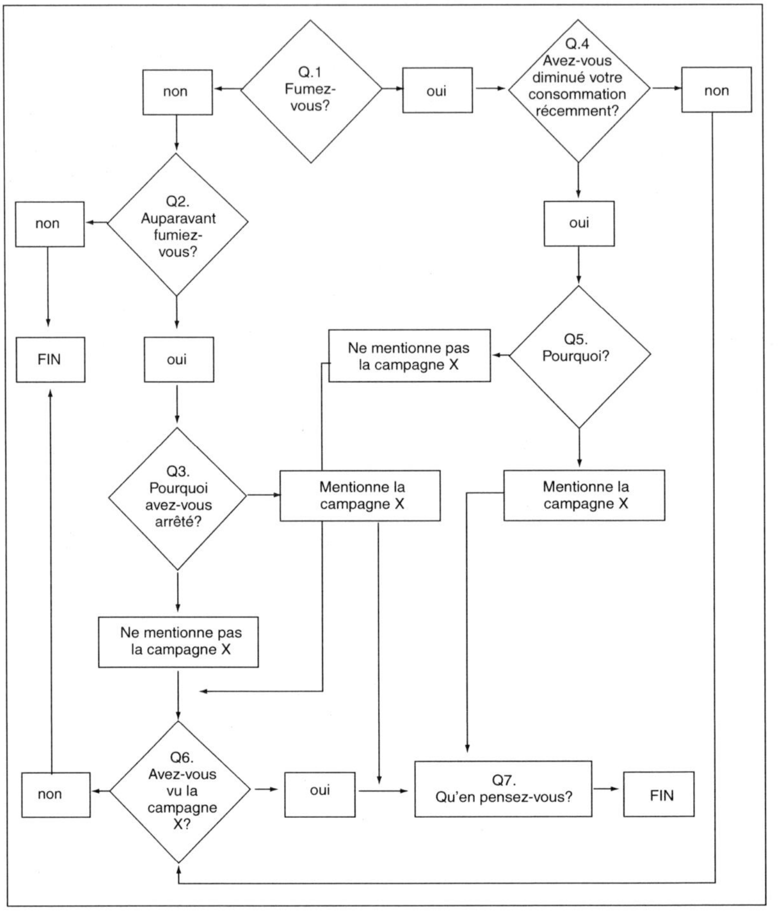

FIGURE 9.16 : *Ordinogramme préalable à la construction d'un questionnaire*

La présentation matérielle du questionnaire sera bien sûr adaptée au type d'enquête réalisée. Dans l'enquête par voie postale, le questionnaire doit être particulièrement attractif. Des espaces suffisants seront aménagés pour que le répondant puisse s'exprimer comme il le désire.

Dans le cas d'enquête face à face ou par téléphone, on veillera à faciliter le travail de l'enquêteur.

Quel que soit le mode d'administration, **il importe que le questionnaire apparaisse :**

- *Maniable*

  Cette exigence concerne notamment le format du questionnaire, son poids, l'emplacement des agrafes. Il ne faut jamais, par d'exemple, scinder une question d'une page à l'autre.

- *Facile à lire*

  Les caractères typographiques doivent être lisibles. L'efficacité doit passer avant la fantaisie. Le questionnaire doit être aéré, les questions bien séparées, numérotées de manière simple.

- *Facile à remplir*

  Il faut laisser la place nécessaire pour que les réponses soient correctement, complètement et clairement enregistrées.

  Pour les questions fermées, le questionnaire doit être disposé de manière à faciliter la codification ultérieure. On a intérêt à codifier à l'avance au maximum le questionnaire, c'est-à-dire à imprimer d'avance, en face des réponses possibles, les numéros de codes qui leur correspondent. Ce travail préalable permet de réduire le temps d'encodage.

  Les instructions d'entretien doivent être claires et précises.

- *Agréable à l'œil*

  Le point de vue esthétique n'est pas à négliger dans la confection des questionnaires. Une typographie agréable, une mise en page aérée, des lignes tracées avec soin, un graphisme attrayant ajouteront de l'intérêt au questionnaire.

- *Facile à dépouiller*

  Il faut veiller à rendre la lecture du questionnaire la plus aisée possible, afin qu'ensuite le dépouillement en soit facilité au maximum.

Il est évident que chaque société de sondage adopte un type de présentation personnalisée.

Mais, quoi qu'il en soit, en tête du questionnaire et sous forme condensée figurent :

- le numéro de l'étude ;
- la date ;
- le numéro de l'enquêteur ;
- le numéro du questionnaire.

6 TEST DU QUESTIONNAIRE

Le test consiste à soumettre le questionnaire à quelques personnes. Il a pour objectif d'en évaluer l'efficacité. Sa réalisation est indispensable car elle est susceptible d'améliorer très sensiblement la qualité du questionnaire.

Quelle que soit l'expérience des rédacteurs du questionnaire, il est rare que la **formulation des questions** soit parfaite dès le début. C'est à l'usage qu'on se rend compte de la façon dont la question est perçue.

Le test poursuit plusieurs **objectifs** :

- *minuter* le questionnaire : durée totale et celle des différentes parties ;
- *améliorer la formulation* des questions ;

- vérifier que le *vocabulaire utilisé est compréhensible, adapté et habituel* aux répondants ;
- éviter le « *jargon* » ;
- signaler les *questions mal comprises, ambiguës et obscures* ;
- tester la *compréhension des questions et la pertinence* des réponses ;

	ADEQUATION A LA RECHERCHE	CONFORMITE AU BRIEFING	SANS OBJET
Le questionnaire			
- Thèmes à aborder			
- toutes les questions sont-elles nécessaires ?	☐	☐	☐
- Toutes les questions sont-elles suffisantes ?	☐	☐	☐
- le questionnaire est-il complet ?	☐	☐	☐
- le répondant possède-t-il l'information recherchée ?	☐	☐	☐
- se souvient-il de l'information demandée	☐	☐	☐
- peut-il communiquer cette information ?	☐	☐	☐
- accepte-t-il de communiquer cette information ?	☐	☐	☐
- Formulation des questions			
- plusieurs questions sont-elles nécessaires au lieu d'une ?	☐	☐	☐
- le répondant est-il capable de répondre à la question ?	☐	☐	☐
- les questions sont-elles univoques ?	☐	☐	☐
- les questions sont-elles neutres ?	☐	☐	☐
- les questions sont-elles simples, faciles à comprendre ?	☐	☐	☐
- la formulation des questions est-elle objective ?	☐	☐	☐
- la formulation est-elle positive ?	☐	☐	☐
- type de questions utilisées (ouvertes, fermées, dichotomiques)	☐	☐	☐
- échelles d'attitude utilisées (évaluation, préférences, intentions)	☐	☐	☐
- Organisation du questionnaire			
- l'ordre des questions est-il pertinent ?	☐	☐	☐
- présence d'une accroche ?	☐	☐	☐
- présence d'une conclusion ?	☐	☐	☐
- existence d'une phase de pré-test ?	☐	☐	☐

FIGURE 9.17 : *Construction du questionnaire*

- *pré-coder les réponses* aux questions ouvertes quand c'est possible ;
- vérifier *l'absence d'effet d'ordre* des questions ;
- contrôler la *cohérence du cheminement* et des questions filtres ;
- tester l'opportunité ou non de montrer des *aides visuelles* ;

- identifier les *causes des refus* de réponses ou d'interruptions d'entretien ;
- *retrancher ou ajouter des questions* ;
- éliminer les *difficultés dans l'enregistrement* des réponses ;
- vérifier que les *réponses* peuvent être *écrites aux endroits prévus* ;
- vérifier que les *textes d'introduction et de conclusion* sont compréhensibles, suffisants et n'induisent pas des réponses.

Le test ne concerne pas seulement la forme du questionnaire. Il s'intéresse aussi aux **modalités de déroulement de l'enquête** : période, jours, heures les plus favorables pour contacter les répondants potentiels.

Le test sera réalisé, d'une part, par des enquêteurs expérimentés et habitués à participer à ce type de tests et, d'autre part, par des enquêteurs novices qui vont déceler les difficultés que les précédents ne perçoivent plus. En Belgique, si la recherche porte sur l'ensemble du pays, ce test devra avoir lieu dans les deux langues.

Le test sera réalisé auprès de la même population que celle qui sert de base au tirage de l'échantillon. Il ne s'agit pas d'interroger les mêmes personnes deux fois, mais de retenir des individus semblables en fonction des critères de définition de la population.

Le **nombre** de questionnaires à tester peut varier en fonction de l'objectif poursuivi :

- Si le contenu seul est testé, 20 à 30 questionnaires suffisent ;
- Si le chargé d'études souhaite disposer d'une prévision de réponses, pour pré-coder une question, un minimum de 100 entretiens est nécessaire.

À l'issue du test, les enquêteurs remettent leurs commentaires écrits. Parfois, le commanditaire de l'étude demande, avant de marquer son accord définitif sur le questionnaire, un rapport de test.

En présence de lacunes importantes, le questionnaire est modifié et fait l'objet d'un nouveau test.

Si les objectifs poursuivis sont plus larges (identifier des problèmes, relever les thèmes principaux et les réactions soulevées par un problème, tester certaines méthodes et outils, vérifier une méthodologie), on parlera d'*enquête pilote* ou d'*enquête exploratoire*, surtout s'il s'agit de préciser le champ de l'étude générale et de définir les hypothèses de travail.

7 QUESTIONNAIRE DÉFINITIF

La prise en compte des résultats du test permet la rédaction du questionnaire définitif. Le chargé d'études sera particulièrement attentif à l'intégration des remarques concernant :

- la *rédaction définitive* des questions ;
- la formulation de l'*accroche* ;

- l'écriture du *remerciement* final ;
- la présence des *lettres* et *documents d'accompagnement* ;
- la détermination de *l'ordre optimal de succession* des questions ;
- la *mise en page* typographique finale.

Après accord du commanditaire de l'étude, le questionnaire peut être imprimé et son administration peut commencer.

QUESTIONNAIRE EN LIGNE

Il comporte certaines spécificités qu'il faut garder à l'esprit lors de son élaboration. Comparativement aux questionnaires CAPI et CATI, le questionnaire est plus court. Idéalement, il ne devrait pas durer plus de 15 minutes. Pour évaluer le temps que passera l'interviewé à répondre à votre enquête en ligne, il faut compter 2,5 questions par minute. Ainsi, 10 questions équivalent à 4 minutes et 30 questions à 12 minutes.

Différents types de question sont utilisables comme les questions dichotomiques, à choix multiples, avec ou sans commentaires, des textes à compléter, des questions uni et multidimensionnelles. L'enquête en ligne va privilégier les questions fermées et les renseignements signalétiques sont placés en fin d'enquête.

L'organisation du questionnaire permet de ne poser que les questions nécessaires, de grouper les questions par chapitre. Les réponses sont récupérées automatiquement, et stockée dans une base de données protégée. En cas de non-réponse, des relances sont possibles et les résultats peuvent être exportés dans des logiciels spécialisés (tableurs ou logiciels d'études de marchés).

tns media

Votre Style de Vie
Vos Habitudes de Consommation
Vos Equipements

cim

2009-2010

N° du questionnaire :

Afin de pouvoir faire le lien avec votre autre questionnaire, pouvez-vous indiquer ci-dessous vos coordonnées.
Ces données seront traitées de manière confidentielle et anonyme. Pour plus d'information, nous vous invitons à consulter la brochure jointe.

M. ☐
Mme. ☐
Melle ☐

Nom :

Prénom :

Adresse : N° : Bte : Rue :

Code postal : Commune :

ATTENTION : *LE QUESTIONNAIRE QUI SUIT DOIT* ***ÊTRE REMPLI PAR LA PERSONNE QUI A ÉTÉ INTERVIEWÉE PAR NOTRE ENQUÊTEUR(TRICE)*** *ET PAR NULLE AUTRE PERSONNE DU MÉNAGE.*

Cette deuxième partie de l'enquête est un ***complément indispensable*** *au questionnaire auquel vous avez eu l'amabilité de répondre. Afin de mieux situer les* ***habitudes médias*** *dans le* ***mode de vie des Belges****, nous vous demandons de remplir ce questionnaire et de nous le renvoyer dans l'enveloppe jointe,* ***sans l'affranchir****.*

Vos réponses sont très importantes*. La qualité de ce sondage repose sur la participation du plus grand nombre de personnes sélectionnées pour y répondre, quels que soient leur style de vie ou leurs habitudes de consommation.*

Pour chaque question, veuillez indiquer votre (vos) réponse(s), en noircissant la (ou les) case(s) correspondant à vos réponses. Veuillez également utiliser un ***CRAYON NOIR*** *ou un BIC ou* ***STYLO NOIR*** *ou* ***BLEU****.*

Attention, il ne faut pas faire de croix ou entourer les réponses, mais ***NOIRCIR les cases*** *(comme dans l'exemple ci-dessous).*

Faire	Ne pas faire
▬	⁄ ✕ ◯ •

A - VOS RESPONSABILITÉS D'ACHAT

Responsabilité d'achats courants BLOC 01

Que vous effectuiez ou non les achats, indiquez pour chacun des produits suivants, si vous êtes la plupart du temps ... ?

... . décideur principal : vous décidez de la marque,
ou . co-décideur : vous donnez votre avis sur la marque,
ou . non-décideur : vous laissez la décision à quelqu'un d'autre

	Etes-vous, pour l'achat de ...? *(Une seule réponse par ligne)*	**Décideur principal** 01	**Co-décideur** 02	**Non-décideur** 03	**Pas d'achat de ce type** 04
01	Viande, poisson	⬭	⬭	⬭	⬭
02	Légumes, fruits	⬭	⬭	⬭	⬭
03	Produits laitiers, fromages	⬭	⬭	⬭	⬭
04	Friandises, biscuits, snacks salés ou sucrés	⬭	⬭	⬭	⬭
05	Céréales	⬭	⬭	⬭	⬭
06	Plats préparés	⬭	⬭	⬭	⬭
07	Eaux, soft drinks	⬭	⬭	⬭	⬭
08	Bières	⬭	⬭	⬭	⬭
09	Vins	⬭	⬭	⬭	⬭
10	Apéritifs, boissons alcoolisées	⬭	⬭	⬭	⬭
11	Produits d'hygiène et de beauté	⬭	⬭	⬭	⬭
12	Produits de lessive et d'entretien	⬭	⬭	⬭	⬭

- 1 -

FIGURE 9.18 : *Questionnaire définitif*

VOS RESPONSABILITÉS D'ACHAT

Lieux d'achats courants BLOC 02

Que ce soit pour vous ou pour votre ménage, quels sont tous les types de magasins dans lesquels, vous personnellement, vous achetez régulièrement les produits suivants?

(Au moins une réponse par ligne)

		Hyper-marché, Super-marché 01	Au marché 02	Magasin spécialisé, petit commerçant 03	Autre 04	Vous n'en achetez jamais 05
01	Viande, poisson					
02	Légumes, fruits					
03	Produits laitiers, fromages					
04	Friandises, biscuits, snacks salés ou sucrés					
05	Céréales					
06	Plats préparés					
07	Eaux, soft drinks					
08	Bières					
09	Vins					
10	Apéritifs, boissons alcoolisées					
11	Produits d'hygiène et de beauté					
12	Produits de lessive et d'entretien					

Responsabilité d'achats d'habillement BLOC 03

Que vous effectuiez ou non les achats, indiquez pour chacun des produits suivants, si vous êtes la plupart du temps ... ?

... . décideur principal : vous décidez de la marque,
ou . co-décideur : vous donnez votre avis sur la marque,
ou . non-décideur : vous laissez la décision à quelqu'un d'autre

Etes-vous, pour l'achat de ...?
(Une seule réponse par ligne)

		Décideur principal 01	Co-décideur 02	Non-décideur 03	Pas d'achat de ce type 04
01	Vêtements/chaussures homme				
02	Vêtements/chaussures femme				
03	Vêtements/chaussures enfant				
04	Vêtements/chaussures de sport				
05	Sous-vêtements, chaussettes homme				
06	Lingerie féminine				
07	Bas et collants femme				
08	Sous-vêtements, chaussettes enfant				

Lieux d'achats d'habillement BLOC 04

Que ce soit pour vous ou pour votre ménage, où achetez-vous régulièrement des ...?

(Au moins une réponse par ligne)

		Hyper-marché / Super-marché 01	Chaîne de magasins vêtements-chaussures 02	Boutique spécialisée 03	Outlet / fin de série, de stock 04	Au marché 05	Par correspondance 06	Sur Internet 07	Autre 08	Vous n'en achetez jamais 09
01	Vêtements/chaussures homme									
02	Vêtements/chaussures femme									
03	Vêtements/chaussures enfant									
04	Vêtements/chaussures de sport									
05	Sous-vêtements, chaussettes homme									
06	Lingerie féminine									
07	Bas et collants femme									
08	Sous-vêtements, chaussettes enfant									

-2-

Source : TNS Media, Étude CIM (extraits).

Figure 9.19 : *Questionnaire définitif (Suite)*

QUESTIONS

1. Pourquoi les experts considèrent-ils que le questionnaire ne constitue qu'une étape du processus de recherche ?
2. Pourquoi cherche-t-on à standardiser au maximum un questionnaire ?
3. Quel est l'intérêt de placer des questions pièges et des questions filtres dans un questionnaire ?
4. Comment peut-on éviter les biais liés à la formulation d'une question ?
5. Dans la formulation d'une question vaut-il mieux adopter une formulation objective ou subjective ?
6. Quel est l'intérêt d'organiser un pré-test du questionnaire ?
7. En matière de validité, peut-on considérer que les questionnaires présentent de meilleures garanties tant en ce qui concerne la validité interne que la validité externe ?
8. Par rapport aux questions fermées, quel est l'intérêt d'utiliser les questions ouvertes ?
9. Donnez un exemple de question ouverte, question filtre, question piège, question fermée dichotomique, question fermée dichotomique à réponse unifiée, question multichotomique à choix multiple, question à réponse numérique, question de classement hiérarchique, question à échelle d'attitude.
10. Pourquoi est-il plus difficile de rédiger un questionnaire à questions fermées qu'un questionnaire à question ouvertes ?
11. Pourquoi utiliser les échelles d'attitude lors de la rédaction d'un questionnaire ?
12. Quels sont les éléments à prendre en compte lors de la rédaction du questionnaire ?
13. Comment peut-on prévenir la déformation des réponses ?

CHAPITRE 10

POPULATION ET ÉCHANTILLON

1 Univers de référence
2 Construction de l'échantillon
3 Échantillons probabilistes
4 Échantillons non probabilistes ou empiriques
5 Choix d'une méthode d'échantillonnage
6 Taille de l'échantillon
7 Plan de sondage

1 UNIVERS DE RÉFÉRENCE

Définir la population ou l'univers d'enquête revient à répondre à la question :

« Qui sont les personnes qui doivent être interrogées, si on pouvait les interroger toutes ? »

La population d'une enquête s'appelle aussi univers d'enquête, population de référence, population-mère ou population. La population d'une enquête peut être différente selon l'objectif poursuivi par l'enquête.

Ainsi, si une enquête vise à la description, par exemple estimer la proportion de médecins qui utilisent, à un moment donné, en Belgique, des ordonnances avec codes à barres, la population correspondra à l'ensemble des praticiens qui exercent l'art de guérir en Belgique.

Une enquête peut viser à l'explication, par exemple comprendre pourquoi certains médecins ont adopté le système des codes à barres et d'autres non. On peut, par exemple, estimer que les médecins membres de la chambre syndicale A ont suivi le mot d'ordre de boycott tandis que ceux de l'organisation B ont suivi le mot d'ordre d'appliquer la mesure.

Dans ce cas, il sera inutile de prélever un échantillon représentatif de la population belge des médecins car si la relation émise dans l'hypothèse est vérifiée sur un échantillon prélevé dans les milieux médicaux de la capitale, il n'y a guère de chances apparemment pour qu'elle ne soit pas vérifiée en province.

La **définition de la population est donc tributaire** de :

- *L'objet de l'enquête*. La population peut être définie dans l'objet même de l'enquête ;

  Enquête auprès des agriculteurs sur le prix de la pomme de terre.

- *Les hypothèses de travail choisies*. Le contenu même du problème à traiter implique telle ou telle définition de la population ;

  Si l'hypothèse est d'analyser la relation entre le type d'habitat (grands centres, centres urbains, villes secondaires, habitat rural) et la lecture de bandes dessinées, on pourrait se contenter d'interroger les habitants de Paris, Lille, Avignon et Fontaine de Vaucluse (exemple fantaisiste !).

- *Le type d'échantillonnage adopté*. La nature des documents disponibles pour construire l'échantillon peut amener à restreindre la population à interroger.

  Ainsi, quand la technique de construction de l'échantillon prévoit de mettre à disposition des enquêteurs les adresses des interviewés, il faut recourir aux listes électorales déposées dans les commissariats d'arrondissement et limiter la population aux plus de 18 ans (en âge de voter) ;

- *Les contraintes matérielles imposées*. Pour des raisons budgétaires ou de délais d'exécution, la population peut être restreinte à une portion globale plus accessible.

  Dans une enquête sur l'opinion des jeunes à l'égard du code de la route, on limitera la population aux jeunes qui possèdent un permis de conduire.

2 CONSTRUCTION DE L'ÉCHANTILLON

À l'exception des recensements qui se réalisent auprès de l'ensemble des individus composant la population, toutes les autres enquêtes marketing se limitent à interroger un échantillon de la population. Il est en effet assez rare que l'on réalise un recensement exhaustif.

C'est le cas du recensement organisé par l'Institut National de Statistique en Belgique auprès de la population ou lorsque la population est réduite comme dans le cas des enquêtes industrielles.

Le relevé complet de tous les éléments de l'univers demanderait beaucoup de temps et d'argent. Aussi le chercheur va-t-il prélever un nombre limité d'éléments, *un échantillon*, d'une façon telle que l'on puisse, à partir de l'observation ou de l'analyse de ces éléments, porter un jugement sur la totalité de la population.

L'échantillon doit être une partie représentative de la population et refléter, dans sa composition, la diversité réelle de la population étudiée.

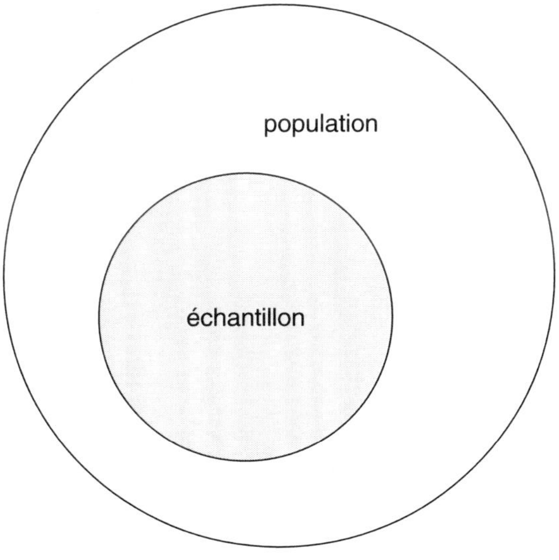

FIGURE 10.1 : *L'échantillon doit être une partie représentative de la population*

Dans une étude de marchés, les résultats aux questions obtenues sont prélevés auprès d'un échantillon de la population, de la cible. Toute la question est de savoir si cet échantillon est représentatif ou pas de cette population. Si ce n'est pas le cas, l'enquête réalisée ne sera pas représentative et ne présentera aucune validité externe. Autrement dit, les résultats obtenus ne pourront être « *extrapolés* » à la population ou univers de référence.

Pour sélectionner des individus représentatifs d'une population, le chercheur utilise une procédure d'échantillonnage et fait généralement appel à **deux types de méthodes** :

- *Les méthodes probabilistes* ou *aléatoires* où chaque personne de l'univers étudié a une chance égale d'être tirée au sort ;
- *Les méthodes non probabilistes* ou *empiriques*.

Deux facteurs essentiels, — les données disponibles sur la population et le degré d'homogénéité de celle-ci —, conditionnent le choix de la méthode.

3 ÉCHANTILLONS PROBABILISTES

Un échantillon est dit probabiliste lorsque tous les membres de l'univers défini ont une chance égale de faire partie de l'échantillon.

L'échantillon aléatoire implique que le tirage au sort des personnes à interroger se réalise selon certaines règles.

3.1 Procédure de sélection d'un échantillon aléatoire

Le tirage au sort doit se faire selon une procédure qui donne à chaque unité les mêmes chances d'être désignée. Cette méthode **suppose** en pratique :

- Que le chercheur dispose d'un *relevé complet de la population étudiée*, sans omission ni répétition ;
- Qu'il sache *repérer ou identifier tous les individus* appartenant à la base de sondage ;
- Qu'il *tire au sort*, dans la base de sondage, *autant d'individus qu'il en v*eut dans l'échantillon.

L'existence d'une base de sondage fiable (des problèmes de mise à jour se posent si le recensement est un peu ancien) et accessible à l'entreprise qui réalise le sondage est évidemment une condition sine qua non.

La méthode la plus simple serait de disposer dans une urne autant de billets semblables qu'il existe d'unités à interroger et de tirer l'échantillon. Cette façon de faire est évidemment impossible quand la taille de la population est grande.

Diverses méthodes ont été mises au point.

- **Le tirage systématique**
  Pour éviter l'opération de numérotation des unités, le chercheur procède à un tirage systématique qui s'effectue à partir d'une liste ou d'un fichier. Le procédé consiste à tirer au sort les fiches selon une progression arithmétique dont la base et la raison sont déterminées de la façon suivante.

  Supposons que le chercheur doive tirer au sort n unités à partir d'un fichier qui en contient N :
  Il divise N par n – 1 ;
  Il prend le quotient comme raison de la progression arithmétique ;

La base sera déterminée en choisissant aléatoirement un nombre compris entre 1 et le reste de la division.

Le tirage systématique doit correspondre à un tirage au hasard. Il faut que les unités de la liste ou du fichier soient rangées dans un ordre aléatoire ou qu'il existe une corrélation nulle avec le caractère étudié (par exemple, l'ordre alphabétique pour les personnes atteintes d'une certaine maladie). Il faut de même vérifier que les unités ne sont pas rangées dans un ordre comportant une certaine périodicité. Dans ce cas, on pourrait craindre que le sondage soit tout à fait biaisé si la raison de la progression arithmétique est égale à cette période ou si elle en est un multiple ou un sous multiple.

- **Le recours à l'informatique**
  Il est de plus en plus utilisé de nos jours, spécialement par les firmes d'études de marchés. Le système de tirage adopté dépendra de la présentation du fichier ou de la liste (Est-elle numérotée ou pas ? De façon continue ? Discontinue ?).

3.2 Méthodes aléatoires ou probabilistes

Toutes basées sur le principe du tirage au hasard, plusieurs méthodes d'échantillonnage probabilistes existent.

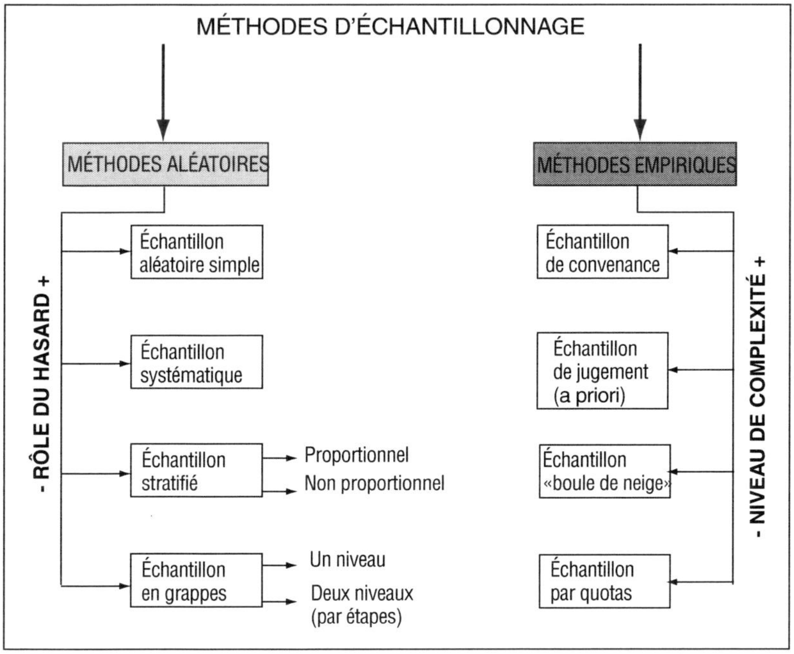

SOURCE : GIANNELLONI Jean-Luc et VERNET Éric, Études de marchés, Éditions Vuibert, 2001.

FIGURE 10.2 : *Classification des méthodes d'échantillonnage*

3.2.1 *Échantillon au hasard simple*

L'ensemble des unités comportant l'univers statistique est pris en bloc, sans être divisé en catégories. Les unités qui constituent l'échantillon sont désignées par tirage au sort, par l'un des procédés décrits ci-dessus. Le mécanisme aléatoire n'est appliqué qu'une seule fois.

Cette méthode présente certains inconvénients. Citons d'abord son coût : les personnes à interroger sont géographiquement très dispersées (d'où des frais de déplacements d'enquêteurs élevés). Ensuite la praticabilité : il faut pouvoir identifier l'univers de référence par des listes d'adresses. La constitution de telles listes est non seulement très coûteuse mais parfois même impossible à établir.

En pratique, on a recours à cette méthode quand l'univers de référence est petit, quand les unités qui le composent sont facilement identifiables à partir des listes valables ou quand il n'est pas possible de recourir à une stratification.

En général, la technique de l'échantillonnage aléatoire simple est peu utilisée en étude de marchés.

3.2.2 *Échantillon stratifié*

> « *Une strate est un regroupement homogène d'unités statistiques, tirées de la population totale et reliées entre elles par un caractère lié à l'objet de l'enquête*[1] ».

L'univers statistique est découpé en sous-ensembles homogènes, mutuellement exclusifs et exhaustifs.

Chaque strate est sondée séparément par la méthode aléatoire, de sorte qu'un nombre spécifié d'unités de sondage soit sélectionné dans chaque strate. Cette méthode vise, en réalité, à augmenter la précision des résultats, en s'assurant que toutes les subdivisions de l'univers « *particulièrement dignes d'intérêt* » soient représentées dans l'échantillon. Le découpage de l'ensemble en strate est réalisé de telle manière que le caractère étudié ne présente qu'une faible dispersion à l'intérieur de chaque groupe.

En pratique, le chargé d'études se base, pour la stratification, sur des variables socio-économiques en recherchant celles d'entre elles qui exercent une influence significative sur les problèmes étudiés :

- classement des entreprises suivant le personnel occupé ou le chiffre d'affaires ;
- classement des ménages suivant le revenu ou le nombre de personnes qui les composent ;
- classement de la population suivant les communes.

On parle **d'échantillon stratifié proportionnel** ou de stratification à fraction sondée constante lorsque la même proportion d'unités de sondage est choisie dans chaque strate.

1. Delbes & Teysonniere de GRAMONT, *Études de marchés : outil de la décision*, Delmas et Cie, Paris, 2e éd., 1997.

TABLEAU 10.1 : *Exemple d'un échantillon stratifié proportionnel à un degré*

	Population (N_i)	Échantillon taille (n_i)
Strate 1	2100	70
Strate 2	900	30
TOTAL	3000	100

Soit une entreprise qui possède 3000 clients. Ces clients sont répartis en 2 strates : 2 100 femmes et 900 hommes. On vérifie que l'échantillon total (n = 100) à interroger est réparti proportionnellement à l'importance de chaque strate dans la population. Les tailles des sous-échantillons seront de 70 femmes à interroger (strate 1) et de 30 hommes à interroger (strate 2).

Par contre, on parle **d'échantillon stratifié non proportionnel** ou à fraction sondée variable quand la fraction de sondage choisie est différente dans chaque strate. Le tirage non proportionnel s'impose quand certaines strates ont une importance stratégique sans rapport avec leur importance quantitative, quand les coûts d'échantillonnage sont plus faibles ou lorsque des différences importantes dans les variances de la variable étudiée apparaissent dans chaque classe.

Supposons (exemple fictif) que l'on s'intéresse aux habitudes de consommation d'une boisson à la caféine d'une population et qu'il existe 3 catégories de produits : la boisson ordinaire, la boisson allégée et le produit aromatisé à la pêche. Si l'on a obtenu, comme résultats, lors d'un précédent sondage, 50 % de consommation pour la boisson ordinaire, 30 % de consommation pour la boisson allégée et 20 % de consommation pour la boisson aromatisée à la pêche, un échantillon stratifié proportionnel adoptera les mêmes taux pour constituer un échantillon de 100 répondants. Il est bien connu toutefois que les habitudes de consommation de la boisson aromatisée à la pêche sont beaucoup plus diversifiées et un échantillon de 20 répondants de ces consommateurs ne pourra probablement pas refléter correctement cette diversité. Un échantillon stratifié non proportionnel du type 30 consommateurs de la boisson ordinaire, 30 consommateurs de la boisson allégée, 40 consommateurs de la boisson aromatisée à la pêche, donnera des résultats plus précis.

En règle générale, un échantillon stratifié non proportionnel est à conseiller dans la mesure où il permet de réaliser une économie non négligeable dans le nombre d'interviews à réaliser.

> « *Dans un échantillon stratifié proportionnel, la taille des échantillons à prélever dans chaque strate est déterminée par l'importance de la strate dans la population totale. Ce critère n'est pas nécessairement le meilleur, dans la mesure où la variance de la variable étudiée est souvent différente dans chaque strate. Là où la variance est faible, on pourrait*

se contenter d'un échantillon beaucoup plus petit que celui suggéré par l'importance de la strate ; et de même, là où la variance est très grande, adopter un échantillon disproportionné permettrait d'améliorer la précision des estimations »

TABLEAU **10.2** : *Comparaison d'un échantillon stratifié proportionnel et non proportionnel*

Strate (N_i)	Poids (w_i)	Écart-type (σ_i)	Allocation de l'échantillon			
			proportionnelle		non proportionnelle	
447	0,169	9769	70	(17 %)	60	(18 %)
474	0,179	18640	74	(18 %)	120	(36 %)
655	0,248	6015	102	(25 %)	53	(16 %)
1065	0,404	7027	166	(40 %)	100	(30 %)
2641	1,000	–	412	(100 %)	333	(100 %)

Le tableau présenté ci-dessous compare les deux méthodes d'échantillonnage pour une taille de population identique. Il montre que, pour une fiabilité identique (certitude à 95 %, erreur tolérable : 1 000), l'utilisation d'un échantillon stratifié non proportionnel exige de n'interroger que 333 personnes contre 412 dans le cas d'une allocation proportionnelle de l'échantillon.

Dans certains cas, la totalité des unités élémentaires est divisée simultanément selon deux ou plusieurs principes de classification, chacun de ces principes dépendant d'une variable, soit géographique, soit quantitative, soit qualitative. Si chacune des cellules ainsi déterminées est sondée séparément par la méthode probabiliste, le chercheur utilise le terme de **stratification multiple,** puisque les unités de sondage sont choisies dans chacune des sous-strates.

Le sondage stratifié présente un avantage indéniable. L'erreur d'échantillonnage est plus faible qu'avec un échantillon de même taille tiré dans l'ensemble de la population. Le gain de précision est d'autant plus grand que la dispersion est plus faible à l'intérieur de chaque strate.

Les limites de cette méthode sont les mêmes que dans le cas de l'échantillon aléatoire simple : son coût élevé et sa praticabilité (il faut des listes).

3.2.3 *Échantillon en grappes*

Cette méthode simple et économique permet, en absence de fichier ou d'une liste complète de clients, de choisir l'échantillon de manière aléatoire en plusieurs étapes. Dans un premier temps, on choisit au hasard des sous-groupes de la population (« *les grappes* ») et ensuite, dans chaque grappe, on interroge tous les individus.

« L'échantillon n'est plus constitué d'unités individuelles, mais d'ensembles ou de grappes d'unités voisines. Le chargé d'études choisit aléatoirement des sous-groupes et dans cha-

cun de ceux-ci, interroge tous les individus. Il se borne donc à constituer un échantillon de grappes[2] ».

Ainsi, s'il dispose de la liste des ménages, l'enquête consiste à tirer au hasard un certain nombre de ménages et à interroger tous les membres constituant ce ménage.

On peut aussi diviser une ville en rues, en sélectionner un certain nombre et inviter chaque enquêteur à interroger tous les habitants des rues sélectionnées.

Le recours aux sondages par grappes permet de simplifier la préparation de la base de sondage. S'il est plus simple, par exemple, de dresser une liste de ménages que de dresser une liste d'individus, cette méthode permet d'observer, pour un coût fixe donné, un plus grand nombre d'unités statistiques, car la grappe est presque toujours composée d'unités statistiques géographiquement voisines. Malheureusement, cette méthode est loin d'être exemplaire.

Pour être valable, cette méthode exige que chaque grappe soit une population en miniature représentative de la population globale. Les grappes doivent être hétérogènes à l'intérieur et similaires entre elles. Dans le cas contraire, on obtient un **effet de grappe**. En effet, les habitants d'une même zone résidentielle présentent souvent un profil socio-démographique identique et particulier. Par contre, ils sont souvent différents d'un quartier à l'autre.

Il suffit de penser aux risques de son utilisation en sélectionnant des noms dans l'annuaire téléphonique. Que penser d'une page où on ne trouverait que des petits « De » ou des noms ne commençant que par « Van », etc.

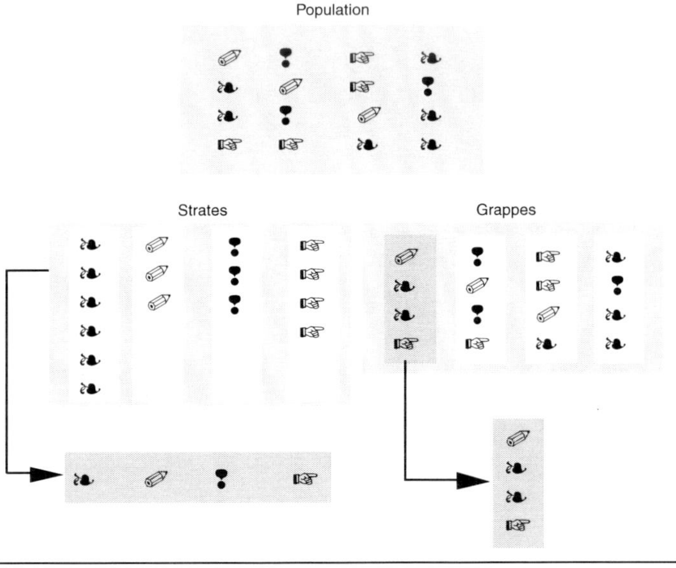

FIGURE 10.3 : *Comparaison entre un échantillonnage stratifié et un échantillonnage en grappes*

2. JAVEAU CL., *Op. cit.*, p. 57.

Lorsqu'on est libre de constituer les grappes (ce qui n'est généralement pas le cas), on s'inspire des principes suivants. Il est souhaitable

- que les grappes soient de taille aussi uniforme que possible, c'est-à-dire contiennent un nombre d'unités statistiques aussi constant que possible ;
- que les grappes ne soient pas trop importantes, de manière à pouvoir en observer un nombre suffisamment grand ;
- que chaque grappe soit, en ce qui concerne le caractère observé, aussi hétérogène que possible.

Un échantillon par grappes fournit, généralement, des estimations moins précises qu'un échantillon aléatoire de même taille.

Pour résoudre ces problèmes, on a souvent recours aux échantillons aléatoires stratifiés.

3.2.4 *Échantillon aléatoire à plusieurs degrés*

Le sondage aléatoire simple peut présenter deux inconvénients qui s'avèrent parfois lourds de conséquence :

- Il peut disperser suffisamment l'échantillon pour que le coût total dû à l'ensemble des déplacements soit prohibitif ;
- Il exige une base de sondage de tous les individus définissant la population.

Pour contourner ces deux difficultés, le chercheur peut utiliser la technique du sondage à plusieurs degrés. Le chercheur procède comme suit :

- *Il divise l'ensemble de la population de base en un certain nombre d'unités : les unités du premier degré ou unités primaires (par exemple, la population divisée en commune). Chacune de ces unités est constituée à son tour d'unités du second degré (chaque commune est constituée d'individus) ;*
- *Il tire au hasard un certain nombre d'unités primaires (premier degré du sondage) et dans chaque unité sélectionnée, il tire au hasard un certain nombre d'unités secondaires (second degré du sondage).*

Les interviews seront toutes localisées dans les unités primaires sélectionnées au premier tirage et non dans l'ensemble de la population. De plus, si l'analyste ne disposait pas à l'origine de la liste de l'univers déterminé, il suffira de l'élaborer pour les sous-ensembles désignés.

Il y a intérêt à découper l'ensemble en unités primaires de taille comparable, soit en regroupant certaines communes, soit en partageant les communes en secteurs statistiques.

Le sondage à plusieurs degrés perd sa raison d'être lorsque les enquêtes sont réalisées par téléphone ou par courrier.

Le tirage à plusieurs degrés, en contrepartie, est moins précis que le sondage aléatoire simple.

3.2.5 *Sondage aréolaire*

> *« C'est une variante de la méthode probabiliste. Le territoire de l'enquête est divisé en un certain nombre d'îlots, de petites aires obtenues par quadrillage d'une carte*[3] *».*

On ne dispose pas d'une base de listes, mais d'une base aréolaire, constituée par des aires géographiques bien délimitées et bien identifiées.

On tire au hasard un certain nombre de points de chute et on interroge tous les habitants de ce carré correspondant à la définition de la population étudiée (tous les propriétaires de X), suivant un itinéraire.

Le sondage aréolaire est donc un cas particulier du sondage en grappes où une grappe est constituée par l'ensemble des individus de l'aire.

Cette méthode est parfois **difficile à appliquer** :

- difficulté de *se procurer le matériel cartographique* adéquat ;
- tirage au sort d'*unités statistiques peu satisfaisantes ;*
- *itinéraire inadapté* dans de nombreuses situations ;
- *long travail* de préparation.

On lui attribue plusieurs **avantages** :

- l'aire est une *entité relativement stable* qui tient compte de l'évolution de la population qu'elle contient : nouveaux habitants, populations marginales ou instables ;

les *coûts* de déplacements sont *limités.*

4 ÉCHANTILLONS NON PROBABILISTES OU EMPIRIQUES

Lorsque le chargé d'études s'intéresse à la population de son enquête, il est possible qu'il ne puisse trouver de base de sondage reproduisant cette population ou qu'une telle base existe mais soit jugée de mauvaise qualité. Il arrive aussi qu'il renonce à l'utilisation de bases de bonne qualité pour des raisons d'ordre pratique :

- Elles ne sont pas accessibles pour des raisons de confidentialité ;
- Les conditions matérielles de réalisation de l'enquête (coûts ou délais) ne le permettent pas.

Le chargé d'études va utiliser des méthodes qui ne font plus appel au hasard. Il existe différentes méthodes d'échantillonnage non probabilistes ou empiriques.

4.1 Échantillon par choix raisonné

Cette méthode substitue au tirage au sort un choix raisonné. Elle est très répandue dans les études de marchés car elle permet, lorsque qu'on ne peut interroger qu'un échantillon restreint, d'obtenir des résultats intéressants.

3. Javeau Cl., *Op. cit.*, p. 58.

En effet, il vaut mieux, dans ce cas, ne choisir que les unités les plus représentatives de la population. C'est donc le jugement du chargé d'études qui sera déterminant dans le choix des unités à interroger.

Plusieurs méthodes sont utilisées.

4.1.1 *Méthode des quotas*

C'est en pratique la méthode la plus utilisée. Elle consiste à construire, par choix raisonné, un modèle réduit de la population totale, en tenant compte d'un nombre restreint de ses caractéristiques.

Cette méthode repose sur le postulat suivant : si l'échantillon reproduit fidèlement certaines caractéristiques de la population étudiée, il sera également représentatif pour d'autres caractéristiques non contrôlables mais qui sont l'objet même de l'enquête.

Concrètement, parmi les critères connus de la population visée (revenu, âge, sexe, catégorie socioprofessionnelle, etc.), le chargé d'études choisi 2 ou 3 critères appelés « caractères de contrôle ». Il constitue un échantillon présentant, pour chacune de ces caractéristiques retenues, les mêmes proportions que celles de l'univers étudié. Ainsi, si la population de base comprend 50 % d'hommes, l'échantillon devra comprendre lui aussi 50 % d'hommes.

La difficulté, dans cette méthode, est de déterminer avec exactitude les variables à retenir et de trouver, dans la population, les proportions exactes d'unités présentant ces caractéristiques. Il faut non seulement trouver celles exerçant l'influence la plus significative sur les phénomènes étudiés, mais il faut aussi que l'on dispose d'informations récentes sur la façon dont se répartit la population de référence en fonction de ces caractéristiques.

De plus, ces variables de contrôle doivent être facilement décelables par les enquêteurs qui recevront, pour réaliser leurs enquêtes, une « *feuille de quotas* » leur donnant la mission d'interroger autant d'hommes, de femmes, d'agriculteurs, d'employés, etc. Le respect de chaque quota est pris isolément.

Le sondage par quotas présente des **avantages** :

- Il n'exige *pas une énumération complète des unités de l'univers*, la tenue à jour de listes ;
- Les unités à relever étant choisies par les enquêteurs eux-mêmes, les *frais* d'exécution de l'enquête sont fortement *réduits* ;
- Si le *nombre d'unités à prélever est peu élevé* (moins de trente répondants), le sondage par choix raisonné donne des résultats plus précis que le sondage aléatoire. Parfois, c'est la seule méthode possible ;
- Par ailleurs, si la qualité des réponses données par des individus choisis par l'enquêteur sera sans doute plus complète, un *nombre élevé de refus* tendrait à *faire perdre ces avantages* par rapport à la méthode aléatoire.

Citons également quelques **inconvénients** du sondage par quotas :

- La méthode *ne permet pas le calcul des erreurs d'échantillonnage*. Seuls les sondages aléatoires le permettent. Il est donc impossible de calculer la marge d'erreur de l'étude ;

- Les résultats peuvent être entachés d'une *erreur systématique* introduite suite à une faute de jugement des enquêteurs (ces erreurs systématiques s'appellent « *biais de sélection* ») ;
- Les sondages par choix raisonné ont une *valeur* qui *dépend* à la fois de l'honnêteté scientifique *du chargé d'études* et de celle *des enquêteurs* ;
- La qualité des enquêtes par quotas repose, en effet, sur la *qualité du travail des enquêteurs*. S'ils sont libres d'interroger qui bon leur semble, à condition de respecter les quotas donnés, ils doivent cependant respecter quelques principes généraux :
  - ne pas choisir les individus de leur entourage ;
  - prendre un site d'enquêtes dont ils ne sont pas familiers.
- L'enquêteur est souvent tenté de se tourner vers des personnes sympathiques, avenantes ou connues de lui, ce qui risque *d'introduire un biais*. Deux couches sociales sont ainsi souvent sous-représentées dans les sondages par quotas : les classes sociales défavorisées et les plus aisées ;
- Bien que les méthodes par quotas soient faciles à mettre en œuvre, il subsiste une difficulté. La *réalisation des dernières enquêtes* pose parfois des problèmes insolubles. Ainsi, trouver un étudiant de plus de 60 ans ;
- Le *contrôle du travail des enquêteurs* est *difficile* à réaliser ;
- Le chargé d'études doit *disposer de statistiques récentes* et appropriées à la population étudiée.

Il s'agit de constituer un échantillon présentant pour chaque caractéristique les mêmes proportions que celles décelées dans l'univers.

	Univers	**%**	**Echantillon**
1er quota : le sexe			
Hommes	38 578	47	752
Femmes	44 181	53	848
2ème quota : l'âge			
15 à 35	31 637	38	608
36 à 50	18 800	23	368
+ de 50	32 322	39	624
3ème quota : la localité			
Namur	27 677	27	432
Ailleurs	74 672	73	1 168

FIGURE 10.4 : *Échantillon par quotas*

Le choix des enquêtes est ici laissé aux soins des enquêteurs qui doivent tenir compte des quotas qui leur sont renseignés.

Fiches de quotas (nombre d'interviews par quota et par enquêteur)								
	Sexe		Age			Localité		Total
	Hommes	Femmes	15 à 35	36 à 50	+ de 50	Namur	Ailleurs	
Enquêteurs 1 à 24	30	30	24	12	24	18	42	1 440
Enquêteurs 25 à 26	16	44	16	30	14	-	60	120
Enquêteur 27	-	40	-	20	20	-	40	40
Totaux	752	848	608	368	624	432	1 168	1 600
Explications : 752 = (30 x 24) + (16 x 2) 1 440 = 60 x 24 848 = (30 x 24) + (44 x 2) + 40		Chaque enquêteur fera 60 interviews, sauf le 27 ème qui n'en fera que 40.						

Bien entendu, il faut compter sur l'honnêteté intellectuelle des enquêteurs (qui sont par ailleurs contrôlés), car s'ils introduisent une erreur dans l'échantillon (indiquer qu'ils interrogent un homme alors qu'ils ont questionné une femme, par exemple), c'est beaucoup plus grave au niveau des conclusions, car chaque enquêté représente plusieurs centaines ou milliers de personnes de l'univers étudié.

SOURCE : LEGRAIN M., Op., Cit, pp.16-17.

FIGURE **10.4** : *Échantillon par quotas (suite)*

4.1.2 *Méthode des unités-types*

C'est la plus empirique des méthodes. Elle consiste à partager l'ensemble de la population en groupes homogènes et différents les uns des autres et à choisir dans chaque groupe un individu moyen c'est-à-dire une unité statistique représentative du groupe (« *unité-type* ») qui se situe dans la moyenne du groupe, eu égard à un certain nombre de caractères.

On postule dans ce cas que l'unité-type aura la même « *réaction* » à l'égard de la variable étudiée que la moyenne des unités du groupe dont elle est censée être représentative.

Le chargé d'études choisit par exemple un magasin témoin pour un test de prix.

Si cette méthode est peu coûteuse et permet d'étudier des sous-groupes de la population de taille relativement faible, elle présente plusieurs inconvénients :

- Cette méthode ne permet pas de calculer la taille de l'échantillon en fonction d'un risque d'erreur et ne permet donc pas de mesurer la validité des résultats ;
- Le choix des unités type est assez arbitraire et ne permet pas de généraliser les résultats obtenus par l'ensemble de la population.

4.1.3 *Échantillon de convenance*

Pour faciliter la recherche des personnes à interroger, on peut décider de les interroger là où il y a le plus de chances de trouver les unités directement concernées par le sujet de l'enquête.

Si un enquêteur doit interroger des acheteurs de matelas, il pourra se placer à la sortie des magasins de literie.

La sélection des individus est déterminée par la facilité d'accès, leur disponibilité et leur coopération. Soulignons toutefois que la validité des résultats ne peut être estimée de façon objective et que la généralisation des résultats est problématique.

Ainsi, un journaliste qui réalise un micro-trottoir à l'occasion d'une manifestation ou d'interviews réalisées dans une galerie commerçante pour répondre à un sondage d'opinion relèvent de cette catégorie.

Dans ces échantillons, même si l'on interroge des représentants de la population concernée, il n'en est pas moins vrai que ces interviews ne sont pas représentatives. En effet, on n'interroge pas nécessairement la population cible mais aussi des personnes qui ne sont pas concernées par l'étude.

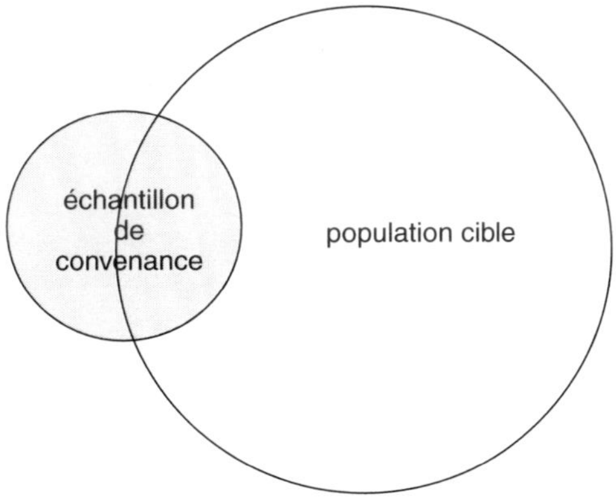

FIGURE 10.5 : *Danger de l'échantillon de convenance : interroger en dehors de la population cible*

4.1.4 *Échantillon en boules de neige*

« Cette méthode est assez peu couramment utilisée. On part d'un échantillon restreint de personnes. À chacune de ces personnes, on adjoint une personne avec laquelle la première se déclare en contact. On agit de la même manière jusqu'à ce que l'échantillon soit complet[4] ».

L'utilisation de cette méthode particulièrement économique n'est guère souhaitable car le risque d'introduire des biais liés à la sélection des répondants

4. JAVEAU CL., *Op. cit.*, p. 60-61.

est réel. L'échantillon est, en effet, construit à partir des relations qui existent entre des individus.

4.1.5 *Échantillon de volontaires*

Il s'agit d'enquêtes réalisées auprès des lecteurs d'un journal ou de téléspectateurs acceptant sur base volontaire de répondre par téléphone ou par télématique à une ou plusieurs questions posées au cours d'une émission.

À proprement parler, il ne s'agit pas d'un sondage par échantillon représentatif. C'est pourquoi les résultats de tels « *sondages* » doivent être interprétés avec beaucoup de précautions et ne doivent en aucun cas être inférés à la population dans son ensemble. On peut penser que ceux qui répondent sont ceux qui ont des choses à dire, avec peut-être une sur-représentativité des mécontents.

4.1.6 *Échantillon de jugement*

Ce type d'échantillon se veut représentatif dans la mesure où le chercheur va interroger les individus les plus susceptibles d'éclairer et d'apporter une information pertinente sur le problème à résoudre.

Il interrogera ainsi des experts, des observateurs qualifiés, des représentants de la cible.

> *Lors d'une étude sur les soins à domicile pour les seniors, on interrogera des infirmières, des aides-soignantes, des gérontologues, des médecins, des assistants sociaux, etc.*

Le chercheur réalise la sélection des répondants. Généralement, ce type d'échantillon est réservé à des applications spécifiques, notamment en marketing industriel.

La méthode DELPHI, développée en 1950 par Dalkey et Helmer de Rand Corporation, est souvent utilisée en business to business pour

- Évaluer les conséquences d'un changement majeur.
- Prédire le rendement d'une nouvelle technologie.
- Identifier les tendances technologiques, économiques, sociales, etc.
- Évaluer les besoins de formation et de perfectionnement.
- Saisir les réalités d'une entreprise, d'une société.
- Observer les enjeux économiques résultant de phénomènes majeurs : mondialisation des marchés, etc.

Cette méthode permet

- La mise en évidence des opinions existantes dans toute leur diversité
- La connaissance approfondie des arguments justifiant ces différentes opinions
- L'évaluation des impacts et conséquences d'un point de vue particulier
- L'identification et l'évaluation de l'acceptabilité des différentes opinions
- L'inventaire des différentes mesures politiques existant pour répondre à une question donnée

LA MÉTHODE DELPHI EN PRATIQUE

La méthode repose sur un échantillon de jugement au sein duquel les participants sont sélectionnés en fonction d'un certain nombre de caractéristiques : connaissance de la problématique étudiée, haut niveau d'objectivité, disponibilité, motivation à participer. La composition de l'échantillon peut varier entre 30 et 100 experts.

Elle s'organise autour de l'interrogation répétée d'experts. Lors du premier tour, chaque participant donne son avis sur un problème complexe en répondant à une série de questions. De cette manière le sujet peut être approfondi et les questions les plus problématiques peuvent apparaître. Au cours de la phase suivante les experts sont confrontés à la vision des autres experts et peuvent modifier ou préciser leur avis à la lumière de ces commentaires. Par exemple, ils trouvent les propositions des autres adéquates, non réalistes,... Lorsque des différences fondamentales se manifestent une troisième phase peut être organisée pour mieux comprendre et discuter les arguments sous-jacents. Cette étape peut être répétée aussi longtemps que nécessaire jusqu'à trouver un consensus. Mais l'enquête peut s'arrêter avant et conclure par la mise en évidence et l'explicitation des différences existantes.

Les questions soumises aux participants sont formulées sous forme ouverte et créative. Les experts sont invités à répondre lors d'un premier round de questions en se positionnant sur une échelle d'attitude et en justifiant leur jugement. Au cours de cette première phase, les opinions des participants sont collectées à l'aide de propositions à évaluer en leur attribuant une cote de 1 à 5 ; 1 signifie que l'on n'est pas du tout d'accord, 5 signifie que l'on est tout à fait d'accord. Chaque participant a également la possibilité d'accompagner sa réponse d'un commentaire.

Lors d'un second tour, le questionnaire est ensuite renvoyé accompagné des résultats de la première phase. Chaque expert a ainsi la possibilité de confirmer ou de modifier son point de vue.

Ces questionnaires sont analysés de manière à mettre en évidence d'une part les propositions pour lesquelles il existe un accord, positif ou négatif, et d'autre part les propositions pour lesquelles il existe une tension entre les opinions des différents participants. Les résultats sont ensuite traités en tenant compte des équilibres entre les différents profils constitutifs de la thématique d'enquête.

À toutes les étapes de l'enquête, l'anonymat a été garanti aux participants. Les énoncés faisant l'objet d'un consensus sont analysés et regroupés en catégories. Il s'ensuit la rédaction d'un rapport comprenant une synthèse de la situation et des recommandations portant sur la problématique à l'étude.

Veuillez évaluer les propositions reprises ci-dessous en leur attribuant une cote de 1 à 5 ; 1 signifie que l'on est pas du tout d'accord, 5 signifie que l'on est tout à fait d'accord. Veuillez mettre en gras le chiffre correspondant à votre réponse.

Si vous n'avez pas d'opinion, choisissez la case PO (PO = Pas d'opinion).

Si vous ne vous sentez pas compétent pour évaluer la proposition, choisissez la case PC (PC = pas compétent).

Vous avez également la possibilité d'accompagner votre réponse d'un commentaire.

Les résultats sont présentés question par question, puis une synthèse tente de classer les propositions selon qu'elles sont objets d'accord ou de tension.

Pour chaque question, les réponses sont présentées sous forme de graphique et d'un commentaire.

Dans ces graphiques, les opinions sont présentées par groupe. Quel que soient le nombre de participants par groupe, les opinons sont reprises sur une échelle.

1	La publicité est nécessaire dans un contexte de marché globalisé au sein duquel jouent de fortes concurrences.	1	2	3	4	5	PO	PC
Commentaire :								
2	La publicité permet d'informer les consommateurs.	1	2	3	4	5	PO	PC
Commentaire :								
3	Souvent, la publicité exagère les qualités intrinsèques des produits.	1	2	3	4	5	PO	PC
Commentaire :								
4	La publicité influence de manière déterminante les choix des consommateurs.	1	2	3	4	5	PO	PC
Commentaire :								
5	La publicité n'est qu'un élément parmi d'autres qui influencent les choix des consommateurs.	1	2	3	4	5	PO	PC
Commentaire :								

Figure 10.6 : *Questionnaire Delphi*

Les commentaires apportés en complément des questions ont été synthétisés. Dans un soucis d'objectivité et parce que l'exercice de la synthèse amène à faire certains raccourcis, l'ensemble des commentaires sont donnés en annexe.

Exemple : La publicité est nécessaire dans un contexte de marché globalisé au sein duquel jouent de fortes concurrences.

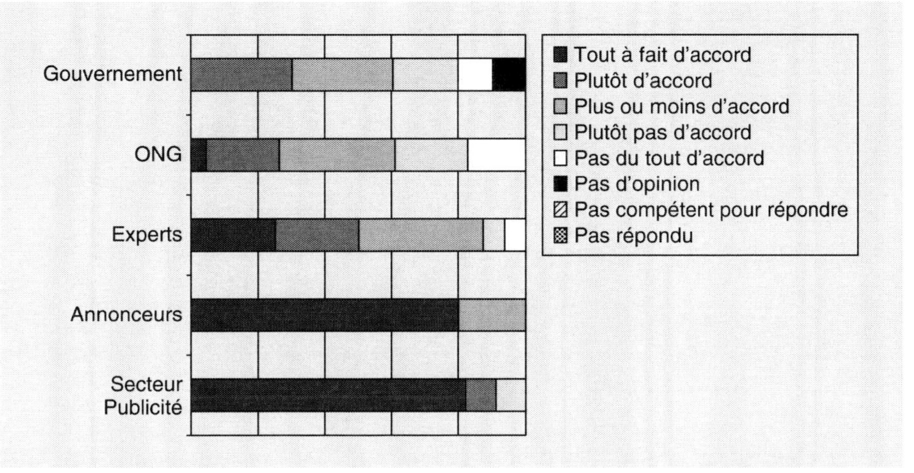

La méthode DELPHI s'organise selon différentes étapes décrites dans la figure ci-dessous. La sélection des participants et la formulation des questions constituent deux éléments essentiels au succès de la méthode. L'analyste doit y accorder toute l'attention nécessaire.

SOURCE : *MVCONSULT*

FIGURE 10.7 : *Étapes d'une méthode DELPHI*

4.2 Échantillon pseudo-aléatoire

Il s'agit de méthodes qui sans être des méthodes probabilistes s'en rapprochent le plus. À mi-chemin entre les méthodes probabilistes et par choix raisonné, elles apparaissent comme un compromis en essayant de « *gommer* » les inconvénients de chacune d'elle.

4.2.1 *Méthode des itinéraires ou Random Route*

Cette méthode consiste à imposer à l'enquêteur un itinéraire en lui indiquant exactement les points du circuit où il doit réaliser une entrevue.

L'identification de ces points d'enquête résulte de la combinaison de tirage au hasard sous forme de coordonnées géographiques et de la consultation d'une carte détaillée.

L'enquêteur reçoit une carte qui mentionne le nom de la commune où les enquêtes auront lieu, l'adresse (rue et numéro) à laquelle la première enquête doit être effectuée, ainsi qu'un guide lui interdisant de se laisser influencer par des éléments extérieurs dans le choix des personnes à interroger.

L'enquêteur poursuivra son chemin en suivant le plan, en ayant soin de respecter les consignes qui lui auront été données :

- Quelle sonnette utiliser dans les immeubles ?
- Que faire en cas d'absence ?
- Quelle personne interroger dans le ménage ?

Pour les immeubles collectifs, cette identification est réalisée par la désignation, en principe aléatoire, de l'étage et de la porte sur le palier.

Une différence importante par rapport à la méthode des quotas est qu'on ne détermine pas à l'avance la répartition des personnes à interroger sur des critères socio-démographiques. Au contraire, on se limite à constater, a posteriori, cette répartition dans un échantillon constitué.

Cette méthode a l'avantage de laisser peu d'initiative aux enquêteurs. De plus, le chargé d'études ne doit posséder aucune donnée statistique sur la population étudiée.

Par contre, il doit avoir des connaissances géographiques des lieux de l'enquête pour définir valablement un itinéraire. Si aucun calcul d'erreur n'est possible, comme dans la méthode des quotas, le coût en est plus élevé, en raison d'une dispersion plus grande des interviews.

Cette méthode est celle qui se rapproche le plus des conditions d'un tirage aléatoire avec la méthode de l'interview programmée in situ.

4.2.2 *Méthode de l'interview programmée in situ*

Cette méthode consiste à introduire dans le recrutement des interviewés, un caractère aléatoire.

Elle s'organise en **deux étapes**.

Au départ, le chargé d'études va sélectionner des points de chute, éventuellement de manière aléatoire, comme dans le cas de l'échantillon aléatoire à plusieurs degrés.

Lors de l'enquête proprement dite, sur le lieu d'entrevue, l'enquêteur va « *sélectionner* » de manière aléatoire ses répondants. Concrètement, il va tracer sur le sol une ligne fictive sur le passage de répondants (dans la rue, dans le sas d'entrée d'un magasin, etc.) et, chaque fois que la trotteuse de sa montre indiquera le chiffre 12 — à intervalle régulier —, il interrogera la première personne qui se présentera devant lui.

Cette méthode laisse peu de place à la subjectivité de l'enquêteur et permet de réaliser des interviews dans des endroits spécifiques (point de vente, lieu de distribution, lieu de consommation du produit, show-room, etc.) de manière proche de la méthode aléatoire. Elle méthode peut se combiner, si nécessaire, avec des strates.

5 CHOIX D'UNE MÉTHODE D'ÉCHANTILLONNAGE

Il serait faux de dire que toutes les méthodes d'échantillonnage se valent. Si la méthode des quotas permet la constitution rapide et bon marché d'un échantillon, elle offre moins de garanties de fidélité que la méthode aléatoire.

L'échantillon aléatoire est la seule méthode qui permette d'obtenir des estimations quantitatives non biaisées et d'estimer les erreurs d'échantillonnage. Son efficacité ne dépend pas de la disponibilité d'informations détaillées sur la population de référence, puisque l'on n'a besoin que d'identifier les éléments de l'univers de référence et de connaître le nombre des dits éléments.

Cette méthode exige de la rigueur et une certaine expérience pour la pratiquer. Parfois, elle paraît fastidieuse car elle demande des travaux de préparation importants. L'utilisation de logiciels statistiques permet de réduire considérablement ces délais. Les coûts de réalisation de l'enquête sont élevés car la désignation d'unités très dispersées entraîne parfois des dépenses importantes par rapport aux buts visés.

Toutefois, la méthode aléatoire n'est envisageable qu'en présence d'une base de sondage. Pour résoudre ce problème, on a parfois recours aux échantillons pseudo-aléatoires. Il s'agit de simuler une procédure de recrutement proche du hasard.

Dans la mesure où l'on peut soupçonner que la population à interroger n'est pas homogène en fonction des hypothèses de l'enquête, il convient de stratifier l'échantillon. Les strates seront définies en fonction de l'objet de l'enquête. Ainsi, des strates constituées pour une enquête sur les habitudes d'achat de cosmétiques ne peuvent être utilisées pour un sondage politique.

De manière à limiter la taille d'échantillon, il est recommandé d'**utiliser une stratification non proportionnelle** et de redresser par la suite l'échantillon.

Si l'étendue du territoire le justifie, il est parfois conseillé d'utiliser la méthode des grappes ou aréolaire sous réserve des remarques faites précédemment à ce sujet (erreur de grappe).

La validité de l'enquête est à ce prix.

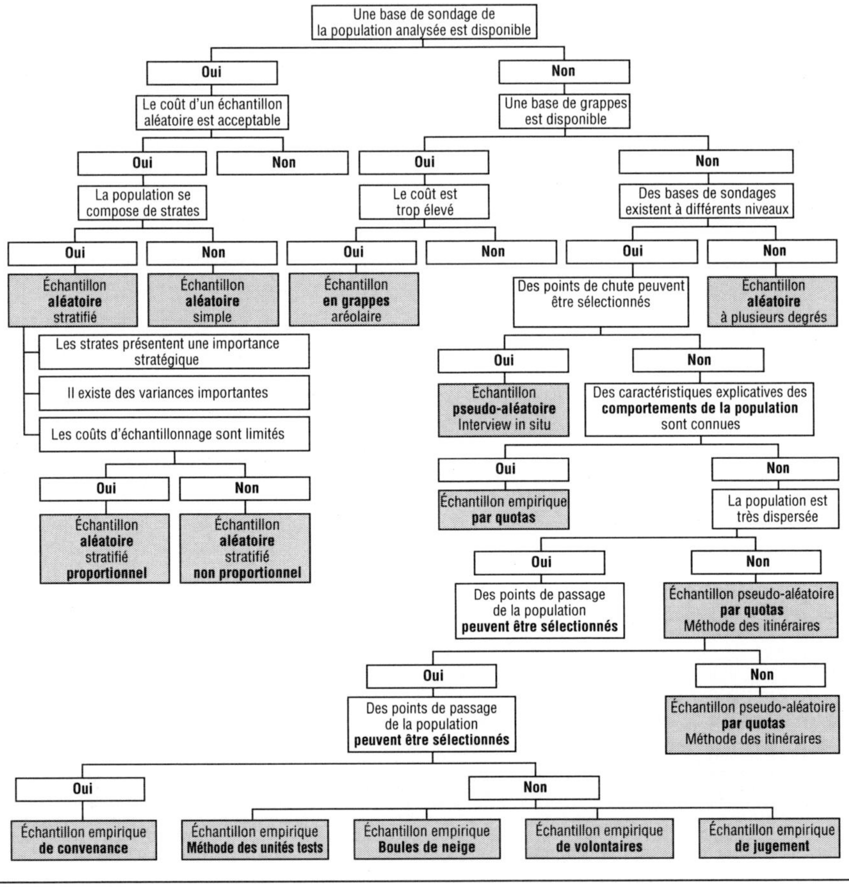

FIGURE 10.8 : *Choix d'une méthode d'échantillonnage*

6 TAILLE DE L'ÉCHANTILLON

Combien des personnes doit-on interroger pour que l'échantillon soit représentatif de la population étudiée ? Telle est la **question fondamentale** que l'analyste doit se poser.

6.1 Facteurs d'influence

Contrairement à une croyance répandue, le taux de sondage, c'est-à-dire le rapport n/N de la taille de l'échantillon sur la taille de la population totale n'est pas une donnée utile. Par contre, la taille de l'échantillon (le nombre de personnes interrogées) est déterminante.

Celle-ci **dépend** :

- du degré de précision recherchée ;
- du degré d'homogénéité de la population étudiée ;
- du nombre de croisements souhaités ;
- des contraintes internes de réalisation.

Pour calculer la taille de l'échantillon nécessaire, le chargé d'études utilise **deux notions statistiques**.

L'intervalle de confiance

Compte tenu du fait que l'échantillon ne représente qu'une partie de l'univers, la réponse obtenue n'est pas nécessairement la réponse que l'on obtiendrait pour la population prise dans son ensemble.

Comme l'étude n'interroge pas toutes les personnes concernées, un manque de précision existe. La réponse que le chargé d'études obtiendrait s'il interrogeait toute la population va se situer dans une fourchette par rapport à la réponse obtenue lors de l'enquête.

L'intervalle de confiance (appelée aussi fourchette) correspond à la marge d'erreur que le chargé d'études accepte sur la proportion mesurée.

Si l'étendue de celle-ci est de 4 %, cela signifie que l'analyste accepte que le résultat sur la population soit égal au pourcentage de l'échantillon ± 2 %.

Le seuil de probabilité

C'est le degré de confiance que le chargé d'études peut accorder à la mesure souhaitée. En recherche marketing, le seuil généralement admis est de 95 %.

La taille ne sera pas la même si le chargé d'études désire un seuil de probabilité de 95 % pour un intervalle de confiance, (c'est-à-dire une erreur acceptée) de 2 %, que s'il ramène le seuil de probabilité à 90 % ou l'intervalle de confiance à 3 %.

Plus le chargé d'études sera exigeant quant à la précision des résultats, plus il faudra interroger de personnes.

Degré d'homogénéité de la population étudiée

Moins la population sera homogène, plus la taille de l'échantillon devra être proportionnellement importante.

Si le chargé d'études dispose d'un ordre de grandeur de la proportion à mesurer (il connaît par exemple le taux de lecture de tel quotidien dans la population : 30 %), il déterminera la proportion observée (p) et la proportion complémentaire (1 – p).

Par contre, si le chargé d'études ne possède aucune estimation de la proportion à mesurer, il doit alors se placer dans la situation la plus défavorable qui est celle d'une population partagée (50 % lit, 50 % ne lit pas le quotidien). Dans ce cas, p sera estimé par 50 %.

Nombre de croisements

Le chargé d'études doit anticiper la structure des principaux tableaux qu'il attend de l'étude. Il est en effet primordial de disposer d'un nombre minimal d'interviews dans chaque case des tableaux croisés.

Le nombre de sous-groupes souhaités ou à prendre en considération dans l'analyse aura donc une influence sur la taille de l'échantillon. Plus les croisements seront nombreux, plus la taille de l'échantillon sera importante.

Taille de la population

Il n'y a pas lieu, par contre, d'établir de relations entre la taille de l'échantillon et la taille de la population à étudier. Cette dernière n'**intervient pas dans le calcul de l'intervalle de confiance**.

Ainsi, pour une population de 10 millions d'habitants ou d'un million d'habitants, si on interroge 400 personnes, la marge d'erreur sera identique.

Par contre, lorsque la taille de l'échantillon dépasse d'un cinquième la taille de la population, il convient d'intégrer dans le calcul un facteur d'exhaustivité égal à $\sqrt{\frac{(N-n)}{(N-1)}}$ où N désigne la taille de la population et *n* la taille de l'échantillon.

Contraintes internes à l'enquête

Pour être complet, il convient d'ajouter que le coût du terrain ainsi que les délais disponibles influencent aussi considérablement la taille de l'échantillon. Un budget limité et des délais trop courts sont préjudiciables à la qualité de l'enquête.

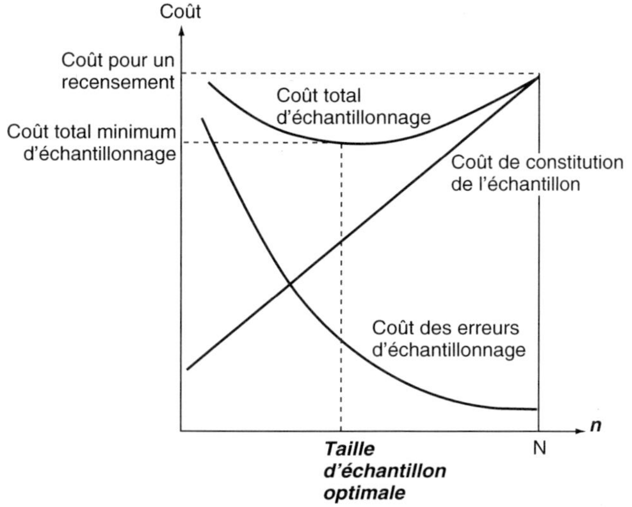

SOURCE : GIANNELLOLI JL. et VERNETTE E., *Op. cit.*, p. 170.

FIGURE 10.9 : *Taille optimale d'un échantillon*

6.2 Calcul de la taille de l'échantillon

Les formules varient en fonction à la fois des objectifs poursuivis par l'enquête, de l'erreur probabiliste maximale que le chercheur est prêt à accepter et de la méthode d'échantillonnage retenue. Nous présentons ci-dessous les formules les plus utilisées.

6.2.1 *Taille d'un échantillon aléatoire simple*

Dans le cas d'un échantillon aléatoire simple, la taille de l'échantillon peut se calculer en fonction de la marge d'erreur acceptée par le chercheur.

6.2.1.1 Calcul dans le cas d'une proportion

La détermination de la taille de l'échantillon, lorsque le paramètre à estimer est une proportion, vaut :

$$n = \frac{(1{,}96)^2 \times (p) \times (1-p)}{(e)^2}$$

n = nombre de personnes à interroger
p = proportion attendue de réponses
e = erreur maximale acceptable

Si l'on n'a pas d'idée a priori de la proportion *p*, une procédure conservatrice consiste à prendre le plus grand produit *p* (1 – *p*) possible. Il suffit de choisir dans ce cas une valeur de *p* = 0,50.

Tableau 10.3 : *Combien faut-il interroger de personnes ou comment déterminer la taille d'un échantillon aléatoire ?*

Première approche : *en fonction des objectifs de l'enquête*

Imaginons une enquête consacrée aux produits de beauté. Le chercheur envisage d'interroger des hommes et des femmes. Parmi les répondants, il veut obtenir des réponses significatives par classes d'âge, les 18-30 ans, les 31-50 ans et les plus de 50 ans.
Il dresse de la sorte un tableau à double entrée. La variable « sexe » (2 modalités) va croiser la variable « classes d'âge » (3 modalités).
Au total, il obtient 6 cellules (2 x 3).
Pour des raisons statistiques, s'il veut obtenir des résultats fiables, il doit au moins interroger 30 personnes par cellule. Dans ce cas, il interrogera 30 personnes x 6 cellules = 180 personnes au minimum dont 90 femmes et 90 hommes. Cette façon de procéder lui garantira une représentativité suffisante par cellule.

Première approche

Classes d'âge	Femmes	Hommes
18-30 ans	30	30
31-50 ans	30	30
> 50 ans	30	30
Total	90	90

Deuxième approche : *en fonction de la marge d'erreur acceptée*

Toujours soucieux d'établir un échantillon de qualité, le chercheur va estimer que l'erreur maximale acceptable est de 4 %.
Ensuite, il va calculer grâce à la formule présentée ci-dessus, la taille de l'échantillon nécessaire pour atteindre une erreur maximale de 4 %. Comme notre chercheur ne connaît pas la proportion attendue de réponses, il utilisera une méthode conservatoire en prenant le pourcentage qui délimite une marge d'erreur maximale (50 %).

$$n = \frac{(1{,}96)^2 \times (,5) \times (1-,5)}{(,04)^2}$$

Dans ce cas, il doit interroger 600 personnes. Il reprendra donc le tableau initial et répartira les personnes de la manière suivante :

Deuxième approche

Classes d'âge	Femmes	Hommes
18-30 ans	100	100
31-50 ans	100	100
> 50 ans	100	100
Total	300	300

TABLEAU 10.3 : *Combien faut-il interroger de personnes ou comment déterminer la taille d'un échantillon aléatoire ? (suite)*

Deux remarques s'imposent. *La première, il est utile de constater que la taille de la population n'influence pas la taille de l'échantillon.* *La seconde, c'est que quand le chercheur possède des informations préalables — suite, par exemple, à une enquête antérieure —, sur la population ou lors de la réalisation d'un pré-test, il connaît parfois le résultat à certaines questions et les fréquences auxquelles ces résultats sont apparus. Dans ce cas, il n'est pas utile d'utiliser la fréquence relative de 50 % mais, pour des raisons d'économie, d'utiliser la fréquence obtenue antérieurement pour déterminer la taille de l'échantillon.*

6.2.1.2 Calcul dans le cas d'une moyenne

Au lieu de chercher à évaluer une proportion, par exemple « combien de fumeurs fument deux paquets de cigarettes par jour », l'étude peut avoir pour objectif de calculer la moyenne du nombre de paquets utilisés par jour et par consommateur.

Il est évident que la taille de l'échantillon va dépendre de l'homogénéité de la consommation. Elle peut être mesurée par l'écart-type.

La détermination de la taille de l'échantillon, lorsque le paramètre à estimer est une moyenne, vaut :

$$n = \left[\frac{1,96s}{e}\right]^2$$

n = nombre de personnes à interroger
s = écart-type de l'échantillon ou, mieux, de la population si celui-ci est connu.
e = erreur maximale acceptable

Un problème difficile se pose en pratique dans l'application de cette formule étant donné que, le plus souvent on ne dispose pas d'une estimation de l'écart-type de la population. Trois solutions peuvent être envisagées à ce problème[5].

On dispose des résultats d'une **étude similaire** *effectuée dans le passé et l'on utilise l'écart-type observé à l'époque ;*

On a la possibilité d'organiser un **pré-test** *ou une étude pilote sur une trentaine d'individus de la population cible et d'estimer l'écart-type sur cette base ;*

Si les valeurs extrêmes de la variable étudiée (maximum et minimum) sont connues dans la population et si la règle de l'approximation normale est acceptable, l'écart-type peut être estimé de la manière suivante,

$$s = \frac{valeur\ maximum - valeur\ minimum}{6}$$

5. LAMBIN J., *Op. cit.*, p. 205.

6.2.2 *Taille d'un échantillon aléatoire stratifié*

Dans le cas d'un échantillon aléatoire stratifié, la formule suivante est d'application pour calculer la taille de l'échantillon dans le cas d'une proportion :

$$n = \frac{\sum_{i=1}^{l} N_i^2 \frac{p_i q_i}{w_i}}{N^2 D + \sum_{i=1}^{l} N_i p_i q_i}$$

n = nombre de personnes à interroger (pour l'ensemble de l'échantillon)
p_i = proportion attendue de réponses sur la strate i
w_i = poids de la strate i
N_i = taille de la population de la strate i
N = taille de la population

$$D = \frac{(\text{erreur maximale acceptable})^2}{(\text{intervalle de confiance})^2}$$

Tableau 10.4 : *Calcul de la taille d'un échantillon aléatoire stratifié*

L'entreprise CASTOU commercialise son fameux jouet « LE CASTOU », un hélicoptère miniature qui peut se transformer en sous-marin de poche ou en baignoire escamotable. L'entreprise décide de faire une étude de marchés pour mesurer la satisfaction de ses clients. Les analyses internes antérieures de l'entreprise montrent que

- 25 % des consommateurs de 6 à 7 ans consomment le produit ;
- 80 % des consommateurs de 8 à 9 ans consomment le produit ;
- 45 % des consommateurs de 10 à 11 ans consomment le produit.

Parmi les clients de l'entreprise (10.000 clients), 50 % sont âgés de 6 à 7 ans, 30 % de 8 à 9 ans et 20 % de 10 à 11 ans.
L'entreprise envisage de mener une enquête parmi ces différentes catégories. Elle estime que l'erreur maximale ne peut dépasser 5 % et veut avoir une certitude à 90 %.
Elle adresse alors le tableau ci-dessous.

	Âge	N_i	w_i	p_i	q_i
Strate 1	6 à 7 ans	5.000	,50	,25	,75
Strate 2	8 à 9 ans	3.000	,30	,80	,20
Strate 3	10 à 11 ans	2.000	,20	,45	,55
Total		10.000	1,00		

Le seuil de signification pour une certitude à 90 %, dans un test symétrique à deux issues est une constante extraite de la loi normale centrée réduite qui vaut 1,64. En appliquant la formule, il obtient les résultats suivants :

Tableau 10.4 : *Calcul de la taille d'un échantillon aléatoire stratifié (suite)*

$$\sum_{i=1}^{l} N_i^2 \frac{p_i q_i}{w_i} = \frac{(5000)^2(,25)(,75)}{(,5)} + \frac{(3000)^2(,80)(,20)}{(,3)} + \frac{(2000)^2(,45)(,55)}{(,2)}$$

$$= 9375000 + 4800000 + 4950000 = 19125000$$

$$N^2 D = \frac{N^2 B^2}{(1,64)^2} = \frac{(10000)^2(0,05)^2}{(1,64)^2} = \frac{250000}{2,6896} = 92950,62463$$

$$\sum_{i=1}^{l} N_i p_i q_i = (5000)(,25)(,75) + (3000)(,8)(,2) + (2000)(,45)(,55)$$

$$= 937,5 + 480 + 495 = 1912,5$$

$$n = \frac{19125000}{92950,62463 + 1912,5} = 201,6062624$$

En conclusion, le nombre total de personnes à interroger est de 202 personnes. Toutefois, comme la taille de la population est finie et égale à 10.000, il convient de pondérer le résultat obtenu par le facteur d'exhaustivité.

$$n = (201,6062624)\left(\sqrt{\frac{N-n}{N-1}}\right) = (201,6062624)\left(\sqrt{\frac{10000 - 201,6062624}{9999}}\right)$$

$$= 199,5736396 = \pm\, 200\ personnes$$

En conclusion, il suffit d'interroger 200 personnes. Le nombre d'interviews par strate se répartit comme suit :

$$n_i = n \frac{Ni\sqrt{p_i p_i}}{\sum_{k=1}^{k} N_k \sqrt{p_k q_k}}$$

$$n_1 = 199,5736396\ \frac{2165,063509}{4360,050947} = 99\ personnes$$

$$n_1 = 199,5736396\ \frac{1200}{4360,050947} = 55\ personnes$$

$$n_1 = 199,5736396\ \frac{994,9874371}{4360,050947} = 46\ personnes$$

Soit :

- *99 personnes de 6 à 7 ans ;*
- *55 personnes de 8 à 9 ans ;*
- *46 personnes de 10 à 11 ans.*

6.2.3 *Taille d'un échantillon en fonction du budget disponible*

Certains chargés d'études calculent la taille de l'échantillon en fonction du budget disponible.

Deux méthodes sont actuellement utilisées. La première consiste à raisonner en coûts totaux de revient par questionnaire.

La seconde distingue les coûts fixes de l'étude et les coûts variables (directs) unitaires par questionnaire.

La première est surtout utilisée lorsque l'enquête est confiée à une société de sondages ou à un consultant indépendant.

Le chargé d'études détermine le prix par questionnaire administré. Il divise le budget que son sous-traitant accepte de consacrer à un sondage par le coût total au questionnaire.

$$n = \frac{\textit{Budget réservé à l'étude}}{\textit{Coût d'un questionnaire}}$$

La seconde méthode permet de calculer la taille d'un échantillon réalisé directement par l'entreprise et éclate le budget total en coûts fixes, sensiblement identiques quelle que soit la taille de l'échantillon (frais de recherche, participation aux frais généraux, rémunération du chargé d'études, coûts du traitement informatique et du rapport, etc.) et en coûts variables.

$$n = \frac{\textit{Budget réservé à l'étude} - \textit{Coûts fixes}}{\textit{Coûts direct par questionnaire}}$$

Ces deux méthodes ne peuvent **être utilisées qu'en complément aux méthodes statistiques** et ne les remplacent en aucune manière. En effet, limiter la taille d'échantillon aux seules contraintes budgétaires peut créer des biais non négligeables. Ces derniers risquent d'induire des conclusions erronées qui mèneront à la définition d'une stratégie apocryphe.

7 PLAN DE SONDAGE

Le plan de sondage est en fait la mise en pratique de l'échantillonnage. Il est la description de toutes les opérations que le chargé d'études doit effectuer pour désigner les personnes à interroger ou les unités à observer (des magasins, par exemple). Il comporte d'habitude deux parties :

- la désignation des lieux d'enquête ;
- la désignation des personnes à interroger ou des objets à observer.

Il se présente différemment suivant la méthode de sélection de l'échantillon retenue : sur adresses ou sans adresse.

7.1 Plan de sondage d'un échantillon sur adresses

L'échantillon sur adresses suppose que le chargé d'études dispose du fichier ou du listing des adresses de chaque unité composant la population. L'enquêteur, après tirage au sort de l'échantillon, reçoit une liste de personnes précises à interroger. Ces personnes, et elles seules, feront l'objet de l'enquête.

Ainsi, dans le cas d'un échantillon statistique sur adresses, le **plan de sondage comporte** :

- la *stratification au niveau géographique*, qui conduit au tableau de répartition de la population et de l'échantillon par strate ;
- par strate, le *tirage au hasard des localités* ou communes ;
- par commune, le *tirage des adresses*.

Tout plan de sondage doit **prévoir** :

- les *adresses prioritaires* ;
- des *adresses réserves* tirées en même temps que les autres.

La désignation des réserves se fait systématiquement. Ces adresses réserves ne sont pas mises immédiatement à la disposition des enquêteurs, mais au fur et à mesure de leurs besoins, des refus ou des absences. Une surabondance d'adresses pourrait être source de négligence.

Par précaution, le chargé d'études ira jusqu'à tirer deux fois ou trois fois plus d'adresses que la taille de l'échantillon l'exigerait.

Un échantillonnage sur adresse demande un temps de préparation très long. Toutes les unités doivent être nominativement désignées.

7.2 Plan de sondage d'un échantillon sans adresse

Lorsque l'enquête ne se réalise pas sur adresses, le travail préliminaire est limité au choix des lieux d'enquêtes et à la détermination des consignes de recherche des personnes à interroger ou des objets à observer. Des consignes strictes doivent être données à l'enquêteur qui devra les respecter.

Dans le cas d'un échantillon par quotas, le plan de sondage comportera la feuille de quotas à respecter. Dans le cas d'un échantillon par *Random Route*, le plan de sondage décrit le tirage des points de départ qui servent, selon les règles, au choix de l'individu à interroger.

Échantillon sur adresses

COMMUNE **NAMUR**	1ère visite - date - heure - rapport	2ème visite - date - heure - rapport	3ème visite - date - heure - rapport
NOM **DUPONT** RUE **de la Gare** N° **10**	29.02.2005 14 H. Int. 08		
NOM **RENAUD** RUE **Place de l'Évêché** N° **7**	29.02.2005 15 H. Absent	01.03.2005 9 H. Absent	
NOM **DURAND** RUE **du Casino** N° **3**	01.03.2005 11 H. Absent	02.03.2005 19 H. Int. 09	
NOM **DUPONT** RUE **de la Boule** N° **59**	01.03.2005 14 H. Pas de femmes		
NOM .... RUE .... N°			

Échantillon sans adresse

Enquêteur **DUPONT Jocelyne**		Lieu d'enquête **LILLE**	Référence étude **S193**
Critères	Répartitions Interviews		
Total interviews	..*16*..	~~1~~ ~~2~~ ~~3~~ ~~4~~ 5 6 7 8 9 10 11 12 13 14 15 16 17 18	
Sexe : - Hommes - Femmes	 ...*8*... ...*8*...	 ~~1~~ 2 3 4 5 6 7 8 9 10 11 12 ~~1~~ ~~2~~ 3 4 5 6 7 8 9 10 11 12	
Age : - 18 à 34 ans - 35 à 44 ans - 45 à 64 ans - 65 ans et plus	 ...*3*... ...*4*... ...*5*... ...*4*...	 ~~1~~ 2 3 4 5 6 7 8 9 10 11 12 1 2 3 4 5 6 7 8 9 10 11 12 ~~1~~ ~~2~~ ~~3~~ 4 5 6 7 8 9 10 11 12 1 2 3 4 5 6 7 8 9 10 11 12	

Remarques :
- Sur cette feuille, l'enquêteur a réalisé quatre interviews sur les 16 à effectuer dans l'agglomération.
- La première personne interrogée était un homme, de 60 ans, retraité
- La deuxième était une femme, de 30 ans, employée, etc.
- A ce stade, un déficit apparaît par rapport aux quotas sur certaines catégories (par ex. C.S.P. aisées). L'enquêteur aura à les compenser par la suite.

SOURCE : DELBES R. et TEYSSONNIERE de GRAMMONT E., Op. cit., p. C16.

FIGURE 10.10 : *Plan de sondage (extrait)*

QUESTIONS

1. Pour chaque type d'échantillon aléatoire, précisez les conditions de tirage qui garantissent le caractère aléatoire.
2. Pourquoi l'échantillon par quotas ne peut-il être considéré comme un échantillon aléatoire ?
3. Décrivez les types d'échantillon aléatoire et empirique existant. À chaque fois, précisez l'univers d'enquête et les modalités de constitution. Donnez un exemple.
4. Quels sont les éléments à prendre en compte pour définir la taille d'un échantillon ?
5. Une étude veut déterminer la consommation moyenne d'une boisson gazeuse à un demi-litre près, auprès d'un échantillon aléatoire de ménagères avec une certitude de 95 %. Sachant que la même enquête a déjà été réalisée dans un pays limitrophe et qu'un écart-type de 0,75 litre avait été mesuré, quelle devrait être la taille de la population à adopter ?
6. Une entreprise désire évaluer la notoriété de sa marque auprès d'un échantillon représentatif de la population française avec une erreur maximale de 5 %. Combien de personnes faut-il interroger ?

CHAPITRE 11

ENQUÊTEURS ET TRAVAIL SUR LE TERRAIN

1 Qualités d'un enquêteur

2 Critères de sélection d'un candidat enquêteur

3 Briefing

4 Réalisation matérielle de l'enquête

1 QUALITÉS D'UN ENQUÊTEUR

Le rôle principal d'un enquêteur est d'**enregistrer les réponses**, conformément aux règles qui lui ont été prescrites. Il ne peut être présent pour pallier les insuffisances d'un questionnaire mal conçu.

Pour que la personne interrogée accepte de répondre avec franchise et bonne grâce aux questions qui lui sont posées oralement, il est indispensable que l'entretien se déroule dans une atmosphère cordiale. Pour créer cette atmosphère, l'enquêteur doit tenir compte d'un certain nombre de principes, disposer de qualités particulières et **éviter certains pièges**.

Neutralité

Elle est la première **qualité du bon enquêteur**. Il doit donner l'impression qu'il est impersonnel et faire en sorte que l'enquêté soit convaincu qu'il est interrogé en tant que membre d'un groupe social déterminé et non en tant qu'individualité privée.

Pour préserver sa neutralité, expression d'un équilibre parfois difficile à réaliser, l'enquêteur doit éviter certains pièges.

- L'enquêteur ne doit pas paraître *trop sympathique*. La cordialité qu'il peut inspirer au répondant qu'il visite ne doit pas provoquer des phénomènes de transfert, sources de biais parfois importants dans les réponses fournies par les enquêtés.

  L'enquêté peut chercher à lui fournir des réponses de complaisance, en substituant ce qu'il lui fait plaisir, ce qui peut correspondre à sa propre opinion.

- L'enquêteur doit *rester suffisamment impersonnel* pour que l'enquêté ne réagisse dans le sens de l'une ou l'autre déformation possible (réaction de prestige, repli face à la question personnalisée, etc.).
- L'enquêté peut également profiter de la situation d'enquête *pour se décharger de tous les problèmes* qui le tracassent et transformer l'enquête en une séance de thérapie.
- L'enquêteur peut parfois, sans en rendre compte, *sortir de sa réserve*.

  C'est le cas où la personne enquêtée, en exigeant de nombreuses explications supplémentaires ou en marquant trop d'hésitations, l'incite à avancer lui-même des éléments de réponse (par hâte d'en finir, par compassion pour le répondant, etc.).

Sans se départir de son attitude neutre, **différents moyens** peuvent être utilisés par l'enquêteur pour intéresser le répondant à participer avec sincérité à l'entretien :

- Il peut utiliser des *probes*, c'est-à-dire des mots neutres, qui invitent l'interrogé à poursuivre sa pensée, en insistant sans suggérer et en permettant de progresser dans la question.
- Il doit parfois *donner l'impression de ne pas se faire comprendre* pour mieux se faire expliquer le sujet abordé dans la discussion.
- À d'autres moments, pour évaluer la force de l'opinion du répondant, il *joue l'avocat du diable* ou il reste silencieux tout en laissant la pointe

du stylo à bille sur le papier. L'interlocuteur aura ainsi l'impression qu'il doit expliquer sa réponse.

Empathie

L'aptitude à entrer en contact avec un inconnu pour lui proposer une enquête, quel que soit le sujet de l'étude, est également une qualité primordiale dont doit disposer un enquêteur. Lors d'une enquête face-à-face, au domicile des personnes consultées, la façon de se présenter est souvent capitale. L'enquêteur doit exposer brièvement les motifs de sa visite, donner une vision correcte de sa mission en fournissant les preuves de son caractère officiel (carte d'enquête), et en lui démontrant que ses réponses resteront anonymes. Il doit faire preuve de congruence.

Respect d'autrui

L'enquêteur apportera le moins de perturbations dans la vie familiale de l'enquêté en veillant à ne pas se présenter à n'importe quelle heure (par exemple, au moment du journal télévisé !) ni dans n'importe quelle tenue.

2 CRITÈRES DE SÉLECTION D'UN CANDIDAT ENQUÊTEUR

En ce qui concerne le statut économique et social en Belgique, Febelmar a publié une brochure qui peut être consultée dans les compléments en ligne.

En règle générale, lors de la sélection d'un enquêteur, les **qualités** prises en considération sont notamment :

- une *présentation très correcte* mais assez neutre pour être admise dans tous les milieux sociaux ;
- une *élocution normale et aisée*, sans accent inhabituel ;
- un *niveau intellectuel et scolaire* suffisant mais pas trop élevé ;
- une *probité intellectuelle et morale* élevée (bien que ce dernier point soit difficile à apprécier a priori).

Le responsable d'enquêtes recrute les enquêteurs en fonction des localités dans lesquelles les entretiens doivent se réaliser. Il choisit des enquêteurs qui sont domiciliés à proximité de ces localités pour minimiser les frais de déplacements. Il tient compte de leur disponibilité en temps.

Il convient également de respecter les caractéristiques de l'univers de l'enquête. Ainsi, le responsable de terrain n'envoie jamais des jeunes typés en ce qui concerne l'habillement pour interroger des répondants plus traditionnels. L'emploi d'enquêteurs qui présentent des traits physiques particuliers n'est pas recommandé en entretien face à face.

La diversification des types d'études de marchés conduisent à sélectionner des enquêteurs en fonction de leur aptitude personnelle. En matière automobile, par exemple, les hommes sont plus à l'aise que les femmes. S'il s'agit de produits de beauté ou de lingerie féminine, l'appel à des enquêtrices s'impose.

Les enquêtes effectuées dans les milieux agricoles ou auprès des médecins nécessitent également des qualifications particulières.

La sélection d'enquêteurs aux entretiens par téléphone exige des compétences particulières. En effet, en matière d'entretien téléphonique, les refus de prolonger la conversation sont souvent nombreux. C'est pourquoi il faut être clair, rapide, précis et donner une bonne impression uniquement par sa voix.

NOM : ...
PRENOM : ...
DATE DE NAISSANCE : ... SEXE : ...
ADRESSE : ...
CODE POST. : ... VILLE : ...
PROVINCE : ... NIELSEN : ...
TELEPHONE : ...
NATIONALITE : ...
CELIBATAIRE / MARIE(E) - VIVANT ENSEMBLE / VEUF(VE) / DIVORCE(E)
NOMBRE D'ENFANTS : ... ANNEE DE NAISSANCE AINE : 19 ... PLUS JEUNE : 19 ...
PROFESSION MARI/FEMME : ...
SOCIETE : ...

photo récente

ACTIVITES ETUDES DE MARCHE que vous faites (voulez faire)

	Expérience
...	OUI / NON
...	OUI / NON
...	OUI / NON
...	OUI / NON

Fichier : OUI / NON NOMBRE : ... Q : ...

Combien de temps par semaine et par jour êtes-vous disponible ?

	AVANT-MIDI	APRES-MIDI	SOIR
LUNDI	...	...	...
MARDI	...	...	...
MERCREDI	...	...	...
JEUDI	...	...	...
VENDREDI	...	...	...
SAMEDI	...	...	...
DIMANCHE	...	...	...

ENSEIGNEMENT SUIVI : énumération chronologique s.v.p.

type d'enseignement	de / à	diplômes
...	... / ...	...
...	... / ...	...
...	... / ...	...

Disposez-vous d'une salle d'interviews et pour clients ? OUI / NON
Prix par jour : ... € ... Q : ...
Disposez-vous d'un circuit vidéo sur place ? OUI / NON

DEPLACEMENTS

1. Pouvez-vous vous déplacer facilement ? OUI / NON
2. Disposez-vous d'une voiture ? OUI / NON
   Si oui : A quelle fréquence pouvez-vous disposer d'une voiture ?
3. Jusqu'à quelle distance êtes-vous prêts à vous déplacer ?

EXPERIENCE EN ETUDE DE MARCHE

1. Avez-vous déjà travaillé comme intervieweur ? OUI / NON
   Si oui : Pour quelles sociétés ? De quand ? Jusqu'à quand ?
   ... ... / ...
   ... ... / ...
   ... ... / ...
   ... ... / ...
   ... ... / ...
2. En quel type d'interview/enquête ou techniques avez-vous de l'expérience ?
   ...
3. Pour quelles raisons cherchez-vous du travail comme intervieweur ?
   ...
4. Qu'est-ce qui vous attire dans la profession d'intervieweur ?
   ...

CONNAISSANCE DE LANGUES

	LIRE	ECRIRE	PARLER
NEERLANDAIS	...	...	...
FRANÇAIS	...	...	...
ANGLAIS	...	...	...

PROFESSION ACTUELLE

FONCTION : ... DEPUIS : ...
CHEZ : ... ACTIVITE DE LA SOCIETE : ...

CARRIERE : donnez une énumération chronologique

fonction	société	de / à
...	...	... / ...
...	...	... / ...
...	...	... / ...
...	...	... / ...

LOGISTIQUE

1. Disposez-vous d'un cassette recorder ? OUI / NON
   Disposez-vous d'un congélateur ? OUI / NON
   Disposez-vous d'un frigobox ? OUI / NON
2. En quelles mesures pouvez-vous manipuler du matériel tel qu'appareils magnétoscopes (vidéo), enregistreurs cassettes (audio), etc ... ?
   "j'en suis très familier " 1
   "je me débrouille" 2
   "je n'y connais rien" 3
3. Comment décririez-vous votre condition physique ?
   très bien / normal / pas très bien / mauvais

FIGURE 11.1 : *Sélection des enquêteurs*

Dans l'ensemble, l'aptitude des enquêteurs à remplir l'une ou l'autre des spécialisations évoquées ci-dessus est jugée selon **plusieurs critères** :

- La *réussite dans les contacts* ;
- La *qualité du travail* ;
- Le *rendement* satisfaisant.

Par ailleurs, un grand nombre d'écueils est contourné si l'enquêteur reçoit une formation correcte. Souvent, les concepteurs de l'enquête sont les premiers responsables des difficultés qu'ils rencontrent, parce qu'ils ont engagé comme enquêteur un tout-venant trop peu motivé et auquel ils n'auront pas fourni de formation appropriée.

3 BRIEFING

Les enquêteurs doivent, avant d'effectuer leurs enquêtes, recevoir toutes les indications nécessaires au bon déroulement de celles-ci. Il faut prévoir qu'ils assistent à une réunion d'informations et d'entraînement : le *briefing*.

Ces réunions sont organisées géographiquement, de préférence. Elles sont en général assurées par un cadre de la société d'études de marchés, accompagné, s'il le désire, d'un représentant du « *client* » pour qui l'étude est réalisée.

Les **points** suivants sont abordés :

- *Explication du but* de l'enquête ;
- *Constitution de l'échantillon* pour chacun des enquêteurs, avec remise des listes d'adresses et des consignes pour constituer cet échantillon dans le cas de quotas ;
- *Indications* sur ce qu'il convient de faire *en cas d'absence ou de refus* et, par conséquent, remise, s'il y a lieu, d'un nombre d'adresses supérieur à celui que doit atteindre l'échantillon ;
- *Consignes particulières*, pour le déroulement de l'entretien, sur le questionnaire ;
- *Remise des documents ou objets* nécessaires au déroulement de l'enquête : photos, dessins, cartes pour le choix de certaines réponses, échantillons de produit, feuilles de note de frais, cahier d'annonces pour les études publicitaires, comptes-rendus d'activités, contrat, etc.

Ces **séances d'instructions sont capitales**. La formation des enquêteurs et la qualité de leur travail reposent largement sur celles-ci. C'est pourquoi, elles doivent toucher l'ensemble des enquêteurs et être organisées consciencieusement.

Parfois le briefing est complété par des exercices d'enquêtes à blanc, sur le terrain, avec accompagnement d'un responsable de la société d'études, pour une partie de ces enquêtes.

L'enquêteur signe un contrat qui précise les conditions matérielles d'organisation et de rémunération.

L'IMPORTANCE DU BRIEFING POUR L'OPTIMISATION DU RECUEIL

Tous les modes existants doivent permettre le contrôle du processus et des données collectées.

Si l'enquête est administrée par des enquêteurs professionnels ou occasionnels (commerciaux, assistantes, stagiaires...), il est important d'insister auprès d'eux sur l'exigence de qualité dans le recueil des réponses. La première règle sera de ne pas influencer les répondants et de respecter les consignes indiquées sur le questionnaire. Il faudra d'ailleurs s'assurer que ces consignes ainsi que le contenu du questionnaire ont été bien compris par tous.

Cette étape d'administration est souvent une source de biais parfois importants. Il ne sert à rien de passer un temps de préparation important puis de s'acharner sur les données si la matière première de l'enquête, à savoir les réponses des interviewés n'est pas extraite avec soin.

La phase de briefing avant le démarrage du terrain d'enquête est donc primordiale et ne doit pas être menée à la légère. Toutes les questions doivent être posées afin de lever toute ambiguïté sur les modalités de réponse ou la compréhension d'une question. La phase de test doit être évoquée afin de se baser sur des exemples réels.

Dans la conception même du questionnaire, pour des modes d'administration informatique, toutes les possibilités techniques doivent être utilisées en termes de verrouillage du nombre de réponses autorisées, des formats de saisie des données numériques, et bien sûr les renvois entre questions. Ces mêmes contrôles doivent également être présents à la saisie pour des exemplaires papier, tant en manuel qu'en saisie automatique.

4 RÉALISATION MATÉRIELLE DE L'ENQUÊTE

Le recueil de données, appelé le « *field* » est confié, dans le cas d'enquête par interrogation à des enquêteurs. Ce travail doit être rigoureusement contrôlé.

4.1 Travail de l'enquêteur

L'enquêteur a **deux tâches** à remplir, d'égale importance :

- *respecter les consignes* de son plan de travail en fonction de l'échantillonnage adopté ;
- *mener l'entretien.*

4.1.1 *Respect du plan de travail*

Cette première tâche est plus difficile à remplir que la seconde car l'enquêteur peut avoir tendance à négliger les consignes de sélection, notamment celles relatives à l'échantillonnage. Or, pour garantir la représentativité de celui-ci, il doit en respecter scrupuleusement la composition.

TABLEAU 11.1 : *Convention d'enquêteur*

GAMMA MARKETING

Institute for consumer research and communication analysis

Convention entre .... et Gamma Marketing

- *Je m'engage à administrer 10 questionnaires de l'étude XXX — mai 2018 selon les règles et procédures définies et en toute connaissance de cause ;*
- *J'ai participé au briefing d'information concernant l'étude et ai pris connaissance des principes généraux de l'étude XXX — mai 2018 ;*
- *Je m'engage à faire parvenir ces questionnaires dûment remplis pour le XX/05/2018 ;*
- *Chaque questionnaire sera contrôlé, évalué et recevra une cote de qualité. Cette cote est déterminée en fonction des éléments suivants :*
  - *Respect des quotas ;*
  - *Respect des délais ;*
  - *Lisibilité du questionnaire ;*
  - *Qualité des réponses aux questions ;*
  - *Qualité totale de l'enquête réalisée ;*
  - *La possibilité d'une relance téléphonique ;*
  - *Rentrée du nombre correct de questionnaires auxquels vous vous êtes engagé.*
- *Un questionnaire *** étoiles, qui répond à l'ensemble des critères de qualité définis ci-dessous, sera payé 12,0 € ;*
- *Un questionnaire ** étoiles sera payé 10,0 € ;*
- *Un questionnaire * étoile sera payé 6,0 € ;*
- *Toute fraude ou tentative de fraude verra l'annulation pure et simple de tous les questionnaires et de toute collaboration future avec Gamma Marketing. Il va de soi qu'aucune indemnité ne sera versée.*
- *Gamma Marketing exige la présence de chaque enquêteur au briefing. C'est pourquoi la participation au briefing sera payée 8 €/heure ainsi que les frais de déplacement pour y assister.*
- *Aucun autre frais ne sera pris en considération.*

La date de la poste fait foi pour le respect des délais.

SOURCE : Mindset, 2014

FIGURE 11.2 : *Enquêtrice recrutant des passagers aériens pour une enquête de satisfaction*

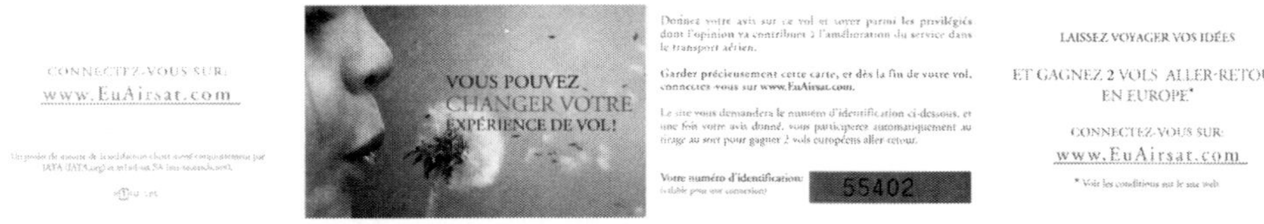

SOURCE : Mindset, 2014

FIGURE 11.3 : *Carte de recrutement*

4.1.2 *Règles de conduite de l'entretien*

Lors de la réalisation de l'entretien, plusieurs **règles** doivent être suivies.

- Les *consignes de présentation* doivent être strictement *respectées*. L'enquêteur doit se présenter et présenter l'enquête comme libellé dans le questionnaire. Autrement, il risque d'orienter les réponses du répondant qui découvre trop tôt le sens caché d'une question ;
- Le *questionnaire* doit être *utilisé tel quel*. L'enquêteur ne peut y apporter des commentaires personnels. Il ne peut interpréter le texte écrit. Il lit et le relit si nécessaire et enregistre les réponses dans leur totalité ;

- Les *questions* doivent être *posées selon la formule écrite*. Dans le cas où l'enquêteur modifierait son contenu ou son sens, le questionnaire devrait être annulé. En effet, l'instrument de mesure qu'il constitue ne sera pas appliqué dans des conditions strictes et identiques ;
- Si le répondant ne comprend pas une question, l'enquêteur la relit en utilisant les mêmes mots. Si l'incompréhension persiste, l'enquêteur inscrit « *sans réponse* » ;
- Le *cheminement du questionnaire et l'ordre des questions* doivent être *respectés*. Dans le cas contraire, un biais peut apparaître. Si le répondant anticipe une question, l'enquêteur poursuit le déroulement de l'entretien sans tenir compte de ces réponses ;
- L'enquêteur veillera à *utiliser correctement le matériel* mis à sa disposition : montrer les cartes, respecter les consignes de présentation d'une publicité, de dégustation d'un produit alimentaire (température de cuisson, conditions de présentation, etc.). En cas de défaillance du matériel, il doit procéder à un échange rapide.

Souvent, un questionnaire bien construit évite des erreurs. Croire qu'il suffit de se reposer sur le bon sens et l'expérience d'un enquêteur pour compenser un questionnaire bâclé, incompréhensible ou imprécis conduit à des erreurs particulièrement graves. En effet, il est difficile de les corriger car elles n'apparaissent pas toujours au chargé d'études lors de la phase de vérification des enquêtes. Mieux vaut prévenir que guérir.

4.2 Contrôle durant le recueil des données du travail de l'enquêteur

Différents problèmes sont à résoudre en cours de réalisation d'enquête.

4.2.1 *Contrôle des enquêteurs*

Les enquêteurs doivent respecter le calendrier imposé, les quotas fixés et le nombre d'entretiens programmés. Ils ne sont pas autorisés de modifier quoi que ce soit de leur propre initiative.

Ils doivent interroger effectivement les personnes désignées et non d'autres personnes dont le profil serait presque semblable. Si le nombre d'interviews est important, il est conseillé de garder un contact quotidien avec les enquêteurs. Dans le cas d'enquêtes face à face, l'enquêteur est parfois accompagné sur le terrain par un contrôleur. Si l'enquête est réalisée par téléphone, un contrôleur téléphonique vérifie, en temps réel, la réalisation des quotas et la qualité du travail réalisé par l'enquêteur.

Le chargé d'études doit régulièrement se préoccuper de l'évolution de l'enquête. Ainsi, en cas de problème, il peut « *relancer* » d'autres enquêtes et prendre les mesures qui s'imposent.

Parfois, quand la taille de l'échantillon est grande, le chargé d'études va désigner des responsables qui exerceront les contrôles nécessaires.

Dans la pratique, c'est le gestionnaire du terrain (le « *field manager* ») qui maintient les contacts quotidiens avec les enquêteurs pour vérifier la progression de leur travail.

TABLEAU 11.2 : *Conseils pour observer les pratiques d'un intervieweur*

Thématique	Fonction verbale	Fonction non verbale
Étayage	Interventions verbales liées à la thématique du contenu (ex. : présentation d'une enquête, indices, exemples)	Geste ou manipulation ou déplacement lié à l'étayage (se déplacer en réalisant une démonstration)
Gestion	Interventions verbales, non liées au contenu, par lesquelles l'enquêteur gère le fonctionnement de l'enquête (plus précisément : gestion de la participation, gestion de l'espace et du temps, consignes, présentation de l'activité, routines)	Geste ou manipulation ou déplacement lié à la gestion (se déplacer pour montrer un document)
Atmosphère — Climat	Interventions par lesquelles l'enquêteur instaure un certain climat pendant l'interview	Geste ou manipulation ou déplacement lié à l'atmosphère/ climat (se déplacer pour se rendre près de l'enquêté)
Personnalisation	Interventions verbales par lesquelles l'enquêteur personnalise le contenu, en faisant référence au vécu, à l'expérience personnelle de l'enquêté,...	Geste ou manipulation ou déplacement lié à la personnalisation (se déplacer pour se rendre près de l'enquêté précisément)
Vérification de la compréhension — Diagnostic	Interventions verbales par lesquelles l'enquêteur vérifie la compréhension de l'enquêté	Geste ou manipulation ou déplacement lié à la vérification de la compréhension et/ ou au feedback (se déplacer pour superviser le travail de l'enquêté)
FeedBack	Interventions verbales par lesquelles l'enquêteur informe l'enquêté de la qualité de ses réponses/productions	Geste, manipulation ou déplacement sans fonction manifeste, autre geste, manipulation, déplacement (stress)

4.2.2 *Rassemblement des questionnaires*

Les enquêteurs doivent renvoyer leurs questionnaires et leur matériel d'enquête dans les délais les plus brefs. Lors de leur réception, ces questionnaires sont identifiés, classés (par enquêteur, zone d'enquête, numéro, etc.) et contrôlés. Par la suite, ils seront codifiés, encodés et soigneusement archivés.

QUESTIONS

1. Quels critères de sélection convient-il d'utiliser pour sélectionner un candidat enquêteur quantitatif ?
2. À quoi sert un briefing d'enquête ?
3. Peut-on le remplacer par d'autres moyens ?
4. À quoi sert de développer une procédure de contrôle d'enquête ?
5. Quels sont les biais liés à un enquêteur ?

CHAPITRE 12

ANALYSE DES DONNÉES D'ENQUÊTE

1 Des données aux résultats
2 Contrôle des informations recueillies
3 Encodage et codification des questionnaires
4 Plan de dépouillement ou de tri
5 Traitement informatisé des données
6 Analyse des données
7 L'analyse structurée
8 Sources d'erreurs
9 Rapport d'enquête et présentation des résultats

1 DES DONNÉES AUX RÉSULTATS

Dès que le travail de collecte des données sur le terrain (« *fieldwork* ») est terminé, le chargé d'études dispose généralement d'un ensemble de données qui se présentent sous la forme de questionnaires complétés. Il s'agit de les traduire en informations pertinentes utilisables en fonction du problème posé au départ et traduit en hypothèses de travail.

C'est dans ce domaine que l'évolution a été la plus marquée en marketing durant ces dernières années. Une forte demande s'est développée pour obtenir des résultats mieux présentés, plus synthétiques et directement utilisables.

Le traitement et l'analyse de données recouvrent des **domaines** particulièrement vastes :

- le *contrôle systématique* des informations reçues ;
- la *codification* ;
- la *saisie* ou *encodage* des données ;
- la préparation du *plan de tri* ;
- l'*écriture du programme* de traitement ;
- le *redressement* des échantillons ;
- la *création de tableaux* statistiques ;
- l'*analyse des données* ou traitements statistiques ;
- l'*interprétation* des résultats ;
- la *rédaction* du rapport.

2 CONTRÔLE DES INFORMATIONS RECUEILLIES

Avant toute analyse, les données doivent être vérifiées très soigneusement et très strictement de manière à éviter tout risque d'erreur lors du travail d'enregistrement des données.

Ce dispositif de contrôle systématique et permanent porte à la fois sur l'honnêteté des enquêteurs et sur la qualité de leur travail.

Le métier d'enquêteur est souvent éprouvant, physiquement et moralement. À la fin d'une journée peu fructueuse, il est tentant de faire du « *bidon* » (invention complète d'entrevues fictives, achèvement inventé d'entrevues non conduites à terme, non-respect d'une consigne fondamentale quant à l'identité de la personne à interroger ou quant à la technique d'enquête comme négliger de se faire montrer les produits utilisés par le ménage lorsque c'est prescrit, sélection d'un autre mode administration comme utiliser le téléphone lors d'enquêtes face à face, etc.).

De plus, la rémunération limitée payée aux enquêteurs ne conduit pas à motiver et à garantir un travail de qualité.

Un institut d'études de marchés professionnel emploie des cadres, des méthodes de travail et de contrôle éprouvées. Il ne conserve dans son réseau que des enquêteurs qui ont prouvé leur honnêteté foncière (toute infraction est sanctionnée par une cessation définitive du travail avec l'enquêteur mis en cause). Il décèle très rapidement les fautes de l'enquêteur, qu'elles soient faites délibérément ou de bonne foi. Il réalise enfin un contrôle de qualité systématique qui permet d'améliorer la qualité du travail sur le terrain en fonction des résultats des contrôles.

Les chargés d'études utilisent plusieurs moyens de contrôle.

2.1 Editing

Cette première étape consiste en une **relecture systématique** de chaque questionnaire et en une vérification de leur contenu. Elle permet notamment de déceler :

- les *questions non posées*, pour lesquelles le chargé d'études procède alors à un complément d'enquête ;
- les *questions indûment posées* et qui sont alors supprimées.

En ce qui concerne les questionnaires, le **chargé d'études va** :

- *éliminer* les questionnaires remplis par des répondants extérieurs à l'échantillon ;
- *exclure les questionnaires illisibles*, incomplets ou mal remplis.

Il va également de :

- s'assurer de la *validité* des réponses ;
- vérifier la *lisibilité* des réponses ;
- vérifier la *cohérence* des réponses ;
- évaluer le *respect des quotas* imposés aux enquêteurs ;
- vérifier le *respect des consignes.*

Une donnée qui apparaît extravagante doit être éliminée. Par exemple, un consommateur qui boit 1000 litres de vin par jour ou un répondant qui déclare ne jamais fumer et à la question suivante déclare qu'il consomme des cigarettes sans filtre.

Cette étape doit donc résoudre le **problème des réponses manquantes** :

- Le répondant a *oublié*, par distraction, de répondre au cours de l'administration du questionnaire ou n'a *pas voulu* y répondre ;
- L'enquêteur n'a *pas noté* la réponse donnée par le répondant.

Une réponse manquante est non seulement une perte d'informations, mais également une source de biais. N'oublions pas que les résultats globaux sont aussi influencés par ces réponses ou l'absence de ces réponses.

Quatre solutions sont possibles :

- *Laisser la valeur manquante sans correction*, ce qui peut poser problème pour certains traitements statistiques. Le traitement statistique ne sera effectué que sur la base des répondants (les personnes qui ont répondu à la question) et non des interrogés (les personnes qui ont participé à toute l'enquête) ;
- *Remplacer la valeur manquante* par la note moyenne observée dans l'échantillon ;
- *Regrouper les notes manquantes* dans les catégories « *ne sait pas* », « *sans avis* » ou « *non pertinent* » ;
- *Annuler l'enquête*.

L'analyste doit préciser les règles adoptées au stade de la vérification des questionnaires et les énoncer au décideur. Dans certaines enquêtes, la présence de « *sans réponse* » en nombre élevé est souvent significative en soi.

L'editing est réalisé au jour le jour, dès que le premier questionnaire de l'enquête rentre. Il est possible à la fois de suivre de près l'évolution du travail sur le terrain, d'éviter toute erreur systématique et enfin de procéder immédiatement au contrôle des entretiens.

L'editing peut mener à l'annulation de certains questionnaires. Cette relecture doit se faire, quel que soit le mode de recueil appliqué. Elle sera plus indispensable encore en cas d'enquêtes par correspondance.

Cette tâche est remplie par un chargé de recherche ou par une personne qui connaît très précisément le questionnaire et les consignes à respecter et qui est donc spécialisée dans ce type d'opérations.

2.2 Contrôles téléphoniques

Ils permettent de vérifier la matérialité de l'enquête, surtout quand celle-ci est administrée en face à face par des enquêteurs, notamment à domicile. Autrefois, les contrôles étaient réalisés sous forme de carte ou de lettre de contrôle envoyée de 30 à 50 % des personnes interrogées. Aujourd'hui, la société d'études utilise des contrôleurs spécialement affectés à cette tâche téléphonique. Certaines questions sont posées à nouveau pour valider la réponse initiale des interrogés, surtout en ce qui concerne leurs habitudes de consommation et leur profil sociodémographique. La durée de l'enquête est aussi vérifiée, de même que le mode de contact et l'identification de la personne interrogée de manière à vérifier si elle est bien celle qui devait l'être.

2.3 Contre-enquêtes

L'arme absolue du contrôle reste la contre-enquête qui permet de se forger une opinion précise.

En cas de fraude, elle sera réalisée dans un but répressif et permettra de confondre le fautif. En cas d'erreur de réalisation, elle visera à préparer l'action formative à développer auprès de l'enquêteur défaillant. Ces contre-enquêtes peuvent se faire, soit à domicile, soit par téléphone, contrôle plus rapide et moins onéreux.

Les contre-enquêtes ne peuvent évidemment être systématiques, car cela reviendrait à refaire toutes les entrevues. En coup de sonde, ce contrôle permet de rapidement vérifier la qualité du travail sur le terrain. En général, 10 à 15 % des entrevues sont contrôlées de la sorte. S'il est malaisé de contrôler des questions d'opinions (le répondant peut changer d'avis), le contrôle des caractéristiques socio-démographiques (âge, profession, sexe, habitat, études accomplies, etc.) et des comportements (utilisation de la marque, etc.) est nettement plus aisé.

2.4 Contrôle par ordinateur

Le dépouillement des études par ordinateur offre de nouvelles possibilités de contrôle, à condition bien sûr que chaque questionnaire soit numéroté et que chaque enquêteur reçoive un numéro de code.

Des programmes d'apurement existent. Ils interdisent la prise en compte des réponses non valides, le dépassement du code maximum prévu, les réponses incohérentes dues au non-respect des questions filtres.

Ils permettent d'obtenir des tris par enquêteur lors du traitement des données et de voir dans quelle mesure les informations moyennes fournies par un enquêteur sont différentes de celles des autres enquêteurs. Les tests statistiques qui portent sur quelques questions précises permettent de repérer les enquêteurs qui présentent des profils de répondants « *déviants* » par rapport à la moyenne des autres enquêteurs.

Dans ce cas, si l'enquêteur a réalisé un nombre suffisant d'enquêtes, le danger de fraude est réel. Des contrôles supplémentaires cherchent à confirmer ce diagnostic. Certains « *bidons* » artistiquement dissimulés ont ainsi pu être décelés.

3 ENCODAGE ET CODIFICATION DES QUESTIONNAIRES

Quand le questionnaire a été conçu par un logiciel spécialisé, l'encodage peut se faire directement après une relecture attentive du questionnaire pour éviter toute anomalie.

Quand ce n'est pas le cas, il faut préparer les données recueillies de manière à ce qu'elles puissent être traitées par l'ordinateur.

> *La codification consiste à traduire les données brutes dans le langage qui permet le traitement sur ordinateur. Le code doit regrouper sous une même rubrique les réponses reflétant une idée commune. Toute codification entraîne une altération ou une simplification arbitraire des réponses obtenues. Elle demeure cependant le passage obligé pour le traitement de grands échantillons.*

Pratiquement, l'analyste va associer un nombre à chaque réponse possible. Ce nombre sera mentionné soit directement sur le questionnaire — à condition que la codification ait été prévue initialement — soit encodé sur un ordinateur. Quand le chercheur utilise un logiciel de saisie, cette action est très souvent réalisée automatiquement.

Les **questions fermées** sont souvent précodées. Dans ce cas, sur le questionnaire vierge apparaissent à l'avance les diverses possibilités de réponses à une question. La codification sera simplifiée dans la mesure où il s'agira de recopier le code correspondant à la réponse de l'enquêté. Certains logiciels effectuent ce travail automatiquement. Il n'est plus nécessaire, dans ce cas, de recoder les questions fermées.

Le traitement des variables quantitatives ou métriques (poids, francs, âge, quantités, etc.) consiste à encoder la valeur donnée en réponse à la question. La codification des questions fermées est simple.

Pour les **questions ouvertes**, elle est parfois plus problématique, surtout quand le nombre de réponses possibles est grand ou mal connu au moment de l'enquête.

Quand le nombre de réponses possibles est limité, il suffit d'établir une liste exhaustive avant l'enquête. Au moment de l'encodage, il suffit d'attribuer le code correspondant à la liste initiale.

Cette possibilité se présente lorsque le chercheur a, au cours de l'étude exploratoire et du pré-test, pu établir une liste exhaustive des réponses possibles et dès lors les pré-codifier (par exemple, pour des questions portant sur la « *notoriété spontanée* » car les marques ou entreprises existantes sont connues et on peut associer un code à chaque marque).

Dans le cas de questions ouvertes où une liste exhaustive ne peut être établie au préalable, la **procédure de codification** est plus complexe et intègre les règles suivantes :

- *Chaque question* d'un questionnaire *est dépouillée* et transcrite sur un document ;
- Quand la liste exhaustive est terminée, *l'analyste classe les réponses* à la question ouverte par thème ;
- Chaque *thème* doit être *univoque, exhaustif* et mutuellement *exclusif* ;
- Chaque thème est *défini en fonction des hypothèses* de la recherche et des objectifs poursuivis ;
- Chacune des réponses possibles est ensuite *traduite par un code* ;
- Les *codes* retenus doivent être *exhaustifs* et mutuellement *exclusifs.*

L'analyste reporte dans les colonnes désignées les codes qui correspondent aux réponses fournies.

La codification des questions ouvertes sur les opinions ou sur les intentions est particulièrement délicate et risque souvent d'appauvrir l'information. C'est pourquoi, il est utile de présenter une synthèse des opinions émises en annexe du rapport final, en plus des résultats codifiés.

LA SAISIE ET L'ENCODAGE D'AUJOURD'HUI

Alors qu'il y a quelques années, la saisie des questionnaires était une phase naturelle du processus d'enquête, les modes de collecte automatisés que nous avons abordés ci-dessus permettent de s'en passer.

Et, même lorsqu'aucun mode automatisé n'a pu être mis en place, la saisie est aujourd'hui simplifiée grâce à la nouvelle génération de logiciels d'enquêtes qui permettent d'effectuer l'entrée des données facilement et avec tous les contrôles nécessaires (filtres, calculs automatiques...) sur un ou plusieurs ordinateurs. Toutefois, ces logiciels ne remplacent pas une bonne organisation lors de la réception et de la prise en compte des questionnaires, qu'il est impératif de vérifier rapidement (relecture), de classer et de numéroter (indispensable pour s'y retrouver par la suite).

Là aussi, les personnes chargées de la saisie doivent être sensibilisées à la nécessaire qualité. Un questionnaire mal rempli doit être écarté plutôt que de saisir des informations incertaines.

Si le questionnaire contient des questions ouvertes, il peut s'avérer nécessaire de les recodifier avant la saisie. Il faudra alors relire tous les questionnaires et définir les réponses à coder. Cette étape peut être évitée avec les logiciels qui gèrent l'enrichissement en direct.

Que le fichier provienne directement d'un processus d'enquête automatisé ou d'une saisie manuelle, il est nécessaire, avant de passer à l'étape de traitement, de procéder à une revue des données et à un nettoyage éventuel des valeurs aberrantes.

• QUESTION	
Pour quelles raisons êtes-vous favorable à l'utilisation du produit X en poudre ?	
• POST-CODIFICATION PAR RUBRIQUE	
0. sans réponse	
1. rapidité :	«Temps gagné», «Etant célibataire et rentrant chez moi à la dernière minute, j'aime avoir quelque chose de prêt sous la main», «Quand on est en retard, peut être d'une certain secours, pour préparer les repas en temps voulu», «On a vite fini», «Ils sont de bonne qualité; je suis d'avis d'en acheter lorsque je suis pressée».
2. facile à préparer	«Facilité de préparation. Utile pour mon mari qui travaille à la SNCF et fait de nombreux déplacements», «Je n'aime pas faire la cuisine», «Parce que c'est facile à préparer sur mon petit réchaud à alcool, ici», «Je vis seule et n'aime pas faire la cuisine».
3. utile en cas de pénurie. Bonne conservation :	«Elle se conserve bien», «Quand on n'a que ceux-là, on est content de les trouver», «Quand les produits entiers sont rares ou chers», «Assez pratique en cas de pénurie», «Les produits concentrés, tel X, sont intéressants, surtout l'hiver, quand les légumes manquent et sont coûteux».
4. bonne qualité :	«Nourrissant», «C'est bon», «C'est excellent et préparé en un instant», «C'est merveilleux», «Rapidité et bon goût», «C'est pratique et c'est aussi bon», «Quand ce sont des produits de qualité, c'est aussi bon que les produits naturels», «Il y a une sélection à faire. Je mets X dans la bonne catégorie».
5. autres :	«Pas de perte», «Pas trop cher», «C'est nouveau», «C'est vite fait et sans laisser de saleté», «Propre et peu encombrant».

SOURCE : ICHEC, Bruxelles.

FIGURE 12.1 : *Codification des questions ouvertes*

4 PLAN DE DÉPOUILLEMENT OU DE TRI

Après avoir encodé les données et recodifié les questions qui s'imposaient, le chargé d'études construit un plan de dépouillement de l'enquête. Celui-ci est, en principe, établi en partie lors de l'élaboration du questionnaire. Il est la traduction opérationnelle des hypothèses de l'enquête. L'établir avant l'administration du questionnaire permet de s'assurer que les informations nécessaires seront collectées selon les modalités voulues.

Le plan de dépouillement est le document qui précise les traitements de l'information qui seront réalisés pour mettre en évidence les informations fournies par l'enquête.

Ce **plan de tri et d'analyse** va reprendre :

- la *nature du redressement* à effectuer ;
- la liste des *variables à codifier* ;
- la liste des *variables à construire* ;
- la nature des *tris à plat* ;
- les différents *tris croisés* à réaliser ;
- le détail des *analyses multivariées*.

En son absence, il est impossible de confirmer ou d'infirmer certaines hypothèses et de répondre aux objectifs de l'étude. Comme ces résultats vont servir au rapport final, il est essentiel que le plan de dépouillement se construise en fonction des hypothèses initiales.

Le rôle du responsable de l'étude est prépondérant. C'est lui qui détermine ses besoins d'informations, par conséquent la façon dont les questionnaires sont dépouillés. Il donne les principales indications sur la manière dont est saisie l'information et, à travers le plan de dépouillement, la manière dont elle est traitée.

Le **plan de dépouillement** d'une question se présente sous la forme d'un tableau qui reprend, pour chaque question :

- le *contenu et le dessin des tableaux et graphiques* que le chargé d'études souhaite obtenir ; ces tableaux sont aussi appelés « *ventilations* » ;
- la *nature des tris* à réaliser (tris à plat, tris croisés et analyses multivariées) ;
- les *calculs statistiques* à associer (fréquences absolues ou relatives, bases de calcul, mode, médiane, quartiles, écart-type, tests statistiques, etc.) ;
- les *filtres à appliquer* par ventilation (par exemple, ne traiter que les consommateurs du produit ou les personnes qui connaissent la marque) ;
- la *pondération* à affecter à certaines réponses qu'il estime surestimées ou sous-estimées.

4.1 Redressement de l'échantillon

Juste après l'encodage et la vérification des données et avant tout traitement statistique, le chargé d'études doit vérifier si l'échantillon obtenu correspond à l'univers de l'enquête.

Le but poursuivi est d'inférer les résultats de l'échantillon à la population. Souvent, quand l'enquête sur le terrain est terminée, le chargé d'études constate que son échantillon ne représente pas toujours de manière correcte la population concernée. Pour affiner les résultats obtenus, une opération s'impose : *le redressement de l'échantillon*.

Le redressement de l'échantillon va faire correspondre au mieux l'échantillon récolté à la population d'origine et va, par voie de conséquence, améliorer la valeur statistique des résultats par une stratification à posteriori.

Ainsi, si les femmes représentent 53 % de la population et que, sur 200 personnes interrogées, 100 femmes ont répondu au questionnaire, soit 50 %, il convient de leur donner leur poids réel. Chaque femme vaudra dans ce cas (1,06). Un raisonnement identique est opéré pour les hommes. Dans ce cas, le facteur de correction sera de 0,94.

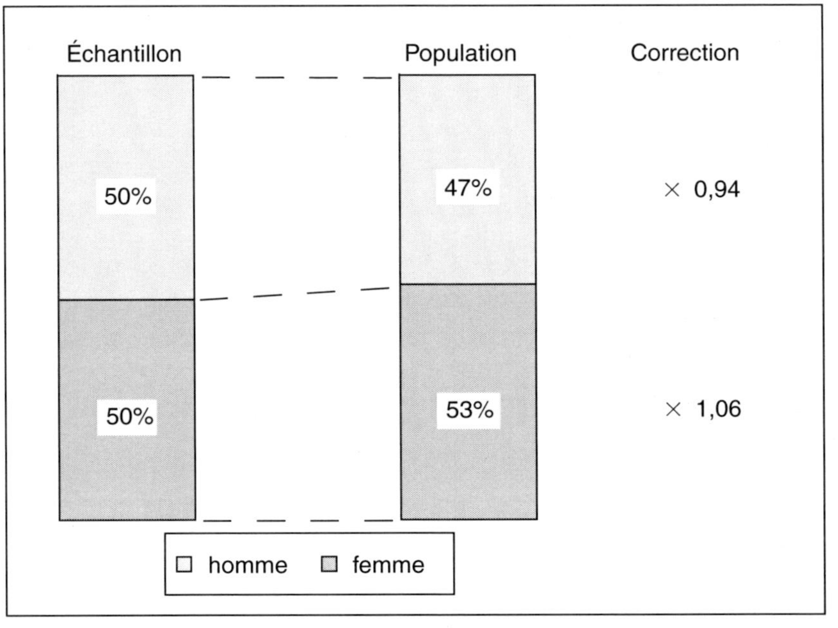

L'utilisation de la technique du redressement permet d'améliorer la représentativité de l'échantillon par rapport à la population et de réduire l'erreur d'échantillonnage. Il n'est cependant possible qu'en présence de données statistiques initiales sur celle-ci. Dans l'exemple ci-dessus, si l'analyste ne connaît pas la répartition des hommes et des femmes, le redressement sur base de ce critère n'est guère envisageable.

Le redressement présente aussi certaines limites et doit être utilisé avec circonspection. Quel sens y-a-t-il à redresser un échantillon composé de 97 hommes et de 3 femmes sur base de la variable « sexe » et d'une répartition 47 hommes — 53 femmes. Procéder de la sorte risque d'altérer la valeur statistique des résultats.

FIGURE 12.2 : *Redressement d'un échantillon en fonction de la répartition hommes femmes*

Il n'est pas nécessaire quand l'échantillon obtenu après l'administration du questionnaire correspond à l'échantillon défini initialement et, de ce fait, à la population d'enquête. Il est par contre possible de redresser sur plusieurs critères simultanément. Dans ce cas, le recours à l'ordinateur est nécessaire.

4.2 Définition des variables à construire

Avant toute analyse, il est nécessaire de définir les variables de travail et de parfois recodifier des données.

Ainsi, l'analyste recodifie des variables tels que la profession ou le code postal de manière à répondre au mieux aux objectifs de l'étude.

Une étude sur l'ensemble de la Belgique nécessite souvent de regrouper les codes postaux par région, zone d'habitat, province. Regrouper ces codes s'appelle aussi créer des variables construites.

De même, les groupes sociaux sont des variables synthétiques qui sont élaborées au départ de la profession et du niveau d'instruction du principal responsable des revenus (PRR). Il s'agit du membre du ménage qui intervient le plus financièrement dans les charges du ménage.

TABLEAU 12.1 : *Variable construite : les zones NIELSEN en Belgique*

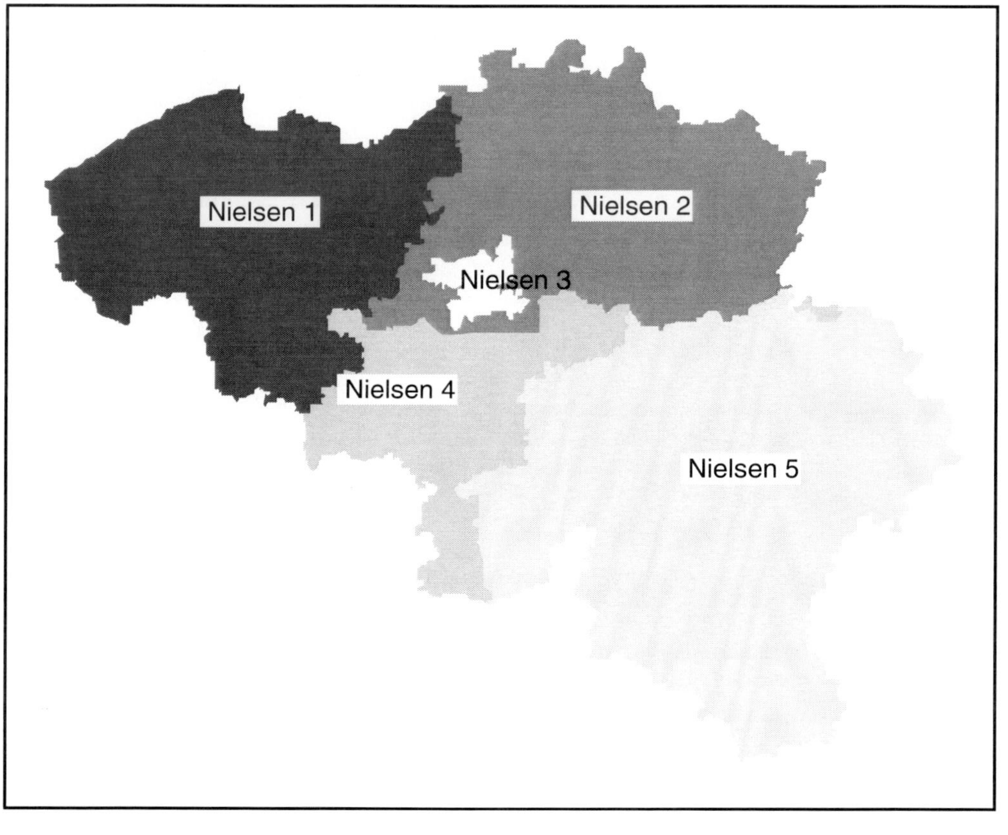

TABLEAU 12.1 : *Variable construite : les zones NIELSEN en Belgique (Suite)*

Intitulé	Localisation	Taille population
Nielsen 1	**Nord-Ouest (provinces) :** West Vlanderen (11 %) ; Oost Vlanderen (14 %).	24,3 %
Nielsen 2	**Nord-Est (provinces) :** Antwerpen (16 %), Limburg (8 %), Vlaams-Brabant (8 %).	31,6 %
Nielsen 3	**Agglomération bruxelloise (communes) :** Anderlecht, Auderghem, Berchem-Ste-Agathe, Bruxelles, Drogenbos, Etterbeek, Evere, Forest, Ganshoren, Grimbergen, Ixelles, Jette, Koekelberg, Kraainem, Linkebeek, Machelen, Molenbeek-St-Jean, St-Gilles, St-Josse Ten Noode, Schaerbeek, Rhode-St-Genèse, Tervuren, Uccle, Vilvoorde, Watermael-Boitsfort, Wemmel, Wezembeek-Oppem, Woluwe-St-Lambert, Zaventem.	12,0 %
Nielsen 4	**Sud-ouest (provinces) :** Hainaut (13 %), Brabant Wallon (3 %).	15,5 %
Nielsen 5	**Sud-Est (provinces) :** Namur (4 %), Liège (10 %), Luxembourg (2 %).	16,5 %
Total	**Belgique** : univers CIM (12+) : 9 521 809 habitants	100 %

TABLEAU 12.2 : *Variable construite : les groupes sociaux en Belgique*

La définition des groupes sociaux s'effectue à l'aide d'un ratio calculé sur base de la profession du principal responsable des revenus et sur base de son niveau d'instruction. La population est rangée par ordre de la valeur prise par la combinaison des deux variables (voir détails ci-après) puis découpée en huit groupes d'effectifs sensiblement égaux ; sensiblement, parce que l'on ne peut découper les individus en morceaux. Par convention, on appelle « groupe 1 » le groupe correspondant au domaine de valeurs les plus élevées (et donc au niveau professionnel et/ou au niveau d'instruction le plus élevé) et « groupe 8 » celui qui correspond aux valeurs les plus basses.

SOURCE : CIM, 2013

La méthode de calcul est aisée.

Chaque principal responsable des revenus reçoit 2 cotations établies en fonction de ses réponses aux variables profession et niveau d'instruction. Ces cotations sont multipliées l'une par l'autre et distribuées selon le poids total obtenu. Ainsi, un conjoint dont le principal responsable de revenus ayant acquis un diplôme d'école primaire et exerçant la profession de policier se verra donc attribuer la valeur de 10 x 60 = 600 points (groupe social 7), un avocat retraité la valeur de 85 x 100 x 0,60 = 5 100 points (groupe social 1). Tous les répondants sont rangés par ordre décroissant avant d'être répartis en 8 groupes sensiblement égaux.

TABLEAU 12.2 : *Variable construite : les groupes sociaux en Belgique (Suite)*

COTATION DE LA PROFESSION DU CHEF DE MÉNAGE	
Profession actuelle	**Cotation**
A. Indépendants et professions libérales	45
• Agriculteur	
• Artisan, commerçant avec 5 salariés ou moins, freelance ou autres indépendants avec 5 salariés ou moins ou ne sait pas	70
• Industriel, gros commerçant avec 6 salariés ou plus ; freelance ou autres indépendants avec 6 salariés ou plus	90
• Profession libérale ou nécessitant qualification (médecin, avocat, expert-comptable…)	100
B. Employés (secteur public ou secteur privé)	
Cadre supérieur (directeur, administrateur…) de 5 salariés ou moins	80
Cadre supérieur de 6 à 10 salariés	90
Cadre supérieur de 11 salariés ou plus	100
Cadre moyen de 5 salariés ou moins ou ne sait pas	70
Cadre moyen de 6 salariés ou plus	75
Autre employé principalement travail de bureau (secrétaire, assistante…)	65
Autre employé pas de travail de bureau ; (infirmière, instituteur, policier…)	60
C. Ouvriers (secteur public ou secteur privé)	
Ouvrier qualifié	50
Ouvrier non qualifié	25
D. Inactifs	
Pré-pensionné(e) 75 % du poids de l'ancienne profession	
Pensionné(e) 60 % du poids de l'ancienne profession	
Incapacité de travail	10
Élève/étudiant(e)/en formation	10
Homme/femme au foyer	10
Chômeur (chômeuse) 60 % du poids de l'ancienne profession	
Vous avez temporairement une suspension complète des prestations de travail/système crédit-temps + autre	50

TABLEAU 12.2 : *Variable construite : les groupes sociaux en Belgique (Suite)*

Niveau d'instruction	Cotation
Sans diplôme ou primaire	10
Secondaire inférieur général (3 premières années)	35
Secondaire inférieur technique, artistique ou professionnel (3 premières années)	25
Secondaire supérieur général (3 dernières années)	50
Secondaire supérieur technique (3 dernières années)	45
Secondaire supérieur artistique (3 dernières années)	45
Secondaire supérieur professionnel (3 dernières années)	40
Post-secondaire non supérieur	65
Candidature, bachelier (professionnalisant ou académique, graduat	75
Licence, master, post-graduat, enseignement non universitaire de type long	80
Licence avec diplôme complémentaire, master complémentaire	85
Doctorat avec thèse	100

RÉPARTITION DES POIDS PAR GROUPES SOCIAUX		
Groupes sociaux	**Ventilation**	**%**
Groupe 1	5 525 —10 000	13,04 %
Groupe 2	4 500 — 5 250	14,4 %
Groupe 3	3 000 — 4 420	12,7 %
Groupe 4	2 400 — 2 925	11,1 %
Groupe 5	1 890 — 2 345	12,1 %
Groupe 6	1 200 — 1 875	12,1 %
Groupe 7	420 — 1 125	12,2 %
Groupe 8	100 — 400	11,03 %
Nsp		0,7 %

5 TRAITEMENT INFORMATISÉ DES DONNÉES

Le traitement informatisé des données garantit une saisie d'informations précise et minutieuse et permet des traitements plus élaborés. L'ordinateur a fait réaliser des progrès substantiels grâce à la réduction des délais et des coûts.

Il existe sur le marché des programmes standards de dépouillement, aptes à traiter n'importe quel questionnaire quel que soit le nombre de questions et d'éventualités de questions.

Ces programmes permettent l'intégration d'analyses plus spécifiques comme les analyses multivariées. Ils permettent de libeller les titres, colonnes et lignes de tableaux en langage clair.

D'autres **évolutions** intègrent les différentes phases du traitement et réduisent les opérations manuelles :

- entretiens téléphoniques *pilotés par ordinateur* avec encodage immédiat des réponses ;
- *questionnaires sur terminal* (CATI) : la personne interrogée voit défiler sur l'écran le questionnaire. Les réponses sont saisies directement par l'ordinateur ;
- *kits portables* d'enregistrement lors d'enquêtes face à face (CAPI) ;
- *analyseurs à balayage* qui permettent l'encodage direct du produit acheté ;
- *programmes de balayage électronique* (« *scanner* ») automatique des questionnaires ;
- *récupération du texte* des questionnaires pour la présentation de tableaux et de résultats ;
- programmes de *présentation graphique* animée.

6 ANALYSE DES DONNÉES

Quand toutes les données sont encodées, la phase d'analyse commence. Il s'agit de synthétiser de manière pertinente l'information accumulée sur les questionnaires de manière à la rendre utilisable pour les besoins de la recherche. Les réponses à un questionnaire de 200 répondants à 20 questions représentent 4.000 observations qui, individuellement, ne peuvent être interprétées. Le chargé d'études doit procéder à leur regroupement, rechercher les indicateurs de tendance centrale et de dispersion, évaluer le caractère représentatif des résultats, déterminer les marges d'erreur.

6.1 Analyse des résultats à l'œil nu

Pour réaliser ces analyses, le chercheur utilisera l'outil statistique. Avant d'utiliser des méthodes sophistiquées d'analyse, il est toutefois souhaitable d'analyser les résultats « à *l'œil nu* » de manière à détecter les anomalies ou les erreurs d'encodage.

De plus, « *respirer le listing* » permet souvent de découvrir le fil conducteur de l'analyse.

6.1.1 *Tris à plat et tabulations simples*

La première analyse consiste à réaliser un tri à plat des données pour détecter les erreurs.

Ce tri consiste à établir la distribution de fréquences pour toutes les variables. Le « *tri à plat* » visualise les réponses obtenues au questionnaire, variable par variable. Comme il y a souvent un nombre élevé de questionnaires, on calcule une « *distribution de fréquences* » c'est-à-dire le nombre de réponses obtenues pour chaque question ou pour chaque item figurant dans la question.

Cette distribution de fréquences est souvent absolue, relative (en %) et cumulée, ce qui facilite la lecture des résultats, et représentée sous forme de graphique.

Des tableaux de distribution de fréquences, réalisés pour chaque question, présentent l'avantage de **donner une idée des résultats** pour toutes les variables, quel que soit le type de mesure utilisé. Ils constituent le résultat de base d'une étude de marchés et la source d'informations la plus importante pour l'analyste.

Le simple examen « *à l'œil nu* » de ces tableaux, avant toute analyse plus sophistiquée, permet souvent de

- *dégager* les *principaux résultats* de l'étude ;
- d'*identifier* les zones qui demandent une *interprétation ;*
- d'*identifier* les zones qui demandent des *analyses plus approfondies.*

Analyser les données en se limitant aux tabulations simples est insuffisant et conduit à un risque d'erreur élevé.

En effet, une simple tabulation ne permet pas de prendre en considération l'influence d'une variable sur une autre. Se limiter à des tris à plat limite considérablement l'utilité de l'étude et augmente considérablement les risques d'erreurs.

En plus de donner une vue d'ensemble des résultats, les tabulations simples présentent d'autres **avantages** importants.

- Les tabulations simples permettent de *détecter des erreurs* éventuelles d'enregistrement des données ;
- Il est possible d'*identifier rapidement les points aberrants*, c'est-à-dire correspondant à des valeurs manifestement en dehors des normes et qui constituent soit des erreurs, soit des cas tout à fait exceptionnels qui demandent un traitement séparé.

  Par exemple, en examinant les réponses à une question, on constate que deux entreprises déclarent affecter 70 % de leur chiffre d'affaires à la recherche-développement. Un résultat étonnant qui, s'il est exact, peut s'observer dans une entreprise en phase de lancement mais n'est certainement pas représentatif du comportement moyen des entreprises.

- Les tabulations permettent de *vérifier le caractère représentatif de l'échantillon* interrogé. Il suffit de comparer les distributions observées pour des variables socio-démographiques clés avec d'autres distributions disponibles en ce qui concerne l'ensemble de la population (données INS ou INSEE).

La distribution des professions pourrait être comparée avec des données similaires disponibles à l'INSEE qui suivent en permanence l'évolution des professions.

- Les tabulations simples montrent la structure de la distribution des réponses et permettent de *déterminer ensuite le type de regroupements* ou de recodifications des réponses à adopter.

On observe que les réponses à une question sur la taille d'une entreprise est répartie de manière asymétrique vers les catégories extrêmes. Si les objectifs de l'étude sont notamment de voir s'il existe une relation entre la taille de l'entreprise et l'importance de la recherche-développement, un nombre élevé de catégories ne se justifie pas. Par contre, il est souhaitable d'avoir à peu près le même nombre d'observations par catégories. L'analyste regroupera donc les données en classes ou quantiles.

- La distribution de fréquences permet de *détecter la structure de la distribution* et notamment de définir son caractère « *normal* » ou pas.

TABLEAU 12.3 : *Tabulation simple*

Vous arrive-t-il de vous garer sur les trottoirs sans tenir compte de la signalisation ?		
Répondants	232	*100 %*
Jamais	123	*53 %*
Rarement	39	*17 %*
Parfois	67	*29 %*
Souvent	3	*1 %*
Toujours	0	*0 %*

6.1.2 *Sélection d'une base de calcul*

Le choix d'une base de calcul doit tenir compte de l'objectif poursuivi et de l'hypothèse de travail testée. La base va s'adapter à chaque hypothèse et varier selon les questions traitées.

En général, l'analyste utilise **deux bases** pour le calcul des fréquences relatives :

- L'*échantillon total interrogé*, c'est-à-dire le nombre de personnes qui ont participé à l'enquête, y compris ceux qui n'ont pas répondu à l'une ou l'autre question ;
- Le *nombre de répondants*, c'est-à-dire le nombre de personnes qui ont répondu à la question.

La **différence** entre interrogés et répondants est parfois importante vu :

- Les *non-réponses* qui correspondent aux personnes interrogées qui n'ont pas pu ou voulu répondre à une question donnée ;

- Les *non-concernés* qui correspondent aux personnes interrogées qui ont été écartées d'une question suite à l'introduction d'un filtre ou parce qu'elles ne sont pas reprises dans la sous-population analysée.

La présence d'un item « *non-réponse* » par question permet de distinguer lors du traitement les non-réponses des « *non-concernés* ». Cette présence doit être utilisée avec discernement de manière à éviter d'alourdir inutilement un questionnaire. Parfois, si le sujet étudié l'exige, il est possible de distinguer les « *sans avis* », les « *ne sait pas* », les « *ne veut pas répondre* ».

6.1.3 *Mesures de tendance centrale et de dispersion*

Les tris à plat terminés, il convient de résumer l'information. Ce sont les indicateurs statistiques de tendance centrale ou de dispersion qui sont utilisés dans ce cas.

Comme **mesures de tendance centrale**, ce sera le mode, la médiane ou la moyenne.

- Le *mode* (Mo) est la valeur ou la réponse la plus souvent rencontrée.
- La *médiane* (Me) est la moyenne de position. Le nombre d'observations inférieures à la médiane est égal au nombre d'informations supérieures à la médiane. La médiane divise la distribution en deux nombres égaux d'observations.
- La *moyenne* ($\overline{x}$), est la somme des valeurs de la variable divisée par le nombre de réponses : $\overline{x} = \frac{\sum(x_i)}{n}$

TABLEAU **12.4** : *Bases de calcul*

Marque	Notoriété spontanée			Présence à l'esprit
	Fréquences absolues	Fréquences relatives		
	Base	interrogés	répondants	citations
Marque 1	650	59 %	65 %	16 %
Marque 2	590	54 %	59 %	15 %
Marque 3	580	53 %	58 %	15 %
Marque 4	550	50 %	55 %	14 %
Marque 5	450	41 %	45 %	11 %
Marque 6	210	19 %	21 %	5 %

TABLEAU 12.4 : *Bases de calcul (Suite)*

Marque	Notoriété spontanée			Présence à l'esprit
	Fréquences absolues	Fréquences relatives		
	Base	interrogés	répondants	citations
Marque 7	170	15 %	17 %	4 %
Marque 8	140	13 %	14 %	4 %
Marque 9	130	12 %	13 %	3 %
autres (< 5 %)	510	46 %	51 %	13 %
Total	3 980	362 %	398 %	100 %
Répondants	1 000	91 %	100 %	25 %
Sans réponse	100	9 %		
Interrogés	1 100	100 %		

L'objectif poursuivi détermine le choix de la base de calcul des pourcentages.
Pour la présence à l'esprit d'une marque, le nombre de citations (3.980) est la base adéquate, pour la notoriété spontanée, les interrogés (1.100 répondants et sans-réponse), pour les marques les plus citées par les personnes capables d'en citer au moins une, les répondants (1.000).
Souvent, le « nombre de répondants » est retenu. Toutefois, il conduit à sous-estimer la réalité quand les « sans réponse » sont élevés.
Dans l'exemple ci-dessous, le total des citations est égal à 3,98 fois l'échantillon. Cela signifie qu'une personne cite, en moyenne, 4 marques.

Pour des **variables nominales**, le mode est la statistique utilisée ; il s'agit donc de la réponse la plus fréquente. Dans certains cas, la distribution peut être multimodale (plusieurs modes).

Dans le cas des **variables ordinales**, c'est la médiane qui est la statistique la plus appropriée ainsi que les quantiles (quartiles, déciles, centiles, etc.) ou encore les échelles unimodales d'évaluation.

Pour les variables **quantitatives**, la moyenne arithmétique est la plus utilisée. Comme un simple calcul de moyenne peut être trompeur, il doit nécessairement s'accompagner d'un indicateur de dispersion qui décrira la structure de la distribution (écart-type, variance, etc.)

Différentes **mesures de dispersion** peuvent être utilisées. L'étendue est l'intervalle qui sépare deux valeurs extrêmes ;

- L'*écart moyen* est la moyenne des valeurs absolues des écarts par rapport à la moyenne ;
- La *dispersion* est la somme des carrés des écarts par rapport à la moyenne ; $DISP = \sum(x_i - \overline{x})^2$;
- La *variance* est la moyenne des carrés des écarts par rapport à la moyenne ; $\sigma^2 = \frac{\sum(x_i - \overline{x})^2}{n}$;

Si elle a été obtenue sur un échantillon, un degré de liberté a été consommé pour ce calcul et devient : $\sigma^2 = \frac{\sum(x_i - \overline{x})^2}{n-1}$;

- L'*écart-type* est la racine carrée de la variance. Dans le cas d'un calcul sur échantillon, l'écart-type vaut : $\sigma = \sqrt{\frac{\sum(x_i - \overline{x})^2}{(n-1)}}$.

Les **coefficients du degré d'asymétrie** (*skewness*) et d'**aplatissement** (*kurtosis*) de la distribution peuvent aussi être calculés. Ces coefficients permettent d'évaluer le degré de normalité de la distribution des observations.

6.1.4 *Tabulations croisées à deux facteurs*

Ces tabulations sont très utiles car elles permettent de visualiser l'existence de relations entre variables.

Par exemple, de vérifier si les consommateurs d'une boisson lactée à la grenadine ont plus ou moins tendance à consommer d'autres produits lactés.

Pour réaliser ces tabulations, il convient de déterminer, au préalable, les variables à croiser, par exemple croiser la réponse à une question en fonction des caractéristiques socio-démographiques.

C'est dire toute l'importance des hypothèses formulées préalablement. Elles vont être à la **base des croisements** de variables à réaliser. Ces tabulations vont par ailleurs infirmer ou confirmer les hypothèses initiales.

Pour obtenir des tableaux croisés particulièrement « *parlant* », il faut limiter les observations de chaque variable à un nombre limité de catégories, trois ou quatre au maximum, et dans la mesure du possible de même dimension.

En fonction du nombre de colonnes et de lignes, les tableaux seront présentés horizontalement ou verticalement. Pour **chaque tableau,** le chargé d'études va préciser :

- le *nom de l'étude* et la *date* des résultats ;
- le *titre* du tableau ;
- la *base* de calcul ;

- la présence ou non d'un *filtre* ;

Pour le calcul des pourcentages, il va signaler s'il s'agit de *pourcentages verticaux ou horizontaux* et mentionner le *total* des fréquences (relatives ou absolues) en tête ou queue de tableau.

Ces informations sont indispensables car un tableau isolé de son ensemble doit rester compréhensible et pouvoir être interprété sans référence à d'autres résultats.

TABLEAU **12.5** : *Tabulation croisée*

Vous arrive-t-il de vous garer sur les trottoirs sans tenir compte de la signalisation ?									
Âge					**Zones d'habitat**				**Total**
	≤ 28 ans	**28 -37 ans**	**38 -47 ans**	**≥ 48 ans**	**Grands centres**	**Centres urbains**	**Villes secon-daires**	**Habitat rural**	**Répon-dants**
Répondants	39 100 %	47 100 %	66 100 %	81 100 %	83 100 %	73 100 %	17 100 %	48 100 %	232 100 %
Jamais	10 26 %	30 64 %	39 59 %	44 55 %	56 67 %	39 53 %	4 22 %	18 38 %	123 53 %
Rarement	14 36 %	7 16 %	10 15 %	8 9 %	12 15 %	16 22 %	5 29 %	3 6 %	39 17 %
Parfois	15 38 %	8 17 %	16 25 %	28 35 %	15 18 %	16 22 %	8 49 %	27 56 %	67 29 %
Souvent	0 0 %	2 3 %	1 1 %	1 1 %	0 0 %	2 3 %	0 0 %	0 0 %	3 1 %
Toujours	0 0 %	0 0 %	0 0 %	0 0 %	0 0 %	0 0 %	0 0 %	0 0 %	0 0 %

Il existe **trois manières** de calculer les fréquences relatives (pourcentages) :

- par rapport aux totaux des lignes : ce seront les *pourcentages horizontaux* ;
- par rapport aux totaux des colonnes : ce seront les *pourcentages verticaux* ;
- par rapport au total du tableau : ce sera le *pourcentage total.*

6.1.5 *Choix d'un mode de calcul des fréquences relatives*

Le choix d'un mode de calcul peut avoir un impact sur l'analyse des résultats. L'interprétation des résultats est fonction de la lecture du tableau.

TABLEAU 12.6 : *Dans quel sens faut-il calculer les pourcentages d'un tableau comme celui proposé ci-dessus ?*

*Prenons le cas des deux variables du tableau (nombre de vendeurs et existence d'un budget de promotion). Le message de ce tableau croisé est identique que l'on prenne les pourcentages horizontaux ou verticaux — **il y a une relation qui existe entre le nombre de vendeurs et l'existence d'un budget de promotion** —.*

ANALYSE DE LA RELATION ENTRE LE NOMBRE DE VENDEURS ET LA TAILLE D'UN BUDGET DE PROMOTION [1]

Nombre de vendeurs	Pas de budget de promotion	Budget de promotion	Total
Moins de 100	92 **(77 %)** (64 %)	27 **(23 %)** (29 %)	119 **(100 %)**
100-499	41 **(57 %)** (29 %)	31 **(43 %)** (33 %)	72 **(100 %)**
500 et plus	10 **(22 %)** (7 %)	36 **(78 %)** (38 %)	46 **(100 %)**
Total	143 (100 %)	94 (100 %)	237

*Par contre, **l'interprétation du message est différente selon les pourcentages horizontaux ou verticaux**.*

Dans le cas des pourcentages horizontaux (calcul en lignes), la conclusion de l 'analyse est que : « 23 % seulement des entreprises à faible nombre de vendeurs allouent des ressources à la promotion contre 78 % des entreprises de grande dimension ».
Cette analyse laisse supposer qu'il est 3,4 (78/23) fois plus vraisemblable d'avoir un budget de promotion important dans une entreprise à grand nombre de vendeurs que dans une petite entreprise.
Dans le second cas (calcul en colonnes), la conclusion serait plus nuancée et deviendrait « 29 % des entreprises qui allouent des ressources à la promotion sont de petite taille contre 38 % des entreprises de grande dimension ». Le rapport de vraisemblance devient 1,3 (38/29), ce qui donne une physionomie très différente du problème étudié.

En conséquence, le choix d'un mode de présentation des résultats n'est jamais neutre. Le danger est que l'analyste n'y prenne garde et laisse au logiciel de calcul le soin de présenter les données.

Comment choisir entre ces deux modes de présentation des résultats tout en restant aussi objectif que possible ?

LAMBIN propose la règle suivante : Il faut **calculer les pourcentages dans le sens de la variable causale logique ou présumée**.

1. PARASURAMAN A., Marketing Research, Reading, Mass., Addisson-Wesley Publishing Company, 1986.

« En l'occurrence, dans l'exemple ci-dessus, l'hypothèse formulée est que c'est le nombre de vendeurs qui " explique " la présence ou l'absence d'un budget de promotion et non pas l'inverse. Les calculs des pourcentages s'appuieront donc sur les totaux des lignes correspondant aux différentes catégories d'entreprises décrites en nombre de vendeurs employés occupés[2] ».

Dans la majorité des cas, le chargé d'études va croiser les variables de comportement, d'attitude, d'opinion avec les variables socio-démographiques. La ventilation réalisée va présenter en lignes les différentes modalités de la variable et en colonnes, sa répartition par âge, sexe, zones d'habitat, régions NIELSEN, groupes sociaux, classes sociales, etc.

Toutefois, « l'application de cette règle n'est pas toujours évidente, en ce sens qu'il peut y avoir des situations dans lesquelles il n'y a pas de variable explicative clairement désignée. Toujours dans l'exemple précédent, supposons qu'au lieu du nombre de vendeurs, on croise les données sur la force de la position concurrentielle détenue par les entreprises de l'échantillon (faible, moyenne, forte) avec les données sur l'existence ou non d'un budget de promotion. Quelle est, dans ce cas, la variable explicative présumée ? Faut-il considérer que c'est la présence d'un budget de promotion qui explique la force de la position concurrentielle ou au contraire que c'est la faiblesse de la position concurrentielle qui empêche une entreprise d'investir en promotion ? C'est le problème classique de la poule et de l'œuf[3] ».

Une seconde règle peut s'énoncer comme suit : **en absence de logique causale fiable, les fréquences relatives doivent être calculées et présentées dans les deux sens, verticalement et horizontalement**.

Le caractère représentatif de l'échantillon intervient aussi dans le choix du mode de calcul des fréquences relatives. Le calcul doit s'effectuer en fonction du caractère représentatif ou non de la variable.

Dire que « 23 % seulement des entreprises à faible nombre de vendeurs ont un budget de promotion contre 78 % pour les entreprises de grande taille » implique que l'échantillon soit représentatif vis-à-vis du critère « nombre de vendeurs ».

Si ce n'était pas le cas et si l'échantillon était représentatif par rapport au critère « budget de promotion », il serait plus correct de dire que « parmi les entreprises qui ont un budget de promotion, 29 % sont de petite taille alors que 38 % sont de grandes entreprises ».

En définitive, la règle de calcul des pourcentages doit donc être énoncée comme suit : calculer les pourcentages dans le sens de la variable causale présumée si l'échantillon est représentatif par rapport à cette variable ; s'il ne l'est pas, calculer les pourcentages dans le sens de la variable dont la représentativité est assurée dans l'échantillon.

2. LAMBIN J.-J., *Op. cit.*, p. 234.
3. LAMBIN J.-J., *Op. cit.*, p. 234.

Cette analyse, plus indicatrice que les tris à plat, ne résout cependant pas tous les problèmes de recherche, notamment le problème de l'existence d'une relation causale entre les variables.

Des études récentes, en Alsace, ont montré que plus les cigognes survolaient cette région, plus les naissances d'êtres humains augmentaient. Les coefficients calculés (coefficient de détermination) étaient particulièrement significatifs. On peut cependant s'interroger sur le caractère causal de cette relation. Traduire une corrélation (deux variables évoluant en même temps) en causalité (une variable influence une autre variable) sans approche théorique sérieuse peut conduire à des interprétations erronées.

6.1.6 *Absences fallacieuses d'association*

Les tableaux croisés présentent de nombreuses limites. Une analyse rapide des résultats peut conduire à des interprétations erronées, particulièrement quand une relation entre les deux variables semble apparaître.

Avant de conclure à l'absence de relation, deux questions se posent :

- Les *classes constituées* autour de la variable explicative sont-elles *pertinentes* ? Les *limites* supérieures et inférieures sont-elles *réalistes* ?
- *D'autres variables* ne *discriminent*-elles pas mieux la variable expliquée ?

Tableau 12.7 : *Absence fallacieuse d'association*

Dans l'étude suivante consacrée à la musique classique, le chercheur a croisé des observations sur l'écoute de la musique classique et l'âge.
L'hypothèse à vérifier porte sur la question de savoir si la prédisposition à l'écoute de la musique classique tend à augmenter avec l'âge.

TABLEAU CROISÉ : ÉCOUTE DE LA MUSIQUE CLASSIQUE PAR TRANCHE D'ÂGE

Disposition à écouter de la musique classique	40 ans et moins	Plus de 40 ans
Écoutent régulièrement	390 *(64 %)*	433 *(64 %)*
N'écoutent pas régulièrement	213 *(36 %)*	243 *(36 %)*
Total	603 *(100 %)*	676 *(100 %)*

Contrairement aux idées reçues, les données semblent infirmer l'hypothèse puisque la répartition des fréquences relatives (pourcentages), quel que soit l'âge, est identique.
Une autre analyse peut, au contraire, infirmer la première approche. Il suffit d'intégrer une troisième variable.

TABLEAU 12.7 : *Absence fallacieuse d'association (Suite)*

TABLEAU CROISÉ : ÉCOUTE DE LA MUSIQUE CLASSIQUE PAR NIVEAU D'INSTRUCTION				
Disposition à écouter de la musique classique	**Universitaires**		**Non-universitaires**	
	< 40 ans	≥ 40 ans	< 40 ans	≥ 40 ans
Écoutent régulièrement	73 % (162)	78 % (195)	61 % (228)	56 % (238)
N'écoutent pas régulièrement	27 % (62)	22 % (56)	39 % (151)	44 % (187)
Total	100 % (224)	100 % (251)	100 % (379)	100 % (425)

L'analyse du tableau suggère une logique toute différente. Ainsi, les répondants qui ont suivi une formation universitaire, non seulement écoutent plus régulièrement de la musique classique que les autres, mais la prédisposition augmente avec l'âge.
Faut-il conclure à l'influence de la variable explicative (l'âge) sur la variable expliquée (la prédisposition à écouter de la musique classique) ?
Non, car les fréquences relatives regroupées, les variations se compensent. Autrement dit, il y a ***absence fallacieuse d'association****.*

SOURCE : ZEISEL H., *Say it with figures*, New York, Harper and Row, 5th Edition, 1968.

6.1.7 *Présences fallacieuses d'association*

En présence d'une relation apparente entre deux variables, il convient d'observer les mêmes préoccupations, sous peine de conclure erronément à une causalité impropre. Ce risque d'erreur bien connu des analystes peut être anticipé et résolu aisément.

D'une part, le chercheur doit systématiquement croiser les variables expliquées par le fait que la personne consomme ou non le produit ou service analysé de même que sa connaissance du marché ;

D'autre part, il convient d'utiliser des analyses plus pertinentes et plus complètes qui évaluent le caractère significatif de la relation causale imaginée, reposent sur des théories bien établies et analysent simultanément plusieurs variables explicatives.

Tableau 12.8 : *Présence fallacieuse d'association*

Des répondants ont été interrogés après une campagne publicitaire télévisée en faveur de l'utilisation du métro régional. Les questions portaient sur l'intention d'utilisation du métro, le souvenir du message publicitaire et l'utilisation ou non du métro au cours des quatre semaines qui ont précédé la campagne publicitaire.

Les résultats mettent en évidence l'existence d'une relation d'association statistiquement significative (χ^2 = 25) entre intention et souvenir de la publicité. Pour preuve, ceux qui se souviennent ont deux fois plus l'intention (63 %) d'utiliser le métro que ceux qui ne se souviennent pas de la campagne (36 %).

A priori, le chercheur pourrait conclure à l'efficacité de la campagne publicitaire.

TABLEAU CROISÉ : UTILISATION DU MÉTRO ET SOUVENIR DE LA PUBLICITÉ

Intention d'utilisation du métro	**Souvenir de la publicité**	
	Se souviennent	Pas de souvenir
Intention d'utiliser	63 % (95)	36 % (75)
Pas d'intention d'utiliser	37 % (55)	64 % (135)
Total	100 % (150)	100 % (210)

L'introduction d'une nouvelle variable (utilisation antérieure du métro) modifie les résultats. En effet, la relation supposée entre le souvenir de la publicité et l'utilisation future du métro a disparu. L'intention d'utilisation est déterminée par l'usage actuel du métro.

TABLEAU CROISÉ : UTILISATION DU MÉTRO ET SOUVENIR DE LA PUBLICITÉ

Intention d'utilisation du métro	**Usagers du métro**		**Non-usagers du métro**	
	Publicité		Publicité	
	oui	non	oui	non
Intention d'utiliser	85 % (85)	80 % (48)	20 % (10)	10 % (27)
Pas d'intention d'utiliser	15 % (15)	20 % (12)	80 % (40)	82 % (123)
Total	100 % (100)	100 % (60)	100 % (50)	100 % (150)

Autrement dit, il y a ***présence fallacieuse d'association.***

Source : AAKER D.A., DAY G., *Marketing Research* John Wiley and Sons, New York, 1980.

Ces deux exemples ont montré à souhait les limites des tabulations croisées.

Souvent, il est nécessaire d'augmenter le nombre de variables à analyser en même temps. Se pose alors un problème de visualisation des données.

Comment présenter un tableau en trois dimensions ? De plus, présenter plusieurs variables simultanément nécessite de disposer d'une taille d'échantillon très importante, qui peut atteindre plusieurs milliers de répondants.

6.2 Rôle de l'analyse statistique

L'analyse des résultats à l'œil nu — tris à plat ou tris croisés —, présente de nombreuses limites.

> *« Des différences ou des associations entre variables apparemment importantes peuvent être simplement le résultat d'erreurs d'échantillonnage et il est utile de disposer de critères objectifs permettant de conclure à l'existence d'un effet réel*[4] *».*

De plus, l'utilisation de tableaux croisés n'est pas suffisante pour extraire toute la richesse d'informations et d'explications qui se trouve dans une étude de marchés.

C'est pourquoi, afin d'exploiter au mieux les informations disponibles, le chercheur utilise l'analyse statistique.

Seule, celle-ci permet de décider objectivement si les résultats obtenus sont significatifs, c'est-à-dire indicateurs de la problématique ou dus aux variations de l'échantillon.

Les traitements statistiques dépendent des **objectifs** que l'analyste cherche à atteindre :

- *visualiser* la *variabilité* des valeurs d'une variable ,
- *mesurer* la *stabilité* de ces valeurs autour d'une « *valeur centrale* » ,
- *quantifier* la *variabilité* d'une variable,
- *résumer* l'information statistique,

et aussi de la **nature** de la variable étudiée.

Plusieurs niveaux d'analyse existent, depuis la simple tabulation des fréquences jusqu'aux analyses multivariées les plus avancées. Plus la méthode est complexe, plus elle est pertinente.

C'est par l'intermédiaire de l'ordinateur que le chercheur va analyser les renseignements recueillis lors du field. L'utilisation de l'informatique permet de réaliser des analyses très sophistiquées dans un délai très rapide.

L'analyse statistique va permettre de :

- *Préciser la valeur d'un indicateur* (le pourcentage obtenu sur l'échantillon est-il indicateur de la fréquence de l'apparition du phénomène dans la population ?) *;*
- *Estimer le niveau de significativité d'une différence* (2 échantillons sont-ils différents ? Constituent-ils des groupes à comportements semblables ?) *;*
- *Evaluer la corrélation* existant entre 2 variables ou permettre de prévoir le phénomène observé.

---

4. Lambin J.J., *Op. cit.*, p. 237.

Plusieurs **types** d'analyse statistique existent :

- l'analyse *univariée ;*
- l'analyse *bivariée ;*
- l'analyse *multivariée.*

Ces types varient en fonction du nombre de variables et d'échantillons analysés simultanément. La procédure d'analyse demeure souvent identique : le chercheur va formuler une hypothèse et soumettre celle-ci à un test statistique approprié de manière à déterminer son caractère significatif. Ce test permettra de préciser le risque d'erreur. La littérature spécialisée[5] présente en détail la plupart de ces tests.

Dans le cadre de ce livre, nous nous limiterons volontairement aux tests les plus couramment utilisés. Seuls les tests relatifs aux échantillons aléatoires qui portent au moins sur 30 unités sont présentés.

Le nombre de variables à analyser précise le type d'analyse à prendre en compte : analyse univariée, bivariée ou multivariée.

NIVEAUX DE VARIABLES EN STATISTIQUE

Le piège le plus classique, en statistique, consiste à tirer des informations sur des données qu'elles ne contiennent pas. Exprimé dans le jargon des statisticiens, il consiste à se tromper de niveau de mesure.

L'habitude de coder numériquement les réponses d'enquête est loin d'être étranger à ce piège. Cette transformation se réalise souvent en vue d'un traitement informatique. La magie des chiffres ne fait-elle toujours pas illusion ?

Pour éviter ce biais, l'utilisateur se posera la question suivante. Que puis-je faire avec mes données ? Obéissent-elles à une structure aussi forte que celle que l'on reconnaît habituellement aux nombres ?

Variables nominales

Une variable nominale autorise le classement des répondants d'une enquête en différentes catégories ou en différentes classes. Les nombres obtenus ne peuvent, en aucun cas, faire l'objet d'opérations de l'arithmétique. On peut juste les associer sur l'ensemble des unités statistiques. C'est ce que les mathématiciens appellent une relation d'équivalence.

Cette variable statistique prend des valeurs ou modalités discontinues et sans relation d'ordre.

Les échelles nominales ont la particularité de ne posséder ni ordre, ni distance, ni origine. Ce sont les échelles qui s'avèrent les plus pauvres en information. Les nombres correspondant à ce type de mesure ne matérialisent que l'appartenance à une catégorie.

5. Wonnacott Thomas & Wonnacott Ronald, *Statistique*, Economica, 1991, 4e édition.

Exemples de modalités : masculin /féminin ; profession ; lieu géographique.

En d'autres termes, l'utilisateur des statistiques s'intéressera, avant tout calcul, aux propriétés des données. Statistiquement parlant, il cherche à identifier le type de la variable ou le niveau de mesure.

Variables ordinales

Les variables ordinales peuvent être classées tout en respectant l'information de hiérarchie. L'utilisateur peut les ranger, les ordonner selon un ordre déterminé. En plus d'une relation d'équivalence, on peut leur associer une relation d'ordre.

Aucune information n'est disponible sur la distance séparant les nombres.

Les échelles ordinales permettent de classer les objets selon un ordre donné. L'information est donc plus riche que celle qui est fournie par les échelles nominales. Les différences entre les rangs n'ont pas de signification : la distance entre l'objet classé premier et le second n'est pas nécessairement la même que celle qui apparaît entre le second et le troisième.

Cette variable statistique prend des valeurs ou modalités discontinues mais pouvant être classées par une relation d'ordre.

Exemple : la variable prend les modalités : tout à fait d'accord — d'accord- pas d'accord — pas du tout d'accord.

Variables quantitatives d'intervalles et de rapports

Ces deux niveaux de mesure sont très proches l'un de l'autre. Ils indiquent la distance que sépare deux données.

Dès le moment où l'origine est arbitraire, les statisticiens parlent de variables d'intervalles. Quand le zéro est naturel, ils parlent de variable de rapport.

Les échelles d'intervalles permettent de classer les objets et les distances utilisées ont un sens. Il sera donc possible d'interpréter les distances entre ces nombres.

Les échelles de rapports (ou de ratio) présentent tous les attributs d'une échelle d'intervalle mais possèdent, en plus, une origine associée à un zéro absolu qui traduit l'absence totale du phénomène.

Cette variable statistique prend des valeurs chiffrées continues, par opposition à la variable ordinale ou la variable nominale.

Une variable discrète ne peut prendre que certaines valeurs (ex. : points). Une variable continue peut prendre toutes les valeurs situées entre des valeurs extrêmes (ex. : revenu, âge)

Exemples : le chiffre d'affaires, une longueur de linéaire, etc.

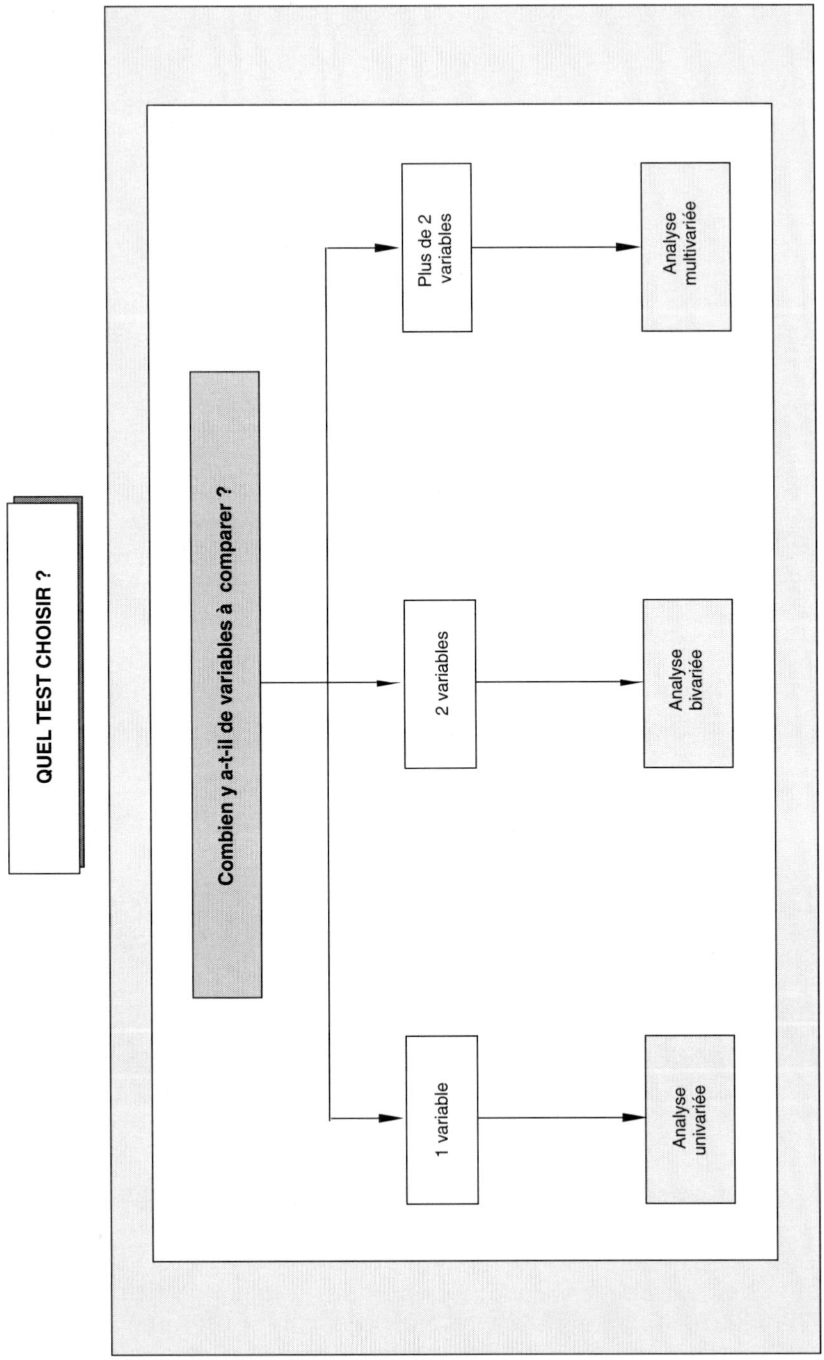

FIGURE 12.1 : *Quel test choisir ?*

Tableau 12.9 : *Niveaux de mesure et propriétés*

Niveau de mesure	Structure mathématique	Caractéristiques de base	Exemples	Exemples de statistiques autorisées	
Nominal	Correspondance un à un	Les nombres sont des étiquettes de classement.	Sexe, code postal, numéro de dossard.	Fréquences, mode.	Chi carré, coefficient de contingence.
Ordinal	Transformation monotone	Les nombres indiquent la position relative des objets.	Classement, préférence de marque, échelles d'attitude, qualité.	Percentiles, médiane.	Corrélation de rangs, échelles unimodales, test des suites.
Intervalle	Transformation linéaire (origine arbitraire)	Les différences entre les objets sont significatives.	Température, énergie, dates du calendrier.	Étendue, moyenne arithmétique, écart type.	Corrélation de PEARSON, test en t, test en z, régression, test de Fisher.
Rapport	Transformation de similitude (origine absolue).	Les rapports sont conservés d'une échelle à l'autre.	Âge, revenu, parts de marchés, longueur, densité, poids.	Moyenne géométrique.	Coefficient de variation.

6.2.1 *Analyse univariée*

Le type le plus simple d'analyse statistique considère **une seule variable**. Elle permet de :

- *déterminer l'intervalle de confiance* de la valeur observée (proportion ou moyenne) ou sa marge d'erreur pour un échantillon donné ;
- *vérifier la conformité théorique d'une distribution* par l'utilisation de tests d'ajustements sur l 'échantillon ;
- *vérifier la conformité d'une valeur observée* par l'utilisation des tests de conformité sur l'échantillon ;
- *comparer des valeurs observées* sur deux échantillons.

LA THÉORIE STATISTIQUE, UN OUTIL INDISPENSABLE

La théorie des sondages repose essentiellement sur deux grandes lois mathématiques : la loi des probabilités et la loi des grands nombres.

La *probabilité d'un événement* est le rapport du nombre de cas favorables à cet événement au nombre de cas possibles, en supposant que tous les cas possibles sont également vraisemblables. On lui associe la notion de *fréquence* qui est le rapport entre le nombre de cas favorables observés au nombre total d'observations.

La *loi des grands nombres* de Jacques BERNOUILLI s'énonce comme suit. Si, dans une épreuve, la probabilité d'un événement est égale à p, et si l'on répète l'épreuve un grand nombre de fois, le rapport entre le nombre de fois que se produit cet événement et le nombre total d'épreuves — c'est-à-dire la fréquence f de l'événement — tend à se rapprocher de la probabilité p.

Plus précisément, si le nombre d'épreuves est suffisamment grand, il devient tout à fait improbable que l'écart entre f et p dépasse une valeur quelconque, si petite soit-elle, donnée à l'avance.

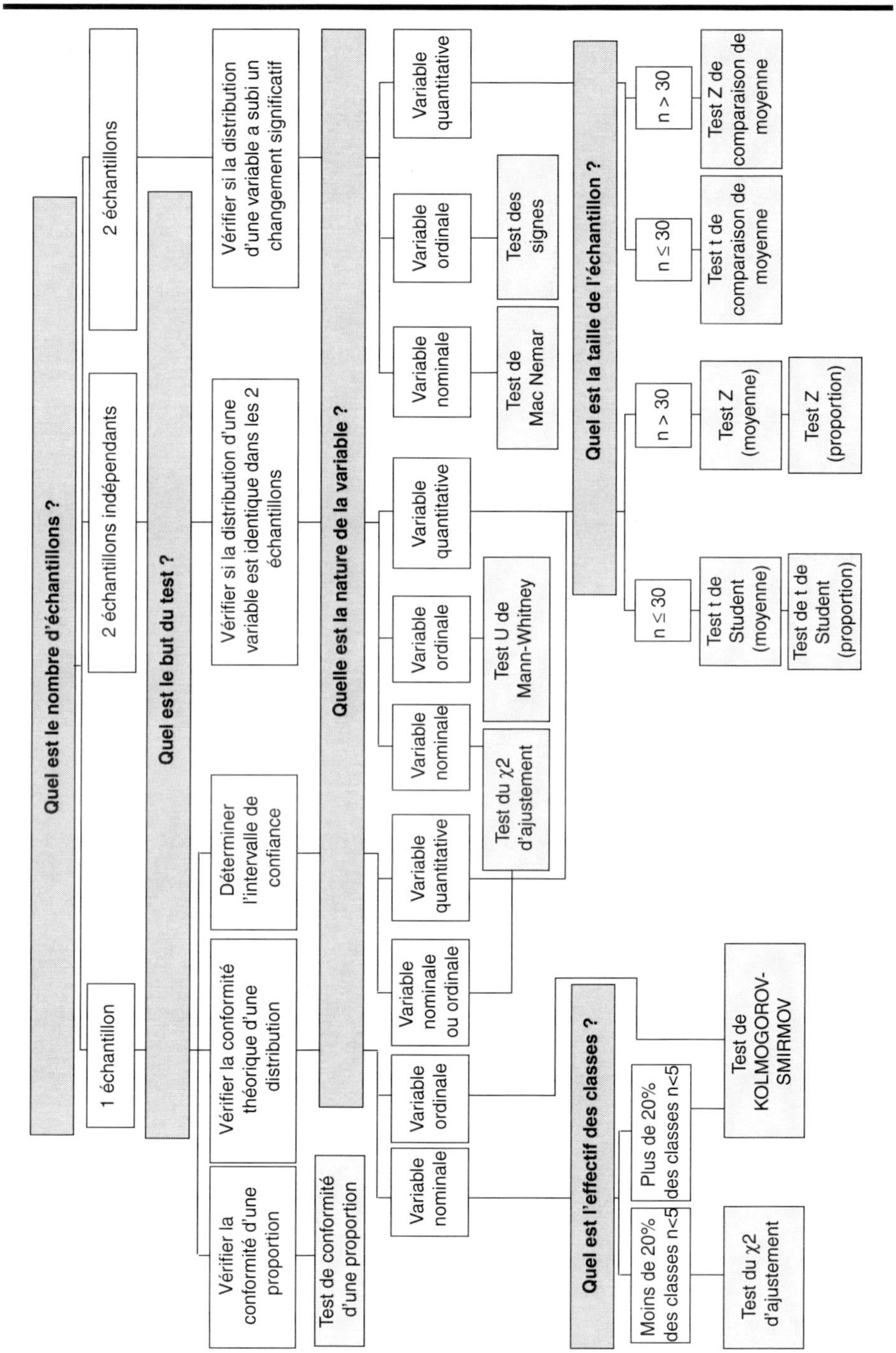

FIGURE 12.2 : *Analyse univariée*

6.2.1.1 Calcul de l'intervalle de confiance ou de la marge d'erreur

Quand on regarde le résultat d'une enquête, on est souvent amené à se demander si celui-ci est significatif. Le terme significatif doit ici s'entendre au sens statistique.

La question est de savoir si le résultat obtenu, un pourcentage de réponses à une question ou une moyenne, est extrapolable à l'ensemble de la population, et si oui, dans quelle mesure. Pour ce faire, le chercheur utilisera le calcul de la marge d'erreur ou de l'intervalle de confiance d'un échantillon aléatoire pour une proportion.

Pour distinguer les notations concernant l'échantillon de celles concernant la population, on utilise les symboles suivants :

	Population	**Échantillon**
Moyenne	μ	$\overline{x}$
Écart-type	σ	s
Variance	σ^2	s^2
Proportion	π	p
Taille	N	n

L'intervalle de confiance **dépend** de :

- la *taille* de l'échantillon ;
- l'*ordre de grandeur de la proportion observée*, dans le cas d'une proportion ou de l'écart type observé sur l'échantillon, dans le cas d'une moyenne.

L'estimation consiste à calculer, au départ de la moyenne ou d'une proportion obtenue sur l'échantillon, un intervalle de confiance de manière à ce que la moyenne ou la proportion sur la population se trouve dans cet intervalle.

Donner un intervalle de confiance est nécessaire dans la mesure où seul un échantillon de la population a été interrogé. Par ailleurs, notons qu'il existe un risque faible mais réel que la vraie valeur de la variable se situe en dehors de cet intervalle de confiance.

Si la probabilité pour que la moyenne de la population appartienne à l'intervalle calculé est de 95 %, il y a 5 % de risque que cette moyenne n'appartienne pas à cet intervalle. Ces 5 % sont appelés « seuil de risque » et désignés communément par le lettre α.

La détermination d'un intervalle de confiance repose sur les propriétés de la loi normale. Celle-ci, connue également sous le nom de *loi de GAUSS* du nom du grand mathématicien allemand Karl Friederich GAUSS, se visualise sous la forme d'une courbe en cloche et permet de calculer l'intervalle de confiance car de nombreuses variables aléatoires utilisées en économie et en marketing ont pour fonction de densité de fréquence cette courbe *normale.*

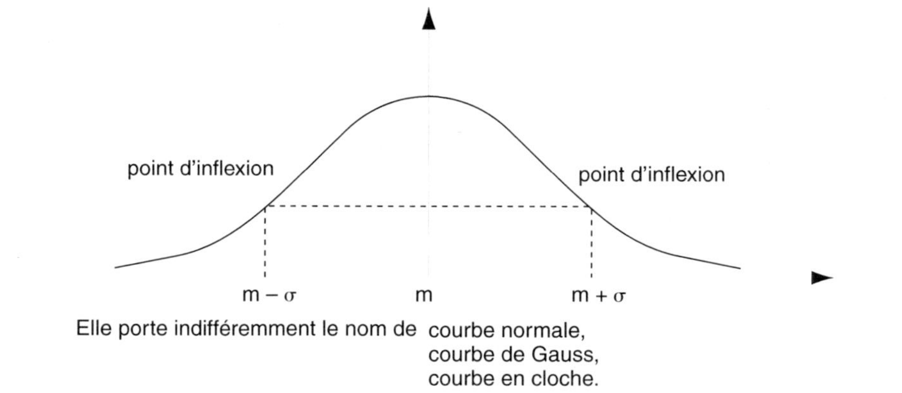

FIGURE 12.3 : *Loi normale*

- **Intervalle de confiance d'une proportion**

La formule ci-dessous permet ce calcul :

$$e = z_\alpha \sqrt{\frac{p(1-p)}{n}}$$

e = marge d'erreur ;

z_α = seuil de signification ;

p = proportion sur l'échantillon ;

n = taille de l'échantillon.

L'intervalle de confiance se situe donc entre

$$p - z_\alpha \sqrt{\frac{p(1-p)}{n}} \leq \pi \leq p + z_\alpha \sqrt{\frac{p(1-p)}{n}}$$

p = *proportion vraie de la population ;*

z_α = *seuil de signification ;*

p = *proportion sur l'échantillon ;*

n = *taille de l'échantillon.*

Dans un test symétrique, généralement utilisé pour calculer la marge d'erreur, les valeurs de la loi normale, pour différents seuils de signification, varient :

	1 %	**5 %**	**10 %**	**20 %**
Z_α	2,57	1,96	1,64	1,28

Le seuil de signification est donné par la lecture de la table de la loi normale. Il est cependant communément admis que les données sont considérées comme significatives à ce seuil. L'analyste qui retient ce seuil de signification de 5 % signifie qu'il est confiant à 95 % que le résultat obtenu se situe dans la fourchette calculée.

Imaginons, dans une enquête sur 400 personnes, que 50 % des répondants consomment du chocolat aux noisettes. Si l'échantillon est bien construit et représentatif de la population, cela signifiera que, dans la population 50 %, ± la marge d'erreur consomment du chocolat aux noisettes.

Pour calculer l'intervalle de confiance, il suffit d'appliquer la formule :

$$0,5-1,96\sqrt{\frac{0,5(1-0,5)}{400}} \leq \pi \leq 0,5+1,96\sqrt{\frac{0,5(1-0,5)}{400}}$$

Dans ce cas, la marge d'erreur vaut ± 4,9 %. Cela signifie qu'il y a entre 50 % ± 4,9 % de la population qui consomment du chocolat aux noisettes, soit entre 45,1 % et 54,9 % des gens.

Les tableaux repris en annexe 3 reprennent le calcul de la marge d'erreur pour une proportion dans le cas d'un échantillon aléatoire simple avec un intervalle de confiance de 95 %.

- **Intervalle de confiance d'une moyenne**

La formule ci-dessous permet ce calcul :

$$e = z_\alpha \frac{s}{\sqrt{n}}$$

e = marge d'erreur ;

z_α = *seuil de signification ;*

s = écart type de l'échantillon ;

n = taille de l'échantillon.

L'intervalle de confiance se situe donc entre

$$\overline{x} - z_\alpha \frac{s}{\sqrt{n}} \leq \mu \leq \overline{x} + z_\alpha \frac{s}{\sqrt{n}}$$

μ = *moyenne vraie de la population ;*

z_α = *seuil de signification ;*

$\overline{x}$ = moyenne sur l'échantillon ;

n = taille d'échantillon.

Dans un échantillon aléatoire de 100 hypermarchés, on a observé que les ventes annuelles moyennes d'un jouet « LE CASTOU » étaient de 1278 unités par période et l'écart-type de 399 unités. Si l'échantillon est bien construit et représentatif de la population, cela signifiera que, dans l'ensemble des hypermarchés, les ventes moyennes seraient de 1278 unités ± la marge d'erreur.

Pour calculer l'intervalle de confiance, il suffit d'appliquer la formule :

$$1278 - 1,96\frac{399}{\sqrt{100}} \leq \mu \leq 1278 + 1,96\frac{399}{\sqrt{100}}$$

Dans ce cas, la marge d'erreur vaut ± 78,204 unités Cela signifie que chaque hypermarché vend annuellement entre 1278 CASTOUS ± 78 CASTOUS. Ce résultat signifie que la moyenne vraie pour l'ensemble des hypermarchés a 95 chances sur 100 de se situer entre 1200 et 1356 CASTOUS vendus.

Les formules ci-dessus (intervalle de confiance pour une proportion et une moyenne) ne sont d'application que lorsque la taille de la population est considérée comme infinie. Si ce n'est pas le cas, ces formules ont tendance à surestimer les tailles d'échantillons requises. On les corrige alors grâce à un facteur d'exhaustivité. Ce facteur de correction vaut :

$$\sqrt{\frac{(N-n)}{(N-1)}} ;$$

N désigne la taille de la population

n la taille de l'échantillon.

6.2.1.2 Tests d'hypothèses

Les tests d'hypothèses utilisés en statistique sont une aide à la décision. Ils permettent de savoir si les résultats obtenus sont significatifs ou simplement attribuables aux fluctuations de l'échantillon. Ils poursuivent **plusieurs objectifs** :

- *Évaluer la conformité d'un paramètre* ; par exemple, vérifier qu'une proportion obtenue sur l'échantillon est conforme à la proportion de la population ;
- *Évaluer la conformité d'une distribution* ; par exemple, vérifier s'il existe une différence significative entre les besoins nouveaux exprimés par des répondants et les besoins antérieurs ;
- *Mesurer si une différence observée sur deux échantillons est réelle* ou *due au hasard* ; par exemple, vérifier que l'impact d'une campagne de publicité est différent selon les régions ;
- *Evaluer une causalité* entre une ou plusieurs variables ;
- *Estimer une prévision* sur base de la mesure effectuée et déterminer sa marge d'erreur.

Une hypothèse statistique est une assertion au sujet d'une population, que l'on peut mettre à l'épreuve en tirant un échantillon au hasard[6]. En marketing, une hypothèse peut être que *le produit est accepté par 50 % de la population.*

6. WONNACOTT Thomas & WONNACOTT Ronald, *Op. cit.*, p. 327.

L'hypothèse nulle, appelée aussi H_0, correspond à la proposition qui contredit l'hypothèse de recherche formulée. Elle est formulée de manière à ce qu'elle tombe en dehors de l'intervalle de confiance et que son rejet entraîne l'acceptation de l'hypothèse alternative appelée H_a ou H_1.

Dire qu'une hypothèse est statistiquement significative au seuil de signification de 5 % ou statistiquement discernable au seuil d'erreur de 5 % signifie que l'analyste a, sur base de l'échantillon considéré, établi l'existence d'une différence significative dans les données qui permet de rejeter l'hypothèse nulle.

Une grande marque de poudre à lessiver envisage le lancement d'un nouveau produit, une lessive non polluante. Elle estime que le taux d'intention d'achat doit atteindre 70 % pour que le lancement se réalise effectivement.

L'hypothèse nulle est énoncée comme suit : Le taux d'intention est inférieur à 70 % ou, sous forme, mathématique que $H_0 < 70\ \%$. L'hypothèse alternative : $H_1 \geq 70\ \%$.

Si le résultat du test d'hypothèse conduit à rejeter H_0, alors l'entreprise décidera de lancer le nouveau produit.

- **Test d'ajustement du χ^2**

Le Chi-carré (Khi-2) (χ^2) permet de réaliser un test simple, basé sur les différences entre les effectifs observés et les effectifs théoriques. Comme il est facile à comprendre et à calculer, c'est une des formes les plus courantes des tests d'hypothèses. De plus, comme il pose peu de conditions quant à la population sous-jacente, il se classe parmi les tests non paramétriques.

Le χ^2 s'emploie lorsque les données sont nominales et que le chargé d'études s'interroge sur la conformité de la distribution des résultats obtenus par rapport à une distribution existante.

L'exemple ci-dessous présente une application de ce test.

La société CASA PIZZA SA, fabricant de pâtes alimentaires, a développé un produit nouveau disponible en trois goûts : poivrons, cacao et pistou. Après un test de dégustation en aveugle — les produits étaient préparés selon les prescriptions de l'entreprise mais les marques et emballages étaient dissimulés — auprès de 1000 consommateurs sélectionnés au hasard, CASA PIZZA SA obtient les préférences suivantes :

Fréquences observées			
Poivrons	*Cacao*	*Pistou*	*Total*
200	*500*	*300*	*1 000*

CASA PIZZA SA se demande si, au vu de ces résultats, des différences significatives existent dans la répartition des goûts en sachant que généralement, pour ce genre de produit, le goût « poivrons » recueille 25 % des préférences, le goût « cacao » 55 % et le goût « pistou » 20 % des préférences des consommateurs.

***Réponse** :*

Dans le cas de données nominales, le test d'ajustement du chi carré se justifie dans la mesure où l'analyste s'interroge sur le fait de savoir si la distribution observée (les réponses obtenues pendant la dégustation) sont conformes aux fréquences attendues (distribution théorique).

***Hypothèse nulle** : il n'existe pas de différence dans les préférences de goûts par rapport aux autres produits fabriqués par CASA PIZZA SA.*

Les fréquences théoriques, si l'hypothèse nulle est vraie, sont égales, respectivement à 25 %, 55 % et 20 %.

Le seuil de signification choisi (0,05 soit une erreur maximale de 5 %) sera calculé pour (k-1) degrés de liberté.

$$H_o : O_i = E_i$$

O_i = fréquences observées dans la classe i ;

E_i = fréquences théoriques dans la classe i

***Hypothèse alternative** : Il existe une différence dans les préférences de goûts par rapport aux autres produits fabriqués par CASA PIZZA SA.*

$$H_o : O_i \neq E_i$$

Le test non paramétrique du Chi-carré va mesurer les écarts entre les fréquences observées et les fréquences théoriques.

$$\chi^2 = \sum_{i=1}^{k} \frac{(O_i - E_i)^2}{E_i}$$

O_i = fréquences observées dans la classe i ;

E_i = fréquences théoriques dans la classe i ;

k = nombre de catégories.

Plus les écarts entre les fréquences observées et les fréquences théoriques sont élevées, plus la valeur du Chi-carré est importante. Le chercheur est amené à rejeter l'hypothèse nulle si la valeur du Chi-carré observé est supérieure à un seuil de significativité appelé aussi valeur théorique. Cette valeur théorique observée dans la table de distribution du Chi-carré établie par PEARSON se calcule sur base d'un seuil de signification donné et du nombre de degrés de liberté (k-1 = 2).

$$\chi^2 = \frac{(200-250)^2}{250} + \frac{(500-550)^2}{550} + \frac{(300-200)^2}{200} = 64,5454545$$

Au seuil de signification de 0,05, le Chi-carré théorique vaut 5,99. Comme le Chi-carré calculé (64,55) est supérieur à cette valeur, l'entreprise CASA PIZZA SA. va rejeter l'hypothèse nulle et conclure que la répartition des préférences pour les différents goûts du nouveau produit est différente des préférences habituelles des consommateurs pour ce genre de produit. En conséquence, l'entreprise CASA PIZZA SA va conclure que les goûts des consommateurs ont évolué.

- **Test de Kolmogorov-Smirnov**

Ce test, tout comme le test d'ajustement du χ^2, vérifie la conformité d'une distribution entre des fréquences observées et des fréquences théoriques pour une variable ordinale. L'application suivante précise les modalités de réalisation du test.

Lors d'une étude de marchés, la société de cosmétiques l'ORVAL a mesuré les préférences des shampooings suivants : noir, blond, châtain foncé et châtain clair. Les 4 shampooings colorants ont été présentés à 400 consommatrices. Chacune a choisi la couleur du shampooing qui lui convenait le mieux. L'ORVAL a obtenu les résultats suivants :

Couleur	Fréquences absolues
Noir	200
Châtain foncé	120
Châtain clair	60
Blond	20

En voyant les résultats, l'ORVAL se demande si la coloration a une importance dans le choix des consommatrices.

***Réponse** :*

Si la coloration est déterminante dans le choix du produit, les préférences doivent porter sur les extrêmes.

***Hypothèse nulle** : la coloration est sans importance = > les shampooings doivent avoir une chance égale d'être sélectionnés à une erreur aléatoire près.*

***Hypothèse alternative** : la coloration a de l'importance = > les shampooings n'ont pas une chance égale d'être sélectionnés à une erreur aléatoire près.*

Couleur	Fréquences observées	Proportions observées	Proportions cumulées observées	Proportions théoriques	Proportions cumulées théoriques	D
Noir	200	50 %	50 %	25 %	25 %	0,25
Châtain foncé	120	30 %	80 %	25 %	50 %	0,30
Châtain clair	60	15 %	95 %	25 %	75 %	0,20
Blond	20	5 %	100 %	25 %	100 %	–

D = Maximum |Prop. cumulée observée — Prop. cumulée théorique|

$$D\ critique = \frac{1,36}{\sqrt{400}} = 0,068$$

La valeur observée de D (0,30) est supérieure à la valeur critique = > la probabilité est alors très faible d'observer une valeur de D aussi élevée si l'hypothèse nulle est vraie. Il faut donc rejeter l'hypothèse nulle et conclure que la répartition des préférences est significativement plus importante pour les nouvelles colorations.

- **Test de conformité d'une proportion**

Ce test permet de vérifier la conformité d'une proportion et de voir dans quelle mesure la différence obtenue est significative ou due aux aléas de l'échantillonnage.

La formule de calcul utilisée est la suivante :

$$z = \frac{p - \pi}{\sqrt{\frac{p(1-p)}{n}}}$$

π = proportion vraie de la population ;

p = proportion sur l'échantillon ;

n = taille de l'échantillon.

L'illustration ci-dessous présente les conditions d'application.

Une étude de marchés réalisée auprès de 100 personnes en Bretagne a montré que 50 % d'entre elles ont déclaré acheter l'eau pétillante BULLES. Or, la part de marché actuelle est estimée à 37 % dans un panel représentatif de la France. La société BULLES s'interroge sur le fait de savoir si l'échantillon interrogé présente une réaction différente et n'appartient donc pas à la même population.

***Hypothèse nulle** : La part de marché est égale à 37 % . $H_0 = 0,37$*

***Hypothèse alternative** : La part de marché n'est pas égale à 37 % . $H_1 > 0,37$*

***La valeur statistique en** z :* $z = \frac{0,5 - 0,37}{\sqrt{(0,5)(0,5)/100}} = 2,6$

La valeur critique de z en ce qui concerne la signification de 0,05 dans un test bilatéral est de 1,96. => la différence est significative. Il faut considérer que l'échantillon n'appartient pas à la même population ou que les acheteurs bretons ont un comportement différent de l'acheteur français moyen.

Dans le cas où la taille de l'échantillon serait inférieure ou égale à 30, le test T de Student sera utilisé.

Dans le cas d'une moyenne, le raisonnement est identique. Seule la formule de calcul change et devient :

$$z = \frac{\bar{x} - \mu}{\frac{s}{\sqrt{n}}}$$

μ = moyenne vraie de la population ;

$\bar{x}$ = moyenne sur l'échantillon ;

s = écart type de l'échantillon ;

n = taille d'échantillon.

- **Test d'homogénéité ou comparaison des résultats de deux sondages**

Nous ne traitons ici que le cas de deux échantillons indépendants et aléatoires.

Dans une étude de marchés, le chargé d'études s'interroge régulièrement sur le caractère significatif entre deux proportions observées sur deux échantillons distincts. Il utilisera le **test de comparaison de proportion**.

La formule de calcul est :

$$z = \frac{(p_1 - p_2) - (\pi_1 - \pi_2)}{\sqrt{\left(\frac{n_1p_1 + n_2p_2}{n_1 + n_2}\right)\left(1 - \frac{n_1p_1 + n_2p_2}{n_1 + n_2}\right)\left(\frac{1}{n_1} + \frac{1}{n_2}\right)}}$$

π_1 = proportion vraie de la population pour l'échantillon 1 ;

π_2 = proportion vraie de la population pour l'échantillon 2 ;

p_1 = proportion sur l'échantillon 1 ;

p_2 = proportion sur l'échantillon 2 ;

n_1 = taille de l'échantillon 1 ;

n_2 = taille de l'échantillon 2.

L'exemple ci-dessous présente une application de ce test.

La société Lemon Juice Ltd a testé deux nouveaux concepts de packagings destinés à son jus de fruit légèrement alcoolisé qu'elle compte lancer sur le marché auprès de la population de deux villes comparables. Lors de deux enquêtes auprès de 2 échantillons aléatoires de 250 personnes, les taux d'acceptation des packagings ont atteint respectivement 75 % (emballage A) et 80 % (emballage B). L'entreprise s'interroge sur le fait de savoir si l'emballage B est supérieur à l'emballage A.

***Données disponibles** :*

$p_1 = 0{,}75$ $n_1 = 250$

$p_2 = 0{,}80$ $n_2 = 250$

Hypothèse nulle : *les emballages A et B sont perçus de manière identique ;*

$$H_0 : p_1 = p_2 \text{ ou } p_1 - p_2 = 0$$

Hypothèse alternative : *l'emballage B est supérieur à l'emballage A ;*

$$H_a : p_1 > p_2 \text{ ou } p_1 - p_2 > 0$$

L'intervalle de confiance à 95 % pour la différence de proportion en cas de grands échantillons indépendants est :

$$z = \frac{(p_1 - p_2) - (\pi_1 - \pi_2)}{\sqrt{\left(\frac{n_1 p_1 + n_2 p_2}{n_1 + n_2}\right)\left(1 - \frac{n_1 p_1 + n_2 p_2}{n_1 + n_2}\right)\left(\frac{1}{n_1} + \frac{1}{n_2}\right)}}$$

Étant donné l'énoncé des hypothèses, on attend une valeur positive pour rejeter l'hypothèse nulle et le test est unilatéral. Au seuil de signification de 95 %, la valeur critique de Z vaut 1,64.

$$z = \frac{(0,75 - 0,80) - (0)}{\sqrt{\left(\frac{(250)0,75 + (250)0,80}{250 + 250}\right)\left(1 - \frac{(250)0,75 + (250)0,80}{250 + 250}\right)\left(\frac{1}{250} + \frac{1}{250}\right)}} = -1,339$$

Le résultat est négatif. La différence entre les 2 proportions ***n'est pas significative****.*

En conclusion, la société Lemon Juice Ltd ne peut pas rejeter l'hypothèse nulle et ne peut conclure à la préférence de l'emballage B par rapport à l'emballage A. La différence apparue peut être due au seul fait du hasard.

Dans le cas où la taille de l'échantillon serait inférieure ou égale à 30, le test T de Student sera utilisé.

Dans le cas d'une moyenne, le raisonnement est identique. Seule la formule de calcul change et devient :

$$z = \frac{(\bar{x}_1 - \bar{x}_2) - (\mu_1 - \mu_2)}{\sqrt{\frac{s_1^2}{n_1} + \frac{s_2^2}{n_2}}}$$

μ_1 = *moyenne vraie de la population pour l'échantillon 1 ;*

μ_2 = *moyenne vraie de la population pour l'échantillon 2 ;*

$\bar{x}_1$ = moyenne sur l'échantillon 1 ;

$\bar{x}_2$ = moyenne sur l'échantillon 2 ;

s_1 = *écart-type sur l'échantillon 1 ;*

s_2 = *écart-type sur l'échantillon 2 ;*

n_1 = *taille de l'échantillon 1 ;*

n_2 = *taille de l'échantillon 2.*

6.2.2 *Analyse bivariée*

Différents tests statistiques existent. Parmi ceux-ci, citons notamment le test du coefficient de contingence du Chi-carré, qui est de loin le plus utilisé.

Ce test a pour **objectif** de vérifier l'existence d'une association entre deux variables nominales. Assez proche du test d'ajustement du χ^2, il va mesurer si la relation observée à l'œil reflète la réalité.

Son **principe** consiste à mesurer les écarts existant entre les effectifs observés d'une distribution d'une variable (les résultats obtenus dans le tableau de fréquences) et les effectifs théoriques (ceux que le chercheur obtiendrait si la variable analysée n'influençait pas la distribution des résultats).

L'exemple ci-dessous permet de comprendre le fonctionnement de la méthode.

Une compagnie d'assurances a décidé de segmenter son marché. Elle se demande si une relation existe entre le choix de ses produits d'assurance vie (type 1, type 2, type 3) et certaines caractéristiques socio-démographiques. Après avoir interrogé un échantillon représentatif de 1 000 personnes, elle obtient le tableau de fréquences ci-dessous :

	Produits utilisés			
Niveau d'études	**Assurance vie type 1**	**Assurance vie type 2**	**Assurance vie type 3**	**Total**
Supérieur	*300*	*50*	*100*	*450*
Intermédiaire	*250*	*80*	*20*	*350*
Inférieur	*50*	*120*	*30*	*200*
Total	*600*	*250*	*150*	*1 000*

La compagnie d'assurances se demande si, au vu de ces résultats, une relation significative existe entre le niveau d'études et le choix d'un produit d'assurance.

***Réponse** :*

Dans le cas de données nominales, le test de contingence du Chi-carré se justifie dans la mesure où l'analyste s'interroge sur le fait de savoir dans quelle mesure les écarts entre les fréquences théoriques et attendues peuvent être dus au hasard ou s'il existe une réelle relation de dépendance entre ces deux variables.

***Hypothèse nulle** : il n'existe pas de relation de dépendance entre le niveau d'études et le choix d'un produit d'assurance.*

Les fréquences théoriques, si l'hypothèse nulle est vraie, sont égales, quel que soit le niveau d'éducation.

***Hypothèse alternative** : Il existe une différence significative dans le choix d'un produit d'assurance.*

Le test non paramétrique du Chi-carré va mesurer les écarts entre les fréquences observées et les fréquences théoriques. La formule est la suivante :

$$\chi^2 = \sum_i^l \sum_j^c \frac{(O_{ij} - E_{ij})^2}{E_{ij}}$$

O_{ij} = fréquences observées dans la cellule ij

E_{ij} = fréquences théoriques dans la cellule ij

l = nombre de lignes ;

r = nombre de colonnes.

Le seuil de signification choisi (0,05 soit une erreur maximale de 5 %) sera calculé pour (l-1) (c-1) degrés de liberté. Le nombre de degrés de liberté est ici de 4 (3-1) (3-1).

*Si les niveaux d'études n'influencent pas le choix d'un produit d'assurance, cela signifie que si 60 % des répondants sont attirés par l'assurance vie de type 1, il devrait y avoir la même probabilité, quel que soit le niveau d'études. Il devrait donc y avoir 270 répondants (450*600/1000) de niveau supérieur qui choisissent l'assurance vie de type 1. Or, il y en a 300.*

Le calcul procède de la même logique pour chaque cellule et donne le résultat suivant :

Niveau d'études	**Fréquences théoriques**			
	Assurance vie type 1	**Assurance vie type 2**	**Assurance vie type 3**	**Total**
Supérieur	*270* *450*600/1 000*	*112,5* *450*250/1 000*	*67,5* *450*150/1 000*	*450*
Intermédiaire	*210* *350*600/1 000*	*87,5* *350*250/1 000*	*52,5* *350*150/1 000*	*350*
Inférieur	*12* *200*600/1 000*	*50* *200*250/1 000*	*30* *200*150/1 000*	*200*
Total	*600*	*250*	*150*	*1 000*

La valeur calculée du χ^2 est :

$$\chi^2 = \frac{(300-270)^2}{270} + \frac{(50-112,5)^2}{112,5} + \frac{(100-37,5)^2}{37,5} + \ldots + \frac{(30-30)^2}{30} = 220,91$$

Au seuil de signification de 0,05, le Chi-carré théorique vaut 9,49. Comme le Chi-carré calculé (220,91) est supérieur à cette valeur, la compagnie d'assurances va rejeter l'hypothèse nulle et conclure que le niveau d'études a une influence sur le choix du produit d'assurance.

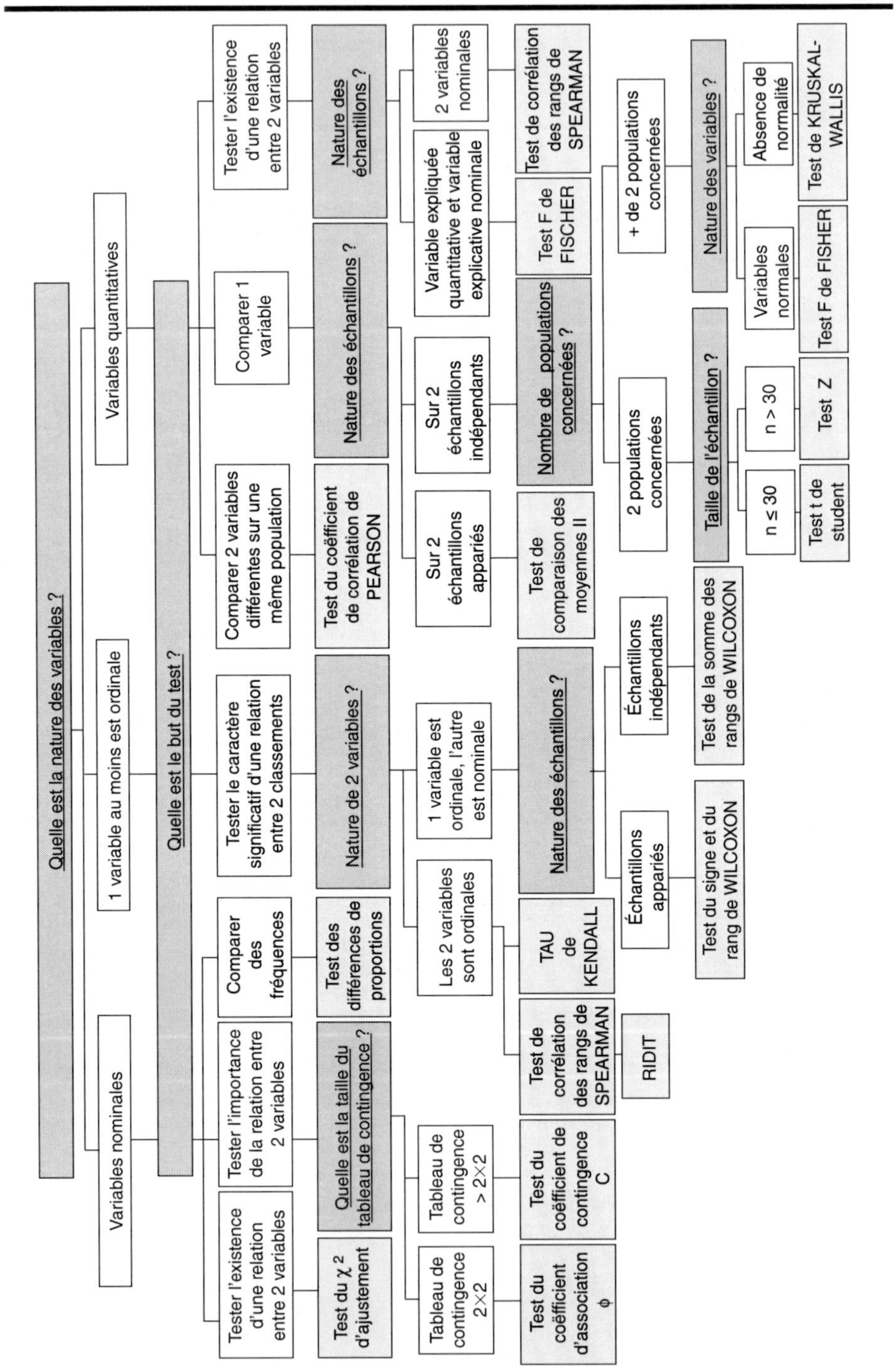

FIGURE 12.4 : *Analyse bivariée*

6.2.3 *Analyse multivariée*[7]

Depuis quelques années, les techniques multivariées sont utilisées régulièrement dans le traitement des résultats d'enquêtes malgré leur origine assez ancienne qui remonte au début du xxe siècle. Ces techniques ne se sont réellement vulgarisées qu'après le développement de l'informatique. Actuellement, les ordinateurs personnels permettent une large utilisation de leurs résultats même si leur interprétation demeure complexe.

Par rapport aux techniques statistiques classiques axées sur l'analyse restreinte de quelques variables (deux simultanément) à travers un nombre limité d'individus, les analyses multivariées permettent l'étude globale des individus à travers l'ensemble de leurs caractéristiques.

Les méthodes utilisées visualisent les variables analysées à travers de nombreux graphiques particulièrement éclairants. Dans le cas des échelles d'évaluation, d'attitudes ou encore dans l'analyse des comportements, l'analyse multivariée réduit les dizaines d'énoncés à quelques variables qui synthétisent efficacement les informations initiales.

L'analyse multivariée permet d'évaluer plus efficacement les interrelations complexes qui lient les variables d'une étude.

Se limiter aux tris simples ou croisés peut entraîner l'analyste vers des conclusions erronées. Ainsi, une corrélation significative entre une variable explicative telle que la consommation de crèmes glacées et les ventes de lunettes solaires apparaît inappropriée lorsque l'on calcule une corrélation partielle en tenant compte d'une autre variable comme le nombre de journées d'ensoleillement ou encore la température moyenne pendant la période de référence.

En présence d'un grand nombre de variables, les méthodes d'analyse multivariée permettent de réduire et de simplifier la masse des données obtenues suite à l'encodage des résultats de l'enquête.

Le choix d'une méthode se réalise en fonction des objectifs poursuivis, du niveau des variables analysées (variables nominales, ordinales et métriques) et du nombre de variables dépendantes.

7. Des applications détaillées des différentes méthodes sont présentées par les auteurs dans RECHERCHE MARKETING, Fondement du marketing-mix, Éditions De Boeck.

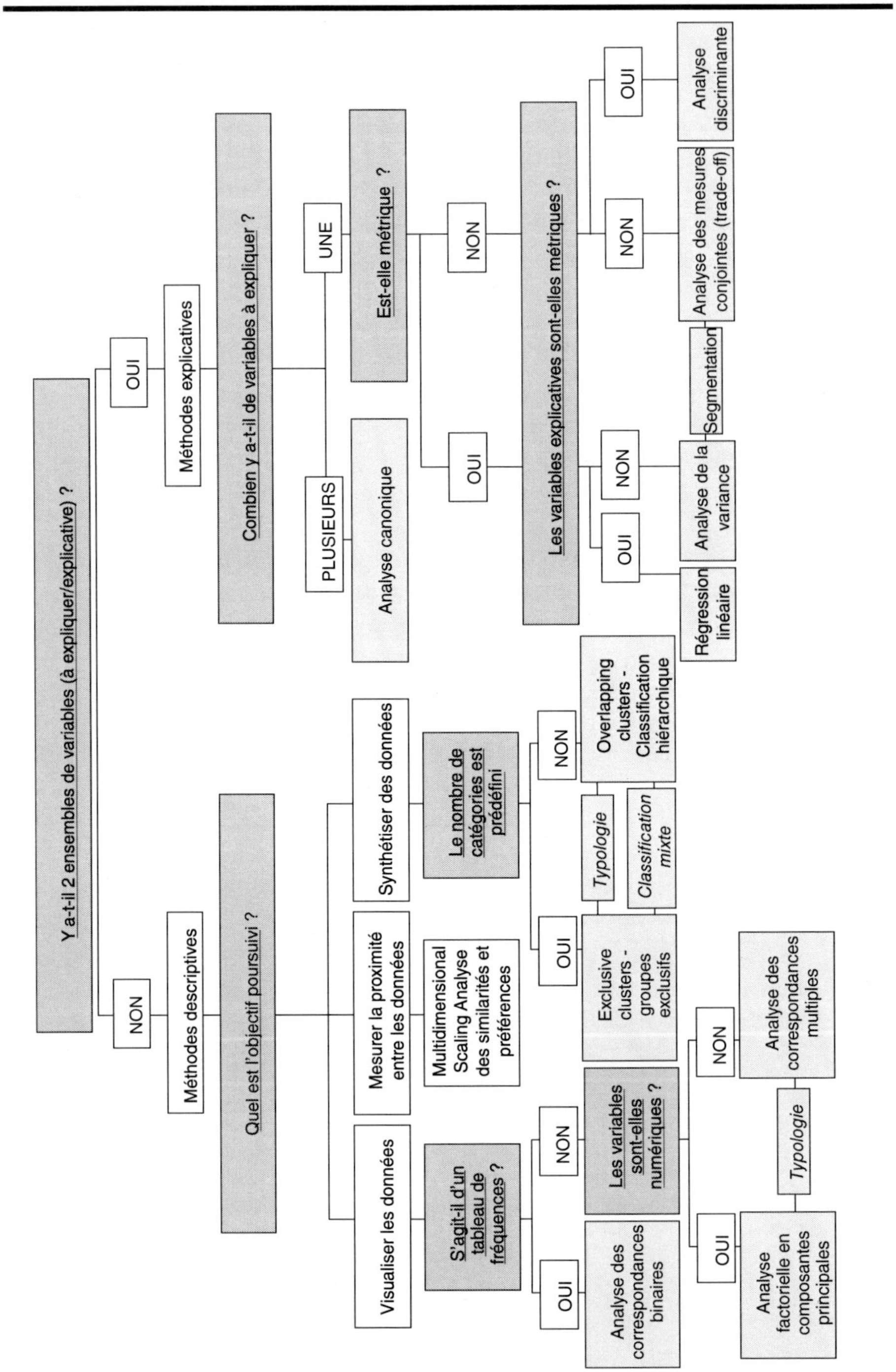

Figure 12.5 : *Ensemble des méthodes d'analyse multivariée*

6.2.3.1 Méthodes descriptives

Le principe d'analyse est aisé à comprendre. Au départ d'un tableau de données où les lignes représentent parfois les réponses de chaque répondant et les colonnes les variables analysées, les **méthodes descriptives** vont chercher à structurer, réduire et simplifier les données sans privilégier une variable spécifique.

Les méthodes descriptives se divisent en trois grandes familles en fonction des objectifs poursuivis.

- **Méthodes de visualisation**

Les analyses factorielles font partie des analyses d'interdépendance. Elles vont simplifier les informations initiales contenues dans un tableau de données.

Elles poursuivent **cinq objectifs** :

- *regrouper l'ensemble des variables* initiales fortement corrélées entre elles ;
- *examiner la nature et l'importance des relations* entre ces variables par le biais des saturations ;
- *évaluer la variance expliquée* par chacun des facteurs ainsi que la variance cumulée expliquée par les facteurs successifs ;
- *déterminer la position des variables* initiales par rapport aux facteurs ;
- *positionner les individus par rapport aux facteurs et les visualiser* dans l'espace vectoriel.

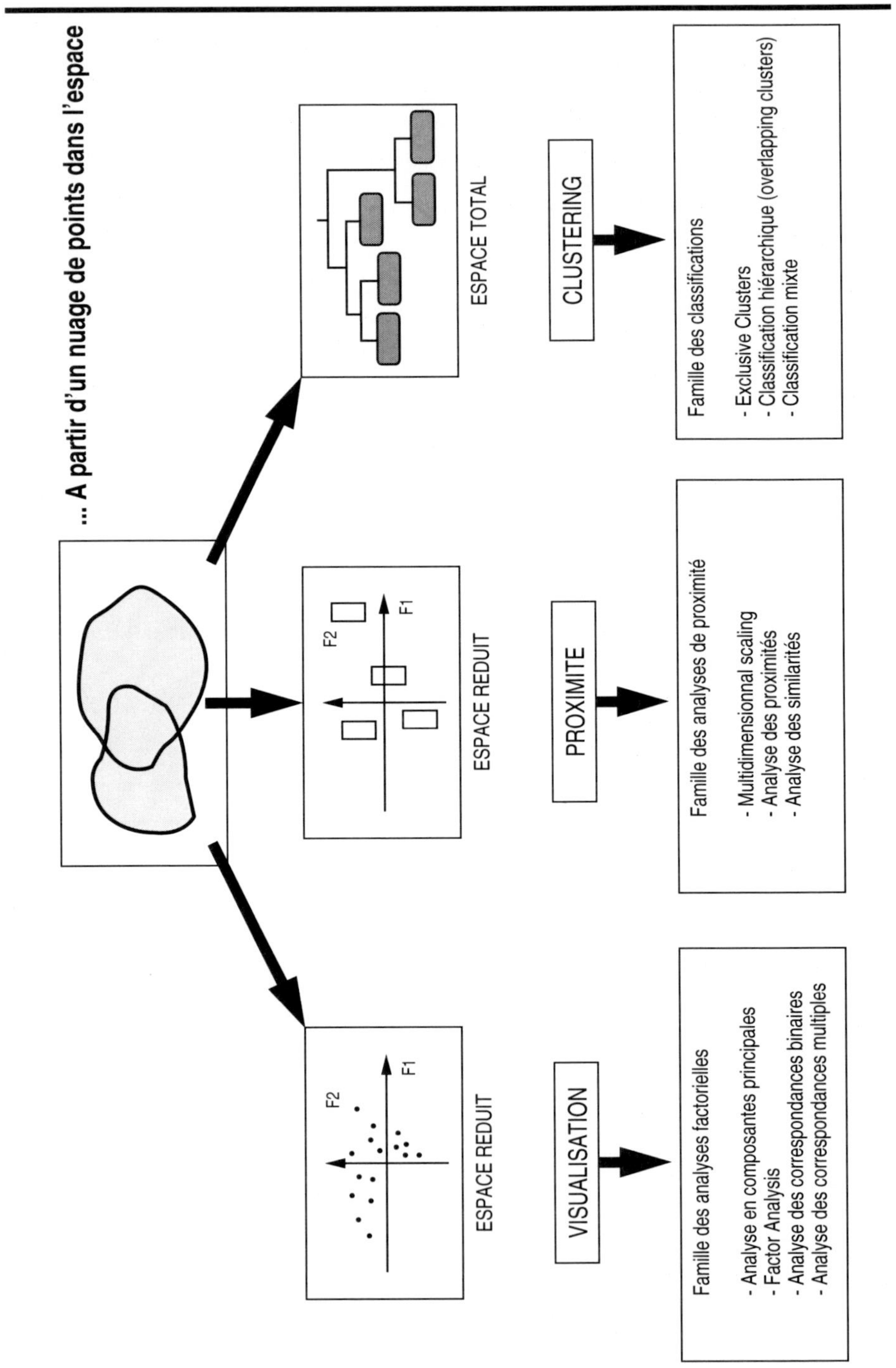

FIGURE 12.6 : *Les méthodes descriptives*

En marketing, **quatre versions** de cette méthode sont généralement **utilisées** :

- La *factor analysis* va mesurer l'information contenue dans un tableau de données (répondants variables) par le remplacement des variables initiales, recueillies lors de l'enquête, par un nombre restreint de variables composées. Sa forme la plus répandue et la plus connue en est l'analyse en composantes principales ;
- *L'analyse en composantes principales* va synthétiser les tableaux de données dans lesquels les réponses aux variables sont quantitatives. Elle sert de point de départ à la création d'une typologie. Un constructeur automobile peut, lors d'une enquête auprès des conducteurs de voiture, identifier les segments à l'intérieur desquels des voitures sont en concurrence ;
- *L'analyse des correspondances binaires* appelée aussi analyse des correspondances simples met en évidence les correspondances entre des ensembles de variables tels qu'un ensemble de marques de produits et de critères d'image, par exemple. Elle sert à décrire des tableaux de correspondances (fréquences absolues croisées) ;
- *L'analyse des correspondances multiples* poursuit une démarche similaire à l'analyse en composantes principales mais permet le traitement de données nominales, ordinales ou métriques. Ainsi, il est possible d'étudier les relations entre la consommation de produits de desserts et le pays d'origine par la combinaison des individus qui consomment tel ou tel produit et leur lieu de résidence. L'analyse de l'information contenue dans un tableau d'individus variables va faire ressortir les grands axes décrivant le phénomène et sélectionner les variables les plus significatives pour procéder à une typologie de la population étudiée.

- **Méthodes de mesure de la proximité**

  Ces méthodes vont chercher à mesurer les distances qui séparent les réponses des individus et les positionner sur une carte.

  Par analogie, il s'agit de concevoir une carte géographique. Les localités sont disposées en fonction des distances qui les séparent.

  En marketing, **deux méthodes** sont généralement utilisées :

  - *L'analyse des similarités et des préférences* qui met en évidence le classement d'objets par l'analyse des préférences ou de couples d'objets par l'analyse des similarités. Elle positionne des marques ou des produits dans un espace de manière à ce que les distances entre produits et marques respectent l'ordre des préférences et des similarités. On parle dans ce cas de monotonicité ;

  L'analyse multidimensionnelle (MDS) postule que les consommateurs perçoivent et comparent des produits ou des marques sur base des caractéristiques perçues de ces derniers. Sur base de variables ordinales ou métriques, la technique positionne dans un espace de dimensions réduites, toutes les caractéristiques des variables par la mesure de la distance qui sépare celles-ci.

- **Méthodes de classification et les typologies**

Les *typologies ou méthodes de classification*, appelées aussi analyses de groupes, font partie des techniques d'interdépendance et des méthodes descriptives.

L'objectif de ces méthodes est de former des typologies (des groupes) d'individus similaires. Il s'agit de créer un nombre limité de groupes aussi homogènes que possible en leur sein et hétérogènes entre eux. L'analyste portera une attention toute particulière au choix des variables actives qui vont composer celles-ci. En effet, les variables utilisées doivent reposer sur un modèle d'interprétation prouvé et reconnu. Dans le cas contraire, vu l'absence de bases scientifiques sérieuses et de stabilité du modèle, l'interprétation ne sera d'aucune utilité pour la recherche.

Trois étapes caractérisent ces méthodes.

Lors d'une ***phase préalable***, le chercheur utilise *l'analyse en composantes principales* pour éliminer les redondances entre les variables initiales ou *l'analyse des correspondances* pour dégager les axes majeurs en termes de comportements ou d'attitudes.

Lors de la ***seconde étape***, deux méthodes peuvent être employées. Les *méthodes hiérarchiques* permettent de construire un arbre de classification appelé aussi dendrogramme par une succession de regroupements ou de divisions. Cette méthode s'impose quand le nombre de groupes à créer n'est pas fixé dès le départ. Les *méthodes non hiérarchiques* ou nodales fixent arbitrairement le nombre de groupes souhaités, classent les répondants par itérations successives et effectuent les tests de stabilité nécessaires.

La ***dernière étape*** consiste à analyser les profils moyens des différents groupes vis-à-vis de l'ensemble des critères.

Parfois les méthodes proposées conjuguent ces deux approches. La *méthode des nuées dynamiques* de DIDAY en est un exemple particulièrement intéressant.

La *typologie* est un instrument particulièrement efficace pour répartir une population donnée d'individus ou de consommateurs.

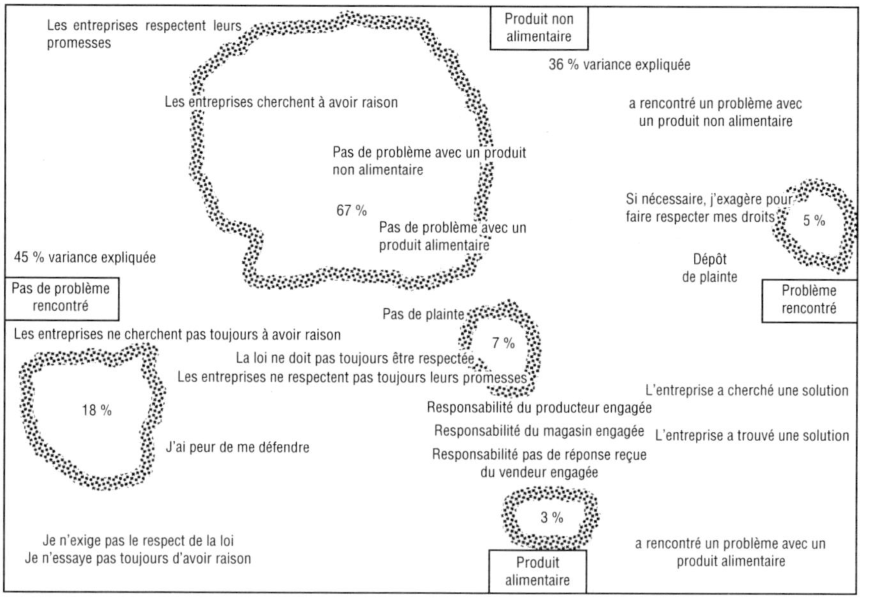

Source : CRIOC.

Figure 12.7 : *Typologie*

LES LITIGES DE CONSOMMATION

La typologie réalisée permet de mieux comprendre la perception des consommateurs par rapport aux problèmes rencontrés et aux plaintes exprimées.

Une première logique (axe horizontal — 45 % de la variance expliquée) permet de comprendre les consommateurs. Ces consommateurs n'ont pas rencontré (à gauche) ou ont rencontré (à droite) des problèmes.

Une seconde logique (axe vertical — 36 % de la variance expliquée) concerne les produits. La perception est différente entre produits alimentaires (en bas) et non alimentaires (en haut).

Cinq profils d'individus appelés types sont définis :

- **Le consommateur sans histoire** (67 % des consommateurs) : Satisfait et peu exigeant, il se satisfait de sa relation commerciale actuelle. En cas de problème, il essayera de défendre son point de vue car le magasin ou l'entreprise essayera toujours d'avoir raison, mais sans insister. Il n'a pas rencontré (ou peu rencontré) de difficultés liées à la consommation d'un produit alimentaire ou non alimentaire que ce soit au moment de l'achat, du transport ou de la consommation. Il ne se plaint que très rarement car il est globalement satisfait des produits et des magasins.
- **L'autruche** (18 % des consommateurs) : Peureux, il n'ose pas affronter les vendeurs, même quand il est abusé. Il préférera raconter son histoire à d'autres. Il attend qu'une transaction commerciale se réalise sans problème. En cas de difficulté, même s'il se méfie parfois des entreprises et estiment qu'elles ne respectent pas toujours leur engagement, il donne rarement son point de vue et ne veut pas se battre pour défendre ses droits ou la loi. Face au vendeur, il n'essaye pas d'avoir raison. Il préfère s'enfuir quitte à râler dans son coin et à le dire à d'autres.

- **L'occasionnel** (3 % des consommateurs) : Honnête et timide, il réclame de bonne foi. Il vient d'acheter un produit défectueux ou livré en retard et veut obtenir réparation. Il se méfie des magasins et des vendeurs qui ne respectent pas souvent leurs promotions. Il pense qu'une plainte peut être efficace pour obtenir satisfaction mais craint la confrontation avec les vendeurs professionnels.
- **Le méfiant** (7 % des consommateurs) : Cynique, il n'a plus d'illusion sur les vendeurs dont il se méfie. Il perçoit les vendeurs comme des spécialistes contre lesquels on ne peut lutter et il n'attend pas qu'ils respectent de leur propre initiative leurs engagements. Il pense que les produits vendus sont, en général, de bonne qualité mais est peu satisfait par les magasins fréquentés. Il ne pense pas qu'il obtiendra gain de cause en cas de plainte.
- **Le critique** (5 % des consommateurs) : Sûr de son bon droit, il s'appuie sur la législation pour obtenir gain de cause. Il ne croit pas que tous les produits offerts dans les magasins sont de bonne qualité et n'est pas toujours satisfait des magasins qu'il fréquente. Il se méfie des magasins et des vendeurs. Pour lui, le respect de la promesse est un principe auquel un vendeur ne peut déroger.

6.2.3.2 Méthodes explicatives

Une remarque méthodologique s'impose. Les méthodes explicatives permettent de résoudre les problèmes liés aux études de marchés causales qui représentent la forme la plus évoluée de la recherche marketing.

La constitution d'un plan expérimental, — présenté au chapitre 7 —, rigoureux est essentielle pour obtenir des résultats fiables. Ceux-ci débouchent alors sur des recommandations opérationnelles pour l'action. Toutefois, l'établissement d'une relation causale peut poser de sérieux problèmes méthodologiques. En effet, l'utilisation des méthodes explicatives pose la problématique de l'établissement de la causalité et du lien entre l'inférence causale et les corrélations statistiques. Si l'analyse statistique causale met à disposition de l'analyste des outils qui mesurent l'existence ou pas de corrélation, elle ne fournit cependant pas les bases de l'analyse explicative. Cette base est à rechercher dans les modèles économiques ou sociologiques explicatifs de la causalité[8].

Contrairement aux méthodes descriptives, les méthodes explicatives vont rechercher et mesurer les relations entre les différentes variables. On parle dans ce cas de variables dépendantes (ou expliquées) et indépendantes (ou explicatives).

Cinq méthodes sont principalement utilisées pour analyser les données d'une étude de marchés[9]. Il s'agit de

- la *régression* ;

8. Le lecteur intéressé est invité à consulter PAULRE Bernard, *La causalité en économie,* Presses Universitaires de Lyon, Lyon, 1985.

9. Nous n'abordons pas l'analyse canonique, développée dès 1936 par HOTELLING, vu sa complexité en ce qui concerne sa mise en œuvre et l'interprétation des résultats. Toutefois, son intérêt théorique demeure essentiel car la plupart des analyses explicatives en sont des cas particuliers comme la régression simple et multiple, l'analyse de la variance ou l'analyse discriminante.

- l'*analyse de la variance ;*
- l'*analyse des mesures conjointes ;*
- la *segmentation* ;
- l'*analyse discriminante.*

- **Régression**

  Les régressions linéaires et non linéaires, simples ou multiples, s'emploient à mesurer le lien entre une variable expliquée et à indiquer la contribution apportée par chaque variable explicative dans l'interprétation du phénomène étudié.

  La régression s'utilise pour expliquer, par exemple, l'importance de la consommation d'un produit alimentaire par une série de variables qui caractérisent un individu comme l'âge, le revenu, etc. ou encore pour établir la relation quantitative qui lie les ventes d'un produit pharmaceutique et des facteurs explicatifs comme le nombre de médecins domiciliés dans la zone de chalandise, le revenu par habitant et l'importance de la population, son âge, etc.

  Les analyses de régression présentent de nombreuses contraintes car elles ne peuvent s'utiliser qu'en présence de variables quantitatives (métriques) et sous condition d'interdépendance. Les modèles linéaires basés sur la méthode des moindres carrés mesurent la relation fonctionnelle entre un phénomène (variable expliquée) et des variables explicatives. Ils sont aisés d'utilisation et d'interprétation. Par contre, les régressions multiples sont plus délicates à utiliser.

- **Analyse de la variance**

  Contrairement aux régressions qui utilisent des variables métriques, l'analyse de la variance (à un ou plusieurs facteurs) explique la variabilité (variance) d'un phénomène quantitatif (variable métrique dépendante) telle que la consommation d'un produit à partir d'une ou plusieurs variables indépendantes nominales ou qualitatives telle que la catégorie socioprofessionnelle.

  Trois objectifs sont poursuivis :

  - *tester le caractère significatif* des résultats obtenus pour les différents niveaux des variables explicatives ;
  - *identifier les niveaux des variables explicatives* pour lesquels la moyenne atteinte par la valeur expliquée est la plus élevée ;
  - *vérifier la présence d'interactions significatives* entre deux ou plusieurs variables explicatives.

- **Analyse des mesures conjointes**

  L'analyse des mesures conjointes ou analyse conjointe est une méthode qui permet d'expliquer une variable qualitative telle que la préférence pour un produit par un ensemble de variables explicatives qualitatives.

Elle part de l'hypothèse que tout choix de consommation s'opère entre une série d'arbitrages imparfaits et implique que le consommateur « *sacrifie* » certaines qualités du produit pour en obtenir d'autres en échange.

L'analyse conjointe ou « *trade-off* » va analyser les mécanismes de hiérarchisation qui sous-tendent les choix et les préférences d'un consommateur dans les préférences d'un produit, le choix d'une publicité, l'intérêt pour un concept, etc.

La méthode permet, à la fois, de mesurer « *l'utilité totale d'un produit* » et de simuler l'impact du produit sur son marché.

- **Segmentation**

La segmentation permet de définir des catégories de consommateurs — les « *segments* » — sur base d'un critère particulier tel que l'intérêt pour un produit, la consommation de ce produit, la réponse à une offre promotionnelle, etc. Elle va déterminer les segments les plus réceptifs à la variable explicative.

Elle va constituer des groupes de répondants ayant une forte homogénéité interne et une forte hétérogénéité externe en divisant la population à l'aide de variables explicatives.

Les segments obtenus décrivent le marché analysé et se classent en fonction de leur perméabilité à la variable dépendante. La méthode permet ainsi de définir le cœur de cible d'un nouveau produit ou concept, de profiler les « *heavy users* », etc.

Plusieurs caractéristiques différencient la segmentation et la typologie décrites précédemment.

TABLEAU 12.10 : *Segmentation, Typologie*

Segmentation	Typologie
Distinction entre variables explicatives et variables à expliquer	Pas de distinction entre variables explicatives et variables à expliquer
Méthode de dépendance	Méthode d'interdépendance
Méthode explicative	Méthode descriptive
Méthode divisive	Méthode explicative
L'hétérogénéité des groupes est mesurée par rapport à la variable indépendante	L'hétérogénéité des groupes est mesurée sur toutes les variables actives de l'analyse
L'objectif poursuivi consiste à trouver une causalité entre un phénomène (variable expliquée dépendante) et des variables explicatives indépendantes.	L'objectif poursuivi consiste à décrire le phénomène et à le structurer pour mieux le comprendre.

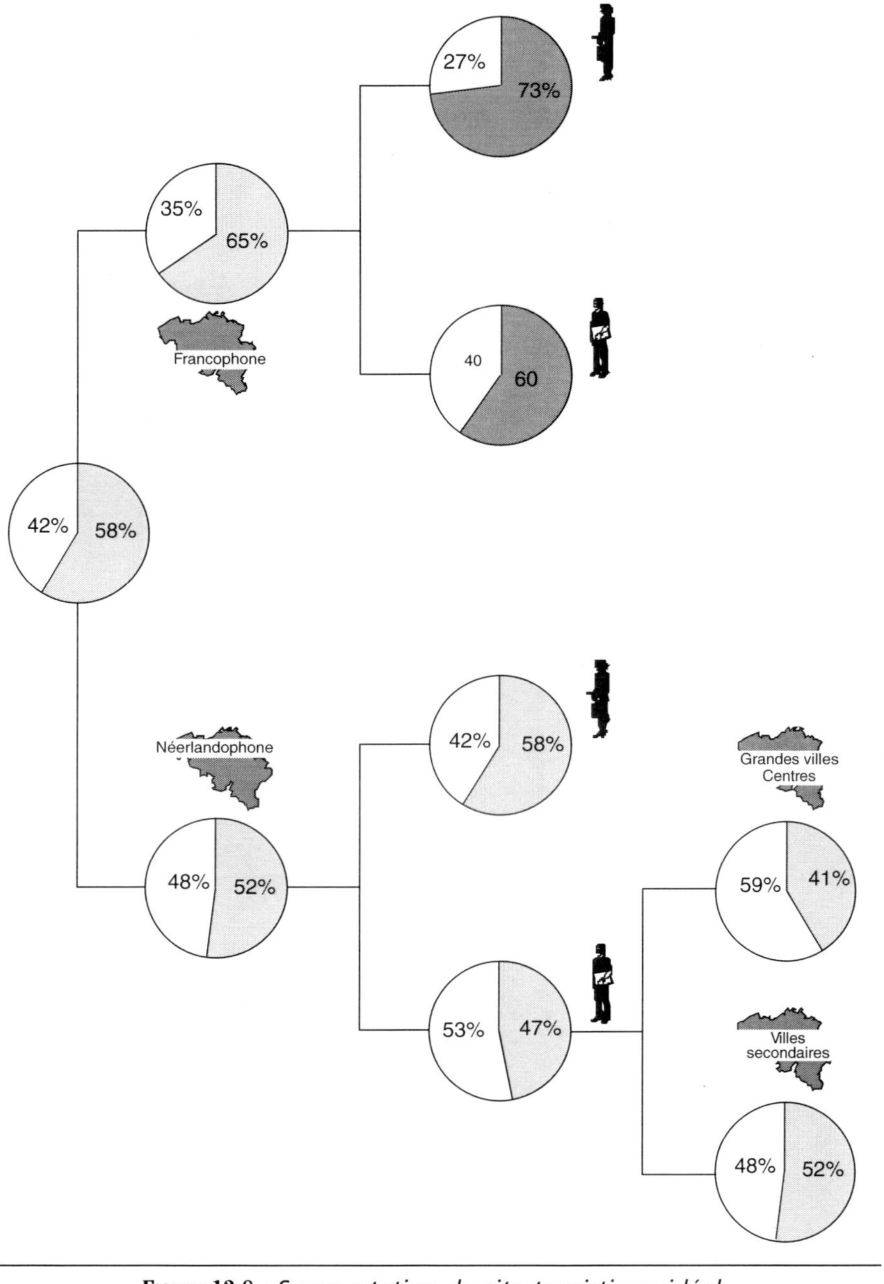

FIGURE 12.8 : *Segmentation du site touristique idéal*

- **Analyse discriminante**

L'analyse discriminante étudie les relations entre une variable dépendante nominale et des variables explicatives et indépendantes métriques ou ordinales.

Elle va étudier le caractère significatif entre les profils d'appartenance à un groupe spécifique de répondants.

Elle permet de trouver les variables qui expliquent au mieux l'appartenance d'un répondant à une classe déterminée à priori, (par exemple, déterminer les variables d'attitudes qui correspondent le mieux à un type de comportement de consommation). Elle permet aussi de préciser, dans un souci de prévision, la classe d'appartenance d'un individu non encore classé comme prédire la marque ou le type de produit qu'un consommateur a le plus de chance d'acheter.

7 L'ANALYSE STRUCTURÉE

L'analyse structurée consiste à utiliser des modèles et des outils de traitement de données afin de faciliter l'émergence d'informations et leur assimilation dans le processus de construction des connaissances. Elle permet d'aborder tout type de problématique d'une manière formelle en prenant en compte l'ensemble des données et avec l'*a priori* que toute hypothèse est envisageable tant qu'elle n'a pas été invalidée[10]. À ce titre, l'analyse structurée constitue un outil très utile pour l'analyse marketing.

7.1 Spécificité de la méthode

L'analyse structurée va transformer les données collectées en une représentation mentale, que ces données se présentent sous une forme informelle ou formelle, qu'elles soient des données produites par l'entreprise (données internes) ou extérieures à celle-ci, données préexistantes (données secondaires) ou données collectées (données primaires), quels que soient la source d'information utilisée (humaine ou technique), le mode de recueil utilisé (observation, communication, expérimentation), le support utilisé ou la forme sous laquelle les données sont accessibles (texte, chiffres, discours retranscrit, son, image).

L'analyse structurée peut se décliner sous différentes formes :

- L'**analyse de contenu textuel** qui évalue le contenu qualitatif et quantitatif des écrits et des paroles transcrites en utilisant la statistique des occurrences, l'analyse orthosyntaxique, lexicale, lexicographique, sémantique, stylistique, symbolique ou contextuelle et exploite le contenu en repérant et en extrayant les éléments significatifs (chiffres, phrases).
- L'**analyse de contenu multimédia** qui, au départ d'un mélange de données sensorielles et cognitives, structure et organise le contenu et en repère les éléments significatifs tant au niveau des métadonnées (identité, date et heure de l'échange, nombre de messages émis et relayés, etc.) que du message proprement dit.

10. Bulinge Franck, *Maîtriser l'information stratégique. Méthodes et techniques d'analyse*, De Boeck Supérieur, 2014, p. 123.

- **L'analyse relationnelle** qui s'intéresse aux interactions sociales entre individus ou communautés à travers les réseaux relationnels ou sociaux.

7.2 Outils

Les outils utilisés concernent à la fois des supports d'aide au traitement, à la mémorisation, au stockage, à la computation et à la représentation.

TABLEAU 12.11 : *Classification des outils d'analyse structurée*[11]

Thématique	Outils utilisés	Objectifs poursuivis
Traitement de données	Listes, tableaux et matrices (outils de base)	• Classer, isoler les données pour les introduire sur des supports exploitables • Faire émerger l'information
	Indicateurs, tableaux de bord (matrices à variables)	• Permettre la production d'informations issues d'un processus de calcul • Mettre en évidence des informations sous forme chiffrée
	Comparateurs d'hypothèses (matrices d'analyse)	• Développer une approche scientifique expérimentale
Visualisation des données	Chronogramme (ou timeliner)	• Visualiser le cours des événements et leur évolution dans le temps
	Courbes, graphes, diagrammes	• Visualiser les données chiffrées en complément avec les tableaux d'indicateurs
	Organigramme	• Représenter sous forme hiérarchique les structures sociales organisées
	Figures, schémas	• Abaisser le niveau d'abstraction d'un problème donné
	Cartes (géographiques, relationnelles, informationnelles)	• Réaliser une approche topologique de l'information, de dimension sociale ou technique
Visualisation heuristique	Arbres	• Représenter les relations causales de manière historique ou prospective
	Cartes heuristiques	• Faciliter les analyses exploratoires individuelles ou collectives (brainstorming)
Modélisation	Modèles, logigrammes, matrices (Swot, Peste, Spica, etc.)	• Extraire de la connaissance à partir de données ciblées pour faire émerger du sens
	Scénarios, simulations	• Générer et tester des hypothèses ou scénarios prospectifs

11. Adapté de BULINGE Franck, *op. cit.*, p. 128 et sqtes.

7.3 Avantages et limites

En études de marchés, l'analyse structurée peut légitimer l'analyse réalisée d'une situation complexe en validant le caractère rationnel du travail accompli. À ce titre, elle peut apporter une validité scientifique là où les avis contradictoires d'experts sont souvent instrumentalisés par les média.

Si les outils d'analyse sont souvent indispensables, il convient cependant de ne pas tomber dans une technophilie aveugle qui conduirait à considérer l'outil comme une finalité et à le présenter comme une boîte noire susceptible de solutionner tous les problèmes rencontrés.

L'analyse structurée est souvent synonyme d'un choix orienté des données à étudier et de la méthodologie sélectionnée. C'est pourquoi, dans un souci de logique vertueuse, il convient à tout le moins, d'accompagner les résultats d'un descriptif de la méthodologie utilisée.

8 SOURCES D'ERREURS

Malgré toutes les précautions prises aux différents stades de la conception et de la réalisation de l'étude, un certain taux d'erreur subsiste qui affecte la validité des résultats. **L'erreur totale** est la conséquence de trois sources d'erreurs :

- L'erreur d'*échantillonnage* ;
- L'erreur de *mesure ;*
- L'erreur d'*interprétation* des résultats.

Ces trois erreurs se combinent entre elles et provoquent un effet multiplicateur.

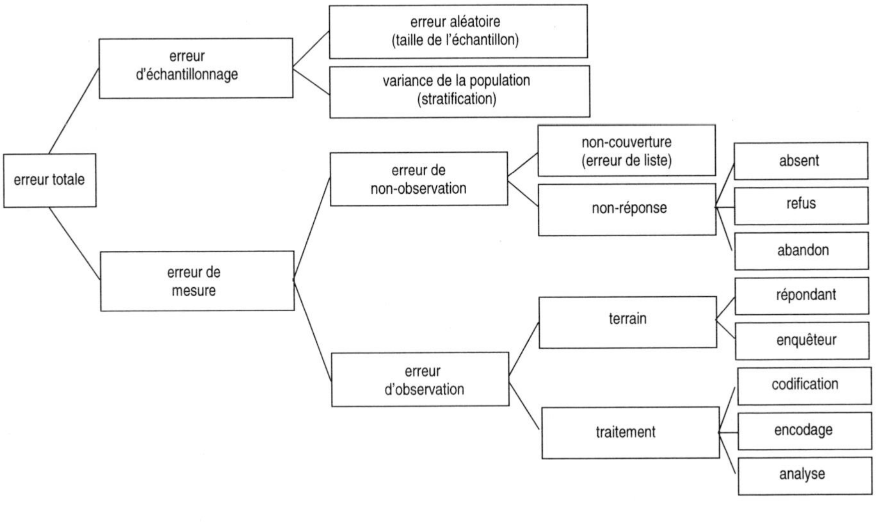

SOURCE : Adapté de LAMBIN J.J., *Op. cit.*, 1990.

FIGURE 12.9 : *Sources d'erreurs dans une enquête*

8.1 Erreur d'échantillonnage

L'erreur d'échantillonnage dépend d'abord du degré de représentativité de l'échantillon. Il s'agit des erreurs commises lors de la constitution de l'échantillon et qui se traduisent par un manque de correspondance entre la population interrogée — l'échantillon — et la population totale.

Cette erreur d'échantillonnage trouve son origine dans la taille de l'échantillon (taille insuffisante) ou dans le mode de sélection des unités statistiques à interroger (absence de prise en compte de la stratification de la population).

8.1.1 *Erreur aléatoire*

La sélection aléatoire d'un échantillon permet de contrôler et de réduire l'erreur aléatoire. L'analyste joue sur la taille de l'échantillon.

8.1.2 *Erreur liée à la variance de la population*

Pour diminuer les erreurs liées à la structure interne de la population, le chercheur va stratifier l'échantillon et ainsi diminuer les erreurs dues à **l'absence de prise en compte de la variance de la population**.

L'utilisation d'un échantillon stratifié aléatoire non proportionnel reste la meilleure méthode pour contrôler efficacement ce type d'erreur.

Cependant, la maîtrise de l'erreur d'échantillonnage ne couvre qu'une partie de l'ensemble des erreurs qui apparaissent dans une enquête.

La maîtrise de l'erreur de mesure est tout aussi importante.

8.2 Erreur de mesure

Cette erreur non probabiliste a généralement deux origines : l'erreur de non-observation et l'erreur d'observation.

8.2.1 *Erreur de non-observation*

Deux sources expliquent **l'erreur de non-observation** :

- l'*erreur de liste*, c'est-à-dire l'absence de couverture de l'ensemble de la population due par exemple au fait que l'on interroge, dans une enquête sur la population, les seuls abonnés au téléphone ;
- l'*erreur due aux non-réponses.*

L'enquêteur s'efforce de contacter les personnes désignées. Or, certaines sont absentes (voyages, vacances, maladie, travail), d'autres refusent de répondre. De telles situations comportent un risque d'erreur dans la mesure où ces personnes auraient donné des réponses différentes de celles interrogées[12].

Quand un enquêteur ne remplit pas correctement ses quotas, une erreur de non-observation peut apparaître.

L'abandon en cours d'étude par un refus de continuer à remplir le questionnaire ou continuer à participer à une enquête répétitive telle que panel ou jury de consommateurs est fréquent.

12. Javeau Claude, *L'enquête par questionnaire*, Éditions d'Organisation, Paris, 1990, p. 65.

L'erreur liée aux non-réponses peut être d'importance ou pas selon le fait que les non-répondants diffèrent significativement ou pas des répondants[13].

8.2.2 *Erreur d'observation*

L'erreur d'observation est liée au processus de recueil et de traitement des données. Lors du recueil des données, des **biais** peuvent provenir de :

- l'*enquêteur :* erreurs de sélection, erreurs lors de l'entretien, enquêteurs insuffisamment formés ;
- le *répondant* en ce qui concerne la crédibilité des réponses fournies (question mal formulée, impossibilité de réponse des enquêteurs).

La plupart du temps, les personnes interrogées ne s'intéressent pas personnellement au thème de l'enquête ou n'ont pas le temps de s'y intéresser. Elles donnent des réponses incorrectes, par lassitude ou pour vouloir étonner l'enquêteur. Il arrive aussi que les personnes interrogées ne puissent répondre à la question posée, par manque d'informations, par ignorance du thème abordé ou parce que la mémoire leur fait défaut. Certaines personnes enfin ne sont pas en mesure d'analyser correctement les raisons qui justifient leur comportement ou se refusent à révéler leur véritable motivation.

Des recherches ont mis en évidence l'influence, sur les personnes interrogées, du fait même de répondre à un questionnaire. L'idée que l'interrogé se fait de l'utilisation de ses réponses peut l'amener à les modifier ou à les déformer pour faire passer un message. Beaucoup sont défiants vis-à-vis de la technique du questionnaire.

La relation enquêteur-enquêté peut également être à l'origine de biais dans les réponses. Le désir d'établir de bons rapports avec l'enquêteur pousse l'interrogé à modifier sa réponse. Par peur de se faire mal juger, l'enquêté adopte un comportement de façade. L'enquêteur, par son attitude, peut également influencer les réponses de la personne interrogée.

Lors du traitement de l'information, des **erreurs** peuvent apparaître lors de :

- La *codification des questions*. Une erreur d'élaboration de la codification ou d'attribution d'un code à une réponse de manière répétée trahit les informations fournies lors de l'administration du questionnaire ;
- Lors de *l'encodage informatique des données*. L'absence de procédures de contrôle peut conduire à la création d'un fichier inexploitable. Le décalage d'une donnée informatique peut conduire à des résultats aberrants comme l'existence de répondants trop âgés ou de codes postaux inutilisables. Ces erreurs sont normalement détectées et corrigées lors des tris à plat.
- L'*analyse*. L'absence de tests statistiques appropriés peut aboutir à des conclusions différentes de la réalité.

8.3 Erreur d'interprétation

Malgré les limites de l'étude signalées par le chargé d'études, le responsable marketing peut tirer des conclusions abusives ou établies erronément. Ces erreurs diminuent la validité externe de l'étude.

13. Lambin J.-J., *Op. cit.*, p. 220.

LES SONDAGES, NOUVEAU BOUC ÉMISSAIRE ?[14]

Zysla Belliat est Directrice déléguée études et recherche d'Omnicom Media Group, membre du comité scientifique du CESP

Chaque période connaît des polarisations qui révèlent l'état d'esprit de la société et cachent la raison profonde des malaises. Ainsi en est-il des sondages, vivement remis en cause probablement en raison du sentiment diffus que nous serions des pantins manipulés par des puissances floues tous les ingrédients pour trouver un bouc émissaire sont réunis.

Face à une discipline complexe, il faut consentir un minimum d'effort.

Refuser d'entendre les explications des sondeurs, exiger sous forme d'injonctions des réponses simplistes aux questions qu'on leur pose relève au mieux de l'incompétence péremptoire, au pire de la malhonnêteté sur fond d'on nous cache quelque chose ». Comme pour toute profession, il existe de bonnes et de moins bonnes façons de la pratiquer, mais elle n'est pas manipulatrice par essence. Le prétendre, et au nom de cette accusation, insinuer, comme on l'a entendu, qu'il faudrait en limiter la diffusion, ressemble à une chasse aux sorcières. S'il faut s'interroger sur la qualité des sondages, de fa réalisation jusqu'à l'interprétation des résultats, l'effort d'entendre un minimum de concepts techniques et scientifiques est nécessaire pour juger, sous peine de commettre un acte d'imposture.

Refuser toute infantilisation

En tant que citoyenne et utilisatrice, je m'élève contre les condamnations irrationnelles à l'encontre des sondages. Au nom de quel « faire mon bonheur malgré moi » refuserait-on l'accès à la connaissance d'un sondage je peux choisir de ne plus m'y intéresser, critiquer une interprétation, reprocher aux médias de leur accorder trop d'importance ma dignité de citoyenne libre et responsable est atteinte si l'on procède à ces censures à ma place. Et si l'influence des sondages sur l'opinion existe, en quoi serait-elle intrinsèquement plus suspecte que celle exercée par la vision d'un meeting en délire ? Le traitement déséquilibré de l'information peut être en cause, pas l'information elle-même.

Ne nous trompons donc pas de combat. Si mensonge il devait y avoir, prouvons-le, puis dénonçons-le. Mais n'acceptons pas une infantilisation prétendument protectrice, donnant la vision aliénante d'un monde lisse où l'on ne sait plus que des avis différents existent. Cet assistanat pervers pourrait bien conduire à ce que seules les opinions de ceux qui s'expriment avec violence soient audibles, couvrant soigneusement la voix des plus calmes, des timides.

14. Belliat Z., *Les sondages, nouveau bouc émissaire* ? in Stratégies, no. 1454, 26 104/07, p. 8.

9 RAPPORT D'ENQUÊTE ET PRÉSENTATION DES RÉSULTATS

9.1 Rédaction du rapport d'enquête

Le rapport d'études doit apparaître comme une aide à la décision. Il conjugue connaissances des experts, des acteurs du terrain et des méthodes scientifiques. À ce titre, il exige des qualités de rédaction telles qu'esprit de synthèse, intuition, rigueur et pragmatisme.

Les conclusions doivent répondre très précisément au problème marketing posé par le client et aux questions spécifiées au départ et listées dans le projet d'études.

Ce rapport est rédigé par le chargé d'études, remis et présenté oralement au commanditaire du travail, que ce soit un client extérieur à la société d'études ou un service interne de l'entreprise.

La compétence perçue par le commanditaire et développée par le chargé d'études va influencer considérablement les décisions qui seront prises par l'entreprise. En fonction de la crédibilité des résultats, les recommandations formulées dans le rapport feront l'objet ou non d'un suivi et d'une application marketing.

9.1.1 *Contenu*

Le chargé d'études doit « *vendre* » son rapport et gagner la confiance du lecteur sans le noyer dans des justifications détaillées. Au service de son analyse, il utilise **trois formes** différentes **d'expression** : le texte, les données chiffrées et les graphiques.

9.1.1.1 *Principes d'écriture*

Quatre principes doivent guider l'écriture du rapport.

- La *précision*. Un rapport ne peut être précis si les informations sur lesquelles il repose manquent de précision. Le manque de soins dans la collecte des données, une rédaction inadaptée ou un raisonnement logique déficient conduisent souvent à une interprétation erronée des résultats. De même, des imprécisions peuvent apparaître suite à des erreurs grammaticales (ponctuation, confusions catégorielles et lexicales, contamination, contraction, utilisation de termes argotiques, régionaux ou littéraires, etc.) ou orthographiques.
- La *concision*. L'écriture d'un rapport exige de la concision de la part du rédacteur. Le chargé d'études doit sélectionner les informations pertinentes qui doivent y être incluses. Toute information sans relation directe avec l'objet de l'enquête doit être exclue. Une réflexion sur une méthodologie connue sera soit placée en annexe, soit omise.
- La *clarté*. « *Tout ce qui peut être compris de travers, le sera* ». Si le rapport manque de précision, si des termes trop spécifiques ou peu courants sont

utilisés, le lecteur peut interpréter de manière erronée les résultats. Les phrases utilisées doivent être correctement structurées, courtes. Le jargon sera défini et le vocabulaire utilisé adapté au lecteur. Les paragraphes doivent être lisibles, ne comprendre qu'une idée. Les transitions doivent exister entre eux.

- L'*exhaustivité*. Le rapport doit être complet. Il doit reprendre les principaux résultats sans entrer dans des digressions inutiles. Si pour des raisons de lisibilité, le rédacteur omet de définir un terme dans le corps du texte, il le précise en note de bas de page, en annexe ou dans le glossaire. Un luxe de détails est à proscrire. Ne seront mentionnées que les informations significatives et utiles à la compréhension des données.

9.1.1.2 *Mise en page et volume*

Le volume du rapport dépend de la complexité de l'étude et de la richesse des analyses réalisées. Généralement, un travail compris entre 40 et 80 pages constitue un document acceptable et lisible. Les annexes sont souvent présentées en complément dans un volume extérieur.

Le chargé d'études veille à présenter un document soigné dans un support de qualité. Il sera relié, broché ou spiralé, présenté avec page de garde, protection plastique ou dans une chemise cartonnée. Une couverture suffisamment épaisse (au minimum 200 grammes) accompagne. L'objectif poursuivi est d'offrir un confort de lecture satisfaisant et de conférer à l'ensemble un cachet professionnel. C'est l'image de la société d'études qui transparaît à travers ce document.

Le collage ou l'agrafage sont à déconseiller. Le premier n'offre pas toujours une garantie suffisante de qualité et le rapport se transforme rapidement en feuilles volantes jusqu'à devenir incomplet. Le second est réservé aux notes internes.

Un format papier A4 (21 cm × 29,7 cm) constitue la règle de présentation.

9.1.1.3 *Rubriques*

Titre

Cette page mentionne le sujet de l'étude, le nom de la société qui a rédigé le rapport, le nom de l'entreprise commanditaire et la date de publication. En cas de rapport interne, le nom des organisations est remplacé par celui de l'auteur et du demandeur de l'étude.

Souvent, les données incluses dans le rapport sont confidentielles. C'est pourquoi il est vivement recommandé de mentionner le nom du destinataire sur le document et de conserver la liste de distribution.

Sommaire, table des matières ou agenda

Le sommaire, la table des matières ou l'agenda présente les principales divisions et sous-divisions du document.

Présenté en première partie du rapport d'études, il permet au lecteur de comprendre la logique d'organisation du rapport et de consulter rapidement l'un ou l'autre point particulier.

Si le document est particulièrement volumineux ou technique, le chargé d'études y associe une liste des tableaux où figurent une table des annexes et un glossaire. L'importance du sommaire est déterminée par l'étude réalisée.

De manière usuelle, il comprend de 2 à 3 pages.

Synthèse

Souvent oubliée, cette synthèse est importante, surtout pour les lecteurs qui ne pourront consacrer que quelques minutes à la lecture du rapport.

Une synthèse comprend le contexte de l'étude, les objectifs, les résultats les plus significatifs, les conclusions et les recommandations. Elle forme un tout. Parfois, elle est aussi présentée dans une autre langue de travail de la société commanditaire.

Introduction et objectifs

L'introduction présente les éléments indispensables pour la compréhension de l'étude. Elle permet à des lecteurs moins familiarisés avec le sujet de disposer d'une information préalable et nécessaire à la compréhension des résultats de l'étude.

Elle présente les concurrents, les produits et publicités analysées et explique le contexte dans lequel l'étude s'inscrit. Les hypothèses de travail y sont décrites.

Le vocabulaire technique fait l'objet d'une attention particulière. Le chargé d'études précisera notamment ce qu'il entend par notoriété spontanée, aidée, cœur de cible, prospect, zone de chalandise, score d'impact, marché potentiel, etc.

L'introduction doit aussi préciser les limites de l'étude (validité interne et externe, les éléments susceptibles d'influencer les résultats, l'impact des limites budgétaires et de temps sur les résultats).

Elle se présente sous la forme de 2 ou 3 pages.

Méthodologie

Le rapport présente de manière synthétique (1 à 3 pages) :

- La *méthodologie utilisée* : enquête qualitative, quantitative, observation, expérimentation, etc. La présentation des méthodes utilisées peut parfois poser quelques difficultés. Le chargé d'études doit donner une information suffisante pour comprendre les enjeux de l'étude et les conséquences de la méthode sur les conclusions sans entrer dans des détails ou dans des considérations méthodologiques trop générales ou du jargon technique ;
- L'*échantillon et l'univers de l'enquête :* unités statistiques utilisées (ménages, personnes, magasins, etc.), modalités de composition et de constitution du plan de sondage, taille et mode de tirage ;

- Le *mode de contact et d'administration* de l'instrument de collecte des données (questionnaire, guide d'entretien, justification du mode de collecte retenu, explication des difficultés rencontrées);
- Les *modalités du field* : dates, événements spécifiques liés à la période d'administration de l'enquête (jours fériés, grèves, apparition d'un nouveau concurrent, etc.), nombre d'enquêtes prévues, réalisées, exploitables et explication des écarts éventuels, nombre d'enquêteurs, degré de formation, statut, expérience professionnelle, procédure de contrôle des enquêtes ;
- Les *modalités du redressement éventuel et de validation* de l'échantillon ;
- Les *intervalles de confiance* ;
- Les *types d'analyses* réalisées.

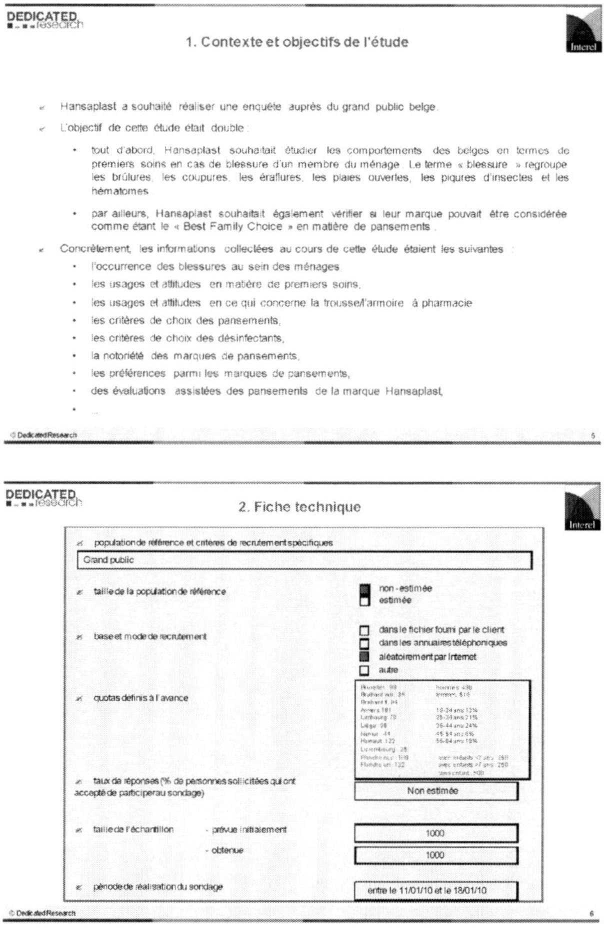

FIGURE 12.10 : *Exemple de rapport d'étude*

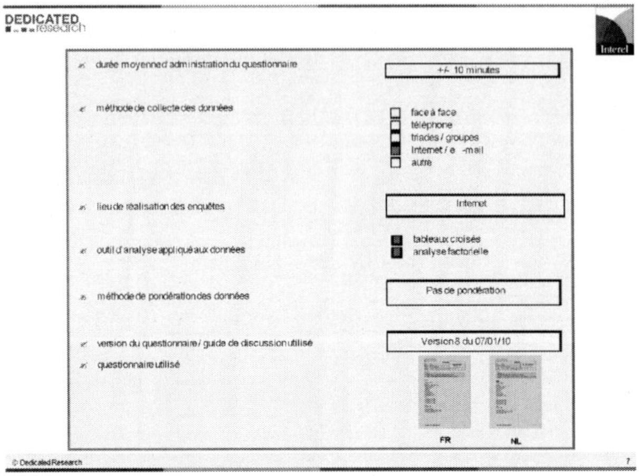

SOURCE : Dedicated Research

FIGURE 12.10 : *Exemple de rapport d'étude (Suite)*

Présentation des résultats

Les résultats de la recherche sont présentés en détail.

Souvent, le débutant présente le questionnaire et les résultats des questions (tris à plat, tris croisés, mesures de tendance centrale et de dispersion) selon leur ordre d'apparition dans le questionnaire. Très rapidement, le lecteur est noyé par les données, les graphiques et les commentaires parcellaires.

Une approche particulièrement efficace consiste *à présenter les résultats en fonction des hypothèses* imaginées au départ ou par thèmes. Toutes les questions relatives à une hypothèse ou à un thème sont présentées simultanément. Une synthèse partielle est dégagée à l'issue de cette présentation.

Pour faciliter la lecture et l'intégration des résultats de l'analyse, les rapports d'études intègrent des *tableaux et des graphiques.* Leur nombre limité mais suffisant accroît le confort de lecture, la compréhension et la mémorisation des résultats. Les graphiques ne peuvent en aucun cas remplacer une analyse. Ils doivent être commentés.

Seules les *données significatives* sont inclues dans le rapport avec leur interprétation statistique. Le chargé d'études veille à ne pas dissimuler les résultats allant dans le sens contraire des hypothèses, à présenter les résultats de l'analyse directe en montrant les marges d'erreur statistiques et avec toute la prudence nécessaire.

Pour éviter toute erreur d'interprétation, les *bases des fréquences relatives* doivent être clairement définies et précisées. Quand la somme des fréquences relatives est supérieure à l'unité, elle fait l'objet d'une mention spécifique (« *total supérieur à 100 %* »).

Le *caractère significatif des résultats* est mesuré par la méthode statistique la plus appropriée. Les tests statistiques utilisés sont explicités et leurs résultats mentionnés.

Les *conclusions majeures* et les informations obtenues au départ des données font l'objet d'une synthèse régulière.

Habituellement, la présentation des résultats contient de 30 à 60 pages.

Présentation des conclusions et recommandations

Cette partie, essentielle pour le client, est généralement la partie la plus lue du rapport. Un soin tout particulier lui est accordée.

Elle se présente en deux parties.

Elle *décrit les conclusions* et fournit au lecteur tous les éléments de synthèse nécessaires à la prise de décisions et à la compréhension des recommandations. Elle résume les faits et les scénarios plausibles.

Les *recommandations* accompagnent la présentation des conclusions et implique, la société d'études. Le réalisateur de l'étude s'engage à côté du demandeur dans la décision marketing à prendre. Non seulement il a analysé les faits mais il propose des recommandations opérationnelles.

Généralement, le commanditaire est soucieux de disposer de suggestions ou de solutions précises. Les recommandations se fondent sur les conclusions de l'étude et sur la connaissance du problème et de la thématique analysée. Elle doit garantir au commanditaire de l'étude de prendre une décision univoque, cohérente, logique et efficace.

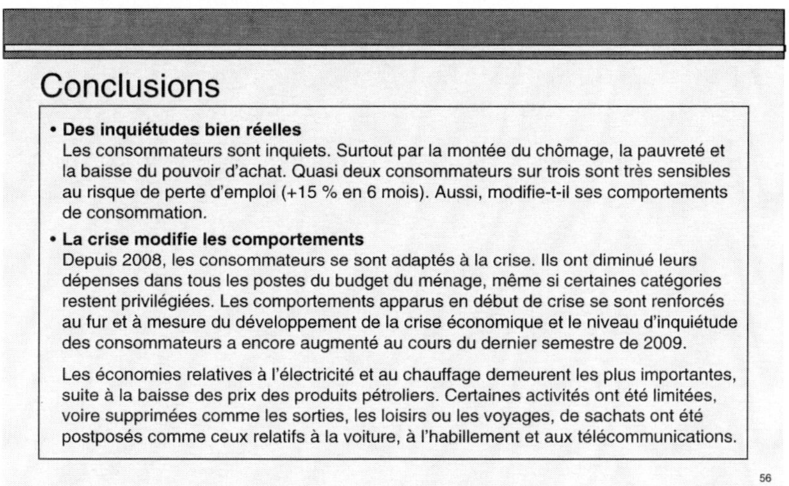

FIGURE 12.11 : *Extraits des conclusions d'un rapport d'étude*

Conclusions

Par rapport au début de l'année, les consommateurs ont encore diminué leurs dépenses. Depuis 2 ans, les consommateurs ont stabilisé la diminution de leurs dépenses en ce qui concerne l'énergie, les sorties. Ils limitent plus encore leurs dépenses en matière de loisirs mais limitent moins leurs dépenses — même si on ne peut réellement parler de reprise de la consommation — en matière d'utilisation de la voiture, d'habillement, de voyages, de téléphonie, d'entretien de la maison, d'achat d'électroménager, d'alimentation, de soins corporels, de tabac, d'alcool et de soins de santé.

- **L'impact d'une diminution future des revenus**
  La crainte liée à une future perte de revenus semble conduire les consommateurs à envisager de nouvelles restrictions — plusimportantes — en cas de diminution ou de stagnation de leurs revenus. Ainsi, les dépenses liées à l'habillement, aux loisirs, à la voiture, aux voyages ou aux communications seraient les premières impactées.

57

SOURCE : Source : CRIOC

FIGURE 12.11 : *Extraits des conclusions d'un rapport d'étude (Suite)*

Doit-on se limiter à décrire, dans un rapport d'étude le comportement du consommateur ou prendre le risque de l'interprétation des résultats ? Le débat n'est pas neuf. Dès 1942, BANKENSHIP dans « *Opinions and Consumers Research* » estimait que le fait d'accepter l'étude d'un problème signifiait qu'on avait pris soin de s'informer suffisamment et donc, d'être en mesure de dépasser la seule description des faits ou des opinions.

Se limiter à présenter des « *listings* » et des tableaux chiffrés est totalement insuffisant.

Annexes

Les annexes contiennent l'ensemble du matériel considéré comme trop détaillé, trop spécialisé et qui n'est pas absolument nécessaire à la compréhension de l'étude :

- questionnaire d'enquête ;
- listings ;
- données brutes ;
- présentation des calculs statistiques ;
- explications méthodologiques.

Elles ont pour objectif d'alléger le rapport tout en l'étoffant et de renforcer la crédibilité de l'étude réalisée.

Parfois, elles s'accompagnent de supports tels que disquettes, documents d'enquête (brochures publicitaires, cahiers d'annonces, etc.).

Si les annexes sont trop volumineuses, elles font l'objet de documents séparés.

FRAIS DIVERS DANS LES HÔPITAUX

1. Objectifs

1.1 Qu'entend-on par « frais divers » ?

Souvent, la facture hospitalière que le patient doit payer manque de transparence et est très compliquée. Le choix de l'hôpital et du type de chambre, la part personnelle du prix journalier payable par le patient, les suppléments pour la chambre, les suppléments pour les honoraires, pour les opérations médicales, pour les frais pharmaceutiques et pour les frais de matériels... déterminent le prix du séjour dans l'hôpital.

Un poste de dépenses est en principe facile à maîtriser : celui des frais divers. Ce sont tous les produits et services qui ne sont pas strictement liés aux soins médicaux, comme par exemple les frais de téléphone (location d'un appareil et prix des communications), le coût de l'eau (en supplément ainsi que des boissons en dehors des repas), le prix de vêtements ou d'articles de toilette que le patient demande, les frais de logement pour le conjoint ou le parent accompagnateur... Sous la rubrique des « frais divers », l'hôpital facture également des produits et services, tels que le matériel (para)médical, pour lesquels il n'y a le plus souvent pas de remboursement par la mutualité ou non couverts par la plupart des assurances hospitalières. Le plus souvent, il s'agit de produits qui ne sont pas réutilisables pour une raison d'hygiène ou autre (exemple : thermomètre personnel, petite pompe pour le lait, patte ambulatoire à mettre sous un pied plâtré, du matériel anti-décubite, chaussettes anti-flébite, cold pack etc.). Le patient paie ce qu'il consomme. Sous la rubrique des « frais divers » peuvent également être calculés des frais pour du matériel coûteux d'endoscopie ou de viscérosynthèse (chirurgie optique et systèmes mécaniques de suture).

Chaque patient décide librement de sa propre consommation téléphonique, de combien de bouteilles (extra) d'eau il demande... Tout patient aime aussi savoir avant traitement quel est le matériel (para)médical qui sera entièrement à sa charge. Mais, bien sûr, une information correcte et adéquate concernant ces produits et services devrait être facilement disponible.

Pour cette raison, chaque hôpital doit pouvoir soumettre une liste de prix pour ces produits et services. Cela permet au patient ou à son représentant de prendre connaissance de cette liste et des prix. Pour la livraison de biens et de services qui n'apparaissent pas sur cette liste, l'accord écrit du patient ou de son représentant est requis.

1.2 But de l'enquête

L'enquête s'est focalisée sur deux questions :

- Dans quelle mesure l'information financière concernant les frais divers dans les hôpitaux est-elle disponible ?
- Comment et jusqu'à quel point le patient obtient-il cette information ?

Aucun hôpital n'a refusé de collaborer à l'enquête.

Figure 12.12 : *Rapport d'enquête*

2. Méthodologie : le mystery shopping

Tous les hôpitaux généraux en Belgique ont reçu une **lettre** dans laquelle nous demandions plus d'information sur les 'frais divers' et sur l'info financière fournie aux patients. Nous avons également demandé explicitement de nous envoyer un exemplaire de la liste des « frais divers ». La lettre a été adressée à 63 hôpitaux flamands et à 97 hôpitaux francophones. 13 hôpitaux flamands (20 %) et 5 hôpitaux francophones (5 %) ont réagi 9 hôpitaux flamands et 3 hôpitaux francophones nous ont également envoyé une liste des 'frais divers'.

Ensuite, en octobre 2003, les enquêteurs ont effectué des **visites** dans 52 hôpitaux (29 du côté flamand et 23 du côté francophone) sans annonce préalable. Ces visites ont eu lieu dans 7 hôpitaux à Bruxelles-ville, 5 en Hainaut, 1 au Luxembourg, 1 en Brabant-wallon, 4 à Namur, 5 à Liège, 6 en Flandre Orientale, 7 en Flandre Occidentale, 4 en Brabant-flamand et 8 à Anvers. Le nombre total de lits dans ces hôpitaux est de 30.126. Les divers types d'hôpitaux généraux (généraux, généraux avec caractère universitaire) et de statuts hospitaliers (CPAS, asbl, institut autonome de soins...) sont représentés dans l'échantillon. Certains hôpitaux qui ont réagi (par exemple en nous envoyant une liste), ont été visités ultérieurement, d'autres pas.

La visite se déroulait comme suit : de prime abord les enquêteurs demandent à l'accueil des infos sur les prix des biens et services non médicaux (pour les patients admis). Parfois la réception les faisait passer au service d'inscription, où ils répétaient la question. Les informations obtenues jusqu'à ce stade forment l'information « spontanée ». Ce n'est qu'après ça que le vrai but de la visite — à savoir recherche et enquête — était dévoilé, et qu'on les adressait à un autre interlocuteur, le plus souvent une personne responsable au sein de l'hôpital : quelqu'un du service finances ou administratif.

3. Qualité des informations reçues

3.1 Les prix sont-ils affichés à l'entrée principale de l'hôpital ?

Dans les hôpitaux visités, il n'existe pratiquement jamais d'affichage informatif général citant les prix des « frais divers » dans le hall principal. On y trouve parfois des listes des prix ou des tarifs concernant le parking, les produits disponibles dans la cantine, les menus des snacks, etc.

Si quelques prix « frais divers » sont disponibles, il s'agit dans la plupart des cas des prix des chambres, de la télévision et du téléphone. Ces prix ne sont cependant pas affichés à l'entrée principale, mais, le plus souvent, dans les couloirs ou dans le service d'inscription ainsi que dans la brochure générale de présentation de l'hôpital.

3.2 Évaluation de l'attitude de nos interlocuteurs à l'accueil, au service inscriptions et dans le service responsable

Accueil dans l'hôpital : l'évaluation moyenne de l'attitude de la personne à l'accueil est de 3,8 sur cinq. Ce bon score est mérité par le professionnalisme des personnes qui travaillent à ce service dans la plupart des hôpitaux.

Le score moyen attribué à l'attitude de la personne au service **inscriptions** est de 3,8/5 également.

Figure 12.12 : *Rapport d'enquête (Suite)*

L'évaluation moyenne de l'interlocuteur du **service responsable** est aussi de 3,8/5. Si ces personnes étaient disponibles, ce qui n'était pas toujours le cas car nous ne prenions pas de rendez-vous, elles étaient toujours prêtes à collaborer.

3.3 Où les enquêteurs ont-ils obtenu l'information spontanée ?

Dans 47 % des hôpitaux flamands, l'information spontanée a été fournie à l'accueil et/ou au service inscriptions.

Dans 39 % des hôpitaux francophones, l'info spontanée venait du service inscriptions.

3.4 La qualité de l'information spontanée

Le score moyen est de 2,48/5 points.

D'où vient ce mauvais score ? Dans ce stade de l'enquête, nous n'avons à aucun endroit vraiment reçu une véritable « liste de frais divers ». Les informations fournies spontanément, concernaient les prix pour les chambres, la télé et le téléphone, ainsi que l'information relative aux différents types de chambres et la brochure générale de présentation ou d'accueil de l'hôpital. Une des raisons évoquées pour la non-disponibilité d'une liste de « frais divers », est que jamais les patients ne demandent une telle liste.

3.5 Quelles ont été les réactions à l'annonce de l'enquête ?

Le résultat moyen était de 3,6/5.

Ce score n'est bon ni mauvais : les réactions étaient neutres et professionnelles.

3.6 La qualité de l'information après l'annonce de l'enquête

La moyenne est à 3,4/5 points, ce qui est plus élevé que la qualité de l'info spontanée (2,48).

Toutes les personnes responsables abordées, ont au moins essayé de donner ne fût-ce qu'un prix relevant des « frais divers ». Ces responsables mentionnaient également souvent spontanément que la disponibilité d'une telle liste est légalement obligatoire.

3.7 Résumé de la qualité

	Accueil	Admission	Responsable	Info avant	Annonce	Info après
Mauvaise	6	2	4	19	5	10
Bonne	36	18	24	13	29	23

La qualité de l'accueil était bonne dans 36 hôpitaux et mauvaise dans 6 hôpitaux. La qualité de l'accueil dans les services d'admission est bonne dans 18 hôpitaux et mauvaise dans 2. La réaction des responsables en général était bonne dans 24 cas contre 4 mauvaises réactions. L'info spontanément reçue était de mauvaise qualité dans 19 cas et de bonne qualité dans 13 cas. L'annonce de l'enquête était bien accueillie dans 29 hôpitaux et mal accueillie dans 5 hôpitaux. L'info reçue après l'annonce de l'enquête, était bonne dans 23 cas contre 10 mauvais cas.

FIGURE 12.12 : *Rapport d'enquête (Suite)*

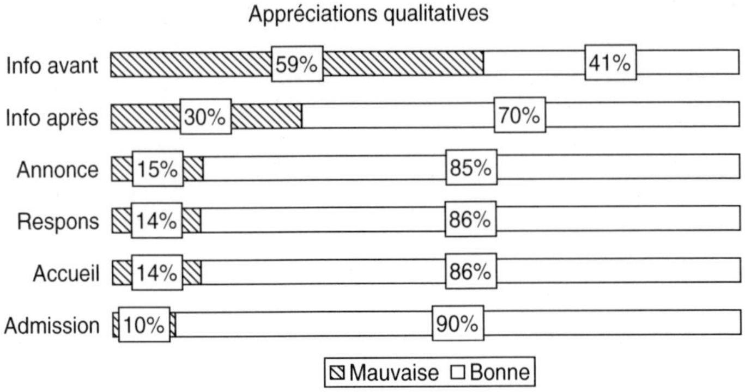

4. Quelques produits sous la loupe

4.1 Téléphone

Les hôpitaux utilisent différents systèmes de paiement. Il y a la carte prépayée et le paiement par unité (frais reportés sur la facture). Parfois le patient doit payer un montant fixe par jour (aussi repris sur la facture après). Dans certains cas, l'hôpital demande une caution (avant) ou une amende (après) pour le poste ou la carte. Cette caution est remboursée au patient plus tard, quand il rend le poste ou la carte dans l'état où il les a reçus. L'amende est due lorsqu'il ne rend pas la carte ou le poste du tout ou ne les rend endommagés). Près de la moitié des hôpitaux de l'échantillon réclament plus que seulement les frais des communications. Ils comptent donc également un forfait par jour et/ou une caution.

Le prix des cartes dans les hôpitaux visités varie entre 13 et 25 &. Deux hôpitaux, situés dans une région économiquement défavorisée, n'utilisent que ce système de carte pré-payée. Il s'agit d'une stratégie d'information préalable des patients au sujet de leur usage du téléphone en leur indiquant instantanément les coûts.

Le forfait (montant fixe) varie entre 0,62 &/jour et 7,50 &/jour.

Le montant de la caution oscille entre 15 et 40 &. Un hôpital prévoit une amende très élevée (de 150 &).

Les prix par unité se situent entre 0,30 et 0,60 &. Ce prix est presque le double du tarif chez Belgacom. Certains hôpitaux ne fournissent aucune info sur les frais par unité, d'autres ont plus d'une page A4 d'information sur le sujet. Reste à remarquer que les différences de prix entre les hôpitaux sont importantes et que le prix dans l'hôpital est généralement plus élevé qu'en dehors de l'hôpital.

Certains hôpitaux comptent un prix par unité ainsi qu'un forfait et une caution en supplément. Il s'en suit que téléphoner devient extrêmement cher à l'hôpital. (Normalement les téléphones mobiles sont interdits à l'hôpital, mais peut-être que ce coût élevé d'un appel à partir du poste fixe peut amener à des infractions ?).

Figure 12.12 : *Rapport d'enquête (Suite)*

Dans les conversations avec les responsables des hôpitaux, il ressort que nombre de patients ne se rendent pas assez compte de leurs frais de téléphone. Parfois, les patients s'ennuient et y remédient en téléphonant beaucoup et pour de longues communications, pour ensuite s'étonner de l'importance des frais de téléphone repris sur la facture. Ce poste s'avère en effet être, dans beaucoup de cas, la plus grande surprise sur la facture. Pour l'éviter, nous recommandons la carte prépayée. Elle ne peut cependant pas coûter trop cher (pour éviter que la somme prépayée devienne trop importante). En outre, les unités non épuisées devraient être utilisables en dehors de l'hôpital. [...]

4.4 Repas pour l'accompagnateur (par ex. famille du patient)

Petit-déjeuner : le prix se situe entre 1,35 et 6,20 &. Le prix moyen du petit-déjeuner dans les hôpitaux francophones est de 2,50 &. Dans les hôpitaux flamands, le prix est de 2,80 &. Le prix global moyen d'un petit-déjeuner est de 2,65 &.

Déjeuner : le prix varie entre 4 et 12,20 &. Le prix moyen du déjeuner dans les hôpitaux francophones est de 6,43 &. Dans les hôpitaux flamands, le prix moyen est de 6,30 &. Le prix global moyen d'un déjeuner est de 6,37 &.

Souper : le prix oscille entre 2,25 et 8,50 &. Le prix moyen d'un souper est de 3,86 & dans les hôpitaux francophones et de 4,4 & dans les hôpitaux flamands. Le moyen global est de 4,10 &.

4.5 Les prix en euros (minimum et maximum) et comparaison avec les prix dans les magasins et les pharmacies

	Thermomètre	**Peigne**	**Rasoir jetable**	**Pompe pour le lait**	**Brosse à dents**
Bruxelles	0,75 € à 3,59 €	0,90 €	0,42 €	12,39 €	0,65 €
Wallonie	1,49 € à 8,89 €	0,28 € à 1,44 €	0,29 € à 2,90 €	7,44 € à 26,20 €	1,44 € à 2,21 €
Flandre	1,50 € à 10,30 €	0,65 € à 0,92 €	0,80 €	10,34 € à 25,50 €	0,57 € à 1 €
Différence	0,75 € à 10,30 €	0,28 € à 1,40 €	0,29 € à 2,90 €	7,44 € à 26,20 €	0,57 € à 2,21 €
Prix magasin et pharmacie	3,72 € à 12,5 €	0,76 € à 1,75 €	0,75 € (paquet de 10) à 6,25 € (paquet de 4)	7,06 € à 53,05 € (électrique)	0,91 € à 3,95 €

Dans les hôpitaux, nous constatons d'importantes différences de prix pour les mêmes produits, mentionnés sous les rubriques « frais divers ».

FIGURE 12.12 : *Rapport d'enquête (Suite)*

Ces variations dépendent notamment de la structure variée de l'offre. Il y a, par exemple, de grandes différences entre les divers types de thermomètre sur les listes : depuis les thermomètres avec embout jetable jusqu'aux thermomètres digitaux les plus chers. Pour les pompes à lait, de même, les différences sont très importantes. Même pour les produits les plus courants (ex. peigne, rasoir jetable, brosse à dents), la différence entre le prix le plus bas et le prix le plus haut est considérable.

D'autre part, les prix dans les hôpitaux sont rarement plus élevés que dans les magasins et les pharmacies. Tant les prix minimum que les prix maximum y sont moins élevés pour les produits susmentionnés. Le thermomètre, le peigne et la brosse à dents (prix minimum et prix maximum) sont certainement plus chers dans le magasin et la pharmacie. La comparaison est difficile pour les rasoirs jetables : vraisemblablement ils sont vendus à la pièce (et pas par paquet) à l'hôpital. Dans les supermarchés que nous avons visités, les rasoirs se vendent en paquets de 4 ou 10.

Le tire-lait bon marché vendu en pharmacie coûte quelques eurocentimes de moins que celui le moins cher issu des listes « frais divers » des hôpitaux. Un autre style de tire-lait très coûteux, par exemple, disponible en pharmacie, n'apparaît sur aucune liste de « frais divers » que nous avons reçue.

5. Quelques cas d'espèces

Nous avons examiné quelles dépenses pourraient être effectuées par une patiente qui serait admise à l'hôpital pour une journée, téléphonerait pendant 10 minutes (appel régional), regarderait la télé et qui achèterait une bouteille d'un litre d'eau, un peigne, un thermomètre, un rasoir jetable, un tire-lait et une brosse à dents. Le soir, pendant les heures de visite, son mari mangerait dans la chambre.

	Téléphone	**Télévision**	**Eau**	**Souper**	**Peigne**	**Rasoir**	**Thermomètre**	**Brosse à dents**	**Pompe pour lait**	**Total**
Prix max.	52,50 €	62,62 €[a]	1,00 €	8,50 €	1,44 €	2,90 €	10,30 €	2,21 €	26,20 €	167,60 €
Prix min.	3,00 €	0,60 €	0,50 €	2,25 €	0,28 €	0,29 €	0,75 €	0,57 €	7,44 €	15,68 €
Ratio	× 18	× 104	× 2	× 4	× 5	× 10	× 14	× 4	× 4	× 11

a. Avec caution remboursable.

Figure 12.12 : *Rapport d'enquête (Suite)*

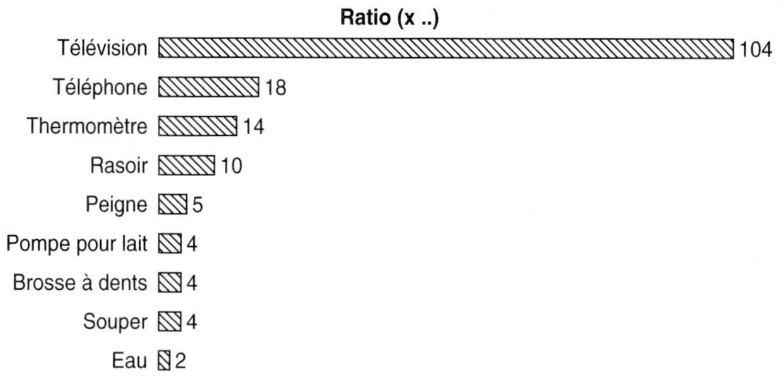

5.1 Le scénario le plus cher

Téléphone : le prix le plus élevé pour le téléphone est constaté dans un hôpital où sont prévus une caution, un forfait et un montant par unité de communication, à savoir 40 & (caution) + 7,5 & (forfait) + 5 & (0,50/unité × 10 minutes — les frais téléphonique mêmes), ce qui donne un total de 52,50 &.

Télévision : le scénario le plus cher comprend 62 & (de caution) + 0,62 &/jour = 62,62 &.

Les cautions payables pour le téléphone et la télévision sont en grande partie responsables de ce prix élevé. Le patient bénéficie bien sûr (dans la plupart des cas) du remboursement de ces cautions lorsqu'il quitte l'hôpital.

Le total du scénario le plus cher = 167,67 &. Il s'agit évidemment d'un montant fictif. Il ne correspond pas avec un certain profil existant. C'est la somme de tous les prix les plus élevés pour les produits susmentionnés. Ces prix ne sont donc appliqués dans aucun hôpital : ils sont repérés de toutes les listes de tous les hôpitaux que nous avons reçues (par courrier ou lors de notre visite).

5.2 Le scénario le moins cher

Téléphone : 0,30 &/unité × 10 minutes = 3 &

Télévision : 0,60 &/jour

Le total du scénario le moins cher est de 15,68 &. Ce montant ne correspond pas non plus à une situation réelle. Voir remarque ci-dessus.

6. Quels éléments peuvent encore influencer le prix des produits repris sur les listes des « frais divers » ?

Dans les hôpitaux des mutualités, les patients qui sont affiliés auprès de la mutualité en question, bénéficient parfois d'un tarif spécial pour certains produits.

Les patients qui bénéficient d'une assurance supplémentaire pour hospitalisation le signalent au service des inscriptions lors de leur admission. Le service de facturation est donc au courant.

Figure 12.12 : *Rapport d'enquête (Suite)*

7. Conclusions

L'information correcte au public à propos des « frais divers » est insuffisante et incomplète. De plus, quand cette information existe, elle est très peu lisible. Parfois même, l'information existe mais les patients n'y portent pas assez d'attention (brochures non consultées par exemple).

La loi du 14 juillet 1991 sur les pratiques du commerce prévoit, dans son chapitre 2 « de l'indication des prix » que :

§1er. Sauf en cas de vente publique, tout vendeur qui offre des produits en vente au consommateur doit en indiquer le prix par écrit et d'une manière non équivoque. Si les produits sont exposés en vente, le prix doit en outre être indiqué de manière lisible et apparente ;

§2. Tout vendeur qui offre au consommateur des services, doit en indiquer le tarif par écrit d'une manière lisible, apparente et non équivoque.

Par quels moyens renforcer cette information ? La question reste posée !

Dans deux hôpitaux situés en région économiquement plus défavorisée, certains « frais généraux » (téléphone, frigo, télévision) sont automatiquement divisés et reportés sur tous les patients de la chambre.

Ceci permet en partie à ces hôpitaux de se protéger contre les factures impayées (les procédures de recouvrement coûtent également très cher). Ces hôpitaux exigent également une couverture d'assurance complémentaire pour certaines interventions réputées très coûteuses (pose d'anneaux d'amaigrissement, fertilisation in-vitro...) ou exercent de sérieuses pressions pour que les patients prennent ces types d'assurance complémentaire dans le cas également de pathologies chroniques ou à long terme, sachant qu'il faudra faire face à des coûts médicaux et para-médicaux de manière récurrente. Ces pratiques peuvent aller jusqu'au refus de démarrer les interventions.

Il est également ressorti de cette enquête que le secteur hospitalier lui-même est bien conscient de la mauvaise information préalable des patients. Les responsables interviewés se sont très souvent plaints de cet état de fait : les brochures existent, sont distribuées, mais pas lues ; ou bien l'hôpital, mécontent de sa stratégie d'information est en train de la revoir (création de sites). Le caractère légal et obligatoire de cette information n'est généralement pas remis en cause, mais bien la question de son applicabilité, tant il est évident que les hôpitaux sont désireux de réduire au maximum la part (actuellement encore non négligeable) des mauvais payeurs.

Cependant malgré cette nécessaire mise en conformité par rapport à une obligation légale d'information des patients quant aux coûts relatifs aux frais divers consommés, le secteur des soins de santé ne peut bien évidemment pas basculer dans une logique marchande : les soins de santé ne sont pas des produits et services de consommation comme d'autres ; l'accessibilité et la qualité des soins pour tous doivent être absolument garanties.[...]

Source : CRIOC, Bruxelles.

Figure 12.12 : *Rapport d'enquête (Suite)*

9.1.2 *Exhibits*

Pour faciliter la lecture et l'intégration des résultats de l'analyse, les rapports d'études intègrent des tableaux et des graphiques. Certains même se présentent sous forme d'exhibits qui visualisent de manière conviviale et synthétique l'ensemble des résultats de l'étude.

L'exhibit présenté se décompose en **cinq parties** :

- Le *titre* présente le thème général qui est abordé et permet au lecteur de percevoir la logique de présentation ;
- La *question posée* lors de l'enquête est reprise telle quelle. En effet, le lecteur doit d'un coup d'œil, savoir de quoi il retourne et vérifier que le commentaire correspond à la question posée et n'en dépasse pas les limites d'interprétation ;
- Le *texte* qui décrit les résultats obtenus est *une majeure*. Il est concis et complet. Il présente les résultats du graphique ;
- Le *graphique* présenté sert d'argumentation et de preuve. Il doit être précis, lisible, cohérent, convaincant et agréable à lire. Il se compose parfois de plusieurs graphiques et schémas ;
- Le *pied de page* reprend les informations spécifiques à la compréhension du document (résultats du test statistique, bases de calcul, etc.)

Graphiques et histogrammes

Si les tableaux permettent de croiser des variables entre elles, ils sont souvent peu agréables à lire. Pour visualiser les résultats, l'utilisation d'un graphique est souvent utile. Les nombreux logiciels — tableurs et grapheurs — qui existent sur le marché permettent de réaliser des représentations graphiques associées aux tableaux de résultats : histogrammes, barres, courbes, secteurs, camemberts, étoiles, radars, courbes comparatives, nuages de points, aires, anneaux, surfaces, bulles, cylindres, cônes, pyramides, objets animés, etc.

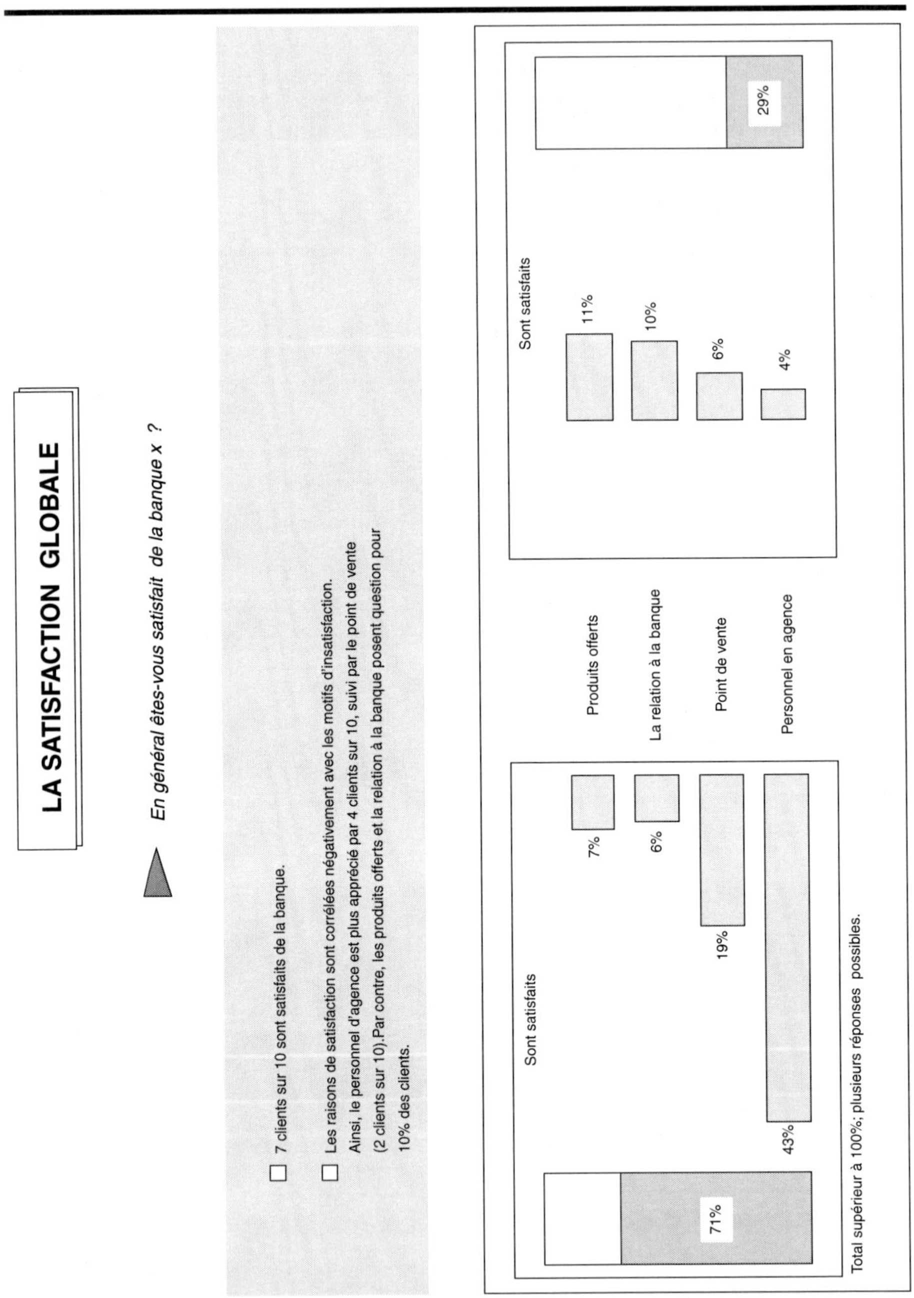

FIGURE 12.13 : *Exhibit : la satisfaction de la clientèle*

Une attention toute particulière doit être accordée à la réalisation des graphiques qui constituent un exhibit.

Un danger particulier guette le rédacteur débutant, celui de croire que le graphique est une construction automatique réalisée par un logiciel statistique. En conséquence, il va employer le graphique proposé par le logiciel sans s'interroger sur son opportunité. Or, c'est **le message** qui **détermine le choix du graphique** et non l'unité de mesure ou encore les données mesurées.

Trois étapes concourent à la sélection d'un graphique.

- ***Définir le message***

  En se posant cette question, le rédacteur de l'étude répond en fait à *deux interrogations* :

  - Quel est le contenu du message ?
  - Quelles sont les hypothèses à confirmer, à infirmer ?

  La méthode consiste à procéder en *quatre étapes* :

  - souligner la signification des données ;
  - commencer par le message qui la fera ressortir ;
  - utiliser le message comme titre du graphique ;
  - distinguer le titre générique de l'exhibit et le titre du graphique.

  Pour *souligner la signification des données*, le chargé d'études va parcourir les résultats disponibles, lire attentivement les données chiffrées et visualiser les logiques qui lui semblent sous-jacentes. L'utilisation d'un marqueur surligneur et l'annotation des tableaux constituent les deux méthodes les plus utilisées.

  Le message défini, le chargé d'études passe à l'étape suivante.

- ***Identifier la comparaison à établir***

  S'agit-il d'une :

  - *décomposition* ? Chaque résultat est la partie d'un tout ;
  - *position* ? Chaque résultat est comparé et classé par rapport aux autres ;
  - *évolution* ? La variation de chaque résultat est analysée par rapport au temps ;
  - *répartition* ? Chaque résultat est un élément d'une série ;
  - *corrélation* ? Chaque résultat de la variable fluctue en même temps qu'un résultat d'une autre variable. Dans ce cas, il ne s'agit pas, à proprement parler, d'une corrélation statistique mais d'une méthode de visualisation des résultats.

- ***Sélectionner le graphique***

  En fonction de la comparaison désirée et de l'objectif poursuivi, le chargé d'études va sélectionner le graphique le plus adapté à son message.

• Décomposition : une tarte, un camembert, une forme circulaire qui constitue un tout;

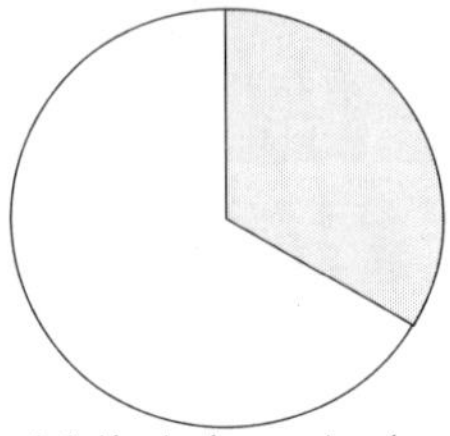

• Position : le graphique à barres qui reprend les intitulés placés en ordonnée, par ordre croissant ou décroissant ;

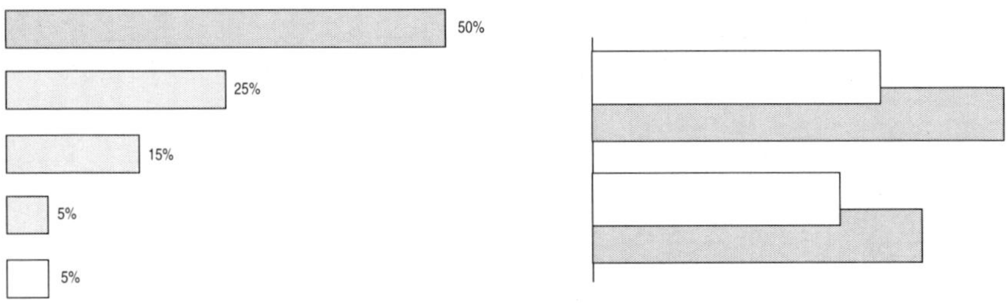

• Évolution. Les colonnes, courbes et aires subdivisées clarifient les données disponibles ;

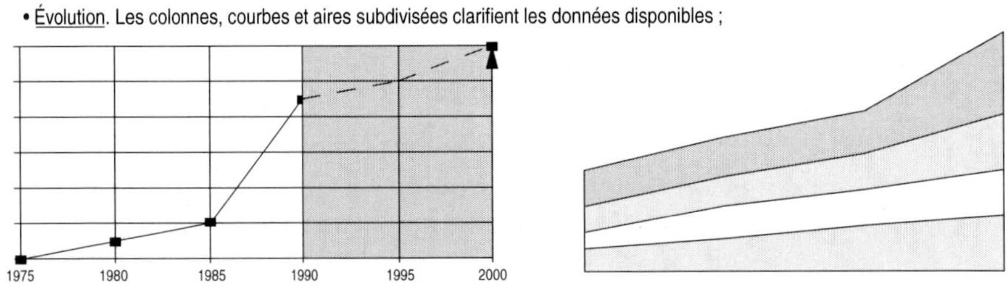

• Répartition. L'histogramme de fréquences reprend les diffirentes classes dont les intitulés sont placés en absisse ;

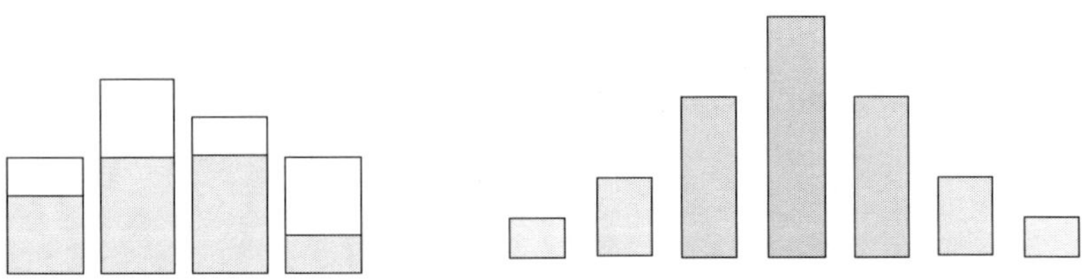

• Corrélation. Un scatogramme ou des barres horizontales permettent de visualiser la relation entre deux variables.

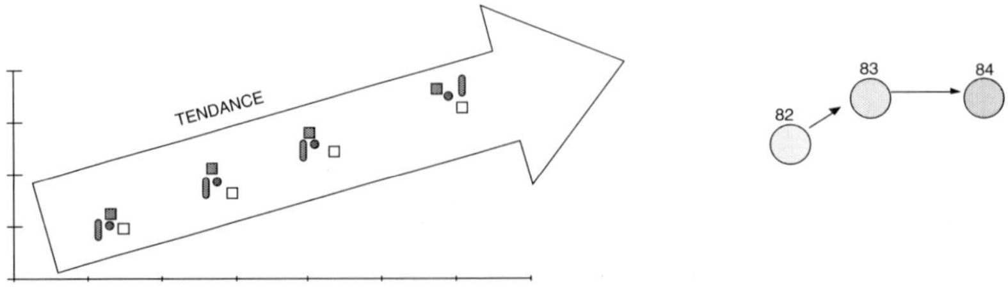

FIGURE 12.14 : *Types de graphique*

TABLEAU 12.12 : *Choisir un graphique*

Type	Décomposition	Position	Évolution	Répartition	Corrélation
Objectif	Montrer la taille de chaque fraction d'un total.	Comparer comment des éléments se classent les uns par rapport aux autres.	Comparer comment les éléments varient dans le temps.	Montrer combien d'éléments se répartissent dans chaque intervalle d'un série numérique continue.	Montrer comment une relation entre 2 variables se comporte.
Type de message	En juin, la majeure partie des clients étaient très satisfaits de notre société.	La contribution du segment des heavy users se situe au deuxième rang.	Le stock a fluctué au cours des 12 derniers mois.	La répartition socio-économique de notre clientèle diffère sensiblement de celle de notre concurrent.	La notoriété de la société dépend du nombre de passages TV.
Mots-clés	Fraction Pourcentage Représente x % Majeure partie Part de marché Moitié	Plus grand que Plus petit que Egal à Ont dépassé Rang Presque identique	En hausse En baisse Stable Fluctuation Changement Croissance Augmentation Diminution Variation	Catégorie de x à y Pyramide des âges Concentration Fréquence Distribution Répartition	Lié à Augmente avec Diminue avec Varie avec Évolue en même temps que N'augmente pas
En résumé	Pourcentage d'un tout.	Classement d'éléments entre eux.	Changement dans le temps.	Éléments dans des catégories.	Relation entre des variables.

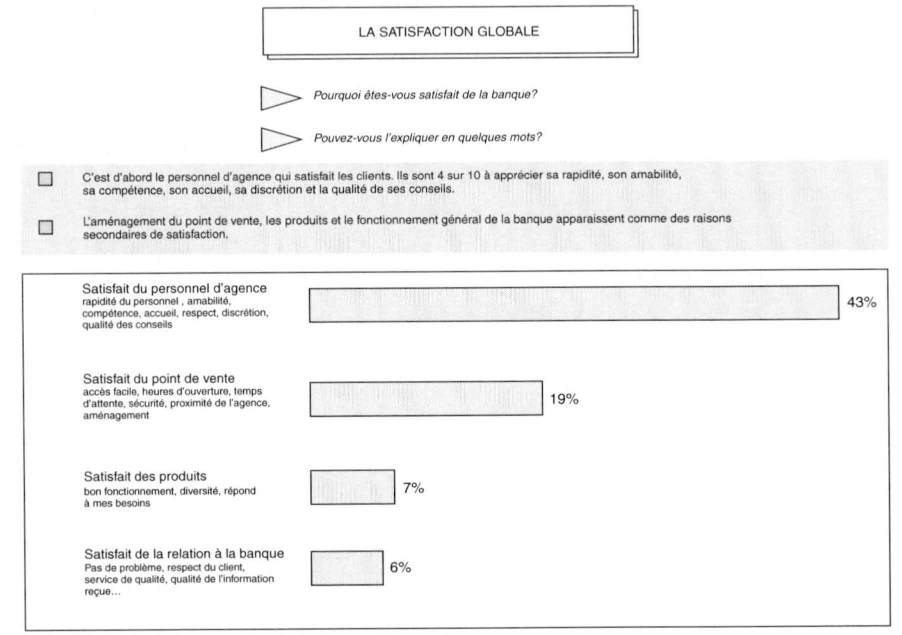

FIGURE 12.15 : *Présentation de résultat : recodification d'une question ouverte*

9.2 Présentation orale des résultats

Ce face à face entre le chargé d'études et son commanditaire est particulièrement important. L'interactivité possible lors de la présentation orale permet au chargé d'études de convaincre son client de la validité des résultats et de la qualité de l'étude.

La présentation orale poursuit **trois objectifs** :

- *Situer le projet d'étude* par rapport au problème traité. Le chargé d'études va rappeler brièvement les objectifs de l'étude et décrire la méthodologie employée ;
- *Montrer les principaux résultats.* Il ne s'agit pas d'une lecture linéaire du rapport d'études, page par page. Le chargé d'études va sélectionner les résultats particulièrement significatifs et intéressants pour le commanditaire de même que ceux qui vont étayer ses conclusions. Les informations présentées ne doivent pas seulement être exactes mais pertinentes ;
- *Dégager les principales conclusions.* Le chargé d'études va expliquer au client les résultats et, à travers un raisonnement linéaire et logique, dégager les conclusions de l'étude.

Les transparents, les exhibits, les graphiques, des logiciels de présentation sont des aides visuelles particulièrement judicieuses et efficaces pour réaliser cette étape.

Ces **aides visuelles** doivent être :

- *Lisibles*. La taille des caractères sera suffisante (minimum 18 points) ; treize mots par phrase semblent un idéal à ne pas dépasser ; le nombre de phrases par transparent sera limité à cinq ou six phrases ;
- *Attractives*. L'utilisation de graphiques, dessins, d'icônes, symboles animent les présentations. Un usage exagéré nuit au professionnalisme de la présentation ;
- *Sélectives*. Comme pour les exhibits, le lecteur doit, en un coup d'œil, savoir de quoi il retourne. Le message par transparent doit être concis et complet. Il s'appuie sur les résultats du graphique ;
- *Homogènes*. Les aides visuelles utilisées doivent garantir une identité visuelle forte à la présentation. La chargé d'études veillera à conserver des formats identiques (présentation en portrait ou paysage, utilisation de la même gamme de couleurs ou d'un habillage identique).

L'exposé, ex cathedra, dure, en général, de une heure à deux heures et se réalise devant une dizaine de personnes (responsables de marché, chefs de produit, responsables des études, responsables de la communication et de la publicité, etc.).

Lors de l'exposé, le chargé d'études veille à :

- *Respecter le temps imparti*. C'est à la fois une marque de politesse et de professionnalisme. De même, l'arrivée tardive du chargé d'études indispose les commanditaires ;
- *Sélectionner les aides visuelles les plus efficaces*. Il ne sert à rien de présenter un nombre élevé de transparents dans un délai court. La lecture intégrale, l'utilisation de caractères trop petits ou illisibles, trop d'idées par transparent, une absence de logique dans la présentation rendent celle-ci pénible et atténue considérablement la portée des résultats ;
- *Gérer le débat*. Le chargé d'études va fixer, avant le démarrage de l'exposé, le mode de réponses aux questions. Généralement, il répond aux questions de détail au cours de l'exposé car toute compréhension erronée de la méthodologie ou de compréhension des résultats peut affecter la crédibilité de la recherche et des conclusions présentées. En fin d'exposé, un débat sur les conclusions et les recommandations s'organise.

QUESTIONS

1. Quelles sont les différentes étapes à réaliser préalablement à l'analyse des données ? Quel est l'intérêt d'un plan de tri ? Est-il toujours nécessaire ?
2. Dans une localité qui compte 52 % de femmes, une enquête a porté sur 540 femmes et 460 hommes. L'échantillon est-il représentatif de la population de cette ville ?
3. Définissez la notion de base de calcul, précisez les différentes méthodes de calcul et leur intérêt, donnez un exemple pour chacune d'elles.

4. Définissez la notion de variable construite, de tabulation croisée, d'analyse univariée, bivariée et multivariée. Précisez les différentes méthodes de calcul et leur intérêt, donnez un exemple pour chacune d'elles.
5. Dans quel(s) cas peut-on parler d'absence ou de présence fallacieuse d'association ?
6. De nombreuses enquêtes observent des corrélations élevées entre les variables reprises ci-dessous. Quel pourrait être le facteur dont l'intervention rendrait compte, directement ou indirectement, de la relation d'association observée ? Sexe et niveau de revenus ? Niveau d'instruction et niveau de dépenses ? Ventes de crème glacée et de lunettes solaires ? Statut professionnel et Age ?
7. Sur 1 000 personnes interrogées, 250 déclarent préférer la marque de pâtes A, 450 la marque B et 300 la marque C. Or l'année précédente, 30 % des préférences allaient à la marque A, 50 % à la marque B et 20 % à la marque C. Y a-t-il eu changement de préférence d'une année à l'autre ?
8. Dans une enquête auprès de 600 personnes, 50 % des répondants ont déclaré consommer du chocolat aux noisettes. Quel en est l'intervalle de confiance ?

CHAPITRE 13

ÉTUDES SPÉCIFIQUES LIÉES À L'ENTREPRENEURIAT

1 Tester un nouveau produit ou service

2 Évaluer un marché potentiel

3 Fixer le prix du produit ou service

4 Positionner et différencier un produit ou service

Lors du lancement d'une activité entrepreneuriale, le marketeur est souvent dubitatif face aux études à réaliser pour valider ses hypothèses. À ce titre, le présent chapitre s'adresse plus particulièrement aux entrepreneurs et starters soucieux de disposer d'outils pratiques pour valider leur offre de produits ou de services, évaluer le potentiel d'un marché et fixer le niveau de prix acceptable pour les prospects et clients.

En général, l'entrepreneur doit :

- Valider l'intérêt du consommateur pour son offre ;
- Disposer d'une évaluation du marché potentiel ;
- Fixer le prix de son produit ou service.

Les méthodologies présentées ci-dessous offrent un double avantage : offrir un résultat fiable pour un investissement relativement limité. D'autres méthodologies plus sophistiquées existent mais leur coût élevé n'est pas toujours accessible aux entrepreneurs et aux start-up.

1 TESTER UN NOUVEAU PRODUIT OU SERVICE

Le lancement de nouveaux produits est capital pour l'entrepreneuriat. Quand on sait que la plupart des produits qui seront consommés dans 10 ans n'existent pas encore, on comprend l'importance pour l'entreprise de détecter les besoins et les opportunités du marché. Les goûts des consommateurs, la technologie, les produits de la concurrence évoluent, l'entreprise doit s'adapter.

Dès que les idées de l'entrepreneur sont définies, il est nécessaire de les transformer en concept, c'est-à-dire en une description de produit ou service qui présente les avantages dont le client peut bénéficier. Ces concepts font l'objet de tests ; le prospect est invité à réagir aux concepts qui lui sont proposés.

Bien évidemment, plus le concept sera proche du produit final, plus les résultats du test seront significatifs. L'idéal est bien sûr de disposer d'un prototype qui puisse être testé dans son environnement commercial réel. Selon l'état de développement du produit, plusieurs approches peuvent être utilisées :

- Les *tests de concept* suivent tout naturellement la génération spontanée des idées ;
- Les *tests de produit* prennent le relais dès le moment où la recherche a permis de générer un prototype ;
- Les *tests de goût* et *de dégustation* ;
- Les *tests de positionnement.*

1.1 Les tests de concept

Les tests de concept visent à faire réagir le consommateur aux idées générées par l'entrepreneur. À ce moment, le produit n'existe que sur papier et l'entrepreneur dispose d'un ou plusieurs concepts de produit, de service ou de marque qui sont présentés sous forme symbolique (description verbale ou écrite) ou illustrée (maquette, dessin, concept board). Le test consiste à vérifier si ces concepts répondent aux besoins des consommateurs choisis au sein du marché cible.

À ce moment, l'entrepreneur peut s'orienter vers une approche monadique qui consiste à ne faire tester qu'un seul concept à la fois ou une approche séquentielle où plusieurs produits sont testés l'un à la suite de l'autre. Dans ce cas, lors du test, l'entrepreneur veillera à varier l'ordre d'apparition des produits.

Les concepts peuvent être soumis à l'appréciation des consommateurs sous deux formes distinctes :

- Une *description (orale ou écrite) neutre du produit* (forme symbolique). Cette méthode simple, peu onéreuse mais limitée permet la comparaison avec des résultats obtenus lors d'autres tests. Le chercheur explique à l'interviewé la définition du produit en mettant en évidence ses principales caractéristiques. Cette méthode exploratoire s'utilise généralement lors de la phase initiale de lancement de produit, en présence d'un concept totalement neuf et pour une cible non spécifique.
- Une *annonce publicitaire factice ou maquette* représentant le nouveau concept est soumise au jugement des interviewés, comme s'il s'agissait d'un produit déjà existant (forme imagée). Cette méthode rend le test plus proche d'un pré-test publicitaire car elle reproduit l'atmosphère générée par l'annonce du futur produit.

Le chercheur utilise un échantillon de quelque 50 personnes représentatives du marché-cible envisagé. Le concept est présenté sur écran, vidéo, crayonné ou sous forme d'annonce ou de texte et l'interviewé est invité à réagir à la fois au concept global et à chacun de ses attributs au cours d'un entretien en profondeur, semi-structuré ou lors d'une interview de groupe.

L'animateur du groupe présente le concept, analyse les habitudes des interviewés, leur façon de vivre, dans le domaine du produit ou service concerné et mesure le degré d'acceptabilité du concept.

TABLEAU **13.1** : *Test de concept : des paramètres à analyser aux questions*

Paramètres à analyser	Questions de recherche	Exemples de questions
COMPRÉHENSIBILITÉ	Le concept est-il facile à comprendre ?	*Que comprenez-vous par... ?*
VRAISEMBLANCE PERÇUE	Les avantages offerts sont-ils crédibles ? L'argumentation a-t-elle porté ?	*Quels sont, selon vous, les avantages offerts par ce service ?* *Croyez-vous que ce produit est réellement intéressant ?*
NIVEAU DE BESOIN	Le produit répond-il aux besoins du consommateur ?	*Quelles difficultés rencontrez-vous ?* *Comment les solutionnez-vous ?* *Dans quelles circonstances utiliseriez-vous le produit ? Pour répondre à quel besoin ? Pour solutionner quelles difficultés ?*

TABLEAU 13.1 : *Test de concept : des paramètres à analyser aux questions (Suite)*

Paramètres à analyser	Questions de recherche	Exemples de questions
INTÉRÊT ÉPROUVÉ	Quel est l'intérêt pour le nouveau produit ? Le message provoque-t-il un intérêt suffisant, pouvant aller jusqu'à l'achat ?	*Spontanément, êtes-vous intéressé par ce produit ?*
VALEUR PERÇUE	Quel est le prix à fixer pour ce produit ?	*Combien seriez-vous prêt à payer pour ce nouveau service ?* *Par rapport à un produit de ce type, pensez-vous que le prix proposé est bon marché, cher, trop cher ?*
CIBLE ET FRÉQUENCE D'ACHAT	Quelle est la cible ? Quelle est la fréquence d'achat ? Dans quelles circonstances le produit sera-t-il acheté ?	*Êtes-vous intéressé par ce produit ?* *Comptez-vous, dans les prochains jours, semaines ou mois acheter ce produit ?*

À ce stade, il convient d'être particulièrement attentif à l'interprétation des résultats d'une question de mesure des intentions d'achat. La méthodologie qualitative ne permet pas d'évaluer le potentiel réel et il est nécessaire d'utiliser une phase quantitative pour valider les résultats obtenus.

Le concept va être comparé aux produits concurrents et au produit idéal de manière à mesurer l'écart potentiel et à déterminer les points forts et faibles du nouveau produit. Le chercheur utilise à cet effet le différentiel sémantique d'OSGOOD calculé sur base d'une échelle de 1 à 5[1].

Le différentiel sémantique de la figure 13.1 positionne le nouveau concept par rapport à son concurrent et au produit idéal. Le concept testé est apprécié pour sa facilité de préparation, son goût et son odeur agréable. Par contre, le produit concurrent est mieux évalué par le consommateur sur les critères coût, efficacité et caractère équilibré.

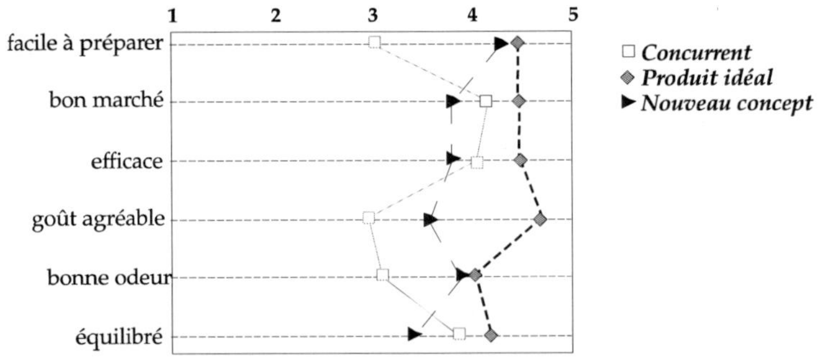

FIGURE 13.1 : *Carte perceptuelle d'un concept d'un produit alimentaire (extrait)*

1. 1 signifie ce n'est pas du tout le cas, 5 signifie c'est tout à fait le cas.

1.2 Les tests de produit

À ce stade du développement du nouveau produit, le concept va se transformer en prototype. Il réunit les caractéristiques spécifiées dans le concept et répond aux contraintes de l'entreprise (respect des coûts et des délais de fabrication, fonctionnement satisfaisant, goût stable, etc.).

Pratiquement, le concept élaboré va être traduit en goût, emballage, nom, conditionnement, couleur, forme et prix. Dès ce moment, la méthodologie quantitative prend le relais. Le produit va être testé auprès d'un échantillon suffisamment représentatif de consommateurs en vue d'en mesurer sa perception.

Les tests d'acceptabilité utilisés doivent permettre à la fois de mesurer l'intérêt et la perception des qualités intrinsèques du produit (odeur, couleur, goût, emballage, conditionnement, forme, taille, présentation, etc.), les consignes d'utilisation (mode d'emploi, caractéristiques d'utilisation, etc.) et la réponse que le nouveau produit apporte aux besoins du consommateur.

Tableau 13.2 : *Test d'acceptabilité : des paramètres à analyser aux questions*

Éléments à analyser	Questions de recherche	Exemples de questions
Performance	Le produit répond-il au besoin pour lequel il a été créé ? Le produit remplit-il ses fonctions lors de l'utilisation ? Ses possibilités annoncées sont-elles réelles ? Le produit tel qu'il est conçu doit-il être amélioré ? De quelle manière ? Ses caractéristiques sont-elles satisfaisantes ?	*Pour quel(s) motif(s) l'utilisez-vous ?* *Quels sont les avantages perçus ?* *Quels sont les désavantages perçus ?* *Si vous pouviez améliorer x, quelle modification proposeriez-vous en premier ?* *Quelles difficultés rencontrez-vous ?* *Comment les solutionnez-vous ?* *Dans quelles circonstances utiliseriez-vous le produit ? Pour répondre à quel besoin ? Pour solutionner quelles difficultés ?*
Acceptabilité	Les avantages offerts sont-ils crédibles ? Répond-il aux attentes des consommateurs ? Quelles sont les motivations du consommateur ?	*Quels sont, selon vous, les avantages offerts par ce service ? Répond-il à ce que vous attendiez ?* *Croyez-vous que ce produit est réellement intéressant ?* *Qu'est ce que ce produit va changer dans votre vie quotidienne ?*
Compétitivité	Quel est le degré d'acceptabilité du produit par rapport à ses concurrents ? Avantages/inconvénients par rapport aux produits actuels ? Le rapport qualité/prix est-il satisfaisant ?	*Comparé à ces autres produits, quels sont les avantages, inconvénients perçus ?* *Achèteriez-vous ce produit ?* *Combien seriez-vous prêt à payer pour ce nouveau service ?*

TABLEAU 13.2 : *Test d'acceptabilité : des paramètres à analyser aux questions (Suite)*

Éléments à analyser	Questions de recherche	Exemples de questions
Caractéristiques intrinsèques	Mesure d'attributs tels que le goût, le parfum, la forme, l'odeur, la couleur, l'emballage, le conditionnement, la taille, la présentation, les consignes d'utilisation, le mode d'emploi, etc. Mesure de l'équilibre des différentes composantes et de la composition du produit.	*Je vais vous citer une série de caractéristiques concernant ce produit. À chaque fois voulez-vous me dire si vous êtes tout à fait d'accord, d'accord, pas d'accord, pas du tout d'accord ?* (Différenciel sémantique)
Valeur perçue	Quel est le prix à fixer pour ce produit ?	*Combien seriez-vous prêt à payer pour ce nouveau service ?* *Par rapport à un produit de ce type, pensez-vous que le prix proposé est bon marché, cher, trop cher ?*
Cible et fréquence d'achat	Quelle est la cible ? Quelle est la fréquence d'achat ? Dans quelles circonstances le produit sera-t-il acheté ? Quel est le segment de marché ?	*Êtes-vous intéressé par ce produit ?* *Comptez-vous, dans les prochains jours, semaines ou mois acheter ce produit ?*

Plusieurs méthodes sont utilisées pour réaliser les différents tests de produits. Parmi celles-ci, citons notamment :

- **Classements.** Il s'agit pour le répondant de ranger par préférence les produits présentés. Cette méthode n'est réalisable qu'en présence d'un nombre limité de produits et ne mesure guère l'intensité de réaction à chaque produit analysé individuellement.
- **Comparaisons par paires**. Le répondant est invité à comparer deux produits sur un ensemble de critères déterminés par le chercheur. Cette méthode permet de dégager un classement complet des produits. Deux approches sont possibles. Soit le répondant est invité à comparer simultanément les deux produits et à préciser son choix ; soit le répondant analyse les deux produits séquentiellement. Dans ce cas, il convient d'alterner l'ordre de présentation des produits.
- **Tests monadiques.** Pour chaque produit pris individuellement, le consommateur est invité à préciser son degré d'acceptation (de *n'aime pas du tout* à *aime beaucoup*). Une analyse plus complète permet de calculer la préférence globale pour un produit et les écarts entre produits, surtout quand le nombre de produits à tester est important.
- **Blind tests.** Les tests en aveugle consistent à présenter les produits à tester dans un emballage neutre sans possibilité pour le répondant d'identifier

la marque ou le fabricant. Cette méthode garantit une évaluation plus neutre des qualités du produit sans influence de l'image de la marque. Ce test s'accompagne généralement d'un test identifié qui intègre l'influence de la marque dans l'analyse. La méthode du *double-aveugle* permet de garantir l'objectivité de l'analyse. Cette méthode, particulièrement utilisée dans les tests pharmaceutiques, consiste à cacher non seulement le produit testé en le comparant à un *placebo* mais encore à masquer à l'équipe de recherche lequel de ces deux produits est en fait le nouveau produit.

- **Tests de discrimination.** Ces tests visent à mesurer l'existence de la perception d'une différence entre deux produits. L'interviewé dispose de trois échantillons. La présentation est identique mais les deux premiers échantillons sont semblables tandis que le troisième est différent. Il comprend la modification à tester. La méthode consiste à demander à l'interviewé de tester les trois produits et de désigner le produit perçu différemment. Si la fréquence relative du produit perçu comme différent est supérieure à 33 % (marge d'erreur non comprise), l'analyse conclut que le produit est réellement perçu comme différent. Dans le cas contraire, toute fréquence inférieure à 33 % signifie qu'il n'existe pas de différence significative entre les produits. Un taux égal à 33 % peut signifier que la différence peut être due au hasard. Généralement, pour éviter le biais lié à l'effet d'ordre des produits, les répondants doivent recevoir les produits dans un ordre différent. Le premier groupe d'abord le produit A, le second le produit B. De même, pour éviter le biais lié à un déséquilibre de présentation, un groupe de répondants reçoit les produits à tester AAB et un second groupe les produits BBA. Le choix d'une technique de recueil des données en matière de perception de produit n'est pas neutre. En effet, ces techniques influencent — tout comme la nature du produit analysé, le degré d'implication du consommateur et ses capacités intellectuelles — la quantité et la qualité des données recueillies.
  - Les *triades de KELLY* présentent les produits à tester trois par trois. Pour chaque triade, la personne interrogée doit préciser en quoi deux des produits sont semblables entre eux mais différents du troisième. L'ensemble des triades est présenté successivement. L'utilisation de cette méthode permet de générer des items centrés sur le produit et ce, en grand nombre.
  - Les produits sont présentés séparément, l'un après l'autre. Pour chacun de ces produits, le répondant doit préciser à quoi le produit lui fait penser. Cette méthode de *l'association libre* privilégie les critères d'image et des items attributifs de la marque.

1.3 Les tests de goût et de dégustation

Pour les produits alimentaires, le goût, l'aspect et la texture du produit sont amenés à jouer un rôle commercial stratégique. Ces critères sont d'autant plus importants que le cycle de vie des produits diminue dans de nombreux domaines alimentaires.

Le goût est aussi une modalité sensorielle efficace pour évaluer la conformité de la production, pour adapter le produit aux besoins des consommateurs, pour analyser les produits de la concurrence et évaluer ainsi la qualité commerciale des produits.

Les jurys de consommateurs et d'experts demeurent des instruments privilégiés malgré le fait que les analyses constatent qu'il n'est pas possible d'établir une corrélation entre les goûts énoncés par les experts ou les consommateurs.

Il serait faux de conclure que les études de consommateurs sont inefficaces car les consommateurs sont incompétents. Au contraire, ces derniers sont riches d'expression. Les avis des consommateurs constituent une source d'information intéressante et indépendante de l'avis des experts.

Le marketeer va donc chercher à les interpréter, les utiliser et les exploiter afin de mieux gérer l'adéquation entre sa gamme de produits et les consommateurs.

Les tests de dégustation sont généralement réalisés auprès de la cible et visent à vérifier, en phase finale de développement de produit, que l'intérêt pour le produit est suffisant ou qu'il n'y a pas eu d'erreurs de composition. Ces tests se réalisent parfois auprès de jurys de consommateurs ou directement auprès d'un échantillon spécifique en face à face.

Il est particulièrement important, sous risque de biais, que les enquêteurs respectent les consignes de préparation et de dégustation du produit testé (température, présentation, etc.).

Les tests de dégustation peuvent être monadiques (un seul produit testé) ou comparatifs. Dans ce cas, les produits concurrents font l'objet d'une analyse sur base d'un questionnaire à la fin de la dégustation. Les techniques de recueil de l'information sont similaires aux techniques utilisées lors des tests de packaging ou tests d'emballage (classements, comparaisons par paires, tests monadiques, tests en aveugle, etc.). Les résultats font l'objet d'un traitement statistique.

2 ÉVALUER UN MARCHÉ POTENTIEL

Quand le produit est définitivement mis au point, il est nécessaire de le tester dans l'environnement le plus proche de sa phase de commercialisation. Le test de marché permet de mesurer comment le consommateur et la distribution vont réagir face au produit et en mesurer le volume des ventes.

L'estimation future des ventes d'un produit constitue un des défis majeurs du marketing. Dans un environnement en constante mutation, la nécessité de prévoir de manière la plus efficace possible les ventes futures s'impose. Or, l'analyse est délicate car quand on interroge les consommateurs en termes d'intention d'achat, ils font preuve d'une grande prodigalité.

Pour les produits de grande consommation, le déclaratif d'intention d'achat est d'autant plus aléatoire que les produits sont peu impliquants et que leur achat est soumis à de nombreuses variables exogènes telles qu'une baisse de prix d'un concurrent.

Pour affiner les mesures obtenues, surtout quand le premier achat est un achat d'impulsion, peut-être dû à la nouveauté du produit, il convient de s'intéresser au rachat qui mesure mieux l'acceptation définitive du produit par le consommateur.

La plupart des méthodes développées font preuve, à des degrés divers, de réalisme, de fiabilité et peuvent simuler des volumes de vente.

Le test de marché s'adresse tant au consommateur qu'au distributeur et va servir à déterminer le taux d'essai, d'achat, de rachat et la fréquence de consommation du produit.

L'entreprise va disposer d'une large information sur le volume de ventes, l'existence ou l'absence d'un courant continu de vente, le profil des distributeurs qui vendent le produit, les méthodes à développer pour augmenter le volume des ventes, etc.

2.1 Données à collecter

Différentes mesures sont effectuées sur base de données collectées.

Lors d'une enquête quantitative, l'entrepreneur veille à collecter les données suivantes :

- Nombre d'interviewés : le nombre de personnes qui ont participé à l'enquête, qu'elles aient répondu ou non aux questions ;
- Nombre de répondants qui ont déclaré avoir l'intention d'essayer le produit ;
- Nombre de répondants qui ont déclaré vouloir acheter régulièrement le produit ;
- Quantité achetée lors de chaque achat ;
- Fréquence d'achat : le nombre d'achats annuels.

Simultanément, l'entrepreneur va déterminer l'univers de son marché, la population qui constitue le marché potentiel de la cible.

2.2 Estimateurs synthétiques

Sur base des données collectées, il est possible de calculer des indicateurs synthétiques.

- Taux d'essai : $\frac{\text{Nombre de répondants qui ont l'intention d'essayer le nouveau produit}}{\text{Nombre d'interviewés (échantillon)}}$
- Taux d'achat répété :

$$\frac{\text{Nombre de répondants qui ont l'intention d'acheter régulièrement le nouveau produit}}{\textit{Nombre d'interviewés}}$$

- Adoption : Univers (population) x Taux d'essai x Taux d'achat répété
- Volume des ventes : Adoption x Fréquence d'achat x Quantité achetée à chaque fois

Ce volume des ventes correspond au volume total du marché. Si plusieurs compétiteurs sont présents, il sera nécessaire de pondérer le résultat en fonction du poids de chacun d'entre eux.

ESTIMATEURS SYNTHÉTIQUES

Un entrepreneur, suite à une étude quantitative auprès de 96 personnes, collecte les renseignements suivants :

- Nombre d'interviewés : 96
- Nombre de répondants qui ont déclaré avoir l'intention d'essayer le produit : 48
- Nombre de répondants qui ont déclaré vouloir acheter régulièrement le produit : 24
- Quantité achetée lors de chaque achat : 1 exemplaire
- Fréquence d'achat : le nombre d'achats annuels : 2 fois/an
- L'univers potentiel est de 100 000 personnes.

Le taux d'essai est estimé à $\frac{48}{96}$ soit 0,5

Le taux d'achat répété vaut $\frac{24}{96}$ soit 0,25

L'adoption est estimée à 100 000 x 0,50 x 0,25 = 12 500

Le volume des ventes vaut 12 500 x 2 x 1 = 25 000.

Pour affiner les estimateurs, il est possible d'y intégrer un paramètre comme le nombre d'acheteurs de la marque qui comprend le nombre de répondants qui déclarent vouloir acheter le produit de la marque.

De nouveaux indicateurs peuvent être calculés :

- Indice du taux d'achat : $\frac{\text{Nombre d'acheteurs du produit proposé par la marque}}{\text{Nombre d'interviewés}}$
- Part de la marque : Indice du taux d'achat x Taux d'achat répété x Taux d'essai x Univers (population)
- Volume des ventes de la marque : Part de la marque x Fréquence d'Achat x Quantité achetée à chaque fois

ESTIMATEURS SYNTHÉTIQUES

- Répondants qui ont l'intention d'acheter le produit de la marque : 48
- Nombre d'interviewés : 96
- Fréquence d'achat : 2 fois/an
- Quantité achetée : 1 exemplaire

L'indice du taux d'achat de la marque : $\frac{48}{96}$ soit 0,5

La part de la marque vaut 0,5 x 0,25 x 0,5 x 100 000 = 6.250

Le volume des ventes de la marque est estimé à 6 250 x 2 x 1 = 12 500

Ces estimateurs doivent être affinés en utilisant des hypothèses réalistes et/ou pessimistes. L'hypothèse réaliste repose sur les données collectées, l'hypothèse pessimiste repose sur les données collectées pondérées par les marges d'erreur (le résultat le plus mauvais). L'entrepreneur veillera à tenir compte des marges d'erreur dont la méthode de calcul est présentée au chapitre précédent.

Ainsi si comme dans l'exemple ci-dessus, l'échantillon porte sur 96 répondants, que la moitié d'entre eux déclarent vouloir acheter le produit, l'hypothèse réaliste sera égale à la fréquence relative calculée (d'entre eux déclarent vouloir acheter le produit, l'hypothèse réaliste sera égale à la fréquence relative calculée ($\frac{48}{96}$) est égale à 50 %. Par contre, l'hypothèse pessimiste intègre la marge d'erreur ($\pm$10,1 %) et est égale à 41,9 % — soit 50 % — 10,1 %. C'est cette fréquence relative qui est désormais prise en compte pour estimer le volume des ventes.

3 FIXER LE PRIX DU PRODUIT OU SERVICE

Lors de la phase de lancement d'un nouveau produit, le futur client n'a souvent aucune idée du prix qu'il pourrait payer et encore moins de souvenirs de celui-ci. La méthode du fuseau de prix (prix minimum et maximum) ou prix psychologique consiste à définir la zone de prix acceptable par le consommateur. La méthode se différencie par le fait que la question directe du prix est posée au consommateur et se limite à définir les niveaux supérieurs et inférieurs d'acceptation de prix dans une tranche choisie et estimée plausible en regard de la nature du produit. Ainsi, on n'imagine pas qu'une eau de toilette puisse coûter 1 € ou 2 500 €.

3.1 Spécificité de la méthode

La méthode permet d'obtenir directement une fourchette de prix, un taux d'acceptation des prix et le marché potentiel à ces niveaux de prix. Elle exige que le client dispose, a priori, d'un niveau de conscience des seuils acceptables.

L'information est traitée de façon à obtenir la courbe cumulée de prix minimum et la courbe cumulée de prix maximum. L'optimum correspond au plus grand écart entre ces deux courbes, que ce soit en nombre d'interviewés ou en maximisation des ventes (le nombre d'interviewés multiplié par le prix en euros).

Les données recueillies peuvent être traduites en prévision. La courbe inférieure des acheteurs désigne la proportion de l'échantillon qui estime que le produit n'est ni bon marché ni cher. En d'autres termes, les consommateurs sont satisfaits de ces prix. Ce seront les futurs acheteurs.

La zone comprise entre les deux courbes d'acheteurs potentiels montre la proportion de l'échantillon qui estime que le prix est cher ou bon marché. En d'autres termes, les consommateurs doutent du prix mais ce dernier n'est pas une barrière infranchissable. Ce seront peut-être de futurs acheteurs.

La zone de non-acheteurs montre la proportion de répondants qui pensent que le prix est trop cher ou trop bon marché. Les consommateurs rejettent les produits à ces niveaux de prix. Ils n'achèteront pas.

Cette méthode est régulièrement utilisée pour les nouveaux produits. Pour les produits existants, elle permet de vérifier le niveau de connaissance du prix parmi les consommateurs.

Une analyse complémentaire s'avère utile pour situer chaque estimation de prix d'un répondant par rapport aux secteurs de production analysés. Dans certains cas, la zone de prix acceptable est parfois sous- ou surévaluée. La comparaison à d'autres produits ou marques du secteur permet de déterminer s'il s'agit d'une évaluation fiable du consommateur ou d'une sous- ou surestimation des prix pratiqués dans cette gamme de produits.

3.2 Étapes

Quatre étapes jalonnent la méthode.

Étape 1 : Collecte des données

Une première étape consiste à collecter les données lors d'une enquête quantitative. Deux questions concernant le prix minimum et le prix maximum sont posées aux futurs utilisateurs.

TABLEAU 13.3 : *Paramètres et questions de recherche utilisés lors d'un test de prix minimum et maximum*

Paramètres à mesurer	Questions de recherche (exemples)
Mesure du prix minimum	*Au-dessous de quel prix auriez-vous peur que ce produit ne soit pas de bonne qualité ?* *En dessous de quel prix n'achèteriez-vous pas ce produit ?*
Mesure du prix maximum	*À partir de quel prix pensez-vous que ce produit est trop cher ?* *Au-dessus de quel prix n'achèteriez-vous pas ce produit ?*

Étape 2 : Traitement des données

Les données sont ensuite triées par ordre croissant de prix et réparties en plusieurs colonnes. La première colonne reprend par ordre croissant les différents niveaux de prix. La seconde présente la fréquence absolue relative au nombre de répondants choisissant un prix minimum de niveau x, la troisième, la fréquence relative. Les dernières colonnes, les fréquences absolue et relative au nombre de répondants choisissant un prix maximum de niveau y.

TABLEAU 13.4 : *Données collectées*

Prix de vente acceptable	Prix maximum		Prix minimum	
	Répondants	%	Répondants	%
1 €		0 %	40	4 %
2 €		0 %	72	7 %
3 €		0 %	104	10 %
4 €		0 %	64	6 %
5 €	130	13 %	162	16 %
6 €	146	15 %	156	16 %
7 €	80	8 %	178	18 %
8 €	110	11 %	90	9 %
9 €	134	13 %	78	8 %
10 €	94	9 %	24	2 %
11 €	74	7 %	18	2 %
12 €	88	9 %	8	1 %
13 €	80	8 %	6	1 %
14 €	64	6 %		0 %
15 €		0 %		0 %
Total	1000	100 %	1000	100 %

Étape 3 : Estimation du marché potentiel

L'analyste calcule alors les fréquences cumulées et procède à un lissage de ces dernières sur base d'une moyenne mobile pour éviter l'impact des prix ronds. En effet, lors de la collecte des données, le répondant a souvent tendance à proposer un prix arrondi à l'unité, ou à la dizaine.

Le marché potentiel se détermine sur base de la différence entre les deux courbes cumulées lissées multipliée par le niveau de prix auquel elle fait référence.

TABLEAU 13.5 : *Calcul des prix psychologiques*

Prix de vente acceptable	Prix maximum		Prix minimum		Différence (4)	CA prévisionnel
	% cumulé	% cumulé lissé (2)	% cumulé	% cumulé lissé (3)	= (3)-(2)	(4) * (1)* marché potentiel
1 €	0 %	0 %	4 %	8 %		
2 €	0 %	0 %	11 %	12 %	12 %	245 333 €
3 €	0 %	0 %	22 %	20 %	20 %	608 000 €
4 €	0 %	0 %	28 %	31 %	31 %	1 250 667 €
5 €	0 %	4 %	44 %	44 %	40 %	1 983 333 €
6 €	13 %	14 %	60 %	61 %	47 %	2 820 000 €
7 €	28 %	25 %	78 %	75 %	49 %	3 448 667 €
8 €	36 %	37 %	87 %	86 %	50 %	3 968 000 €
9 €	47 %	47 %	94 %	93 %	45 %	4 068 000 €
10 €	60 %	59 %	97 %	97 %	38 %	3 793 333 €
11 €	69 %	69 %	99 %	98 %	30 %	3 248 667 €
12 €	77 %	77 %	99 %	99 %	22 %	2 648 000 €
13 €	86 %	85 %	100 %	100 %	14 %	1 880 667 €
14 €	94 %	93 %	100 %	100 %	7 %	970 667 €
15 €	100 %	100 %	100 %			

Étape 4 : Calcul du CA prévisionnel en fonction du prix pratiqué

La dernière étape consiste à multiplier le résultat précédent par le nombre d'utilisateurs qui se déclarent potentiellement intéressés par le produit. Cette étape permet d'obtenir un chiffre d'affaires. Dans l'exemple ci-joint, c'est au niveau de prix de 9 € que le potentiel maximal est atteint.

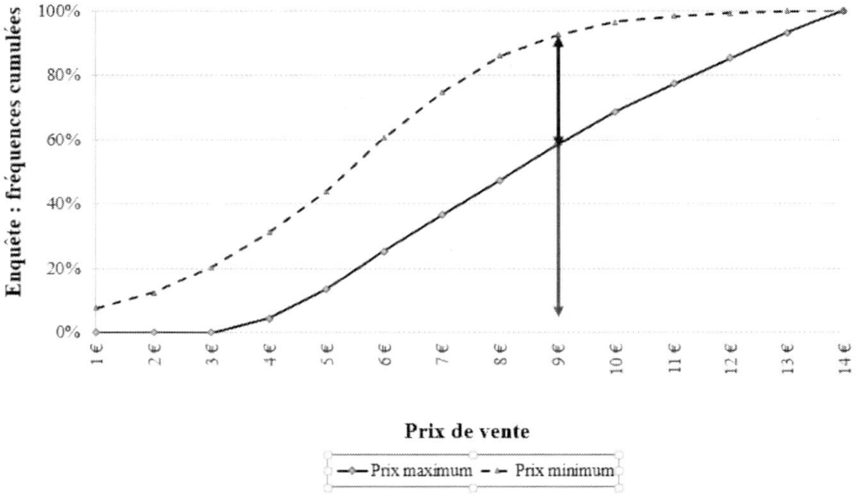

FIGURE 13.2 VISUALISATION DE LA ZONE DE PRIX ACCEPTABLE

4 POSITIONNER ET DIFFÉRENCIER UN PRODUIT OU SERVICE

Positionner un produit ou service consiste à lui donner une place déterminée, pour la cible, par rapport aux concurrents. Il s'agit pour l'entreprise de différencier le nouveau produit imaginé en intégrant ses caractéristiques objectives (caractéristiques physiques intrinsèques) et subjectives (l'image).

Le positionnement est particulièrement important dans la mesure où le consommateur ne mémorise souvent que le leader d'un marché concurrentiel ou le produit qui présente un avantage distinctif. Une étude de positionnement de marque répond aux questions suivantes :

- Quelles sont les caractéristiques distinctives d'un produit auxquelles les consommateurs réagissent favorablement ?
- Comment se situent les marques et firmes concurrentes par rapport aux caractéristiques distinctives de la marque ?
- Quel est le meilleur positionnement possible à occuper, compte tenu des attentes du marché et du positionnement des marques concurrentes ?
- Quels moyens l'entreprise doit-elle développer pour atteindre ce positionnement ?

Plusieurs paramètres interviennent dans la définition d'une étude de positionnement. Il s'agit d'identifier le répondant, de mesurer sa connaissance, sa perception de la marque et du produit, d'identifier ses préférences, ses intentions et d'évaluer ses possibilités d'essai, d'achat et de rachat.

TABLEAU 13.6 : *Étude de positionnement : des paramètres à analyser aux questions*

Éléments à analyser	Questions de recherche	Exemples de questions
Identification du répondant	**Produits et services de grande consommation** (caractéristiques sociodémographiques, socioculturelles, économiques, habitat, équipement). **Produits et services industriels** (secteur d'activité, taille, équipement technologique, procédés utilisés, développement technologique, caractéristiques organisationnelles, fonction occupée, ancienneté, expérience et formation du répondant).	
Connaissance	Notoriété • Spontanée (top of mind, taux de citation par marque) ; • Assistée (taux de citation par marque) ; • Qualifiée (échelle unidimensionnelle d'intervalle sur la notoriété, positionnement relatif et mesure de la distance entre marques).	*Quelles marques de... connaissez-vous ?* *Parmi les marques ci-après, lesquelles connaissez-vous ?* *Pour chacune de ces marques, choisissez la phrase qui correspond le mieux à votre situation :* • *Je connais par expérience ;* • *Je connais par réputation ;* • *Je connais seulement de nom ;* • *Je ne connais pas.*
Perceptions	Perceptions • Globales : similarités entre marques (comparaison par paires de marques par ordre décroissant de similarité globale) ; • Explicitées : évaluation des marques selon les critères de perceptions des consommateurs (évaluation de chaque marque selon chaque critère sur une échelle quantitative).	*Voici une série de produits pris 2 à 2. À chaque fois, pouvez-vous m'indiquer s'ils sont tout à fait semblables, très semblables, semblables, peu semblables, pas du tout semblables ?* *Parlons maintenant du produit X. Veuillez me donner, pour chacune des caractéristiques suivantes, une cote de 1 à 5. 1 signifie ce n'est pas du tout le cas pour le produit X ; 5 signifie c'est tout à fait le cas.*
Attitudes préférences	Perceptions • Globales : classement des marques par ordre décroissant des préférences ; • Explicitées : importance des critères croisée par l'évaluation des marques.	*Vous trouverez ci-joint une liste de critères auxquels on peut attacher de l'importance pour choisir le produit X en magasin. Voulez-vous donner, pour chacun, une cote de 1 à 5. 1 signifie pas du tout important, 5 tout à fait important.*
Intentions	Intention d'achat Choix de la marque	*Spontanément, achèteriez-vous ce produit ?* *Quelle marque achèteriez-vous ?*
Essai, achat, rachat	Mesure de • L'acquisition ; • La possession ; • L'utilisation.	

ANNEXES

1 Intervalle de confiance d'un échantillon aléatoire

2 Glossaire

ANNEXE 1
Intervalle de confiance d'un échantillon aléatoire

TABLEAU 5.1 : *Calcul de l'intervalle de confiance (à 95 % de confiance) (1)*

Pour une fréquence relative donnée, il suffit de croiser la taille de l'échantillon (première colonne) et la fréquence relative. 200 personnes interrogées dont 60 répondent « oui » (30 %) donnent une marge d'erreur de ± 6,4 %.

Taille	50,0%	47,5%	45,0%	42,5%	40,0%	37,5%	35,0%	32,5%	30,0%	27,5%
n =	50,0%	52,5%	55,0%	57,5%	60,0%	62,5%	65,0%	67,5%	70,0%	72,5%
30	18,6%	18,6%	18,5%	18,4%	18,3%	18,0%	17,8%	17,5%	17,1%	16,6%
35	16,6%	16,5%	16,5%	16,4%	16,2%	16,0%	15,8%	15,5%	15,2%	14,8%
40	15,5%	15,5%	15,4%	15,3%	15,2%	15,0%	14,8%	14,5%	14,2%	13,8%
45	14,6%	14,6%	14,5%	14,4%	14,3%	14,1%	13,9%	13,7%	13,4%	13,0%
50	13,9%	13,8%	13,8%	13,7%	13,6%	13,4%	13,2%	13,0%	12,7%	12,4%
55	13,2%	13,2%	13,1%	13,1%	12,9%	12,8%	12,6%	12,4%	12,1%	11,8%
60	12,7%	12,6%	12,6%	12,5%	12,4%	12,3%	12,1%	11,9%	11,6%	11,3%
65	12,2%	12,1%	12,1%	12,0%	11,9%	11,8%	11,6%	11,4%	11,1%	10,9%
70	11,7%	11,7%	11,7%	11,6%	11,5%	11,3%	11,2%	11,0%	10,7%	10,5%
75	11,3%	11,3%	11,3%	11,2%	11,1%	11,0%	10,8%	10,6%	10,4%	10,1%
80	11,0%	10,9%	10,9%	10,8%	10,7%	10,6%	10,5%	10,3%	10,0%	9,8%
85	10,6%	10,6%	10,6%	10,5%	10,4%	10,3%	10,1%	10,0%	9,7%	9,5%
90	10,3%	10,3%	10,3%	10,2%	10,1%	10,0%	9,9%	9,7%	9,5%	9,2%
95	10,1%	10,0%	10,0%	9,9%	9,9%	9,7%	9,6%	9,4%	9,2%	9,0%
100	9,8%	9,8%	9,8%	9,7%	9,6%	9,5%	9,3%	9,2%	9,0%	8,8%
125	8,8%	8,8%	8,7%	8,7%	8,6%	8,5%	8,4%	8,2%	8,0%	7,8%
150	8,0%	8,0%	8,0%	7,9%	7,8%	7,7%	7,6%	7,5%	7,3%	7,1%
175	7,4%	7,4%	7,4%	7,3%	7,3%	7,2%	7,1%	6,9%	6,8%	6,6%
200	6,9%	6,9%	6,9%	6,9%	6,8%	6,7%	6,6%	6,5%	6,4%	6,2%
225	6,5%	6,5%	6,5%	6,5%	6,4%	6,3%	6,2%	6,1%	6,0%	5,8%
250	6,2%	6,2%	6,2%	6,1%	6,1%	6,0%	5,9%	5,8%	5,7%	5,5%
275	5,9%	5,9%	5,9%	5,8%	5,8%	5,7%	5,6%	5,5%	5,4%	5,3%
300	5,7%	5,7%	5,6%	5,6%	5,5%	5,5%	5,4%	5,3%	5,2%	5,1%
325	5,4%	5,4%	5,4%	5,4%	5,3%	5,3%	5,2%	5,1%	5,0%	4,9%
350	5,2%	5,2%	5,2%	5,2%	5,1%	5,1%	5,0%	4,9%	4,8%	4,7%
375	5,1%	5,1%	5,0%	5,0%	5,0%	4,9%	4,8%	4,7%	4,6%	4,5%
400	4,9%	4,9%	4,9%	4,8%	4,8%	4,7%	4,7%	4,6%	4,5%	4,4%

TABLEAU 5.2 : *Calcul de l'intervalle de confiance (à 95 % de confiance) (2)*

taille n =	25,00% 75,00%	22,5% 77,5%	20,0% 80,0%	17,5% 82,5%	15,0% 85,0%	12,5% 87,5%	10,0% 90,0%	7,50% 92,5%	5,00% 95,0%	2,50% 97,5%
30	16,1%	15,6%	14,9%	14,2%	13,3%	12,3%	11,2%	9,8%	8,1%	5,8%
35	14,3%	13,8%	13,3%	12,6%	11,8%	11,0%	9,9%	8,7%	7,2%	5,2%
40	13,4%	12,9%	12,4%	11,8%	11,1%	10,2%	9,3%	8,2%	6,8%	4,8%
45	12,7%	12,2%	11,7%	11,1%	10,4%	9,7%	8,8%	7,7%	6,4%	4,6%
50	12,0%	11,6%	11,1%	10,5%	9,9%	9,2%	8,3%	7,3%	6,0%	4,3%
55	11,4%	11,0%	10,6%	10,0%	9,4%	8,7%	7,9%	7,0%	5,8%	4,1%
60	11,0%	10,6%	10,1%	9,6%	9,0%	8,4%	7,6%	6,7%	5,5%	4,0%
65	10,5%	10,2%	9,7%	9,2%	8,7%	8,0%	7,3%	6,4%	5,3%	3,8%
70	10,1%	9,8%	9,4%	8,9%	8,4%	7,7%	7,0%	6,2%	5,1%	3,7%
75	9,8%	9,5%	9,1%	8,6%	8,1%	7,5%	6,8%	6,0%	4,9%	3,5%
80	9,5%	9,2%	8,8%	8,3%	7,8%	7,2%	6,6%	5,8%	4,8%	3,4%
85	9,2%	8,9%	8,5%	8,1%	7,6%	7,0%	6,4%	5,6%	4,6%	3,3%
90	8,9%	8,6%	8,3%	7,9%	7,4%	6,8%	6,2%	5,4%	4,5%	3,2%
95	8,7%	8,4%	8,0%	7,6%	7,2%	6,7%	6,0%	5,3%	4,4%	3,1%
100	8,5%	8,2%	7,8%	7,4%	7,0%	6,5%	5,9%	5,2%	4,3%	3,1%
125	7,6%	7,3%	7,0%	6,7%	6,3%	5,8%	5,3%	4,6%	3,8%	2,7%
150	6,9%	6,7%	6,4%	6,1%	5,7%	5,3%	4,8%	4,2%	3,5%	2,5%
175	6,4%	6,2%	5,9%	5,6%	5,3%	4,9%	4,4%	3,9%	3,2%	2,3%
200	6,0%	5,8%	5,5%	5,3%	4,9%	4,6%	4,2%	3,7%	3,0%	2,2%
225	5,7%	5,5%	5,2%	5,0%	4,7%	4,3%	3,9%	3,4%	2,8%	2,0%
250	5,4%	5,2%	5,0%	4,7%	4,4%	4,1%	3,7%	3,3%	2,7%	1,9%
275	5,1%	4,9%	4,7%	4,5%	4,2%	3,9%	3,5%	3,1%	2,6%	1,8%
300	4,9%	4,7%	4,5%	4,3%	4,0%	3,7%	3,4%	3,0%	2,5%	1,8%
325	4,7%	4,5%	4,3%	4,1%	3,9%	3,6%	3,3%	2,9%	2,4%	1,7%
350	4,5%	4,4%	4,2%	4,0%	3,7%	3,5%	3,1%	2,8%	2,3%	1,6%
375	4,4%	4,2%	4,0%	3,8%	3,6%	3,3%	3,0%	2,7%	2,2%	1,6%
400	4,2%	4,1%	3,9%	3,7%	3,5%	3,2%	2,9%	2,6%	2,1%	1,5%

TABLEAU 5.3 : *Calcul de l'intervalle de confiance (à 95 % de confiance) (3)*

taille n =	50,0% 50,0%	47,5% 52,5%	45,0% 55,0%	42,5% 57,5%	40,0% 60,0%	37,5% 62,5%	35,0% 65,0%	32,5% 67,5%	30,0% 70,0%	27,5% 72,5%
425	4,8%	4,7%	4,7%	4,7%	4,7%	4,6%	4,5%	4,5%	4,4%	4,2%
450	4,6%	4,6%	4,6%	4,6%	4,5%	4,5%	4,4%	4,3%	4,2%	4,1%
475	4,5%	4,5%	4,5%	4,4%	4,4%	4,4%	4,3%	4,2%	4,1%	4,0%
500	4,4%	4,4%	4,4%	4,3%	4,3%	4,2%	4,2%	4,1%	4,0%	3,9%
550	4,2%	4,2%	4,2%	4,1%	4,1%	4,0%	4,0%	3,9%	3,8%	3,7%
600	4,0%	4,0%	4,0%	4,0%	3,9%	3,9%	3,8%	3,7%	3,7%	3,6%
650	3,8%	3,8%	3,8%	3,8%	3,8%	3,7%	3,7%	3,6%	3,5%	3,4%
700	3,7%	3,7%	3,7%	3,7%	3,6%	3,6%	3,5%	3,5%	3,4%	3,3%
750	3,6%	3,6%	3,6%	3,5%	3,5%	3,5%	3,4%	3,4%	3,3%	3,2%
800	3,5%	3,5%	3,4%	3,4%	3,4%	3,4%	3,3%	3,2%	3,2%	3,1%
850	3,4%	3,4%	3,3%	3,3%	3,3%	3,3%	3,2%	3,1%	3,1%	3,0%
900	3,3%	3,3%	3,3%	3,2%	3,2%	3,2%	3,1%	3,1%	3,0%	2,9%
950	3,2%	3,2%	3,2%	3,1%	3,1%	3,1%	3,0%	3,0%	2,9%	2,8%
1000	3,1%	3,1%	3,1%	3,1%	3,0%	3,0%	3,0%	2,9%	2,8%	2,8%
1250	2,8%	2,8%	2,8%	2,7%	2,7%	2,7%	2,6%	2,6%	2,5%	2,5%
1500	2,5%	2,5%	2,5%	2,5%	2,5%	2,5%	2,4%	2,4%	2,3%	2,3%
1750	2,3%	2,3%	2,3%	2,3%	2,3%	2,3%	2,2%	2,2%	2,1%	2,1%
2000	2,2%	2,2%	2,2%	2,2%	2,1%	2,1%	2,1%	2,1%	2,0%	2,0%
2250	2,1%	2,1%	2,1%	2,0%	2,0%	2,0%	2,0%	1,9%	1,9%	1,8%
2500	2,0%	2,0%	2,0%	1,9%	1,9%	1,9%	1,9%	1,8%	1,8%	1,8%
2750	1,9%	1,9%	1,9%	1,8%	1,8%	1,8%	1,8%	1,8%	1,7%	1,7%
3000	1,8%	1,8%	1,8%	1,8%	1,8%	1,7%	1,7%	1,7%	1,6%	1,6%
3250	1,7%	1,7%	1,7%	1,7%	1,7%	1,7%	1,6%	1,6%	1,6%	1,5%
3500	1,7%	1,7%	1,6%	1,6%	1,6%	1,6%	1,6%	1,6%	1,5%	1,5%
3750	1,6%	1,6%	1,6%	1,6%	1,6%	1,5%	1,5%	1,5%	1,5%	1,4%
4000	1,5%	1,5%	1,5%	1,5%	1,5%	1,5%	1,5%	1,5%	1,4%	1,4%
4250	1,5%	1,5%	1,5%	1,5%	1,5%	1,5%	1,4%	1,4%	1,4%	1,3%
4500	1,5%	1,5%	1,5%	1,4%	1,4%	1,4%	1,4%	1,4%	1,3%	1,3%
4750	1,4%	1,4%	1,4%	1,4%	1,4%	1,4%	1,4%	1,3%	1,3%	1,3%
5000	1,4%	1,4%	1,4%	1,4%	1,4%	1,3%	1,3%	1,3%	1,3%	1,2%

TABLEAU 5.4 : *Calcul de l'intervalle de confiance (à 95 % de confiance) (4)*

taille n =	25,00% 75,00%	22,5% 77,5%	20,0% 80,0%	17,5% 82,5%	15,0% 85,0%	12,5% 87,5%	10,0% 90,0%	7,50% 92,5%	5,00% 95,0%	2,50% 97,5%
425	4,1%	4,0%	3,8%	3,6%	3,4%	3,1%	2,9%	2,5%	2,1%	1,5%
450	4,0%	3,9%	3,7%	3,5%	3,3%	3,1%	2,8%	2,4%	2,0%	1,4%
475	3,9%	3,8%	3,6%	3,4%	3,2%	3,0%	2,7%	2,4%	2,0%	1,4%
500	3,8%	3,7%	3,5%	3,3%	3,1%	2,9%	2,6%	2,3%	1,9%	1,4%
550	3,6%	3,5%	3,3%	3,2%	3,0%	2,8%	2,5%	2,2%	1,8%	1,3%
600	3,5%	3,3%	3,2%	3,0%	2,9%	2,6%	2,4%	2,1%	1,7%	1,2%
650	3,3%	3,2%	3,1%	2,9%	2,7%	2,5%	2,3%	2,0%	1,7%	1,2%
700	3,2%	3,1%	3,0%	2,8%	2,6%	2,5%	2,2%	2,0%	1,6%	1,2%
750	3,1%	3,0%	2,9%	2,7%	2,6%	2,4%	2,1%	1,9%	1,6%	1,1%
800	3,0%	2,9%	2,8%	2,6%	2,5%	2,3%	2,1%	1,8%	1,5%	1,1%
850	2,9%	2,8%	2,7%	2,6%	2,4%	2,2%	2,0%	1,8%	1,5%	1,0%
900	2,8%	2,7%	2,6%	2,5%	2,3%	2,2%	2,0%	1,7%	1,4%	1,0%
950	2,8%	2,7%	2,5%	2,4%	2,3%	2,1%	1,9%	1,7%	1,4%	1,0%
1000	2,7%	2,6%	2,5%	2,4%	2,2%	2,0%	1,9%	1,6%	1,4%	1,0%
1250	2,4%	2,3%	2,2%	2,1%	2,0%	1,8%	1,7%	1,5%	1,2%	0,9%
1500	2,2%	2,1%	2,0%	1,9%	1,8%	1,7%	1,5%	1,3%	1,1%	0,8%
1750	2,0%	2,0%	1,9%	1,8%	1,7%	1,5%	1,4%	1,2%	1,0%	0,7%
2000	1,9%	1,8%	1,8%	1,7%	1,6%	1,4%	1,3%	1,2%	1,0%	0,7%
2250	1,8%	1,7%	1,7%	1,6%	1,5%	1,4%	1,2%	1,1%	0,9%	0,6%
2500	1,7%	1,6%	1,6%	1,5%	1,4%	1,3%	1,2%	1,0%	0,9%	0,6%
2750	1,6%	1,6%	1,5%	1,4%	1,3%	1,2%	1,1%	1,0%	0,8%	0,6%
3000	1,5%	1,5%	1,4%	1,4%	1,3%	1,2%	1,1%	0,9%	0,8%	0,6%
3250	1,5%	1,4%	1,4%	1,3%	1,2%	1,1%	1,0%	0,9%	0,7%	0,5%
3500	1,4%	1,4%	1,3%	1,3%	1,2%	1,1%	1,0%	0,9%	0,7%	0,5%
3750	1,4%	1,3%	1,3%	1,2%	1,1%	1,1%	1,0%	0,8%	0,7%	0,5%
4000	1,3%	1,3%	1,2%	1,2%	1,1%	1,0%	0,9%	0,8%	0,7%	0,5%
4250	1,3%	1,3%	1,2%	1,1%	1,1%	1,0%	0,9%	0,8%	0,7%	0,5%
4500	1,3%	1,2%	1,2%	1,1%	1,0%	1,0%	0,9%	0,8%	0,6%	0,5%
4750	1,2%	1,2%	1,1%	1,1%	1,0%	0,9%	0,9%	0,7%	0,6%	0,4%
5000	1,2%	1,2%	1,1%	1,1%	1,0%	0,9%	0,8%	0,7%	0,6%	0,4%

ANNEXE 2
Glossaire

ACP – Analyse en composantes principales

Méthode statistique multicritère permettant d'analyser un tableau « individus/variables numériques » par une représentation graphique sur un plan. Les variables sont positionnées sur le plan représentant le maximum d'inertie du nuage de points-individus. On peut ainsi évaluer leur proximité relative ainsi que leur proximité par rapport aux axes.
Exemple : des personnes notent des produits selon plusieurs critères de satisfaction. L'analyse en composantes principales permettra de visualiser sur une carte les personnes ayant des jugements très similaires, ainsi que les critères qui les rapprochent.

Ad-hoc

Aide à la décision concernant une action marketing spécifique.

Adulte

Terme d'analyse transactionnelle, définissant un des trois « états du Moi » où seule la raison objective intervient. Par opposition aux états « enfant » ou « parent », cet état ne fait pas intervenir un sentiment quelconque. Il est donc profitable à la recherche des solutions et moins profitable dans les transactions interpersonnelles où l'interlocuteur cherche en réalité une réponse en forme de sentiment. (Rémi Van Dick, 1990)

AFC — Analyse factorielle des correspondances

Méthode statistique multicritère permettant d'analyser un tableau croisé des fréquences d'une population selon deux variables nominales.
Exemple : tableau dont les colonnes sont les formes d'habitat (points-lignes), les lignes les types de voitures (points-colonnes). Les points-lignes et les points-colonnes sont représentés sur un plan dont les deux axes représentent au maximum l'information du tableau.
Pour une même variable, on visualisera sur le graphique les modalités qui s'opposent ou s'unissent (le pavillon ancien contre le lotissement), selon leur répartition. De même, on visualisera les modalités d'une variable qui s'opposent ou s'unissent à celles de l'autre variable (le pavillon est plus proche des voitures au diesel...). (Rémi Van Dick, 1990)

Agence de publicité

Entreprise dont l'activité est la création, le pilotage de la réalisation et le suivi des campagnes de publicité, d'image de marque, et plus généralement de toute forme de communication. (Rémi Van Dick, 1990)

Ajustement statistique

Lorsque des faits mesurables peuvent être reportés sur un graphique défini par des axes de coordonnées, on aboutit à une représentation de l'univers ou de l'échantillon analysé sous la forme d'un nuage de points. On peut alors être intéressé à étudier la disposition des points et à se demander s'il n'y a pas une forme simple qui expliquerait schématiquement l'apparence. Pour l'ajustement le plus convenable, on cherche à dégager la loi qui reste la plus proche des éléments obtenus expérimentalement et qui sera explicative d'un type de phénomène ou d'un dynamisme.

Aléatoire

(RANDOM) Au sens courant, aléatoire signifie par hasard. En statistique, un événement est aléatoire lorsqu'il tombe sous les lois du calcul des probabilités. En étude de marchés, un sondage aléatoire est un sondage qui a été réalisé sur base d'un échantillon de personnes tirées au sort. Pour rappel, seul le sondage aléatoire peut faire l'objet de calcul des probabilités statistiques. (Mucchielli, 1975)

Amo

Technique de pré-test publicitaire consistant à insérer la publicité à tester dans un groupe d'autres publicités. Chaque page (publicité) est munie d'un chronomètre qui mesure le temps passé sur chaque annonce. Sert à mesurer la mémorisation et la valeur d'impact d'un message.

Analyse conjointe

L'analyse des mesures conjointes ou analyse conjointe est une méthode qui permet d'expliquer une variable qualitative telle que la préférence pour un produit par un ensemble de variables explicatives qualitatives. Elle part de l'hypothèse que tout choix de consommation s'opère entre une série d'arbitrages imparfaits et implique que le consommateur « sacrifie » certaines qualités du produit pour en obtenir d'autres en échange. *Voir* Trade-off.

Analyse de contenu

Méthode d'analyse, d'inventaire et de dépouillement utilisée en recherche qualitative. La méthode vise à l'objectivité des résultats et consiste à travailler sur les éléments significatifs (qui ont du sens) d'une communication. (Mucchielli, 1975)

Analyse de corrélation

La corrélation caractérise la force d'une relation entre deux variables statistiques. Il ne s'agit pas d'une relation de cause à effet, mais de deux variables qui subissent une variation concomitante. Si la relation recherchée entre deux variables quantitatives est linéaire, on l'obtient en ajustant une droite sur un nuage de points par la méthode des moindres carrés. Le coefficient de corrélation linéaire mesure l'importance de cette relation. Il est égal à 0 en cas d'interdépendance et proche de 1 ou -1 en cas de corrélation forte. Le coefficient de détermination (carré du coefficient de corrélation) traduit la part de la variance totale de la variable expliquée par l'ajustement réalisé.

Analyse de la valeur

Recherche systématique et méthodique des solutions les plus économiques permettant d'adapter les fonctions des produits aux attentes des consommateurs en examinant en détail tous les composants susceptibles d'être modifiés. (Dubois & Jolibert, 1989)

Analyse des correspondances

Met en évidence les correspondances entre des ensembles de variables tel qu'un ensemble de marques de produits et de critères d'image, par exemple. Elle sert à décrire des tableaux de correspondances et permet de visualiser ces résultats sur des cartes ou mappings.

Deux méthodes existent :

- L'analyse factorielle des correspondances binaires étudie les tableaux de contingence ;
- L'analyse factorielle des correspondances multiples synthétise les tableaux de données dans lesquels les réponses aux variables sont qualitatives ou nominales et servent de point de départ à la création d'une typologie.

Analyse des préférences

Méthode d'analyse multivariée descriptive qui met en évidence le classement d'objets. Elle positionne des marques ou des produits dans un espace de manière à ce que les distances entre produits et marques respectent l'ordre des préférences.

Analyse des séries chronologiques

La série chronologique est l'ensemble des observations, des informations qui apparaissent sous la forme d'une séquence temporelle. Dans ce genre de série, les informations se succédant sont normalement dépendantes les unes des autres du point de vue statistique et donc la distribution de probabilité de chaque nouvelle information dans une série dépend des informations précédentes. L'analyse des séries chronologiques a pour objectif d'étudier la nature de cette dépendance puis de l'exploiter. Ce type d'analyse est utilisable pour toutes les informations pour autant qu'elles soient continues dans le temps, successives et de source unique. La méthode s'utilise pour prévoir les ventes ou expliquer le comportement de consommateurs ou de groupes d'entreprises. (Dubois & Jolibert, 1989)

Analyse des similarités

Méthode d'analyse multivariée descriptive qui met en évidence le classement de couples d'objets. Elle positionne des marques ou des produits dans un espace de manière à ce que les distances entre produits et marques respectent l'ordre des préférences et des similarités. On parle dans ce cas de monotonicité.
Voir aussi analyse multidimensionnelle, analyse multivariée.

Analyse discriminante

Méthode statistique applicable aux relations du type « variables à expliquer qualitatives / variables explicatives quantitatives ».
Exemple : diagnostic des nature des pannes / mesure de paramètres.
L'analyse discriminante détermine les axes (combinaison de variables explicatives) séparant le plus les projections des points-individus d'une même modalité. Après avoir établi ces axes, il sera possible de prévoir la modalité de la variable quantitative d'un individu en fonction des valeurs observées par ses variables quantitatives. Dans notre exemple, l'analyse discriminante indiquera, pour les paramètres mesurés appliqués à une voiture (nombre de kilomètres, consommation

d'huile, degré de CO^2 dans le gaz d'échappement, bruit, allumage, etc.), la nature de la panne (fuite en ce qui concerne un joint, carburation, etc.). (Rémi Van Dick, 1990)

Analyse en composantes principales

Méthode d'analyse factorielle de données qui synthétise les tableaux de données dans lesquels les réponses aux variables sont quantitatives et servent de point de départ à la création d'une typologie. Elle va simplifier les données recueillies très hétérogènes en un nombre restreint de variables calculées. Celles-ci combinent les variables initiales et sont appelées composantes. Un constructeur automobile peut, lors d'une enquête auprès des conducteurs de voiture, identifier les segments à l'intérieur desquels des voitures sont en concurrence. *Voir aussi* ACP.

Analyse factorielle

L'analyse factorielle fait partie des analyses d'interdépendance utilisées par l'analyse multivariée. Elle va simplifier les informations initiales contenues dans un tableau de données et qui décrivent l'évolution de différentes variables. *Voir aussi* AFC.

Analyse factorielle des correspondances

Voir Analyse des correspondances et AFC.

Analyse multidimensionnelle

L'analyse multidimensionnelle (MDS) postule que les consommateurs perçoivent et comparent des produits ou des marques sur base des caractéristiques perçues de ces derniers. Sur base de variables ordinales ou métriques, la technique positionne dans un espace de dimensions réduites, toutes les caractéristiques des variables par la mesure de la distance que sépare celles-ci. *Voir aussi* analyse multivariée.

Analyse multivariée

Ensemble de méthodes d'analyses descriptives statistiques utilisées en recherche marketing dont l'objectif est de synthétiser l'information recueillie au départ d'un tableau de données à lignes et colonnes multiples. Ces analyses sont parfois appelées analyses de données.

Analyse sensorielle

Technique d'analyse portant sur les caractéristiques organoleptiques d'un produit tel que le goût, la texture, l'aspect. Chaque caractéristique est notée à travers une échelle à dispositions, continue ou pas, permettant à chaque individu d'exprimer son opinion.

Analyse structurée

Méthode d'analyse consistant à utiliser des modèles et des outils de traitement de données afin de faciliter l'émergence d'informations et leur assimilation dans le processus de construction des connaissances.

Analyse thématique

Méthode qualitative de dépouillement utilisée lors de l'analyse de textes ou de protocoles d'entretiens. Elle consiste à repérer les différents thèmes abordés, leurs développements ainsi que la forme sous laquelle ils apparaissent et leur degré de liaison et permet de comprendre l'articulation de la pensée d'un répondant.

Analyse transactionnelle

Méthode d'analyse des transactions interpersonnelles, c'est-à-dire des échanges verbaux, se référant à trois « états du Moi » : le parent, l'enfant et l'adulte. Chaque personne passe d'un état du Moi à un autre, du fait de ses pensées et en réaction aux états du Moi de son ou ses interlocuteur(s). Cette méthode pratique est notamment utilisée dans le décodage et l'amélioration des relations de travail, type Management-Employés, Acheteurs-Vendeurs, etc. (Rémi Van Dick, 1990)

Analyse typologique

Voir Typologie.

Ancrage

Terme de programmation neurolinguistique (PNL), définissant l'association d'un état psychologique à une image, à un mot particulier ou à un geste. Il est ainsi possible de ramener la personne à cet état par évocation de l'image du geste ou du mot.
Exemple : « esprit de compétition » associé à l'image agréable des parties de football. (Rémi Van Dick, 1990)

Animatic

Maquette animée de spot publicitaire.

Annonceur

Tout organisme ou entreprise réalisant des dépenses de communication. C'est aussi l'entreprise qui produit une campagne de publicité. Les annonceurs sont les clients des agences de publicité.

Anthropologie numérique

L'anthropologie numérique, appelée aussi anthropologie digitale, est l'étude de la relation entre l'homme et la technologie de l'ère du numérique.

Armée mexicaine

Comme dans l'armée mexicaine où tout le monde est général, en agence de pub, tout le monde est directeur de quelque chose...

Assortiment d'un linéaire

Articles choisis pour figurer sur un linéaire dans un magasin en libre service. L'assortiment comprend le classement en familles, le mode de présentation, le mode de rangement et précise la hauteur à laquelle le produit doit figurer, sa position et le facing (soit en tête de gondole soit sur un linéaire). Tous ces critères peuvent faire l'objet de tests dans plusieurs magasins, avec des modalités de présentation différentes. On distingue : la largeur de l'assortiment (nombre de familles de produits, ce qui correspond au nombre de besoins différents auxquels le magasin répond), la profondeur de l'assortiment (nombre d'articles en concurrence sur ce besoin) et la cohérence (liaison naturelle entre les types de produits proposés).

Attitude

Au sens ordinaire, une attitude est d'abord une certaine pose corporelle. Au sens psychologique ordinaire, une attitude implique un rôle que l'on veut jouer (ex. : jouer au conciliateur dans un groupe d'amis). Au sens social ordinaire, c'est un comportement significatif vis-à-vis d'autrui. Au sens psychologique et en recherche marketing, une attitude signifie un ensemble de comportements stables et systématisés d'idées, de croyances, de principes ou d'opinions intervenant comme centre de référence permanent (ou durable) de tout ce qu'on pense, dit ou fait. À ce titre, on parlera d'attitude envers l'épargne, les produits light, les fast-food,... (Mucchielli, 1975)

Attribut

Les attributs sont la perception qu'un consommateur a des caractéristiques d'un produit. Ce que le consommateur recherche n'est pas le produit en tant que tel mais plutôt les attributs qui lui sont reliés, l'assortiment des bénéfices qu'il peut en retirer ou les caractéristiques qui sont déterminantes à ses yeux. Tous les consommateurs n'accordent pas le même poids aux attributs d'une classe de produits. Il est possible de structurer le marché en fonction des différentes caractéristiques recherchées. On parle dans ce cas de segmentation par avantages recherchés.

Audience

Ensemble des personnes en contact visuel ou auditif avec un média. Pour la presse, l'audience représente le nombre de personnes ayant eu l'occasion de *voir* le titre et, par conséquent ses messages publicitaires. Cela correspond à la diffusion multipliée par le nombre moyen de lecteurs par exemplaire acheté. (*Exemple* : tel magazine est lu, en moyenne, par 12 personnes en salle d'attente). Pour la radio ou la télévision, l'audience correspond au nombre moyen d'auditeurs. Elle varie avec l'heure, l'émission environnant le message publicitaire, etc. Elle est mesurée par les sondages et les « audimètres ». L'audience utile est la part de personnes de l'audience appartenant à la cible de la campagne publicitaire. (Rémi Van Dick, 1990)

Audience CIM

Il s'agit de l'audience moyenne d'une période de référence (1 jour pour les quotidiens, la TV et la radio, 1 semaine pour le cinéma, 15 jours pour les bimensuels). L'audience CIM est exprimée en lecteurs, spectateurs ou auditeurs CIM. (Média Marketing, 1991)

Audience instantanée pondérée (AIP)

Mode de mesure de l'audience dans l'étude audimétrie. C'est la moyenne des téléspectateurs pour chacune des x tranches de 15 secondes à l'intérieur d'une période définie. Calculée comme suit : somme des téléspectateurs par 15 secondes/ nombre de 15 secondes. Dans cette définition, chaque individu est donc comptabilisé pour le temps exact de sa présence. Un individu ayant regardé pendant 7m45 sec dans un quart d'heure vaut 31/60ème. (Média Marketing, 1991)

Audience nette

Nombre d'individus différents atteints par un plan média, c'est-à-dire par une combinaison de plusieurs insertions dans plusieurs supports;ce nombre tient compte des duplications et de l'accumulation de l'audience. (Média Marketing, 1991)

Audience totale (ou globale)

Ensemble des personnes ayant été en contact avec le support, média considéré au cours des derniers mois. (Média Marketing, 1991)

Audimat

Taux d'écoute des émissions de télévision, c'est-à-dire nombre de personnes ayant vu l'émission sur le nombre total des auditeurs possédant un téléviseur. Par conséquent, il s'agit de la technique de sondage et le résultat afférent à la technique utilisée.

Audimètre

Outil électronique de mesure automatique et permanente de l'audience TV. Utilisé pour mesurer l'audience des émissions ou des écrans publicitaires. L'audimètre identifie de 15 secondes en 15 secondes, via un dispositif particulier, le téléspectateur au sein d'une famille. 1.200 audimètres sont disponibles actuellement en Belgique. (Média Marketing, 1991)

Audimétrie

Étude réalisée par audimètre auprès d'un échantillon d'individus. Ne mesure que l'audience et le profil socio-démographique de l'individu (pas de données produits). On sait qui regarde quoi. (Média Marketing, 1991)

Average

Voir Moyenne

Awareness

Voir Notoriété

Banque de données

Ensemble d'informations mises à la disposition d'usagers. Le plus souvent, on utilise le terme de « banque de données » pour des informations situées hors de l'entreprise, consultables moyennant paiement par abonnement ou à chaque consultation. Les consultations sont réalisées à partir d'un terminal, d'un micro-ordinateur ou d'un Minitel. De nombreuses banques de données se développent dans des domaines tels que les horaires de transport, des informations boursières, des informations médicales, etc. (Rémi Van Dick, 1990)

Baromètre

Étude longitudinale qui suit à travers le temps des indicateurs sur des marchés, entreprises, marques et produits, services, personnalités, groupes sociaux. Réalisée continuellement dans les mêmes conditions méthodologiques (même structure d'échantillon, même formulation des questions, etc.), elle permet des comparaisons d'une période à l'autre.

Base de données marketing

Ensemble des données relatives aux clients et prospects d'une entreprise, stockées en mémoire et utilisées en vue d'augmenter les ventes. Les informations sont séparées en Identité, Ventes et équipements, Comportements tels que contacts par téléphone, envois de publipostages, envois de courriers, modes de paiement, etc. L'analyse de ces informations guidera les actions de prospection téléphonique ou physique, les mailings, les relances, la détermination des prospects à abandonner, le choix du meilleur produit à proposer. *Voir aussi* Système d'Information Marketing (SIM).

Base de sondage

Liste complète de tous les individus composant la population étudiée, permettant le tirage au sort des unités de l'échantillon.

Base-line

Signature sous la forme d'un slogan très court qui vient en complément d'un logo, pour donner une unité à toutes les communications.
Syn. : signature.

Benchmarking

Ou étalonnage. C'est une méthode d'amélioration des performances fondée sur l'identification et la mise en œuvre des meilleures pratiques observées. Les utilisateurs comparent la performance de leurs produits ou de leurs processus à celle des concurrents, d'autres entreprises particulièrement performantes ou d'unités internes à l'intérieur de l'entreprise.

Bénéfice consommateur

Avantage d'un produit ou service procuré au consommateur. Le principal bénéfice consommateur fait l'objet de la « promesse » des messages publicitaires (Reason Why des copy strategy).

Besoin

Composante de l'état physiologique d'un organisme en général et d'un être humain en particulier. Le besoin naît d'un sentiment de manque lié à la condition humaine et apparaît comme un état de tension généré par la recherche d'un retour à un équilibre momentanément rompu. Pour survivre, l'être humain a besoin, entre autres choses, de manger, de se vêtir, de s'abriter, de se sentir en sécurité, de s'affilier à un groupe et d'être estimé. De tels besoins ne sont pas créés par la société ni par le marketing. Ils existent à l'état brut dans la nature humaine. Le marketing ne crée pas les besoins, ni ne force les gens à acheter des produits dont ils n'ont pas besoin. Les besoins préexistent et le marketing va influencer les désirs. Il suggère au consommateur qu'un modèle particulier de voiture peut servir à satisfaire un besoin d'estime. Il ne crée pas le besoin mais propose de le satisfaire. *Voir aussi* désir et demande. (Kotler, 1997).

Biais

En psychologie sociale, un biais est une déformation introduite dans une enquête, lors de l'une ou l'autre étape de sa réalisation. La présence de biais trop nombreux invalide les résultats de l'enquête. (Mucchielli, 1975). ***Synonyme*** : bias.

Bias

Voir biais

Biens ou produits de grande consommation

Produits à rotation rapide qui nécessitent un inventaire constant pour être réapprovisionnés en permanence. Ils se vendent généralement dans les supermarchés. ***Synonyme*** : fast moving consumer goods. (Van Vracem, Stas, 1991).

Biens ou produits industriels

Produits industriels sont destinés à être vendus dans le but de produire d'autres biens ou de procurer des services. Par exemple, les matières premières, l'outillage et les machines sont considérés comme étant des produits industriels. La décision d'achat de produits industriels dépend, généralement, de plusieurs personnes ou services et sera basée sur des éléments plus objectifs et plus techniques car ils entrent dans le processus de production. Il ne faut pas perdre de vue que l'objectif poursuivi lors de l'achat d'un bien industriel correspondra aux objectifs de l'entreprise. (Van Vracem, Stas, 1991)

Big data

Voir Métadonnées

Bilan de campagne

Mesure de l'efficacité d'une campagne publicitaire sur des items précis établis à partir d'objectifs de communication.

Blind test

Ou test en aveugle. Test, auprès de consommateurs, de plusieurs produits dont on a effacé le nom de marque. Ce test est, en général, pratiqué parallèlement à un test où les marques sont visibles, la différence des résultats indiquant l'impact de l'image de marque.

Body copy

Dans une annonce (imprimée, TV ou radio), partie centrale du texte. Il s'oppose au début du texte (accroche) et au dernier mot après l'évocation de la marque (base line). C'est le développement, l'argumentation.

Book

Document de présentation à un client, par un fournisseur ou une agence de publicité, de ses réalisations antérieures. Le book constitue l'outil de vente principal et mérite un soin particulier. (Rémi Van Dick, 1990)

Brainstorming

Technique qualitative de créativité dont les principes ont été développés par Alex OSBORN. Elle s'organise sous la forme d'une réunion de recherches d'idées afin de résoudre un problème, et au cours de laquelle sont utilisées des techniques provoquant l'imagination et supprimant la censure et les inhibitions. OSBORN définit quatre règles :

- La critique est interdite et tout commentaire négatif doit être différé;
- L'exubérance est valorisée ; plus l'idée est farfelue ou originale, plus la production sera efficace car il est plus facile d'améliorer une idée que d'en trouver une;
- La quantité d'idées produites est primordiale;
- Les participants doivent systématiquement rechercher des améliorations et des combinaisons. Ils apportent leurs idées et contribuent à améliorer les propositions des autres ou les associent en vue d'initier de nouvelles idées.

Brand-name recall

Mémorisation du nom de la marque. Test de mémorisation. (Rémi Van Dick, 1990)

Breaks

Voir Tris

Briefing ou brief

Réunion d'information et de synchronisation sur un thème particulier et préparatoire à une opération.

Le briefing est notamment la réunion d'information entre l'annonceur et son agence de publicité, qui doit permettre à celle-ci de disposer de tous les éléments pour créer la campagne. Lors du briefing publicitaire, l'annonceur décrira très précisément les objectifs qu'il fixe à son agence de publicité. Lors du briefing en études de marchés, l'annonceur délimite le champ d'investigation et fixe les objectifs de l'étude à réaliser. On oppose « briefing » à « debriefing », qui est une réunion d'échange et d'analyse après une expérience vécue particulière.

Business to business

Communications et publicités business to business : destinées aux entreprises et administrations. Par extension, partie de l'activité des agences de communication réservée à ce secteur.

Buyer

Personne interrogée qui a déclaré acheter personnellement, au moins 6 fois sur 10, pour le ménage ou, dans certains cas, pour son utilisation personnelle, le produit sur lequel porte la question. Heavy buyer (PRA) : notion qui regroupe les acheteurs avec les fréquences d'achats les plus élevées. En général, les heavy buyers représentent 1/3 à 1/2 des buyers mais plus de 40 % des achats.

Campagne

Activité publicitaire cohérente centrée sur un produit, un service, une marque ou autre, s'étalant sur une durée précise. La campagne est décrite dans le temps à l'aide du Média-Planning. (Rémi Van Dick, 1990)

Canal de distribution

Réseau de vente du producteur aux consommateurs. Le canal de distribution peut prendre la forme de grandes surfaces, chaînes, magasins indépendants ou franchisés, d'un réseau de grossistes, d'un réseau interne de représentants ou encore de vente par catalogue. Une stratégie marketing comprend souvent un panachage de plusieurs canaux de distribution.

Cannibalisation

Vente d'un produit, au détriment d'un autre produit de la gamme d'une entreprise qui couvre le même besoin. La cannibalisation est particulièrement coûteuse lorsque le nouveau produit est moins cher ou dégage une marge moindre.

Chaland

Acheteur régulier d'un magasin, d'une boutique. Le nombre de chalands dépendra de critères précis, selon la nature du magasin : existence d'un minimum de boutiques alentour, existence d'un magasin vendant des produits similaires, existence de stationnements, etc. (Rémi Van Dick, 1990)

Chalandise (zone de)

Zone d'attraction de la clientèle autour d'un point de vente. Ce périmètre peut varier de quelques centaines de mètres (superette) à plusieurs dizaines de kilomètres (centre commercial). L'étude des caractéristiques économiques et sociales des habitants de la zone de la chalandise aura une grande influence sur l'assortiment du magasin.

Chart

Graphique réalisé à partir de chiffres, tel que la courbe, diagramme en tuyau d'orgue, en camembert, en bâton, en triangle, etc.

Chef de groupe

Brand Manager, personne responsable du marketing d'un ensemble de produits et dirigeant une équipe de chefs de produit. (Rémi Van Dick, 1990)

Chef de marché

Responsable dans l'entreprise chargé du suivi d'un marché en particulier, de l'évolution des ventes, de la définition des produits, de l'orientation des recherches et du développement, et du lancement des produits. S'ajoute parfois à ces fonctions la responsabilité de la publicité et de la promotion. (Rémi Van Dick, 1990)

Chef de produit

Product Manager, responsable dans l'entreprise des études de marchés, de la définition des produits, du suivi de leur développement et de leur lancement. Il est rattaché au directeur du marketing. (Rémi Van Dick, 1990)

Ciblage

Ensemble des techniques, fondées sur l'analyse statistique, déterminant quelle est la cible des consommateurs d'un produit. Le ciblage s'appuie sur les études de marchés et sur les tests réalisés en vraie grandeur. Il sera en général obtenu par le croisement de plusieurs critères relatifs aux consommateurs.

Cible

Ensemble des personnes que l'on veut influencer par une communication. Au sens restreint, la cible est l'ensemble des consommateurs susceptibles d'acheter à court terme et donc à qui sont destinés les messages publicitaires. Au sens large et, en fonction des objectifs de communication, la cible peut être un ensemble de prescripteurs, de distributeurs, les utilisateurs, les décisionnaires, etc. La cible est définie, en général, par des critères géographiques et socioprofessionnels ou par des techniques statistiques multicritères spécifiques.

CIM

Organisme, composé à la fois de médias, des agences de publicité et d'annonceurs, spécialisé dans la publication de l'étude MEDIA. Cette étude définit l'audience d'un médium en termes socio-démographiques (âge, sexe, habitation, classes sociales, localisation géographique) et d'utilisations de produit (users, non users). Cette enquête s'adresse à toutes les personnes de 15 ans et plus. L'échantillon atteint plusieurs milliers personnes. (Média Marketing, 1991)

Classement

Activité qui consiste à établir un certain ordre entre divers éléments de la perception. En identifiant des ressemblances ou des différences, en évaluant des distances significatives entre ces signes de ressemblance ou de différence, un sujet organise le réel qui l'entoure. Un classement peut reposer sur un ou plusieurs critères. Un classement cardinal distingue les objets, un classement ordinal les range les uns par rapport aux autres. En marketing, les problèmes de classement se posent vis-à-vis des types de clientèle, du rôle des produits dans une gamme, de la valeur des canaux de distribution, etc.
Synonyme : classification.

Classification hiérarchique

Méthode d'analyse multivariée qui s'inscrit dans les techniques d'interdépendance et les méthodes descriptives. L'objectif de la classification hiérarchique est de former des typologies (des groupes) d'individus similaires. Il s'agit de créer un nombre limité de groupes aussi homogènes que possible en leur sein et hétérogènes entre eux. Les méthodes hiérarchiques permettent de construire un arbre de classification appelé aussi dendrogramme par une succession de regroupements ou de divisions. Cette méthode s'impose quand le nombre de groupes à créer n'est pas fixé dès le départ.

Cloud Computing

Désigne des prestations à distance — logiciels, stockage de données — physiquement réparties dans des data centers — des centres de traitement de données — et non pas sur le terminal de l'utilisateur.

Cluster

Voir Typologie

Codes à barres

Marques codées, alternant des lignes blanches et noires verticales, disposées sur le contenant des produits de grande consommation ou industriels et destinées à être lues par des lecteurs à rayon laser. Cette succession de barres et d'espaces contient les informations pour le début de lecture, les références, le nom du produit, le code du producteur et du pays. Les codes à barres peuvent être de type ouvert lorsqu'ils doivent être lus par différents utilisateurs (notamment dans la distribution) ou de type fermé lorsque les codes correspondent à une utilisation bien précise au sein d'une seule entreprise. (Van Vracem, Stas, 1991)

Codification

Phase de dépouillement de l'enquête consistant à assigner l'information à des catégories pertinentes, repérées par des codes.

Coefficient b (coefficient de Morgenztern)

En étude de marchés, le coefficient b exprime en %, le nombre de personnes qui mémorisent un message dès le premier contact. Ne peut, dès lors, s'utiliser que lors du premier passage du message.

Cognitif

Qui a trait aux croyances et opinions d'un individu.

Competitors profiling

La technique des profils concurrentiels consiste à analyser systématiquement la concurrence afin de s'inspirer de ses forces et d'exploiter ses faiblesses pour dégager un avantage concurrentiel.

Comportement

Ensemble des actions et réactions d'un être. Au sens béhavioriste, la psychologie se définit comme l'étude de ce qui est observable chez un être (son comportement) sans s'intéresser à la conscience. (Mucchielli, 1975)

Comportement d'achat

Les conditions de réalisation de l'acte d'achat sont intimement liées aux éléments qui influencent la préparation et la décision du sujet responsable. Les facteurs d'influence préparatoire sont :

- la charge motivationnelle soulevée par l'évocation de la satisfaction ou degré d'intérêt ;
- l'échelle des valeurs propre à la personne ou au groupe auquel elle appartient, l'image de soi ;
- le degré de complexité de la satisfaction recherchée ou multiplicité des buts ;
- le degré d'ambiguïté de cette satisfaction, selon les conflits latents dans le psychisme ;
- le résultat d'expériences passées pour un produit semblable ;
- le résultat d'expériences faites sur d'autres catégories de produits dans le même domaine de satisfaction ;
- les pressions et les sollicitations provenant de personnes influentes dans l'entourage ;
- la position dans les réseaux de communication, l'exposition aux informations, la suggestibilité ;
- la capacité à comprendre les arguments entendus, aspects cognitifs ;
- l'aptitude à comparer des avantages et des inconvénients, à catégoriser et à généraliser.

Les facteurs qui jouent dans la dynamique du passage à l'acte sont :

- l'urgence selon laquelle le sujet ressent la solution à un tel problème, dans la hiérarchie des autres problèmes ;
- la pression du temps passé à attendre une satisfaction dans une situation d'incertitude ;
- la pression du besoin dans l'équilibre psychique ;
- la mobilité psychique, la curiosité, le goût du changement ;
- la complexité de la mise en pratique de la réalisation d'un achat ;
- le calcul financier, la notion de risque et de perte en termes d'argent ;
- l'évaluation des risques techniques, des compétences négatives et des inconvénients dus à l'usage du produit une fois acquis.

L'adoption du produit est la phase de stabilisation du comportement de l'acheteur. Après avoir essayé le produit, les satisfactions obtenues fixent le désir en même temps que l'image de la marque, du service et de l'objet. L'association positive place le choix dans le contexte des habitudes du consommateur. Le produit adopté sera racheté quand le désir de renouvellement surviendra. Si le client renouvelle plusieurs fois son achat, on pourra parler de fidélité. L'adoption du nouveau produit correspond à une modification des attitudes.

Synonyme : purchase behaviour.

Comportement du consommateur (théorie)

La théorie du comportement du consommateur permet de prendre conscience des moindres facteurs qui influencent le choix des consommateurs. C'est l'outil indispensable à l'établissement d'une stratégie marketing qui, à la fois, réponde aux besoins des consommateurs et permette d'atteindre les objectifs de l'entreprise. La connaissance des consommateurs atteste également de toute son utilité dans la segmentation de marché. (Van Vracem, Stas, 1991)

Concept

Elément central d'une campagne publicitaire, d'un publipostage, d'une annonce, déterminant toute sa construction. (Rémi Van Dick, 1990)

Concept-test

Questionnaire réalisé auprès de consommateurs, afin de mesurer l'impact des messages publicitaires, et plus particulièrement la mémorisation. (Rémi Van Dick, 1990)

Concurrence

Situation de référence où s'exerce une confrontation libre, complète et véridique de tous les agents économiques au niveau de l'offre comme de la demande de biens et services, de biens de production et de capitaux. Plusieurs niveaux de concurrence apparaissent selon le degré de substitution du produit : d'abord tous ceux qui offrent le produit ou service semblable, dans la même tranche de prix; ensuite toutes les sociétés qui fabriquent le même produit ou encore les firmes qui satisfont le même besoin;enfin tous les produits achetés par le consommateur appartenant au même poste budgétaire du ménage. (Bernard & Colli, 1989).

Consommation

Représente l'emploi d'un bien ou d'un service pour obtenir la satisfaction d'un besoin, impliquant la destruction de ce bien ou de ce service. Cette destruction peut être plus ou moins longue. Le consommateur est celui qui utilise le produit, il n'en sera pas forcément l'acheteur ; par exemple, les membres de la famille qui mangent de la mousse au chocolat. (Bernard & Colli, 1989)

Copy-stratégie

Document de travail réalisé par les responsables de l'annonceur et de l'agence de publicité, synthétisant les axes de communication de la campagne. Tirant profit des résultats des études marketing, la copie-stratégie comporte : la cible visée, la promesse développée par les messages (les avantages cusp du produit), (Reason Why) et son argumentation.

Copywriting-copywriter

Action d'écrire une copie (copywriting) ; l'auteur (copywriter). Le copywriting est l'art d'écrire des messages publicitaires en dehors des slogans. (Rémi Van Dick, 1990)

Corporate

Institutionnel = centré sur l'entreprise annonceur, à propos d'une campagne publicitaire, plutôt que sur les produits ou services de cette entreprise. La publicité corporate vise à promouvoir la notoriété ou l'image de la firme elle-même et non de ses produits.

Corrélation (Coefficient de)

La corrélation entre 2 variables ou 2 phénomènes est la mesure par un indice de leur dépendance, de la liaison entre deux variables. Si la variation de l'une provoque la variation de l'autre, l'indice est proche de 1 ou -1. Si la variation de l'une n'a pas d'effet sur l'autre, l'indice est proche de 0. Proches de 1, les variables varient dans le même sens. Proches de -1, elles varient en sens opposé. Proches de 0, les variables sont indépendantes. Il n'existe pas de lien de causalité entre les variables analysées.

Cross-tabulation

Voir Tris croisés

CSP

Catégories socioprofessionnelles. Catégories regroupant les professions et utilisées pour réaliser des typologies ou des ciblages de consommateurs. Les principales CSP sont les suivantes : agriculteurs, artisans, professions libérales, employés, ouvriers, cadres, cadres supérieurs, dirigeants. (Rémi Van Dick, 1990)

Culture d'entreprise

Valeurs et coutumes véhiculées au sein de l'entreprise. Mode de communication interne, mode de gestion des hommes et de recrutement, ensemble des valeurs. La culture d'entreprise est fondamentale pour son attractivité (clients, fournisseurs, banques, candidats à l'embauche) et reflète souvent la personnalité de ses dirigeants.

Customer surveys

Enquêtes de satisfaction menées auprès des consommateurs afin d'identifier les besoins des clients et les opportunités pour mieux les servir.

Cycle de vie

Ensemble des phases de la vie du produit, de sa création, sa vie et sa disparition. On distingue, notamment :

- le développement du produit ;
- l'industrialisation du produit ;
- le lancement ;
- la phase de croissance ;
- la multiplication (gamme multiforme) ;
- la spécialisation (créneau plus limité — vieillissement) ;
- la disparition (avec remplacement par des produits de substitution). (Rémi Van Dick, 1990)

Data mining

Ensemble de techniques ayant pour objet l'extraction d'un savoir à partir de grandes quantités de données, par des méthodes automatiques ou semi-automatiques.

Day after recall

Test du lendemain : test de mémorisation d'un message publicitaire, réalisé le lendemain du passage du message. (Rémi Van Dick, 1990)

Deadline

Date ou heure limite particulièrement importante dans un projet. En particulier pour les rapports d'études de marchés.

Debriefing

Réunion ayant lieu après un événement particulier, auquel a collaboré la totalité ou une partie seulement des participants et ayant pour objectif l'échange des jugements de chacun. Des debriefings « à chaud » (immédiatement après l'événement) sont particulièrement efficaces pour intégrer le groupe ou pour prendre des décisions. (Rémi Van Dick, 1990)

Décile

Valeurs d'une variable statistique qui divisent la distribution en dix parties de même effectif (= découpage d'une variable continue en 10 classes d'effectifs égaux). Ces valeurs sont au nombre de neuf. Le cinquième décile divise la distribution en 2 effectifs égaux : c'est la médiane.

Delphi (méthode)

La méthode DELPHI consiste à interroger séparément plusieurs experts sur le même sujet, leur restituer leurs réponses, puis à les confronter dans un débat et à leur demander ensuite une seconde fois leur avis, par écrit (ajustement). Cette méthode est l'une des plus performantes pour obtenir des réponses à des problèmes particulièrement ardus. La moyenne des secondes réponses donne le résultat le plus probable.

Demande

Une demande correspond au désir d'acheter certains produits, rendu possible par un pouvoir ou un vouloir d'achat. Le marketing s'efforce d'agir sur la demande, en rendant le produit attrayant, accessible et disponible. *Voir aussi* désir, besoin. (Kotler, 1997).

Demande de l'entreprise

Parts de la demande du marché prises par l'entreprise. (Lambin, 1986).

Demande dérivée

Demande de toute entreprise sur le plan logistique afin que celle-ci puisse entamer et assurer sa production de biens et de services. Le concept de demande dérivée indique que l'acheteur industriel n'achète pas des biens et des services en raison de ses propres besoins, mais plutôt pour produire d'autres biens et services pour ses propres clients. Cela signifie que la demande des acheteurs industriels pour certains produits et services est dérivée de la demande finale. (Dubois & Jolibert, 1989).

Demande du marché

Expression d'intentions d'achats d'un bien ou d'un service, de longue ou de courte durée, sur une zone géographique bien déterminée, au cours d'une période donnée dans des conditions d'environnement données et en réponse à un programme marketing donné.(Lambin, 1986).

Demande globale

Total des ventes réalisées dans un produit marché (ou une industrie ou un marché), en un lieu et une période donnés, par l'ensemble des marques ou entreprises en concurrence. (Lambin, 1986).

Démarche scientifique

Caractéristique de la recherche marketing, la démarche scientifique se caractérise par l'utilisation d'un système expérimental qui répond aux 3 conditions suivantes :

- Le pouvoir de contrôler les effets des variables : la méthodologie utilisée doit permettre d'isoler les variables à étudier ;
- La capacité d'opérationnaliser les variables étudiées : elles doivent être mesurables ;
- La possibilité de confirmer les résultats obtenus : dans les mêmes conditions de recherche, les résultats obtenus la première fois, doivent être renouvelables les fois suivantes. (Vedrine, 1991)

Démographie

Science qui a pour objet l'étude des populations humaines. Afin d'établir les données démographiques et d'évaluer leurs variations futures, on utilise des recensements de la population et des études statistiques. Les données démographiques concernent surtout le nombre d'habitants d'un pays ou d'une ville, la structure par âge, la population active, etc. L'étude de la démographie permet de dénombrer différents types de marchés et de comprendre partiellement les comportements d'achat des individus. (Dubois & Jolibert, 1989).

Dendrogramme

Arbre de classification utilisé par la classification hiérarchique et qui permet de mesurer les distances entre les groupes créés par la typologie. En conséquence, la méthode permet de sélectionner le nombre de groupes à retenir. *Voir* classification.

Déontologie

Ensemble des règles socio-morales qui régissent l'action d'un groupe professionnel. (Mucchielli, 1975)

Désir

Un désir concerne un moyen privilégié de satisfaire des besoins fondamentaux. Une personne a besoin de manger et désire un steak, a besoin de se vêtir et désire un costume d'un tailleur réputé. Alors que les besoins sont en nombre limité, les désirs, culturellement différenciés, sont infinis. Ils sont constamment l'objet de modifications introduites par des institutions sociales telles que l'école, la famille et l'entreprise. Le lien entre désir et besoin est essentiel.
Voir aussi besoin, demande. (Kotler, 1997).

Desk research

Recherche documentaire de données internes (ou externes) à l'entreprise, par opposition à « field research », données recueillies sur le terrain, au contact des gens en particulier. *Voir aussi* recherche documentaire.

Diagramme en bâtons

Mode de représentation graphique en traits verticaux des variables $f(x_i)$ quantitatives discrètes. En abscisse, la variable x_i. En ordonnée, les valeurs $f(x_i)$ correspondantes ou les fréquences $f(x_i)$ divisées par la somme des $f(x_i)$. (Rémi Van Dick, 1990)

Diagramme en escaliers

Mode de représentation graphique en traits horizontaux du cumul des variables f(xi) quantitatives discrètes. En abscisse, la variable. En ordonnée, les valeurs cumulées de la variable (somme de toutes les valeurs jusqu'à xi)ou leurs fréquences (mêmes valeurs divisées par la somme de toutes les valeurs f(xi)). (Rémi Van Dick, 1990)

Diagramme en tuyaux d'orgue

Mode de représentation graphique en rectangles verticaux d'une variable qualitative. En abscisse, les modalités de la variable. En ordonnée, les effectifs de chaque modalité. (Rémi Van Dick, 1990)

Diaphanomètre

Appareil utilisé en étude de marchés pour mesurer la lisibilité d'un message ou d'un packaging ou la facilité d'appropriation d'un message. Le système employé modifie la netteté de l'image (ou du message ou du packaging). Au départ d'une image très floue, les individus sont invités à décrire le contenu du message; puis, petit-à-petit, la netteté du message est améliorée par l'expérimentateur.

Différentiel sémantique

Ensemble des échelles de mesure d'une variable avec deux expressions descriptives opposées à chaque bout. Les questionnaires utilisent les différentiels sémantiques afin de permettre aux personnes sondées de donner visuellement des évaluations sur des variables qualitatives. (Rémi Van Dick, 1990).
Voir aussi sémantique différentielle.

Dilatation pupillaire

Méthode utilisée en recherche marketing pour mesurer l'intérêt d'un message. L'oeil est filmé par une caméra et l'analyse consiste à évaluer l'intérêt du message en fonction de la dilatation de la pupille. Une dilatation forte est synonyme d'un intérêt élevé. Inversement, une dilatation faible est synonyme d'un désintérêt. Cette méthode permet de mesurer la cannibalisation d'une marque par d'autres signes à intérêt plus élevé et présents dans le message. (Rémi Van Dick, 1990)

Distribution

Ensemble des techniques de transport, assortiment, stockage, présentation, promotion et vente des produits aux consommateurs. En Belgique, dans la distribution, on distingue le F1 (grande distribution), le F2, distribution intégrée (Unic, Nopri, Aldi), le F3 (petits indépendants), la vente à domicile ou par correspondance.

Distribution des contacts

Audience (couverture) à chaque niveau de contact. ex. l'audience à 1 contact, l'audience à 2 contacts. (Rémi Van Dick, 1990)

Distribution normale

Distribution qui se représente graphiquement par une courbe symétrique par rapport à la verticale élevée sur la valeur moyenne. L'axe des abscisses est, des deux cotés, asymptote à la courbe; celle-ci possède deux points d'inflexion symétriques par rapport à l'axe central. L'écart type a la valeur qui correspond à la distance entre la moyenne et la projection sur l'axe des abscisses du point d'inflexion. La forme de la courbe varie avec la valeur de l'écart type. Une distribution normale de moyenne 0 et de variance égale à 1, est dite courbe normale réduite. *Synonyme* : Normal distribution.
Voir aussi Loi normale.

Distribution statistique

Effectifs d'une population d'objets ou de personnes classés en fonction d'un ou plusieurs critères. En général, sur le critère choisi, on établit des classes en fonction des groupes de valeurs retenus, puis l'on compte les effectifs de chaque classe. Par exemple, on portera sur l'axe des abscisses les diverses classes d'âge (0 à 10, 11 à 20, 21 à 30, etc.) et l'on relèvera, sur l'axe des ordonnées, les quantités, mesurées dans l'unité choisie.
Synonyme : Statistical distribution.

Données

Éléments d'informations relatifs à des faits dont on doit tenir compte pour étudier un phénomène. On parle de données brutes, qui sont des indices aussi proches que possible du phénomène en cause et de données élaborées qui ont déjà subi une certaine mise en forme en rapport avec les catégories d'analyse que l'on compte utiliser. Les données font d'abord l'objet d'un recueil ou d'une collecte. L'étendue du champ d'exploration, leur nombre, leur nature, leur degré de précision dépendent des techniques de recueil et de la qualité des chercheurs. La valeur des données commence par dépendre des sources d'informations auxquelles on peut se référer ainsi que des techniques d'extraction mise en œuvre (échantillonnage, mode de recueil, fréquence, etc.). Si l'on s'adresse à des sources où les données ont déjà été classées et enregistrées, par exemple sur des fichiers ou les mémoires d'un ordinateur, l'extraction est plus aisément réalisable selon des méthodes classiques ou statistiques. Mais on perd de l'information. La facilité de l'extraction masque parfois la mauvaise qualité de l'information stockée (vieillissement, biais systématique, système de mesure inadéquat, faiblesse de la fiabilité, mauvaise condition de recueil, échantillonnage coûteux, etc.).
Synonyme : data.

Discussion de groupe

Discussion qui a pour objet de mettre en évidence, de faire exprimer ce qu'éprouvent, en commun, les participants, sur un problème donné ou encore de déterminer l'image de marque que certains produits ont auprès du grand public, d'évaluer les différentes perceptions du consommateur d'une marque à l'autre, d'obtenir une réaction positive ou négative vis-à-vis d'un concept ou d'un produit bien déterminé. La discussion de groupe s'articule autour d'un guide qui est utilisé afin d'encadrer le déroulement de la discussion. Le groupe doit donc trouver en lui-même les idées et les avis développés avec un minimum de sollicitations et de contraintes venant de l'extérieur. Chaque groupe est constitué d'un animateur, parfois d'un observateur et de 8 à 10 participants.

Dynamique de groupe

Méthode d'analyse des phénomènes à l'intérieur d'un groupe et d'intervention sur le groupe. La dynamique de groupe met en évidence les relations entre le groupe et l'animateur (subordination, rébellion,...) ainsi qu'entre le groupe et certains participants (meneur, bouc émissaire, etc.). (Rémi Van Dick, 1990)

Écart type

Paramètre de dispersion d'une variable mesurant l'écart quadratique entre toutes les valeurs observées et la valeur moyenne. Le carré de l'écart type (sigma carré) est la moyenne des carrés des différences entre les valeurs observées (x_i)et la moyenne. Il s'appelle la « variance ». (Rémi Van Dick, 1990)

$$\sigma = \sqrt{\frac{\sum_{i=1}^{j} (x_i - \overline{x})^2}{n}}$$

Échantillon

Article gratuit, de petite taille, destiné à être testé ou goûté par le consommateur. Sans valeur marchande, il est distribué ou introduit en prime dans un autre article. En statistique, l'échantillon est la portion de la population-mère auprès de laquelle une enquête sera réalisée. La taille de l'échantillon et sa représentativité détermineront la précision des résultats étendus à l'ensemble de la population-mère. L'échantillon peut être tiré au sort ou tiré au sort à l'intérieur de sous-groupes déterminés dont on veut respecter des proportions identiques à la population-mère (exemple : je m'impose 80 % de moins de 20 ans car j'ai déterminé cette proportion dans la population-mère). Avec 95 % de chance de ne pas se tromper, l'intervalle de confiance d'un résultat observé « p » auprès d'un échantillon de taille n sera :

$$p \pm 1{,}96 \times \sqrt{\frac{(p) \times (1-p)}{n}}$$

Exemple : si, parmi 250 interviewés, 15 % des personnes interrogées ont déclaré « J'achèterai », l'intervalle de confiance est égal à :

$$e = \sqrt{\frac{,15 \times (1-,15)}{250}}$$

En études de marchés, un échantillon correspond à une partie représentative de la population qu'on veut interroger. (Mucchielli, 1975)

Échantillon aléatoire

Voir échantillonnage probabiliste

Échantillons appariés

Échantillons présentant la même structure et permettant ainsi de faire des tests et de comparer les résultats.

Échantillonnage par quotas

Elle consiste à construire, par choix raisonné, un modèle réduit de la population totale, en tenant compte d'un nombre restreint de ses caractéristiques. Cette méthode repose sur le postulat suivant : si l'échantillon reproduit fidèlement certaines caractéristiques de la population étudiée, il sera également représentatif pour d'autres caractéristiques non contrôlables mais qui font l'objet même de l'enquête.

Échantillonnage probabiliste

Un échantillon est dit probabiliste lorsque tous les membres de l'univers défini ont une chance égale de faire partie de l'échantillon. L'échantillon aléatoire implique que le tirage au sort des personnes à interroger se réalise selon certaines règles. Le tirage au sort doit se faire selon une procédure qui donne à chaque unité les mêmes chances d'être désignée. Cette méthode suppose en pratique :

- que le chercheur dispose d'un relevé complet de la population étudiée, sans omission ni répétition ;
- qu'il sache repérer ou identifier tous les individus appartenant à la base de sondage ;
- qu'il tire au sort, dans la base de sondage, autant d'individus qu'il en veut dans l'échantillon.

L'existence d'une base de sondage fiable (des problèmes de mise à jour se posent si le recensement est un peu ancien) et accessible à l'entreprise qui réalise le sondage est évidemment une condition sine qua non. *Voir aussi* méthode aléatoire.

Échelle d'attitudes

Technique servant à mesurer « l'intensité » des opinions ou des réactions sur un sujet donné par détermination des attitudes d'un sujet sur une échelle prédéterminée. (Mucchielli, 1975). Plusieurs types d'échelles existent dont les plus courantes sont :

- Échelles nominales où aucune position sur cette échelle n'est supérieure ou inférieure à une autre. Par exemple, la nationalité ;
- Échelles ordinales qui permettent un certain classement des items. Par exemple, le niveau d'études accompli ;
- Échelles d'intervalles qui permettent d'attribuer à chaque item un rang et une distance entre ces rangs. Par exemple, la suite des années ;
- Échelles proportionnelles qui expriment le rapport entre deux positions sur l'échelle ;
- Échelles unidimensionnelles qui mesurent une caractéristique à la fois ;
- Échelles multidimensionnelles qui mesurent plusieurs items simultanément. *Voir aussi* analyse des similarités.

Échelle sémantique différentielle

Voir différentiel sémantique et sémantique différentielle.

Écoute active

Aptitude fondamentale en matière de communication utilisée en étude qualitative. Elle consiste à être disponible pour comprendre et assimiler les énoncés de ses partenaires. L'écoute se mesure à travers la capacité de reformuler, de questionner en prise directe sur le déroulement du dialogue, de relayer les propositions en les enrichissant ou en les réfutant. L'écoute active se perçoit de manière empirique à travers certains signes extérieurs (mouvements de la tête, du visage, des yeux...). La reformulation qui est une expression pure de l'écoute constitue un atout en matière d'entretien qualitatif. C'est la garantie de la compréhension et de la qualité de l'entretien. (Bellenger, 1984)

Écoute sociale

Méthode qui consiste à surveiller de manière proactive tout ce qui est dit au sujet d'une marque sur Internet, en particulier sur les médias sociaux et les communautés en ligne.

Empathie

Capacité de se « mettre à la place de l'autre » en restant soi-même. Cette disposition est opérationnelle pour les entretiens en profondeur ou les discussions de groupe dans la mesure où elle conduit à une expression plus profonde des sentiments de l'interrogé et une meilleure compréhension de ses points de vue, attitudes et comportements. (Mucchielli, 1975)

Enfant

Terme d'analyse transactionnelle désignant l'un des trois états du Moi, où l'émotion personnelle prime sur la raison, soit par des sentiments spontanés (enfant spontané, enfant rebelle), soit par la crainte du jugement et le désir de plaire (enfant adapté, petit professeur). L'enfant s'oppose à l'adulte (raison logique) et au parent (action sur l'autre par l'émotion). (Rémi Van Dick, 1990)

Enfant adapté

Terme d'analyse transactionnelle désignant l'une des catégories de l'état du Moi « Enfant », où la volonté du « bien faire », d'obéir et d'être conforme est dominante. Cette attitude particulièrement recherchée dans les recrutements, notamment au Japon, est néanmoins opposée à la créativité en entreprise. (Rémi Van Dick, 1990)

Enfant rebelle

Terme d'analyse transactionnelle désignant l'une des catégories de l'état du Moi « Enfant », où dominent les sentiments spontanés d'opposition à l'autre, l'affirmation de soi par l'agressivité, les impressions d'injustice. (Rémi Van Dick, 1990)

Enfant spontané

Terme d'analyse transactionnelle désignant l'une des catégories du Moi « Enfant », où dominent les sentiments spontanés et naturels, qui ne sont que peu influencés par l'autre ou par les raisonnements logiques. (Rémi Van Dick, 1990)

Enquête

Procédure plus ou moins formalisée de recueil d'informations qui consiste à interroger les personnes supposées détenir ces informations. (Sic !)

Enquête face à face

Enquête (face to face) avec contact physique entre enquêteur et enquêté. Les résultats sont plus précis si l'enquêteur est un professionnel. L'enquête peut être menée dans un lieu public (si seulement quelques questions sont posées), à domicile ou sur le lieu de travail de l'enquêté.

Enquête omnibus

Groupe de questions posées par une société de sondages à un échantillon permanent d'acheteurs. Ces questions précises ont été « commandées » par les sociétés clientes de la société de sondages. L'ensemble des questions ainsi rassemblées constitue le « Bus » de questions. Ce moyen permet d'obtenir des résultats statistiques précis et rapides, mais le nombre de questions (pour chaque société cliente) reste limité.

Enquête pilote

Phase préliminaire d'une enquête quantitative. Procédure de recherche par une enquête préalable, habituellement limitée dans le temps et sur un petit échantillon représentatif. L'enquête pilote peut permettre d'identifier des problèmes, de relever les thèmes principaux et les réactions soulevées par un problème, de tester certaines méthodes et outils, de vérifier une méthodologie. Une enquête pilote permet par exemple, à partir d'éléments qualitatifs, de construire des instruments de mesure qui serviront à établir des données quantitatives. On utilise aussi l'expression « enquête exploratoire », surtout s'il s'agit de préciser le champ de l'étude générale et de définir les hypothèses de travail.
Synonyme : pilot study.
Voir aussi test questionnaire.

Enquête postale

Questionnaire envoyé par la poste à l'échantillon du sondage. Le questionnaire doit être conçu de façon particulièrement simple et doit impérativement contenir l'enveloppe réponse, afin d'exiger le minimum d'efforts aux enquêtés. Le taux de retour varie entre 3 et 10 % pour les enquêtes auprès d'échantillons non prévenus, et peut atteindre 90 % pour les panels.

Enquête téléphonique

L'enquête téléphonique est le moyen le plus rapide pour un sondage. Elle peut prendre la forme d'un questionnaire très long (plus d'une heure), préparé dans ce cas par un rendez-vous téléphonique, ou bien d'une étude « flash » comportant quelques questions et qui devra être réalisée en 24 heures. Pour obtenir un certain nombre « d'appels utiles » (aboutissant à la bonne personne), il faut prévoir de composer le double d'appels.

Entretien de groupe

Technique de recherche qualitative qui consiste à réunir plusieurs personnes pour les faire s'exprimer et discuter sur un thème, un problème, un produit ou un matériel de communication (par exemple la maquette d'une annonce publicitaire ou d'une affiche). La discussion non directive est réalisée par un animateur, généralement un psychosociologue et permet de pénétrer au niveau dynamique des interactions d'attitudes, d'opinions, de jugements ou de motivations. Le protocole de la discussion fait l'objet d'un enregistrement et un observateur note toutes les manifestations comportementales des individus présents. Cette technique est utilisée pour, par exemple, comme première phase pilote pour préparer un guide d'entretien destiné à un plus large public ou pour construire un questionnaire destiné à une phase quantitative. ***Synonyme*** : Group interview.

Entretien en profondeur

Entretien face à face ou à plusieurs, fait de questions ouvertes et de passages non directifs laissant la libre expression. L'entretien en profondeur permet de découvrir les facettes subjectives et cachées d'une question. Il s'oppose à l'entretien avec questionnaire fermé. Il peut être conduit par un psychologue. Dans le cas d'enquêtes en marketing, l'interviewer se bornera à exposer seulement les thèmes généraux de l'enquête qui est menée, puis il observera une attitude neutre et empathique, pratiquant de simples reformulations. Ces entretiens permettent de découvrir des éléments inconscients attachés à certains achats (inhibitions, etc.). *Voir aussi* interview.

Entretiens familiaux

Technique de test publicitaire qui consiste à reconstituer un pseudo-programme de télévision de 15 minutes dans lequel on insère le message publicitaire. Le programme est diffusé via un magnétoscope auprès d'un échantillon de familles.

Environnement

Ensemble des dimensions de la réalité matérielle, technique, institutionnelle, économique, démographique, sociale et culturelle qui constituent l'univers à l'intérieur duquel se situe l'entreprise et dont les forces l'influencent directement ou indirectement. L'entreprise, comme un organisme dans son milieu naturel, dépend de son environnement. Elle y trouve ses ressources possibles et elle y exerce ses activités. La conduite de l'entreprise consiste à organiser sa stratégie de mouvements pour établir les relations les plus satisfaisantes et les plus régulières avec les divers publics qui lui sont utiles. L'entreprise doit apporter son attention et soigner ses relations dans différents domaines : milieu politique et économique international, milieu politique et administratif national, organismes économiques et bancaires, démographie et géographie humaine, milieux scientifiques et technologie, fournisseurs, appareil commercial, distribution et prescripteurs, milieu socioculturel, partenaires sociaux, presse et organes d'information, personnel de l'entreprise, concurrents directs et indirects, clientèles, marché potentiel. *Synonyme* : Environment.

Environnement culturel

Ensemble des valeurs intellectuelles et morales, des modes de comportement, des traditions, des croyances et habitudes de vie, développés par les différents groupes constituant une société à une période donnée. L'étude des styles de vie porte en grande partie sur les types d'attitudes selon lesquelles les membres d'une société se répartissent. L'environnement culturel est en évolution constante et celle-ci s'accélère fortement depuis la fin des années 60. *Synonyme* : cultural environment.

Environnement démographique

Structure de la population, répartie par tranche d'âge, par sexe, par nombre d'habitants au foyer, par structure d'effectifs des ménages, selon les types d'habitat et les modes d'implantation urbaine ou rurale. Le marketing en tire une connaissance sur la taille et la nature des marchés de consommateurs ou d'utilisateurs. *Synonyme* : demographic environment.

Environnement économique

Ensemble des différentes forces et des différents groupes d'intérêts qui influencent la vie économique. L'entreprise est plus ou moins directement tributaire des systèmes existants au plan international comme au plan national : phénomènes monétaires, encadrement du crédit, niveau de vie et pouvoir d'achat, situation de l'emploi, produit national brut, etc. *Synonyme* : economic environment.

Environnement technologique

Ensemble des évolutions qui apparaissent dans le domaine de la science et de la technologie. Ces évolutions apparaissent dans des domaines très divers comme la recherche fondamentale, la recherche et développement ou la création de nouveaux produits : brevets, projets d'études et de nouveaux procédés de production ou de fabrication, innovation radicale de consommation, innovation de substitution, implication des utilisateurs, évaluation des choix technologiques, programmes d'enseignement et de formation continue. *Synonyme* : technological environment.

Espérance mathématique

Valeur égale à la somme, pour toutes les modalités d'une variable discrète, des produits : modalité 3 probabilité de la modalité. Exemple : un dé pipé a été conçu pour obtenir une probabilité de 0,1 pour les chiffres de 1 à 5 et de 0,5 pour 6. Son espérance mathématique est égale à : (13,01) + (230,1) + (330,1) + (430,1) + (530,1) + (630,5) = 4,5. Lorsque les valeurs observées sont très nombreuses, la moyenne est égale à l'espérance mathématique.

Estimation

Action d'apprécier de façon globale ou approchée la valeur d'une chose, son volume ou son prix. En statistique, la théorie de l'estimation fournit, après avoir mesuré dans un échantillon la valeur d'un paramètre, l'estimation de la valeur du paramètre dans la population. En effet, comme il est très rare de posséder un recensement complet des éléments à analyser, le chercheur va travailler sur des échantillons et inférer les résultats obtenus à la population de référence. Cette estimation peut être ponctuelle (une valeur) ou déterminée sur un intervalle de confiance calculé à un niveau de confiance . L'intervalle de confiance est :

- Unilatéral. Il faut alors calculer la valeur p du paramètre p telle que probabilité $(\pi<p)=\alpha$ mais aussi que probabilité $(p>\pi)=\alpha$.
- Bilatéral. Il faut alors calculer les valeurs p et p' du paramètre p telles que probabilité $(p<\pi<p')=\alpha$.

Voir aussi test, échantillon, échantillonnage, tirage.

États du Moi

Terme d'analyse transactionnelle désignant l'état psychologique d'une personne à un instant donné, provoqué par ses pensées ou par l'état de son interlocuteur. On distingue trois états principaux : l'état « Enfant », dominé par les sentiments; l'état « Adulte », dominé par la rationalité; l'état « Parent », dominé par l'action sur l'autre. Un mélange harmonieux des trois états du Moi semble constituer la meilleure façon de gérer ses transactions avec autrui. Rémi Van Dick, 1990)

Ethnographie virtuelle

L'ethnographie virtuelle, également connue sous le nom de cyberethnographie ou d'ethnographie en ligne, est une méthode de recherche en ligne qui adapte les méthodes ethnographiques à l'étude des communautés et des cultures créées par l'interaction sociale informatisée.

Étude de marché

Recherche concernant ce que les gens (consommateurs, clients...) désirent ou veulent acheter, ce qui leur plaît, ce dont ils ont besoin pour vivre ou envie. Elle mesure les besoins des consommateurs et permet d'évaluer préalablement à la mise en vente, les possibilités d'achat d'un produit par un consommateur. En publicité, elle permet de mesurer l'efficacité de la communication et de faire fabriquer le produit qui pourra se vendre. (Mucchielli, 1975)

C'est le rassemblement, l'enregistrement, l'analyse et le compte-rendu de tous les faits relatifs à la vente des biens et services du producteur au consommateur. Elle est généralement mais non nécessairement basée sur la théorie statistique de la probabilité et utilise toujours — en théorie — la méthode scientifique.

Étude de marché 2.0

En référence au Web 2.0, cette forme d'étude considère que la personne interviewée occupe une place plus centrale dans le processus d'étude et transforme les études en un dialogue personnel.

Étude multi-clients

Étude réalisée par une société de service pour le compte de plusieurs clients. Il s'agit souvent d'études de marchés nationales ou internationales réalisées périodiquement, par entretiens ou questionnaires auprès des constructeurs. L'enquête est précédée d'un démarchage des éventuels prospects intéressés, avec présentation des résultats des enquêtes précédentes. (Rémi Van Dick, 1990)

Étude qualitative

Étude souvent réalisée comme phase préalable d'une étude quantitative et qui vise à comprendre le comportement, les habitudes ou les attitudes d'un consommateur ou l'univers imaginaire autour d'un produit. Elle permet de répondre à la question « Pourquoi ? ». Son caractère évidemment subjectif exige très souvent une validation quantitative. Les principales études qualitatives concernent les motivations, perceptions, opinions, attitudes et préférences des consommateurs.

Étude quantitative

Étude aboutissant à des mesures chiffrées et à des nombres. Elle permet de répondre aux questions : « Combien ? » « Comment ? ». Elle permet de vérifier les objectifs et hypothèses énoncés lors d'une phase qualitative. Les informations quantitatives obtenues se rapportent à l'observation du comportement du consommateur. Ces études quantifient des informations telles que la notoriété des produits et des marques, l'utilisation on non des produits et services offerts, la fréquentation ou non des points de vente, les quantités achetées et les fréquences d'achat ; etc. Par rapport aux études qualitatives, ces études sont plus objectivantes et contrôlables mais elles peuvent ne saisir que superficiellement l'attitude du consommateur face au produit. Elles sont souvent précédées par une phase qualitative.

Évaluation

Jugement sur la valeur de quelque chose ou de quelqu'un. (Mucchielli, 1975)

Expérimentation

Contrairement à la recherche par questionnaire, l'expérimentation consiste à observer le comportement d'un individu après manipulation d'une variable (du marketing-mix par exemple). (Vedrine, 1991)

Extrapolation

Terme de statistique désignant une méthode de prévision par modélisation, le plus souvent par une droite des résultats antérieurs et prolongée vers l'avenir. L'extrapolation par une droite est dite « linéaire ». Elle peut être « exponentielle » (augmente les effets des variations récentes) ou « logarithmique » (diminue les effets des variations récentes).

Eye Camera

Méthode de pré-testing publicitaire qui consiste à filmer l'œil d'un individu par une caméra. Le parcours de l'œil est enregistré et les points d'arrêt sur image sont identifiés. Mesure l'effet d'un visuel. (Pratiquement, sert à mesurer l'impact d'une publicité, d'un publipostage, etc.).

Eye tracker foveal

Machine composée d'un micro-ordinateur connecté à un écran vidéo, une caméra et un appareil envoyant des faisceaux infrarouges vers les yeux d'un spectateur. Cet ensemble permet de mémoriser les mouvements de l'oeil et d'établir des statistiques sur les zones les plus regardées de documents imprimés, de packaging, de linéaires.

Fast moving consumer goods

Synonyme de biens de grande consommation.

Fiabilité

Qualité de ce à quoi on peut attacher foi, de ce dont on connaît avec assurance les capacités, de ce dont les caractéristiques sont indiquées avec des garanties suffisantes pour qu'on en fasse usage avec un sentiment de grande sécurité. En étude de marchés, les réponses obtenues à une enquête sont plus ou moins fiables selon la qualité des questions posées (degré d'ambiguïté), de l'ordre des questions (essais de halo de la réponse), des conditions de l'entretien (degré de confiance), des attitudes des répondants (préjugés, intentions de dissimuler). Les informations contenues dans un fichier ne sont fiables que si l'on est sûr des conditions de recueil, de mode de classement, de l'exhaustivité des informations contenues et de leur mise à jour suffisante. *Voir aussi* échantillon, échantillonnage, tirage. ***Synonyme*** : reliability.

Field Research

Recherche d'informations sur le terrain, c'est-à-dire au contact des clients, des distributeurs, des vendeurs, des utilisateurs, etc. La field research s'effectue essentiellement par observations et entretiens. S'oppose à « DESK RESEARCH », recherche de documents écrits existants.

Fieldwork

Travail sur le terrain qui concerne toutes les opérations d'étude de marchés par enquêtes et observations sur les personnes retenues dans l'échantillon en les rencontrant dans leur milieu habituel, accomplissant les conditions normales de la vie privée ou professionnelle. Un responsable terrain est chargé du recrutement, de la formation, de l'entraînement et du contrôle des enquêteurs.

Voir aussi field research.

Filtre

Voir Question filtre.

Folder test

Technique de pré-testing publicitaire consistant à insérer la publicité à tester dans un groupe d'autres publicités. Sert à mesurer la mémorisation et la valeur d'impact d'un message. Utilisée pour mesurer non seulement des annonces magazines mais aussi des spots TV, radios et de l'affichage.

Fréquence

En statistique, fréquence de la modalité d'une variable : nombre de fois où la variable prend cette modalité sur le nombre total de mesures. La fréquence est un pourcentage inférieur à 1. *Exemple* : la fréquence des hommes fumeurs est de 25 %.
En marketing direct, nombre d'achats effectués par un client depuis un certain temps (en général, 2 ans). La fréquence s'accompagne de la récence et du montant des achats.
Un des éléments déterminants de la part de marché = pénétration x fréquence x intensité.

Génération P

Symbole de la modernité d'Internet, cette génération P pour participation représente un ensemble d'individus partageant les mêmes valeurs. Conscients de l'amenuisement des ressources naturelles, ils recherchent une vie en réseau, rejettent l'individualisme possessif et se réapproprie, à travers le numérique, sa consommation. La Génération P diffuse des idées collaboratrices.

Génération X

La Génération X désigne, selon la classification de William Strauss et Neil Howe, la génération sociologique des Occidentaux nés entre 1961 et 1981. Cette génération est intercalée entre celle des baby-boomers et la génération Y. Plusieurs éléments caractérisent cette génération. D'abord, elle se situe dans une transition sociale, du déclin de l'impérialisme colonial à la chute du mur de Berlin (qui marqua la fin de la guerre froide). Située juste après les baby-boomers (environ 1946-1959), cette génération a vécu un creux de vague au niveau professionnel, trouvant difficilement des emplois stables et bien rémunérés. Les formes nouvelles de précarité générationnelle lui sont spécifiques, en particulier dans les pays du sud de l'Europe. Cette génération est nomade, ce qui explique leur goût de l'aventure, le cynisme et la contre-culture qui s'oppose aux boomers. Cette génération n'était pas ou peu connectée

Génération Y

La génération Y regroupe des personnes nées approximativement entre 1980 et 1995, mais l'individu et le genre traversent les années. D'autres termes équivalents existent, dont enfants du millénaire ou les diminutifs GenY et Yers. Les Américains utilisent également l'expression digital natives ou net generation pour pointer le fait que ces enfants ont grandi dans un monde où l'ordinateur personnel, le jeu vidéo et l'Internet sont devenus de plus en plus importants et accessibles.

Génération Z

La nouvelle génération silencieuse (aussi appelée Génération Z) est une génération sociologique qui débute avec l'évolution de naissances de 1991. La génération Z est également appelée nouvelle génération silencieuse, car elle serait comparable, dans la théorie américaine des générations, à la génération silencieuse de ceux nés entre 1925 à 1945. Elle est également nommée Génération C (pour Communication, Collaboration, Connexion et Créativité).

Groupe

Voir Typologie ou entretien de groupe.

Groupe de référence

Le groupe de référence constitue l'ensemble des personnes auxquelles l'individu s'identifie lorsqu'il doit se composer une attitude vis-à-vis d'un sujet particulier. L'individu fonde donc ses décisions sur ce que le groupe accepte ou n'accepte pas. Parallèlement, il reste membre de son groupe d'appartenance.

Groupes sociaux CIM

Nouvelle méthode (84) de classification sociale, en 8 groupes +/- équivalents, qui se base sur l'analyse de 2 critères de faits (objectifs) : la profession actuelle et le niveau d'instruction du chef de ménage. (Média Marketing, 1991)

Guide d'entretien

Le guide d'entretien ou d'interview se présente sous la forme d'une grille de thèmes à aborder par la personne interviewée lors d'un entretien individuel, quel que soit l'ordre et sans que cela n'apparaisse comme étant des questions impératives. Il ne s'agit pas d'un questionnaire structuré. Les thèmes sont généralement formulés en questions que l'enquêteur ne proposera à son interlocuteur que dans le cas où ce dernier ne les aborderait pas spontanément. Le guide d'interview constitue une base pour les études qualitatives par entretien individuel ou par discussion de groupe.

Habitude

Façon de faire ou de se conduire, résultat d'une acquisition par expériences multipliées plus ou moins au hasard ou d'un apprentissage par répétition ou entraînement. L'habitude s'inscrit dans le mode de comportement régulier, la plupart du temps sans effort volontaire ni attention consciente. Elle tend à assimiler et réduire un stimulus nouveau à du connu.

Heavy buyer

Voir PRA Principal responsable d'achat.

Hétérogénéité

Qualité d'un ensemble dont les composants ne sont pas de même nature. L'hétérogénéité d'un groupe peut être une qualité recherchée, dans le cas où la pluridisciplinarité est une condition de l'efficacité. Les participants sont par exemple sélectionnés selon des caractéristiques telles qu'origine, formation, âge, sexe, expérience, centre d'intérêt, profession. L'ensemble du groupe représente une combinaison aussi large que possible de la diversité disponible sur chaque caractéristique. Les groupes de créativité ou de recherche qualitative, en étude de marchés, exploitent les avantages de l'hétérogénéité.

Histogramme

En statistique, mode de représentation graphique d'une variable continue. En abscisse figure la variable regroupée sur des segments (les classes). En ordonnée, figurent les effectifs de chaque classe ou les densités (c'est-à-dire l'effectif divisé par la largeur du segment de la classe).

Hypothèse

Proposition admise provisoirement et préalablement à la recherche, elle doit faire l'objet d'une vérification via le processus d'enquête, d'expérimentation ou de recherche. L'hypothèse sera finalement acceptée, modifiée ou infirmée par les résultats. (Mucchielli, 1975)

Image de marque

Image mentale (connotations subjectives) qu'une marque commerciale évoque, globalement, auprès d'un public. Il peut exister des images de marque différentes selon les cibles choisies. L'image de marque est mesurée à l'aide d'une étude quantitative réalisée auprès d'un échantillon.

Incentive

Avantage offert aux prospects, aux clients, aux vendeurs, aux distributeurs, en vue de stimuler leurs achats ou leurs ventes. Par extension, voyage offert à des vendeurs ou des distributeurs, et contenant parfois des réunions de travail. (Rémi Van Dick, 1990). En étude de marchés, cadeau remis au client pour le remercier de sa participation à une enquête qualitative ou quantitative.

Index

Repère précis servant de référence pour apprécier des écarts ou des variations. Indexer consiste à relier d'une manière définie et constante une valeur à une autre dont les fluctuations peuvent être suivies avec précision. L'indexation représente le mode de rapport établi entre la valeur à étudier et celle qui sert d'index.

Indice d'audience

L'indice d'audience est l'indice d'écoute ou de popularité de la télévision ou de la radio. Les publicitaires se basent sur ces taux d'audience pour mesurer la portée de leurs campagnes de publicité. La recherche de ces taux d'audience est notamment effectuée en Belgique par le CIM et par certains instituts spécialisés tel qu'ASPEMAR.
Voir aussi audience.

Index détaillants

Voir Panel détaillants.

INS

L'Institut National de Statistique est l'organisme officiel chargé des statistiques en Belgique. L'Institut National de Statistique est une division du Ministère des Affaires économiques. Ses activités s'exercent dans trois domaines principaux :

- Les grandes enquêtes, dont font partie le recensement décennal et des études annuelles, comme celle sur le budget des ménages ou les forces de travail ;

- Les statistiques régulières, notamment en matière industrielle et pour les services, secteur par secteur ;
- Les statistiques dérivées avec tout ce qui tourne autour de la comptabilité nationale, telle par exemple l'estimation du produit national brut.

Intelligence marketing

Voir Marketing intelligence.

Intentions d'achat

Opinion exprimée concernant un futur comportement de choix et de décision économique. L'intention peut porter sur le type de bien ou de service, le modèle du produit, la marque, le coût, etc. Ces intentions sont mesurées au cours d'enquêtes à la suite de questions engageant une considération sur le futur proche. La nécessité de recourir à des estimations fondées sur des opinions exprimables et des raisonnements intervenant dans les choix provient du fait que l'extrapolation des comportements antérieurs ou l'analyse des conditions économiques ne sont pas des causes suffisantes. L'intention d'achat est d'autant plus élaborée et rationalisée qu'elle porte sur l'acquisition d'un bien durable ou onéreux. Elle se traduit par une orientation de l'échelle de valeur d'un individu et d'une entreprise. En étude de marchés, on mesure l'intention d'achat notamment par trois thématiques distinctes : l'essai, l'achat proprement dit et le réachat. *Synonyme* : purchasing intentions. *Voir aussi* comportement du consommateur et comportement d'achat.

Interdépendance

État ou processus par lequel plusieurs phénomènes varient en fonction les uns des autres. Il y a une corrélation non nulle entre les variables considérées. Lorsqu'on essaye de déterminer lesquelles sont explicatives des autres, on constate une dépendance réciproque. Les phénomènes sociaux et économiques sont habituellement dans un état d'interdépendance.

Interview

Méthode de recueil d'information utilisée en recherche marketing qui consiste à recueillir des informations, des opinions, des avis d'un individu au cours d'une enquête. Les entretiens sont généralement en face-à-face ou administrés par téléphone. (Mucchielli, 1975) *Voir aussi* entretien en profondeur.

Interview en profondeur

Depth interview, interviews non directives réalisées par des professionnels et utilisant des méthodes proches de la psychothérapie.
Terme très galvaudé dans la mesure où ces entretiens, d'une durée très souvent supérieure à 2 heures, sont très difficiles à réaliser.

Interview structurée

Outil de recherche utilisé en enquêtes qualitatives. Elle se caractérise par l'existence d'une structure d'entretien préalable et l'existence d'un questionnaire reprenant les thèmes à aborder et l'ordre dans lequel ils doivent l'être.

Inversion des rôles

Méthode d'animation permettant une prise de conscience du rôle professionnel joué par certaines personnes, et consistant à faire jouer à une personne, dans la saynète, le rôle de son interlocuteur professionnel.
Exemple : on demandera à un chef de Produit de jouer le rôle du directeur Marketing, dans une situation où celui-ci, pour des raisons d'ordre politique émanant de la direction générale, doit refuser le lancement d'un projet élaboré par son collaborateur. (Rémi Van Dick, 1990).

Information primaire

L'information primaire est l'information fournie directement par l'étude de marchés. Le demandeur de l'étude peut contrôler à la fois la méthodologie du recueil et la présentation des résultats. Elle a pour corollaire un coût relativement élevé. L'information peut être recueillie par observation, expérimentation ou enquête.

Information secondaire

Cette information se situe soit à l'intérieur de l'entreprise (données commerciales, données comptables et administratives), soit à l'extérieur de l'entreprise (statistiques INS, INSEE, panels, banques de données, etc.) et a pour caractéristique principale de préexister à l'étude de marchés.

Intervalle de confiance

Tout échantillonnage est cause d'erreur dans la mesure où, par définition, on sélectionne une partie de la population à interroger. Pour certains échantillons (échantillons probabilistes), il est possible de déterminer une erreur d'échantillonnage. Sur base de cette erreur, le résultat réel (= celui que l'on aurait obtenu si l'on avait interrogé toute la population) est compris dans une fourchette. Cette fourchette est appelée intervalle de confiance. Plus le nombre de personnes interrogées est élevé, plus cette fourchette diminue.

Item

Dans les études de marchés, une des réponses possibles à une question fermée. Il est indispensable que l'item appartienne au vocabulaire courant de la cible. Elément constitutif d'une question ou d'une échelle. (Mucchielli, 1975).
Voir aussi liste d'attributs.

Jeu de rôle

Sketch public joué par des personnes en vue de tester certains arguments (de vente, notamment), de se former à des techniques d'entretien, d'imaginer des situations au profit tant du public que des acteurs. La méthode des jeux de rôle prépare, entre autres, à assumer des situations futures difficiles.

Khi-deux

Voir Test du KHI-DEUX

Linéaire

Rayon de magasin de grande ou moyenne surface. L'importance d'une marque se mesure en fonction de la part de rayon qui lui est consacrée : la part de linéaire ou de mètre linéaire.

Lissage exponentiel

Méthode de prévision d'une variable statistique par une courbe exponentielle. Cette méthode est préférable à une modélisation par une droite de tendance lorsque les événements récents sont plus influents que les événements anciens. On mesure la pondération du temps par un coefficient a. Si a est proche de 0, le passé importe beaucoup. Si $X_{(t)}$ est la valeur de la variable à l'instant t,

$$X_{(t)} = aX_{(t-1)} + a_{(1-a)}X_{(1-2)} + \ldots + a_{(1-a)}^{(n-1)}X_{(t-n)}$$

Les programmes informatiques calculent à partir des résultats précédents et prédisent les valeurs futures lissées.

Liste d'attributs

Technique de test destinée à étudier dans une population les associations et connotations opérées à propos d'un thème, d'un mot, d'une image, d'une marque, etc. Chaque répondant doit relever, dans une liste déjà constituée, des attributs qui lui paraissent convenir avec la représentation qu'il a du stimulus proposé. Parfois on lui demande de dégager quelques attributs qui conviennent le mieux et d'autres qui conviennent le moins. Parfois on demande au répondant de coter chaque attribut. L'objectif est d'établir la liste des forces et des faiblesses du produit considéré.
Voir aussi item.

Loi binomiale

Courbe de Gauss : loi de probabilité discrète théorique utilisée pour les petits échantillons ($n<30$) dans une population assez grande ($N > 10$ 3 n) de deux types d'individus (en proportion p et $q = 1-p$). La probabilité P pour que X prenne la valeur k est lue dans une table statistique. La moyenne de X est $E(X) = np$. L'écart type $T = \sqrt{npq}$.

Exemple d'application : ce type de loi permet de rendre compte de la probabilité du nombre de pièces en bon état dans un stock en réalisant un tirage. Utilisée pour tous les problèmes de files d'attente.

Loi normale

Loi de probabilité théorique continue utilisée pour les phénomènes dont les causes sont indépendantes, multiples et additives. La loi normale est caractérisée par deux paramètres : la moyenne m et l'écart type T. La probabilité pour que X prenne une valeur inférieure à x est lue dans une table statistique, après avoir normé la fonction F(x) devenant $\boxed{\dfrac{F(x)-m}{T}}$.

Loi de Poisson

Loi de probabilité théorique discrète utilisée pour les phénomènes à petite probabilité (p de l'ordre de quelques %) et pour un échantillon n supérieur à 30 individus. La probabilité pour que X prenne la valeur k est lue dans une table statistique. La moyenne de X est $E(X) = m = np$. L'écart type $T = m = \sqrt{pq}$.

Mapping

Graphique en deux dimensions représentant les sous-groupes homogènes d'une population, en utilisant notamment des outils statistiques tels que l'analyse discriminante. Par extension, tout graphique en deux dimensions.

Marché

Ensemble de l'offre et de la demande pour un produit ou un service donné ou l'ensemble des débouchés offerts à un produit ou un service donné. En marketing, le marché est souvent considéré comme un ensemble de consommateurs, caractérisé par des mêmes goûts et qui par cela même sont acheteurs (potentiels ou réels) d'un produit ou encore comme l'ensemble des personnes qui consomment ou sont susceptibles de consommer un produit ou un service dans une zone géographiquement donnée. En pratique, l'entreprise choisit souvent un marché cible particulier en fonction de ses prévisions et de ses objectifs. On parle alors de ce marché de l'automobile, du bricolage, des jeunes, etc. (THUILLER, 1987).

Marché témoin (Marché test)

Essai réel de lancement d'un nouveau produit sur un marché local ou régional afin d'apprécier a priori les chances d'un lancement prévu sur un plan plus vaste.

Marge d'erreur

Voir Intervalle de confiance. L'annexe 3 présente un tableau détaillé des marges d'erreur pour un échantillon aléatoire simple.

Marketing 3.0

Par rapport au Marketing 1.0 centré sur le produit et au Marketing 2.0 focalisé sur le consommateur, le marketing 3.0 est axé sur les valeurs et la quête de sens. Il conduit les entreprises à délaisser le consommateur comme centre d'intérêt pour s'intéresser à l'humain. Le marketing 3.0 vise à l'équilibre entre rentabilité et responsabilité sociétale de l'entreprise.

Marketing 4.0

Le marketing 4.0 s'inscrit dans les évolutions du marketing axé sur le produit (1.0) au marketing axé sur le client (2.0) vers le marketing axé sur l'humain (3.0) et finalement le marketing 4.0 qui combine l'interaction entre le monde réel et virtuel, la connectivité entre les objets et l'intelligence artificielle pour améliorer la productivité du marketing et la connectivité entre les humains pour renforcer l'engagement des consommateurs.

Marketing direct

À l'origine, technique de vente n'utilisant pas les réseaux de distribution par magasins, grandes surfaces, etc. : VPC et vente par mailing. Aujourd'hui, les principales techniques du marketing direct ont comme point commun une sollicitation à distance de l'acheteur pour une réaction immédiate. Les médias du marketing direct sont : catalogue, mailing, mailing par télex, télécopie, phoning, télé-achat, Minitel, bus-mailing, ISA.

Marketing industriel

Marketing adapté aux produits et services destinés aux entreprises ou organismes publics plutôt qu'aux individus (marketing de grande consommation). Ce marketing fait appel à des méthodes différentes de celles utilisées pour le marketing de grande consommation, notamment dans la recherche d'informations, la publicité de distribution. *Voir aussi* business-to-business.

Marketing Information System (MIS)

Système d'information marketing (SIM), réseau complexe de relations structurées où interviennent des hommes, des machines et des procédures ayant pour objet de générer un flux ordonné d'information pertinente, provenant de sources internes et externes de l'entreprise, destiné à servir de base aux décisions dans les aires spécifiques du marketing (Kotler, 1990).
Système de capteurs sensibles concernant le marché, le système concurrentiel, l'environnement technologique, économique, politique, social et socioculturel d'une entreprise. Ce système est organisé selon un ensemble de bases de données, plus ou moins informelles, sur support informatique ou non. *Synonyme* : SIM. *Voir aussi* SIM.

Marketing intelligence

Le marketing intelligence donne aux dirigeants d'une entreprise les moyens qui permettent de se tenir continuellement informés sur l'évolution de leur environnement commercial. La fonction majeure est donc le recueil d'informations. Celles-ci sont regroupées par le responsable marketing qui contrôle le système d'information marketing.
Synonyme : intelligence marketing.

Marketing Management

Le marketing management ou gestion marketing est l'analyse, la planification, la mise en ordre et le contrôle de programmes conçus pour créer, développer et maintenir un courant d'échanges mutuellement satisfaisant avec les marchés visés, dans le but d'atteindre les objectifs d'une organisation. Il repose essentiellement sur la conception d'une offre en termes de besoins et la coordination du produit, du prix, de la communication et de la distribution pour provoquer une réaction efficace. La gestion marketing vise à améliorer l'efficacité de l'échange d'un produit, d'un service ou d'une idée tout en régulant le niveau, la répartition et la nature de la demande en cherchant à connaître les variables qui l'influencent et à déterminer le niveau de ces variables afin de maximiser les objectifs de l'entreprise. (Van Vracem, Stas, 1991).

Marketing mix

Ensemble des différentes actions à entreprendre pour mettre en œuvre la stratégie marketing d'une entreprise. Eléments du marketing 4 « P ». Dosage entre les facteurs de commercialisation : le produit, le prix, la promotion, la distribution, la publicité.

Marque

Mot et graphisme identifiant une entreprise, une gamme de produits. Elle comprend un nom, une forme graphique ou logotype, et des couleurs. La capacité de la marque à être mémorisée dépendra de sa simplicité, des associations d'idées qu'elle provoque, de sa lisibilité sur les produits et de sa durée. La marque est porteuse d'une image. On distingue les marques des producteurs des marques des distributeurs. Certains produits dits « génériques » sont sans marque et au plus faible prix.

Mass-média

Moyens de communication et d'information de grande diffusion. En publicité, ce sont les médias tels que la télévision, la radio, le cinéma, la PQ (presse quotidienne), la PM (presse magazine), l'affichage,...). Cinq médias : presse, TV, radio, cinéma, affichage.

Maturité

Se dit d'un marché se stabilisant tant sur les prix et les caractéristiques des produits que sur le nombre de concurrents. (Rémi Van Dick, 1990)

Média

On distingue d'une part les « Grands Médias » (presse, TV, affichage, radio, cinéma) et, d'autre part, les « Hors Médias » ou médias du marketing direct (catalogue, mailing, télex, Bus-mailing, ISA, phoning, télé-achat) et relations publiques, mécénat, parrainage. (Rémi Van Dick, 1990)

Média planning

Détermination des médias ainsi que des dates et heures des passages de la publicité d'une campagne. Ce travail est réalisé par le Média Planneur, en tenant compte de facteurs de plus en plus nombreux (pour les périodiques : position dans le « chemin de fer », contenu des articles, autres annonceurs;TV : qualité des émissions avoisinantes, « zapping » vers d'autres chaînes, etc.). (Rémi Van Dick, 1990). *Synonyme* : plan média.

Mémorisation

Le taux de mémorisation représente le pourcentage des personnes ayant été touché par la campagne publicitaire et ayant retenu le message. On distingue :
la mémorisation spontanée (exemple : avez-vous vu récemment un message publicitaire pour des voitures ? De quelle marque s'agissait-il ?) ;
la mémorisation assistée (avez-vous vu un message publicitaire pour la marque X ?) ;
La mémorisation prouvée (exemple : pourriez-vous décrire le dernier message publicitaire de la marque X ?). (*Voir aussi* coefficient Bêta). *Voir aussi* taux de notoriété.

Mesure

Moyen d'obtenir des symboles représentant les propriétés des personnes, d'objets ou d'événements ou d'états, de telle sorte que ces symboles aient les mêmes relations entre eux que les choses représentées (Tull, 1988)

Métadonnées

Énormes volumes de données structurées et non structurées, difficilement gérables avec des solutions classiques de stockage et de traitement. Ces données proviennent de sources diverses et sont (pour la plupart) produites en temps réel.

Méthode aléatoire

Voir tirage, échantillon et échantillonnage.

Modèle

Représentation soit visuelle, soit verbale des éléments les plus importants d'un procédé complexe ainsi que leurs relations les uns par rapport aux autres. Ces modèles peuvent être classés selon différentes catégories :

- Les modèles descriptifs qui ont pour objet de faire comprendre, d'expliquer ou de réduire;
- Les modèles de décision qui sont conçus pour faciliter l'évaluation des alternatives correspondant à un problème donné.

Une deuxième catégorie se réfère à la technique utilisée, elle comprend :

- Les modèles verbaux dans lesquels on fait appel aux langages pour décrire les différentes variables, ainsi que les relations qui les unissent. Sous cet aspect, la plupart des grandes théories psychologiques ou sociologiques sont des modèles verbaux.

- Les modèles graphiques constituent une étape utile dans le processus de représentation symbolique d'un modèle verbal. Ils présentent l'avantage de la visualisation, un graphe réduit un phénomène à l'essentiel et donne au lecteur une vision d'ensemble.
- Les modèles mathématiques. En recrutant des spécialistes des méthodes quantitatives, l'entreprise dispose précisément d'outils statistiques et de modèles capables de faciliter considérablement l'élaboration des décisions marketing. Il importe cependant que la collaboration entre les scientifiques et les gestionnaires se fasse à partir d'une reconnaissance mutuelle des besoins et des compétences de chacun. (Kotler & Dubois, 1997).

Moindres carrés

Méthode statistique permettant de modéliser une variable par une courbe mathématique. Le plus souvent, cette courbe est une droite, dite « droite des moindres carrés ». La méthode consiste, par un programme de calcul, à rechercher la courbe mathématique la plus proche des points représentant les points observés. Le calcul minimise les carrés des distances des points à la courbe.

Monadique (Approche)

Méthode d'enquête qui consiste à n'interroger le répondant que sur un produit sans le comparer à d'autres. *Voir* protomonadique.

Morgenztern (Coefficient de)

Voir Coefficient b

Motivation

Besoin intime et constant, orientant un sujet vers l'accomplissement continu ou répétitif d'un genre d'actes susceptibles d'apporter momentanément une baisse de la tension correspondante. Les motivations correspondent aux comportements irrationnels de la conduite (besoins, désirs, intérêts, sentiments, etc.) *Ex.* : volonté de puissance, besoin de possession, besoin de reconnaissance, d'accomplissement de soi... (Mucchielli, 1975)

Motivations (étude de)

Recherche, par analyse, des besoins ou attitudes fondamentaux pouvant s'exprimer par des choix, des comportements, des préférences-exclusions, des prises de positions concrètes de la part des individus sur un thème donné. (Mucchielli, 1975)

Motivations d'achat

Forces conscientes ou inconscientes qui entraînent le consommateur à l'achat. *Exemples* : le besoin de sécurité, le désir de nouveauté, la recherche d'économies. Les motivations font l'objet d'études marketing approfondies, faisant largement appel à la psychologie et utilisant des entretiens en face-à-face ou des réunions de groupes. (Rémi Van Dick, 1990)

Moyenne

Ou average. La moyenne est une variable de statistique descriptive. On distingue :

- La moyenne arithmétique $= \frac{\sum x_j}{n}$ (somme des valeurs mesurée divisée par le nombre de mesures).
- La moyenne géométrique = (racine énième du produit des n valeurs mesurées).
- La moyenne harmonique $= \frac{n}{\sum \frac{1}{x_j}}$

(n divisé par la somme des inverses des mesures).

Moyenne mobile

Mode de calcul d'une moyenne permettant de supprimer l'effet de saisonnalité. La moyenne mobile se calcule sur les valeurs de la variable pendant la durée totale du cycle.

Exemple : avec effet de saison actuel, la moyenne mobile du chiffre d'affaires de février 1990 est la moyenne des chiffres d'affaires mensuels de mi-août 1989 à mi-août 1990. La moyenne mobile sera donc centrée sur mi-février : six mois avant, six mois après. (Rémi Van Dick, 1990)

Multidimensionnal scaling

Voir analyse multidimensionnelle.

Mystery shopping

Le *Mystery shopping* ou client mystère désigne l'utilisation et la mise en place de visites mystères à des fins de mesure de la qualité du service d'une marque.

Netnographie

La netnographie est une méthode d'enquête qualitative qui utilise Internet comme source de données en s'appuyant sur les communautés virtuelles de consommation.

Nielsen Régions et Habitats

Pour ses rapports, la société d'études de marchés Nielsen a divisé la Belgique en 5 « régions » et a défini 24 « Localités Nielsen ». Ces subdivisions font autorité jusqu'à présent.

Non directif

Pratique d'enquête qualitative qui laisse le répondant parler vraiment à son propre rythme, en opposition au questionnaire quantitatif par nature directif.

Non-dit

Ensemble des interactions non verbales d'une relation interpersonnelle. Le non-dit (sous-entendu) est particulièrement abondant dans les négociations et doit faire l'objet d'interprétations. (Rémi Van Dick, 1990)

Notations statistiques

Les notations les plus courantes dans la théorie de la distribution d'échantillonnage et la théorie de l'estimation sont :

	Population	Échantillon
Moyenne*	μ	$\overline{x}$
Écart-type*	σ	s
Variance*	σ^2	s^2
Proportion*	π	p
Taille	N	n

Les * représentent les estimations des différents paramètres sur la population.

Notoriété

Voir Taux de notoriété.

Observation

Méthode directe utilisée pour relever des faits et des données pendant une enquête. L'observation systématique se fait selon un plan expérimental qui permet de ne pas laisser échapper la variété des données prévues et inattendues. Elle doit prévoir la situation de l'observateur afin d'éviter par défaut de perspective (biais) ou une augmentation d'une déformation systématique (préjugé ou déviation due à l'instrument d'observation utilisé). Le plan d'observation doit avoir échantillonné les différents types de situations qui méritent d'être prises en compte. L'observateur doit veiller à ne pas perturber les personnes qu'il doit observer. Il doit être neutralisé ou acclimaté et rendu non troublant. L'observation ne donne des données utiles que si elle enregistre en même temps les conditions du milieu où elle a été effectuée. En étude de marchés, l'observation est utilisée pour relever directement des faits ou des comportements considérés comme des indicateurs utiles, par d'exemple, pour observer le comportement de clients sur les lieux de vente, les discussions et les négociations d'achat, le contenu des paniers, la circulation des flux de clientèle à travers des rayons, la manipulation ou l'essayage de produits, la consommation, la demande d'information, l'utilisation. La qualité des informations obtenues dépend des paramètres choisis et de la méthode de sondage utilisée (types de lieux d'observation, moment choisi, fréquence des relevés). L'observation peut être opérée naturellement (avec les sens de l'observateur) ou à l'aide d'instruments : photographies, séquences filmées, enregistrement automatique, etc.

Observation participante

L'observation participante — en anglais *participatory observation* — consiste à immerger des observateurs dans la vie des communautés. Elle observe avec empathie et identifie les besoins latents des consommateurs afin de créer des produits dont les consommateurs ne savent même pas qu'ils souhaitent ou, des solutions que les clients ont des difficultés à envisager en raison du manque de familiarité avec les possibilités offertes par les nouvelles technologies ou parce que l'idée suggérée est perçue comme trop avant-gardiste.

Omnibus

Étude de marché cofinancée par plusieurs organisations. L'omnibus est aussi une étude composée d'une série de questions « achetées » par des entreprises, qui sont posées à un panel de consommateurs.

Open Data

Processus d'ouverture des données publiques ou privées pour les rendre disponibles à l'ensemble de la population sans restriction juridique, technique ou financière. L'Open dData contribue à l'augmentation des données disponibles à l'analyse.

Opinion

L'opinion est une expression manifeste, en terme d'adhésion ou de refus, vis-à-vis d'une proposition socialement soutenue par un groupe ou une fraction du public, dans le contexte des courants culturels d'une société à un moment donné dans un certain milieu. C'est une prise de position par rapport à un problème controversé qui admet deux ou plusieurs issues. Lorsqu'on pose à une personne une question directe et fermée, dans la plupart des cas on constate que l'on obtient une réponse directe, globale et sans nuance, du type pour ou contre. Les études d'opinion qui ne s'appuient pas sur les études de base (attitudes et motivations) décrivent les phénomènes évanescents et ne peuvent rien expliquer de la réalité psychosociologique profonde.

Opinion Poll

Voir Sondage d'opinion.

OTH Opportunity to hear

Nombre moyen d'opportunité(s) d'entendre un message. Unité de fréquence (moyenne) d'exposition au support, médium. L'OTH est obtenu en divisant le nombre de contacts bruts (généralement exprimés en GRP), par la couverture nette (généralement exprimée en %). (ODE en français).

OTS Opportunity to see

Nombre moyen d'opportunité(s) de *Voir* un message. Unité de fréquence (moyenne) d'exposition au support, médium. L'OTS est obtenu en divisant le nombre de contacts bruts (généralement exprimés en GRP), par la couverture nette (généralement exprimée en %). (ODV en français).

Panel

En psychologie sociale, un panel est un échantillon fixe, caractérisé, connu et répétitif. Cet échantillon est interrogé périodiquement et régulièrement à diverses périodes. C'est un jury permanent de consommateurs ou de distributeurs représentatif pris sur un public dont on veut étudier d'une façon régulière les comportements, les opinions ou les façons d'opérer. L'objectif est de suivre leurs évolutions, le long d'une période plus ou moins étendue de temps, par des enquêtes orales ou écrites répétées. Les modifications enregistrées sont appréciées quantitativement, mises en rapport avec d'autres phénomènes concomitants et, éventuellement, expliquées par les facteurs constituant leur causalité. La structure du panel doit être surveillée afin que l'échantillon reste représentatif, quelle que soit la durée des observations. Afin d'éviter des phénomènes d'apprentissage ou de maturation des répondants, on procède régulièrement à des renouvellements périodiques des constituants de l'échantillon étudié, sans modifier sa structure et sa représentativité. (Opsomer, 1987).

Panélisation

Biais résultant d'une collaboration prolongée à un panel, qui rend les panélistes atypiques car plus conscients de leur propre comportement d'achat.

Panel consommateurs

A pour objet de suivre les comportements d'achats, les intentions et les opinions d'un échantillon permanent de consommateurs. (Chirouze, 1985).

Panel détaillants

Analyse complète, systématique, indépendante et périodique d'un panel de magasins qui consiste en une évaluation systématique de l'environnement, des objectifs, des stratégies et des activités de marketing relatifs à la vente au détail. Il permet, par l'intermédiaire d'échantillons importants de points de vente, d'étudier de manière continue la présence d'un vaste éventail de produits au point de vente, l'importance des stocks et des ventes. Les produits concernent tant la grande consommation que les produits semi-durables tels que les électroménagers, la hi-fi, la radio, la photo, le bricolage, etc. Le panel « sous-secteur alimentaire » a été créé en 1933 par la société Nielsen aux États-Unis. L'index Nielsen est établi aujourd'hui dans plus de 20 pays dont la Belgique et la France.

Panel de professionnels

Analyse les comportements et les opinions d'une profession particulière. C'est le cas pour le panel de médecins DOREMA, le panel des pharmaciens IMS, le panel d'exploitants agricoles, d'architectes, de salons de coiffure, etc. (Chirouze, 1985).

Panel discussion

Réunion de discussion où une partie du groupe, — les experts — occupe la tribune et engage une discussion et où l'autre partie du groupe — les auditeurs/téléspectateurs présents sur le lieu de la réunion — pose des questions via un animateur.

Parent normatif/nourricier

Terme d'analyse transactionnelle désignant l'un des trois états du « Moi », caractérisé par la volonté d'agir sur l'autre, soit pour le rendre conforme aux valeurs de l'organisation, de la famille, de son propre code personnel (parent normatif ou gendarme), soit pour le conforter, le soutenir (parent nourricier). (Rémi Van Dick, 1990)

Parrainage

Méthode de promotion des ventes consistant à offrir des avantages aux personnes clientes qui indiquent le nom d'autres personnes susceptibles d'être clientes à leur tour. Ces « apporteurs d'affaires » parrainent ainsi de futurs clients ou adhérents, et sont récompensés par le vendeur ou le club si l'affaire se conclut. *Voir* offre-ami. (Rémi Van Dick, 1990), *Voir* sponsoring.

Part de marché

Pourcentage des ventes annuelles d'un marché réalisé par une entreprise. La part de marché constitue un critère essentiel d'évaluation de la puissance d'une entreprise. On l'associe à un autre critère : la croissance du marché global. *Exemple* : les entreprises étrangères possèdent une part de marché de x % en France, pour le créneau haut de gamme des voitures, lui-même en expansion globale de y % par an. (Rémi Van Dick, 1990)

Pénétration

Pourcentage de clients ou de ventes qui ont essayé ou acheté un produit dans un marché ; on parle aussi de pénétration par rapport au marché potentiel (c'est-à-dire l'ensemble des clients qui se déclarent intéressés ou susceptibles d'acheter dans un délai assez long).
Pour les publicistes, la pénétration représente le pourcentage de la cible touché par un support. Si la pénétration est trop faible, le support n'est pas retenu pour la campagne ou bien plusieurs supports seront nécessaires.

Perception

Processus par lequel un individu choisit, organise et interprète des éléments d'information externe pour construire une image cohérente du monde qui l'entoure. (Van Vracem, Stas, 1991).

Personnalité

Configuration des caractéristiques uniques et permanentes d'un individu qui recouvre les habitudes, les sentiments, les opinions et les croyances. (Van Vracem, Stas, 1991).
Le type de personnalité traduit l'interdépendance des attitudes. Un individu manifestant une attitude nationaliste sera également partisan de l'ordre social, de l'autorité dans la famille, etc. On pourra dire qu'il possède une personnalité de type conservateur.

Plan marketing

Plan relatif à un projet commercial avec étude de marchés, définition des gammes de produit, fixation des objectifs de vente, planification, budgets annuels et résultats prévisionnels. S'y ajoutera, en annexe, le plan de financement. (Rémi Van Dick, 1990)

PLV

Publicité sur lieu de vente. *Voir* Promotion sur lieu de vente.

PNL

Voir Programmation neurolinguistique.

Population

Voir Univers

Position de vie

Terme d'analyse transactionnelle désignant l'opinion que peut avoir un enfant de lui-même et de son environnement. Il existe 4 opinions possibles : je suis bien, l'environnement est bien(+, +) ; je suis malheureux, l'environnement est bien (-, +) ; je suis bien, l'environnement est méchant (+, -) ; je suis malheureux, l'environnement est méchant (-, -). L'adulte cherchera parfois à retrouver la position de vie dominante de son enfance. (Rémi Van Dick, 1990)

Positionnement

Comparaison d'un produit par rapport à ses concurrents du point de vue de la clientèle et par rapport aux divers critères de marché : le prix, le canal de distribution, la publicité, etc.

Post-test

Test mesurant l'impact d'une publicité, tel que la mémorisation de la marque, du produit. Le post-test peut avoir lieu dès le lendemain de la campagne.

Potentiel

Niveau de vente escompté à partir du marketing-mix envisagé.

Pourcentage

Définition des proportions représentées par les parties d'un tout fixé à cent. Traitement simple des données pour rendre comparable des proportions utiles. *Synonyme* : fréquence relative.

PRA

Principal Responsable des Achats. Il s'agit des personnes ayant déclaré s'occuper, au moins 6 fois sur 10, des achats pour le ménage dans les secteurs alimentation, boissons et/ou produits d'entretien. (Média Team, 1991)

Prescripteur

Personne qui provoque ou oriente la décision d'achat sans être elle-même l'acheteur décisionnaire. Ainsi, un architecte est un prescripteur dans le cas de l'achat d'un bien immobilier, par exemple.

Prévision

La prévision est une fonction qui appréhende le futur. Elle s'appuie sur des données plus ou moins complètes et plus ou moins fiables du marché et de son évolution. Elles peuvent être établies en tenant compte de l'analyse des ventes, de l'analyse des facteurs internes de l'entreprise, de l'examen des évolutions du secteur industriel considéré, des études de marchés, de l'analyse par segment de marché travaillé, de l'analyse par ligne de produit, etc. Les prévisions les plus fiables reposent sur des modèles mathématiques complexes.

Pré-test

Étude préliminaire quantitative réalisée auprès d'un échantillon, en préparation d'un test à grande échelle. Cette étude peut avoir lieu par entretien face à face, par téléphone, par courrier, par Minitel. On parle de « test enregistré » lorsque ces entretiens sont filmés ou enregistrés pour être ensuite étudiés, en vue de corriger les messages. (Rémi Van Dick, 1990)

Pricing

Politique de fixation des prix. Elle dépendra des prix pratiqués par la concurrence, des habitudes de remise dans la profession, des prix de revient, de la stratégie de pénétration ou d'écrémage. (Rémi Van Dick, 1990)

Primaire

Une donnée primaire est celle collectée spécifiquement en fonction de l'objectif de l'étude réalisée.

Principal responsable d'achat

Voir PRA.

Programmation neurolinguistique

Méthode scientifique nouvelle utilisant les communications interpersonnelles sous leur forme de représentations visuelles, auditives, kinesthésiques, olfactives ou gustatives. L'amélioration des communications dépendra de la capacité de chacun à adopter les représentations de son interlocuteur.

Projection

Phénomène psychologique où le sujet attribue à autrui des sentiments qui sont les siens; la projection est largement utilisée dans des enquêtes par tests : des personnes interrogées doivent imaginer des situations qui ne les impliquent pas personnellement en apparence, et se sentent plus libres d'exprimer leurs sentiments profonds. Exemple : « Comment James Dean choisirait-t-il aujourd'hui sa voiture ? ». Les méthodes projectives permettent de mettre à jour des motivations parfois difficiles à avouer, relatives à des concepts, des produits, des personnes.

Promotion

Mode de vente des produits par « événements » (tels que primes et réductions de prix) créés régulièrement et présentant l'offre comme particulièrement alléchante du point de vue rapport qualité/prix. La promotion pousse les ventes en volume, au risque de diminuer l'image de marque.

Promotion sur le lieu de vente ou parfois, publicité sur lieu de vente

Ensemble des techniques exercées sur le lieu de vente qui visent à augmenter soit le chiffre d'affaires, soit la marge, soit le nombre de clients, ou pour réaliser une opération d'image de marque, ou encore pour créer une forme de communication. L'abréviation courante est PLV. La Promotion sur le lieu de vente comprend les méthodes de présentation des produits, les ventes avec primes, les réductions de prix, les offres d'essai d'échantillons, les cadeaux, les jeux, etc., ainsi que l'animation générale du magasin. La PLV met à contribution à la fois les producteurs et les distributeurs, et jusqu'à 25 % dans le budget publicitaire (cas des produits de beauté). La PLV utilise un ensemble de produits spécifiquement conçus à chaque opération particulière, tels que les présentoirs pour exposer les produits, les affiches, les adhésifs, banderoles, luminaires et autres matériels variés. (Rémi Van Dick, 1990)

Prospect

Consommateur n'ayant pas encore acheté ou ayant acheté à une entreprise concurrente. L'ensemble des prospects et des clients constitue la « cible » de l'entreprise. (Rémi Van Dick, 1990)

Prouvé

Voir Taux de notoriété et mémorisation.

Protomonadique (approche)

Méthode d'enquête où l'interviewé évalue d'abord le produit en monadique puis teste un deuxième produit, en le comparant au premier produit. *Voir aussi* monadique.

Psychanalyse

Au départ, méthode de traitement des névroses créée par Sigmund FREUD consistant à atteindre, par analyse des productions psychiques, les « pulsions inconscientes », causes supposées du trouble. Par la suite, la psychanalyse a développé une théorie générale du psychisme et de la construction de la personnalité, fondée sur la dynamique de l'inconscient, sur le primat de l'enfance, sur les mécanismes de défense du moi et sur le déterminisme des phénomènes psychologiques conscients par l'inconscient. (Mucchielli, 1975)

Psychodrame

Jeu de rôle dont l'objectif est une modification du comportement par une prise de conscience. Les acheteurs sont placés devant un public, et jouent des scènes à caractère personnel et émotionnel (exemple : tel subordonné jouera le rôle de son patron). (Rémi Van Dick, 1990)

Psychogalvanomètre

Appareil de mesure de l'intérêt suscité par une annonce en enregistrant les différences de sudation dans la paume de la main.

Psychologie sociale

Étude des conditions psychologiques de développement des groupes, et des comportements sociaux des individus. (Mucchielli, 1975)

Psychosociologie

Étude des conditions psychologiques de développement des groupes restreints. (Mucchielli, 1975)

Publicité

État de ce qui est rendu public. La publicité en faveur de la vente des produits, ou de l'image de marque des entreprises commerciales, passe par 5 médias principaux : la presse, le cinéma, la TV, la radio et l'affichage. Les autres médias sont rattachés à la « publicité directe » ou « marketing direct » (mailing, télex, catalogue, ISA, télématique). (Rémi Van Dick, 1990)

Recherche empathique

La recherche empathique — en anglais *Emphatic Research* — se présente souvent sous la forme de l'observation participante et de l'immersion au sein des communautés avec l'objectif de comprendre les besoins latents des clients.

Twetnographie

La méthode se caractérise par la nécessité de repérer les mots clés sur lesquels baser la recherche.

Qualité totale

Ensemble des méthodes visant à rendre maximale la satisfaction du client, en ce qui concerne la qualité tant du produit, que des services, des prix, des délais, de l'information, du SAV.

Question à choix multiples

Question définissant un domaine sur lequel on propose à l'enquêté l'éventail des réponses qui ont été définies par construction comme les plus significatives. En principe, le rédacteur du questionnaire a procédé préalablement à une recherche qualitative pour couvrir tout le champ utile et identifié toutes les positions que pouvaient adopter les sujets de l'enquête. Les questions à choix multiples peuvent proposer plusieurs degrés d'intensité (de « tout à fait vrai » à « absolument faux »), une variété non ordonnée de réactions, une liste apparemment inordonnée d'attitudes mais que le chercheur redresse aux dépouillements pour fixer la position du répondant sur une échelle d'attitude. ***Synonyme*** : multichoice question.

Question de classement

L'enquêteur pose une question en face de laquelle figure une liste de positions, d'attitudes, d'opinions, de jugements ou de comportements. Le répondant est invité soit à ordonner les éléments de cette liste selon un critère proposé (du meilleur au plus mauvais, du plus fréquent au plus rare, du plus intéressant au moins intéressant, etc.), soit à dégager les deux ou trois propositions considérées comme « les meilleures » et les deux ou trois propositions considérées comme « les moins bonnes ». Une grille de correction permet d'interpréter les réponses pour juger la position de chaque sujet enquêté et pour évaluer la répartition des réponses à la question. *Synonyme* : classification question.

Question dichotomique

Question fermée à deux modalités. La question est posée de telle façon que la réponse ne puisse être qu'à deux issues : oui ou non, par exemple. *Synonyme* : dichotomous question

Question fermée

Question dont les réponses sont prévues et codifiées avant l'administration du questionnaire. En général, la personne qui administre le questionnaire doit simplement cocher la ou les case(s) correspondante(s) à son avis. (Mucchielli, 1975).
Exemples : à quel prix...;indiquez si vous êtes d'accord, ou plutôt d'accord, ou pas d'accord, etc.;indiquez votre année de naissance. Ces questions sont l'outil des études quantitatives. Avec le lancement de l'enquête, elles devront toujours faire l'objet de contrôles préalables par des entretiens face-à-face, qui permettront de vérifier qu'elles sont bien compréhensibles, univoques.

Question filtre

Question permettant de déterminer si l'interlocuteur appartient ou non à la cible. Elle permet d'éliminer une partie des répondants ou une catégorie de réponses. Elle introduit aussi les questions suivantes ou servent de questions de contrôle pour vérifier par recoupement le contenu d'une réponse à une question se situant à un autre endroit du questionnaire. Elle permet donc d'évaluer la validité des réponses données.

Question ouverte

Question à réponse libre. (Mucchielli, 1975). Question dont on n'oriente pas la réponse. Les questions ouvertes amènent à découvrir l'ensemble des sensibilités, et permettent de « défricher » les problèmes. Elles débouchent sur les réponses longues, à contenus riches, mais sont difficiles à codifier et interdisent les résultats statistiques quantitatifs. Elles sont utilisées pour des études qualitatives, et permettent de poser les « bonnes questions » dans les études quantitatives élaborées par la suite. *Exemples* : « À quoi vous fait penser... ? ». « Que feriez vous si... ? » (Rémi Van Dick, 1990)

Question relayée

Question posée par un membre d'une réunion et que l'animateur pose, à son tour, aux autres participants. (Rémi Van Dick, 1990)

Question retournée

Question posée par un membre d'une réunion et que l'animateur pose en retour à ce participant, sous une autre forme ou à l'identique. La question retournée permet de remettre à jour les intentions réelles du participant. (Rémi Van Dick, 1990)

Questionnaire à choix multiple

Questionnaire fermé, présentant pour chaque question un choix de réponses sous forme de cases à cocher. Le « QCM » (abréviation courante) est de plus en plus utilisé par les sondages, car il est rapide à rédiger et à dépouiller.

Questionnaire

Suite de questions, programmées selon un ordre et une logique prédéfinis pour lesquels un enquêteur sollicite l'avis, le jugement ou l'évaluation d'un interviewé. (Mucchielli, 1975)

Quota

En statistique, pourcentage imposé. Les quotas s'appliquent en études quantitatives, où des proportions sont connues dans la population-mère, et doivent être reproduites dans l'échantillon. La plupart du temps on parlera d'échantillonnage par quotas. Quoique cette méthode soit la plus répandue, il n'en demeure pas moins vrai que tout échantillon par quotas ne peut faire l'objet d'aucun test statistique.

Random route

Méthode d'administration de questionnaire par hasard reconstitué où des consignes sont données aux enquêteurs pour éviter toute intervention personnelle dans la détermination des personnes à interroger.

Recherche documentaire

Desk-research. C'est une analyse du marché sans utilisation des enquêtes par sondage. La recherche documentaire est souvent l'étude préliminaire réalisée avant toute enquête par sondage.

Recherche empathique

La recherche empathique — en anglais *Emphatic Research* —, se présente souvent sous la forme de l'observation participante et de l'immersion au sein des communautés avec l'objectif de comprendre les besoins latents des clients.

Recherche marketing

Recherche systématique et objective ainsi que l'analyse de l'information nécessaire à l'identification et la résolution de tous les problèmes qui se posent dans le domaine du marketing. (Tull, 1988)
Il s'agit des diverses activités organisées de collecte et d'analyse des informations relatives aux marchés, et plus généralement aux publics dont dépend l'entreprise, pour servir de base aux décisions marketing et pour en minimiser les risques, selon des procédures formalisées, fondées sur le principe de la méthode scientifique afin d'assurer l'objectivité des informations, leur précision, leur pertinence et leur crédibilité. (Delbes, 1983)
La recherche marketing comprend le diagnostic des besoins d'informations et la sélection des variables pertinentes à propos desquelles des informations valides et fiables doivent être collectées, enregistrées et analysées. (Zaltman, 1975)

Régression multiple

Méthode statistique empirique, qui consiste à tenter d'expliquer une variable par d'autres variables. Le résultat est un calcul fonction de l'ensemble des mesures réalisées simultanément, de toutes ces variables. *Exemple* : on veut expliquer le volume V des ventes par la longueur L du linéaire et le nombre N de visiteurs. Le calcul indique : V = aL + bN2 + c (a, b et c étant des constantes). La méthode précise, grâce à un test de FISCHER (F) ou de STUDENT(T), le degré de confiance qui doit être accordé au résultat du calcul.

Relations publiques

Ensemble des actions de communication auprès du public, via notamment la presse, les médias audiovisuels, le parrainage, les conférences, les manifestations, les journées « portes ouvertes », l'accueil des jeunes, en vue de créer une image cohérente avec les objectifs de l'entreprise. Le but des relations publiques est l'aménagement d'une opinion favorable autour de l'entreprise.

Research Request

Document utilisé en recherche marketing. La research request sert à définir la nature des problèmes rencontrés, les hypothèses de recherche, les cibles de recherche...

Response rate

Voir Taux de réponse.

Scanning

Le scanning représente l'utilisation d'un scanner qui, inséré entre le tapis de caisse du supermarché, permet de lire et d'enregistrer les codes à barres figurant sur les emballages des produits. Il fournit un relevé très complet des achats effectués. Cet outil présente l'avantage de donner des informations avec une meilleure périodicité, un meilleur degré de précision et une plus grande rapidité que ne le font les données de panel en ce qui concerne le point de vente étudié. (Van Vracem, Stas, 1991).

Secondaire (donnée)

Information déjà collectée lors d'autres études et disponibles. *Synonyme* : Secondary data.

Secondary data

Voir Secondaire (donnée) ou informations secondaires.

Segmentation de marché

Division de la population des acheteurs d'un marché en groupes homogènes. L'objectif de la segmentation est de pouvoir dessiner une gamme de produits ou de services correspondant aux profils respectifs de chaque partie du marché. En général, les segmentations sont réalisées selon des critères techniques, géographiques, suivant les catégories socioprofessionnelles, les âges, les revenus ou selon une combinaison de critères. Des programmes statistiques d'analyse multicritère permettent de réaliser des segmentations, et d'indiquer le poids respectif de chaque segment.

Segments de marché

Construction arbitraire et à priori de groupes qui répartissent le marché en subdivisions. Par exemple, les jeunes, les vieux, le Nord, le Sud du pays, les light ou heavy users. A opposer à typologie qui est une construction à posteriori de groupes.

Sélectivité

Valeur exprimée en indice de base 100, qui permet de traduire la plus ou moins grande adéquation d'un support/médium à une cible donnée. La sélectivité est le rapport de base 100 de la division de la couverture sur cible par la couverture sur l'univers total 15+.

Sémantique

Étude du langage, verbal ou écrit, du point de vue de son sens et de sa relation avec l'émetteur et le récepteur de ce discours. La sémantique fait l'objet de recherches effectuées par les publicitaires. Des premières statistiques et analyses apparaissent, portant sur les mots utilisés par les commerciaux, les hommes politiques, les consommateurs réunis en séance de réflexion. (Rémi Van Dick, 1990)

Sémantique différentiel

Échelle d'attitude conçue à l'origine par OSGOOD pour des recherches sémantiques. Cette échelle met en œuvre des couples de mots ou d'adjectifs (par exemple, moderne — désuet), pas toujours antinomiques et des échelles à sept points d'intensité décroissante à partir de chaque extrémité. *Voir aussi* différentiel sémantique.

Semi-directif

Entretien qualitatif dirigé par un interviewer mais au cours duquel la discussion devient libre, pour certains thèmes déterminés.

Sémiologie

Science des signes et des symboles vus comme composant un système de communication. La sémiologie est très utilisée en publicité et en packaging, afin d'étudier quels aspects non dits, cachés ou symboliques peuvent revêtir des messages publicitaires, des images, des emballages, des couleurs, des formes. L'interrogation libre des consommateurs constitue la base du recueil d'informations indispensables à la sémiologie. (Rémi Van Dick, 1990)

Seuil

Synonyme : Treshold (anglais)

Seuil de rentabilité

Montant du chiffre d'affaires ou volume des ventes ou cumul des marges dégagées, à partir desquels on considère qu'une opération (sur laquelle il a fallu consentir des investissements et engager des dépenses) couvre l'ensemble de ce qu'elle a coûté et commence à rapporter.

Seuil de sensibilité

Quantité d'excitation nécessaire pour qu'un stimulus produise une sensation (seuil absolu) ou une différence perçue (seuil différentiel).

Seuil de significativité

Calcul statistique portant sur des résultats d'enquête sur échantillon et permettant d'affirmer qu'ils sont valables pour la totalité de la population avec un tel niveau de confiance. Si on accepte un seuil de $P = .10$, on accepte une erreur 10 fois supérieure à un calcul de significativité vrai au seuil $P = .01$.

Signalétique

Liste de questions portant sur les caractéristiques socio-démographiques du répondant d'une enquête. Ces questions, généralement situées en fin de questionnaire quantitatif permettent de comparer les résultats obtenus lors de l'étude avec des informations en provenance d'autres sources (INS, INSEE). Elles servent aussi à réaliser le redressement de l'échantillon.

SIM

Le SIM (système d'information marketing) est défini comme étant un ensemble structuré de personnes, machines et de procédures qui interagissent et conçu pour engendrer un flux méthodique d'information utile, recueillies tant à l'intérieur qu'à l'extérieur de l'entreprise, pour servir de base à la prise de décisions dans certains secteurs de responsabilités du marketing. (Lendrevie, 1983;Pettigrew & Turgeon, 1985). *Voir aussi* Marketing Information System.

Simulation

Remplace une expérience réelle (marché test, par exemple) par une expérience en laboratoire ou sur un échantillon limité de répondants. Elle permet de tester un grand nombre d'actions différentes en limitant les coûts et le recours à des échantillons successifs. Elle sert à prévoir les conséquences d'une stratégie déterminée.

Situ (in)

Observation du consommateur en situation d'utilisation ou d'achat du produit ou du service étudié.

Slogan

Mot écossais, du gaélique « cri » (gairn). Formule frappante et concise qui veut définir de façon engagée et pertinente une action ou une idée. Très utilisé en publicité. (Bellenger, 1984)

Société d'étude de marchés

Société spécialisée dans la recherche et la collecte d'information afin d'aider une entreprise ou un annonceur à réaliser une étude de marchés. Ces sociétés sont spécialisées dans le rassemblement, la collecte, l'enregistrement et l'analyse des données utiles à la prise de décision en marketing.

Sociostyle

Catégorie homogène de consommateurs mise en évidence par combinaison de critères d'analyse faisant appel à des notions de mode de vie, de psychologie, de partage de valeurs, d'implantation géographique. Les outils statistiques et l'ordinateur permettent de segmenter la population de consommateurs en sociostyles qui sont baptisés de noms comme « innovateur », « moralisateur », « décalé », « activiste », « profiteur », etc. Le Centre de Communication Avancée (CCA) a été le pionnier du concept de sociostyle, avec des enquêtes très importantes menées auprès des consommateurs. *Voir* Style de vie.

Sondage

En psychologie sociale, un sondage d'opinions est une recherche effectuée sur un échantillon représentatif d'une population pour laquelle l'enquête vise à connaître l'avis sur un sujet déterminé. (Mucchielli, 1975)
Enquête quantitative auprès d'un échantillon de la population étudiée. Le sondage comprend le choix de l'échantillon, l'établissement du questionnaire, la collecte d'information, le dépouillement, l'analyse statistique des réponses. Il peut se pratiquer par entretiens face-à-face, par téléphone ou encore par Minitel. Le sondage peut être réalisé auprès d'un échantillon non prévenu ou au contraire auprès d'un échantillon permanent et « récompensé » de sa contribution. Il s'agit, dans ce dernier cas, d'un panel. (Rémi Van Dick, 1990)

Sondage d'opinion

Opération d'étude des opinions sur un thème ou sur un problème donné. Le chargé d'études va chercher à savoir comment se répartissent les opinions et dans quelles proportions sur l'ensemble de la population. Les sondages d'opinion utilisent surtout les questionnaires structurés à questions principalement fermées ou à choix multiple. De ce fait, la forme utilisée enferme les répondants dans la problématique étudiée. Une étude d'opinion ne donne qu'une photographie instantanée de l'opinion publique. Elle n'est en rien prédictive d'une conduite ultérieure. Pour s'approcher de son estimation, il faut multiplier à intervalles réguliers les sondages afin de dégager des courbes de tendance.
Synonyme : Opinion Poll.

Souscription collective (étude en)

Cette étude peut être achetée par plusieurs clients simultanément. Plusieurs possibilités existent :

- Tous les résultats sont achetés par tous les souscripteurs ;
- Le souscripteur n'a accès qu'à la partie des résultats qu'il a souscrite. On parle dans ce cas d'une enquête « omnibus » ;
- Le souscripteur achète un tronc commun de résultats et des résultats spécifiques (cas des « baromètres d'image »).

Spécifique

Pourcentage d'individus exposés au message testé capables d'en citer au moins un élément spécifique.

Split run test

Voir Tirage équifractionné.

Spot

Message publicitaire (TV, cinéma, Radio).
Voir aussi écran.

Stratagème

Terme d'analyse transactionnelle désignant un mini-drame psychologique répétitif entre deux personnes : des transactions interviennent et aboutissent, pour l'une des deux personnes au moins, à l'éclosion de sentiments négatifs et à une frustration, appelée le « timbre ». L'exemple typique est celui de la persécution : au départ, le « persécuteur » prend en défaut son interlocuteur;le stratagème se termine, chez ce dernier, par une culpabilisation et la certitude qu'il ne peut progresser.

Strate

Dans les cas où l'échantillon n'est pas directement accessible — à cause du nombre et des caractéristiques spécifiques de l'univers —, la population est découpée en « sous-ensembles » appelés strates. Chaque strate est un « sous-ensemble homogène » (individus ayant des caractéristiques communes). (Mucchielli, 1975)

Stratification

Procédé qui consiste à découper la population ou l'univers d'un sondage en sous-ensembles appelés

« strates » et à réaliser un échantillon indépendant dans chaque strate. Ce procédé améliore considérablement la qualité de l'échantillon.

Stress

Au sens général, pression forte et subite s'exerçant sur un organisme, un sujet ou un groupe et provoquant des réactions automatiques (alarme, défense, fuite, choc). Au sens statistique, un coefficient de stress mesure la qualité de l'adéquation du modèle utilisé. (Rémi Van Dick, 1990)

Stroke

Terme d'analyse transactionnelle désignant un échange où une personne, qui donne le « stroke », reconnaît l'autre en bien ou en mal. Un simple sourire, un compliment, une agression verbale sont autant de « strokes », dans la mesure où une personne est jugée par une autre et en sera affectée. L'analyse des « strokes » permet de saisir les relations interpersonnelles. (Rémi Van Dick, 1990)

Styles de vie

Étude des courants ou sensibilités socioculturelles qui se diffusent dans une population. Ces études, très lourdes sont originaires d'Amérique du Nord (USA & Canada) et postulent que la simple analyse des données socio-démographiques n'est plus efficace (âge, sexe, classes sociales, habitat...). Ces études analysent l'évolution des mentalités d'une population donnée et génèrent une typologie socioculturelle. Intégrée à un volet média, elles permettent de sélectionner les média les plus adaptés à une cible donnée. Les reproches généralement associés à ces études portent à la fois sur leur validité scientifique (méthodologie utilisée) et sur l'inefficacité à décrire opérationnellement un marché. En effet, les courants socioculturels sont moins prédictifs que les variables socio-démographiques classiques. (*Voir* Sociostyle).

Support

Moyen de faire de la publicité. On distingue les grands médias (affiche, radio, cinéma, télévision, presse) et les hors médias (publicité par l'objet, marketing direct, sponsoring, mécénat, etc.) (Rémi Van Dick, 1990)

Synchronisation

Terme de PNL désignant la transformation du mode de communication d'un interlocuteur, qui adopte celui de son partenaire. La forme prise sera kinesthésique, auditive, visuelle ou olfactive, selon sa dominante.

Synectique

Méthodologie qualitative d'animation de groupe et de production d'idées développée par William J.J. GORDON. Cette méthode a été créée par GORDON en réaction aux techniques de brainstorming qui conduisaient à concevoir des réponses très rapidement sans envisager un nombre suffisant de perspectives. GORDON considère qu'au lieu de définir un problème de façon précise, il convient de le présenter de manière plus large pour que les participants ne découvrent pas la nature réelle du problème posé. Cinq règles régissent la méthode :

- Rechercher les opinions plutôt que les solutions ;
- Laisser le problème prendre son essor ;
- Utiliser le réel, le concret, le familier comme tremplin vers le projectif, le fantastique ;
- Examiner les détails du problème alternativement en priorité et ensuite envisager ces détails comme éléments d'un ensemble ;
- Favoriser le recours aux métaphores de façon à ce que les analogies établies permettent de découvrir de nouvelles idées.

Système d'information Marketing

Voir MIS

Tachytoscope

Variateur de déroulement d'un film. Permet, en faisant passer les messages publicitaires très rapidement, d'évaluer le contenu essentiel qui en est mémorisé. (Rémi Van Dick, 1990)

Taux de notoriété

Calcul effectué sur un échantillon représentatif pour lequel on veut déterminer le degré de connaissance possédé par des répondants à propos d'une marque ou d'un produit. Le taux de notoriété spontanée est le pourcentage de répondants qui citent la marque spontanément. Le taux **de notoriété assistée** ou aidée est le pourcentage de répondants qui reconnaissent la marque sur une liste de marques. La notoriété prouvée est le pourcentage de répondants qui peuvent prouver qu'ils utilisent la marque ou le produit ou pour les individus soumis à un message publicitaire, le nombre de répondants capables d'en citer au moins un élément spécifique. Le « top of mind » est le pourcentage de répondants qui ont cité spontanément la marque en tout premier lieu.

Synonyme : level of awareness. *Voir aussi* mémorisation.

Taux de réponse

Fréquences relatives (pourcentages) du nombre de personnes qui ont répondu à un questionnaire, à une enquête ou à une action marketing (publipostage, coupon réponse, etc.). La courbe d'évolution du taux de réponse permet, par comptages hebdomadaires du média ou du support de communication, d'évaluer la qualité de l'action. La décomposition en segments de marché permet de mesurer leur réceptivité et leur degré d'intérêt à l'enquête ou aux offres. ***Synonyme*** : response rate.

Test

Procédé qui cherche à mesurer spécifiquement les réactions d'un sujet par sa manière d'accomplir une tâche précise. Le test peut se réaliser in-vitro (en laboratoire) ou in-vivo (sur le terrain).

Test aveugle

Test de comparaison entre deux ou plusieurs produits anonymement présentés. *Synonyme* : blind test.

Test car

Véhicule spécialement aménagé qui permet d'interroger le consommateur. Un équipement permet de garder des produits au frais, de faire des préparations chaudes ou de présenter un matériel encombrant (produit, emballage, lay-out, etc.). La méthode présente l'avantage d'être souple et de pouvoir interroger des personnes dans un environnement qui leur est naturel (stationnement de supermarchés, sorties d'école, manifestations sportives, etc.). En général, il est possible d'interroger 50 personnes par jour tant pour des tests de concepts, de dégustation de produits, d'emballages, de parfums, des tests publicitaires et autres.

Test de concept

Le test de concept a pour principe de faire réagir le consommateur face à un certain nombre de points :

- Choix entre différents concepts possibles ;
- Clarté et compréhension du concept produit ;
- Avantages du nouveau produit par rapport aux concurrents actuels ;
- Intentions d'achat ;
- Améliorations suggérées.

Il constitue généralement le premier stade du processus de développement du produit. (Benoum, 1987).

Test de marché

Technique probatoire qui consiste à introduire un nouveau produit dans une zone restreinte, dans le but d'estimer la part de marché qu'il peut atteindre et d'évaluer les différentes stratégies pour une commercialisation éventuelle. Pour que les résultats d'un test de marché puissent être extrapolés, le chercheur veillera à ce que l'action commerciale, publicitaire ou promotionnelle pratiquée dans la zone test soit identique à celle qui sera exercée lors du lancement et que la durée du test de marché soit suffisante afin de disposer d'un nombre conséquent d'observations et d'actes d'achat. Le test de marché a pour objet de comprendre comment les consommateurs et les distributeurs réagissent au nouveau produit et d'en mesurer le marché potentiel. En testant le produit auprès des consommateurs, l'entreprise cherche à estimer le taux d'essai et de réachat ainsi que la fréquence de consommation. En le testant auprès des distributeurs, l'entreprise espère déterminer les canaux de distribution les plus performants. (Evrard & Le Maire).

Test d'hypothèse

Test statistique permettant de valider ou d'infirmer une hypothèse de recherche. Les tests d'hypothèse permettent d'établir dans quelle mesure les résultats d'une recherche sont statistiquement significatifs.

Test équifractionné

Technique destinée à mesurer les réponses relatives à deux annonces différentes en insérant chacune d'elles dans la moitié des exemplaires d'un magazine également distribué. *Synonyme* : split run test.

Test du Khi-deux

En statistique, test permettant de vérifier l'hypothèse qu'une variable suit une loi de probabilité particulière (loi normale, loi de Poisson, etc.). Le test consiste à mesurer la distance entre les effectifs mesurés et les effectifs théoriques :

$$d = \frac{(\text{effectifs - effectifs théoriques})^2}{\text{effectifs théoriques}}$$

La lecture de tables permet de vérifier l'hypothèse de départ.

Test permettant de vérifier dans un tableau croisé si les différences entre lignes et colonnes sont significatives.

Test du lendemain

Test de mémorisation d'un message publicitaire, réalisé le lendemain du passage du message. *Synonyme* : Day after recall. Les autres significations sont extérieures au marketing.

Test de produit

L'objet de ce test est de mesurer l'acceptation du produit et les réactions qu'il suscite après utilisation. Le test technique va analyser les caractéristiques intrinsèques du produit et les comparer à celles des produits concurrents dans le but de vérifier si le produit est techniquement au point. Le test d'acceptabilité va recueillir la première réaction des consommateurs au produit physique ou éventuellement à plusieurs versions proposées d'un produit, c'est-à-dire déterminer la perception qu'ils ont des caractéristiques physiques ou psychologiques après essais.
Concrètement, le produit est présenté à un échantillon de consommateurs. Ceux-ci le testent, l'essayent. Le test de produit vise à connaître les réactions des usagers. Il doit être réalisé de façon proche de la réalité, mais en occultant les marques, qui influencent les acheteurs. Ce test permet de mesurer ou d'évaluer l'attractivité, l'ergonomie, l'usage, la qualité, le packaging du produit, ainsi que les réactions au prix. Il fait l'objet d'un échantillonnage, d'un questionnaire, d'un dépouillement avec calcul des intervalles de confiance pour chaque résultat.

Test projectif

Test psychologique destiné à étudier la personnalité profonde des sujets humains à travers les interprétations significatives provoquées par un matériel spécial. (Mucchielli, 1975). On demande aux consommateurs de s'imaginer être dans la peau d'un autre personnage et on leur demande quelles seraient alors leurs réactions.
Exemple : « Si vous étiez la personne représentée sur cette photo, quel type de… achèteriez vous ? »

Test du questionnaire

Le test du questionnaire est nécessaire lors d'une étude de marchés car il est rare que la formulation des questions soit parfaite dès le début. C'est à l'usage que le rédacteur se rend compte de la façon dont la question est perçue. Le test ne concerne pas seulement la forme du questionnaire. Il s'intéresse aussi aux modalités de déroulement de l'enquête : période, jours, heures les plus favorables pour contacter les répondants potentiels. Le nombre de questionnaires à tester peut varier en fonction de l'objectif poursuivi.

- Si le contenu seul est testé, 20 à 30 questionnaires suffisent ;
- Si le chargé d'études souhaite disposer d'une prévision de réponses, pour pré-coder une question, un minimum de 100 entretiens est nécessaire.

Voir aussi enquête pilote.

Tirage

Nombre d'exemplaires imprimés. Le tirage doit être distingué de la diffusion (nombre d'exemplaires vendus), et de l'audience (nombre de personnes ayant vu ou lu le titre). La diffusion est inférieure au tirage. L'audience est supérieure à la diffusion. (Rémi Van Dick, 1990)
Méthode statistique destinée à assurer la construction d'un échantillon représentatif de l'univers à étudier, selon les objectifs de l'étude. La population de l'échantillon doit comporter toutes les caractéristiques utiles que l'on veut étudier sur l'ensemble de l'univers. De très nombreux critères peuvent être choisis pour définir la structure de l'échantillon.
Diverses techniques sont employées pour procéder aux prélèvements des individus qui doivent entrer dans l'échantillon prévu :

- Aléatoire : Tirage au sort sur la liste complète des éléments de l'univers correspondant à la population ;
- Semi-hasard : Selon des règles impératives fixées à l'avance (par exemple, un itinéraire dans une ville) ;
- Par quota : Une certaine quantité de gens trouvés au hasard dans des catégoriques fixées ;
- Par stratification : l'univers et découpé en classe (par exemple, selon des critères sociaux démographiques), chacune est l'objet d'un échantillonnage propre ;
- Par zone, aréolaire : selon un découpage géographique avec affectation d'effectifs pour chaque zone ;
- Par structuration représentative : Chaque catégorie est définie précisément, des effectifs sont attribués et une méthode probabiliste permet de sélectionner les individus représentatifs.

Voir aussi échantillon, échantillonnage.

Top of mind

Part des consommateurs interrogés qui citent spontanément la marque de l'entreprise en première place.

Ceci est différent de la notoriété spontanée, où la marque n'est citée que parmi d'autres. *Voir aussi* taux de notoriété et mémorisation.

Total quality management

C'est une approche systématique visant à déterminer les standards de performance exigés par les clients d'un produit ou d'un service. Les processus concernés par la fabrication et la livraison de ce produit ou service sont continuellement améliorés jusqu'à atteindre le niveau de « zéro défaut ».

Trade-off

Méthode de classement, par ordre d'importance décroissante, des caractéristiques d'un produit, établi par une série de questions posées aux consommateurs. Ce classement sera variable suivant les groupes de consommateurs : cette technique permet donc de segmenter le marché. Certains logiciels de dépouillement d'enquête fournissent les résultats du trade-off.
Synonyme : analyse conjointe.

Transaction

Terme d'analyse transactionnelle désignant un échange à double sens, interpersonnel, émotionnel ou rationnel. La transaction est traduite comme un état du Moi (parent, enfant, adulte) cherchant une réponse d'un autre état du Moi chez le partenaire. La transaction sera parallèle si l'état du partenaire est conforme aux espérances (l'adulte reçoit une réponse adulte;le parent reçoit une réponse enfant, etc.) ou croisée dans le cas contraire (le parent reçoit une réponse adulte, par exemple). (Rémi Van Dick, 1990)

Travail sur le terrain

Voir Fieldwork.

Treshold

Voir Seuil.

Tris à plat

Méthode statistique qui consiste à présenter les modalités à une variable sous forme de fréquences relatives. Le tri à plat s'avère souvent très utile pour une première analyse. Toutefois, son interprétation limitée exige de l'accompagner de tris croisés.

Tris croisés

Méthode statistique qui consiste à présenter les réponses à une variable sous forme de tableaux croisés où les valeurs prises par la première variable sont présentées en abscisse et les valeurs de la seconde variable en ordonnée, sous forme de fréquences relatives. Leur interprétation est délicate car il est souvent difficile de déterminer le sens ou l'existence même d'une causalité. Il est souvent indispensable de les accompagner de tests statistiques appropriés. *Synonyme* : breaks.

Twetnographie

La méthode se caractérise par la nécessité de repérer les mots -clés sur lesquels baser la recherche.

Typologie

Les typologies ou méthodes de classification, appelées aussi analyses de groupes font partie des techniques d'interdépendance et des méthodes descriptives de l'analyse multivariée.
L'objectif de ces méthodes est de former des typologies (des groupes) d'individus similaires. Il s'agit de créer un nombre limité de groupes aussi homogènes que possible en leur sein et hétérogènes entre eux. Il s'agit d'une construction à posteriori de groupes qui ont des caractéristiques identiques. Ces groupes homogènes permettent de décrire une population et sont constitués d'individus ou d'objets de même nature. Les applications des typologies sont nombreuses : définir les profils des consommateurs, éclater un marché sur base d'avantages recherchés, distinguer des publics spécifiques, positionner des marques concurrentes ou des produits, identifier les canaux de distribution les mieux adaptés à un couple produit-marché.
Voir aussi Sociostyle, clusters, groupes, segmentation.

Univers

La notion d'univers vient de la psychologie animale. En psychologie sociale, l'univers d'une enquête correspond à la population sur laquelle porte l'enquête, c'est-à-dire l'ensemble humain caractérisé dont le chercheur désire connaître les opinions, les besoins, les attitudes, les réactions. (Mucchielli, 1975)

User

La personne qui a déclaré consommer, utiliser ou posséder personnellement un produit, bien ou service ou dans un certain cas, qui a déclaré que l'on possédait ou utilisait ce produit, bien ou service dans le ménage auquel il appartient. (Rémi Van Dick, 1990)

Variable discriminante

- Variable qui permet de séparer au mieux une population entre deux ensembles distincts. La variable la plus discriminante est celle qui maximise la somme des écarts au carré entre l'effectif théorique et les effectifs observés selon cette variable.

Exemple : la variable « possède ou non une maison de campagne » est discriminante si, dans une population classée par tranches d'âge, pour certaines tranches les propriétaires d'une maison sont très nombreux, alors que dans d'autres tranches d'âge ils sont très rares.

Variable métrique

Variable statistique prenant des valeurs chiffrées continues, par opposition à la variable ordinale ou la variable nominale. Seules ces variables admettent le calcul d'une moyenne ou d'un écart-type.
Exemples : le chiffre d'affaires, une longueur de linéaire, etc.
Synonyme : variable quantitative.

Variable nominale

Variable statistique prenant des valeurs ou modalités discontinues et sans relation d'ordre.
Exemples de modalités : masculin/ féminin; profession ; lieu géographique.
Synonyme : variable qualitative.

Variable ordinale

Variable statistique prenant des valeurs ou modalités discontinues mais pouvant être classées par une relation d'ordre. L'erreur classique consiste à transformer la variable ordinale en variable métrique en calculant moyenne et écart-type.
Exemples : la variable prend les modalités : tout à fait d'accord — d'accord — pas d'accord — pas du tout d'accord.
Synonyme : variable qualitative.

Variance

La variance représente la dispersion des individus, x_i autour d'une moyenne x barre. C'est la moyenne des carrés des écarts à la moyenne.

$$\sigma^2 = \frac{\sum_{i=1}^{j}(x_j - \overline{x})^2}{n}$$

C'est aussi le carré de l'écart type. On parle de variance conditionnelle marginale ou de variance de groupe, si elle est calculée sur une partie seulement de la population. La variance totale est égale à la somme des variances de chaque groupe et de la variance des moyennes des groupes.

Verbatim

Enregistrement intégral d'une phrase prononcée par un interrogé.

Web 2.0

Série d'applications en ligne comme les (micro)blogs, les communautés de réseautage social, les wikis, les SaaS (Software as a Service, des logiciels fournis via la toile), les applications composites (mash-up) ou les mondes virtuels.

Widget

Petit outil qui permet d'obtenir des informations, pense-bête ou post-it, issu, en informatique de la contraction des termes window et gadget.

Zone de chalandise

Zone d'attraction maximale de la clientèle d'un magasin d'où sont originaires les acheteurs. Selon la nature du magasin, la zone de chalandise peut couvrir quelques dizaines de mètres de rayon (boutique de quartier) ou s'étendre à plusieurs dizaines de kilomètres (hypermarché).

BIBLIOGRAPHIE

1 OUVRAGES

AAKER D.A., DAY G., *Marketing Research,* 4ᵉ édition, John Wiley and Son, New York, 1990.

AHMED S, D'ASTOUS A. & ZOUITEN S, *Multi-cue evaluation of made-in concept using personality variables as moderators* Academy of international business, Toronto Conference, Canada, 1990.

ANDRIEU S., ROBINET P., *Les sondages pour l'entreprise*, Eyrolles, 1993.

ANTOINE J., *Le sondage, outil du marketing*, Bordas-Dunod, Entreprise, Paris, 1990.

ANZIEU D., *Les méthodes projectives*, PUF, coll. Le Psychologue, 9ᵉ édition, 1992.

AUDIGIER G., *Les études marketing,* 3ᵉ édition, Dunod, 1995.

AURIER P., SIRIEIX L., *Marketing des produits agroalimentaires,* 2ᵉ édition, Dunod, 2009.

BADOT OLIVIER, *L'étude marketing dans une économie de tohu-bohu,* Éditions sociales de France, Paris, 1990.

BAKER C., *10 conseils pour réussir une étude de marché*, Publi-Union, 1991.

BAINES P., FILL C., PAGE K., *Marketing,* Oxford University Press, New York, 2008.

BALLE FRANCIS & COLLECTIF, *Encyclopédie de la Sociologie,* Larousse, Paris, 1975, 536 p.

BARDIN LAURENCE, *L'analyse de contenu*, PUF, Paris, 2001.

BARNOUX GUY, *L'audit marketing* Mac Graw Hill, Paris, 1990.

BELLENGER D.N., GREENBERG B.A., *A Marketing Research : A management Information Approach,* Richard D. Irwin Inc., 1978.

BELLENGER LIONEL, *L'argumentation, principes et méthodes*, Librairies techniques/Éditions sociales de France, Paris, 1984.

BENOUN M., *Marketing. Savoir et savoir-faire*, 2ᵉ éd., Paris, Economica, 1991.

BERENSON M.-L. et LEVINE D.-M., *Basic business statistics*, 5ᵉ éd., Prentice-Hall International, 1992.

BLANCHARD D. et LESCEUX D., *Les panels*, Dunod, 1995.

BLANCHET A., *Questionner et observer en sciences sociales*, Dunod, 1990.

BLANQUET M.-F., *L'industrie de l'information*, Paris, ESF Éditeur, 1992.

BOJIN J. et DUNAND M., *Dites-le avec des messages*, Dunod, 1993.

BOKSTAEL A., *Mémento du marketing*, Kluwer éditorial, Bruxelles, 1990.

BON J., GREGORY P., *Techniques marketing*, Vuibert-gestion, 1995.
BOUROUCHE JEAN-MARIE et SAPORTA GILBERT, *L'analyse des données*, PUF, Que sais-je ?, Paris, 1989.
BOURSIN J.L. et DURU G., *Statistique*, 2e éd., Vuibert Gestion, 1995.
BORJA DE MOZOTA BRIGITTE, *Design & Management*, Éditions d'organisation, Paris, 1990.
BULINGE F., *Maîtriser l'information stratégique. Méthodes et techniques d'analyse*, De Boeck Supérieur, 2014, 267 p.
CARAT CRYSTAL, *Média Key Facts,* Carat Crystal, Bruxelles, 1992, 79 p.
CASIN PH., *Analyse des données et des panels de données*, De Boeck Supérieur, Bruxelles, 1998.
CATHELAT BERNARD, *Socio-styles système, théorie, méthodes et applications,* Éditions d'organisation, Paris, 1990.
CAYROL ALAIN et BARRERE PATRICK, *La Programmation Neuro-Linguistique*, ESF, 4e édition, 1989.
CHAFFEY D., ELLIS-CHADWICK F., MAYER R., JOHNSTON K., *Pearson Eucation,* 4e éd, 2009.
CHALVIN DOMINIQUE, *Les outils de base de l'analyse transactionnelle*, ESF, 1987.
CHIROUZE Y., *Le marketing : les études préalables à la décision*, Editions Ellipses, 1993.
CHURCHILL G.A. Jr., *Marketing research. Methodological foundations*, 5e éd., The Dryden Press International, Londres, 1991.
CHURCHILL GILBERT, *Marketing Research,* The Dryden Press, 4th edition, Chicago, 1995.
CIBOIS PHILIPPE, *L'analyse des données en sociologie,* PUF, Que sais-je ?, Paris, 1984, 218 p.
CIBOIS PHILIPPE, *L'analyse factorielle,* PUF, Que sais-je ?, Paris, 1987, 128 p.
CLIQUET G., *La mise en œuvre du modèle interactif de concurrence spatiale subjectif (MICS),* R.A.M., vol.5, n° 1, 1990.
COSTA N., *Veille & Benchmarking*, Ellipses Gestion, 2008, 171 p.
CRIMP M., *The marketing research process*, Prentice-Hall, New York, 1990.
CROLLE, *Marketing international*, De Boeck, 1994.
DARPY DENIS et VOLLE PIERRE, *Comportements du consommateur : concepts et outils*, Dunod, Paris, 2003
DAYAN ARMAND, *Marketing industriel*, Vuibert Gestion, 3e éd., 1993.
DAYAN ARMAND, *La publicité*, PUF Que sais-je ?, Paris, 1990.
DAYAN ARMAND, ANNIE ET LOÏC TROADEC, *Promotion des ventes et PLV*, PUF Que sais-je ?, Paris, 1989.
DEGON RENAUD, *Les études marketing, Pourquoi, Comment,* Éditions d'Organisation, Paris, 1990.
DELBES R. & TEYSONNIERE DE GRAMONT E. *Études de marchés : outil de la décision*, Delmas et Cie, Paris, 2e édition, 1997.
DE MENTHON S., *Mieux utiliser le téléphone*, Éditions d'Organisation, Paris, 1991.
DEMORY B. et LANCESTRE A., *Marketing qualificatif, Guide pratique*, Presses du Management, 1990.
DEMOULIN Marc, *Cours Études de Marchés*, Diplôme Spécial en Marketing & Communication, Ichec Entreprises, 2009.
DEMOUY G. SPIZZICHINO R. *Les Systèmes d'Information en Marketing*, Dunod, Paris, 1969.
DEROO M. et DUSSAIX A.-M., *Pratique et analyse des enquêtes par sondages*, Presses Universitaires de France, Paris, 1980.
DROESBEKE J.-J. et THOVERON G., *Au royaume des sondages*, Édition de l'ULB, Bruxelles, 1990.
DUBOIS P.-L. et JOLIBERT A., *Le marketing : fondements et pratique*, Economica, 1992.
DUSSAIX A.-M. et GROSBRAS J.-M., *Les sondages, principes et méthodes*, Presses Universitaires de France, Paris, 1993.
ESOMAR, *Code International ICC/ESOMAR* des études de marché et d'opinion, 2007.

ESOMAR, *What it is and what it stands for*, Amsterdam, 1993.

ESOMAR, *Market research industry turnover*, Amsterdam, 1996.

EVANS M., MOUTHINO L. et VAN RAAIJ W., *Applied consumer behaviour*, Addison-Wesley Publishing Company, Harmow, 1995.

EVRARD Y., PRAS B. et ROUX E., *Études et recherches en marketing*, Dunod, 2000.

FORCIOLO A., RAPIDEL B. et VIGUIER M., *Méthodes quantitatives de gestion*, De Boeck Supérieur, Bruxelles, 1995.

FERNANDEZ F., LEZE S. MARCHE H., *Le langage social des émotions, Études sur les rapports au corps et à la santé*, Economica, Paris, 2008.

FOURNIS YVES, *Les études de marché*, Dunod, Paris, 1995.

FRANCOIS J. et PELLEMANS P., *Les études de marché qualitatives*, Presses Universitaires, Namur, 1979.

FRISCH FRANÇOISE, *Les études qualitatives*, Éditions d'Organisation, Paris, 1999.

GIANNELLONI JEAN LUC et VERNET ERIC, *Études de marchés*, Éditions Vuibert, 2001.

GIARD V., *Statistique appliquée à la gestion*, 6e éd., Economica, 1992.

GIRARD A. et MALINVAUD E., *Les enquêtes d'opinion et la recherche en sciences sociales*, L'Harmattan, coll. Logiques sociales, Paris, 1990.

GOSSE M., *Techniques psychosociales et ressources humaines*, Paris, Éditions d'Organisation Université, 1992.

GRAWITZ MADELEINE, *Méthode des sciences sociales*, Dalloz, Paris, 1990.

GREGORY P., *Marketing*, Paris, Vuibert, 1991.

HAIR J.F. Jr., ANDRESON R.E., TATHAL R.L. et BLACK W.C., *Multivariate data analysis, with readings*, 3e éd., Maxwell MacMillan International Editions, New York, 1992.

HANNSENS D.-M. *et al.*, *Market response models : econometric and time series analysis*, Kluwes Academic Publishers, Boston, 1990.

HÉBERT NICOLE, *L'entreprise et son image*, Bordas, Paris, 1987.

HELFER J.-P. et ORSONI J., *Marketing*, Vuibert, Gestion, 1994.

HELLEBOSH L., *Guide pratique de l'interview en études de marchés et sondage d'opinion*, Cegos-Makrotest, Bruxelles, 1981.

HENRIET BRUNO, *Audit de la communication interne*, Éditions d'Organisation, Paris, 1990.

HERMEL L., *Maîtriser et pratiquer… Veille stratégique et intelligence économique*, AFNOR, 2007, 102 p.

HEUDE RÉMI-PIERRE, *L'image de marque*, Eyrolles, Paris, 1988.

HOPKINS CLAUDE C., *La publicité scientifique*, Ildégraph/Athéna, Suisse, 1988.

HUBERMAN MICHAEL et MILES MATTHEW B., *Analyse des données qualitatives*, De Boeck Supérieur, Bruxelles, 1991.

ICC/ESOMAR, *International Code on Market and Social Research*, 2016.

IREP (INSTITUT DE RECHERCHES ET D'ÉTUDES PUBLICITAIRES), *Identité et image d'entreprise*, IREP, Paris, 1986.

JACQUART H., *Qui ? Quoi ? Comment ? Ou la pratique des sondages*, Eyrolles, Paris, 1988.

JAVEAU CLAUDE, *L'enquête par questionnaire*, Éditions de l'Université de Bruxelles/Éditions d'Organisation, Bruxelles, 1990.

JAVEAU Cl. et VIGNERON C., *Les secrets des sondages enfin révélés*, Labor, Paris, 1989.

JUSTENS DANIEL, *Statistique pour décideurs*, 2e édition, De Boeck Supérieur, Bruxelles, 1992.

KAPFERER JEAN-NOËL, *Les marques, capital de l'entreprise*, Éditions d'Organisation, Paris, 1991.

KELLER K., FLECK N., FONTAINE I., *Management stratégique de la marque*, 3e édition, Pearson Education, Paris, 2009.

KOTLER Ph., KELLER K., MANCEAU D., DUBOIS B., *Marketing Management*, Pearson, Paris, 2008.

KOTLER Ph., KARTAJAYA H., ISETIAWAN I., VANDERCAMMEN M., *Marketing 3.0*, De Boeck Supérieur, 2012, 192 p.
KOTLER Ph., KARTAJAYA H., ISETIAWAN I., VANDERCAMMEN M., *Marketing 4.0*, De Boeck Supérieur, 2017, 160 p.
LABROUSSE CHRISTIAN, *Introduction à l'économétrie*, Dunod, Paris, 1972.
LADWEIN RICHARD, *Les études marketing*, Economica Gestion Poche, 1996.
LAMBIN Jean-Jacques, DE MOERLOOSE Chantal, *Marketing Stratégique et Opérationnel*, Dunod, Paris, 2007.
LANG-MICHAUT C., *Pratique des tests statistiques*, Dunod, Paris, 1990.
LAPIN L.L., *Statistics for modern business decisions*, 6e éd., The Dryden Press, New York, 1993.
LAURENT F., *Des études de marché au consumer insight*, 2e éd., Village Mondial, Paris, 2006.
LEGRAIN M., *Mieux connaître son marché*, Ed. Érasme, Bruxelles, 1990.
LEGRIS-DESPORTES C., CAPRON P., COUTON-WYPOREK P., TSALA EFFA D., *Études « sémios » et enquêtes en entreprises*, Ed. Les 2 Encres, Cholet, 2008.
LEHMANN D.R., *Market research and analysis*, McGraw-Hill, Paris, 1990.
LENDREVIE JACQUES, BROCHAND BERNARD, *Le nouveau Publicitor*, Dalloz, Paris, 2001.
LHERMIE C., *Les études de marché*, 3e éd., SIREY, Paris, 1991.
LIDGI S., *Communication et marketing, les outils d'investigation*, Paris, Eyrolles, coll. «Communication», 1991.
MALHOTRA NARESH, DECAUDINN JEAN MARC, BOUGUERRA AFIFA, *Études marketing avec SPSS*, Pearson Education, Paris, 2004.
MARC X & TCHERNIA J-F., *Étudier l'opinion*, Presses Universitaires de Grenoble, 2007.
MATRICON L., *Le système marketing*, Dunod, Paris, 1993.
MC DANIEL C. et GATES R., *Contemporary marketing research*, West Publishing Cy, 1991.
Mc DONALD M, *Les plans marketing*, De Boeck Supérieur, Bruxelles, 2004.
MC GOWN K.L., *Survey Finds Ethics Gaps Among Canadian Marketing Researchers*, Marketing News, April 18, 1980.
MÉDIA TEAM, *Média Digest 91*, Média Team, Bruxelles, 1991.
MERUNKA D., *Décisions Marketing, concepts et corrigés*, Dalloz, Application de gestion, 2e édition, 1994.
MICALEFF A., *Le marketing. Fondements, techniques, évaluation*, Paris, LITEC, 1992.
MICHEL J., *Pratique du management de l'information. Analyse de la valeur et résolution de problèmes*, Paris, ADBS, 1992.
MICHEL J. et SUTTER E., *Valeur et compétitivité de l'information documentaire. L'analyse de la valeur et documentation*, 2e éd., Paris, ADBS, 1992.
MICHON CHRISTIAN ET ALII, *Comprendre la nature profonde de la demande. Études qualitatives, ethno-marketing et trend marketing in Le marketing, les nouveaux fondements*, Pearson Education, Paris, 2003.
MINC ALAIN, *L'ivresse démocratique*, Gallimard, Paris, 1995.
MONDUS MARC, *Cours Études de marchés,* 3e Bac gestion de l'entreprise, ICHEC Brussels management School, 2009-2010.
MORIN H., *Théorie de l'échantillonnage*, Presse de l'université Laval, Québec, 1993.
MORRIS M.-H., *Industrial Organizational marketing*, Maxwell Macmillan International, New York, 1992.
MOSCAROLA J., *Enquêtes et analyses de données*, Vuibert Gestion, 1990.
MUCHIELLI ROGER., *Les méthodes qualitatives*, Paris, PUF, coll. «Que sais-je ?», 1991.
MUCCHIELLI ROGER, *L'entretien de face à face dans la relation d'aide*, Librairies techniques/ Éditions sociales de France, 18e édition, Paris, 2004
MUCCHIELLI ROGER, *L'entretien de face à face dans la relation d'aide*, Librairies techniques/ Éditions sociales de France, Paris, 1975.

NEGRO Y., *L'étude de marché*, Vuibert-Entreprise, 1987.

NOYÉ DIDIER, *Pour satisfaire nos clients, 12 leçons sur la qualité des services,* Insep, Paris, 1990.

PARASURAMAN A., *Marketing Research*, Reading, Mass, 2e éd., Addisson-Wesley Publishing Company, 1991.

PERRIEN JEAN, CHERON EMMANUEL, ZINS MICHEL, *Recherche marketing : méthodes et décisions*, Gaëtan Morin éditeur, Paris, 1984.

PERROTIN R., *Le marketing achats, stratégies et tactiques*, Éditions d'Organisation, 1992.

PETTIGREW J. et TURGEON N., *Les fondements du marketing moderne*, Mac Graw-Hill, Québec, 1985.

PINSON C. et MESNIL M., *Le coût des études de marché*, Encyclopédie du Management, tome 1, Vuibert, 1992.

PROCTOR T., *Strategic Marketing*, 2e éd., Routledge, New York, 2008.

RHEINGOLD H, (1993). *The virtual community : homesteading on the electronic frontier.* New York : Harper Collins.

RESEARCH INTERNATIONAL, *The Research International approach to Forecasting New Product Volume,* Research International, London, 1996.

REVILLARD D., *Guide de survie — Enquêtes en ligne,* DI&Mark, Paris, 2008.

SAMSALONI R., *Le Non-consommateur : comment le consommateur reprend le pouvoir,* Dunod, Paris, 2006.

SAUBOIN M., *Marketing international*, ICHEC, Bruxelles, 1991.

SEMPELS C., VANDERCAMMEN M., *Oser le marketing durable, Concilier marketing et développement durable*, Pearson Education, Paris, 2009.

SIMONET R. et SIMONET J., *L'argumentation, stratégie et tactiques*, Éditions d'Organisation, 1990.

SUTTER E., *Services d'information et qualité. Comment satisfaire les utilisateurs ?,* Paris, ADBS, 1992.

TARONDEAU J.-C., *Recherche et développement*, Vuibert, Gestion, 1994.

THUILLIER P., *De l'étude de marché au plan marketing*, Éditions d'Organisation, Paris, 1987.

TULL D. et HAWKINS D., *Marketing research*, 6e éd., McMillan Publishing Co., New York, 1993.

VANDERCAMMEN MARC, *Allégations de santé, CRIOC*, 2003.

VANDERCAMMEN MARC, *Marketing et stratégie, comprendre l'action marketing*, MV-Consult, 2003.

VANDERCAMMEN MARC, *Consumer Behavior Monitor, CRIOC*, 2004.

VANDERCAMMEN MARC et GAUTHY-SINECHAL MARTINE, *Recherche marketing, Outil fondamental du marketing*, De Boeck Université, 1999.

VANDERCAMMEN MARC et JOSPIN-PERNET NELLY, *La distribution*, De Boeck Supérieur, 2002.

VANDERCAMMEN MARC et Al., *Marketing, L'essentiel pour comprendre, décider, agir,* De Boeck Supérieur, 2002.

VAN DICK RÉMI, *Dictionnaire du marketing et des affaires*, Eyrolles, Paris, 1991.

VEDRINE JEAN-PIERRE, *Le traitement des données en marketing*, Éditions d'Organisation, Paris, 1991.

VERNETTE ERIC, *Techniques d'études de marchés,* Vuibert, Paris, 2000.

VERT C., *Le marketing intégré*, Entreprise moderne d'Edition, 2e éd., 1990.

VUILLEMAIN A., *Les marchés de l'information documentaire*, Paris, ADBS, 1991.

WEBER R.P., *Basic content analysis*, Sage University paper, n° 49, 2e éd., Londres, 1990.

WIND YORAM, *Product Policy : Concepts, Methods and Strategy*, Reading, Addisson-Wesley, Mass., 1982.

WONNACOTT THOMAS et RONALD, *Statistique*, Economica, 1991, 4e édition.

ZALTMAN & BURGER, *Marketing Research : Fundamentals and Dynamics*, Hinsdale, Ill., The Dryden Press, 1975.

ZEYL A., *Plans marketing*, Vuibert Gestion, Paris, 1991.

2 REVUES ET JOURNAUX

ADDELMAN S., *Orthogonal Main-Effect Plans for Asymetrical Factorial Experiments*, Technometrics, Vol. 4, n° 1, February, pp. 21-46.

ADDELMAN S., *Symmetrical and Asymmetrical Fractional Factorial Plans*, Technometrics, Vol. 4, n° 1, February, pp. 47-58.

ARAGON YVES, BERTRAND SANDRINE, CABANEL MAGALI, LE GRAND HERVE, *Méthodes d'enquêtes par Internet : leçons de quelques expériences* in Décisions Marketing, n° 19, janvier 2000, pp. 29-38.

ASE, *Pas besoin de construire une usine à gaz pour faire de l'intelligence stratégique*, [En ligne], http://www.intelligencestrategique.be/site/ase_is-fr/entreprise-globale/pas-besoin-de-construire-une-usine-a-gaz-pour-faire-de-l-intelligence-strategique.html, consulté le 14 février 2018.

BELLIAT Z., *Les sondages, nouveau bouc émissaire ?* In Stratégies N° 1454, Paris, 2007.

BERNARD Y. (2004), *La netnographie : une nouvelle méthode d'enquête qualitative basée sur les communautés virtuelles de consommation, Décisions Marketing*, Association Française du Marketing, 2004, pp. 49-62.

BURN M. ET THOMAS J., *Plus vite et moins cher : Avons-nous encore besoin de bonnes études de marché ?*, in Revue Française de Marketing, n° 217, Paris, 2008.

CAPPENS P., *Systèmes d'information marketing : des données pour décider* in Marketing Magazine, n° 37, février 1999.

COOPER P., *Internationalisation des études qualitatives*, in Revue Française de Marketing, n° 134, Paris, 1991.

DANDOUAU JEAN CLAUDE, *Recherche d'information sur Internet et expérience de consultation in Recherches et applications en marketing,* vol 17, n° 2, 2002, pp. 1-21.

DARTOIS C., *Approche de la « relation d'information » dans un centre de documentation,* Documentaliste-Sciences de l'information, vol. 28, 2, mars-avril 1991.

DE BOUARD M., *Voir pour croire*, in « Marketing Mix », n° 68, Paris, décembre 1992-janvier 1993, pp. 41-42.

DEY M., *Big Data et marketing : larguez les amarres !*, Mars 2013, [En Ligne], http://www.marketing-professionnel.fr/tribune-libre/big-data-marketing-nouvel-eldorado-201303.html, Consulté le 22 février 2018.

DION E., *Le nombre optimal de réponse à proposer pour les questions fermées d'un questionnaire d'enquête* in Revue Française du marketing, n° 1700, 1998/5.

FAIVRE J.-P., *12 conseils pour rater vos études*, in Revue Française de Marketing, n° 142-143, 1993/2-3, pp. 109-111.

FAIVRE J.-P., *Des études classiques aux études stratégiques*, in Revue Française de Marketing, n° 142-143, 1993/2-3, pp. 75-88.

FAIVRE JP et SCHWOERER J, *Une nouvelle approche des choix des consommateurs : le modèle trade-off,* Revue Française de Marketing, Paris, Mars-avril 1975, Cahier 55.

FOUQUIER ERIC, *Les études qualitatives en France* in Décisions Marketing, n° 19, janvier 2000, pp.97-102.

FRANZKOWIAK M. et KOBBER P., *Vidéo-questionnaire : télématique et marketing*, in Revue Française de Marketing, n° 101, Adetem, Paris, 1985.

FROST FRASER, *Internet et les études de marchés* in Revue française du marketing, n° 177/178, 2000, pp. 169-185.

GALAN JEAN PHILIPPE et VERNETTE ERIC, *Vers une quatrième génération : les études de marchés on-line* in Décisions Marketing, n° 19, janvier 2000, pp. 39-52.

GAULTIER G., *Comment la recherché marketing peut créer de la valeur ajoutée* in Marketing magazine, n° 34, 1998, p. 16.

HAMEL M.P., MARGUERIT D., *Analyse des Big Data, Quels usages, quels défis ?* Commissariat Général à la stratégie et à la prospective, La Note d'analyse, 11/2013, N° 8, Paris, 2013, [en ligne], http://www.strategie.gouv.fr/sites/strategie.gouv.fr/files/atoms/files/2013-11-09-Bigdata-NA008.pdf, consulté le 22 février 2018.

HEISLEY D. et LAMBERT C., *Sondages électoraux, c'est l'intention qui compte*, in Média Marketing, n° 72, Bruxelles, février 1992.

IRONS L., *Empathic Research Methods and Design Strategy*, [en ligne], https://skilfulminds.com/2008/07/20/empathic-research-methods-and-design-strategy/, consulté le 14 février 2018.

JOURDAN P., *Comment accroître la réponse aux études en ligne*, in Revue Française de Marketing, n° 220, Paris, 12008.

KOZINETS R. (*2002*) *The Field Behind the Screen : Using Netnography for Marketing Research* in Online Communities, Journal of Marketing Research : February 2002, Vol. 39, No. 1, pp. 61-72.

LAFFARGUE B., *Le marketing intelligent s'appelle le Big Data*, 2012, [en ligne], http://www.marketing-professionnel.fr/tribune-libre/big-data-201202.html, consulté le 20 février 2018.

LALLEMAND M. et JARDIN, *La collecte des informations d'ici l'an 2000*, in Revue française du Marketing, n° 142-143, 1993, pp. 33-38.

LE COADIC Y., *Usage et besoin de l'information*, in Documentaliste-Sciences de l'information, vol. 27, 1, janvier-février 1990.

LE POMMELLEC Y., *Techniques d'analyse de données*, in Documentaliste-Sciences de l'information, vol. 27, 1, janvier-février, 1990, p. 8-9.

LOUTREL S., *S.I.M. : les systèmes d'information marketing*, in Marketing Mix, n° 41, 1990.

MARCHETTI R. et USUNIER J.-Cl., *Les problèmes de l'étude de marché dans un contexte interculturel*, in Revue Française de Marketing, n° 130, Paris, 1990.

MICHALOWSKA A., *Etudes marketing : le monde est leur marché* in Marketing magazine, n° 28, 1999, pp. 59-65.

MICHALOWSKA A., *Études : le terrain à l'heure des nouvelles technologies* in Marketing magazine, n° 37, 1999, pp. 38-43.

MICHALOWSKA A., *Internet et les études : constats et prospective* in Marketing magazine, n° 28, 1998, p. 11.

MICHALOWSKA A., *Le nouveau quali : opérationnel et stratégique* in Marketing magazine, n° 34, 1998, pp. 71-73.

MICHALOWSKA A., *Le quali en mutation* in Marketing magazine, n° 34, 1998, pp. 63-70.

MICHALOWSKA A., *Le quanti ad hoc : à la recherche de valeur ajoutée* in Marketing magazine, n° 38, 1999, pp. 61-65.

MOORMAN C., DESPHAND R. et ZALTMAN G., *Factors affecting trust in market research relationships*, in Journal of Marketing, Janvier 1993, pp. 22-32.

PWC, Cité par Sonar, *4 Stages of Social Listening Maturity*, [en ligne] http://blog.sonarplatform.com/index.php/2017/09/22/4-stages-of-social-listening-maturity/, consulté le 14 février 2018.

QUENTIN I., *Méthodes de l'observation participante*, [en ligne], https://isabellequentin.wordpress.com/2013/12/26/methodes-de-lobservation-participante/, consulté le 14 février 2018

SAVARD R., *Perspectives stratégiques pour le management des services d'information. Marketing et gestion de qualité*, IDT 91. 9e congrès sur l'information, la documentation et le transfert des connaissances, Bordeaux, mai 1991, p. 42-46.

SAYARH N., *La netnographie : mise en application d'une méthode d'investigation des communautés virtuelles représentant un intérêt pour l'étude des sujets sensibles*, Recherches Qualitatives — Vol. 32(2), pp. 227-251.

SECODIP, *Le scannel : une technique de pointe au service des fabricants*, 1993.

SHEPARD R.N., *The Analysis of Proximities : Multidimensional Scaling with an Unknown Distance Function Part One*, Psychometrika, 1962, vol. 27 pp. 125-139.

SOLE A., *L'information aide-t-elle la décision ?*, in Revue Française de Marketing, n° 142-143, 1993/2-3, pp. 89-96.

SYKES W., *Validity and reliability in qualitative market research : a revieuw of the literature*, in Journal of Market Research Society, vol. 23, n° 3, Juillet 1990, pp. 289-328.
TALVINEN, JARI M., *Information Systems in Marketing : Identifying Opportunities for New Applications*, European Journal of Marketing, Vol. 29 No. 1, 1995, pp. 8-26.
TISSIER-DESBORDES ELISABETH, *Les études qualitatives dans un monde post-moderne* in Revue Française du marketing, n° 3-4, 1998, pp. 39-49.
VAN DEN NOORTGATE G.., *Les Bureaux d'Études confrontés à de nouveaux défis. Le conseil : la nouvelle valeur ajoutée,* in Pub n° 6, 31e année, Bruxelles, 2007.
VANDERCAMMEN MARC et COUVREUR PIERRE, *Modélisation dynamique d'un système éducatif,* The 1986 International Conference of the System Dynamics Society, Sevilla (Spain), October 22-24, 1986.
VANDERCAMMEN MARC, *La consommation au XXIe siècle : nouvelles tendances de consommation*, Du côté des consommateurs, n° 123, *CRIOC*, novembre 2002.
VANDERCAMMEN MARC, *Le consumérisme éthique : les consommateurs répondent « présents »*, Interface, Bulletin d'information, *Réseau financement alternatif*, n° 15, 4e trimestre 2002.
VANDERCAMMEN MARC, *Le jeune prescripteur d'achat*, *CRIOC*, octobre 2003.
VANDERCAMMEN MARC, *Les enfants : la cible privilégiée des annonceurs*, Du côté des consommateurs, n° 122, CRIOC, octobre 2002.
VANDERCAMMEN MARC, *Modeling in Social Sciences : A Model of an Educational System*, The 2nd European simulation Congress, Antwerpen, September 9-12, 1986.
VANDERCAMMEN MARC, *Modélisation dynamique en sciences sociales : un modèle d'un système éducatif en Belgique*, 11e Congrès international de Cybernétique, Namur 25-29 août 1986.
VANDERCAMMEN MARC, *Senior marketing et comportement d'achat*, *CRIOC*, avril 2003.
VANDERCAMMEN MARC, *The Use of Conjoint Analysis in Determining Financial Services Pricing*, Banking and Insurance : Pressure on Profits, Pressure on Research, London (UK), January 29-31, 1992.
VERNETTE E., *La méthode Delphi, une aide à la prévision marketing*, in Décisions Marketing, n° 1, Janvier-avril 1994, pp. 97-101.
VERNETTE E., *L'efficacité des instruments d'études : évaluation des échelles de mesure*, in Recherche et application en marketing, vol 6, n° 2, 1991, pp. 43-66.
WIERENGA B., ET VAN BRUGGEN G.H. *The Integration of Marketing Problem-Solving Modes and Marketing Management Support Systems*, Journal of Marketing Vol. 61 (July 1997), 21-37.

INDEX

A

absence fallacieuse d'association 382
acceptabilité 449
achat 460
achat mystère 176
adoption 453
analyse bivariée 402
analyse conjointe 466
analyse de contenu 150, 172, 467
analyse de corrélation 467
analyse de la variance 413
analyse des correspondances 467
analyse des correspondances binaires 409
analyse des correspondances multiples 409
analyse des mesures conjointes 413
analyse des préférences 409, 467
analyse des similarités 409, 467
analyse des similarités et des préférences 409
analyse discriminante 415, 467
analyse en composantes principales 409, 466, 468
analyse factorielle des correspondances 466, 468
analyse marketing 39-40
analyse multidimensionnelle 405, 468
analyse multivariée 405, 468
analyse sensorielle 468
analyse statistique 385
analyse structurée 416-418, 468
analyse thématique 146, 468
analyse transactionnelle 157, 468
analyse univariée 389
analyse vocale 175
anthropologie numérique 180, 469
approche qualitative 47-48
approche quantitative 47-48
audimétrie 172
audit 169

B

base de calcul 375
benchmarking 100-101
Big Data 46, 88-90, 92-94, 471, 510-511
Blind (test) 450
blogs 121-122, 131, 181, 184
boards 185
briefing 351, 471
bulletin boards 131

C

CAGI 231
calcul des fréquences relatives 379
caméra invisible 174
CAPI 231, 238
CASI 231
CATI 231
CAWI 231
chats 131
client mystère 490
Cloud Computing 41, 91, 94, 473
code déontologique 68
collecte des données 264
concurrence 459

D

data mining 42, 475
différenciel sémantique 448, 450

différentiel sémantique d'Osgoog 282
discussion de groupe 124
dispersion 376

E

échantillon 163, 313, 478
  choix d'une méthode d'— 333
  construction de l'— 315
  taille de l'— 334
échantillon aléatoire à plusieurs degrés 322
échantillon aléatoire stratifié 340
échantillon aréolaire 323
échantillon au hasard simple 318
échantillon de convenance 327
échantillon de jugement 328
échantillon de volontaires 328
échantillon en boules de neige 327
échantillon en grappes 320
échantillon non probabiliste 323
échantillon par choix raisonné 323
échantillon par quotas 324
échantillon par unités-types 326
échantillon probabiliste 316
échantillon pseudo-aléatoire 332
échantillon stratifié 318
échelle à somme constante 287
échelle d'attitudes de Thurstone 281
échelle de Guttman 281
échelle monétaire 288
échelle papillon 288
échelle répertoriée de Likert 281
échelle unimodale d'évaluation 289
écoute sociale 181-182, 479
editing 361
emballage (test d') 452
enquête
  analyse des données d'— 359
  contre— 362
  contrôle 355
  rapport d'— 422
  réalisation matérielle de l'— 352
  source d'erreur 418
enquête à domicile 234
enquête dans la rue 239
enquête dans un lieu public 239
enquête en salle 240
enquête en unités mobiles 240
enquête face à face 233, 480
enquête omnibus 480
enquête par correspondance 242
enquête par courrier électronique 252-253
enquête par site web 253
enquête par téléphone 244
enquête pilote 480
enquête postale 480
enquête sur le lieu de travail 234
enquête téléphonique 480
enquêtes par internet 249
enquêteur 348
entrepreneuriat 445-446
entretien 131, 141
entretien d'accompagnement 129
entretien de famille 129
entretien de groupe 481
entretien en profondeur 127, 481
entretien familial 481
entretien individuel 129
entretien par protocole 129
entretien qualitatif 128
entretien thématique 128
erreur aléatoire 419
erreur de mesure 419
erreur de non-observation 419
erreur d'échantillonnage 419
erreur d'interprétation 420
erreur d'observation 420
erreur due aux non-réponses 419
erreur liée à la variance de la population 419
erreur liée aux non-réponses 420
espace (maîtrise de l') 460
estimateurs synthétiques 453-454
étalonnage 100
ethnographie virtuelle 181, 482
étude causale 44
étude descriptive 44
étude exploratoire 44
expérimentation 201

F

facebook 95
factor analysis 409
forums 121, 131, 181, 184-185

G

goût (tests de) 446, 452
graphique 437
  choisir un — 441
groupe 131
  classique 116
  mini — 120
groupe commando 120
groupe conflictuel 120

groupe de créativité 120
groupe de modification du comportement 120
groupe de sensibilité 120
groupe en ligne 121
groupes sociaux 194-195
guide d'entretien 142-144

H

hypothèse 228
hypothèse de recherche 53-54

I

identification 460
intelligence marketing 30, 33
interrogation 225
intervalle de confiance 392, 462
intervalle de confiance d'une moyenne 394
intervalle de confiance d'une proportion 393
interview programmée *in situ* 332

K

KELLY (triades de) 451

M

mapping 448
marché potentiel 446, 452-453, 455, 457-458
marge d'erreur 392
marketing mix 16
métadonnées 489
méthode de la concordance 206
méthode de la différence 206
méthode de recueil par communication 45
méthode par expérimentation 45
méthode par observation 45
Mystery shopping 176, 179-180, 490

N

netnographie 184, 490
notoriété 460

O

observation participante 191, 491
OCR 231
OMR 231
Open Data 491
ordinogramme 303

P

part de la marque 454
pensée latérale 114
perception 178
plan « complètement aléatoire » 213
plan « en blocs aléatoires » 214
plan de dépouillement 366
plan de recherche 51
plan de sondage 342
plan en « carré latin » 215
plan factoriel 216
plan formel 213
plan informel 207
positionnement : test de 446
présence fallacieuse d'association 383
prix du produit 455
prix psychologiques 455, 458
produit : test de 451
produit : test de (discrimination) 451
programmation neurolinguistique 157
proposition d'étude 56, 61-65
  projet d'étude 54
psychogalvanomètre 175
publicité 447-448

Q

qualitatives : méthodes 448
question à réponse numérique 276
question avec échelles d'attitudes 277
question de classement hiérarchique 276
question fermée 274
question fermée dichotomique 275
question filtre 277
question multichotomique à choix multiples 276
question multichotomique mais à réponse unifiée 276
question ouverte 273
question piège 271
question sur le comportement 265
question sur les attitudes et opinions 266
question sur les faits 265
question sur les intentions 268
question sur les motivations 268
questionnaire 262, 291
  cheminement du — 303
  codification des — 363
  encodage des — 363
  structure d'un — 302
  test du — 305

R

Random Route 332
recherche documentaire 45, 75

recherche empathique 196, 495
redressement de l'échantillon 367
régression 413
relevé d'enquête 171
relevé des ventes 171
relevé en magasin 169
réseaux sociaux 185

S

scanner 174-175
segmentation 31, 89, 92, 185, 197, 414, 450
sémiologie 133
Social Listening 41, 101, 181-182, 511
Social Media Intelligence 111
source externe 81
source interne 79
sous proposition d'étude 54
synectique 500
système d'information marketing 29, 31, 35, 37, 498

T

tabulation croisée à deux facteurs 378
tabulation simple 373
tachytoscope 175, 500
taux d'achat 453-454
taux d'achat répété 453-454
taux d'essai 453-454
technique de créativité 138
technique de reformulation 125-127
technique d'observation 168
technique projective 134
tendance centrale 376
test 501
test aveugle 501
test car 501
test d'acceptabilité 56
test d'ajustement du χ^2 396
test d'aperception thématique 136
test d'association 135
test de concept 446, 501
test de conformité d'une proportion 399
test de dégustation 57
test de frustration 136
test de Kolmogorov-Smirnov 398
test de marché 501
test de nom 58
test de packaging 57
test de produit 446, 449, 502
test d'expression 135
test d'homogénéité ou comparaison des résultats de deux sondages 400
test d'hypothèse 395, 501
test du coefficient de contingence du Chi-carré 402
test du Khi-deux 501
test du lendemain 502
test du questionnaire 502
test équifractionné 501
test projectif 502
tests de positionnement 459
tri à plat 373
twetnographie 184, 495
typologie 410, 414

V

valeur 448, 450
validité externe 22, 221
validité interne 22, 221
variable à construire 369
variables socio-démographiques 294
volume des ventes de la marque 454

TABLE DES MATIÈRES

AVANT-PROPOS 5

REMERCIEMENTS 7

CHAPITRE 1

Recherche marketing et études de marchés 9

1. Définitions et historique 10

1.1 À la recherche de définitions 10

1.2 Historique 11

2. Études de marchés et marketing mix 16

2.1 Marketing mix et « 4 P » 20

2.2 Études de marchés, une fonction préalable 21

3. Recherche marketing et méthode scientifique 21

4. Rôles de la recherche marketing 26

5. Importance de la recherche marketing 26

CHAPITRE 2

Intelligence stratégique, système d'information marketing et recherche marketing 29

1. Intelligence stratégique appliquée au marketing 30

2. Système d'information marketing 31

3. Objectifs d'un système d'information marketing 36
4. Contenu d'un système d'information marketing 37
5. Acteurs d'un système d'information marketing 40
6. Outils et technologies d'un système d'information marketing 41

CHAPITRE 3

Typologie des études et étapes du processus de recherche 43

1. Typologie des études 44
1.1 Deux typologies 44
1.2 Sources d'information et méthodes de recueil de l'information 45
1.3 Démarche quantitative ou qualitative ? 47
1.4 Études *ad hoc* ou Études permanentes ? 48
2. Étapes du processus de recherche 48
3. Contenu d'une proposition d'études 56
4. Réalisation d'une étude 65
5. Code déontologique 68
5.1 Normes ISO 69
5.2 Code international ICC/ESOMAR 70
5.3 En Belgique 73
5.4 En France 73

CHAPITRE 4

Études des sources secondaires ou recherche documentaire 75

1. Importance de la recherche documentaire 76
2. Sources des données secondaires 77
3. Cheminement de la recherche documentaire 77
4. Étude des sources internes 79
5. Étude des sources externes 81
5.1 Statistiques officielles 82
5.1.1 En Belgique : Statistics Belgium 82
5.1.2 En France, l'INSEE 84
5.1.3 Eurostat et le Système Statistique européen (SSE) 85
5.2 Statistiques semi-officielles 86
5.3 Statistiques privées 87

5.4 Le Big Data 88
5.4.1 Les enjeux du Big Data 88
5.4.2 Les sources 91
5.4.3 Les outils d'analyse 92
6. Critères d'évaluation des données secondaires 95
7. Le benchmarking 100
7.1 Principe 100
7.2 Spécificité de la méthode 100
7.3 Étapes 101
7.4 Avantages et limites 101
8. Avantages et limites des études documentaires 102

CHAPITRE 5

Études de marchés qualitatives 109
1. Origine des études qualitatives 110
2. Définition et caractéristiques 112
3. Champ d'application et situations d'utilisation 113
4. Méthodes 116
4.1 Méthodes fondées sur la communication 116
4.1.1 Techniques de groupe ou focus group 116
4.1.1.1 Discussion de groupe classique 116
4.1.1.2 Mini-groupe 120
4.1.1.3 Groupes conflictuels 120
4.1.1.4 Groupes commando 120
4.1.1.5 Groupes de sensibilité 120
4.1.1.6 Groupes de modification du comportement 120
4.1.1.7 Groupes de créativité 120
4.1.1.8 Groupes DELPHI 121
4.1.1.9 Les groupes qualitatifs on line 121
4.1.2 Entretiens individuels 127
4.1.2.1 Entretien en profondeur ou non directif 127
4.1.2.2 Entretien thématique ou interview qualitative classique 128
4.1.2.3 Interview qualitative semi-structurée 128
4.1.2.4 Entretien par protocole 129
4.1.2.5 Entretien d'accompagnement 129
4.1.2.6 Entretien de famille 129
4.1.3 Techniques de groupe ou entretiens individuels ? 131
4.1.4 Les études qualitatives en ligne 131
4.2 Méthodes fondées sur l'observation 132

5. Techniques d'investigation ... 134
5.1 Techniques projectives ... 134
5.1.1 Tests d'associations ... 135
5.1.1.1 Associations libres de mots ... 135
5.1.1.2 Associations contrôlées de mots ... 135
5.1.1.3 Associations contrôlées d'images ... 135
5.1.2 Tests d'expression ... 135
5.1.2.1 Descriptions ... 135
5.1.2.2 Achèvement de phrases ... 136
5.1.2.3 Histoires ... 136
5.1.2.4 Ballons-tests ... 136
5.1.2.5 Tests d'aperception thématique (TAT) ... 136
5.1.2.6 Tests de frustration ... 136
5.2 Techniques de créativité ... 138
5.2.1 Techniques verbales ... 139
5.2.1.1 Analogies ou portraits chinois ... 139
5.2.1.2 Adjectivisation ... 139
5.2.1.3 Expressions spécifiques ... 139
5.2.1.4 Solutions fantaisistes, futurs scénarios ... 139
5.2.2 Techniques visuelles ... 139
5.2.2.1 Collages ... 139
5.2.2.2 Assortiment de photos ou photolangage ... 139
5.2.3 Techniques d'identification ... 140
5.2.3.1 Portrait robot ... 140
5.2.3.2 Caddie ... 140
5.2.3.3 Famille ... 140
5.2.3.4 Rêve éveillé ... 140
5.2.3.5 Images-réponses ... 140
5.2.3.6 Personnification ... 140
5.3 Limites des techniques d'investigation ... 141
6. Guide d'animation ou d'entretien ... 141
7. Outils d'analyse ... 144
7.1 Méthodes d'analyse ... 144
7.1.1 Résumé ... 144
7.1.2 Analyse thématique ... 146
7.1.3 Analyse de contenu ... 150
7.2 Logiciels d'analyse des données textuelles ... 156
7.3 Modèles d'interprétation ... 157
7.3.1 Analyse transactionnelle ... 157
7.3.2 Programmation neurolinguistique ou PNL ... 157
7.3.3 Autres modèles ... 158

8. Rapport de synthèse 158
9. Avantages et limites des méthodes d'analyse qualitative 162
9.1 Absence de quantification ne signifie pas absence de rigueur scientifique 163
9.2 Taille de l'échantillon 163
9.3 Une méthode injustement méprisée 164

CHAPITRE 6

Études par observation 167
1. Définition 168
2. Techniques d'observation 168
2.1 Comptage 169
2.2 Audit 169
2.2.1 Relevés en magasin 169
2.2.2 Relevés d'achats 170
2.2.3 Relevés d'enquête 171
2.2.4 Relevés des ventes 171
2.2.5 Contrôle poubelle 171
2.2.6 Contrôle placard ou garde-manger 172
2.3 Analyse de contenu 172
2.4 Observations sans instrument dans un environnement particulier 172
2.5 Observations par instruments en situation réelle 172
2.5.1 Audimétrie 172
2.5.2 Scanner 174
2.5.3 Ordinateur 174
2.5.4 Caméra invisible 174
2.6 Observations par instruments en laboratoire 174
2.7 Mystery shopping ou client mystère 176
2.7.1 Principe 176
2.7.2 Spécificité de la méthode 177
2.7.3 Objectifs poursuivis 177
2.7.4 Modes de réalisation 179
2.7.5 Règles déontologiques à respecter 179
2.7.6 Utilisation du *Mystery shopping* 180
3. L'anthropologie numérique 180
3.1 Écoute sociale 181
3.1.1 Spécificité de la méthode 181
3.1.2 Étapes de la méthode 183

3.2 Netnographie 184
3.2.1 Spécificité de la méthode 187
3.2.2 Étapes de la méthode 189
3.2.2.1 Étape 1 : Entrée dans la culture 190
3.2.2.2 Étape 2 : Collecte des données 190
3.2.2.3 Étape 3 : Analyse des données et interprétation 191
3.2.2.4 Étape 4 : Validation par les participants et éthique de la démarche 194
3.2.3 Avantages et limites de la netnographie 196
3.3 Recherche empathique 196
4. Avantages et limites des études par observation 198

CHAPITRE 7

Études par expérimentation 201
1. Introduction 202
2. Modèle expérimental 202
3. Notion de causalité 206
3.1 Méthode de la concordance 206
3.2 Méthode de la différence 206
3.3 Méthode conjointe concordance-différence 207
3.4 Méthode de la variation concomitante 207
4. Plans informels 207
4.1 Plan « ex post facto » 207
4.2 Plan « avant après sans contrôle » 208
4.3 Plan « après avec contrôle » 208
4.4 Plan « avant après avec contrôle » 209
4.5 Plan « avant après et après seulement avec contrôle » 209
5. Expérimentation formelle 213
5.1 Plan « complètement aléatoire » 213
5.2 Plan « en blocs aléatoires » 214
5.3 Plan en « carré latin » 215
5.4 Plan factoriel 216
6. Conditions de validité 221
7. Avantages et limites 222

CHAPITRE 8

Études quantitatives par interrogation 225

1. Étapes et recherches préliminaires 226

1.1 Définition des informations nécessaires 227

1.1.1 Identification de l'objet de l'enquête 227

1.1.2 Définition des hypothèses 228

1.1.3 Définition des types d'informations nécessaires 228

1.1.4 Inventaire des moyens matériels mis à la disposition des réalisateurs de l'enquête 229

1.2 Recherches préalables 229

1.3 Sélection d'une procédure de recherche 230

2. Recueil des données 230

2.1 Enquêtes face à face 233

2.1.1 Enquêtes à domicile ou sur le lieu de travail 234

2.1.1.1 Avantages des enquêtes à domicile 237

2.1.1.2 Inconvénients des enquêtes à domicile 238

2.1.2 Enquêtes dans la rue ou dans un lieu public 239

2.1.2.1 Avantages des enquêtes dans la rue 239

2.1.2.2 Inconvénients des enquêtes en rue 240

2.1.3 Enquêtes en salle ou unités mobiles 240

2.2 Enquêtes par correspondance 242

2.2.3.1 Avantages des enquêtes par correspondance 243

2.2.3.2 Inconvénients des enquêtes par correspondance 243

2.3 Enquêtes par téléphone 244

2.3.1 Enquêtes classiques 244

2.3.1.1 Avantages des enquêtes par téléphone 245

2.3.1.2 Inconvénients des enquêtes par téléphone 246

2.3.2 Enquêtes via le CATI 247

2.3.3 Les enquêtes par téléphone mobile 248

2.4 Enquêtes par Internet 249

Avantages des enquêtes télématiques 250

Inconvénients des enquêtes télématiques 252

2.5 Enquêtes via les média sociaux 255

CHAPITRE 9

Questionnaire 261

1. Place du questionnaire dans l'enquête quantitative 262

2. Étapes d'une enquête par questionnaire 262

2.1 Relevé des informations souhaitées 262

2.2 Choix de la procédure de collecte des données 264
2.3 Conception de la séquence d'entretien 265
2.4 Gestion des aspects matériels de l'enquête 265
2.5 Finalisation du questionnaire 265

3. Choix des thèmes et des questions 265
3.1 Questions sur les faits et sur le comportement 265
3.2 Questions sur les attitudes et opinions 266
3.3 Questions sur les motivations 268
3.4 Questions sur les intentions 268
3.5 Questions sociodémographiques 270
3.6 Questions pièges 271

4. Formulation des questions 271
4.1 Questions ouvertes 273
4.2 Questions fermées 274
4.2.1 Questions fermées dichotomiques 275
4.2.2 Questions multichotomiques mais à réponse unifiée 276
4.2.3 Questions multichotomiques à choix multiples 276
4.2.4 Questions à réponse numérique 276
4.2.5 Questions de classement hiérarchique 276
4.2.6 Questions filtres 277
4.2.7 Questions avec échelles d'attitudes 277
4.3 Jugements sur dessins, images et photos 284

5. Rédaction du questionnaire 291
5.1 Contenu du questionnaire 291
5.1.1 L'accroche initiale, l'accroche finale et les liaisons 291
5.1.2 Questions et aides visuelles 292
5.1.3 Instructions 293
5.1.4 Renseignements signalétiques 293
5.1.5 Les données d'identification 295
5.2 Construction du questionnaire 295
5.2.1 Principes généraux 295
5.2.2 Nombre de questions 295
5.2.3 Libellé des questions 296
5.2.4 Déformation des réponses : une attention particulière 299
5.3 Structure du questionnaire 301
5.3.1 Cheminement et ordinogramme 303
5.3.2 Présentation et mise en page 303

6. Test du questionnaire 305

7. Questionnaire définitif 307

CHAPITRE 10

Population et échantillon 313

1. Univers de référence 314
2. Construction de l'échantillon 315
3. Échantillons probabilistes 316
3.1 Procédure de sélection d'un échantillon aléatoire 316
3.2 Méthodes aléatoires ou probabilistes 317
3.2.1 Échantillon au hasard simple 318
3.2.2 Échantillon stratifié 318
3.2.3 Échantillon en grappes 320
3.2.4 Échantillon aléatoire à plusieurs degrés 322
3.2.5 Sondage aréolaire 323
4. Échantillons non probabilistes ou empiriques 323
4.1 Échantillon par choix raisonné 323
4.1.1 Méthode des quotas 324
4.1.2 Méthode des unités-types 326
4.1.3 Échantillon de convenance 327
4.1.4 Échantillon en boules de neige 327
4.1.5 Échantillon de volontaires 328
4.1.6 Échantillon de jugement 328
4.2 Échantillon pseudo-aléatoire 332
4.2.1 Méthode des itinéraires ou Random Route 332
4.2.2 Méthode de l'interview programmée in situ 332
5. Choix d'une méthode d'échantillonnage 333
6. Taille de l'échantillon 334
6.1 Facteurs d'influence 335
L'intervalle de confiance 335
Le seuil de probabilité 335
Degré d'homogénéité de la population étudiée 335
Nombre de croisements 336
Taille de la population 336
Contraintes internes à l'enquête 336
6.2 Calcul de la taille de l'échantillon 337
6.2.1 Taille d'un échantillon aléatoire simple 337
6.2.1.1 Calcul dans le cas d'une proportion 337
6.2.1.2 Calcul dans le cas d'une moyenne 339
6.2.2 Taille d'un échantillon aléatoire stratifié 340
6.2.3 Taille d'un échantillon en fonction du budget disponible 342

7. Plan de sondage 342
7.1 Plan de sondage d'un échantillon sur adresses 343
7.2 Plan de sondage d'un échantillon sans adresse 343

CHAPITRE 11

Enquêteurs et travail sur le terrain 347
1. Qualités d'un enquêteur 348
2. Critères de sélection d'un candidat enquêteur 349
3. Briefing 351
4. Réalisation matérielle de l'enquête 352
4.1 Travail de l'enquêteur 352
4.1.1 Respect du plan de travail 353
4.1.2 Règles de conduite de l'entretien 354
4.2 Contrôle durant le recueil des données du travail de l'enquêteur ... 355
4.2.1 Contrôle des enquêteurs 355
4.2.2 Rassemblement des questionnaires 356

CHAPITRE 12

Analyse des donnéesd'enquête 359
1. Des données aux résultats 360
2. Contrôle des informations recueillies 360
2.1 Editing 361
2.2 Contrôles téléphoniques 362
2.3 Contre-enquêtes 362
2.4 Contrôle par ordinateur 363
3. Encodage et codification des questionnaires 363
4. Plan de dépouillement ou de tri 366
4.1 Redressement de l'échantillon 367
4.2 Définition des variables à construire 369
5. Traitement informatisé des données 372
6. Analyse des données 373
6.1 Analyse des résultats à l'œil nu 373
6.1.1 Tris à plat et tabulations simples 373
6.1.2 Sélection d'une base de calcul 375
6.1.3 Mesures de tendance centrale et de dispersion 376
6.1.4 Tabulations croisées à deux facteurs 378

6.1.5 Choix d'un mode de calcul des fréquences relatives 379
6.1.6 Absences fallacieuses d'association 382
6.1.7 Présences fallacieuses d'association 383
6.2 Rôle de l'analyse statistique 385
6.2.1 Analyse univariée 389
6.2.1.1 Calcul de l'intervalle de confiance ou de la marge d'erreur 392
6.2.1.2 Tests d'hypothèses 395
6.2.2 Analyse bivariée 402
6.2.3 Analyse multivariée 405
6.2.3.1 Méthodes descriptives 407
6.2.3.2 Méthodes explicatives 412
7. L'analyse structurée 416
7.1 Spécificité de la méthode 416
7.2 Outils 417
7.3 Avantages et limites 418
8. Sources d'erreurs 418
8.1 Erreur d'échantillonnage 419
8.1.1 Erreur aléatoire 419
8.1.2 Erreur liée à la variance de la population 419
8.2 Erreur de mesure 419
8.2.1 Erreur de non-observation 419
8.2.2 Erreur d'observation 420
8.3 Erreur d'interprétation 420
9. Rapport d'enquête et présentation des résultats 422
9.1 Rédaction du rapport d'enquête 422
9.1.1 Contenu 422
9.1.1.1 Principes d'écriture 422
9.1.1.2 Mise en page et volume 423
9.1.1.3 Rubriques 423
9.1.2 Exhibits 437
9.1.2.1 Graphiques et histogrammes 437
9.2 Présentation orale des résultats 442

CHAPITRE 13

Études spécifiques liées à l'entrepreneuriat 445

1. Tester un nouveau produit ou service 446
1.1 Les tests de concept 446
1.2 Les tests de produit 449
1.3 Les tests de goût et de dégustation 451

2. Évaluer un marché potentiel ... 452
2.1 Données à collecter ... 453
2.2 Estimateurs synthétiques ... 453
3. Fixer le prix du produit ou service ... 455
3.1 Spécificité de la méthode ... 455
3.2 Étapes ... 456
4. Positionner et différencier un produit ou service ... 459

ANNEXES ... 461

BIBLIOGRAPHIE ... 505

INDEX ... 513

Achevé d'imprimer
sur les presses numériques de Dupli-Print (95)

Imprimé en France